ALLONS-Y!

Le français par étapes

Second Edition

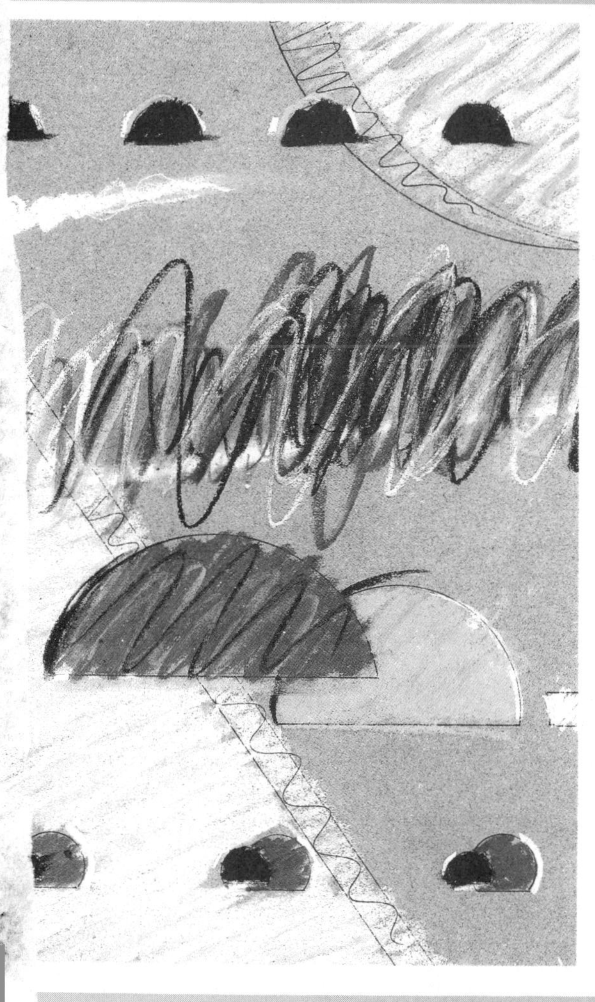

Jeannette D. Bragger
The Pennsylvania State University

Donald B. Rice
Hamline University

HH Heinle & Heinle Publishers, Inc.
Boston, Massachusetts 02116 U.S.A.

Publisher: Stanley J. Galek
Editorial Director: Christopher Foley
Production Editor: Carlyle Carter
Production Coordinator: Patricia Jalbert
Editorial Assistant: Laurie Forsman
Production Manager: Erek Smith
Internal Design: Rosemarie T. Kowalski
Art Director: Len Shalansky
Illustrator: Patricia Olstad
Cover Design: DeNee Reiton Skipper
Cover Illustration: Gary Palmer

Text Permissions

We wish to thank the authors, publishers, and holders of copyright for their permission to adapt the following:
p. 135 Jacques Prévert, «Chanson de la Seine», excerpted from «Aubervilliers» in *Spectacle*, © Éditions Gallimard, 1951; p. 187 «La France grelotte et prend froid», *Le Journal Français d'Amérique*, Vol. 9, No. 3, 30 Jan.–12 Feb. 1987; p. 241 Jacques Prévert, «Déjeuner du matin», *Paroles*, © Éditions Gallimard, 1949; p. 268 Jules Romains, *Knock*, Éditions Gallimard, 1924; p. 295 Nathalie Brunel, «American New Look», *L'Express Style*, 5 June–17 Sept. 1987; p. 322 Paul Claudel, «Paysage français» *Poésies diverses*, © Éditions Gallimard, 1928; p. 327 G. Quenelle & J. Tournaire, *La France dans votre poche*, 3ᵉ édition, © Hatier, Paris, 1974; p. 376 M. Fernand Raynaud, «Le 22 à Asnières», *Ses grandes histoires*, Philips Records, reproduced courtesy of Mme. Fernand Raynaud; p. 434 Michel Tauriac, *La Louisiane Aujourd'hui*, 3ᵉ Édition, © Les Éditions du Jaguar, 1986; p. 479 Jean-Claude Mariani, Jeanne Chadenier, «Restaurants», *Une Semaine de Paris—PARISCOPE*, 11–17 Feb. 1987.

Manufactured in the United States of America.

ISBN 0-8384-1557-1 (Instructor's Edition)
ISBN 0-8384-1556-3 (Student's Edition)

10 9 8 7 6 5 4 3 2 1

Table des Matières

CHAPITRE SIX: *Faisons les courses!* 139

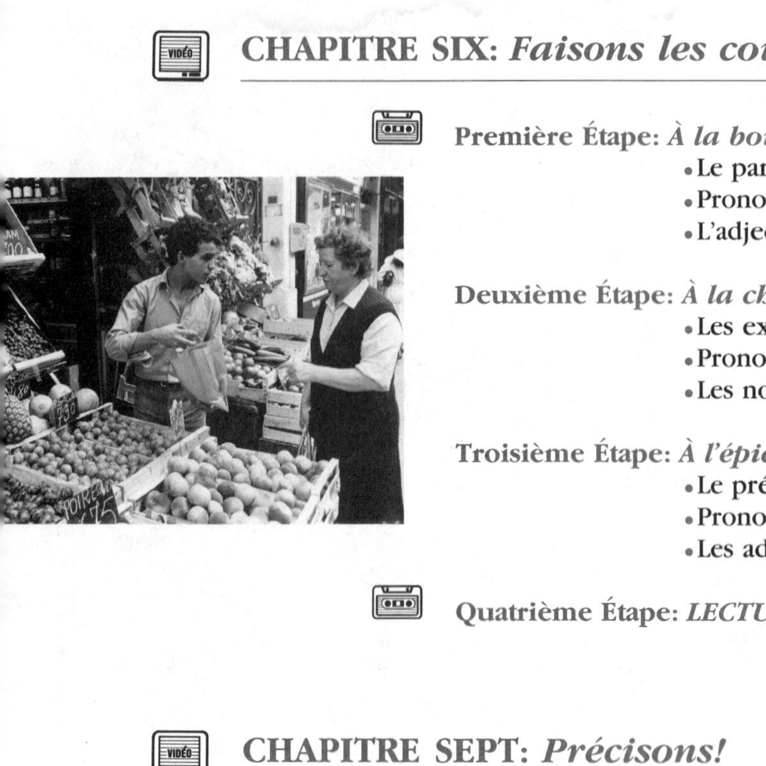

CHAPITRE SEPT: *Précisons!* 165

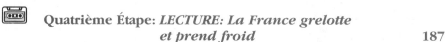

CHAPITRE DIX: *Soignons-nous!* 245

CHAPITRE ONZE: *Habillons-nous!* 273

Preface

ALLONS-Y! Le français par étapes, Second Edition, is an integrated learning system designed to provide beginning-level students with immediately useful language skills in French. It is comprised of a mutually supporting network of learning components: a textbook, a student audio tape, an instructor's audio tape, a workbook, a video program, laboratory audio tapes, computer software, a ground-breaking new training video, a special instructor's edition, and an instructor's resource kit. Together, these components provide students with unprecedented opportunities for listening to, speaking, reading, and writing French. They also open up the classroom and language lab to the sights and sounds of the French-speaking world.

Because we are convinced that creative use of the language is possible from the outset, we have developed a program that allows for maximum interaction among students and between students and instructors, beginning with the preliminary lesson. This interaction is based on tasks to be accomplished and on effective linguistic functioning in real situations. We have tried to keep in mind the principles set forth in the ACTFL Proficiency Guidelines so that we may help students function as accurately as possible in the contexts they are most likely to encounter.

By retaining the best of the *First Edition* and by making changes on the basis of the suggestions of numerous users, we have tried to insure that the *Second Edition* of *ALLONS-Y!* will be even more useable and exciting than the first.

To the Student

As you begin to use the French language, you will quickly discover that your interaction with French speakers or your classmates need not be postponed to some unspecified point in the future. It might help convince you of this to know that of the 80,000 words found in the French language, the average French person uses only about 800 on a daily basis. *Therefore, the most important task ahead of you is not to* accumulate *as much knowledge as possible about French grammar and vocabulary, but to* use *what you do know as effectively and as creatively as you can.* Communication in a foreign language means understanding what others say and transmitting your own messages in such a way as to avoid misunderstandings. As you learn to do this, you will make the kinds of errors that are necessary to language learning. Consequently, errors should be seen by you as a positive step toward effective communication. They advance rather than hinder you in your efforts.

ALLONS-Y! has been written with your needs in mind. It leads you from structured exercises to open-ended activities, in which you will be asked to handle situations as well as you can. The situations themselves are intended to give you the freedom to be creative and to express yourself without anxiety. We hope that you will find your experience with *ALLONS-Y!* both rewarding and enjoyable.

Acknowledgments

We would like to thank the following people at Heinle & Heinle Publishers who worked closely with us on the *Second Edition:* Charles H. Heinle, Stanley Galek, Christopher Foley, Patricia Jalbert, Laurie Forsman, and Stephen Kelley. We would also like to thank our copy and production editor, Carlyle Carter; our production assistant, Ilka Shore Cooper; our proofreaders, Lee Abbot and Jane Goodman; our native reader, Sylvie Romanowski; and Henri Didier, as well as the artists Patricia Olstad and Len Shalansky, and the photographers, Alain Mingam and Dominique Jassin, as well as Michael Miller.

We would like to acknowledge the contributions of the following colleagues who reviewed the *First Edition* and made numerous excellent suggestions for revisions:

Rose Abendstern, University of Massachusetts, Boston
Jeannette Ambrose, University of Massachusetts, Boston
Barbara Blackbourn, Georgia Institute of Technology
Conrad Borovski, San José State University
Anthony Ciccone, University of Wisconsin, Milwaukee
Mary Gutermuth, Sam Houston State University
Janet Joyner, North Carolina State University
Gerald Honigsblum, University of Chicago
Katherine Kulick, College of William and Mary
Marc Mancini, West Los Angeles College
Christiane Merlier, Fresno City College
Joseph Morello, University of Rhode Island
Chris Pinet, Montana State University
Susan Schunk, University of Akron
Richard Smernoff, State University of New York College at Oswego
Donald Spinelli, Wayne State University

We wish to express our appreciation to Bernard Petit for creating *French Alive!*; Robert Ariew, for *ALLONS-Y! Utilisons l'ordinateur!*; Jean-François Brière, for his insightful comments on culture; and Isabelle Jorge, Angèle Kingué, Michel Pharand, as well as the teaching assistants and students who helped with the training video.

Finally, our special thanks, as always, go to Baiba and Mary, who supported us and encouraged us throughout this endeavor. As for Alexander, whose arrival on the scene preceded that of the *First Edition* by only a few months, he's now working on Chapter 4. At this pace, he will finish *ALLONS-Y!* (the *Fifth Edition?*) in time to go to college!

J. D. B.
D. B. R.

ÉTAPE PRÉLIMINAIRE *Apprenons une langue étrangère!*

Like most skills you wish to acquire, learning French requires *attention, practice,* and *patience.* It also requires abandoning general misconceptions you may have and changing certain habits associated with speaking English. The following introductory exercises will dramatize for you some basic language principles involved in learning French.

A. Draw the picture suggested by each word.

1. a window 2. a loaf of bread 3. a lettuce drier

You probably drew a picture of a window that slides up and down; a French person would more likely draw a window that opens out. Your bread probably had the form of a rectangular loaf; the French person's bread would be a long, narrow **baguette** or a round **pain de campagne.** As for the lettuce drier, you may well have drawn nothing at all, for these items are just beginning to appear in American kitchens.

Basic principle 1: Languages are culture-specific. Words exist to express notions relevant to a particular culture.

B. Give an idiomatic version of each awkward phrase.

1. You can me see?
2. I me brush the teeth.
3. I have shame to it admit.
4. She is mounted into the train.

Each of the preceding sentences is a word-for-word translation of a French sentence. Although it is usually possible to convey the same idea in both French and English, word order and word choice differ.

Basic principle 2: It is not possible to translate word for word from French to English or from English to French. You have to find the equivalent structure in each language.

C. Listen to your instructor say each sentence.

1. Je ne sais pas pourquoi.
2. Est-ce que vous avez un stylo?
3. Ce ne sont pas mes gants.
4. Il est déjà parti, n'est-ce pas?

You will notice that, although each written sentence has at least five words, the spoken sentence sounds almost like one long word. You will also notice that certain sounds "slide together" with the sounds that follow them and that other sounds are dropped entirely.

Basic principle 3: French is spoken in groups of words. You should learn to listen for the group rather than for isolated words. If you try to listen in English (that is, translate as you go), you will rapidly get lost. Try hard to listen *in French.*

D. Repeat the English vowels *a, e, i, o, u.* Watch other people in the class repeat the same vowels. Now *watch* your instructor pronounce the French vowels *a, e, i, o, u.* Say this English sentence: *What are you going to do next summer?* Now watch your instructor say this French sentence: **Qu'est-ce que tu vas faire l'été prochain?** You will probably notice that your instructor's mouth moves more distinctly in pronouncing French than do the mouths of people speaking English.

Basic principle 4: You cannot speak French with a "lazy" mouth. Learn to open and close your mouth and to spread and round your lips as a particular sound requires.

E. Pronounce each English word.

roof / aunt / tomato / either / route

There is probably a certain amount of variation in the class. Yet whether one says [ro͝of] or [ro͞of], the word remains comprehensible. However, if one were to allow the same vowel variation in *full* and *fool,* there would certainly be confusion.

Basic principle 5: Certain sounds, called *phonemes,* contrast with each other to create the distinctions necessary to form meaning. Learn to articulate the phonemes of French as correctly as possible.

The first twelve chapters of this book will give you practice in recognizing and articulating the phonemes of French. In addition, the preliminary exercises on the Student Tape provide a quick introduction to the basic sounds you will need to learn.

F. Pronounce each English word.

night / through / knave / knowledge / doubt

In each case, certain letters are not pronounced. This situation occurs even more frequently in French. Listen to your instructor pronounce each French word.

mais / champ / lisent / prend / peine

Very often a letter is silent in French when it falls at the end of a word. In addition, the letter **h** is never pronounced.

homme / honnête / hôtel

The pronunciation exercises in the first twelve chapters of the book will help you also learn to recognize the relationships between sound and spelling in French.

Basic principle 6: There is no one-to-one correspondence between spoken and written French. As a general rule, the spoken form is shorter and simpler than the written.

G. Try to guess the English meanings of the following French words.

imaginer	important	vérifier	catholique	délicieux
musicien	pharmacie	optimiste	naturel	profession

Now do the same with these French words.

wagon / lecture / car / figure / rester / demander

You were undoubtedly able to guess almost all of the words in the first group; these are called *cognates.* Thanks to the large number of cognates between French and English, you begin your study of French with a considerable vocabulary. However, the words in the second group are *false cognates* (the French call them **faux amis,** or *false friends*). A **wagon** is not a wagon, but a *railroad car;* a **lecture** is a *reading,* not a lecture; a **car** is a *bus,* not an automobile. Your **figure** is your *face,* not your figure. **Rester** does not mean to rest, but rather *to stay,* and **demander** means *to ask for,* not to demand. Therefore, although there are hundreds of cognates, beware of false friends.

Basic principle 7: There are many similarities between French and English vocabulary. However, always check an apparent cognate to see if it makes sense in its context.

H. Point out the spelling differences between these cognates.

theater / **théâtre** facade / **façade** premier / **première**

Although the letters of the French alphabet are the same as those of the English, French uses *accent marks,* which have two basic purposes:

1. To distinguish words spelled and pronounced the same (example: **ou** = or, **où** = where).
2. To distinguish between different pronunciations of the same letter. Example: the **c** of **local** is pronounced [k]; the **ç** of **français** is pronounced [s].

The most frequently used accents are:

accent aigu (acute accent)	Used above the letter **e** to signal the closed vowel sound [e]: **été**
accent grave (grave accent)	Used above the letter **e** to signal the open vowel sound [ɛ]: **père;** used above the vowels **a** and **u** to distinguish between like-sounding words—**la, là; ou, où**
accent circonflexe (circumflex accent)	Used above vowels to indicate the disappearance of an **s** from the earlier form of the word: **château, fête, maître, hôte, coût**
cédille (cedilla)	Used below the letter **c** before **a, o,** or **u** when the consonant is pronounced [s]: **leçon.**

Basic principle 8: A French word is not spelled correctly unless all accent marks are in the proper place.

POINT DE DÉPART: *Allons au café!*

Allons au café!: Let's go to the café!

please — **—S'il vous plaît,** Monsieur...

—Un moment, Madame... Oui, Madame, vous désirez?

—Un express, s'il vous plaît.

for — —Voilà... Un express **pour** Madame.

—Merci, Monsieur.

you're welcome — **—Je vous en prie,** Madame.

Les boissons chaudes

---

1. If you order simply **un café,** you will get **un express** (black, fairly strong coffee). If you want a cup of coffee with cream, order **un café-crème. Un café au lait,** normally served at breakfast, contains roughly equal parts of coffee and steamed milk.

La bière et le vin

un demi
une bière française
une bière allemande
un verre de rouge
un verre de blanc
un kir

Les boissons froides non-alcoolisées

allemande: German
au citron: with lemon
au lait: with milk
un citron pressé: lemonade
un demi: draft beer
un kir: white wine with black currant liqueur
un lait-fraise: milk with strawberry syrup
une limonade: carbonated lemon-flavored soft drink
une menthe à l'eau: water with mint syrup
un Orangina: carbonated orange-flavored soft drink
un Perrier: carbonated mineral water
rouge: red
un verre: glass
un Vittel: noncarbonated mineral water

À vous! (Exercices de vocabulaire)

A. Order the suggested beverages.

Modèle: un café-crème

LE GARÇON: *Vous désirez, Mademoiselle?*
L'ÉTUDIANTE: *Un café-crème, s'il vous plaît.*

1. un coca 2. un thé au citron 3. un kir 4. une limonade

---

2. *Orangina, Perrier,* and *Vittel* are registered trademarks.

5. un Orangina 6. un thé-nature 7. un express 8. un verre de rouge 9. une bière allemande 10. un demi 11. un Perrier 12. un lait-fraise 13. un verre de blanc 14. une menthe à l'eau 15. une bière française 16. un citron pressé

B. Get the waiter's attention and order a drink of your choice.

Modèle: L'ÉTUDIANT: *S'il vous plaît, Monsieur.*
LE GARÇON: *Oui, Monsieur. Vous désirez?*
L'ÉTUDIANT: *Un demi, s'il vous plaît.*

C. Play the role of waiter or student in the following situation. The student orders what he or she wishes to drink; the waiter brings the wrong beverage.

Modèle: LE GARÇON: *Vous désirez?*
L'ÉTUDIANTE: *Un thé au lait, s'il vous plaît.*
LE GARÇON: *Voilà, Madame... un thé au citron.*
L'ÉTUDIANTE: *Non, Monsieur... un thé au lait.*
LE GARÇON: *Ah, pardon, Madame, un thé au lait.*
L'ÉTUDIANTE: *Merci, Monsieur.*
LE GARÇON: *Je vous en prie, Madame.*

Lexique

At the end of each chapter you will find a list of words and expressions introduced in the chapter. These lists are divided into two parts: **Pour se débrouiller** *(In order to get along)*—expressions used to accomplish the communicative acts treated in the chapter; and **Vocabulaire général**—other nouns, verbs, adjectives, etc. presented in the chapter.

To review the chapter, you might start by reading each of these words and expressions aloud while checking if you can associate a meaning with it. Mark each word or expression whose meaning you do not know and consult the glossary at the end of the book.

POUR SE DÉBROUILLER

Pour s'adresser à une personne
Madame / Mademoiselle / Monsieur

Pour commander une boisson
s'il vous plaît

VOCABULAIRE GÉNÉRAL

Noms
les boissons
une bière allemande
une bière française
un café
un café au lait
un café-crème
un citron pressé
un coca
un demi
un express
un kir
un lait-fraise
une limonade
une menthe à l'eau
un Orangina
un Perrier
un thé au lait
un thé au citron
un thé-nature
un verre de blanc
un verre de rouge
le vin
un Vittel

Autres expressions
Allons au café!
une étape
un(e) étudiant(e)
un garçon
je vous en prie
merci
non
oui
pardon
pour
voilà
Vous désirez?

Allons au Café

Un café à Lyon.
France's third-largest city is located 240 miles southeast of Paris. On the basis of what the people are drinking, can you tell what time of day it is?

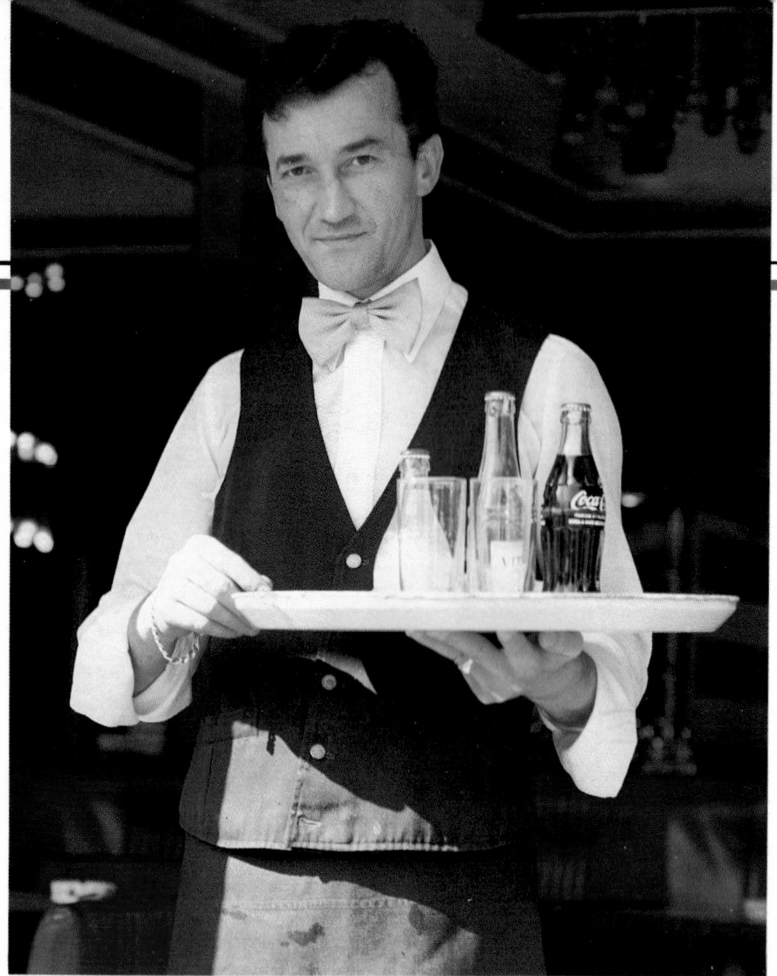

Un garçon de café. Judging from his clothes, would you expect to find this waiter in a neighborhood café or on the **Champs-Elysées?**

Le Quartier Latin. This café is located in the heart of the student section of Paris. Do American students have an equivalent of the café, where they can study, meet friends, discuss and argue politics and philosophy?

CHAPITRE PREMIER
Allons au café!

Première Étape
Commandons une boisson!

Deuxième Étape
Parlons!

Troisième Étape
Mangeons!

Quatrième Étape
Lecture: La Dauphine vous propose

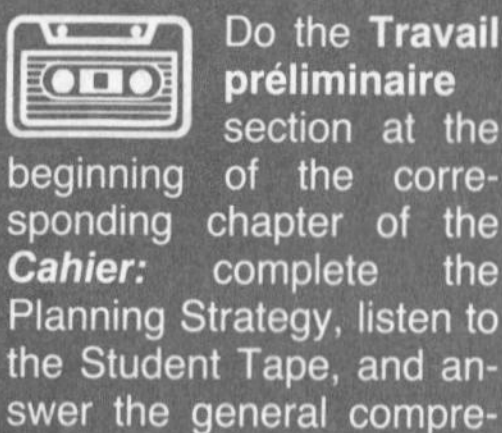

Do the **Travail préliminaire** section at the beginning of the corresponding chapter of the ***Cahier:*** complete the Planning Strategy, listen to the Student Tape, and answer the general comprehension questions.

Première Étape

POINT DE DÉPART: *Commandons une boisson!*

amis: friends

Une conversation: Trois amis au café

something
And what about you?

I (emphatic form)
well

YVONNE: Tu désires[1] **quelque chose?**
JACQUES: Un coca. **Et toi?**
YVONNE: Un Orangina. Et toi, Anne?
ANNE: **Moi, je** voudrais un citron pressé.
YVONNE: **Bien.** Monsieur, s'il vous plaît... Un coca pour Monsieur, un citron pressé pour Mademoiselle, et pour moi, un Orangina.

À vous! (Exercice de vocabulaire)

A. Une conversation au café. Imitate the three friends' conversation, rotating roles with your partners. The person who begins the conversation also gives the order. Change the beverages you ask for each time.

1. **Tu désires?** is the informal or familiar equivalent of **Vous désirez?** The word **tu** is used to express the English pronoun *you* when speaking to a friend. See p. 10 for a more complete explanation.

STRUCTURE 1: *L'article indéfini* (un, une)

un garçon	**une** femme *(woman)*
un café	**une** menthe à l'eau
un demi	**une** bière

The English equivalents of the above nouns would be preceded by the indefinite article *a* (or *an*). In French, however, one must distinguish between the *masculine* indefinite article **un** and the *feminine* indefinite article **une.**

For an English speaker, there is nothing surprising about the fact that a waiter **(un garçon)** is masculine and a woman **(une femme)** is feminine. But it is much more startling to learn that a cup of coffee **(un café)** is masculine and a beer **(une bière)** is feminine. All nouns in French have gender, even those that do not refer to people. Since there are no infallible rules for determining gender, it is best to associate each noun with the appropriate article from the very beginning. For example, remember **un café,** not just **café.**

Ordinarily, the **n** of **un** is not pronounced. However, when the word that follows **un** begins with a vowel or a silent **h,** the **n** is pronounced: **un‿étudiant, un‿homme,** but **un thé.** The **n** of **une** is always pronounced.

Application

B. Remplacez les mots en italique. *(Replace the italicized words.)*

1. *Un café,* s'il vous plaît. (un thé au lait / un Orangina / un citron pressé / un demi / une bière / un coca / une limonade / un kir)
2. Voilà, Mademoiselle... *un Perrier.* (un express / une menthe à l'eau / un Vittel / un thé au citron / une bière allemande / un verre de blanc / une limonade / un lait-fraise)

C. Commandons une boisson! Ask a waiter to bring you the following items. Be careful to use the appropriate indefinite article (**un** or **une**).

Modèle: café *Un café, s'il vous plaît.*

1. thé au citron 2. Vittel 3. limonade 4. kir 5. coca 6. bière allemande 7. citron pressé 8. lait-fraise 9. express 10. menthe à l'eau 11. verre de rouge 12. demi

STRUCTURE 2: *Le présent des verbes réguliers en -er (1ère et 2e personnes)*

Je fume rarement.	*I* rarely *smoke.*
Tu travailles beaucoup.	*You work* a great deal.
Nous parlons anglais.	*We speak* English.
Vous chantez bien.	*You sing* well.

Verbs are used to express actions, movements, conditions, or relationships. A verb is always associated with a subject—the person (or thing) performing the action or movement, or having the condition or the relationship. In French, **je** is the equivalent of the English pronoun *I;* **nous** is the equivalent of *we;* **tu** and **vous** are the equivalents of *you.* **Tu** is used to address *one* person you know well. When you are talking to *one* person with whom you are not well acquainted, say **vous. Vous** is also used to address *two or more* people, whatever their relationship to you.

NOTE CULTURELLE

The basic distinction between **tu** and **vous** is one of informality versus formality. In general, **vous** is used in speaking to older people to whom one owes a certain amount of respect. **Tu** is used to speak to close friends as well as to children and pets.

The use of **tu** and **vous** varies from situation to situation. In some groups (for example, among students or fellow workers), **tu** is used by everyone. In other cases (for example, in certain businesses and among people of older generations), **vous** is the rule. Unless the situation is absolutely clear, it is best to listen to the pronoun a native speaker uses when speaking to you before deciding to address that person with **tu** or **vous.**

Verbs consist of two parts: a *stem,* which carries the meaning, and an *ending,* which indicates the subject. In English, verb endings seldom change. The one exception in the present tense is the third-person singular—*I read,* but *he reads.* In French, verb endings are very important, since each verb ending must agree in person and number with the subject.

Most French verbs are regular and belong to the first conjugation—that is, their infinitive ends in **-er.** The stem is found by dropping the **-er** infinitive ending.

travailler *(to work)*	**travaill-**
commander *(to order)*	**command-**
danser *(to dance)*	**dans-**
parler *(to speak)*	**parl-**
voyager *(to travel)*	**voyag-**
manger *(to eat)*	**mang-**
habiter *(to live)*	**habit-**
étudier *(to study)*	**étudi-**
chanter *(to sing)*	**chant-**
fumer *(to smoke)*	**fum-**
gagner *(to earn)*	**gagn-**
désirer *(to desire)*	**désir-**

To conjugate a regular **-er** verb in the present tense, add the appropriate endings to the stem:

Subject	*Ending*	*Conjugated verb form*		
je	**-e**	je désir**e**	je travaill**e**	j'habit**e**
tu	**-es**	tu désir**es**	tu travaill**es**	tu habit**es**
nous	**-ons**[2]	nous désir**ons**	nous travaill**ons**	nous habit**ons**
vous	**-ez**	vous désir**ez**	vous travaill**ez**	vous habit**ez**

Note that **je** becomes **j'** when the verb begins with a vowel **(j'étudie)** or a vowel sound **(j'habite).** This is called *elision.* Note also that when the word after the subject (in this case, the verb form) begins with a vowel or a vowel sound, the **-s** of **nous** and **vous** is pronounced and linked with the following sound—**nous étudions, vous habitez.** This linking is called *liaison.*

Whereas English distinguishes between the simple present *(I speak),* the emphatic present *(I do speak),* and the progressive present *(I am speaking),* French does not. The French equivalent of *I speak, I do speak,* and *I am speaking* is simply **je parle.**

NOTE GRAMMATICALE

Here are some frequently used French adverbs. An adverb is usually placed directly after the conjugated verb.

bien	well	**souvent**	often	**beaucoup**	a lot, a great deal
mal	poorly	**rarement**	rarely	**un peu**	a little

The adverbs **très** *(very)* and **assez** *(rather, enough)* can be used to intensify the meaning of **bien, mal, souvent,** and **rarement.**

Nous étudions **beaucoup.**	We study *a lot.*
Tu chantes **bien.**	You sing *well.*
Vous dansez **assez bien.**	You dance *fairly well.*
Je voyage **très rarement.**	I travel *very little.*

Application

D. Remplacez les sujets en italique et faites les changements nécessaires. *(Replace the italicized subjects and make necessary changes.)*

1. *Je* parle anglais. (tu / vous / nous)
2. *Nous* travaillons bien. (je / vous / tu)
3. *Tu* habites à Paris. (vous / nous / je)
4. *Vous* étudiez assez. (nous / je / tu)
5. *Tu* chantes très bien. (vous / nous / je)

2. With the verbs **voyager** and **manger**, it is necessary to insert an **e** between the stem and the **-ons** ending in order to maintain the soft sound of the **g: nous voyageons, nous mangeons.**

E. On vous pose des questions. *(You are asked some questions.)* You are seated in a café with some other students. They ask you questions—first, about yourself **(tu)**; then, about you and your friends **(vous).** Answer using the expressions in parentheses.

Modèle: Tu parles français? (anglais)
Non, je parle anglais.

1. Tu habites à Paris? *(your town)*
2. Tu étudies beaucoup? (assez)
3. Tu travailles? (oui)
4. Tu gagnes beaucoup? (très peu)
5. Tu chantes bien? (assez bien)
6. Tu fumes beaucoup? (rarement)
7. Vous habitez à Paris? *(your town)*
8. Vous voyagez beaucoup? (souvent)
9. Vous dansez souvent? (rarement)
10. Vous mangez beaucoup? (très peu)

PRONONCIATION: *Les consonnes finales non-prononcées*

As a general rule, final consonants in French are silent. Because speakers of English are accustomed to pronouncing most final consonants, you will have to pay close attention to final consonants when speaking French.

English: part	uncles	mix	cup
French: par~~t~~	oncle~~s~~	pri~~x~~	cou~~p~~

Pratique

F. Read each word aloud, being careful *not* to pronounce the final consonant.

1. désirez 2. travailler 3. français 4. un thé au lait 5. Paris 6. bien 7. anglais 8. garçon 9. beaucoup 10. vous 11. s'il vous plaît 12. tu parles 13. nous mangeons 14. assez 15. Monsieur

STRUCTURE 3: *Les formes interrogatives*

Tu étudies beaucoup?
Est-ce que tu étudies beaucoup? } *Do you study* a lot?
Tu étudies beaucoup, **n'est-ce pas?** *You study* a lot, *don't you?*

A great many questions can be answered by *yes* or *no.* To ask such questions in French, use one of the following methods.

1. The least complicated way is to use *intonation,* which is the rising or falling of the voice. In French, at the end of a statement, the voice falls; at the end of a yes/no question, the voice rises. Thus you can make any statement into a yes/no question simply by raising the pitch of your voice at the end.

Vous habitez à Londres. *(statement)*

Vous habitez à Londres? *(question)*

2. You can also ask a question by using the phrase **est-ce que** and rising intonation. This phrase has no meaning other than to signal that a question is coming. To ask a yes/no question in this fashion, put **est-ce que** before a statement and raise the pitch of your voice at the end.

Tu parles allemand. *(statement)*

Est-ce que tu parles allemand? *(question)*

3. The phrase **n'est-ce pas** implies that a *yes* answer is anticipated. In such a situation, make a statement (using falling intonation) and then add **n'est-ce pas** (with rising intonation) at the end. **N'est-ce pas** is the equivalent of *don't you? aren't you? isn't that right? etc.,* at the end of an English sentence. This form is used much less frequently than the other two.

Vous mangez beaucoup. *(statement)*	Vous mangez beaucoup, n'est-ce pas? *(question)*

Application

G. Change each statement to a question as follows: items 1–5, intonation only; items 6–10, **est-ce que** + intonation.

1. Vous désirez un café-crème.
2. Tu habites à Bordeaux.
3. Tu parles français.
4. Vous étudiez beaucoup.
5. Tu fumes.
6. Tu manges beaucoup.
7. Vous parlez allemand.
8. Vous désirez quelque chose.
9. Tu gagnes assez.
10. Tu danses bien.

H. Posez des questions. *(Ask some questions.)* Now it's your turn to ask questions of the other students in the café. First, address your questions to the group **(vous);** then, address them to one particular student **(tu).** Change the infinitive to agree with the subject and vary the question form you use.

Modèle: vous / parler anglais
Vous parlez anglais? or *Est-ce que vous parlez anglais?*

1. vous / habiter à Paris
2. vous / étudier beaucoup
3. vous / fumer
4. vous / chanter
5. vous / désirer un verre de rouge
6. tu / habiter à Paris aussi *(also)*
7. tu / travailler
8. tu / gagner beaucoup
9. tu / danser bien
10. tu / désirer quelque chose

Débrouillons-nous! (Petite révision de l'étape)

I. Échange. Ask the questions of another student, who will answer you.

1. Est-ce que tu habites à New York?
2. Est-ce que tu parles anglais? français?
3. Tu étudies souvent?
4. Tu chantes très bien, n'est-ce pas?
5. Tu travailles?
6. Est-ce que tu gagnes beaucoup?
7. Tu manges beaucoup, n'est-ce pas?
8. Tu désires un coca?

J. Au café. Two students, who have just met in class, go to a café for a drink. They order and then ask each other questions in order to get acquainted.

Deuxième Étape

POINT DE DÉPART: *Parlons!*

greetings

Les salutations

—***Salut,*** *Jean-Marc.* ***Comment ça va?***
—Ça va bien. Et toi, Martine, ça va?
—Oh, oui. Ça va.

Hi / How're you doing? / Hello / How are you?

I am fine, too.

—***Bonjour,*** *Madame.* ***Comment allez-vous?***
—Très bien, Monsieur. Et vous?
—***Je vais bien aussi,*** *merci.*

Les présentations

—Isabelle Fortier, Suzanne Lecaze.
—Bonjour, Isabelle.
—Bonjour, Suzanne.

delighted (to meet you)

—Francine Charpentier, Jean Guérin.
—***Enchanté,*** *Madame.*
—Enchantée, Monsieur.

on prend congé: they are saying good-bye

On prend congé

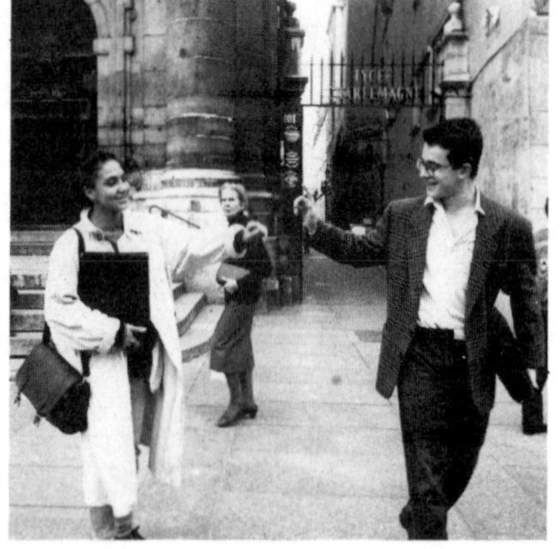

good-bye / so long
See you soon, I hope.
See you later.

—***Au revoir,*** *Madame.*
—*Au revoir, Monsieur.* ***À bientôt, j'espère.***
—*À bientôt.*

—***Allez, au revoir,*** *Anne-Marie.*
—*Au revoir, Jean-Claude.* ***À tout à l'heure.***
—*À tout à l'heure.*

Une scène au café

is already there

Claire et François arrivent au café. Hervé **est déjà là.**

CLAIRE: Ah, voilà Hervé. Salut, Hervé. Ça va?
HERVÉ: Oui, ça va. Et toi?
CLAIRE: Oh, ça va bien. Hervé Miaux, François Lemieux.
HERVÉ: Bonjour, François.
FRANÇOIS: Bonjour.

here

HERVÉ: Tu habites **ici** à Paris?
FRANÇOIS: Non, j'habite à Bruxelles.
HERVÉ: Tu désires quelque chose?
FRANÇOIS: Un demi.
HERVÉ: Et toi, Claire?
CLAIRE: Pour moi, un express.

drink / pay

Ils parlent, ils **boivent,** ils **paient.**

HERVÉ: Allez, au revoir, Claire. À bientôt. Au revoir, François.
FRANÇOIS: Au revoir, Hervé.

NOTE CULTURELLE

In France, custom requires that you shake hands when you greet someone and when you take leave of someone. This social rule is followed by men and women, young and old. If the two people are related or are very good friends, instead of shaking hands they often kiss each other on both cheeks. In formal situations, **Monsieur, Madame,** or **Mademoiselle** always accompanies **bonjour** and **au revoir.**

À vous! (Exercices de vocabulaire)

A. Saluons-nous. *(Let's greet each other.)* Respond to each greeting in an appropriate fashion. Remember to shake hands.

1. Bonjour, Monsieur (Mademoiselle, Madame).
2. Comment allez-vous, Mademoiselle (Monsieur, Madame).
3. Bonjour, Madame (Mademoiselle, Monsieur). Comment allez-vous?
4. Salut, _____. Ça va?
5. Comment ça va?
6. Salut, _____. Comment ça va?

B. Faites des présentations. *(Make introductions.)*

1. Introduce another student to the instructor.
2. Introduce two students to each another.

C. Prenons congé. *(Let's say good-bye.)* Respond to each expression in an appropriate fashion. Remember to shake hands.

1. Au revoir, Mademoiselle (Monsieur, Madame).
2. Allez, au revoir, _____. À tout à l'heure.
3. Allez, au revoir, _____. À bientôt.

Ex. D: △

D. Dans la rue. *(In the street.)* You are walking down the street with a friend when you run into a second friend. Greet him(her) and make introductions. The two people who have been introduced ask each other questions about where they live. Then the friend who was by him(her)self says good-bye to the other two.

Reprise
(Première Étape)

E. Answer the questions according to your personal situation.

Modèle: Est-ce que vous fumez souvent?
Oui, je fume souvent. ou *Non, je fume rarement.*

1. Est-ce que vous habitez à Paris?
2. Est-ce que vous parlez anglais? français? allemand? espagnol?
3. Est-ce que vous étudiez beaucoup?
4. Est-ce que vous travaillez?
5. Vous chantez très bien, n'est-ce pas?
6. Vous mangez beaucoup, n'est-ce pas?
7. Est-ce que vous voyagez beaucoup?
8. Vous désirez quelque chose?

F. Posons des questions. Find out some personal information about other people in the class. Use the verbs and the expressions below to ask questions. Ask each question twice: first, of a fellow student; then, of your instructor. The person to whom you address the question will give you an answer.

Modèle: fumer (beaucoup)
Henri, tu fumes? Tu fumes beaucoup? Et Madame, vous fumez?

1. habiter à *(city)*
2. étudier (travailler) beaucoup
3. voyager beaucoup
4. chanter bien
5. danser bien
6. parler français (allemand, espagnol)

STRUCTURE 4: *Le présent des verbes réguliers en -er (3e personne)*

Jacques? **Il habite** à Paris.
Hélène? **Elle habite** à Lyon.
Paul et Philippe? **Ils habitent** à Rennes.
Marie et Jeanne? **Elles habitent** à Besançon.
Claire et Vincent? **Ils habitent** à Marseille.

In French, when you, the speaker, refer to a person other than yourself or the person to whom you are speaking, use **il** *(he)* if the person spoken about is male and use **elle** *(she)* if the person spoken about is female. When referring to more than one person, use **ils** *(they,* masculine plural) or **elles** *(they,* feminine plural). When the subject includes both male and female, use **ils.**

To form the present tense of **-er** verbs in the third person, add the appropriate ending to the stem:

Subject	*Ending*	*Conjugated verb form*		
il	**-e**	il parl**e**	il travaill**e**	il habit**e**
elle	**-e**	elle parl**e**	elle travaill**e**	elle habit**e**
ils	**-ent**	ils parl**ent**	ils travaill**ent**	ils habit**ent**
elles	**-ent**	elles parl**ent**	elles travaill**ent**	elles habit**ent**

The third-person endings of first-conjugation verbs are silent. Therefore, **il travaille** and **ils travaillent** are pronounced exactly the same, as are **elle parle** and **elles parlent.** Note also that the **-s** of **ils** and **elles,** usually silent, is pronounced in liaison with a word beginning with a vowel or a vowel sound—**ils‿étudient, elles‿habitent.**

NOTE GRAMMATICALE

In French, there is another third-person pronoun, **on.** It is used to refer to a *general, undefined* group of people. The English equivalent is *one* or *people in general;* **on** is also the equivalent of *you* or *they* when these pronouns do not refer to anyone in particular: e.g., *You drink white wine with fish* or *They say that Chicago is very windy.* Even though **on** usually refers to a number of people, from a grammatical point of view it is a singular pronoun, acting just like **il** and **elle: À Paris on parle français.**

Résumé: Present tense of regular verbs in **-er**

parler (stem: **parl-**)	
je parl**e**	nous parl**ons**
tu parl**es**	vous parl**ez**
il, elle, on parl**e**	ils, elles parl**ent**

Application

G. Remplacez les sujets en italique et faites les changements nécessaires.

1. *Marie* désire une limonade aussi. (Jean et Yvette / Patrick / François et Jacques / je / nous)
2. *Il* habite à Montréal. (elle / ils / elles / tu / vous / je)
3. *Hervé* travaille rarement. (Annick / Chantal et Geneviève / Pierre et Marc / je / on / vous)
4. *Elle* fume beaucoup. (ils / il / nous / on / tu / je)
5. *Georges et Sylvie* commandent un demi. (elle / tu / nous / il / je / Marie-Claire et Françoise)

H. Un peu plus tard. *(A little later.)* Your friends have left the café and you remain with some people you have just met. They ask you questions about your friends. Answer affirmatively, unless indicated otherwise.

Modèles: Est-ce que John parle espagnol?
Oui, il parle espagnol.

Est-ce que Mary et Dawn travaillent?
Oui, elles travaillent.

1. Est-ce que Robert habite à Chicago?
2. Est-ce qu'on parle français à Chicago? (anglais)
3. Est-ce qu'on fume beaucoup en Amérique?
4. Est-ce que Nancy et Susan parlent français?
5. Est-ce que Beverly travaille?
6. Est-ce qu'elle gagne beaucoup? (très peu)
7. Est-ce que George et Bill voyagent beaucoup?
8. Est-ce que Mark chante bien?
9. Est-ce que Carol mange beaucoup?
10. Est-ce que Kathy et Beth dansent souvent? (rarement)

PRONONCIATION: *Les consonnes finales prononcées*

The major exceptions to the rule of unpronounced final consonants are **c, r, f,** and **l.** These four consonants are usually pronounced when they are the last letter of a word. It may be helpful to use the English word CaReFuL as a memory aid.

ave**c**	ai**r**	acti**f**	ba**l**
chi**c**	ca**r**	che**f**	appe**l**

This rule does not apply to the infinitives of **-er** verbs: **gagner, parler, manger.**

Pratique

I. Read each word aloud, being careful to pronounce the final consonant except in an infinitive.

1. Marc 2. kir 3. bref 4. mal 5. étudier 6. bonjour 7. sec 8. espagnol 9. amour 10. Montréal 11. voyager 12. Jean-Luc 13. il 14. tarif

J. Read each word aloud, being careful to decide whether or not the final consonant should be pronounced.

1. au revoir 2. bientôt 3. chocolat 4. professeur 5. mal 6. n'est-ce pas? 7. souvent 8. gagner 9. un Vittel 10. bar 11. café au lait 12. anglais 13. beaucoup 14. actif 15. salut

STRUCTURE 5: *La forme négative*

Je **ne** parle **pas** espagnol.	I *don't* speak Spanish.
Elle **ne** travaille **pas.**	She *doesn't* work.
Ils **n'**habitent **pas** à Paris.	They *do not* live in Paris.

To make a sentence negative in French, place **ne** before and **pas** immediately after the conjugated verb. If the verb begins with a vowel or a vowel sound, **ne** becomes **n'.**

Application

K. Alain dit n'importe quoi. *(Alain doesn't know what he's talking about.)* Correct Alain's misstatements, making each sentence negative.

Modèle: Valérie travaille beaucoup.
Non, elle ne travaille pas beaucoup.

1. Elle parle espagnol.
2. Je travaille à Londres.
3. Ils habitent à Bruxelles.
4. Nous étudions beaucoup.
5. Elles gagnent beaucoup.
6. Gérard chante bien.
7. Vous fumez beaucoup.
8. Paul et Éric parlent allemand.
9. J'habite à Rome.
10. Nous mangeons beaucoup.

L. Encore des questions. *(More questions.)* The people in the café continue to ask questions; however, now they also ask you questions about yourself. In each case, answer negatively using **ne... pas.**

Modèle: Est-ce que Barbara travaille?
Non, elle ne travaille pas.

1. Est-ce que David parle allemand?
2. Est-ce que Vera fume?
3. Est-ce que Sally et Lori travaillent?
4. Est-ce que tu parles espagnol?
5. Est-ce que Roger habite à Los Angeles?
6. Est-ce que Mike étudie beaucoup?
7. Est-ce que vous mangez beaucoup?
8. Est-ce qu'on parle français à Boston?
9. Est-ce que tu gagnes beaucoup?
10. Est-ce que Joe et Tommy chantent bien?

M. La ronde de questions. *(The question circle.)* Using one of the suggested cues, each student in the group plays the role of questioner by asking four questions—one corresponding to each of the following pronouns: **tu, vous, il/elle, ils/elles.** The other members of the group respond according to what they know or hear.

Modèle: parler espagnol

CHANTAL: *Jean, tu parles espagnol?*
JEAN: *Oui, je parle espagnol.*
CHANTAL: *Marie et Pierre, vous parlez espagnol?*
MARIE: *Non, nous ne parlons pas espagnol.*
CHANTAL: *Pierre, est-ce que Jean parle espagnol?*
PIERRE: *Oui, il parle espagnol.*
CHANTAL: *Jean, est-ce que Marie et Pierre parlent espagnol?*
JEAN: *Non, ils ne parlent pas espagnol.*

1. chanter bien 2. fumer 3. manger beaucoup 4. habiter à...
5. désirer un café-crème

Débrouillons-nous! (Petite révision de l'étape)

N. Échange. Posez les questions à un(e) autre étudiant(e), qui va vous répondre.

Modèle: Est-ce que tu habites à... ?
Non, je n'habite pas à Richfield. J'habite à Duluth. Et toi?
Moi, j'habite à Denver. ou *Moi, j'habite à Duluth aussi.*

1. Est-ce que tu habites à... ?
2. Est-ce que tu parles espagnol? allemand?
3. Tu travailles? (Tu gagnes beaucoup?)
4. Est-ce que tu fumes?
5. Tu chantes bien, n'est-ce pas?
6. Tu voyages beaucoup?

O. Une scène au café. You and a friend are going to a café to have a drink. Just as you arrive, you see another friend. You greet each other, make introductions, sit down, and order. The three of you have a short conversation. Then the second friend has to leave.

Troisième Étape

POINT DE DÉPART: *Mangeons!*

le petit déjeuner: breakfast

Le petit déjeuner

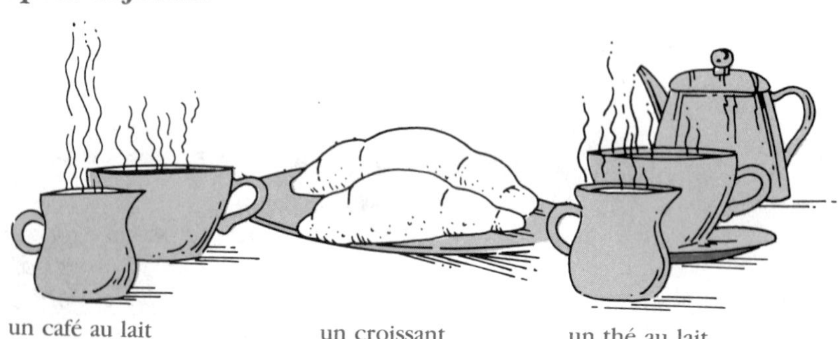

un café au lait — un croissant — un thé au lait

le déjeuner: lunch

Le déjeuner

(meat spread) / grilled ham and cheese with egg
ham / grilled ham and cheese
cheese / mixed herbs

un sandwich au **pâté**
un sandwich au **jambon**
un sandwich au **fromage**

une omelette au fromage
une omelette au jambon
une omelette aux **fines herbes**

un croque-madame
un croque-monsieur

Une scène au café

Hélène et Antoine commandent le déjeuner.

ANTOINE: S'il vous plaît, Monsieur.
LE GARÇON: Oui. Vous désirez?
HÉLÈNE: **Je voudrais** un sandwich au jambon et un thé au citron. (I would like)
LE GARÇON: Et pour Monsieur?
ANTOINE: Moi, **je vais prendre** une omelette aux fines herbes. Et **donnez-moi** un thé au citron **aussi.** (I'm going to have; give me / also)
LE GARÇON: Très bien, Messieurs-Dames.

À vous (Exercices de vocabulaire)

A. Qu'est-ce que tu désires? *(What do you want?)* You and a friend are in a café. Using the suggested words, discuss what to have for lunch.

Modèle: un sandwich au fromage / un sandwich au jambon
—Qu'est-ce que tu désires?
—Je voudrais un sandwich au fromage. Et toi?
—Moi, je vais prendre un sandwich au jambon. ou
—Donnez-moi un sandwich au jambon.

1. un sandwich au jambon / un croque-monsieur
2. une omelette au fromage / un sandwich au fromage
3. un sandwich au pâté / une omelette aux fines herbes
4. un croque-monsieur / une omelette au jambon

B. Le petit déjeuner. Order a breakfast of your choice in a café.

Modèle: *Vous désirez?*
Un café au lait et un croissant.

C. Le déjeuner. Order a lunch of your choice in a café.

Modèle: *—Oui, Mademoiselle (Monsieur, Madame). Qu'est-ce que vous désirez?*
—Un sandwich au jambon et un demi.
—Et pour Monsieur (Mademoiselle, Madame)?
—Donnez-moi (je vais prendre, je voudrais) une omelette au fromage et un Vittel.

Reprise (Deuxième Étape)

D. Une conversation au café. Three people meet in a café. After one of them makes introductions, they order a drink. While waiting for the waiter to bring their order, they ask each other questions. On a signal from the instructor, the student who arrived last to the café says good-bye to the other two.

E. Écoutez bien. *(Listen carefully.)* Using the suggested expressions, one student will ask another a question. After the second student answers, a third student will ask a fourth the same question *but in reference to student number two.*

Modèle: fumer
ANNE: *Marc, tu fumes?*
MARC: *Non, je ne fume pas.*
JACQUES: *Chantal, est-ce que Marc fume?*
CHANTAL: *Non, il ne fume pas.*

1. habiter à...
2. travailler (gagner beaucoup)
3. étudier beaucoup
4. manger beaucoup
5. voyager beaucoup
6. chanter souvent
7. chanter bien
8. parler espagnol (allemand, français)

STRUCTURE 6: *Le présent du verbe irrégulier* être

Vous êtes américains? — *Are you* American?
Moi, **je suis** de New York, mais mes amis **sont** français. — *I'm* from New York, but my friends *are* French.

Some French verbs do not follow the conjugation pattern you learned for verbs with infinitives ending in **-er.** Verbs with different regular conjugation patterns (**-ir** and **-re** infinitive endings) will be presented later. Still other verbs are considered *irregular* because they do not follow a fixed pattern. One of the most frequently used irregular verbs is **être** *(to be).* The following are the present-tense forms of **être:**

être	
je **suis**	nous **sommes**
tu **es**	vous **êtes**
il, elle, on **est**	ils, elles **sont**

The interrogative and negative forms follow the same patterns as for **-er** verbs:

Est-ce que **vous êtes** avocat? — *Are you* a lawyer?
Non, **je ne suis pas** avocat. — No, *I'm not* a lawyer.

Application

F. Remplacez les sujets en italique et faites les changements nécessaires.

1. *Monique* est belge. (Jean-Jacques / je / vous / Henri et Charles / nous / tu)
2. Est-ce que *Mathieu* est médecin? (Nathalie / vous / M. et Mme Ledoux / tu / Martin)
3. *Yves et Mathilde* ne sont pas au café. (Jean-Luc / je / Denise / on / vous / nous / elles / tu)

G. C'est à vous. *(It's your turn.)* Now it is your turn to ask questions of the French-speaking students you have been talking with at the café. Another student will answer using the suggested expressions.

Modèle: Est-ce que Philippe est français? (belge)
Non, il est belge.

1. Est-ce que Martine est belge? (suisse) Et Michel? (français)
2. Est-ce que Georges et Sylviane sont de Paris? (oui) Et Pierre et Marie? (Lille)
3. Est-ce que tu es belge? (oui) Et Chantal aussi? (russe)
4. Est-ce que vous êtes professeurs? (non) Ah, vous êtes étudiants, n'est-ce pas?

5. Est-ce que Didier est étudiant? (médecin) Et Véronique? (professeur)
6. Est-ce que M.[3] et Mme Valmay sont de Paris? (oui) Et M. et Mme Denis? (Bordeaux)

PRONONCIATION: *Les consonnes finales* + e

If a word ends in a mute **e** (an **e** without an accent mark), the preceding consonant is pronounced. The mute **e,** as its name implies, remains silent.

chantė	femmė	belgė
fumė	saladė	omelettė

Pratique

H. Read each pair of words aloud, being careful not to pronounce the final consonant of the first word and being sure to pronounce the final consonant followed by **e** at the end of the second word.

1. français, française 2. allemand, allemande 3. italien, italienne
4. américain, américaine 5. étudiant, étudiante 6. Denis, Denise
7. François, Françoise 8. japonais, japonaise

I. Say each word aloud, being careful to pronounce a consonant followed by a final **e** and not to pronounce a consonant that is a final letter (with the exception of **c,r,f,l**).

1. Madame 2. russe 3. bien 4. limonade 5. tu es 6. Rome
7. chocolat 8. Vittel 9. canadienne 10. jambon 11. pour
12. chose 13. kir 14. assistante 15. étudiant

STRUCTURE 7: *Les adjectifs de nationalité et les noms de profession*

Les adjectifs de nationalité

Jacques est **français.**	Bernard et Yves sont **canadiens.**
Claire est **française.**	Yvette et Simone sont **canadiennes.**

In French, adjectives agree in *gender* (masculine or feminine) and *number* (singular or plural) with the person or thing to which they refer.

When learning adjectives of nationality, it is helpful to divide them into three groups.

---

3. With proper names, the abbreviation **M.** is used for **Monsieur, Mme** for **Madame,** and **Mlle** for **Mademoiselle.**

1. Adjectives whose masculine and feminine forms are identical:

Il est **belge.**	Elle est **belge.**
Il est **russe.**	Elle est **russe.**
Il est **suisse.**	Elle est **suisse.**

2. Adjectives whose feminine form consists of the masculine form + **-e:**

Il est **français.**[4]	Elle est **française.**
Il est **anglais.**	Elle est **anglaise.**
Il est **américain.**	Elle est **américaine.**
Il est **mexicain.**	Elle est **mexicaine.**
Il est **allemand.**	Elle est **allemande.**
Il est **espagnol.**	Elle est **espagnole.**
Il est **japonais.**	Elle est **japonaise.**
Il est **chinois.**	Elle est **chinoise.**

3. Adjectives whose feminine form consists of the masculine form + **-ne:**

Il est **italien.**	Elle est **italienne.**
Il est **canadien.**	Elle est **canadienne.**
Il est **brésilien.**	Elle est **brésilienne.**
Il est **égyptien.**	Elle est **égyptienne.**

Agreement in number poses very little problem for adjectives of nationality. To form the plural, add an **-s** to the singular form. This **-s** is not pronounced.

Il est **allemand.**	Ils sont **allemands.**
Elle est **italienne.**	Elles sont **italiennes.**

If the singular form already ends in **-s,** the singular and plural are the same:

Il est **anglais.**	Ils sont **anglais.**

The above examples all illustrate adjectives being used to designate one's nationality. However, it is possible that one's country of birth is different from the country of which one is a citizen. In order to make that distinction clear, you can use the above adjectives with the expression **être d'origine**. Since the word **origine** is feminine, the adjective is always in the feminine form.

Karl **est d'origine allemande,** mais Gloria **est d'origine italienne.**	Karl *is of German descent*, but Gloria *is of Italian background.*

---

4. In most cases, the word for the language spoken in a country is the same as the masculine form of the adjective. **Elle est française. Elle parle français.**

Les noms de profession

Most nouns that refer to work or occupation can be categorized in the same manner as adjectives of nationality.

1. Nouns whose masculine and feminine forms are identical:

Il est **secrétaire.**	Elle est **secrétaire.**
Il est **médecin.**	Elle est **médecin.**
Il est **professeur.**	Elle est **professeur.**
Il est **ingénieur** *(engineer).*	Elle est **ingénieur.**

2. Nouns whose feminine form consists of the masculine + **-e:**

Il est **avocat.**	Elle est **avocate.**
Il est **étudiant.**	Elle est **étudiante.**
Il est **assistant** *(teaching assistant).*	Elle est **assistante.**

3. Nouns whose feminine form consists of the masculine form + **-ne:**

Il est **mécanicien** *(mechanic).*	Elle est **mécanicienne.**
Il est **pharmacien** *(pharmacist).*	Elle est **pharmacienne.**

Nouns of profession, like adjectives of nationality, form the plural by adding **-s.**

Je suis **avocat.**	Nous sommes **avocats.**
Elle est **assistante.**	Elles sont **assistantes.**

Notice that French, unlike English, does not require an indefinite article **(un, une)** when referring to a profession.

Je suis pharmacien.	I am a pharmacist.

Application

J. Répondez aux questions selon le modèle.

Modèle: Jacqueline est française. Et Roger?
Il est français aussi.

1. Janet est américaine. Et Bill?
2. Sophia est italienne. Et Marcello?
3. Olga est russe. Et Boris?
4. Fatima est égyptienne. Et Ahmed?
5. Miko est japonaise. Et Yoshi?
6. Harold est anglais. Et Priscilla?
7. Maurice est canadien. Et Marie?
8. Gunther est allemand. Et Helga?
9. Tchen est chinois. Et Sun?
10. Alfred est suisse. Et Jeannette?

K. Une photo. While in France, you travelled with a group of people from various countries in the world. Upon your return home, you are showing a photo of your tour group to your parents and identifying your fellow travelers for them. Make any necessary changes.

Modèle: Arturo / professeur / Madrid
Arturo est professeur. Il habite à Madrid. Il est espagnol.

1. Michael / avocat / Londres
2. Francesca / médecin / Rome
3. Natasha / mécanicien / Moscou
4. Jean-Yves / étudiant / Paris
5. Otto / mécanicien / Munich
6. Janine / avocat / Montréal
7. Li *(f.)* / ingénieur / Shanghai
8. Susan / étudiant / Pittsburgh

L. Est-ce que tu voudrais être avocat(e)? Choose from the following list several careers or jobs that you would like and several that you would not.

Modèle: *Je voudrais être médecin, mais je ne voudrais pas être avocat(e).*

architecte / comptable *(accountant)* / dentiste / avocat(e) / journaliste / professeur / secrétaire / pharmacien(ne) / homme (femme) d'affaires *(businessman/woman)* / mécanicien(ne) / ingénieur / musicien(ne) / fermier(ère) *(farmer)* / acteur (actrice) / astronaute / programmeur(se) *(computer programmer)*

Débrouillons-nous! (Petite révision de l'étape)

M. Échange. Posez les questions suivantes à un(e) autre étudiant(e), qui va vous répondre.

1. Quelle *(what)* est ta nationalité?
2. Tu es d'origine italienne (allemande, ——)?
3. Tu es professeur?
4. Tu habites à ——, n'est-ce pas?
5. Tu es de —— aussi?
6. Tu travailles? (Tu gagnes beaucoup?)
7. Tu parles espagnol? allemand? chinois? russe?

N. Le déjeuner au café. After class, you go to a café for lunch. There you see some other students in the class, whom you recognize but whom you have not met. Introduce yourself **(Je suis Mike Johnson),** find out the nationalities and home cities of the others, then order something to eat and drink.

Listen again to the Student Tape for this chapter and do the more detailed comprehension exercises at the end of the corresponding chapter in the ***Cahier.***

Quatrième Étape

LECTURE: *La Dauphine vous propose*

The final **étape** of each chapter will begin with a **lecture** (reading selection). The **lectures** are intended to provide you with systematic help in learning to read French.

Below you will find a list of items served in a café called *La Dauphine.* In a café, one rarely orders more than two or three things to eat or drink at a time, so it is not really necessary to understand every single item on the list. Using the French you have learned in the **Étape préliminaire** and this chapter, as well as your general cultural knowledge, figure out as many items as you can in the list below. Then do the exercises that follow.

LA DAUPHINE VOUS PROPOSE

CROQUE MONSIEUR	15.00	CROQUE MADAME	18.00
OMELETTE JAMBON OU FROMAGE	18.00	OMELETTE MIXTE	22.00
HOT DOG	15.00	FRANCFORT FRITES	22.00

SANDWICHES

JAMBON OU GRUYÈRE OU PATÉ	8.70	AMÉRICAIN: crudités et jambon	22.00

SALADES

SALADE NATURE	15.00	SALADE DE TOMATES	22.00
CAROTTES RÂPÉES	16.00	SALADE DE CONCOMBRES	22.00

BOISSONS

33 EXPORT	10.00	CAFÉ	5.25
33 RECORD	9.00	CRÈME	12.00
HEINEKEN	12.00	CHOCOLAT	12.00
KREICK BELLEVUE	25.00	THÉ, LAIT OU CITRON	12.00
		THÉS AROMATISÉS	12.00
COCA COLA	12.00	CAFÉ VIENNOIS	20.00
JUS DE FRUITS	12.00	CHOCOLAT VIENNOIS	20.00
JUS PRESSÉS	14.00	CAPPUCCINO	18.00

EAUX MINÉRALES 10.00

Compréhension

A. Your traveling companions do not speak French at all. They tell you what they would like to eat or drink, and you tell them what they should order and how much it will cost.

1. I'm not very hungry; all I want is a cup of espresso.
2. I can't eat meat. I want something with cheese.
3. I'm really thirsty; I'd like a nice glass of lemonade.
4. Is it possible to get just a plain lettuce salad?
5. I would like an omelet with ham and cheese.
6. All I want is a beer.

B. Devinez! *(Guess!)* You are more adventuresome than your friends, so you decide to try an item whose name you don't recognize. If you were to order each of the following, what would you get?

1. un sandwich américain 2. une Kreick Bellevue 3. un crème 4. un francfort frites 5. une salade de concombres 6. des carottes râpées

Reprise
(Troisième Étape)

C. Un déjeuner au café. Three friends order lunch in a café. Imitate their conversation, substituting your own choices. Rotate until everyone has played each role.

Modèle: PIERRE: *Qu'est-ce que vous désirez?*
HÉLÈNE: *Moi, je vais prendre une omelette au fromage et un demi.*
CHANTAL: *Moi, je voudrais un croque-monsieur.*
HÉLÈNE: *Et un demi?*
CHANTAL: *Non, un Perrier. Et toi, tu désires quelque chose?*
PIERRE: *Oui, un sandwich au fromage et un Perrier.*

D. Les nationalités. Find out the nationalities of the other students at the café by making the indicated assumption and then correcting your mistake.

Modèle: Marguerite / portugais / New York
—Est-ce que Marguerite est portugaise?
—Mais non, elle est de New York.
—Ah, bon. Elle est américaine.
—Oui, c'est ça. Elle est américaine.

1. Monique / suisse / Paris
2. Lin-Tao *(m.)* / japonais / Pékin
3. Francesca / mexicain / Rome
4. Jean-Pierre / belge / Montréal
5. Verity / américain / Londres
6. Fumiko et Junko *(f.)* / égyptien / Tokyo
7. Juan et Pablo / espagnol / Guadalajara
8. Natasha et Svetlana / canadien / Moscou
9. Eberhard et Heidi / suisse / Berlin

E. Je te présente... *(I'd like you to meet...)* You and your partner each decide on a new identity (name and nationality). Introduce your partner to several other people in the class, following the model below; then have your partner introduce you to a different group of people.

Modèle: A: *Barbara, je te présente Henri.*
C: *Bonjour, Henri.*
B: *Bonjour, Barbara.*
C: *Henri, tu es belge?*
B: *Non, je suis suisse.*
A: *Oui, il est de Genève.*
B: *Et toi, Barbara?*
C: *Moi? Je suis de Little Falls.*

Point d'arrivée (Activités orales et écrites)

F. Au café. You and a friend meet at a café for a drink **(un apéritif)** or for breakfast or for lunch. After you greet each other and order, another friend arrives. Introduce him / her to your first friend. The two people who have just met try to get better acquainted by asking each other questions about their nationality, residence, work, languages, and the like. Don't forget to order something for the third person.

G. Une présentation. Question another student in order to introduce him / her to the class. Find out the following information: (1) his / her nationality **(Est-ce que tu es belge?**, etc.); (2) where he / she is from; (3) where he / she lives now; (4) his / her work; (5) what languages he / she speaks. Don't try to translate the questions literally from English to French; instead, use the French you have learned to find a way to get the needed information. When you have finished, present the student to the class.

Modèle: *Je vous présente Annette. Elle est française. Elle habite à Paris, mais elle est de Rouen. Elle est étudiante, mais elle travaille aussi. Elle parle français et allemand. Elle ne parle pas anglais.*

H. En attendant à l'aéroport. While waiting for a plane at an international airport, you and your friends take turns guessing the nationality and profession of various people. After making your guesses, one of you goes up to each person and finds out the correct information. Use the cards provided by your teacher. The person holding each card plays the role of the person(s) pictured.

Modèle: — *À mon avis* (in my opinion), *elle est italienne et elle est avocate.*
— Elle est italienne, mais elle n'est pas avocate. Elle est femme d'affaires.
— Pardon, Madame. Vous êtes italienne?
— Non, je suis espagnole.
— Ah, mais vous êtes avocate, n'est-ce pas?
— Oui, je suis avocate.

Lexique

POUR SE DÉBROUILLER

Pour saluer
bonjour
salut
Comment allez-vous?
Comment ça va?
Ça va (bien)?

Pour répondre à une salutation
Je vais très bien.
Ça va (bien).

Pour prendre congé
au revoir
allez, au revoir
à bientôt
à tout à l'heure

Pour faire une présentation
je vous présente
je te présente
enchanté(e)

Pour commander
je voudrais
je vais prendre
donnez-moi

VOCABULAIRE GÉNÉRAL

Noms
un(e) ami(e)
un(e) assistant(e)
un(e) avocat(e)
un chocolat
un croque-monsieur
le déjeuner
une femme
un ingénieur
un(e) mécanicien(ne)
un médecin
une omelette aux fines herbes
le petit déjeuner
un(e) pharmacien(ne)
un professeur
une salade
un sandwich au fromage
au jambon
au pâté
un(e) secrétaire

Verbes
arriver
chanter
commander
danser
désirer
étudier
être
fumer
gagner
habiter
manger
parler
travailler
voyager

Adjectifs de nationalité
allemand(e)
américain(e)
anglais(e)
belge
brésilien(ne)
canadien(ne)
chinois(e)
égyptien(ne)
espagnol(e)
français(e)
italien(ne)
japonais(e)
mexicain(e)
russe
suisse

Adverbes
assez
aussi
beaucoup
bien
déjà
ici
là
mal
un peu
rarement
souvent
très peu

Autres expressions
à
ah, bon
de
mais
mais non
moi
n'est-ce pas?
quelque chose
toi

CHAPITRE DEUX
Faisons connaissance!

Première Étape
Mes possessions

Deuxième Étape
Mes goûts

Troisième Étape
Ma famille

Quatrième Étape
Lecture: Mon identité

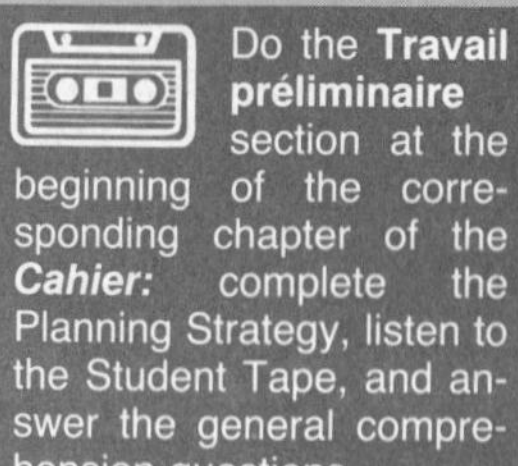

Do the **Travail préliminaire** section at the beginning of the corresponding chapter of the ***Cahier:*** complete the Planning Strategy, listen to the Student Tape, and answer the general comprehension questions.

Première Étape

POINT DE DÉPART: *Mes possessions*

mes: my

J'habite dans

une maison un appartement une chambre

(in order) to go to town, I have

Pour aller en ville, j'ai:

une voiture une motocyclette un vélomoteur un vélo

Pour étudier, j'ai:

une machine à écrire un livre un ordinateur un crayon

un cahier un stylo une calculatrice

when I go out

Quand je sors, j'ai:

un sac à dos — une clé — un portefeuille — un sac

to have fun

Pour m'amuser, j'ai:

À vous! (Exercices de vocabulaire)

Modèle

A. Mais non... Answer the questions according to the drawing.

Modèle: C'est un transistor?
Non, ce n'est pas un transistor,[1] *c'est une clé.*

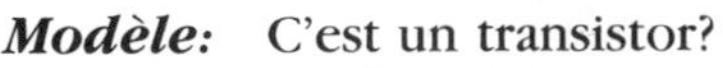

1. C'est un vélo?
2. C'est un stylo?
3. C'est une motocyclette?
4. C'est un ordinateur?

---

1. After **c'est** *(it is),* **un** and **une** do not become **de: C'est un cahier? Non, ce n'est pas un cahier.**

5. C'est un sac?
6. C'est une télévision?
7. C'est un appartement?
8. C'est une cassette?
9. C'est une serviette?
10. C'est une chaîne stéréo?

B. Christine, Bertrand et Antoinette. On the basis of the drawings, complete each person's description of where he/she lives.

Christine Devise

Bertrand Perreaux

Antoinette Salanches

1. Je m'appelle *(My name is...)* Christine Devise. J'habite dans... J'ai... et... , mais je n'ai pas de (d')... Pour aller en ville, j'ai...
2. Je m'appelle Bertrand Perreaux. J'habite dans... J'ai... et... Pour aller en ville, moi, j'ai...
3. Je m'appelle Antoinette Salanches. Moi, j'habite dans... Chez nous, il y a... et..., mais nous n'avons pas de (d')... Pour aller à l'école, j'ai...

STRUCTURE 1: *Le présent du verbe irrégulier* avoir *et l'expression* il y a

J'ai une Renault 9.	*I have* a Renault 9.
Est-ce que **vous avez** une voiture?	*Do you have* a car?

Nous n'avons pas d'auto.	*We don't have* a car.
Ça va. **Elles ont** une motocyclette.	That's OK. *They have* a motorcycle.

The verb **avoir** *(to have)* is irregular.

avoir	
j'**ai**	nous **avons**
tu **as**	vous **avez**
il, elle, on **a**	ils, elles **ont**

In a negative sentence, the indefinite articles **un** and **une** change to **de (d')** before a vowel or a vowel sound. This construction often occurs with the verb **avoir: Nous n'avons pas de clé.**

The verb **avoir** is part of the expression **il y a,** the French equivalent of *there is* or *there are.* **Il y a** is invariable; it does not have separate singular and plural forms.

Il y a un stylo sur la table.	*There is* a pen on the table.
Il y a trois crayons dans le tiroir.	*There are* three pencils in the drawer.
Il n'y a pas de livres.	*There aren't any* books.

Voilà also means *there is* or *there are*, but **voilà** is used to point out the location of a place, person, or thing with the intention of getting someone to look in that direction. **Il y a** is used to state that a person, place, or thing exists; it may be followed by an indication of location, but it does not require the listener to look.

Il y a un stylo sur la table.	*There is* a pen on the table. (The pen exists and is on the table.)
Voilà un stylo, sur la table.[2]	*There is* a pen, on the table. (A pen is on the table; look at it.)

Many common French expressions use the verb **avoir.** Frequently, the English equivalent is not *to have*, but rather *to be.* In this chapter, you will learn four such expressions: **avoir faim** *(to be hungry),* **avoir soif** *(to be thirsty),* **avoir raison** *(to be right),* **avoir tort** *(to be wrong).* In subsequent chapters, you will find other **avoir** expressions.

Je n'ai pas faim, mais **j'ai** très **soif.**	*I'm not hungry,* but *I'm* very *thirsty.*
Est-ce qu'elle a raison?	*Is she right?*
Mais non, **elle a tort.**	No, *she's wrong.*

Application

C. Remplacez le sujet et faites les changements nécessaires:

1. *Luc* a raison. (Alex / nous / je / Irène et Claude / tu / ils)

2. **Voilà** has a companion expression, **voici** *(here is, here are).* **Voici une calculatrice** (near the speaker). **Voilà une maison** (away from the speaker).

2. Est-ce que *François* a une chaîne stéréo? (tu / Élisabeth / Jean-Luc et André / vous / elles)
3. *Ils* n'ont pas d'ordinateur. (elle / tu / nous / je / elles / Éric)

D. Non, mais j'ai... Each time that you ask about someone's possessions, you learn that he/she does not have the object you mention, but something else instead.

Modèle: Est-ce que Philippe a un ordinateur? (calculatrice)
Non, il n'a pas d'ordinateur, mais il a une calculatrice.

1. Est-ce que Nathalie a une motocyclette? (vélo)
2. Est-ce que Jean-Jacques a une chaîne stéréo? (magnétoscope)
3. Est-ce que tu as un stylo? (crayon)
4. Est-ce que Monique et Didier ont une maison? (appartement)
5. Est-ce que vous avez un ordinateur? (machine à écrire)
6. Est-ce que vous avez une voiture? (vélomoteur)
7. Est-ce que tu as une serviette? (sac à dos)
8. Est-ce que Madeleine a un sac? (portefeuille)

E. Qu'est-ce qu'il y a dans une chambre d'étudiant? *(What's in a student's room?)* Indicate which of the following items are usually found in a student's room and which items are not.

Modèle: *D'habitude dans une chambre d'étudiant il y a un stylo,...*
D'habitude dans une chambre d'étudiant il n'y a pas de motocyclette,...

un transistor / un crayon / un vélo / une calculatrice / un cahier / une serviette / une voiture / un appareil-photo / un verre de rouge / une machine à écrire / un ordinateur / une télévision / un vélomoteur / un disque

F. La ronde de questions. Each member of the group plays the role of questioner in order to find out information about the other members. Ask at least four questions **(tu, vous, il/elle, ils/elles).**

1. avoir faim 2. avoir une moto 3. avoir soif 4. avoir une voiture 5. avoir un appareil-photo

STRUCTURE 2: *Les nombres de 0 à 10*

The French word for the number 1 is the same as the indefinite article—**un** *or* **une,** depending on whether the noun it introduces is masculine or feminine. Zero and the numbers from 2 to 10 are invariable.

0 zéro	3 trois	5 cinq	7 sept	9 neuf
1 un, une	4 quatre	6 six	8 huit	10 dix
2 deux				

When a number precedes a noun beginning with a vowel or a vowel sound, liaison occurs and the final consonant is pronounced.

In liaison, **x** and **s** are pronounced like a **z: deux appartements, trois autos, cinq étudiants, six étudiantes, huit appareils, dix autos.**

Application

G. Faites les exercices suivants.

1. Comptez de 0 jusqu'à 10; de 10 jusqu'à 0.
2. Répétez les nombres pairs *(even):* 0,2,4,6,8,10; répétez les nombres impairs *(odd):* 1,3,5,7,9.
3. Lisez *(Read):* un livre, une menthe à l'eau, deux cafés au lait, trois clés, quatre livres, cinq vélos, six sandwiches, sept bières, huit stylos, neuf lettres, dix sacs; un avocat, une omelette, deux exercices, trois appartements, quatre appareils, cinq Oranginas, six omelettes, sept express, huit autos, neuf étudiants, dix étudiantes.

PRONONCIATION: *La combinaison* qu

In English, the combination *qu*, except at the end of a word *(unique),* is pronounced [kw]: *quote, quick, request.* In French, the combination **qu** is always pronounced [k]; the **u** is silent. Notice the difference between:

English	**French**
*Qu*ebec	**Qu**ébec
se*qu*ence	sé**qu**ence

Pratique

H. Read each word aloud, being careful to pronounce the **qu** combination as [k].

est-ce que / croque-monsieur / qu'est-ce que / quelque chose / Jacqueline / Véronique / disque / critique / Québec

STRUCTURE 3: *L'article indéfini* des

Commandons **des** sandwiches.	Let's order *some* sandwiches.
Nous avons **des** amis.	We have friends.
Il n'y a pas **de** livres ici.	There aren't *any* books here.

The plural form of the indefinite article **un** and **une** is **des. Des** is the equivalent of the English *some* or *any.* French requires the use of **des** in cases where English does not use an article because *some* or *any* is understood. For example, **Nous avons des amis** = *We have (some) friends.*

After a negative expression, **des** becomes **de** or **d'**, except after the expression **ce ne sont pas: Il n'y a pas de livres ici**, but **Ce ne sont pas des livres.**

Application

I. Make each expression plural.

Modèle: une maison *des maisons*

1. un cahier 2. une clé 3. un appartement 4. un disque 5. un appareil-photo 6. un vélo 7. un croissant 8. une omelette 9. une voiture 10. un ami

J. Oui, elle a des... et des... aussi. This time the people not only have the objects you ask about, but they also tell you about some other possessions.

Modèle: Est-ce que tu as des crayons? (stylos)
Oui, j'ai des crayons, et j'ai des stylos aussi.

1. Est-ce que tu as des disques? (cassettes)
2. Est-ce que Paul a des livres? (cahiers)
3. Est-ce que vous avez des stylos? (crayons)
4. Est-ce qu'il y a des croissants? (sandwiches, omelettes)
5. Est-ce qu'elles ont un magnétoscope? (vidéos)

K. Qu'est-ce qu'il y a dans la chambre de... ? Using the drawings as a guide, indicate what objects are in Véronique's room **(la chambre de Véronique).** Then answer the questions about your own room **(votre chambre).**

1. Qu'est-ce qu'il y a dans la chambre de Véronique? (Dans la chambre de Véronique il y a...)
2. Qu'est-ce qu'il y a dans votre chambre? (Dans ma chambre il y a...)

Débrouillons-nous! (Petite révision de l'étape)

L. Échange. Posez les questions à un(e) autre étudiant(e), qui va vous répondre.

1. Est-ce que tu habites dans un appartement?
2. Qu'est-ce que tu as pour aller en ville—une voiture? un vélo?
3. Est-ce que tu étudies beaucoup? Est-ce que tu as un stylo? des livres? une machine à écrire? une calculatrice? un ordinateur?
4. Est-ce que tu as une chaîne stéréo? des disques? des cassettes?
5. Est-ce que tu as faim? soif?

M. Qu'est-ce qu'il y a dans ta chambre? *(What's in your room?)* You are looking for a place to write an important paper, but you can't use your room (because of your roommate or your brother, etc.). Therefore, you need to borrow someone else's room. Go around the class asking questions in order to find the most comfortable and best equipped place to work.

Deuxième Étape

POINT DE DÉPART: *Mes goûts*

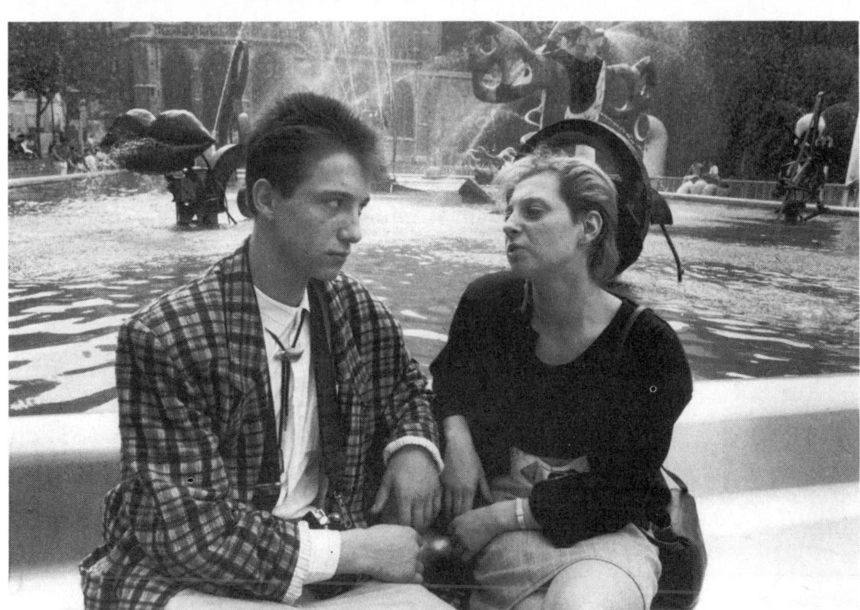

un goût: taste, preference

boyfriend

Bonjour. Je suis Christine. Et voici Robert. C'est mon **petit ami,** mais nous avons des goûts très différents.

	Christine	**Robert**
like, love	**J'aime** le café.	Moi, je déteste le café.
	J'aime le vin.	Moi, je n'aime pas le vin.
cats / prefer / dogs	J'aime les **chats.**	Moi, j'**aime mieux** les **chiens.**
	J'aime beaucoup le camping.	Moi, je déteste la nature.
	Je n'aime pas les sports.	Moi, j'adore le tennis.
really dislike	**Je n'aime pas du tout** la télévision.	Moi, j'aime bien la télévision.
	J'aime la musique classique.	Moi, j'aime la musique populaire.
	J'aime le cinéma.	Moi, j'aime mieux le théâtre.
painting	J'adore la **peinture.**	Moi, j'aime beaucoup la sculpture.
languages	J'étudie les **langues** et la littérature.	Moi, j'étudie les sciences et les mathématiques.
work / either, neither	Je n'aime pas le **travail.**	Ah, moi, je n'aime pas le travail **non plus.**

À vous! (Exercices de vocabulaire)

A. Est-ce que vous aimez... ? Give your reactions to each item.

Modèle: Est-ce que vous aimez le tennis?
Oui, j'aime le tennis. ou *J'aime bien le tennis.* ou *J'adore le tennis.* ou *Je n'aime pas le tennis.*

Et vous?
Moi aussi, j'aime le tennis. ou *Moi, je n'aime pas le tennis non plus.*

1. le cinéma 2. la bière 3. la télévision 4. les mathématiques 5. le camping 6. la musique classique 7. la politique 8. les sports

B. Qu'est-ce que vous aimez mieux... ? Indicate your preferences.

Modèle: le thé ou le café?
J'aime mieux le café. Et vous? (Et toi?)
Moi, j'aime mieux le thé. ou *Moi aussi, j'aime mieux le café.*

1. les sandwiches ou les omelettes 2. la musique classique ou la musique populaire 3. le théâtre ou le cinéma 4. le camping ou le tennis 5. les mathématiques ou la littérature 6. les chiens ou les chats 7. la peinture classique ou la peinture moderne 8. le vin, la bière ou le lait

Reprise (Première Étape)

C. Lisez en français: 3,7,2,5,0,9,1,10,6,4,8.

D. Qui a... ? *(Who has... ?)* Based on the drawings, answer the questions about each person's possessions. Give as much information as possible.

Alain Georgette M. et Mme Goudon

1. Est-ce qu'Alain a une voiture? Et M. et Mme Goudon? Et Georgette?
2. Est-ce que Georgette a des livres? Et M. et Mme Goudon? Et Alain?
3. Qui a un transistor? Qui n'a pas de transistor?
4. Qui a une télévision? Qui a une chaîne stéréo?
5. Qui a un appareil-photo?

E. Et toi? Répondez aux questions selon votre situation personnelle.

1. Est-ce que tu habites dans une maison?
2. Est-ce que tu as une télévision?
3. Est-ce que tu as une voiture? un vélomoteur?
4. Est-ce que tu as des clés?

5. Est-ce que tu as une serviette ou un sac à dos?
6. Est-ce que tu as un chien ou un chat?
7. Est-ce que tu as faim? soif?
8. Est-ce qu'il y a une chaîne stéréo dans ta chambre?

STRUCTURE 4: *L'article défini* (le, la, l', les)

Les Goudon[3] aiment le tennis.	*The* Goudons like tennis.
Hervé n'aime pas **la** politique.	Hervé does not like politics.
Est-ce que **l'**ordinateur de Pierre est un Apple?	Is Pierre's computer (*the* computer belonging to Pierre) an Apple?
Voici **les** clés que tu cherches.	Here are *the* keys you're looking for.

The French definite article has three singular forms: **le** (masculine), **la** (feminine), **l'** (masculine or feminine before a vowel or a vowel sound). It has one plural form: **les.** The **s** of **les** is silent, except in liaison before a vowel or a vowel sound.

The definite article has two main uses. First, it is used to designate a noun in a general or collective sense. For example, **Anne aime le tennis** means that Anne likes tennis in general; **Michel n'aime pas la bière** means that Michel dislikes all beer. In English, an article is not required to express these ideas. When used in this sense, the article and noun often accompany verbs such as **aimer (bien, beaucoup, mieux), ne pas aimer (du tout), adorer.**

The definite article is also used to designate a noun in a specific sense. For example, **voici les clés** refers to specific keys that have already been mentioned; **l'ordinateur de Pierre** refers to the particular computer belonging to Pierre.

Notice that the definite article is used in conjunction with the preposition **de** to indicate possession:

l'ami **de** Vincent	Vincent*'s* friend
les livres **d'**Isabelle	Isabelle*'s* books

Application

F. Remplacez l'article indéfini par l'article défini.

Modèle: un livre *le livre*

1. un café 2. des sandwiches 3. une maison 4. une omelette 5. un sac 6. des croissants 7. une chambre 8. une télévision 9. des disques 10. des appareils-photo 11. un ami 12. une amie 13. des amis 14. une serviette

3. Family names in French are not pluralized: **les Simon** = *the Simons.*

G. Les goûts. You learn that your new friends have differing tastes. In each category, you discover what the first person likes **(aimer),** what the second person prefers **(aimer mieux),** and what the third person dislikes **(ne pas aimer).**

Modèle: Éric (bière) / Martine (vin) / Roger (boissons alcoolisées)
Éric aime la bière, mais Martine aime mieux le vin. Roger n'aime pas les boissons alcoolisées.

1. Georges (football) / Marie (tennis) / Jeanne (sports)
2. Colette (disques) / Yvonne (cassettes) / Henri (musique)
3. Robert (chiens) / Christine (chats) / Jean-Jacques (animaux)
4. Didier (sculpture) / Alain (peinture) / Michelle (art)
5. Sylvie (thé) / Marc (café) / Geneviève (boissons chaudes)

H. Ça, c'est... *(That's...)* After several of your friends have visited your room, you discovered they have left several things. You show these objects to your friend, who identifies the owner.

Modèles: Voici un livre. (Béatrice)
Ça, c'est le livre de Béatrice.

Voici des crayons. (Marc)
Ce sont les crayons de Marc.

1. Voici un stylo. (Michel)
2. Voici une serviette. (Bernadette)
3. Voici des clés. (Gérard)
4. Voici une calculatrice. (Jean-Paul)
5. Voici un cahier. (Annick)
6. Voici des livres. (Pierrette)
7. Voici un appareil-photo. (Guy)
8. Voici des cassettes. (Jacques)

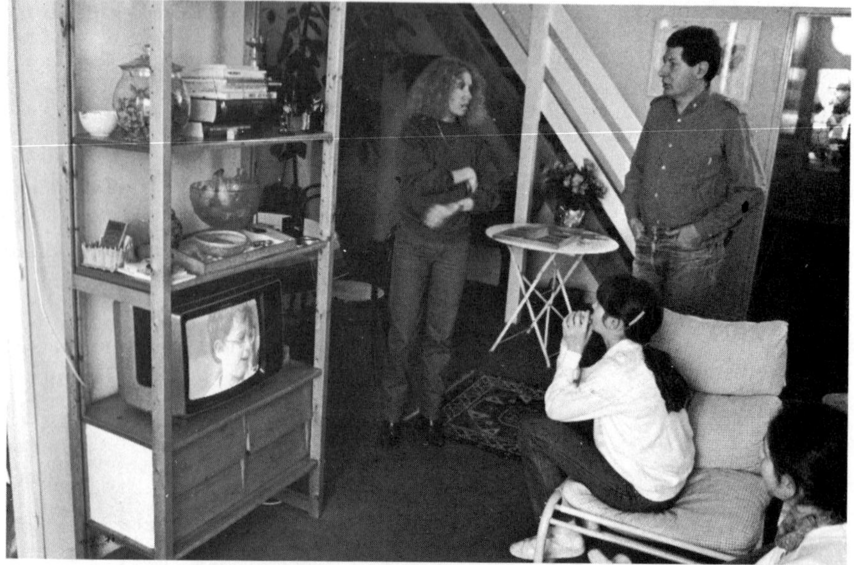

PRONONCIATION: *La combinaison* ch

In English, the combination *ch* is usually pronounced with the hard sounds [tch] or [k]: *ch*icken, rea*ch*; *ch*aracter, ar*ch*itect. In French, the combination **ch** usually has a softer sound, much like the *sh* in the English word *sheep*. Notice the difference in the following pairs:

English	French
*ch*ief	**ch**ef
tou*ch*	tou**ch**é
ar*ch*itect	ar**ch**itecte

Pratique

1. Read each word aloud, being careful to pronounce **ch** as [sh]:

chante / chose / Chantal / chinois / chien / chambre / machine / chat / chaîne / chercher / chef

STRUCTURE 5: *L'adjectif possessif (1ère et 2e personnes)*

Tu aimes **ton** travail?	Do you like *your* work?
Oui, j'aime **mon** travail.	Yes, I like *my* work.
Est-ce que **ta** chambre est grande?	Is *your* room big?
Non, **ma** chambre est assez petite.	No, *my* room is rather small.
Tu aimes **mes** amis?	Do you like *my* friends?
Oui, j'aime beaucoup **tes** amis.	Yes, I like *your* friends a lot.
C'est **votre** maison?	Is that *your* house?
Non, ce n'est pas **notre** maison.	No, that's not *our* house.
Ce sont **vos** clés?	Are these *your* keys?
Oui, ce sont **nos** clés.	Yes, they are *our* keys.

Like definite and indefinite articles, possessive adjectives agree with the nouns they modify. Consequently, French has three forms **(mon, ma, mes)** that are equivalent to the English possessive adjective *my*. The same is true for the familiar *your* **(ton, ta, tes).** *Our* and *your* (plural or formal) have only two equivalents, **notre** and **votre** (singular), **nos** and **vos** (plural).

With a feminine noun beginning with a vowel or a vowel sound, the masculine form **mon** or **ton** is used in order to provide liaison: **mon‿omelette, ton‿amie.**

Subject	*Possessive adjective*	*Example*	*English equivalent*
je	**mon**	**mon** livre, **mon** amie	*my*
	ma	**ma** chambre	
	mes	**mes** clés	
tu	**ton**	**ton** livre, **ton** amie	*your*
	ta	**ta** chambre	
	tes	**tes** clés	
nous	**notre**	**notre** livre **notre** chambre	*our*
	nos	**nos** clés	
vous	**votre**	**votre** livre **votre** chambre	*your*
	vos	**vos** clés	

The **s** of **mes, tes, nos, vos** is silent, except before a noun beginning with a vowel or a vowel sound. Then liaison takes place: **vos clés,** but **vos‿amis.**

Application

J. Remplacez le nom et faites les changements nécessaires.

1. Voilà mon *vélo.* (crayon / appartement / maison / chaîne stéréo / clés)
2. Où est ta *serviette?* (maison / cahier / chambre / appareil-photo / portefeuille / calculatrice)
3. Nous aimons bien notre *voiture.* (machine à écrire / livres / amis / télévision / disques / professeur)
4. Est-ce que vous avez votre *stylo?* (transistor / livres / clés / crayons / cassettes / calculatrice)

K. De la confusion. All of a sudden everyone seems confused about who certain things belong to. When a stranger tries to take your school possessions, you politely set him/her straight.

Modèle: Ah, voici mon crayon.
Je m'excuse. Ce n'est pas votre crayon, c'est mon crayon.

1. Ah, voici mon cahier. 2. Et ma calculatrice. 3. Et mes livres. 4. Et mes clés.

Then your neighbors get confused between their possessions and your family's.

Modèle: C'est notre voiture?
Non, ce n'est pas votre voiture, c'est notre voiture.

5. C'est notre télévision? 6. Ce sont nos disques? 7. C'est notre appareil-photo? 8. Ce sont nos clés?

Finally, your roommate thinks your possessions are his/hers.

Modèle: Eh bien, donne-moi ma clé.
Mais non, ce n'est pas ta clé, c'est ma clé.

9. Donne-moi mon crayon. 10. Donne-moi mes cahiers.
11. Donne-moi ma cassette. 12. Donne-moi mon sac à dos.

L. Ce n'est pas mon livre! Hervé is very mixed up. He thinks his things belong to you and your friends. Straighten him out. Rotate the role of Hervé.

Modèle: un livre

HERVÉ: *C'est ton livre?*
JEAN: *Mais non, ce n'est pas mon livre, c'est ton livre.*
HERVÉ: *C'est votre livre?*
JEAN ET LISE: *Mais non, ce n'est pas notre livre, c'est ton livre.*

1. un stylo 2. une clé 3. des disques 4. un cahier 5. une calculatrice 6. un crayon 7. des vidéos 8. un appareil-photo

Débrouillons-nous! (Petite révision de l'étape)

M. Échange. Posez les questions à un(e) autre étudiant(e), qui va vous répondre.

1. Est-ce que tu aimes la nature? la politique? les sports?
2. Est-ce qu'il y a une télévision dans ta chambre? une chaîne stéréo? des disques? un ordinateur?
3. Est-ce que tu aimes mieux le thé, le café ou le lait?
4. Est-ce que tu as une calculatrice? Est-ce que ton ami(e) a une calculatrice?
5. (Employez **voici** ou **voilà.**) Où est ton livre de français? Où sont tes clés? Où est ta calculatrice? Où est mon livre de français? Où sont mes clés?

N. Moi, je suis... Imagine that it is your first day in an international school where the common language is French. Go up to another student and introduce yourself. Tell who you are, what you do, where you are from. Then try to give the other person an idea about what you like and dislike and what you have and don't have.

Troisième Étape

POINT DE DÉPART: *Ma famille*

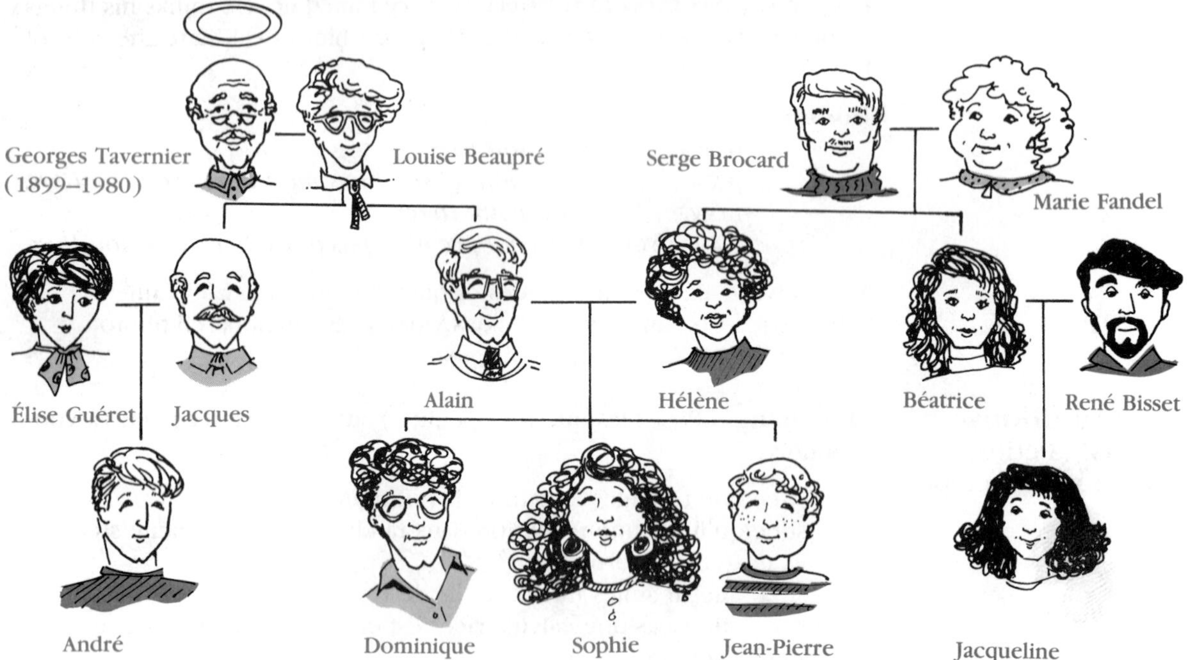

my name is
my brother's name is
who
wife
son
husband

Bonjour. **Je m'appelle**[4] Dominique Tavernier. Dominique, c'est mon prénom. Tavernier, mon nom de famille. Nous sommes cinq dans ma famille. J'ai un père, une mère, un frère et une soeur. **Mon frère s'appelle** Jean-Pierre et ma soeur s'appelle Sophie. Nous habitons dans une maison à Lille. J'ai aussi de la famille **qui** n'habite pas à Lille.

Voici mon grand-père et mes deux grand-mères.

Voici mon oncle Jacques. C'est le frère de mon père.

Voici ma tante Élise. C'est la **femme** de mon oncle.

Voici mon cousin André. C'est le **fils** de mon oncle Jacques et de ma tante Élise.

Voici ma tante Béatrice. C'est la soeur de ma mère.

Voici mon oncle René. C'est le **mari** de ma tante.

---

4. The verb **s'appeler** is conjugated as follows: **je m'appelle, tu t'appelles, il/elle/on s'appelle, nous nous appelons, vous vous appelez, ils/elles s'appellent.** Learn also the fixed question forms: **Comment vous appelez-vous?** and **Comment t'appelles-tu?** (usually used with children). Adults often give their name by saying *Je suis...*

daughter

Et voici ma cousine Jacqueline. C'est la **fille** de mon oncle René et de ma tante Béatrice.

À vous! (Exercices de vocabulaire)

A. Combien de... ? *(How many... ?)* Answer the questions about the number of people there are in *your* family.

Modèle: Combien de soeurs est-ce que vous avez?
J'ai une soeur. ou *Je n'ai pas de soeurs.*

1. Combien de frères est-ce que vous avez?
2. Combien de grands-pères est-ce que vous avez?
3. Combien de grands-mères est-ce que vous avez?
4. Combien de tantes est-ce que vous avez?
5. Combien d'oncles est-ce que vous avez?
6. Combien de cousins et de cousines est-ce que vous avez?
7. Vous êtes combien dans votre famille? (Nous sommes...)

B. Comment s'appelle... ? *(What's the name of... ?)* Answer the questions about the members of *your* family.

Modèle: Comment s'appelle votre frère?
Il s'appelle Frank. ou *J'ai deux frères; ils s'appellent Mark et Neil.* ou *Je n'ai pas de frères.*

1. Comment s'appelle votre soeur? votre mère? votre père? votre grand-père? votre grand-mère? votre tante? votre oncle?
2. Comment vous appelez-vous?

Reprise (Deuxième Étape)

C. C'est votre... ? Répondez aux questions.

Modèle: LE PROFESSEUR: *Qu'est-ce que c'est?*
L'ÉTUDIANT(E): *C'est une calculatrice.*
LE PROFESSEUR: *C'est votre calculatrice?*
L'ÉTUDIANT(E): *Oui, c'est ma calculatrice.* ou *Non, c'est la calculatrice de Nancy.*

Your instructor will supply the items for this exercise.

D. Échange. Posez les questions à un(e) autre étudiant(e), qui va vous répondre.

1. Où est-ce que tu habites? Est-ce que tu as un appartement?
2. Est-ce que tu travailles? Où est-ce que tu travailles? Est-ce que tu gagnes beaucoup? Est-ce que tu aimes ton travail?
3. Est-ce que tu aimes les sports? la musique? la politique? le camping?
4. Est-ce que tu étudies les mathématiques? la littérature? les sciences? les langues?
5. Où est-ce que ton ami(e) habite? Est-ce qu'il(elle) aime la politique? les sports?
6. Qu'est-ce que tu aimes mieux, le thé ou le café? la bière ou le vin? le camping ou le théâtre? le cinéma ou la télévision?

STRUCTURE 6: *Les questions d'information* où, combien de, que, pourquoi

You have already learned how to ask questions that take *yes* or *no* as an answer. Many times, however, you ask a question because you seek specific information. In such cases, you can use a question word plus **est-ce que.**

- To find out *where* something or someone is located, use **où + est-ce que:**[5]

Où est-ce que Georges habite?	*Where* does George live?
Il a une chambre près d'ici.	He has a room near here.

- To ask about a *quantity,* use **combien de + est-ce que:**

Combien de cours est-ce qu'il a?	*How many* courses does he have?
Il a trois cours.	He has three courses.

- To identify *what* someone has or wants or is doing, use **qu'est-ce que.**

Qu'est-ce qu'il étudie?	*What* is he studying?
Il étudie les langues.	He is studying languages.

- To ask *why,* use **pourquoi + est-ce que.** The answer to this question usually begins with **parce que.**

Pourquoi est-ce qu'il n'est pas là?	*Why* isn't he there?
Parce qu'il est malade.	*Because* he is sick.

Application

E. Remplacez le sujet et faites les changements nécessaires.

1. Où est-ce que *vous* travaillez? (tu / ta mère / Alain / ton père)
2. Où est *Bordeaux?* (Toulouse / ta maison / mes clés / mon crayon)
3. Combien de cousins est-ce que *vous* avez? (Louis / tu / Jeanne / nous)
4. Qu'est-ce qu'*ils* cherchent? (tu / vous / votre oncle / vos amis / on)
5. Pourquoi est-ce qu'*elle* n'a pas de disques? (tu / ton frère / Jacques et Henri / vous)

F. Précisons! *(Let's give more details!)* Conversation depends on the listener paying attention to what the speaker says and reacting to it. The following are some statements made by your friends while you are having a drink at a café. In each case, ask a follow-up question to keep the conversation going.

Modèle: Mon frère n'habite pas à la maison. (où)
Où est-ce qu'il habite?

---

5. When a question contains the verb **être, est-ce que** is not usually used: **Où est ton frère? Où est la cathédrale?**

1. J'ai des soeurs, mais je n'ai pas de frères. (combien de)
2. Mes soeurs étudient beaucoup. (qu'est-ce que)
3. Elles n'aiment pas les mathématiques. (pourquoi)
4. Mon père et ma mère travaillent tous les deux *(both).* (où)
5. Ma mère gagne beaucoup d'argent. (combien de)
6. Mon père gagne très peu. (pourquoi)
7. Ma grand-mère habite à Cassis. (où)
8. Elle a des chiens et des chats. (qu'est-ce que / aimer mieux)
9. Elle fume beaucoup. (pourquoi)

G. Faisons connaissance! *(Let's get to know each other!)* Ask a classmate questions in order to get to know him/her better. In some cases, you can get the information with a yes/no question; other times, you will need to use a question word **(où, combien de, qu'est-ce que, pourquoi).** Find out:

Modèle: where he/she lives *Où est-ce que tu habites? J'habite à Clarksburg.*

1. whether he/she is originally from the city where he/she now lives
2. whether both his/her parents work
3. where the parents work
4. why they both work (or why one or the other doesn't work)
5. the number of brothers and sisters he/she has
6. whether his/her brothers and sisters are college students / (if yes) where they are students
7. what he/she likes more—music, sports or politics
8. why he/she prefers...

PRONONCIATION: *Les consonnes* c *et* g

Depending on the sound that follows it, the French consonant **c** may represent the hard sound [k], as in the English word *car,* or the soft sound [s], as in the English word *nice.* Similarly, the consonant **g** may represent either the hard sound [g], as in *gun,* or the soft sound [ʒ], as in *sabotage.*

C represents the hard sound [k] and **g** represents the hard sound [g] before another consonant and before the vowels **a, o,** and **u:**

[k]: **c**lasse, **c**ar, **c**orps, é**c**u
[g]: **g**rand, **g**are, mé**g**ot, **g**uide

C represents the soft sound [s] and **g** represents the soft sound [ʒ] before the vowels **e, i,** and **y. C** is also soft when it has a cedilla **(ç):**

[s]: fa**c**e, ra**c**ine, Saint-**C**yr, fran**ç**ais
[ʒ]: a**g**e, ri**g**ide, **g**ymnase

Pratique

H. Read each word aloud, being careful to give the appropriate hard or soft sound to the consonants **c** and **g.**

café / citron / commande / croissant / ça / cahier / pièces / combien / Françoise / Orangina / goûts / rouge / fromage / portugais / belge / langue / Roger / égyptienne

STRUCTURE 7: *Le présent du verbe irrégulier* faire *et quelques expressions avec* faire

Qu'est-ce qu'**on fait** aujourd'hui?	What *are we doing* today?
Moi, **je fais** du tennis. Et vous?	*I'm playing* tennis. And you?
Nous faisons un tour à vélo.	*We're going* for a bike ride.

Here is the present tense of the irregular verb **faire** *(to do, to make).*

faire	
je **fais**	nous **faisons**
tu **fais**	vous **faites**
il, elle, on **fait**	ils, elles **font**

The verb **faire** is used in idiomatic expressions where the English equivalent is not the basic meaning of the verb: **Nous faisons une promenade** = *We are TAKING a walk.* **On fait du ski** = *People GO skiing.* The following are a few of these expressions. You will encounter additional expressions in future chapters.

faire un voyage	to take (go on) a trip
much time— **faire une promenade**	to take (go for) a walk
faire des devoirs	to do homework
faire du sport	to participate in sports
faire du ski	to go skiing
faire du tennis	to play tennis
short time— **faire un tour**	to go for a ride

The verb **faire** is often used in a question. In such cases, the answer frequently involves another verb.

Qu'est-ce que **tu fais?**	What *are you doing?*
Je travaille.	I'm working.
Qu'est-ce que tu aimes **faire?**[6]	What do you like *to do?*
Moi, j'aime danser.	I like to dance.

Application

I. Remplacez le sujet et faites les changements nécessaires.

1. *Jean-Luc* fait du ski dans les Alpes. (Béatrice / nous / les parents de Sylvie / je / vous / tu)

6. When two verbs are governed by the same subject, the first verb is conjugated and the second verb in the infinitive form: **nous aimons voyager, je voudrais faire une promenade.**

2. *Marie-Claire* ne fait pas ses devoirs. (Stéphane / je / vous / mon frère / tu / nous / mes camarades de chambre)
3. Qu'est-ce que *Pierre* fait? (tu / vous / les autres / on / nous / Chantal)

J. Qu'est-ce qu'on fait ce week-end? You call up your brother/sister to find out what your friends and family are doing this weekend. He/she in turn asks the person(s) in question what he/she/they are doing. Use the suggested words to indicate the activity.

Modèle: Martine / travailler

VOUS: *Qu'est-ce que Martine fait ce week-end?*
VOTRE FRÈRE: *Martine, qu'est-ce que tu fais ce week-end?*
MARTINE: *Je travaille ce week-end.*
VOUS: *Qu'est-ce qu'elle fait?*
VOTRE FRÈRE: *Elle travaille.*

1. Jean-Pierre / étudier
2. nos parents (Maman et Papa) / faire un voyage
3. Bernadette / faire du ski
4. l'oncle Paul / faire du tennis
5. nos cousins (Gérard et Yvette) / travailler

K. Qu'est-ce que tu voudrais faire ce soir? Ask several people what they would like to do tonight; they will answer using one of the possibilities listed below. In each case, indicate whether their idea coincides with yours.

Modèle: VOUS: *Qu'est-ce que tu voudrais faire ce soir?*
ÉTUDIANT(E): *Je voudrais danser.*
VOUS: *Moi aussi, je voudrais danser.* ou *Non, moi, je voudrais faire une promenade.*

faire du tennis / faire une promenade / faire un tour en voiture (à vélo) / parler / manger / danser / chanter / regarder *(to look at)* la télévision

Débrouillons-nous! (Petite révision de l'étape)

L. Échange. Posez les questions à un(e) autre étudiant(e), qui va vous répondre.

1. Combien de soeurs est-ce que tu as? Est-ce que tu as des frères aussi?
2. Comment s'appelle ta mère? et ton père?
3. Où est-ce que tes grands-parents habitent? Est-ce qu'ils habitent dans une maison ou dans un appartement?
4. Est-ce que tu fais du ski? Est-ce que tu fais du sport?
5. Qu'est-ce que tu aimes faire pendant *(during)* le week-end?

M. Ta famille. Find out as much as you can about another student's family and friends. First, find out how big the family is and who the members are. Then choose one person (mother, father, brother, sister, friend, etc.) and ask more detailed questions about him/her.

Listen again to the Student Tape for this chapter and do the more detailed comprehension exercises at the end of the corresponding chapter in the ***Cahier.***

Quatrième Étape

LECTURE: *Mon identité*

The ability to read in French develops more rapidly than the skills of speaking, listening, and writing. One reason is the large number of cognates (similar words) shared by French and English. The first time you read this *Lecture*, use the many cognates in the paragraphs below to help you get the general ideas WITHOUT consulting the definitions that follow the reading.

Je suis présidente d'une grande[1] entreprise. J'ai une grande maison, quatre télévisions en couleurs et trois voitures dans le garage. Pendant les vacances[2] mon mari et moi, nous voyageons beaucoup. Nous avons un chalet en Suisse et un appartement à Paris. Mes enfants[3] sont dans une école[4] privée et chacun[5] a une chaîne stéréo, une grande quantité de disques et de vidéos et une voiture. Ma vie[6] est très intéressante; je n'ai pas de problèmes.

Je suis étudiante. Je travaille comme serveuse[7] et j'habite dans une petite chambre en ville. J'aime les sports, surtout[8] le tennis. J'adore la musique classique. Je n'ai pas beaucoup de disques, mais j'écoute[9] souvent la radio. J'étudie les langues, la littérature, les sciences et la politique parce que ce sont des sujets fascinants. J'aime ma vie; je n'ai pas de problèmes.

Je suis père de famille. J'ai quatre enfants: un fils et trois filles. Nous n'avons qu'une[10] petite maison, mais elle est confortable. Ma femme et moi, nous faisons beaucoup de choses[11] avec[12] nos enfants. Nous aimons le camping et les sports. Ma femme fait du ski; moi, j'aime mieux le football.[13] Nous célébrons les jours de fête[14] en famille—oncles, tantes, cousins, cousines et grands-parents, nous dînons ensemble.[15] Ma vie est très agréable; je n'ai pas de problèmes.

Je suis professeur de psychiatrie. Je travaille dans une clinique à Bordeaux. J'ai une femme très sympathique.[16] Nous aimons aller[17] au théâtre et au cinéma. Nous avons beaucoup d'amis et nous aimons discuter ensemble. Nous parlons des problèmes de l'identité, du matérialisme, des goûts, de la famille, des influences sociales sur la personnalité. Au travail je passe mon temps[18] à analyser les personnes «qui n'ont pas de problèmes».

---

1. large 2. vacation 3. children 4. school 5. each one 6. life 7. waitress 8. especially 9. listen (to) 10. only one 11. things 12. with 13. soccer 14. holidays 15. together 16. nice 17. to go 18. spend my time

Compréhension

A. Les mots apparentés ***(cognates).*** What do you think each of the following cognates means?

le président / en couleurs / le garage / voyager / privé(e) / la quantité / intéressant(e) / le problème / fascinant / confortable / dîner / agréable / la psychiatrie / la clinique / l'identité / le matérialisme / l'influence / social(e) / la personnalité / analyser

B. Vrai ou faux? Reread the *Lecture,* using the definitions at the end. Then decide which statements made by each person are true or false. Support your answers.

1. La présidente d'entreprise:
   a. Je suis matérialiste.
   b. J'ai une grande maison à Paris.
   c. Je suis riche.
   d. Je passe les vacances avec mes enfants.

2. L'étudiante:
   a. Je travaille dans un restaurant.
   b. J'adore le tennis.
   c. J'habite dans un appartement.
   d. Je fais des sciences.
   e. J'ai une grande quantité de disques.

3. Le père de famille:
   a. J'ai cinq enfants.
   b. J'ai trois filles.
   c. Je n'aime pas le camping.
   d. Je fais du sport, surtout du ski.
   e. Je passe les jours de fête en famille.

4. Le professeur de psychiatrie:
   a. J'aime bien ma femme.
   b. J'aime les films.
   c. J'aime mieux les idées que les actions.
   d. J'adore les discussions.
   e. J'analyse les problèmes des présidentes d'entreprise, des étudiantes et des pères de famille.

Reprise (Troisième Étape)

C. Ask the indicated questions. Do not translate word for word; find a French equivalent. Ask someone:

Modèle: where he/she lives *Où est-ce que tu habites?*

1. where his/her father and mother work
2. how many brothers and sisters he/she has
3. how many dogs and cats he/she has
4. what he/she prefers (give two choices)
5. what he/she is studying
6. what he/she likes to do on the weekend
7. why he/she eats a great deal (or very little)
8. why he/she does not have a motorcycle

D. Échange. Posez les questions à un(e) autre étudiant(e), qui va vous répondre.

1. Quel est ton nom?
2. Combien de frères et de soeurs est-ce que tu as?
3. Comment s'appelle ton frère (ta soeur)? *ou* Comment s'appellent tes frères (soeurs)?
4. Ton frère, où est-ce qu'il habite? Est-ce qu'il est étudiant aussi? Qu'est-ce qu'il étudie? *ou* Où est-ce qu'il travaille? Est-ce qu'il a une femme? des enfants?
5. Ta soeur, est-ce qu'elle habite à... aussi? Est-ce qu'elle parle français? Est-ce qu'elle fume? Est-ce qu'elle a un mari? Comment est-ce qu'il s'appelle?
6. Est-ce que tu fais du sport? Qu'est-ce que tu aimes mieux, le football ou le tennis? Est-ce que tu aimes faire des promenades? des tours en voiture? à vélo?

Point d'arrivée (Activités orales et écrites)

E. Faisons connaissance! Get to know another student by trying to discover the indicated information. He/she will ask the same things about you. Find out his/her name; where he/she lives; the size and makeup of his/her family; his/her interests (sports, politics, etc.); his/her possessions; his/her likes and dislikes (activities).

F. Je suis... Present yourself to the class. Give as much information as you can (within the limits of what you know how to say) about your family, your interests, your activities, and your possessions.

G. Le déjeuner au café. You go to a café for lunch with a student whom you've just met. When you arrive, you see a friend of yours. Along with two other members of the class, play the roles of students in this situation. During the conversation, make introductions, order lunch, and find out as much as possible about each other.

H. L'arbre généalogique *(family tree).* Construct your family tree and explain to the class (or to a small group of students) the relationships between you and the other family members. (Bring in a family picture, if possible.) For each person mentioned, give several bits of information.

I. Un dialogue de contraires *(a dialogue of opposites).* Imagine that you and another student are like the two people in the picture on page 41. The two of you are very different: you come from different families (one large, one small), you have different possessions and interests. Invent the personal details of your lives and present them to the class in the form of a dialogue of opposites.

Lexique

POUR SE DÉBROUILLER

Pour s'identifier *(to identify oneself)*
je suis
je m'appelle

Pour se renseigner *(to get information)*
combien de... ?
Comment vous appelez-vous?
Quel est votre nom?
Comment t'appelles-tu?
Quel est ton nom?
Comment s'appelle... ?
Quel est le nom de... ?
où?
pourquoi?
qu'est-ce que?

Pour indiquer ses goûts et ses préférences
adorer
aimer
aimer bien
aimer beaucoup
aimer mieux
ne pas aimer (du tout)
détester

VOCABULAIRE GÉNÉRAL

Noms
un(e) ami(e)
un appareil-photo
un appartement
un cahier
une calculatrice
le camping
une cassette
une chaîne stéréo
une chambre
un chat
un chien
le cinéma
une clé
un cours
un crayon
un disque
un(e) ennemi(e)
une famille
un(e) cousin(e)
une femme
une fille
un fils
un frère
une grand-mère
un grand-père
un mari
une mère
un oncle
un père
une soeur
une tante
un goût
une langue
la littérature
un livre
une machine à écrire
un magnétoscope
une maison
les mathématiques *f.pl.*
une motocyclette
la musique
la nature
un nom de famille
un ordinateur
la peinture
un(e) petit(e) ami(e)
la politique
un portefeuille
un prénom
une radio
un sac
un sac à dos
la science
la sculpture
une serviette
les sports *m.pl.*
un stylo
la (une) télévision
le tennis
le théâtre
un transistor
le travail
un vélo
un vélomoteur
une vidéo
une voiture

Verbes
avoir
avoir faim
avoir raison
avoir soif
avoir tort
chercher
faire
faire une promenade
faire du ski
faire du sport
faire du tennis
faire un tour
faire un voyage

Adjectifs
classique
différent(e)
populaire

Autres expressions
dans
il y a
non plus
parce que
pour aller en ville
sur
voici

CHAPITRE TROIS
Renseignons-nous!

Première Étape
Faisons la connaissance de la ville!

Deuxième Étape
Où se trouve... ?

Troisième Étape
Vous allez tout droit!

Quatrième Étape
Lecture: Une ville française—Fougères

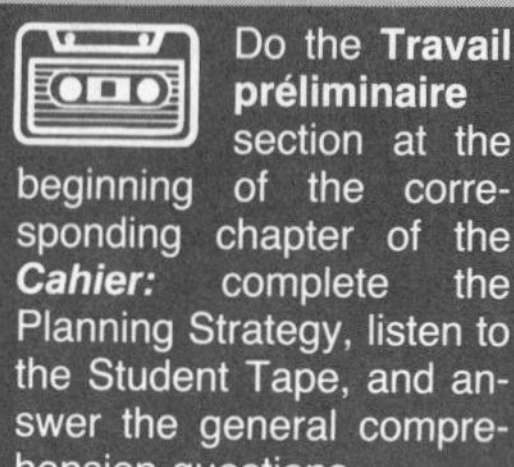

Do the **Travail préliminaire** section at the beginning of the corresponding chapter of the ***Cahier:*** complete the Planning Strategy, listen to the Student Tape, and answer the general comprehension questions.

Première Étape

POINT DE DÉPART: *Faisons la connaissance de la ville!*

faire la connaissance de: to get to know
secondary school
school
store that sells tobacco products, stamps, newspapers
church / museum
railroad station

Dans notre ville il y a:

un **lycée**	une librairie[1]	un hôtel
une **école**	un bureau de poste	un café
une université	un **bureau de tabac**	un restaurant
un hôpital	une pharmacie	un cinéma
une cathédrale	une banque	un théâtre
une **église**	un aéroport	un **musée**
une bibliothèque[1]	une **gare**	un parc

À vous! (Exercices de vocabulaire)

A. Qu'est-ce que c'est? Identify each building or place.

Modèle: *C'est un hôtel.*

Modèle

1. **Une librairie** is a bookstore; a library is **une bibliothèque.**

B. Où est... ? You have just arrived in a town and are looking at a map. Using the appropriate form of the definite article **(le, la, l')**, ask someone where each building or place is located.

Modèle: café *Où est le café?*

1. gare 2. hôtel 3. bureau de poste 4. aéroport 5. cathédrale 6. banque 7. université 8. théâtre 9. hôpital 10. parc 11. musée

C. Là *(there).* Now that you are familiar with the map of the town, other newcomers come up and ask you where certain buildings and places are. Using **il est** or **elle est** and the expression **là,** you show on the map the various locations.

Modèle: la gare *Où est la gare?*
La gare? Elle est là.

1. le café 2. la bibliothèque 3. le cinéma 4. l'hôtel 5. la banque 6. le bureau de poste 7. le restaurant 8. la pharmacie 9. l'hôpital 10. le lycée 11. l'église

STRUCTURE 1: *Le présent du verbe irrégulier* aller

Où **allez-vous?**	Where *are you going?*
Moi, **je vais** à Paris.	*I am going* to Paris.
Marie **ne va pas** à Paris; elle et Claude **vont** à Lyon.	Marie *is not going* to Paris; she and Claude *are going* to Lyon.

The verb **aller** *(to go)*[2] is irregular. Its present-tense forms are:

aller	
je **vais**	nous **allons**
tu **vas**	vous **allez**
il, elle, on **va**	ils, elles **vont**

These adverbs are frequently used with **aller:**

toujours *(always)*	de temps en temps *(from time to time)*
souvent	quelquefois *(sometimes)*
rarement	ne... jamais *(never)*[3]

2. **Aller** is also the French equivalent of *to be* in the common expression **Comment allez-vous?** *(How are you?)* **Je vais bien.** *(I am fine.)*
3. The expression **ne... jamais** is a negative expression like **ne... pas.** The **ne** goes before the conjugated verb and the **jamais** is placed directly after the verb. ***Je ne vais jamais* à la banque.**

De temps en temps and **quelquefois** usually begin or end the sentence. The shorter adverbs usually directly follow the verb.

De temps en temps nous allons en ville. — *From time to time* we go into town.

Il va **souvent** au café. — He *often* goes to the café.

Application

D. Remplacez les sujets et faites les changements nécessaires.

1. *Henri* va à Londres. (Anne-Marie / je / vous / M. et Mme Duplessis / nous / tu)
2. Est-ce que *Jeanne* va en ville de temps en temps? (tu / Éric / Jeannette et Sylvie / vous / Marcelle)
3. *Ils* ne vont jamais à la bibliothèque. (Sacha / nous / Hélène / je / elles / vous)

E. À la gare. You are at the railroad station with a group of friends who are all leaving for different destinations. Each time you ask if someone is going to a certain place, you find out that you are wrong. Ask and answer questions following the model.

Modèle: Alex / à Lyon (à Lille)
Alex va à Lyon?
Mais non, Alex ne va pas à Lyon, il va à Lille.

1. Thérèse / à Nice (à Nîmes)
2. tu / à Rennes (à Rouen)
3. M. et Mme Martin / à Grenoble (à Genève)
4. vous / à Chambord (à Chamfort)
5. nous / à Paris (à Poitiers)
6. moi, je / à Nantes (à Nancy)

F. Questions. Each student asks four questions **(tu, vous, il/elle, ils/elles)** of other members of the group, who will respond using the adverbs **toujours, souvent, rarement, de temps en temps, quelquefois, ne... jamais.**

1. aller à l'église 2. aller à la bibliothèque 3. aller en ville 4. aller à la classe de français

STRUCTURE 2: *La préposition* à + *l'article défini*

Claire parle **aux** parents de Louise. — Claire is talking *to* Louise's parents (*to the* parents of Louise).

M. Lécuyer travaille **à l'**hôtel. — M. Lécuyer works *in the* hotel.

Mme Lécuyer est professeur **à** l'université. — Mme Lécuyer is a professor *at the* university.

Ils vont souvent **au** théâtre. — They often go *to the* theater.

When followed by **la** or **l'**, the preposition **à** does not change. However, **à** followed by **le** and **les** contracts to form **au** and **aux**, respectively.

à + le → **au**	**au** café	à + l' → **à l'**	**à l'**église
à + la → **à la**	**à la** maison	à + les → **aux**	**aux** étudiants

The preposition **à** has several English equivalents: *at, in, to.* The **x** of **aux** is silent, except when it precedes a vowel or a vowel sound; in liaison, it is pronounced as a **z.**

Application

G. Remplacez les mots en italique et faites les changements nécessaires.

1. Il va à la *banque.* (cathédrale / pharmacie / bibliothèque / gare / librairie / maison)
2. Elle sont à l'*hôpital.* (hôtel / université / église / aéroport / école)
3. Est-ce que tu vas au *café?* (restaurant / musée / bureau de tabac / lycée / cinéma / bureau de poste / théâtre / parc)
4. Je parle aux *médecins.* (professeurs / avocats / ingénieurs / assistants / garçons)

H. Remplacez les mots en italique et faites les changements nécessaires.

1. Ma soeur travaille *au musée.* (banque / bureau de poste / aéroport / bibliothèque / théâtre)
2. Nous allons souvent *au café.* (église / parc / bibliothèque / lycée / musée / cinéma)
3. Est-ce que vous êtes *au restaurant?* (gare / université / théâtre / bureau de tabac / hôtel)
4. Il parle *au garçon.* (professeur / avocat / assistante / étudiants / médecins)

I. Tu vas au musée, toi? A group of fellow students joins you in front of the map of the town. Find out where each one is headed, being careful to use the appropriate form of **à** and the definite article.

Modèle: musée / hôtel
Tu vas au musée, toi?
Non, je vais à l'hôtel.

1. pharmacie / bureau de tabac
2. église / cathédrale
3. école / maison
4. gare / aéroport
5. théâtre / cinéma
6. bureau de poste / banque
7. parc / hôpital
8. bibliothèque / librairie

J. Au téléphone. While making a series of phone calls, you are constantly interrupted by a friend who wants to know to whom you are talking. You respond using the appropriate form of **à** and the definite article.

Modèle: oncle de Jean-Paul
À qui est-ce que tu parles?
À l'oncle de Jean-Paul.

1. médecin 2. assistante 3. professeur 4. mère de Janine 5. fils de Lise 6. femme de Jacques 7. fille de Paul 8. mari d'Annick

K. D'abord... ensuite... *(First... then...)* After lunch, you and your friends are discussing your plans. Using the verb **aller** and the appropriate form of **à** and the definite article, find out where each of the following people is headed.

Modèle: Anne-Marie (cinéma / bibliothèque)
Anne-Marie, où est-ce que tu vas?
D'abord, je vais au cinéma et ensuite à la bibliothèque.

1. Charles (pharmacie / hôtel)
2. Élisabeth (église / théâtre)
3. Pierre et Sylvie (restaurant / cinéma)
4. Renée (bureau de tabac / librairie)
5. Monique (bureau de poste / bibliothèque)
6. Jean-Jacques et François (gare / aéroport)
7. Simone (musée / parc)

PRONONCIATION: *La combinaison* gn

In French, the combination **gn** is pronounced as [ɲ]—much like the *ny* in the English word *canyon:* **gagner, ligne.**

Pratique

L. Read each word aloud, being careful to pronounce the **gn** combination as [ɲ].

espagnol / renseignons-nous / magnifique / magnétique / signe / Agnès / Champagne / montagne / champignon

STRUCTURE 3: *Les nombres de 11 à 20*

11	onze	15	quinze	18	dix-huit
12	douze	16	seize	19	dix-neuf
13	treize	17	dix-sept	20	vingt
14	quatorze				

The **t** of **vingt** is not pronounced, except in liaison: **vingt livres,** but **vingt autos.**

Application

M. Faites les exercices suivants.

1. Comptez de 11 jusqu'à 20; de 20 jusqu'à 11.
2. Comptez de 0 jusqu'à 20; de 20 jusqu'à 0.
3. Donnez les nombres pairs de 0 jusqu'à 20.
4. Donnez les nombres impairs de 1 jusqu'à 19.

N. Faisons des sommes! *(Let's do some addition!)*

Modèle: 2 + 2 — *Combien font deux et deux?*
Deux et deux font quatre.

1. 3 + 6	4. 2 + 5	7. 3 + 10	10. 6 + 5
2. 7 + 9	5. 14 + 3	8. 9 + 9	11. 19 + 1
3. 11 + 4	6. 8 + 12	9. 12 + 7	12. 4 + 8

Débrouillons-nous! (Petite révision de l'étape)

O. Échange. Posez les questions à un(e) autre étudiant(e), qui va vous répondre.

1. Est-ce qu'il y a un aéroport dans notre ville? un hôpital? un hôtel? une banque? un bureau de poste?
2. Est-ce que tu vas souvent au cinéma? au théâtre? au musée?
3. Ta famille et toi, est-ce que vous allez souvent au restaurant? au parc?
4. Où est-ce que tu fais tes devoirs? à la bibliothèque? à la maison? dans ta chambre?
5. Est-ce que tu téléphones souvent à tes professeurs? à tes parents? à ton(ta) petit(e) ami(e)?

P. Dans la rue. While heading for a place in your town (your choice), you run into several friends. Each time, greet them, ask how they are, and then find out where they are going. If you are going to the same place, propose that you go there together **(Allons-y ensemble!).** If not, say good-bye and continue on your way.

Deuxième Étape

POINT DE DÉPART: *Où se trouve... ?*

se trouver: to be found, located / far from — Où **se trouve** l'aéroport? — Il est **loin de** la ville.

near (to) — Où se trouve la gare? — Elle est **près de** l'église.

across from — Où est le bureau de poste? — Il est **en face de** la gare.

next to — Où est la pharmacie? — Elle se trouve **à côté de** l'hôtel.

at the end of — Où est le musée? — Il est **au bout de** l'avenue de la République.

at the corner of — Où se trouve le bureau de tabac? — Il est **au coin de** la rue Carnot et de l'avenue de la République.

in front of — Où est la voiture de Marianne? — Elle est **devant** l'hôtel.

behind — Où est le train? — Il est **derrière** la gare.

between — Où se trouve le restaurant? — Il est **entre** le théâtre et la banque.

À vous! (Exercices de vocabulaire)

A. La ville. When someone asks you about the city above, you answer using the suggested expressions.

Modèle: Où est la gare? (près de l'église)
Elle est près de l'église.

1. Où est l'hôtel? (à côté de la pharmacie)
2. Où est la banque? (en face de l'église)
3. Où est l'université? (loin de la ville)
4. Où est le bureau de poste? (près de la banque)
5. Où est le musée? (au bout de l'avenue de la République)
6. Où est la boîte aux lettres *(mail box)?* (devant le bureau de poste)
7. Où est le train? (derrière la gare)
8. Où est le bureau de tabac? (au coin de la rue Carnot et de l'avenue de la République)
9. Où est le théâtre? (entre la librairie et le restaurant)

B. La ville (suite) *(cont.).* This time, correct the erroneous statements made to you about the city on p. 66.

Modèle: L'aéroport est près de la ville, n'est-ce pas? (loin de)
Mais non, il est loin de la ville.

1. Le restaurant est à côté de l'église, n'est-ce pas? (en face de)
2. La voiture de Marianne est derrière l'hôtel, non? (devant)
3. Le musée est loin de la gare, n'est-ce pas? (près de)
4. Le théâtre est en face de la librairie, n'est-ce pas? (à côté de)
5. Le train est devant la gare, non? (derrière)
6. L'hôtel est en face de la pharmacie et de l'église? (entre)
7. Le bureau de tabac est au bout de l'avenue de la République? (au coin de)

Reprise
(Première Étape)

C. Faites les exercices suivants.

1. Comptez de 0 jusqu'à 20; de 20 jusqu'à 0.
2. Lisez les nombres suivants: 1, 11; 2, 12; 3, 13; 4, 14; 5, 15; 6, 16; 7, 17; 8, 18; 9, 19; 10, 20.

D. Les parents de vos amis. While talking with some of your new friends, you have learned about their parents. Tell about their work and their leisure activities as well.

Modèle: le père de Janine (hôtel / les livres / bibliothèque)
Le père de Janine travaille à l'hôtel. Il aime beaucoup les livres; il va souvent à la bibliothèque.

1. le père de Christine (gare / les films / cinéma)
2. la mère de Vincent (aéroport / la nature / parc)
3. la mère de Marie-Élisabeth (hôpital / la littérature / librairie)
4. le père de Jean-Alex (bureau de poste / l'art / musée)
5. le père de Denise (banque / l'art gothique / cathédrale)
6. la mère de Philippe (théâtre / manger / restaurant)
7. le père de Jacqueline (bureau de tabac / voyager / aéroport)

E. Échange. Posez des questions à un(e) autre étudiant(e), qui va vous répondre.

1. Est-ce que tu vas souvent à la gare?
2. Est-ce que tu vas souvent au restaurant?
3. Est-ce que tu aimes aller à la bibliothèque?
4. Est-ce que tu aimes mieux aller au cinéma ou au théâtre?
5. Toi et tes amis, est-ce que vous allez souvent à l'hôpital?
6. Toi et tes amis, est-ce que vous aimez aller au musée?

STRUCTURE 4: *L'impératif*

Allons en ville ensemble! — *Let's go* downtown together!
Écoute! — *Listen!*
Ne parlez pas anglais. — *Don't speak* English!
Faites attention! — *Be* careful!

Imperative, or command, forms of the verb are used to give orders, directions, and suggestions. You have already seen imperative forms in chapter titles and exercise directions. The three forms of the imperative are based on the present tense—(1) **tu** (familiar); (2) **vous** (formal or plural); and (3) **nous** (plural, including yourself). The subject pronoun is omitted and the verb is used alone. In writing, the **s** of the **tu** form is dropped for regular **-er** verbs and for the verb **aller.**[4]

Present tense	*Imperative*	*Present tense*	*Imperative*
tu travailles	**travaille!**	tu vas	**va!**
vous travaillez	**travaillez!**	vous allez	**allez!**
nous travaillons	**travaillons!**	nous allons	**allons!**

To form the negative imperative, place **ne** before the verb and **pas** after it.

Ne parle pas! **Ne regardez pas!** **Ne chantons pas!**

Application

F. Give the three imperative forms of the following verbs.

Modèle: regarder *Regarde! Regardez! Regardons!*

1. chanter 2. ne pas parler anglais 3. aller au bureau de poste

G. Dites à... *(Tell...).* Use the appropriate command forms to get the following people to do what you want.

4. The command forms of **avoir** are: **aie!, ayez!, ayons!** The command forms of **être** are: **sois!, soyez!, soyons!** These irregular imperatives are used most often in fixed expressions, such as: **N'ayez pas peur!** *(Don't be afraid!)* and **Sois sage!** (*Be good!,* said to a child).

Dites à votre petit frère de:

1. écouter *Écoute!*
2. ne pas regarder la télévision
3. aller à l'école
4. faire attention
5. être sage

Dites à vos amis de:

6. chanter *Chantez!*
7. regarder
8. ne pas écouter
9. faire un voyage
10. aller au théâtre

Proposez à vos amis de:

11. danser *Dansons!*
12. aller au cinéma
13. faire une promenade
14. ne pas avoir peur
15. ne pas commander de sandwiches

H. Allez-y! *(Go on and do it!)* Tell one or more of your classmates to do something; they are obliged to obey you! Use the verbs suggested below.

Modèle: *Charles et Henri, chantez!* (Ils chantent.)
Anne, parle à Monique. (Elle parle à Monique.)
Éric, dansons! (Vous et Éric, vous dansez.)

Verbes: **regarder, écouter, chanter, danser, parler, aller, faire attention (à), chercher, commander.**

PRONONCIATION: *La consonne* s

Depending on the sounds that surround it, the letter **s** can represent the sound [s], as in the English *rinse,* or the sound [z], as in the English *rise.*

The consonant **s** represents the sound [s] when it is the first letter in a word or when it is followed by a second **s** or by another consonant: **soeur, masse, disque.**

The consonant **s** represents the sound [z] when it is between two pronounced vowels or when it is followed by a mute **e: visage, rose.**

Pratique

I. Read each pair of words aloud, being careful to distinguish between the [s] of the first word and the [z] of the second.

dessert, désert / poisson, poison / coussin, cousin / russe, ruse

J. Read each word aloud, being careful to distinguish between [s] and [z].

désire / souvent / croissant / Mademoiselle / brésilien / suisse / classique / église / maison / professeur / musée / passer / ensuite

STRUCTURE 5: *La préposition* de + *l'article défini; les prépositions de lieu*

Elle arrive **de la** gare.	She is arriving *from the* station.
Quelle[5] est l'adresse **de l'**hôtel?	What's the address *of the* hotel?
Voilà la voiture **du** professeur.	There's the professor*'s* car.
Nous parlons **des** étudiants.	We're talking *about* the students.

When followed by **la** or **l'**, the preposition **de** does not change. However, **de** followed by **le** and **les** contracts to form **du** and **des**, respectively.

de + le →	**du**	**du** café	de + l' →	**de l'**	**de l'**église
de + la →	**de la**	**de la** gare	de + les →	**des**	**des** amis

The preposition **de** has several English equivalents: *of, about, from,* and *'s* indicating possession. The **s** of **des** is silent, except when it precedes a vowel or a vowel sound; in liaison it is pronounced as a **z.**

La voiture est en face **de la** maison.	The car is across *from the* house.
Tu habites à côté **du** musée?	You live next *to the* museum?

Several of the prepositions of place **(lieu)** presented in the **Point de départ** of this **étape** are followed by **de: près de, loin de, en face de, à côté de, au bout de, au coin de.** In these cases, **de** follows the rules for contraction. Remember, however, that the prepositions **devant, derrière,** and **entre** never require **de.**

La statue est **devant** le musée.	The statue is in front of the museum.

Application

K. Remplacez les mots en italique et faites les changements nécessaires.

1. Quel est le nom du *restaurant?* (banque / hôtel / université / librairie / musée)
2. Où est l'entrée du *lycée?* (parc / bibliothèque / bureau de poste / église / gare)
3. Est-ce que tu as l'adresse de *l'avocat?* (hôtel / restaurant / librairie / professeur / pharmacie)
4. Non, elle ne parle pas du *professeur.* (médecins / avocats / étudiants / ingénieur / professeurs)

---

5. The interrogative adjective **quel** *(what, which)* agrees in gender and number with the noun it modifies: **quel** *(m. sing.),* **quelle** *(f. sing.),* **quels** *(m. pl.),* **quelles** *(f. pl.).* It is used either with **être (*Quel est* ton nom de famille?)** or with a noun **(*Quels livres* est-ce que vous avez?).**

L. Remplacez les mots en italique et faites les changements nécessaires.

1. La banque est *près de* la gare. (à côté / en face / loin / devant / derrière)
2. Nous habitons *en face de* l'église. (près / derrière / à côté / loin)
3. Est-ce que la pharmacie est *loin du* restaurant? (à côté / devant / en face / près / derrière)
4. L'hôtel est près de *la cathédrale.* (l'université / le musée / le restaurant / la gare / le parc)
5. Le café est en face de *l'université.* (le théâtre / la banque / le bureau de poste / le lycée / la pharmacie)

M. La ville (suite). Using the map on p. 66, answer the questions that strangers ask you about the city. Be as precise as possible.

Modèle: Pardon, Monsieur/Madame. Le théâtre, s'il vous plaît.
Le théâtre? Il est en face de l'hôtel, entre la librairie et le restaurant.

1. Pardon, Monsieur/Madame. Le restaurant, s'il vous plaît?
2. Pardon, Monsieur/Madame. Où se trouve l'église, s'il vous plaît?
3. Pardon, Monsieur/Madame. Où est la pharmacie?
4. S'il vous plaît, Monsieur/Madame. L'hôtel?
5. Où est le bureau de poste, s'il vous plaît?
6. Pardon, Monsieur/Madame. La librairie, s'il vous plaît?
7. Pardon, Monsieur/Madame. Où est le musée?
8. La banque, s'il vous plaît?
9. S'il vous plaît, Monsieur/Madame. Est-ce que la gare est loin de la banque?
10. Pardon, Monsieur/Madame. L'hôtel, est-ce qu'il est près de l'aéroport?

Débrouillons-nous! (Petite révision de l'étape)

N. Échange. Answer the questions based on the city or town where your school is located.

1. Est-ce que tu vas à l'aéroport de temps en temps? Est-ce qu'il est près de la ville? près de l'université?
2. Est-ce que tu vas souvent au cinéma? Est-ce qu'il y a un cinéma près de l'université?
3. Est-ce qu'il y a un restaurant près de l'université? Quel est le nom du restaurant? Est-ce que tu dînes au restaurant de temps en temps?
4. Est-ce qu'il y a un hôtel près de l'université? Quel est le nom de l'hôtel?

O. En ville. You are in the town where your school is located. Choose a destination (a place or building where you are headed). When you bump into a friend, find out where he/she is going. Get specific information about the location of this place (near? across from? next to? on the corner of?, behind?), then thank your friend and say good-bye.

Troisième Étape

POINT DE DÉPART: *Vous allez tout droit!*

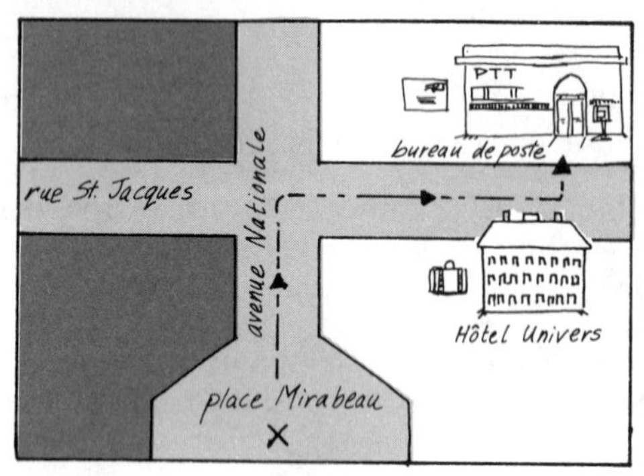

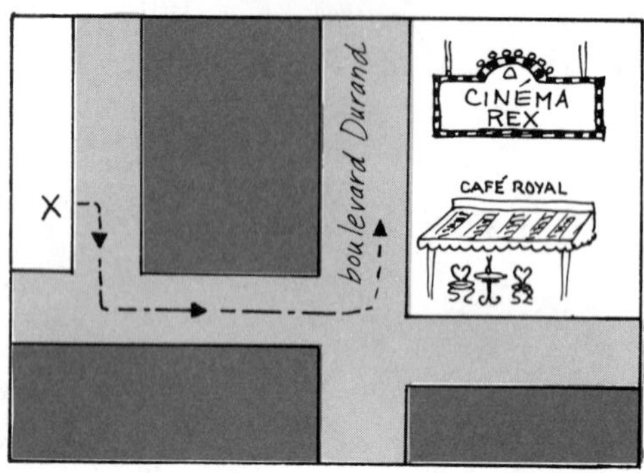

tout droit: straight ahead

—Pardon, Monsieur. Est-ce qu'il y a un bureau de poste près d'ici?
—Oui, Madame. Dans[6] la rue Saint-Jacques.
—S'il vous plaît, Monsieur. Où est la rue Saint-Jacques?

cross the square
as far as / turn to the right
on your left

—Bon, vous **traversez la place** et vous allez tout droit dans l'avenue Nationale. Continuez **jusqu'à** la rue Saint-Jacques et **tournez à droite.** Le bureau de poste est en face de l'Hôtel Univers **sur votre gauche.**
—Merci bien, Monsieur.
—Je vous en prie, Madame.

—Au revoir, Annick.
—Où est-ce que tu vas?

I don't know

—Je vais au Cinéma Rex. Mais **je ne sais pas** exactement où il se trouve.
—Le Cinéma Rex? Il est sur le boulevard Durand.
—Oui, mais c'est loin d'ici?
—Mais non, c'est tout près. Tu vas jusqu'au coin et tu tournes à gauche. Continue jusqu'au boulevard Durand et le Cinéma Rex est là, juste à côté du Café Royal.
—Merci, Annick.

You're welcome

—**De rien,** Françoise. Au revoir.

6. French uses the preposition **sur** when talking about a square (***sur* la place**) or a boulevard (***sur* le boulevard**). In other cases, the preposition **dans** is used (***dans* la rue, *dans* l'avenue**). However, after the verb **tourner**, use **à** with **place** and **dans** with **rue, avenue,** and **boulevard: Tournez à gauche *à* la place Joubert. Tournez à droite *dans* le boulevard de l'Armée.**

NOTE CULTURELLE

Many American cities are laid out in fairly regular patterns: streets meet at right angles, run north and south or east and west, and many have numbers (Second Avenue, Seventeenth Street) rather than names. In French cities, streets rarely form regular patterns, and they are usually given the name of a landmark **(le boulevard de la Gare),** a famous person **(la rue Balzac),** or a historical event **(l'avenue de la Libération).**

As a result, the ways of giving directions in the two languages differ. Americans often express distance in terms of city blocks: "Go three blocks east and turn left." In French, the notion of city blocks and the points of the compass are not used. Instead, the French indicate the cross street on which to turn: ‹‹**Vous allez jusqu'à la rue Pascal et vous tournez à gauche.**››

À vous! (Exercices de vocabulaire)

A. Près d'ici. Ask a question to find out if the following places are nearby; a second student will respond with more precise information.

Modèle: un café / dans la rue Balzac
Est-ce qu'il y a un café près d'ici?
Oui, il y a un café dans la rue Balzac.

1. un bureau de tabac / dans l'avenue Voltaire
2. un hôtel / dans la rue Saint-Pierre
3. une pharmacie / sur le boulevard des Anglais
4. une banque / dans la rue Cartier
5. une église / dans l'avenue Champlain
6. un café / sur la place de la gare

B. Remplacez les mots en italique.

1. Vous tournez à droite *dans l'avenue Mitterrand.* (dans la rue Sainte-Catherine / dans le boulevard des Italiens / à la place Notre-Dame)
2. Traversez *la rue.* (la place / le boulevard / l'avenue)
3. Tu continues tout droit *jusqu'à la rue Jean-Baptiste.* (jusqu'à la place de la Révolution / jusqu'à l'avenue Clémenceau / jusqu'au boulevard Garibaldi / jusqu'au coin / jusqu'au bout de la rue Victor Hugo)
4. Tourne à gauche *dans la rue Sainte-Anne.* (dans l'avenue de la Marine / dans le boulevard Masséna / à la place Stanislas)

C. Pardon, Monsieur/Madame. Play the role of the police officer on duty at the **place de la Libération** (see the map on p. 75). Explain how to get to the following places.

Modèle: le lycée Camus
Pardon, Monsieur/Madame. Le lycée Camus, s'il vous plaît?

Vous traversez la place de la Libération, vous continuez sur le boulevard Victor-Hugo jusqu'à la rue Notre-Dame. Tournez à gauche et le lycée est en face de la Bibliothèque Municipale.

1. la gare 2. la pharmacie Girard (3, rue de Verdun) 3. la Bibliothèque Municipale 4. l'hôtel Nelson

D. Dis-moi,... *(Tell me,...).* You and a friend are at the Café du Parc (see the map on p. 75). Explain to your friend how to get to the following places.

Modèle: le restaurant des Trois Soeurs
Dis-moi, Éric. Est-ce que le restaurant des Trois Soeurs est loin d'ici?
Mais non, il est tout près. Va tout droit dans l'avenue Jaurès jusqu'à la rue de Verdun. Le restaurant est au coin, juste en face de la pharmacie.

1. l'église Saint-Vincent de Paul 2. le musée des Beaux-Arts 3. le Cinéma Manet 4. l'hôtel Zola

Reprise
(Deuxième Étape)

E. Un petit exercice. Guide one of your classmates through the following exercise, using the imperative form of the verbs and the map on p. 75.

1. regarder le plan de la ville
2. chercher le musée
3. faire attention (il y a deux musées; vous aimez l'art moderne)
4. expliquer où se trouve le musée
5. aller au tableau *(blackboard)*
6. dessiner *(to draw)* une peinture ou une statue

F. S'il vous plaît,... ? Using the map on p. 75, locate as precisely as possible the places that these visitors are looking for.

Modèle: le Théâtre Municipal
Le Théâtre Municipal, s'il vous plaît?
Il est en face du parc; il est à côté du Café du Parc.

1. la Banque Nationale de Paris (BNP) 2. le bureau de poste 3. le restaurant Chez Jacques 4. le musée Archéologique 5. le Cinéma Royal 6. l'hôtel National 7. la Librairie Catholique 8. l'hôpital

tout droit – straight
sur votre gauche ou droit

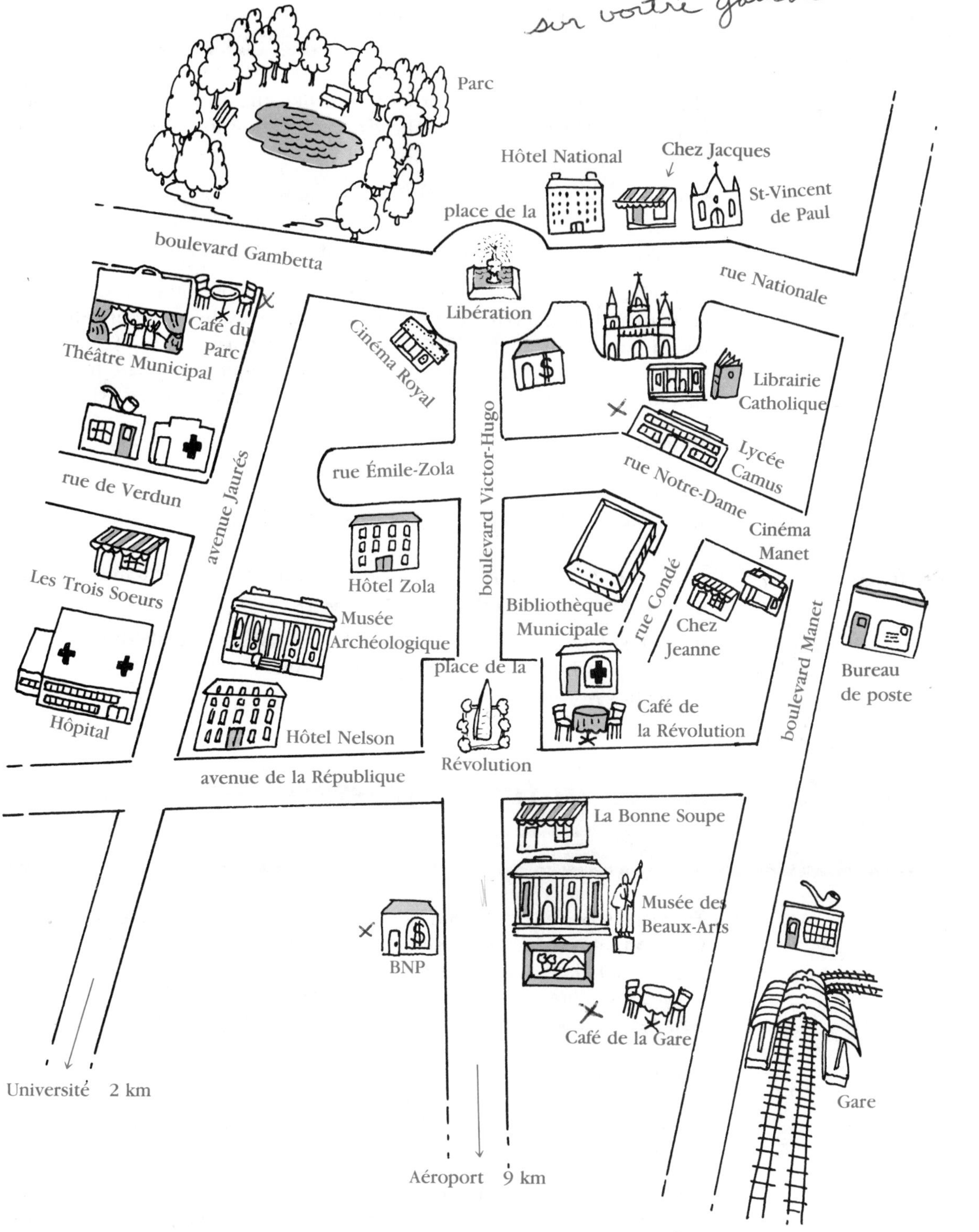

Parc
Hôtel National
Chez Jacques
St-Vincent de Paul
place de la Libération
boulevard Gambetta
rue Nationale
Café du Parc
Théâtre Municipal
Cinéma Royal
Librairie Catholique
Lycée Camus
rue Notre-Dame
rue Émile-Zola
boulevard Victor-Hugo
rue de Verdun
avenue Jaurès
Cinéma Manet
Hôtel Zola
Les Trois Soeurs
Bibliothèque Municipale
rue Condé
Chez Jeanne
Musée Archéologique
boulevard Manet
Bureau de poste
place de la Révolution
Café de la Révolution
Hôpital
Hôtel Nelson
avenue de la République
La Bonne Soupe
Musée des Beaux-Arts
BNP
Café de la Gare
Université 2 km
Gare
Aéroport 9 km

Mon Group E

PRONONCIATION: *La consonne* t

The **t** in French is usually pronounced like the *t* in the English word *stay:* **hô*t*el, Vi*tt*el, hôpi*t*al.** The **th** combination in French is also pronounced [t]. Compare:

English	French
*th*eater	**th**éâtre
Ca*th*olic	ca**th**olique

When the combination **ti** occurs in the middle of a word, there is no hard-and-fast rule for the pronunciation: **t** may be pronounced [t] or [s]. In general, if an English cognate of the word has a [t] sound, its French counterpart has a [t] sound also. If an English cognate has a [sh] or a [s] sound, its French counterpart is usually pronounced [s].

English	French
pi*t*y	pi**t**ié [t]
na*t*ion	na**t**ion [s]
democracy	démocra**t**ie [s]

Pratique

G. Read each word aloud, being sure to pronounce **th** as **t** and to distinguish between [t] and [s] when necessary.

thé / tes / tabac / national / menthe / étudiant / cathédrale / partie / habiter / question / bibliothèque / omelette / à côté / Athènes / aristocratie / mythe

STRUCTURE 6: *Les adjectifs possessifs (3e personne)*

Tu connais Bénédicte Nabrin?	Do you know Bénédicte Nabrin?
Oui, **son** frère est à l'université avec moi et **sa** soeur travaille avec ma mère.	Yes, *her* brother is at the university with me and *her* sister works with my mother.
Ses parents sont suisses, non?	*Her* parents are Swiss, aren't they?
Oui, **leur** famille est de Lausanne. M. et Mme Nabrin passent toujours **leurs** vacances en Suisse.	Yes, *their* family is from Lausanne. M. et Mme Nabrin always take a *vacation* in Switzerland.

The third-person singular forms of the possessive adjectives are **son, sa,** and **ses.** Like the first- and second-person possessive adjectives **(mon,**

ta, nos, votre, etc.), these adjectives agree with the nouns they modify. As a result, the gender of the possessor has to be determined from the context, not from the possessive adjective.

son frère	*his* brother or *her* brother
son vélo	*her* bike or *his* bike (**vélo** is masculine)
sa soeur	*his* sister or *her* sister
sa chambre	*her* room or *his* room (**chambre** is feminine)
ses parents	*her* parents or *his* parents (**parents** is plural)

Their has only two equivalent forms in French: **leur** (with singular nouns) and **leurs** (with plural nouns).

Subject	*Possessive adjective*	*Example*	*English equivalent*
il/elle/on	**son**	**son** livre	*his, her, one's*
	sa	**sa** chambre	
	ses	**ses** clés	
ils/elles	**leur**	**leur** livre	*their*
		leur chambre	
	leurs	**leurs** clés	

For ease of pronunciation, when a feminine noun begins with a vowel or a vowel sound, the masculine form **(son)** is used: **son‿auto, son‿amie, son‿université.** The **s** of **ses** and **leurs** is silent except before a noun beginning with a vowel or a vowel sound, when liaison takes place: **leurs vélos,** but **leurs‿amis.**

Summary of possessive adjective forms

Subject	*Masculine singular*	*Feminine singular*	*Masc. and fem. plural*	*English equivalent*
je	**mon**	**ma***	**mes**	*my*
tu	**ton**	**ta***	**tes**	*your*
il/elle/on	**son**	**sa***	**ses**	*his, her, one's*
nous	**notre**	**notre**	**nos**	*our*
vous	**votre**	**votre**	**vos**	*your*
ils/elles	**leur**	**leur**	**leurs**	*their*

* Use **mon, ton,** or **son** before a feminine noun beginning with a vowel or a vowel sound.

Application

H. Remplacez les mots en italique et faites les changements nécessaires.

1. Voilà son *stylo.* (cahier / livre / auto / appartement / amie / vélo)

2. Où est sa *chambre?* (maison / chaîne stéréo / calculatrice / clé)
3. Ce sont ses *clés?* (livres / disques / cahiers / amis / stylos)
4. Où est leur *appareil-photo?* (radio / voiture / maison / hôtel)
5. Voici leurs *livres.* (clés / disques / vélos / amies / crayons)

I. Remplacez les mots en italique et faites les changements nécessaires.

1. Voici son *crayon.* (maison / appartement / chaîne stéréo / ami / amie / radio / disques / amis / clés)
2. Voilà leur *maison.* (chambre / machine à écrire / voiture / télévision / clés / amis / livres)

J. Répondez affirmativement aux questions.

Modèle: C'est le cahier de Jean-Pierre? *Oui, c'est son cahier.*

1. C'est le cahier d'Anne-Marie?
2. C'est la chambre de Robert?
3. C'est la chambre d'Annick?
4. Ce sont les clés d'Éric?
5. Ce sont les clés de Marie?
6. Ce sont les amis d'Yvonne?
7. Ce sont les clés de Pascale et de Roger?
8. C'est la chambre de Guy et de Chantal?
9. C'est l'amie de Claire?
10. C'est l'amie de Jean-Luc?

K. À qui est... ? *(Whose...?)* Find out to whom the objects in the drawing belong.

Dominique | Le professeur | M. et Mme Pagnol

Modèle: la chaîne stéréo
Student A: *À qui est la chaîne stéréo?*
Student B: *C'est la chaîne stéréo de Dominique.*
Student C: *Oui, c'est vrai, c'est sa chaîne stéréo.*

1. le cahier 2. la voiture 3. les chiens 4. les disques 5. les livres 6. la machine à écrire 7. l'appareil-photo 8. la maison 9. la télévision 10. les clés 11. la chambre 12. le vélo

Débrouillons-nous! (Petite révision de l'étape)

L. Échange. Posez les questions à un(e) autre étudiant(e), qui va vous répondre.

1. Où est-ce que ta famille habite? Et la famille de ton ami(e)?
2. Où est-ce que ton père travaille? Et le père de ton ami(e)?
3. Quel est ton prénom? Comment s'appellent tes frères et tes soeurs? Et les frères et les soeurs de ton ami(e)?
4. Quel est ton nom de famille? Et le nom de famille de ton ami(e)?
5. Comment est-ce que je vais de ____ à ____ ? *(Choose places on campus or in town; get directions.)*

M. Je vous en prie. A group of French-speaking visitors is on your campus. Each person wants to see a different place—either on campus or in town. Help these visitors by giving them directions on how to get there.

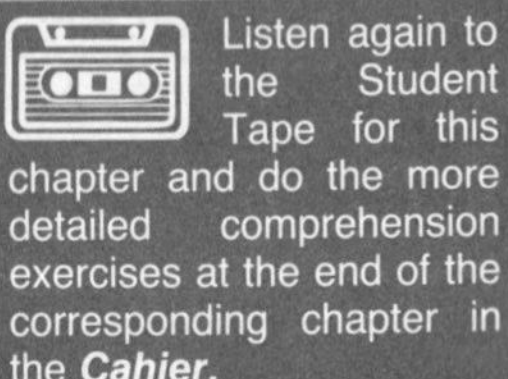

Listen again to the Student Tape for this chapter and do the more detailed comprehension exercises at the end of the corresponding chapter in the ***Cahier.***

Quatrième Étape

LECTURE: *Une ville française— Fougères*

In Chapter 2, you saw how cognates can help you read French; the text you worked on was written especially for this book. In authentic French documents, however, one also finds many English cognates that make general comprehension much easier. For example, read the following tourist brochure published by the tourist office of Fougères, a city in eastern Brittany. Use the many cognates to do exercise A without looking at the definitions following the reading.

écrivains: writers
foi: faith
de nos jours: nowadays

FOUGÈRES Ville d'Art
Citadelle du Duché de Bretagne

Visitée et chantée par les grands écrivains de l'époque romantique, FOUGÈRES offre aux touristes, aux historiens, aux peintres, avec le souvenir vivant de son passé et de son site incomparable, le spectacle de ses monuments d'architecture militaire avec son château et ses fortifications urbaines, de foi médiévale avec ses magnifiques églises.

Riche de son passé, FOUGÈRES est de nos jours un centre industriel et agricole très important.

Le Château à Fougères

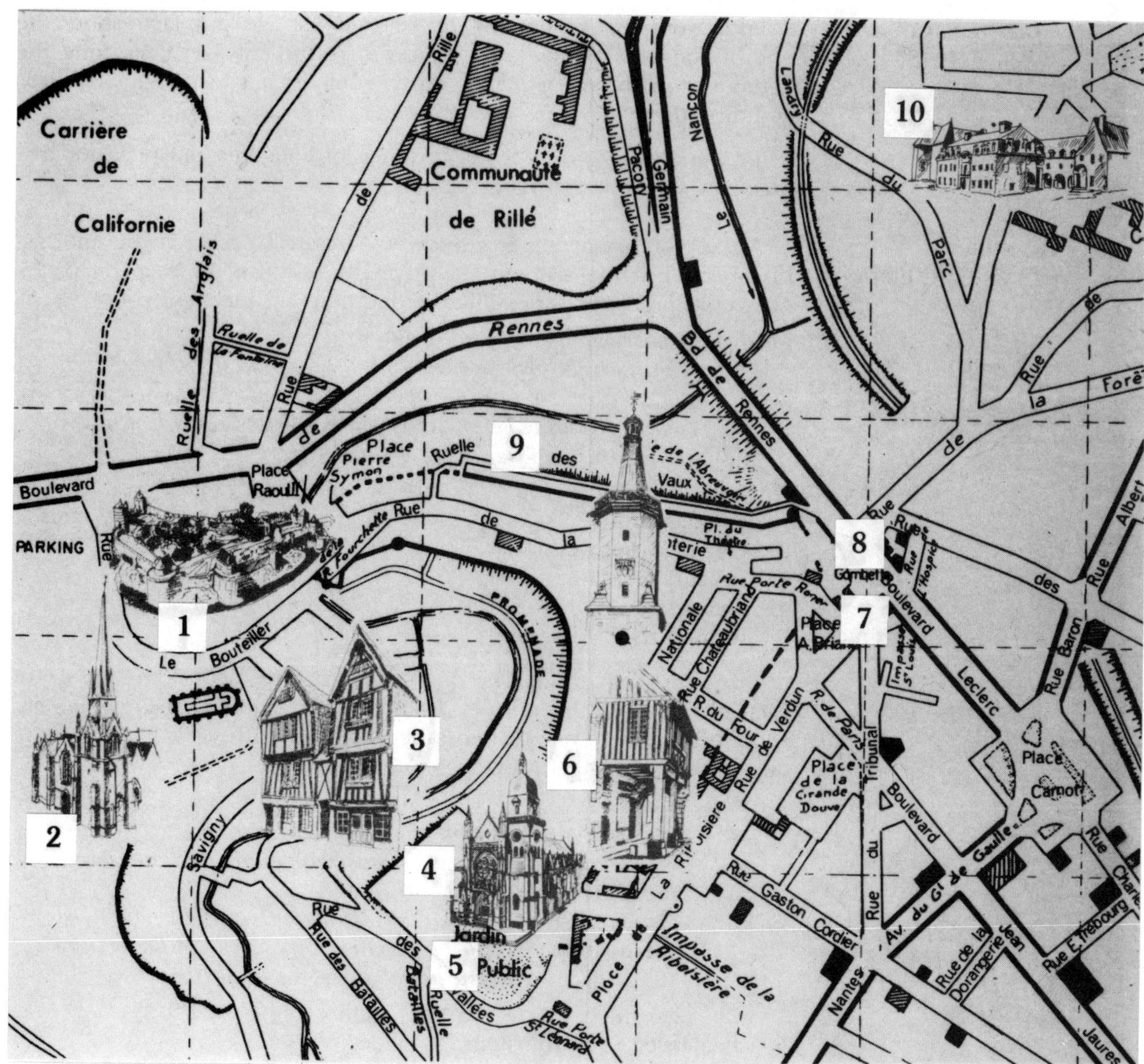

1 Château — 2 Eglise St Sulpice (XV-XVI et XVIIIe s.) — 3 Maisons (XVIe s.), place du Marchix — 4 Eglise St Léonard (XIIe au XVIe s.) — 5 Place aux Arbres (Jardin Public) site classé — 6 Porche du XVIe (Musée de la Villéon) — 7 Hôtel de la Belinaye (Maison natale du Marquis de la Rouerie) — 8 Office de Tourisme, Syndicat d'Initiative — 9 Ruelle des Vaux (Promenade des Anciens remparts de la ville) — 10 Couvent des Urbanistes (XVIIIe)

---

s. = *siècle:* century / *site classé:* officially registered monument / *porche:* portal (covered entrance) / *natale:* of birth / *Syndicat d'initiative:* tourist office, information center / *ruelle:* narrow street / *remparts:* walls surrounding a fortress / *couvent:* convent

Compréhension

A. After your first reading of the passage, list as many facts about the city of Fougères as you can. Then, reread the passage, consulting the definitions in the margin, and add to your list any attractions or ideas you missed.

B. Le plan de la ville. Study the map of Fougères and pick out five sites you would like to visit.

Reprise
(Troisième Étape)

C. Au service des renseignements. You are working at the information bureau at the railroad station in the city on the map on p. 75. Answer as precisely as possible the questions travelers ask you.

Modèle: pharmacie / le parc
Pardon, Monsieur (Madame). Est-ce qu'il y a une pharmacie près du parc?
Oui, Madame (Monsieur), dans la rue de Verdun, à côté du bureau de tabac.

1. hôtel / la place de la Libération
2. cinéma / la gare
3. restaurant / l'hôpital
4. pharmacie / Le musée des Beaux-Arts
5. banque / la gare
6. restaurant / le lycée Camus
7. hôtel / le parc
8. café / le musée Archéologique

D. Non, ce n'est pas... The questioner tries to identify the owner of each of the following objects. Each group member denies ownership and attributes it to one or two other students in the group. Finally, the questioner admits that it belongs to him/her.

Modèle: livre
Student A: *C'est ton livre?*
Student B: *Non, ce n'est pas mon livre, c'est son livre.*
Student A: *Ah, c'est ton livre.*
Student C: *Non, ce n'est pas mon livre, c'est leur livre.*
Student D: *Non, ce n'est pas notre livre, c'est son livre.*
Student A: *Oui, tu as raison. C'est mon livre.*

1. vélo 2. cahier 3. disques 4. voiture 5. clés
6. calculatrice 7. ordinateur 8. vidéo

Point d'arrivée (Activités orales et écrites)

E. Renseignons-nous! *(Let's get some information!)* You have been living in the town on p. 75 for several months. A stranger (who does not speak English) stops you in the street and asks directions. Help the stranger find the desired destination.

You are at the	**The stranger is looking for**
railroad station	the Hôtel Zola
Hôtel Nelson	the Librairie Catholique
cathedral	a restaurant (near the hospital)
archeological museum	a bank

F. Mon ami(e). Make a presentation to the class about a friend of yours. Suggested information: name, interests, family, possessions, likes, and dislikes.

G. Au Café de la Révolution. You and an Austrian friend (who speaks no English) are newly arrived in the town on p. 75. You go to the Café de la Révolution for lunch. You talk about your families, your interests, etc. Then you look at the map and help each other decide the best way to get to the next place. Your destination is the park; your friend is looking for a bookstore.

H. A Fougères. You and your Austrian friend have just arrived in Fougères (see the map on p. 81) and are sitting in a café near the tourist office. Propose some places of interest to visit **(Visitons..., Allons à...)** and discuss how you will get there **(Nous traversons..., nous tournons...).**

Lexique

POUR SE DÉBROUILLER

Pour demander un renseignement
Pardon, Monsieur / Madame
s'il vous plaît
Où est... ?
Où se trouve... ?
Est-ce qu'il y un(une)... près d'ici?

Pour donner un renseignement
allez (va)
continuez (continue)
  tout droit
  jusqu'à
tournez (tourne)
  à droite
  à gauche
traversez (traverse)
  l'avenue
  le boulevard
  la place
  la rue

Pour situer
loin de
près de
en face de
à côté de
au coin de
au bout de
devant
derrière
entre

Pour remercier
merci (bien)
de rien
je vous en prie

VOCABULAIRE GÉNÉRAL

Noms
une adresse
un aéroport
une banque
une bibliothèque
un bureau de poste
un bureau de tabac
une cathédrale
une classe
une école
une église
une entrée
une gare
un hôpital
un hôtel
une librairie
un lycée
un musée
un parc
une pharmacie
un plan
un restaurant
un(e) touriste
une université
une ville

Autres expressions
de temps en temps
je ne sais pas
là-bas
quel
quelquefois
toujours

CHAPITRE QUATRE
Allons en ville!

Première Étape
Tu veux aller au musée?

Deuxième Étape
Quelle direction?

Troisième Étape
Taxi! Taxi!

Quatrième Étape
Lecture: Histoire de billets

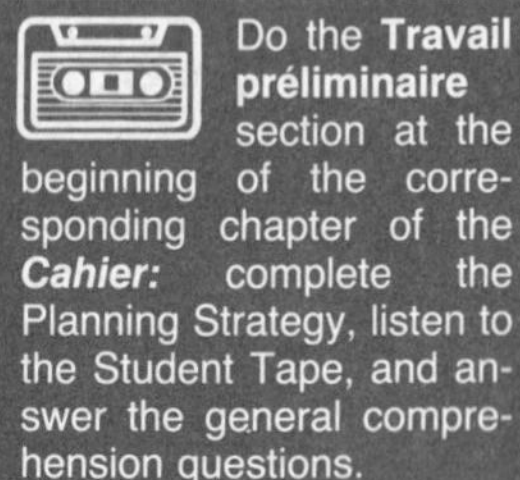

Do the **Travail préliminaire** section at the beginning of the corresponding chapter of the ***Cahier:*** complete the Planning Strategy, listen to the Student Tape, and answer the general comprehension questions.

Première Étape

POINT DE DÉPART: *Tu veux aller au musée?*

Pour se déplacer en ville

à pied

Une scène

Gabrielle, qui habite à Nantes, est à Paris avec sa cousine Andrée.

ANDRÉE: Tu **veux** aller au musée Rodin aujourd'hui? (want)
GABRIELLE: Mais oui. J'adore les sculptures de Rodin. On y va à pied?
ANDRÉE: Non, non. C'est **trop** loin. Prenons le métro. (too)
GABRIELLE: **D'accord.** On prend le métro. (OK)

À vous! (Exercices de vocabulaire)

trop - too
D'accord - OK...

A. Comment est-ce qu'ils y vont? Based on the drawing on p. 87, tell how each person gets around town.

1. Francine prend...
2. Mme de Noël prend...
3. Béatrice y va...
4. Georges prend...
5. M. Janvier prend...
6. Jacques et sa soeur y vont...
7. M. Lanvin prend...

1. With the verb **aller,** it is usually necessary to specify where one is going. When the destination is not indicated in the sentence, the pronoun **y** *(there)* is placed before the verb: **Nous y allons à pied.** With an affirmative command, the **y** follows the imperative form: **Allons-y! Vas-y! Allez-y!**

B. Nous y allons? Suggest to a friend how the two of you will go somewhere. Use either **allons** or **prenons** as the verb form.

Modèle: autobus *Prenons l'autobus.*

1. métro 2. à pied 3. taxi 4. voiture 5. autobus 6. vélos

C. Tu veux aller... ? You invite a friend to go somewhere with you and he/she accepts using one of the following expressions: **Mais oui** / **Bien sûr** *(certainly),* **Je veux bien** *(I'd like to),* **Pourquoi pas?** *(Why not?).* Your friend then suggests a way of going there, but you have another idea. Follow the model.

Modèle: musée / métro / à pied
—Tu veux aller au musée?
—Bien sûr. On prend le métro?
—Non, non. C'est tout près. Allons-y à pied.
—D'accord. On y va à pied.

1. au cinéma / à pied / autobus
2. en ville / autobus / voiture
3. à la cathédrale / taxi / métro
4. au parc / voiture / à pied

STRUCTURE 1: *Le présent du verbe irrégulier* prendre

Je prends un coca.	*I'll have* a coke.
Elle prend le train.	*She is taking* the train.
Tu prends ton temps.	*You're taking* your time.
Nous prenons un apéritif?	*Are we going to have* a cocktail?
Prenez la rue Monge.	*Take* Monge Street.
Ils prennent un billet.	*They are buying* a ticket.

The verb **prendre** is irregular. Its English equivalents are *to take; to have* or *to eat* when referring to food or beverages; and *to buy* when referring to tickets. The present-tense forms are:

prendre	
je **prends**	nous **prenons**
tu **prends**	vous **prenez**
il, elle, on **prend**	ils, elles **prennent**

Two other verbs conjugated like **prendre** are **apprendre** *(to learn)* and **comprendre** *(to understand).*

Application

D. Remplacez les sujets et faites les changements nécessaires.

1. *Marie-Hélène* prend le déjeuner. (Jacques / tu / nous / vous / Hervé et son cousin / je)
2. *Gérard* ne prend pas le métro d'habitude. (je / nous / Chantal / Michelle et ses amis / tu)
3. Est-ce que *vous* apprenez l'italien? (nous / tu / Jean-Pierre / M. et Mme Beauchamp / Jacqueline)
4. *Émilie* ne comprend pas la question. (tu / nous / les étudiants / je / vous / Vincent)

E. Dis-moi! *(Tell me!)* While traveling together on a bus, you find out some things about your new French friends.

1. Dis-moi! Est-ce que tu prends souvent l'autobus? (toujours)
   Oui, je prends toujours l'autobus.

   Et Stéphane? (rarement)
   Et tes parents? (assez souvent)
   Et ta soeur? (ne... jamais)
2. Comment est-ce que Martine va à l'université? (le métro)
   Elle prend le métro.

   Et vous? (l'autobus)
   Et Jean-Jacques? (son vélo)
   Et vos professeurs? (le métro)
3. Quelle route est-ce que Didier prend pour rentrer à la maison? (la rue du Bac)
   Il prend la rue du Bac.

   Et toi? (l'avenue de l'Armée)
   Et tes amis? (le boulevard de l'Ouest)
   Et Geneviève? (la rue Champollion)
4. Est-ce que Jean-Luc apprend l'anglais? (l'italien)
   Non, il apprend l'italien.

   Et Michèle? (l'espagnol)
   Et vous deux? (le russe)
   Et les autres? (le chinois)

F. La ronde de questions. Posez quatre questions **(tu, vous, il/elle, ils/elles)** aux autres membres de votre groupe.

1. prendre le petit déjeuner d'habitude 2. apprendre l'espagnol
3. bien comprendre le professeur 4. prendre souvent l'autobus

STRUCTURE 2: *Les jours de la semaine*

Quel jour sommes-nous aujourd'hui?	*What day is today?*
Nous sommes mercredi.	*It's Wednesday.*
Jeudi je vais au théâtre.	*On Thursday* I'm going to the theater.
Le dimanche nous allons à l'église.	*On Sundays* we go to church.

The days of the week are: **lundi** *(Monday),* **mardi** *(Tuesday),* **mercredi** *(Wednesday),* **jeudi** *(Thursday),* **vendredi** *(Friday),* **samedi** *(Saturday),* **dimanche** *(Sunday).*

The French consider the week to begin on Monday and end on Sunday. The names of the days, which are masculine, are not capitalized. Normally, they are not accompanied by either an article or a preposition. Thus, **jeudi** has the English equivalents *Thursday* or *on Thursday*. When a definite article precedes a day of the week, it indicates a repeated occurrence: **le dimanche** means *on Sundays*, i.e., *every Sunday*.

Application

G. Your friend is forgetful and never knows what day it is. Answer his/her questions using the day *following* the day mentioned in the question.

Modèle: Nous sommes aujourd'hui lundi?
Non, nous sommes aujourd'hui mardi.

1. Nous sommes aujourd'hui jeudi?
2. Nous sommes aujourd'hui samedi?
3. Nous sommes aujourd'hui mercredi?
4. Nous sommes aujourd'hui dimanche?
5. Nous sommes aujourd'hui vendredi?
6. Nous sommes aujourd'hui mardi?

H. Quel(s) jour(s)? Your new French friends are asking you questions about your life as a college student in the United States. In particular, they want to know when you do certain things.

Modèle: Quel jour est-ce que tu vas au cinéma?
D'habitude, je vais au cinéma le vendredi ou le samedi.

1. Quels jours est-ce que tu as des cours *(classes)?*
2. Quels jours est-ce que tu n'as pas de cours?
3. Quels jours est-ce que tu travailles?

4. Quels jours est-ce que tu étudies?
5. Quel jour est-ce que tu vas à l'église?
6. Quel(s) jour(s) est-ce que tu dînes au restaurant?

PRONONCIATION: *Les consonnes finales* m *et* n

Like most final consonants in French, **m** and **n** are not pronounced at the end of a word. However, the presence of **m** or **n** frequently signals that the vowel preceding **m** or **n** is nasalized (that is, air passes through the nose as well as through the mouth). Depending on which vowel precedes the final **m** or **n**, three different nasal sounds are possible:

[ã]	[ɛ̃]	[ɔ̃]
-am (champ)[2]	**-aim** (faim)	**-om** (nom)
-an (tant)	**-ain** (saint)	**-on** (sont)
-em (temps)	**-ien** (bien)	
-en (gens)	**-éen** (européen)	
	-um (parfum)	
	-un (un)	

Pratique

I. Read each word aloud, being careful to nasalize the vowel without pronouncing the final consonant(s).

citron / allemand / Jean / appartement / boisson / vin / Verdun / demain / blanc / canadien / souvent / jambon / combien / nous avons / prend / vingt

STRUCTURE 3: *Le présent du verbe irrégulier* vouloir

Tu veux un café? — *Do you want* a cup of coffee?
Elle ne veut pas de vin. — *She doesn't want* any wine.
Elles veulent aller au cinéma. — *They want* to go to the movies.
Est-ce que vous voulez faire une promenade? — *Do you want* to take a walk?

The verb **vouloir** indicates something one *wants* to have or to do. Its present-tense forms are:

vouloir	
je **veux**	nous **voulons**
tu **veux**	vous **voulez**
il, elle, on **veut**	ils, elles **veulent**

2. The rules given here include cases in which the **m** or **n** is followed by other silent consonants.

When **vouloir** refers to something one wants to do, it is followed by a second verb. The second verb is not conjugated, but remains in the infinitive form: **Tu veux aller en ville?**

Vous voudriez, nous voudrions, tu voudrais, and **je voudrais** are polite forms of **vouloir.** It is advisable to use the polite forms (rather than the present-tense **je, tu, nous, vous** forms) when you *offer* or *request* something.

Vous voudriez un Perrier?	*Would you like* a Perrier?
Non, **nous voudrions** un Vittel.	No, *we would like* a Vittel.
Tu voudrais parler à l'assistante?	*Would you like* to talk to the TA?
Non, **je voudrais** parler au prof.	No, *I'd like* to talk to the prof.

Vouloir bien is an idiomatic expression meaning *OK, gladly, with pleasure.*

Tu veux faire un tour à vélo?	*Do you want* to take a bike ride?
Oui, **je veux bien.**	Yes, *I'd like to.*

Application

J. Remplacez les mots en italique et faites les changements nécessaires.

1. *Je* voudrais habiter à Paris. (nous / elles / il / je)
2. Est-ce que *Jacques* veut aller au théâtre? (tu / Martine / vos parents / vous)
3. *Elle* ne veut pas de café. (je / ils / nous / Michel)
4. Voudriez-vous une *bière*? (coca / limonade / croissants / sandwich)

K. Qu'est-ce qu'on veut faire samedi? Find out what your friends and relatives want to do Saturday. Use the present tense of **vouloir** and the expressions suggested.

Modèle: Suzanne / aller au cinéma
Qu'est-ce que Suzanne veut faire samedi?
Elle veut aller au cinéma.

1. Et Alain? (faire du ski)
2. Et tes frères? (aller au restaurant)
3. Et Geneviève? (aller à la bibliothèque)
4. Et tes cousins? (faire un tour en voiture)
5. Et toi? (aller en ville)
6. Et vous autres? (rester à la maison)

L. Des invitations. Invite a friend or friends to go somewhere or do something with you. When your friend(s) accept(s), suggest a way of getting there. Use the appropriate forms of **vouloir** and **vouloir bien.**

Modèle: aller en ville / l'autobus
—*Tu veux aller en ville?*
—*Oui, je veux bien.*
—*Prenons l'autobus.*
—*D'accord. C'est une bonne idée.*

1. aller au cinéma / métro
2. faire un tour / ma voiture
3. dîner en ville / autobus
4. visiter la cathédrale / à pied

Now invite some people you know less well to do something or to go somewhere. When they accept, suggest a day. This time do not use **vouloir bien,** which is more appropriate for informal situations.

Modèle: aller au théâtre / samedi
—*Est-ce que vous voudriez aller au théâtre avec moi?*
—*Oui, avec plaisir.*
—*Samedi, c'est possible?*
—*Oui, c'est très bien.*

5. aller au concert avec moi / jeudi
6. dîner chez nous / mardi
7. faire une promenade avec nous / dimanche
8. aller au musée avec moi / samedi

Débrouillons-nous! (Petite révision de l'étape)

M. Échange. Posez les questions suivantes à un(e) autre étudiant(e), qui va vous répondre.

1. Est-ce que tu prends l'autobus pour aller à l'université?
2. Est-ce que tu apprends le russe?
3. Est-ce que tu comprends toujours les questions du professeur?
4. Quels jours est-ce que tu n'as pas de cours?
5. Qu'est-ce que tu fais le samedi? et le dimanche?
6. Où est-ce que tu voudrais aller un jour *(someday)?*

N. Tu veux aller... ? Invite a classmate to do something with you. When you get an affirmative response, arrange a day and agree on a means of transportation.

Deuxième Étape

POINT DE DÉPART: *Quelle direction?*

L'appartement d'Andrée est près de la place d'Italie, où il y a une station de métro. Andrée et sa cousine Gabrielle vont **au guichet.**

to the ticket window

GABRIELLE: Je prends un billet de **seconde?**

second (class)

ANDRÉE: Non, tu prends un **carnet** de dix billets. C'est **moins cher.**

book (of tickets) / less expensive

GABRIELLE: Et toi, tu ne prends pas de billet?

ANDRÉE: Non, j'ai une carte orange. Avec cette carte je peux[3] prendre le métro ou l'autobus pour **tout un** mois.

a whole

GABRIELLE: C'est bien, ça. *(Au guichet:)* S'il vous plaît, Madame. Un carnet de seconde.

L'EMPLOYÉE: 28 F, Mademoiselle.

Les deux jeunes femmes **se dirigent vers** la plate-forme.

head for

GABRIELLE: C'est quelle direction?

ANDRÉE: Charles de Gaulle-Étoile.

---

3. **Je peux** *(I can)* is a form of the irregular verb **pouvoir** *(to be able)*. You will learn other forms of this verb in Chapter 10.

we get off

GABRIELLE: Où est-ce que **nous descendons?**[4]

ANDRÉE: À Invalides.

Is it necessary to change trains?

GABRIELLE: Bon. Est-ce qu'**il faut prendre une correspondance?**

ANDRÉE: Oui, nous changeons à la Motte-Picquet, direction Créteil. Ah, voilà notre train. Allons-y!

NOTE CULTURELLE

Le métro (the Paris subway) is one of the best-developed subway systems in the world. There are sixteen lines, organized so that it is possible to go almost anywhere in Paris with a minimum number of **correspondances** (changes of line). Each line has a number; however, most often the lines are designated by **directions** (stations at each end of the line). Thus, line 1 is called **Château de Vincennes-Pont de Neuilly** (sometimes abbreviated to **Vincennes-Neuilly**); line 4 is **Porte d'Orléans-Porte de Clignancourt (Orléans-Clignancourt).**

A subway map **(un plan de métro),** like the one in the color essay, can be found on the street near **la bouche de métro** (station entrance), inside the station, and on the platform. There are also pocket-sized maps you can carry with you. On the map, you find the station where you want to get off and the station at the far end of the line (for example, **la direction Orléans**). Follow the signs for that **direction.** If you need to change trains, find the new **direction** on the map and look for signs indicating **correspondance** and **direction.** Do not confuse the subway lines with the **R.E.R.** lines (trains that run between Paris and the suburbs).

The subway trains are divided into first- **(première)** and second- **(seconde)** class cars **(voitures).** The first-class cars, found in the middle of the train, are usually less crowded and more comfortable, but first-class tickets cost more.

Métro tickets can be bought singly or in groups of ten **(un carnet).** You can also buy a four-day or seven-day tourist ticket **(un billet de tourisme)** or a full-month commuter ticket **(une carte orange).** These tickets can all be used on buses as well as on the subway.

À vous! (Exercices de vocabulaire)

A. Au guichet. Buy the indicated **métro** tickets.

Modèle: a book of first-class tickets
Un carnet de première, s'il vous plaît.

1. one first-class ticket
2. one second-class ticket
3. a book of ten second-class tickets
4. a ticket that allows you to travel for a month

B. On change à... On descend à... Based on the cues, answer each person's questions about where he/she should change and where he/she should get off the subway.

---

4. **Descendre** is an **-re** verb, a category that will be presented in Chapter 11. For the moment, learn these forms: **je descends, tu descends, nous descendons, vous descendez.**

Modèle: Concorde / Palais-Royal / tu (je)
—Est-ce qu'il faut changer?
—Oui, tu changes à Concorde.
—Et où est-ce que je descends?
—Tu descends à Palais-Royal.

1. Châtelet / Rennes / tu (je)
2. Montparnasse-Bienvenüe / Trocadéro / vous (nous)
3. Sèvres-Babylone / Notre-Dame-des-Champs / vous (nous)
4. Saint-Lazare / place Clichy / tu (je)

C. Prenons le métro! Following the models and using the metro map in the color essay, explain how to use the subway. The number-letter combinations (shown in parentheses after the name of each station) correspond to the grid coordinates on the map and will help you locate the stations.

Modèles: Alain / Saint-Lazare (D2) → Bastille (F4)
Tu prends la direction Mairie d'Issy, tu changes à Concorde, direction Château de Vincennes et tu descends à Bastille.

M. Genois / Montparnasse-Bienvenüe (D4) → Opéra (D3)
Vous prenez la direction Porte de Clignancourt, vous changez au Châtelet, direction Fort d'Aubervilliers et vous descendez à l'Opéra.

1. Jacqueline / Charles de Gaulle-Étoile (C3) → Raspail (D4)
2. Albert / Gare du Nord (E2) → Gare de Lyon (F4)
3. Mme Fantout / Louvre (E3) → Trocadéro (C3)
4. Isabelle et Jean-Luc / Odéon (D4) → Place de Clichy (D2)

Reprise
(Première Étape)

D. Et le samedi? Using the expressions suggested below (or other expressions you know), tell what each of the following people usually does each day of the week. Suggested expressions: **travailler (au bureau** [*at the office*], **à la maison), aller à l'école (à l'université), rester à la maison, aller en ville, faire un tour,** etc.

Modèle: votre père
D'habitude, le lundi, le mardi, le mercredi, le jeudi et le vendredi mon père travaille au bureau. Le samedi il travaille à la maison et le dimanche il regarde la télé.

1. votre père 2. votre mère 3. vos frères (soeurs, amis) 4. vous

E. Demande aux autres. *(Ask the others.)* Tell the person next to you to ask the other members of your group (1) if they want to go to the library, (2) what they want to drink at the café, (3) what city they want to visit some day, (4) what they want to do Saturday. After asking each group member individually, the questioner will report back to you.

1. Demande aux autres s'ils veulent aller à la bibliothèque.
   Est-ce que tu veux aller à la bibliothèque?
2. Demande aux autres ce qu'ils veulent prendre?
   Qu'est-ce que tu veux prendre?
3. Demande aux autres quelle ville ils veulent visiter un jour.
   Quelle ville est-ce que tu veux (voudrais) visiter un jour?
4. Demande aux autres ce qu'ils veulent faire samedi.
   Qu'est-ce que tu veux faire samedi?

STRUCTURE 4: *Le futur immédiat*

Qu'est-ce que **vous allez faire** ce soir?	What *are you going to do* tonight?
Je vais aller au concert.	*I'm going to go* to the concert.
Nous allons faire un tour en voiture.	*We're going to go* for a ride.
Mathilde **ne va pas quitter** la maison.	Mathilde *isn't going to leave* the house.

So far, most of what you have learned to say refers either to the present or to a general situation. It is now time to learn how to refer to the future. French has a future tense (the equivalent of the English *will work, will go, will speak,* etc.) that you will learn in Chapter 15. However, it is also possible to express a future idea, especially one referring to the not-too-distant future, by using the verb **aller** and an infinitive. This structure is the equivalent of the English *going to* + verb and is formed by using the present-tense form of **aller** that agrees with the subject and by leaving the verb of action in the infinitive. In the negative, **ne... pas** is placed around the conjugated form of **aller.**

Application

F. Remplacez les sujets et faites les changements nécessaires.

1. *Suzanne* va faire une promenade ce soir. (Jean-Paul / nous / je / les Mauclair / tu / vous)
2. *Marc* ne va pas prendre l'autobus. (Annick / je / les étudiants / vous / tu / nous)
3. Est-ce que *Mme Girard* va aller en ville demain? (M. Lemaire / tu / Georges et sa soeur / Paulette / vous)

G. Qu'est-ce qu'on va faire ce soir? Find out from your friends what they are going to do tonight.

Modèle: Charles, qu'est-ce que tu vas faire ce soir? (aller au cinéma)
Je vais aller au cinéma.

1. Marcelle, qu'est-ce que tu vas faire ce soir? (travailler)
2. Et Jean-Pierre, qu'est-ce qu'il va faire? (aller au théâtre)
3. Et Michèle et son amie? (étudier)
4. Sylvie, qu'est-ce que tu vas faire ce soir? (regarder la télé)
5. Et Éric, qu'est-ce qu'il va faire? (aller en ville)
6. Et Jacques et Isabelle? (rester à la maison)
7. Et vous deux? (faire un tour en voiture)

H. Comment aller à l'école. Mme Vallon is explaining to her ten-year-old son, Gérard, how to get to his new school. She then gives the directions to the rest of the family. Play the role of Mme Vallon in the following situations.

Bon, tu quittes *la maison, tu* prends *la rue Santerre, tu* vas *tout droit jusqu'à l'avenue St-Cloud, tu* tournes *à gauche, tu* traverses *le boulevard de la Reine, et voilà, tu* entres *dans l'école.*

1. Mme Vallon explique à Gérard ce qu'il va faire demain matin: *Bon, demain matin* (tomorrow morning) *tu vas quitter la maison...*
2. Mme Vallon explique à M. Vallon ce que Gérard va faire demain matin: *Bon, demain matin Gérard va quitter la maison...*
3. Mme Vallon explique à Gérard et à sa soeur Sophie ce qu'ils vont faire demain matin: *Demain matin vous allez quitter la maison...*

4. Mme Vallon explique à sa mère ce que Gérard et Sophie vont faire demain matin: *Bon, demain matin Gérard et Sophie vont quitter la maison...*

PRONONCIATION: *Les consonnes* m *et* n *au milieu d'un mot*

When **m** or **n** is followed by a consonant other than **m** or **n,** the preceding vowel is nasalized and the **m** or **n** is not pronounced: **chanter, impossible, monde.** When **m** or **n** is followed by another **m** or **n** and when **m** or **n** falls between two vowels, the **m** or **n** is pronounced and the preceding vowel is *not* nasalized: **dommage, ami, imiter.**

Pratique

I. Read each word aloud, being careful to distinguish between **m** or **n** followed by a consonant, **m** or **n** between vowels, and **m** or **n** in combination with another **m** or **n.**

Londres / camping / commande / banque / sandwich / japonais / oncle / cinéma / immédiatement / limonade / tante / Orangina / caméra / nombres / omelette / changer / sciences / inutile

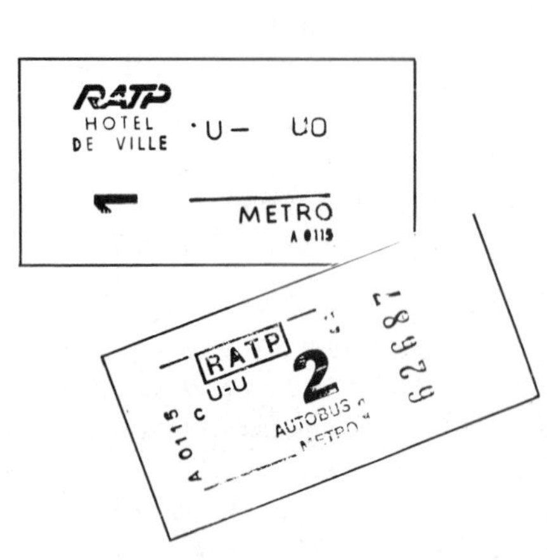

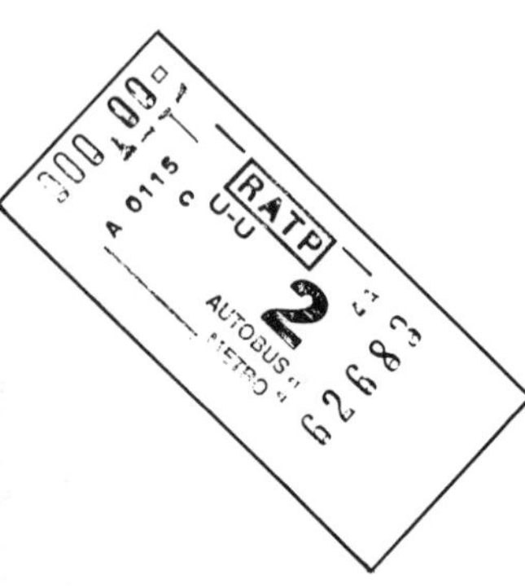

STRUCTURE 5: *Les nombres de 21 à 69*

21	vingt et un	30	trente	50	cinquante
22	vingt-deux	31	trente et un	51	cinquante et un
23	vingt-trois	32	trente-deux	52	cinquante-deux
24	vingt-quatre	33	trente-trois, etc.	53	cinquante-trois, etc.
25	vingt-cinq				
26	vingt-six	40	quarante	60	soixante
27	vingt-sept	41	quarante et un	61	soixante et un
28	vingt-huit	42	quarante-deux	62	soixante-deux
29	vingt-neuf	43	quarante-trois, etc.	63	soixante-trois, etc.

The **t** of **vingt,** which is silent when **vingt** is used alone, is pronounced in all the combination numbers (**vingt et un, vingt-deux,** etc.).

Application

J. Faites les exercices suivants.

1. Comptez de 21 jusqu'à 69.
2. Donnez les nombres impairs *(odd)* de 1 jusqu'à 69.
3. Donnez les nombres pairs *(even)* de 2 jusqu'à 68.
4. Comptez de 10 jusqu'à 60 par 10.
5. Comptez de 69 à 3 par 3.
6. Lisez: 31, 47, 54, 62, 41, 33, 68, 55, 61, 29, 66, 57, 44, 51, 39.
7. **Trois fois vingt font... ?** Do the following multiplication problems in French.

Modèle: 3 × 20 = ? *Trois fois vingt font soixante.*

1. 2 × 15 = ?	4. 7 × 8 = ?	7. 3 × 7 = ?
2. 4 × 9 = ?	5. 4 × 10 = ?	8. 2 × 24 = ?
3. 3 × 19 = ?	6. 6 × 11 = ?	9. 5 × 5 = ?

Débrouillons-nous! (Petite révision de l'étape)

K. Échange. Posez les questions à un(e) autre étudiant(e), qui va vous répondre.

1. Est-ce que tu vas être à la bibliothèque ce soir? (Non? Où est-ce que tu vas être?)
2. Est-ce qu'on va prendre une bière? (Oui. Où?)
3. Qu'est-ce que tu vas faire samedi? et dimanche?
4. Combien d'étudiants est-ce qu'il y a dans notre classe de français?
5. Lisez les adresses suivantes. *(Read the following addresses.)*
   39, avenue LeClerc / 61, rue Notre-Dame / 53, boulevard de la Libération / 47, avenue Voltaire / 24, rue Lavoisier

L. Il faut prendre quelle direction? You are staying in Paris at a hotel near the place de l'Odéon (D4). You need to go to the American Express office near the Opéra (D3). You are newly arrived in Paris and don't understand the subway system yet, so you ask the desk clerk for help. When he/she explains how to get there, you repeat the instructions to make sure you have understood. (Another student will play the role of the desk clerk.)

Troisième Étape

POINT DE DÉPART: *Taxi! Taxi!*

Andrée et Gabrielle visitent le musée et ensuite elles veulent dîner dans un petit restaurant près du Palais de Chaillot. Elles décident de prendre un taxi.

ANDRÉE: Taxi! Taxi!
LE CHAUFFEUR: Mesdemoiselles? Où est-ce que vous allez?

Elles **montent dans** le taxi.

get in

ANDRÉE: 6, avenue de New York, s'il vous plaît.
LE CHAUFFEUR: Oui, Mademoiselle.
ANDRÉE: Mais pourquoi est-ce que vous tournez à gauche? Le Palais de Chaillot est tout droit, n'est-ce pas?
LE CHAUFFEUR: Je ne vais pas prendre les **quais. Aux heures de pointe, la circulation** est difficile. Je vais prendre la rue de Grenelle.

streets along the river / at rush hour / traffic

How much time does it take to get there?

ANDRÉE: D'accord. **Il faut combien de temps pour y aller?**
LE CHAUFFEUR: Dix minutes... quinze, au maximum.

Elles arrivent au restaurant. Gabrielle descend. C'est Andrée qui va payer.

How much do I owe you?

ANDRÉE: **Je vous dois combien,** Monsieur?
LE CHAUFFEUR: Dix-huit francs cinquante, Mademoiselle.[5]
ANDRÉE: Voilà un billet de vingt francs.
LE CHAUFFEUR: Merci, Mademoiselle. Au revoir.

À vous! (Exercices de vocabulaire)

A. Il faut combien de temps pour y aller? Making plans with your friends, you discuss how long it will take to get somewhere. The answer will depend on the means of transportation you choose. Notice the prepositions used in French: **en voiture (en auto), en autobus, en taxi,** but **à pied, à bicyclette** and **par le métro.**

Modèle: au parc / en autobus (10 minutes), à pied (30 ou 35 minutes)
—Il faut combien de temps pour aller au parc?
—Pour y aller en autobus, il faut dix minutes.
—Et pour y aller à pied?
—À pied? Il faut trente ou trente-cinq minutes.

1. à la bibliothèque / à pied (25 minutes) / à bicyclette (10 minutes)
2. à la cathédrale / par le métro (20 minutes) / en autobus (25 ou 30 minutes)
3. à l'aéroport / en taxi (45 minutes) / par le métro (30 ou 35 minutes)
4. à la gare / en auto (20 minutes) / par le métro (10 minutes)

B. Je vous dois combien? You ask the taxi driver how much you owe and give him/her some money (small French bills come in denominations of **10, 20, 50** francs). Then you take the change and give back a small tip **(Et voilà pour vous).**

Modèle: 36F
—Je vous dois combien?
—Trente-six francs, Monsieur (Madame, Mademoiselle).
—Voilà un billet de cinquante francs... Et voilà pour vous.
—Merci, Monsieur (Madame, Mademoiselle). Au revoir.

1. 18F 2. 42F 3. 27F 4. 31F

---

5. A **franc** is divided into **centimes; 100 centimes = 1 franc.** Prices are stated as follows: **3F50 (3,50) = trois francs cinquante.** When this edition of **Allons-y!** was printed, the rate of exchange was approximately: **\$1 = 6F.**

Reprise
(Deuxième Étape)

C. Combien? You and your friend are going over how much money you have paid for certain things. Each time you say the price, your friend asks for confirmation, so you repeat more clearly.

Modèle: 12F50 —*Douze cinquante.*
—*Combien?*
—*Douze francs cinquante.*

1. 3F25 2. 16F40 3. 51F65 4. 39F15 5. 47F30 6. 13F60
7. 26F50 8. 65F45

D. Répondez aux questions.

1. Est-ce que vous étudiez beaucoup? Est-ce que vous allez étudier ce soir?
2. D'habitude, où est-ce que vous dînez—à l'université, au restaurant ou à la maison? Où est-ce que vous allez dîner ce soir?
3. Est-ce que vous allez souvent au théâtre? Est-ce que vous voulez aller au théâtre demain?
4. Est-ce que vous apprenez le russe ou le chinois? Est-ce que vous voulez apprendre le russe ou le chinois? Est-ce que vous allez apprendre une autre langue—l'espagnol? l'italien? l'allemand?
5. Est-ce que vous faites souvent des promenades? Est-ce que vous allez faire une promenade pendant le week-end?

STRUCTURE 6: *Les adverbes désignant le présent et le futur*

Qu'est-ce que tu fais **cette semaine?**	What are you doing *this week*?
Aujourd'hui je vais à la bibliothèque.	*Today* I'm going to the library.
Demain je travaille au bureau.	*Tomorrow* I'm working at the office.
Mardi matin je vais aller chez le médecin.	*Tuesday morning* I'm going to the doctor's.
Mercredi mes parents vont arriver.	*Wednesday* my parents are arriving.

The interrogative expression **quand est-ce que** is used to ask *when* an action or a condition will occur: **Quand est-ce que Jean va arriver?** The following time expressions are often used to answer **quand** questions:

maintenant now
aujourd'hui today
demain tomorrow
lundi (mardi, etc.) **prochain** next Monday (Tuesday, etc.)

ce matin this morning
cet après-midi this afternoon
ce soir tonight
cette semaine this week
cette année this year
demain matin tomorrow morning
demain après-midi tomorrow afternoon
demain soir tomorrow night (evening)
la semaine prochaine next week
l'année prochaine next year

The expressions **matin, après-midi,** and **soir** can be combined with the days of the week: **lundi matin, samedi après-midi, dimanche soir.** Time expressions are usually placed at the beginning or the end of the sentence.

Application

E. Remplacez les mots en italique et faites les changements nécessaires.

1. Où est-ce que vous travaillez *aujourd'hui?* (maintenant / ce matin / cet après-midi)
2. Qu'est-ce que tu vas faire *cet après-midi?* (ce soir / aujourd'hui / demain / samedi matin)
3. Elles vont aller à Paris *mercredi prochain.* (demain / la semaine prochaine / l'année prochaine / vendredi prochain)

F. Pas ce soir... demain soir. Your roommate is asking you about what you and your friends are doing and are planning to do. However, he/she keeps getting the times wrong. Correct your roommate's statements using the information given.

Modèle: Est-ce que Jean va aller au cinéma ce soir? (demain soir)
Pas ce soir. Il va aller au cinéma demain soir.

1. Est-ce que Jean va aller au théâtre mercredi soir? (mercredi après-midi)
2. Est-ce que Monique va travailler demain? (aujourd'hui)
3. Est-ce que Marcel va faire du ski cette semaine? (la semaine prochaine)
4. Est-ce que tes parents vont dîner ici ce soir? (jeudi après-midi)
5. Est-ce que ton frère va prendre la voiture cet après-midi? (ce soir)
6. Est-ce que Janine va arriver aujourd'hui? (vendredi prochain)
7. Est-ce que tu vas étudier ce matin? (demain après-midi)

G. L'emploi du temps des Verdun *(The Verdun's schedule).* Answer questions about the activities of the Verdun family during February. Choose the appropriate time expressions, assuming that today is the morning of February 15.

Modèle: Quand est-ce que Mme Verdun va aller au musée?
Jeudi prochain.

LUNDI	MARDI	MERCREDI	JEUDI	VENDREDI	SAMEDI	DIMANCHE
1	2	3	4	5 Restaurant	6	7 église
8	9	10	11	12 Restaurant	13	14 église
15 Mme en ville théâtre	16 M. télévision	17 M. travail (soir)	18 Mme Musée	19 Restaurant	20 Mme Cours de russe	21 église
22 Cathédrale	23 Les Michaud	24 Les Michaud	25 Les Michaud	26 Restaurant Les Michaud	27	28 église

1. Où est-ce que M. et Mme Verdun vont le dimanche?
2. Quel soir est-ce que M. Verdun va travailler?
3. Quand est-ce que les Verdun vont visiter la cathédrale?
4. Qu'est-ce que Mme Verdun va faire cet après-midi?
5. Quand est-ce que les Verdun dînent au restaurant?
6. Quand est-ce qu'ils vont avoir la visite des Michaud?
7. Qu'est-ce que les Verdun vont faire ce soir?
8. Quand est-ce que M. Verdun va regarder la télévision?
9. Quand est-ce que Mme Verdun va aller à son cours de russe?

PRONONCIATION: *Les consonnes* m *et* n *suivies de la voyelle* e

The presence of a mute **e** at the end of a word causes the preceding consonant, which in many cases would be silent, to be pronounced. In the case of **m** and **n**, pronouncing the consonant denasalizes the preceding vowel.

Sim**on**	améric**ain**	**un**	**an**
Sim**one**	améric**aine**	**une**	**âne**

Pratique

H. Read each pair of words aloud, being careful to pronounce the **m** or **n** in the first word and to keep the **m** or **n** silent in the second.

américaine, américain / mexicaine, mexicain / cousine, cousin / prochaine, prochain / Christiane, Christian / une, un / Jeanne, Jean

I. Read each word aloud, distinguishing between words in which the final consonant is silent (nasal vowel) and those in which it is pronounced.

Madame / marine / Pékin / direction / fume / chaîne / garçon / machine / Rome / Lyon / crème / italien

STRUCTURE 7: *Les expressions* espérer *et* avoir l'intention de

J'espère[6] faire un voyage l'année prochaine.	*I hope* to take a trip next year.
Mon père **a l'intention de** prendre la voiture ce soir.	My father *intends* to take the car tonight.

You have already learned two ways to talk about future actions or states: what you *want* to do **(vouloir** + infinitif) and what you *are going* to do (**aller** + infinitif). You can make more clear the exact state of your future plans by expressing what you *hope* to do (**espérer** + infinitif) and what you *intend* to do (**avoir l'intention de** + infinitif). These expressions can also be used in the negative.

Je n'ai pas l'intention de rester ici.	*I don't intend* to stay here.

Application

J. Remplacez les mots en italique et faites les changements nécessaires.

1. Je *voudrais* aller en France. (vais / espère / n'ai pas l'intention de)
2. Nous *allons* visiter le château. (voudrions / avons l'intention de / espérons / voulons)
3. Est-ce que tes parents *voudraient* voyager en Afrique? (espèrent / vont / ont l'intention de / veulent)

K. Un jour *(Someday).* Indicate how each of the people feel about doing the following activities someday.

Modèle: voyager en Europe (votre père, vos amis, vous)
Mon père ne veut pas voyager en Europe. Mes amis espèrent voyager en Europe un jour. Moi, j'ai l'intention de voyager en Europe l'année prochaine.

---

6. The verb **espérer** is a regular **-er** verb; however, the accent changes from grave **(è)** to acute **(é)** when the ending is pronounced: **j'espère, tu espères, il (elle, on) espère, ils (elles) espèrent,** but **nous espérons, vous espérez.** The verb **préférer** *(to prefer)* undergoes similar spelling changes; these apply, however, only to the second **é: je préfère.**

1. aller à Paris (votre mère, vos frères ou vos soeurs ou vos amis, vous)
2. voyager en Asie (votre camarade de chambre, vos parents, vous)
3. être président(e) (vous et vos amis, votre père, votre soeur ou votre frère ou votre camarade de chambre)
4. avoir une Rolls-Royce (votre père, vos amis, vous)

Débrouillons-nous! (Petite révision de l'étape)

L. Échange. Posez les questions suivantes à un(e) étudiant(e), qui va vous répondre.

1. Où est-ce que tu vas dîner ce soir? Et dimanche soir?
2. Qu'est-ce que tu vas faire samedi matin? Et samedi après-midi?
3. Qu'est-ce que tes parents font d'habitude le lundi soir? Et le vendredi soir?
4. Est-ce que tu espères aller à l'université l'année prochaine?
5. Est-ce que tu as l'intention d'apprendre une autre langue?

M. Ce soir. Decide what you want to do tonight. Find another student, announce your intentions, then ask this student if he/she wants to go with you. When you find someone to accompany you, work out transportation details: i.e., where exactly are you going, what is the best way to get there (how long does it take on foot, by bus, etc.).

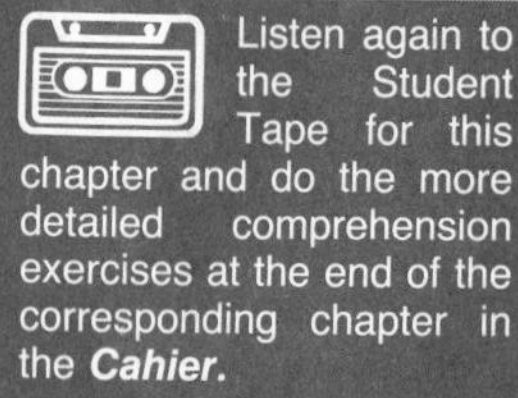

Listen again to the Student Tape for this chapter and do the more detailed comprehension exercises at the end of the corresponding chapter in the ***Cahier.***

Quatrième Étape

LECTURE: *Histoire de billets*

In addition to being able to recognize the large number of cognates in French and English, it is also necessary to be able to make intelligent guesses about the meanings of words you don't know. Often the context—that is, the words and expressions (and illustrations) that surround the words you are trying to understand—will be of help. Read the following cartoon passage, taken from a brochure distributed by the RATP (Régie Autonome des Transports Parisiens) for people not familiar with the transportation system in Paris, *without* looking at the definitions at the end. Once you have grasped the general meaning, do the first comprehension exercise, which deals with guessing from context.

1. John Busy est arrivé à Paris sans sa "Rolls" parce qu'il préfère voyager, comme le disent les Parisiens, dans sa «deuxième voiture».

2. Avec un seul ticket, John Busy peut aller à toutes les stations dans le métro.

3. Le métro est en service de l'aube jusqu'à après minuit. Son réseau consiste en 359 stations facilitant le déplacement entre tous les musées, les monuments et d'autres points d'intérêt.

4. 20 km en dehors de Paris, le métro devient le RER avec des correspondances, par exemple, aux stations Châtelet-Les Halles, Charles de Gaulle-Étoile et Gare du Nord.

5. Un billet touristique de 2, 4 ou 7 jours, appelé «Paris Sésame», lui permettra de voyager rapidement dans la ville de Paris et ses environs en utilisant le RER, le métro et les bus. À certaines stations du RER, il peut même louer un vélo RATP.

6. Pour faire les achats, il va à la Chaussée d'Antin pour passer son après-midi dans les magasins.

7. Pour rentrer à son hôtel, John Busy prend le bus à un des 5 658 arrêts de bus. Rapidement et confortablement, il traverse la ville de Paris.

8. Dans sa chambre d'hôtel avec un thé, il appelle les Renseignements RATP (tél: 43 46 14 14, 24h sur 24) ou l'Office du Tourisme de Paris (tél: 47 20 94 94). John Busy a déjà préparé ses projets pour demain.

disent: say *déplacement:* movement *lui permettra:* will allow him *environs:* surrounding area *faire les achats:* to go shopping *après-midi:* afternoon *magasins:* stores

Compréhension

A. Devinez! *(Guess!)* For each of the boldfaced words, choose from among several possible meanings, the one that seems to best fit the context. In items 1–3, you will be given several choices; in the remaining items, it is up to you and your classmate(s) to suggest the possibilities and then select the best one.

1. John Busy est arrivé à Paris **sans** sa "Rolls" parce qu'il préfère voyager dans sa "deuxième voiture" (le métro). (choices: with / without / in / on)
2. Avec un **seul** ticket, John Busy peut aller à toutes les stations dans le métro. (choices: special / only / lonely / single)
3. Le métro est en service de **l'aube** jusqu'à après **minuit.** (choices: east, west / dawn, midnight / sunrise, sunset / suburbs, center city)
4. Son **réseau** consiste en 359 stations.
5. 20 km **en dehors de** Paris, le métro devient le RER.
6. À certaines stations du RER, il peut même **louer** un vélo.
7. Pour **rentrer** à son hôtel, John Busy prend le bus à un des 5 658 **arrêts d'autobus.**
8. John Busy a déjà préparé ses **projets** pour demain.

B. Vous allez à Paris? Reread the text, looking this time at the definitions found at the end. Pick out at least five items of information that would be very useful to know for an American tourist's first visit to Paris.

Reprise
(Troisième Étape)

C. Échange. Posez les questions à un(e) autre étudiant(e), qui va vous répondre.

1. Qu'est-ce que tu as l'intention de faire ce soir?
2. Qu'est-ce que tu veux faire samedi soir?
3. Qu'est-ce que tu fais d'habitude le dimanche après-midi? Est-ce que tu vas... dimanche prochain?
4. Qu'est-ce que tu espères faire l'année prochaine?
5. Où est-ce que tu espères aller un jour?

Point d'arrivée (Activités orales et écrites)

D. Une visite-éclair de Paris *(A lightning-fast visit of Paris).* You and a friend have only a few hours between planes in Paris. Discuss how you will manage to see the following sights. Use such expressions as **Nous allons à la station... Nous prenons la direction... Nous changeons à... Nous descendons à... Ensuite nous allons...** Begin and end your tour at the Gare du Nord (from where you can take a train back to the airport).

1. la cathédrale de Notre-Dame (Cité—E4) 2. l'Arc de Triomphe (Charles de Gaulle-Étoile—C3) 3. la tour Eiffel (Trocadéro—C3) 4. Montmartre (Place de Clichy—D2)

E. Au café. Your Brazilian friend, who speaks no English, has joined you in Paris. You are in a café on the rue Dauphine. Greet your friend and order a drink. Discuss your families, your activities, etc. Using the map of this section of Paris (see below) and the **métro** map in the color essay, explain to your friend how to get from the café to the St-Germain-des-Prés subway station, how to buy a ticket, and how to take the subway to the place d'Italie.

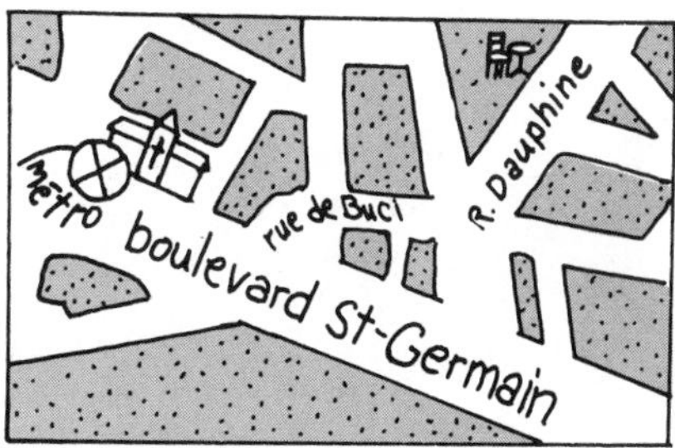

F. Une invitation. You and a friend are making plans for Saturday. Decide on what you want to do, work out how you are going to get there, then invite another friend to join you.

Lexique

POUR SE DÉBROUILLER

Homework: Remind students to do Planning Strategy and Student Tape for Ch. 5.

Pour proposer de faire quelque chose ensemble
Tu veux (vous voulez)... ?
mais oui
bien sûr
je veux bien
pourquoi pas
avec plaisir
C'est une bonne idée.
d'accord

Pour organiser une excursion en ville
on prend l'autobus
le métro
un taxi
le train
sa voiture
son vélo
on y va à pied
il faut combien de temps pour y aller
en autobus
par le métro
à pied
en taxi
en voiture
à bicyclette

Pour se débrouiller dans le métro
une bouche de métro
une station de métro
le guichet
un billet de première
de seconde
de tourisme
un carnet
une carte orange
regarder le (un) plan
la direction
une correspondance
changer
descendre
prendre

Pour payer
C'est combien?
Je vous dois combien?
voilà pour vous
un franc

Pour faire des précisions temporelles
Quel jour sommes-nous?
Quel jour est-ce?
lundi
mardi
mercredi
jeudi
vendredi
samedi
dimanche
Qu'est-ce qu'on va faire... ?
maintenant
aujourd'hui
ce matin
ce soir
cet après-midi
demain
cette semaine
cette année
la semaine prochaine
le mois prochain
l'année prochaine

Pour parler de ses projets
avoir l'intention de
aller
espérer
vouloir (bien)

VOCABULAIRE GÉNÉRAL

Noms
un apéritif
la circulation
les heures de pointe *f. pl.*
le temps

Verbes
apprendre
comprendre
entrer (dans)
monter (dans)
quitter
rester

Adjectifs
cher(-ère)
prochain(e)

Autres expressions
moins
quand
trop

CHAPITRE CINQ
Visitons Paris!

Première Étape
Paris à vol d'oiseau

Deuxième Étape
La rive gauche et l'île de la Cité

Troisième Étape
La rive droite

Quatrième Étape
«Chanson de la Seine»

Do the **Travail préliminaire** section at the beginning of the corresponding chapter of the ***Cahier:*** complete the Planning Strategy, listen to the Student Tape, and answer the general comprehension questions.

Première Étape

LECTURE: *Paris à vol d'oiseau*

Although Paris is not representative of all of France, it has always been and remains today the center of attention for French people and foreigners alike. In this chapter you will be introduced to Paris through the format of a tourist guidebook. The best-known **guide de Paris** is the *Guide Michelin.* Michelin, the international manufacturer of tires, produces French and English editions of a green-covered guide to monuments and sites and a red-covered guide to hotels and restaurants. We present here a simplified version of the green guide that will give you the flavor of the *Guide Michelin* at the same time that it introduces you to Paris. In the first **étape,** you will see Paris by air and you will be given some general information about the city. In the second and third **étapes,** you will get a closer look at the sights Paris has to offer. Finally, in the fourth **étape,** you will have the opportunity to learn about the relationship of the river **Seine** to the city of Paris.

As you read the various texts, remember to use the techniques you have already learned (in particular, cognates and guessing from context) to help you understand the information presented.

Paris vu de la tour Eiffel

PARIS

from a birds-eye view
roofs
beltway

Paris *à vol d'oiseau* offre une vue exceptionnelle et spectaculaire d'une ville à la fois ancienne et moderne: les *toits* de l'Opéra et d'autres bâtiments historiques célèbres, les jardins publics, le *boulevard périphérique*, les grands boulevards, les quais de la Seine et enfin la présence imposante de la tour Eiffel.

Renseignements Généraux

country / river
in the middle of / islands

La géographie. Paris est la capitale politique, industrielle et commerciale du *pays.* La ville est traversée par un *fleuve* qui s'appelle **la Seine.** Elle divise la ville en deux parties—**la rive gauche** et **la rive droite.** *Au milieu de* la Seine se trouvent deux petites *îles*—**l'île de la Cité** et **l'île Saint-Louis.**

Île de la Cité; au fond, Notre-Dame

stores

L'organisation de la ville. Du point de vue administratif, Paris est organisé en vingt **arrondissements;** du point de vue culturel, la ville est divisée en **quartiers.** Chaque quartier est comme une petite ville, avec ses *magasins,* ses écoles, ses églises, ses cafés et ses restaurants.

United States
famous
world / know

Les boulevards et les avenues. Comme les grandes villes des *États-Unis,* Paris est traversé de boulevards et d'avenues *célèbres* dans le *monde* entier. Qui ne *connaît* pas **le boulevard Saint-Michel** qui traverse le quartier des étudiants, **le boulevard Saint-Germain,** et, sur-wide — tout, **l'avenue des Champs-Élysées?** *Large de* 71 mètres, l'avenue des Champs-Élysées est un centre de commerce et de tourisme. C'est là

take place / events / parade — qu'*ont lieu* les grands *événements* de caractère national—le *défilé* du 14 juillet (la fête nationale française) et l'arrivée du Tour de France (une

race — *course* à vélo).

Exercices de familiarisation

A. Visitons Paris! You and your friends are going to visit Paris. Because you know quite a bit about the city, you give them some information before you get there. Complete the sentences based on the reading.

1. Paris est la capitale ____, ____ et ____ de la France.
2. Le fleuve qui traverse Paris s'appelle ____.
3. La ville est divisée en deux parties, ____ et ____.
4. Au milieu de la Seine il y a deux petites îles: ____ et ____.
5. Du point de vue administratif, Paris est organisé en vingt ____.
6. Du point de vue culturel, la ville est divisée en ____.
7. Les grands événements de caractère national ont lieu dans ____.

B. Imaginons! Imagine that you are a Parisian explaining to someone (in English) why you think Paris is the greatest city in the world. Using the facts you have learned and common knowledge (culture, food, history, etc.), present a favorable picture of Paris.

L'Arc de Triomphe de l'Étoile, Les Champs-Élysées

STRUCTURE 1: *Le passé composé avec* avoir

J'ai habité à Paris.	*I lived* in Paris.
Ils n'ont pas trouvé le musée.	*They didn't find* the museum.
Où est-ce qu'**elle a acheté** les souvenirs?	*Where did she buy* the souvenirs?
Nous avons déjà **visité** l'île de la Cité.	*We already visited* the île de la Cité.

In French, you can talk about specific limited actions and conditions in the past by using the **passé composé** *(compound past)*. This tense is considered "compound" because it is composed of two parts: an auxiliary verb (usually **avoir**) and a past participle.

The key to using the **passé composé** is learning the past participles. The past participle of an **-er** verb sounds exactly like the infinitive; however, the written form ends in **-é** rather than in **-er.**

Infinitive	**Past participle**
voyager	voyag**é**
quitter	quitt**é**
travailler	travaill**é**
visiter	visit**é**

The past participles of irregular verbs usually do not follow the same pattern as those of **-er** verbs. Among the verbs you have already used, the following have irregular past participles:

Infinitive	**Past participle**
avoir	**eu**
être	**été**
faire	**fait**
prendre, apprendre, comprendre	**pris, appris, compris**
vouloir	**voulu**

To form the **passé composé,** conjugate **avoir** in the present tense, then add the past participle.

voyager	**prendre**	**avoir**
j'ai voyagé	j'ai pris	j'ai eu
tu as voyagé	tu as pris	tu as eu
elle a voyagé	elle a pris	elle a eu
nous avons voyagé	nous avons pris	nous avons eu
vous avez voyagé	vous avez pris	vous avez eu
ils ont voyagé	ils ont pris	ils ont eu

To make a verb in the **passé composé** negative, put **ne... pas** around the auxiliary verb.

Elle **n'**a **pas** travaillé.	She *didn't* work.
Je **n'**ai **pas** visité Paris.	I *didn't* visit Paris.

To ask a question in the past tense, use any of the interrogative forms already studied.

Tu as regardé la télévision?	*Did you watch* television?
Est-ce que vous avez visité la tour Eiffel?	*Did you visit* the Eiffel Tower?
Quand est-ce qu'elle a quitté la maison?	*When did she leave* the house?

In English, distinctions are made among the simple past *(I worked)*, the emphatic past *(I did work)*, and the present perfect *(I have worked)*. No such distinctions are made in French. **J'ai travaillé** is the equivalent of *I worked, I did work,* or *I have worked.*

Application

C. Remplacez les sujets et faites les changements nécessaires.

1. *Paul* a traversé l'avenue des Champs-Élysées. (Anne / nous / Éric et son frère / je / vous / tu)
2. *Chantal* n'a pas regardé le Guide Michelin. (Jean-Luc / tu / vous / elles / nous / je)
3. Est-ce que *Victor* a déjà visité Paris? (tu / Sophie / les autres / vous / nous)

D. Oui et non. Vos parents désirent savoir *(to know)* ce que vous et vos amis avez fait ou n'avez pas fait à Paris. Répondez **oui** à la première question et **non** à la seconde.

Modèle: Est-ce que tu as visité la rive gauche? Et la rive droite?
J'ai visité la rive gauche mais je n'ai pas visité la rive droite.

1. Est-ce que vous avez pris le métro? Et des taxis?[1]
2. Est-ce que Marc a visité la tour Eiffel? Et le Louvre?
3. Est-ce que Madeleine a été sur le boulevard Saint-Michel? Et sur le boulevard Saint-Germain?
4. Est-ce que Georges et sa femme ont acheté des souvenirs? Et des disques?
5. Est-ce que tu as fait des promenades? Et du tennis?
6. Est-ce que vous avez trouvé un plan de Paris? Et un guide?
7. Est-ce que tu as dîné au restaurant? Et chez Gabrielle *(at Gabrielle's house)?*
8. Est-ce qu'elles ont mangé un croque-monsieur? Et des escargots *(snails)?*

E. Nous l'avons déjà fait. Vos amis désirent savoir si on va faire certaines choses. Pour chaque question, répondez qu'on a déjà fait ce qu'on vous demande.

---

1. Remember that after a negative verb, the indefinite and partitive articles become **de: Tu as acheté une auto? Non, je n'ai pas acheté *d'*auto.**

Modèle: Est-ce que tu vas parler à Simone?
Non. J'ai déjà parlé à Simone.

1. Est-ce que Paul va parler à son père?
2. Est-ce que Michèle va aller au musée?
3. Est-ce que tu vas acheter une calculatrice?
4. Est-ce que M. et Mme Michaud vont avoir un bébé?
5. Est-ce que les étudiants vont regarder le film?
6. Est-ce que tu vas faire tes devoirs?
7. Est-ce que vous allez téléphoner à[2] vos parents?
8. Est-ce que vous allez manger?

F. Votre séjour *(stay)* **à Paris.** Votre camarade de chambre désire savoir ce que vous avez fait pendant votre séjour à Paris. Il/elle vous pose des questions en employant les éléments donnés; vous répondez **oui** ou **non.**

Modèle: téléphoner / parents
Question: *Est-ce que tu as téléphoné à tes parents?*
Réponse: *Oui, j'ai téléphoné à mes parents.* ou
Non, je n'ai pas téléphoné à mes parents.

1. avoir / accident de voiture
2. faire / promenade
3. faire / devoirs
4. vouloir / faire les devoirs
5. être / chez Jean
6. apprendre / beaucoup de choses
7. téléphoner / amis
8. manger / au restaurant

PRONONCIATION: *Les voyelles* a *et* i

In French, the letters **a** and **i**, when not combined with another vowel or with the consonants **m** or **n**, are pronounced as follows: The French **a** sound is between the *a* sounds in the English *fat* and *father*; the French **i** sound is similar to the *i* sound in the English word *machine*. The **a** is pronounced with the mouth rounded; the **i**, with the lips spread wide, as in a smile.

Pratique

G. Read each word aloud, being careful to open your mouth to pronounce **a** and to spread your lips (smile!) when saying **i.**

la / Ça va? / gare / papa / ici / livre / dîne / ville / Paris / mari / Italie / pharmacie

2. With the verb **téléphoner,** the preposition **à** is placed before the name of the person you are calling.

STRUCTURE 2: *Les adverbes et les prépositions désignant le passé*

Il a eu un accident **la semaine dernière.**	He had an accident *last week.*
Il a quitté l'hôpital **il y a trois jours.**	He left the hospital *three days ago.*
Hier j'ai parlé avec sa femme.	*Yesterday* I spoke to his wife.

The following time expressions are used to situate an action or a condition in the past. Time expressions are usually placed at the beginning or at the end of the sentence.

hier	yesterday
hier matin	yesterday morning
hier après-midi	yesterday afternoon
hier soir	last night
lundi (mardi, etc.) **dernier**	last Monday (Tuesday, etc.)
le week-end dernier	last weekend
la semaine dernière (passée)	last week
le mois dernier	last month
l'année dernière (passée)	last year
pendant une heure (deux jours, six ans)[3]	for an hour (two days, six years)
il y a une heure (deux mois, cinq ans)	an hour (two months, five years) ago

Application

H. Remplacez les mots en italique.

1. *Hier* nous avons eu un accident. (la semaine passée / jeudi dernier / hier soir / l'année dernière)
2. Qu'est-ce que tu as fait *samedi dernier?* (hier après-midi / le mois dernier / la semaine passée / il y a huit jours)
3. Ils ont été à Paris *la semaine dernière.* (il y a trois ans / le mois dernier / pendant deux semaines / il y a quinze jours)

I. Quand? Employez les expressions entre parenthèses pour expliquer quand vous et vos amis avez fait les choses suivantes.

Modèle: Quand est-ce que Paul a terminé les devoirs? (il y a une heure)
Il a terminé les devoirs il y a une heure.

---

3. There are two French equivalents for *year.* The word **année** is used with an adjective **(l'année prochaine)**; the word **an** is used with a number **(un an, trois ans).** The same rule applies to **jour/journée.**

1. Quand est-ce qu'Anne-Marie a appris le russe? (l'année dernière)
2. Quand est-ce que vous avez habité à Paris? (il y a trois ans)
3. Quand est-ce que la classe a commencé? (il y a cinq minutes)
4. Quand est-ce que les Leroux ont acheté leur voiture? (la semaine passée)
5. Quand est-ce que vous avez parlé à vos parents? (dimanche dernier)
6. Quand est-ce que ton frère a trouvé ses clés? (hier matin)
7. Quand est-ce que ta soeur a téléphoné? (il y a une heure)
8. Pendant combien de temps est-ce que Georges a été à Montréal? (pendant deux mois)

J. Mais non! Employez les expressions entre parenthèses pour contredire ce que vos amis vous disent.

Modèles: Gérard a habité à Paris pendant trois ans. (un an)
Mais non! Il a habité à Paris pendant un an.

Claire va visiter la cathédrale demain. (hier)
Mais non! Elle a visité la cathédrale hier.

1. Hervé a été à Paris il y a quatre jours. (trois semaines)
2. Françoise va parler à ses parents cette semaine. (la semaine dernière)
3. Vous avez travaillé pendant cinq heures. (une heure)
4. M. et Mme Beaulieu vont acheter une maison. (l'année dernière)
5. Ils vont visiter le Louvre. (mardi dernier)
6. Tu vas étudier ce soir. (hier soir)
7. Elles ont téléphoné hier. (il y a huit jours)

Débrouillons-nous! (Petite révision de l'étape)

K. Échange. Posez les questions à un(e) autre étudiant(e), qui va vous répondre.

1. Est-ce que tu as travaillé hier soir?
2. Qu'est-ce que tu as acheté le week-end dernier?
3. Est-ce que tu as parlé à tes parents récemment? Quand?
4. Est-ce que tu as été à l'université l'année dernière?
5. Est-ce que tu as visité Paris? Quand?
6. Quand est-ce que tu as commencé à étudier le français?

L. Paris ou New York? You and your friend are arguing about which is the better city, Paris or New York. As you discuss some of the attractions of Paris presented in the first **étape**, your friend gives some of the outstanding characteristics of New York. Some suggested characteristics: **cosmopolite, centre de culture, beaucoup de variété, bons restaurants, centre international, musées, parcs, théâtres,** etc. When you're done, you conclude that both cities **(les deux villes)** are interesting.

Deuxième Étape

LECTURE: *La rive gauche et l'île de la Cité*

LA RIVE GAUCHE

Le Quartier Latin

Nous commençons notre visite de la **rive gauche** par le quartier des étudiants. Au **Quartier Latin** les cafés, les restaurants, les cinémas et les librairies *attirent* des étudiants de nationalités variées. La rue principale du quartier est **le boulevard Saint-Michel;** les étudiants l'appellent ‹‹le Boul'Mich'››. Au Quartier Latin on visite deux monuments historiques:

attract

La Sorbonne. Fondée en 1253 comme école de théologie, elle est aujourd'hui une partie importante de l'université de Paris.

Le Panthéon. Situé dans la rue Soufflot, non loin du boulevard Saint-Michel, il *contient* les *tombeaux* de Français célèbres comme Voltaire, Rousseau et Victor Hugo.

contains / tombs

L'Église Saint Germain-des-Prés

Le Panthéon

La Conciergerie

Saint-Germain-des-Prés

Nous continuons notre visite de la rive gauche dans un *vieux* quartier situé à l'*ouest* du Quartier Latin. Les cafés, les restaurants et les *magasins d'antiquités* du quartier **Saint-Germain-des-Prés** sont fréquentés par les Parisiens chics et par les touristes. À Saint-Germain-des-Prés on visite une église et un parc:

old
west / antique stores

L'église Saint-Germain-des-Prés. Située sur le boulevard Saint-Germain, c'est *la plus vieille* église de Paris. Un *bel* exemple du style *roman,* elle date du 11e *siècle.*

the oldest / beautiful
Romanesque / century

Le jardin du Luxembourg. Le *grand* parc exemplifie le style français de jardin: des allées et des *parterres* disposés de *façon* géométrique. Les *promeneurs,* les étudiants et les mères de famille apprécient ses *arbres,* son *bassin* et son théâtre de marionnettes.

large
flower beds / manner
strollers / trees
shallow pool

Montparnasse

Situé tout près de Saint-Germain-des-Prés et du Quartier Latin, **Montparnasse** est un quartier paradoxal: deux mondes *y* coexistent, l'un à côté de l'autre. Le jour on est conscient surtout des *hauts bâtiments,* du centre *d'affaires,* des parkings—signes de l'urbanisme moderne. Mais le soir on a la possibilité de visiter les restaurants, les théâtres et les music-halls où l'on continue la tradition artistique et bohémienne de Stravinsky, de Lénine, de Chagall et de Hemingway. Aujourd'hui le quartier est dominé par un haut bâtiment:

there
tall buildings
business

La tour Maine-Montparnasse. *Cette* construction moderne (elle date de 1973) a plus de 200 mètres de *hauteur.* C'est le plus haut *immeuble* d'Europe.

this
height / apartment or office building

Autres Curiosités

Nous terminons notre visite de la rive gauche avec deux monuments célèbres—l'Hôtel des Invalides et la tour Eiffel.

L'Hôtel des Invalides. Situé près de la Seine et à l'ouest de Saint-Germain-des-Prés, il *était* au 17e et au 18e siècles une habitation pour vieux *soldats.* Aujourd'hui on y trouve le musée de l'armée et le tombeau de Napoléon.

was
soldiers

building / elevator

La tour Eiffel. Construite en 1889, c'est le plus haut *édifice* de Paris. Elle a 320 mètres de haut. Les touristes courageux montent à pied; les autres prennent l'*ascenseur.*

L'ÎLE DE LA CITÉ

cradle / was born / before the birth / word / following places

Nous continuons notre visite de Paris. Nous traversons la Seine et nous sommes dans l'île de la Cité. On appelle l'île de la Cité ‹‹le *berceau* de Paris››, parce que c'est là que Paris *est né. Avant la naissance* de Jésus-Christ, l'île était déjà habitée par des Gaulois. Son nom était **Lutèce**—*mot* celtique qui signifie ‹‹habitation au milieu des eaux››. Dans l'île de la Cité on visite les *endroits suivants:*

Le Palais de Justice

former palace / seat / offices / courts

Ancien palais royal et ensuite *siège* du Parlement, **le Palais de Justice** est aujourd'hui le centre du système judiciaire français. Il a des *bureaux* de police et des *tribunaux.* À l'intérieur du Palais de Justice se trouvent une prison et une église:

passed through

La Conciergerie. Sous la Révolution des prisonniers célèbres—Marie-Antoinette, Danton, Robespierre—*sont passés par* cette prison en route pour la guillotine.

built / king / beautiful stained-glass windows / the oldest

La Sainte-Chapelle. *Construite* au 13e siècle par le *roi* Louis IX (Saint Louis), cette petite église gothique est célèbre par ses *beaux vitraux, les plus anciens* de Paris, qui forment une véritable Bible en verre.

Notre-Dame de Paris

Middle Ages / flying buttresses / gargoyles

À l'autre extrémité de l'île se trouve **Notre-Dame de Paris.** C'est une immense cathédrale gothique datant du *moyen âge.* Ses roses, ses *arcs-boutants* et ses *gargouilles* font de la cathédrale un magnifique exemple de l'architecture du 13e siècle.

Les ponts et les quais

joined / bridges

L'île de la Cité est *reliée* à la rive gauche et à la rive droite par neuf *ponts.* Le plus célèbre et le plus ancien, c'est **le Pont-Neuf.**

private residences

L'île Saint-Louis. Il y a aussi un dixième pont, qui relie l'île de la Cité à l'île Saint-Louis. Les *hôtels particuliers* de l'île illustrent parfaitement le style classique du 17e siècle.

along / used books at the booksellers'

Les bouquinistes. Quand on traverse les ponts de la Seine pour aller à la rive gauche ou à la rive droite, on se trouve sur **les quais** (ce sont les rues *le long de* la Seine). C'est là qu'on a la possibilité d'acheter des *livres d'occasion chez les bouquinistes.*

Exercices de familiarisation

A. Il faut visiter... Advise your traveling companions about where they should go to find the attractions that interest them.

Modèle: Nous aimons les grandes cathédrales.
Il faut visiter (aller à) la cathédrale de Notre-Dame.

Bouquinistes près de Notre-Dame

1. Nous désirons visiter le tombeau de Napoléon.
2. Nous aimons les vitraux.
3. Nous aimons les hauts bâtiments.
4. Nous voulons visiter une prison.
5. Nous aimons les vieux livres.
6. Nous aimons les peintures de Chagall et les livres de Hemingway.
7. Nous aimons le style roman.

B. Une mauvaise mémoire *(a bad memory).* Your traveling companion has a difficult time remembering what you have seen on the Left Bank. Remind him/her.

1. Le tombeau de Napoléon est à ____.
2. Le tombeau de Victor Hugo est au ____.
3. Le grand parc sur la rive gauche s'appelle ____.
4. La Sorbonne est une ____.
5. Le plus haut édifice de Paris est ____.
6. La plus vieille église de Paris est ____.

C. Visitons la rive gauche! Follow the itinerary indicated by the numbers 1-11 on the map on p. 124.

1. Nous commençons à la ____.
2. Ensuite nous prenons la rue de Vaugirard jusqu'au ____.

3.–4. Après, nous visitons le ____ et la ____.

5.–6. Après un café sur le boulevard ____ nous continuons jusqu'au boulevard ____.

7. Nous tournons à gauche et nous allons jusqu'à l'église ____.
8. Nous prenons l'autobus pour aller à l'____.

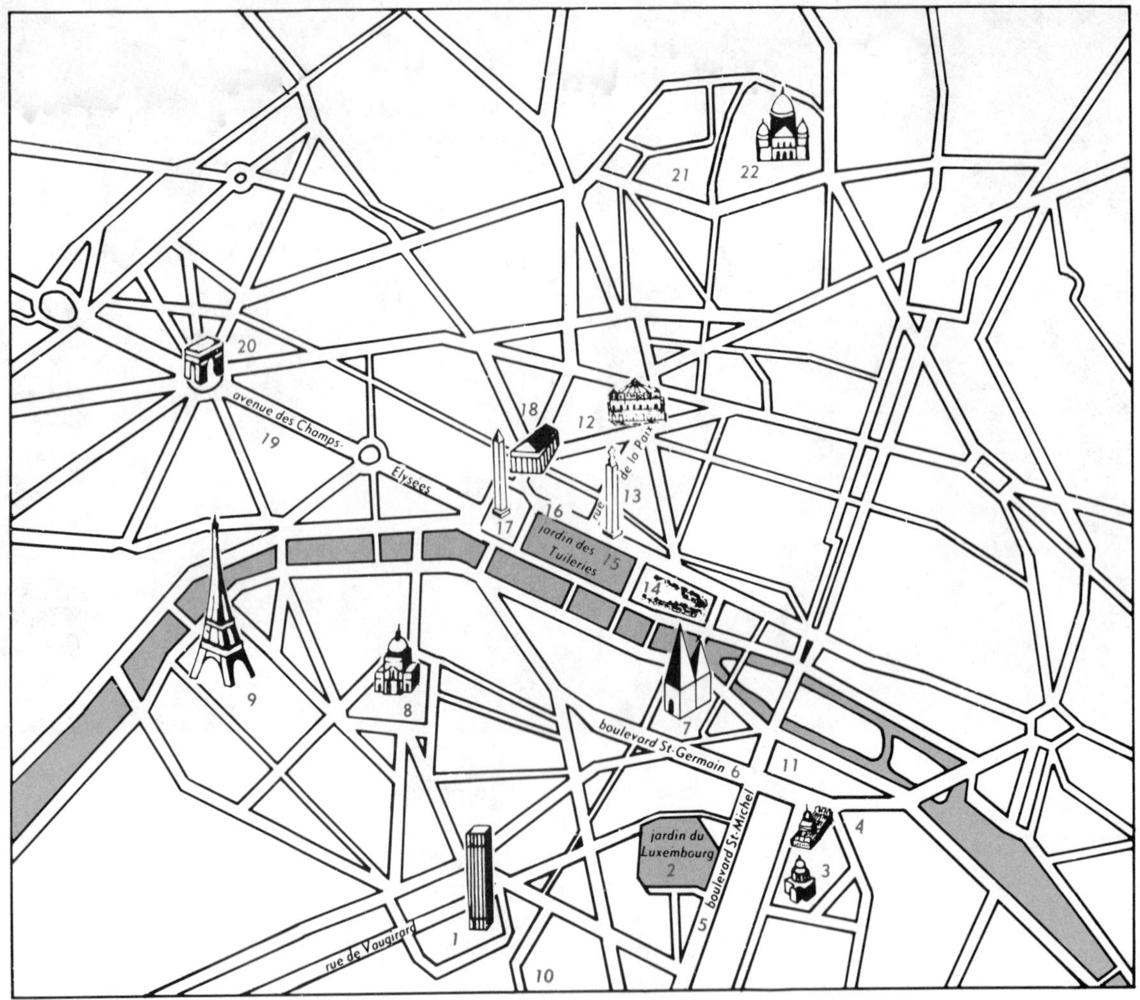

9. Après la visite du tombeau de Napoléon, nous allons à pied jusqu'à la ____.

10.–11. Pour terminer notre visite, nous décidons de prendre une consommation à un café. Mais où aller? À ____, pour trouver les cafés préférés de Hemingway, ou au ____, pour observer la vie des étudiants?

Reprise
(Première Étape)

D. Répondez aux questions.

1. Est-ce que vous étudiez beaucoup? Est-ce que vous avez étudié hier soir? Est-ce que vous allez étudier ce soir?
2. D'habitude, est-ce que vous dînez à l'université, au restaurant ou à la maison? Où est-ce que vous avez dîné hier soir? Où est-ce que vous allez dîner ce soir?
3. Est-ce que vous aimez voyager? Est-ce que vous avez fait un voyage l'année dernière? Est-ce que vous allez faire un voyage l'année prochaine?
4. Est-ce que vous prenez le petit déjeuner d'habitude? Est-ce que vous avez pris le petit déjeuner ce matin? Est-ce que vous allez prendre le petit déjeuner dimanche matin?

5. Est-ce que vous téléphonez souvent à vos amis? à vos parents? À qui est-ce que vous avez téléphoné récemment? Est-ce que vous allez téléphoner à vos parents la semaine prochaine?

E. Based on the drawing, describe the activities you see; give a description of all activities for each subject.

Modèle: je *J'ai quitté la maison, j'ai tourné à gauche dans la rue Maubert, etc.*

1. Louise 2. mon ami(e) et moi, nous 3. M. et Mme Giroud

PRONONCIATION: *La voyelle* u

In French, the letter **u** when not followed by another vowel or the consonants **m** or **n,** is always pronounced in the same fashion. To learn to make the sound represented by the letter **u**, first pronounce the letter **i** (remember to spread your lips in a smile). Then, keeping the interior of your mouth in the same tense position, move your lips forward as if to whistle. There is no equivalent sound in English.

Pratique

F. Read each word aloud, being careful to pronounce the **u** sound with your lips positioned as far forward as possible.

une / tu / fume / autobus / bureau / portugais / salut / vue / russe / musique / musée / sur / architecture / d'habitude

STRUCTURE 3: *Le passé composé avec* être

Je suis allé au musée récemment.	*I* recently *went* to the museum.

Ils ne sont pas encore **arrivés.**	*They haven't arrived* yet.
Est-ce qu'**elle est** déjà **rentrée?**	*Has she* already *come home?*
Nous sommes arrivés à l'heure.	*We arrived* on time.

Some verbs use **être** as their auxiliary verb in the **passé composé.** The past participles of many of these verbs are formed in the regular manner.[4] In later chapters you will learn additional verbs conjugated with **être.**

Infinitive	**Past participle**
aller	**allé**
arriver	**arrivé**
entrer	**entré**
monter	**monté**
rester *(to stay)*	**resté**
rentrer *(to go, come home)*	**rentré**
retourner	**retourné**
tomber *(to fall)*	**tombé**

The past participle of a verb conjugated with **être** acts like an adjective. It agrees in number (singular or plural) and gender (masculine or feminine) with the subject of the verb. Certain forms (those agreeing with **je, tu, nous, vous**) have two or more possible spellings. As in the case of a verb conjugated with **avoir,** the **passé composé** of a verb conjugated with **être** is equivalent to three English forms: **elle est allée** may mean *she went, she did go,* or *she has gone.*

aller	
je suis allé (allée)	nous sommes allés (allées)
tu es allé (allée)	vous êtes allé (allée) (allés) (allées)
il est allé	ils sont allés
elle est allée	elles sont allées

Application

G. Remplacez les sujets et faites les changements nécessaires.

1. *Hervé* est allé au cinéma. (Jeanne / je / nous / les autres / vous / tu)
2. *Yvonne* n'est pas encore arrivée. (François / Georges et Alain / nous / je / tu / vous)
3. Est-ce qu'*Éric* est descendu à Châtelet? (Sylvie / vos amis / Thérèse et Francine / tu / vous)

H. Oui ou non? You're part of a student group on a tour of Paris. All of the students have dispersed and you're the only one left to answer the group leader's questions about the others. Answer **oui** or **non** according to the indications in parentheses.

4. An exception is the verb **descendre,** whose past participle is **descendu.**

Visitons Paris

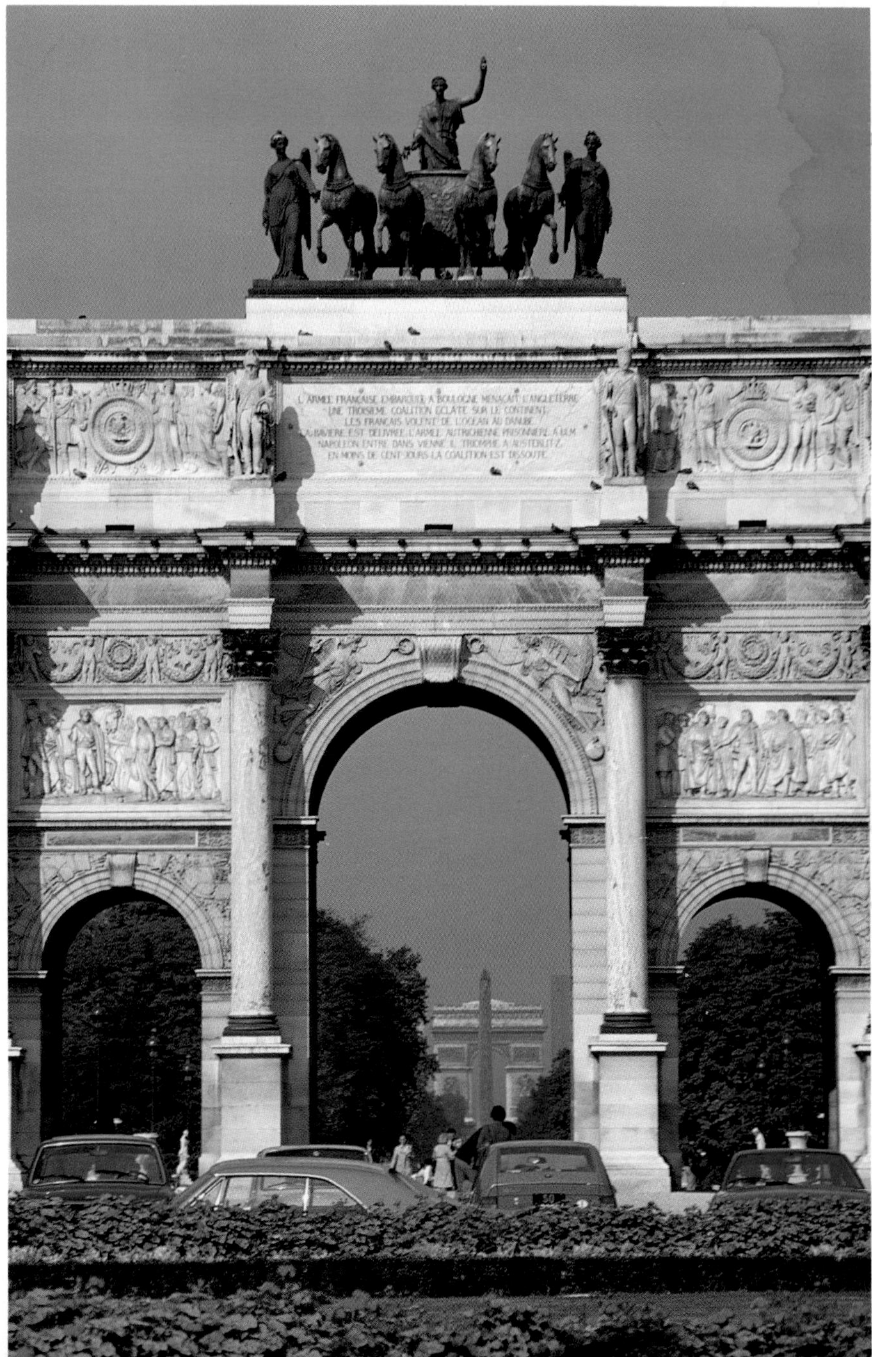

L'Arc du Carrousel. Cet arc de triomphe, érigé en l'honneur des victoires de Napoléon, se trouve dans le Jardin des Tuileries. Quel autre arc célèbre se trouve à Paris? Où est-il situé? Est-il visible dans cette photo?

Le Forum des Halles. Ce centre commercial très moderne est situé sur la rive droite, tout près d'un bâtiment très discuté qui lui ressemble. Comment s'appelle cet autre bâtiment?

Une rue de Paris. Sur quelle rive se trouve cette scène? Justifiez votre réponse.

Le square du Vert-Galant. Ce square se trouve dans une île au milieu de la Seine. Est-ce l'île de la Cité ou l'île Saint-Louis? Il est près de quel pont?

L'hôtel des Invalides. *(à gauche)* Les touristes visitent ce monument pour voir le tombeau de quel Français célèbre?

La basilique du Sacré-Coeur. *(à droite)* Cette église relativement moderne domine la ville de Paris. Dans quel quartier se trouve-t-il?

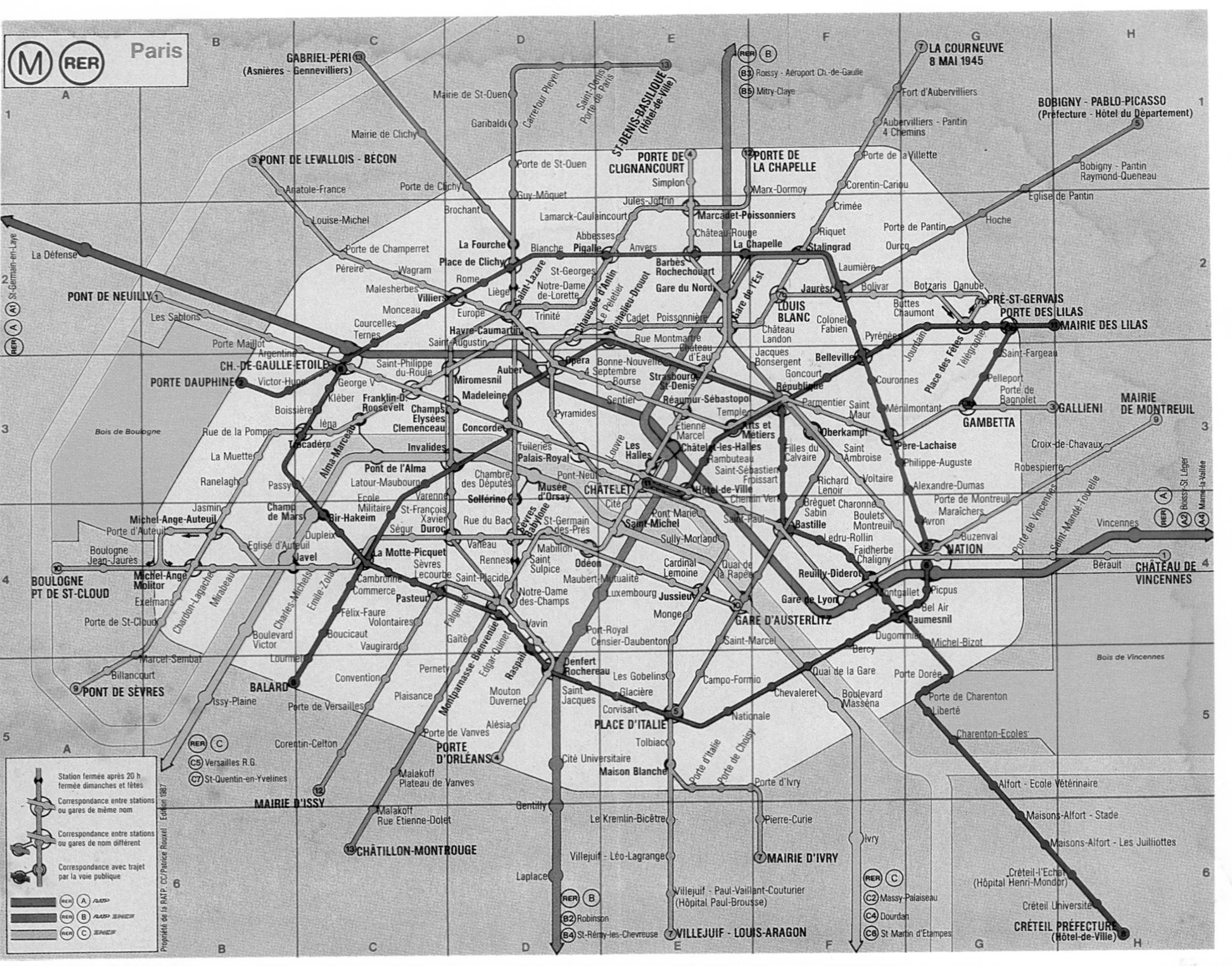

M RER Paris
GABRIEL-PÉRI (Asnières - Gennevilliers)
PONT DE LEVALLOIS - BÉCON
PONT DE NEUILLY
PORTE DAUPHINE
CH.-DE-GAULLE-ETOILE
BOULOGNE PT DE ST-CLOUD
PONT DE SÈVRES
BALARD
MAIRIE D'ISSY
CHÂTILLON-MONTROUGE
PORTE D'ORLÉANS
PLACE D'ITALIE
VILLEJUIF - LOUIS-ARAGON
MAIRIE D'IVRY
CRÉTEIL PRÉFECTURE (Hôtel-de-Ville)
CHÂTEAU DE VINCENNES
NATION
GARE D'AUSTERLITZ
MAIRIE DE MONTREUIL
GALLIENI
GAMBETTA
MAIRIE DES LILAS
PORTE DES LILAS
PRÉ-ST-GERVAIS
BOBIGNY - PABLO-PICASSO (Préfecture - Hôtel du Département)
LA COURNEUVE 8 MAI 1945
PORTE DE LA CHAPELLE
PORTE DE CLIGNANCOURT
ST-DENIS-BASILIQUE (Hôtel-de-Ville)
LOUIS BLANC
CHÂTELET
La Défense
RER A A1 St-Germain-en-Laye
RER A A2 Boissy-St-Léger A4 Marne-la-Vallée
RER B B3 Roissy - Aéroport Ch.-de-Gaulle B5 Mitry-Claye
RER B B2 Robinson B4 St-Rémy-lès-Chevreuse
RER C C5 Versailles R.G. C7 St-Quentin-en-Yvelines
RER C C2 Massy-Palaiseau C4 Dourdan C6 St Martin d'Etampes
Bois de Boulogne
Bois de Vincennes
Station fermée après 20 h fermée dimanches et fêtes
Correspondance entre stations ou gares de même nom
Correspondance entre stations ou gares de nom différent
Correspondance avec trajet par la voie publique
RER A RATP
RER B RATP SNCF
RER C SNCF
Propriété de la RATP. CC/Patrice Rouxel Edition 1987

1. Est-ce que Gérard est allé au musée? (oui)
2. Est-ce que Madeleine est allée à la tour Eiffel? (non)
3. Est-ce que Didier est resté dans sa chambre? (oui)
4. Est-ce que Bénédicte est déjà rentrée? (non)
5. Est-ce que Philippe et sa soeur sont arrivés? (non, pas encore)
6. Est-ce que Anne et Chantal sont montées dans leur chambre? (non)
7. Est-ce que Sylvie est allée au théâtre? (oui)
8. Est-ce que Marie-Claire et Françoise sont allées à l'église? (oui)

I. Use the expressions provided to tell what Claire did yesterday. Be careful to distinguish the verbs conjugated with **être** from those conjugated with **avoir.**

Modèle: quitter la maison *Elle a quitté la maison.*

1. traverser la rue
2. entrer dans[5] un magasin
3. acheter des disques
4. aller à la station de métro
5. prendre le métro
6. descendre à l'île de la Cité
7. visiter le Palais de Justice
8. rester au Palais pendant une heure
9. rentrer à la maison
10. téléphoner à son amie

J. Use the following expressions to ask your friend Claire about what she did yesterday. Another student will respond on the basis of Claire's activities in Exercise I.

Modèle: rester à la maison
Est-ce que tu es restée à la maison?
Non, j'ai quitté la maison.

1. tourner à droite
2. entrer dans la bibliothèque
3. acheter des cassettes
4. aller à la gare
5. prendre le train
6. descendre à Châtelet
7. visiter Notre-Dame
8. rester au palais pendant longtemps *(long time)*
9. aller à un restaurant
10. téléphoner à ses parents

Débrouillons-nous! (Petite révision de l'étape)

K. Échange. Posez les questions à un(e) autre étudiant(e).

1. Est-ce que tu es allé(e) au cinéma le week-end dernier?
2. Est-ce que tu es allé(e) à Paris? Quand?
3. Est-ce que tu es allé(e) à la bibliothèque hier soir?
4. Est-ce que tu es arrivé(e) en classe avant ou après le professeur?
5. Est-ce que tu es rentré(e) hier soir avant ou après ton (ta) camarade de chambre (tes parents)?

L. Cet après-midi. You and your friend meet for dinner after having visited different places in Paris. You were on the **rive gauche,** your friend visited the **île de la Cité**. Explain what you saw and did.

---

5. Following the verb **entrer,** the preposition **dans** indicates the place entered.

Troisième Étape

LECTURE: *La rive droite*

Une salle du Louvre

LA RIVE DROITE

Continuons notre visite de Paris! Notre guide nous *amène* sur la rive droite. Nous commençons au Louvre.

leads

Le Louvre

Ancienne résidence des rois de France (jusqu'au 17ᵉ siècle), **le Louvre** est *depuis* 1793 un musée. Ses galeries *réunissent* des collections variées: *antiquités* égyptiennes, grecques et romaines; sculptures et peintures du moyen âge jusqu'au 19ᵉ siècle.

since / bring together
relics

Entre le palais du Louvre et l'Arc de Triomphe de l'Étoile *s'étend* une très belle perspective qu'on appelle la *Voie* Triomphale. Elle *comprend* le jardin des Tuileries, la place de la Concorde, l'avenue des Champs-Élysées et la place Charles de Gaulle.

stretches out
way, route / includes

La Voie Triomphale

Le jardin des Tuileries. Situé sur les *bords* de la Seine, *ce* grand parc est l'*oeuvre* du célèbre *jardinier* Le Nôtre. C'est un autre bel exemple d'un jardin à la française—bassins, allées, statues, plantes et *fleurs* disposés de façon géométrique.

La place de la Concorde. C'est sur cette immense place qu'on a guillotiné le roi Louis XVI en 1793. Au centre de la place se trouve **l'obélisque de Louksor,** *cadeau* du gouvernement égyptien. L'obélisque, vieux de trente-trois siècles, est couvert d'hiéroglyphes.

La place Charles de Gaulle. Entre la place de la Concorde et **la place Charles de Gaulle** s'étend l'avenue des Champs-Élysées. En montant vers la place Charles de Gaulle, on découvre des boutiques, des restaurants, des cafés et clubs, et des *salons d'automobile.* Au centre de la place Charles de Gaulle, nommée *autrefois* la place de l'Étoile, se trouve **l'Arc de Triomphe,** construit par Napoléon en l'honneur de ses armées. L'arc *abrite* le tombeau du Soldat *Inconnu.*

banks / this
work / gardener
flowers
gift
automobile showrooms
in the past, formerly
houses / unknown

Le quartier de l'Opéra

Non loin de la Voie Triomphale se trouve le quartier de l'Opéra. Le jour, on fréquente ses magasins *de luxe;* le soir, ce sont ses cinémas et ses théâtres qui attirent les gens. Dans ce quartier on visite surtout l'Opéra, l'église de la Madeleine et la place Vendôme.

L'Opéra. C'est le plus vaste théâtre du monde: la *scène* a *de la place* pour *plus de* 400 personnes. À l'intérieur de la salle principale, le *plafond* a été décoré par Chagall en 1964.

L'église de la Madeleine. Située près de la place de la Concorde, l'église ressemble à un temple grec. Construite par Napoléon à la *gloire*

luxury
stage / room
more than / ceiling
glory

Le jardin des Tuileries; au fond, l'obélisque de Louksor et l'Arc de Triomphe

Beaubourg

became / battle
topped by

de ses armées, elle *est devenue* une église après la *bataille* de Waterloo.

La place Vendôme. Formant un triangle avec l'Opéra et la Madeleine, la place Vendôme offre un ensemble architectural qui date du 17e siècle. Au centre il y a une colonne *surmontée d'*une statue de Napoléon.

Montmartre

north
hill
was
night / made

Au *nord* du quartier de l'Opéra on trouve le quartier le plus pittoresque de Paris—Montmartre. Situé sur une *butte* qui domine la ville, **Montmartre** *était* au 19e siècle un centre artistique et bohémien. Le boulevard de Clichy, entre la place Blanche et la place Pigalle, est le centre de la vie de *nuit.* On visite le Moulin Rouge, café-cabaret *rendu* célèbre par le peintre Toulouse-Lautrec.

end

La basilique du Sacré-Coeur. Perchée sur la butte Montmartre, l'église date de la *fin* du 19e siècle. Son style romano-byzantin distingue l'église des autres monuments religieux de la ville.

Beaubourg

without / the most discussed (controversial)

Il est impossible de terminer notre visite *sans* aller au monument *le plus discuté* de Paris—le Centre Pompidou. Le Centre National d'Art et de Culture Georges Pompidou s'appelle d'habitude le Centre Pompidou ou, tout simplement, **Beaubourg** (il se trouve sur la place Beaubourg). L'architecture du centre provoque des réactions violentes: les uns aiment

factory
in spite of / thousands of
come

son style ultramoderne; les autres trouvent qu'il ressemble à une *usine*. *Malgré* cette diversité d'opinions, le centre attire *des milliers de* touristes tous les ans qui *viennent* pour les programmes et les expositions d'art, de musique et de littérature modernes.

Exercices de familiarisation

A. Visitons la rive droite! Follow the itinerary indicated by the numbers 12–22 on the map on p. 124.

12. Nous commençons notre visite à l'____.
13. Ensuite nous prenons la rue de la Paix pour aller jusqu'à la ____.
14. De là, nous allons au ____.
15. Ensuite nous traversons le ____ où nous admirons l'oeuvre de Le Nôtre.

16.–17. Au milieu de la place ____ se dresse ____, cadeau du gouvernement d'Égypte.

18. Nous faisons un petit détour pour visiter l'église ____.

19.–20. Nous montons l'avenue des ____ jusqu'à la place ____.

21. De là, nous prenons le métro pour aller à ____.
22. Enfin, nous montons au dôme de la basilique du ____ pour avoir une vue panoramique sur la ville entière.

B. Ah, vous êtes allés à... Indicate your familiarity with the Right Bank by responding to each of your companion's statements.

Modèle: Nous avons visité une place où il y a une statue de Napoléon sur une colonne.
Ah, vous êtes allés à la place Vendôme.

1. Nous avons visité l'obélisque de Louksor.
2. Nous avons visité le tombeau du Soldat Inconnu.
3. Nous avons visité une église qui ressemble à un temple grec.
4. Nous avons visité une église qui ressemble à un temple oriental.
5. Nous avons visité un jardin aux formes géométriques.
6. Nous avons visité un bâtiment qui ressemble à une usine.
7. Nous avons visité un théâtre avec un plafond de Chagall.
8. Nous avons visité un café-cabaret rendu célèbre par Toulouse-Lautrec.

Reprise
(Deuxième Étape)

C. Où se trouve... ? Indicate whether each place is located **sur la rive gauche** or **dans l'île de la Cité.**

Modèle: l'Hôtel des Invalides
L'Hôtel des Invalides? Il est sur la rive gauche.

1. la Sorbonne 2. la cathédrale de Notre-Dame 3. le Palais de Justice 4. la tour Eiffel 5. le jardin du Luxembourg 6. la Conciergerie 7. le Panthéon 8. l'église Saint-Germain-des-Prés

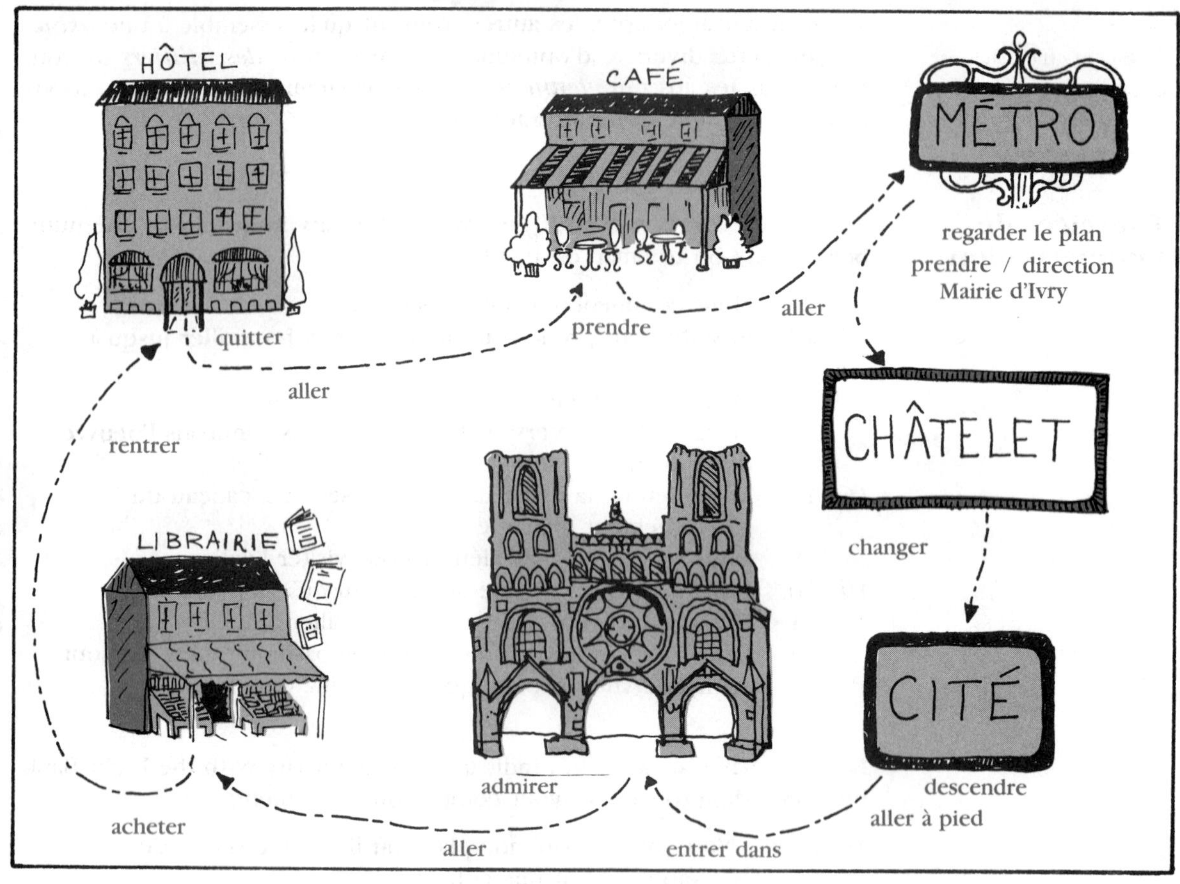

D. Décrivez les activités des personnes indiquées en utilisant les verbes donnés.

1. je 2. Jean-Jacques 3. ma soeur et moi, nous 4. mes amis

PRONONCIATION: *Les combinaisons* ai *et* au

The combinations **ai** and **au** are pronounced as single vowel sounds in French. The letters **ai** sound like the *ai* in the English word *wait* if they are the final sound of the word. However, if they are followed by a consonant sound (other than final **m** or **n**), they are pronounced like the *e* in the English word *melt.* The combination **au** is always pronounced like the *o* in the English word *hope.*

Pratique

E. Read each pair aloud, being careful to differentiate between the two sounds of **ai.**

j'ai, j'aime / français, française / anglais, anglaise / plaît, maître

F. Read each word aloud, being careful to pronounce the **au** combination as a single sound.

au / aussi / auto / autobus / de Gaulle / gauche / restaurant / aujourd'hui

STRUCTURE 4: *Le passé composé (suite)*

Monique est allée en ville.	*Monique went* into town.
Elle a fait une promenade.	*She took a walk.*
Ensuite **elle est rentrée** à l'hôtel.	Then *she went back* to the hotel.
Elle a mangé quelque chose.	*She ate* something.
Elle est montée dans sa chambre.	*She went up* to her room.
Elle a regardé la télévision.	*She watched* television.

As you have already learned, the **passé composé** can be formed with the auxiliary verbs **avoir** or **être.** Which auxiliary verb you choose depends on the main verb you want to conjugate in the past. Although the best way to learn the distinction is through repeated practice so that the choice becomes automatic, there are a couple of clues that can help you make the decision.

First, remember that the vast majority of French verbs are conjugated with the auxiliary verb **avoir.** Your chances of being correct are greater if you pick **avoir.**

Second, verbs conjugated with **être** are usually verbs of locomotion (i.e., getting from one place to another).

Application

G. Ce qu'ils ont fait hier. Using the verbs below, explain what you, your friends, and your family did yesterday. Be careful to choose the right auxiliary verb when forming the **passé composé.**

Modèle: frère / aller au cinéma
Mon frère est allé au cinéma.

1. Suzanne / aller en ville
2. père / faire du tennis
3. Paul et Véronique / rentrer à Paris
4. je / visiter le Sacré-Coeur
5. Françoise et Annie / écouter des disques
6. soeur / téléphoner à ses amis
7. je / retourner au travail
8. nous / aller / au Louvre

H. Mon week-end. Using the verbs you already know, describe to another student what you did last weekend. If you prefer, you can describe the weekend of a friend or family member.

Débrouillons-nous! (Petite révision de l'étape)

I. Échange. Using the indicated verbs, ask questions to obtain the required information.

1. **étudier:** Find out where your friend usually studies, whether he/she studied there last night, and whether he/she is planning to study there tonight.
2. **aller au cinéma:** Find out if your friend likes going to the movies, if he/she went to the movies last week, and whether he/she is going to the movies next week.
3. **dîner:** Find out where your friend usually has dinner, where he/she had dinner last Saturday, and where he/she is going to have dinner next Saturday.
4. **aller / prendre:** Find out how your friend usually gets to class, if he/she got to class the same way this morning, and whether he/she will get to class the same way next year.

J. Pas aujourd'hui! You and your friend have already spent a very hectic week in Paris and all you want to do now is relax at a café. Your friend, however, keeps suggesting that you do some more sightseeing. For every suggestion, say that you already did something similar last week.

Modèle: Louvre / Beaubourg
Je voudrais aller au Louvre.
Pas aujourd'hui! Nous sommes déjà allé(e)s à Beaubourg la semaine dernière.

1. place Charles de Gaulle / place de la Concorde
2. jardin des Tuileries / jardin du Luxembourg
3. église de la Madeleine / Notre-Dame
4. tour Eiffel / Arc de Triomphe
5. boulevard Saint-Germain / boulevard Saint-Michel

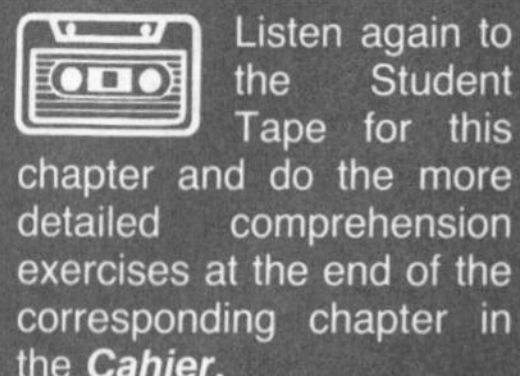

Listen again to the Student Tape for this chapter and do the more detailed comprehension exercises at the end of the corresponding chapter in the ***Cahier.***

Quatrième Étape

LECTURE: *«Chanson de la Seine»*

Le Pont de l'Alma

Once you have discovered new words in French (by guessing from context, by recognizing cognates, or simply by memorizing terms), you can extend your vocabulary by learning to identify words that have similar roots **(mots de la même famille).** For example, since you know the verb **travailler,** you can probably understand the nouns **le travailleur** *(worker)* and **le travail** *(work).* Read the following passage without consulting the vocabulary at the end. Then immediately do Exercise A on word families.

Situé à 220 km[1] de la Manche[2] et à plus de 400 km de l'océan Atlantique, Paris est néanmoins[3] le troisième port de France (après Marseille et Le Havre). C'est grâce à[4] la Seine, qui relie Paris aux grands ports européens et qui approvisionne[5] la ville de matériaux de construction, de produits pétroliers et de vin.

À Paris, la Seine est traversée de 32 ponts. L'un des plus intéressants est le Pont de l'Alma, qui traverse la Seine non loin de la tour Eiffel et de l'Hôtel des Invalides. Le pont le plus large[6] de Paris (42 mètres), il est décoré de statues militaires. Une des statues, qui représente un zouave (un soldat algérien), attire l'attention des Parisiens quand il pleut[7] beaucoup: Quand les eaux de la Seine montent jusqu'au menton[8] du zouave, la ville est en danger!

Les Parisiens aiment se promener le long des quais de la Seine. Ils aiment regarder les pêcheurs[9] qui attendent[10] avec impatience leur premier poisson;[11] les amoureux qui s'embrassent sans faire attention aux autres promeneurs; les clochards[12] qui dorment[13] près de l'eau.

Paris et la Seine ont depuis toujours[14] inspiré les chanteurs et les poètes. Un bel exemple est ce poème de Jacques Prévert dans lequel[15] il évoque trois étapes de la Seine en route vers Le Havre et la mer.[16] Dans la première strophe,[17] la Seine ‹‹sort[18] de sa source››; dans la deuxième, elle passe par Paris; dans la troisième, elle continue à la mer.

Chanson de la Seine

La Seine a de la chance[19]
Elle n'a pas de soucis[20]
Elle se la coule douce[21]
Le jour comme la nuit
Et elle sort[22] de sa source
Tout doucement sans bruit[23]
Et sans se faire de mousse[24]
Sans sortir[25] de son lit[26]
Elle s'en va vers[27] la mer
En passant par Paris

La Seine a de la chance
Elle n'a pas de soucis
Et quand elle se promène
Tout le long de ses quais
Avec sa belle robe[28] verte
Et ses lumières dorées [29]
Notre Dame jalouse
Immobile et sévère
La regarde de travers[30]

Mais la Seine s'en balance[31]
Elle n'a pas de soucis
Elle se la coule douce
Le jour comme la nuit
Et s'en va vers le Havre
Et s'en va vers la mer
En passant comme un rêve[32]
Au milieu des mystères
Des misères de Paris.

Jacques Prévert, extrait de «Aubervilliers»
dans *Spectacle*

---

1. kilometers **(un kilomètre)** 2. English Channel 3. nevertheless 4. thanks to 5. supplies 6. widest 7. rains 8. chin 9. fishermen 10. wait for 11. fish, catch 12. bums, street people 13. sleep 14. always 15. in which 16. sea 17. stanza 18. leaves 19. is lucky 20. worries 21. takes it easy 22. leaves 23. noise 24. without making foam (without worrying) 25. leaving 26. bed 27. toward 28. dress 29. golden lights 30. scowls at her 31. doesn't care 32. dream

Compréhension

A. Les mots de la même famille. Develop your vocabulary by working with word families from the reading passage.

1. You know the verb **chanter** *(to sing).* Find a word in the texts that means *song.*
2. You know the verb **aimer.** Find a noun that refers to *people who are in love.*
3. You know the noun **une promenade.** Find a verb that means *to take a walk,* and a noun that refers to *people who walk.*
4. The adjective **douce** means *soft* or *easy* (as in *calm*). Find the adverb that means *softly.*
5. The cognate **la jalousie** means *jealousy.* Find the adjective that means *jealous.*
6. The cognate **mystérieux** means mysterious. Find the noun that means *mystery.*
7. You know the cognate **poème.** Find the word that refers to the person who writes poems.

B. Answer in English.

1. Why is it surprising that Paris is France's third largest port?
2. From what you learned earlier in the chapter, why is it possible to call the Seine the "main street" of Paris?
3. What activities is the curious onlooker likely to see while walking near the Seine?
4. How can the Parisians tell that the city is about to be flooded?
5. According to the poet Jacques Prévert, why is the Seine lucky? Give at least a couple of reasons.
6. Who is jealous of the Seine and why?
7. What do you think it means when Prévert contrasts the light tone of the poem with the more serious note in the last three lines?

Point d'arrivée (Activités orales et écrites)

C. Une visite guidée de Paris. You are a tourist guide whose group arrives in Paris. You tour the city, pointing out famous sites.

Modèle: *Nous sommes sur la rive gauche, au Quartier Latin: c'est le quartier des étudiants. Nous sommes sur le Boul'Mich'. Voilà, à droite, la Sorbonne. C'est une université...*

D. Vous connaissez bien Paris? *(Do you know Paris well?)* Find photos of some places in Paris (books in the library, postcards, personal photos, etc.). Show them to another student and ask questions about these places. If your friend cannot answer your questions, be prepared to tell him/her about the site in the photo.

Modèle: (photo de la tour Eiffel)
Qu'est-ce que c'est? Où est-ce qu'elle se trouve? C'est une église? Elle est près du Louvre?

E. Prenons le métro! Prepare an itinerary for each of the following groups, indicating how to use the subway in order to get to the places you have chosen: people interested in churches and cathedrals; people interested in Napoleon; people interested in art.

F. Nous avons pris le métro. Choose one of the itineraries in Activity E, and use the **passé composé** to describe how the group followed it.

G. Une journée *(day)* **à Paris.** Tell what you did during a day's tour of Paris. Look at the photos of Paris in the color essay and consult the metro map, and put all verbs in the **passé composé.** Use some of the following expressions: **quitter l'hôtel, aller, visiter, traverser, prendre le métro pour aller, regarder, faire une promenade, prendre, rentrer.**

Lexique

POUR SE DÉBROUILLER

Pour parler des événements dans le passé

hier
hier matin
hier après-midi
hier soir
lundi (mardi, etc.) dernier
le week-end dernier
la semaine dernière (passée)
le mois dernier
l'année dernière (passée)
pendant une heure (deux jours, six ans)
il y a une heure (deux mois, cinq ans)

VOCABULAIRE GÉNÉRAL

Noms
un accident
un fleuve
une heure
une île
le jour
la journée
la rive
le quartier
une surprise

Verbes
acheter
commencer (à)
dîner
quitter
rentrer
retourner
téléphoner (à)
tomber
trouver

Adjectifs
dernier(ère)
passé(e)
prochain(e)

Autres expressions
après
avant
encore
récemment

CHAPITRE SIX
Faisons les courses!

Première Étape
À la boulangerie et à la pâtisserie

Deuxième Étape
À la charcuterie et à la boucherie

Troisième Étape
À l'épicerie

Quatrième Étape
Lecture: Allons au supermarché!

Listen again to the Student Tape for this chapter and do the more detailed comprehension exercises at the end of the corresponding chapter in the ***Cahier.***

Première Étape

POINT DE DÉPART: *À la boulangerie et à la pâtisserie*

to go shopping
first / bakery / bread

Ce matin, Madame Thibaudet est allée en ville **faire ses courses. D'abord** elle est allée à la **boulangerie.** Elle a acheté[1] du **pain**—une baguette et un pain de campagne. Elle a acheté aussi trois croissants et trois pains au chocolat.

then / pastry shop

pastry

birthday

Ensuite elle a traversé la rue pour aller à la **pâtisserie.** Là elle a regardé les tartes—une tarte aux pommes, une tarte aux fraises et des tartelettes au citron. Elle a regardé aussi les **pâtisseries**[2]—les religieuses, les éclairs et les mille-feuilles. Mais elle a eu la force de résister à la tentation. Elle a commandé un gâteau au chocolat pour **l'anniversaire** de son fils.

---

1. In the present tense, the verb **acheter** is conjugated as follows: **j'achète, tu achètes, il/elle/on achète, nous achetons, vous achetez, ils/elles achètent. Acheter** is conjugated like all other **-er** verbs, but an **accent grave** is added on some of the forms.
2. The word **pâtisserie** may refer either to a pastry shop or to the pastries made and sold there.

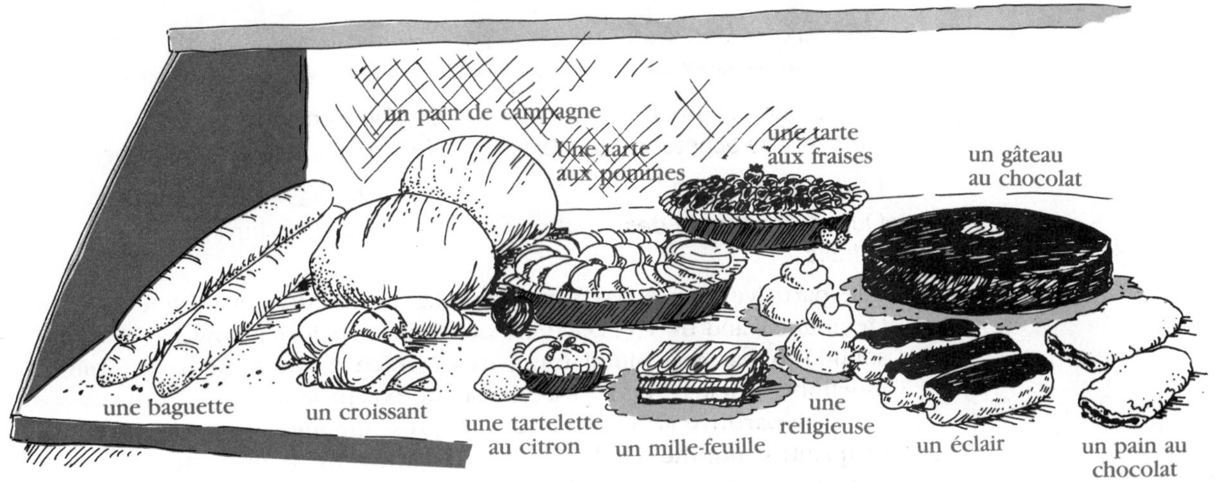

NOTE CULTURELLE

In France, bakery shops often specialize either in bread **(une boulangerie)** or in pastry **(une pâtisserie).** Many stores combine both **(une boulangerie-pâtisserie).** Bakery shops are usually open from 7 or 8 A.M. until 1 P.M. and then again in the afternoon from 4 until 7 P.M.

À vous! (Exercices de vocabulaire)

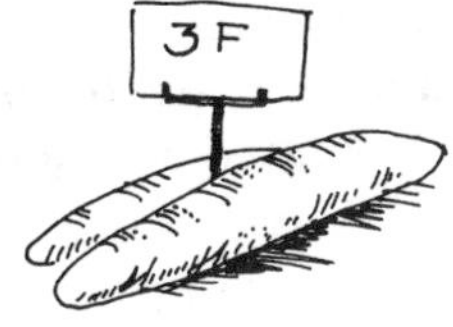

Modèle

A. Une baguette, s'il vous plaît. Imagine that you are at a **boulangerie-pâtisserie** and order each item in the picture below.

Modèle: *Une baguette, s'il vous plaît.*

B. C'est combien? Indicate how much you pay for each item in exercise A.

Modèle: *Une baguette: trois francs.*

STRUCTURE 1: *Le partitif*

Est-ce que tu veux **du** vin?	Do you want wine?
Non, je vais acheter **de la** bière.	No, I'm going to buy *some* beer.
Elle a **de l'**argent?	Does she have *any* money?
Oui, et elle achète **des** jus de fruits.	Yes, and she's buying *some* juice.

The partitive article has three singular forms: **du** (masculine), **de la** (feminine), and **de l'** (masculine or feminine before a vowel or a vowel sound). It has one plural form, **des** (which is the same as the plural indefinite article). The **s** of **des** is silent except in liaison.

The partitive article is used to express the idea of a certain amount or quantity, not the whole, of something. It is the equivalent of *some* or *any* and can be used with both concrete and abstract nouns. In English, the partitive is often omitted; in French, it must be expressed.

After a negative expression, the partitive article **de (d')** is used, regardless of the gender or number of the noun. The English equivalent of **de** is *no* or *not any.*

Il **n'**y a **pas de** pain aujourd'hui.	There is *no* bread today. (There is*n't any* bread today.)
Elle **n'**a **pas** acheté **de** croissants.	She did*n't* buy *any* croissants.

Le partitif, l'article défini et l'article indéfini

1. When a noun is used in a general sense—that is, when it refers to a category or to all members of a category—it is preceded by a definite article **(le, la, l', les).** Consequently, the definite article is often used after verbs such as **aimer, adorer, détester, préférer, aimer mieux.** In English, the article is usually omitted in these cases.

J'aime beaucoup **le** pain, mais je préfère **les** croissants.	I like bread very much, but I prefer croissants.

2. When a noun is used in a specific sense—that is, when it refers to a definite item or example—it is also preceded by a definite article **(le, la, l', les).** The noun is often followed by a phrase or a clause.

Où est **la** maison de Patricia?	Where is Patricia's house?
Combien coûtent les croissants à **la** boulangerie qui est en face de **la** gare?	How much do croissants cost at *the* bakery across from *the* railroad station?

3. Remember that the indefinite articles **un** and **une** are used the same way as the English *a* or *an.*

Donnez-moi **une** baguette et **une** tarte aux pommes, s'il vous plaît.	Give me *a* baguette and *an* apple pie, please.

4. Both the partitive articles **(du, de la, de l', des)** and the indefinite articles **(un, une, des)** become **de** after a negative expression, regardless of the gender and number of the noun. The definite articles **(le, la, l', les)** remain the same.

Tu as **de l'**argent?	Do you have *any* money?
Non, je **n'**ai **pas d'**argent.	No, I do*n't* have *any* money.
Vous avez acheté **une** baguette?	Did you buy *a* baguette?
Non, je **n'**ai **pas** acheté **de** baguette.	No, I did*n't* buy *a* baguette.
Elle aime **les** fraises?	Does she like strawberries?
Non, elle **n'**aime **pas les** fraises.	No, she does*n't* like strawberries.

Application

C. Remplacez l'article défini par l'article partitif.

Modèle: le pain *du pain*

1. le vin 2. la bière 3. les croissants 4. la patience 5. le tact 6. la pâtisserie 7. l'imagination 8. le thé 9. les tartelettes 10. le courage 11. la crème 12. le lait 13. le café 14. l'eau minérale 15. les baguettes

D. Remplacez les mots en italique par les mots indiqués et faites les changements nécessaires.

1. Marie-Jeanne a de l'*imagination.* (tact / ambition / patience / courage)
2. Je vais prendre du *thé.* (vin / bière / eau minérale / café / limonade)
3. Elle a acheté des *tartelettes.* (croissants / pain / glaces / religieuses / éclairs)
4. Il n'y a pas de *mille-feuilles* aujourd'hui. (pain / croissants / éclairs / tartelettes)
5. Alain n'a pas de *courage.* (tact / imagination / patience / ambition)

E. You are planning a dinner party, but your friends are picky eaters. Discuss with your cohosts the things some of your guests don't like. Engage in short conversations based on the model.

Modèle: Alice / prendre / vin non / ne pas aimer
—Alice prend du vin?
—Non, elle ne prend pas de vin.
—Pourquoi pas?
—Parce qu'elle n'aime pas le vin.

1.	Alphonse / prendre / bière	non / ne pas aimer
2.	Jacques / vouloir / café	non / aimer mieux / thé
3.	Marie / aller acheter / vin	non / détester
4.	Paul / aller manger / soupe	non / ne pas aimer
5.	Francine / prendre / eau minérale	non / aimer mieux / eau nature

F. Précisez. In a café, the waiter needs to know exactly what you want. Engage in short conversations based on the model.

Modèle: café / express
Vous désirez du café?
Oui, je voudrais un express.

1. thé / thé au citron
2. bière / demi
3. pâtisseries / religieuse, mille-feuille
4. pain / baguette, pain de campagne

G. You and your friends are planning a picnic. Find out what they like and what they bought for the picnic already. Engage in short conversations based on the model.

Modèle: pain / baguette, pain de campagne
—Vous aimez le pain?
—Oui, j'aime beaucoup le pain.
—Est-ce que vous avez acheté du pain hier?
—Oui, j'ai acheté une baguette et un pain de campagne.

1. vin / bouteille de vin rouge, bouteille de vin blanc
2. pâtisserie / tarte aux pommes, gâteau au chocolat
3. pâtisserie / religieuse, tartelette aux fraises
4. eau minérale / bouteille de Vittel, bouteille de Perrier

PRONONCIATION: *La voyelle* é

The letter **é** (as in the word **été**) is pronounced like the vowel sound in the English word *fail;* however, the French vowel is not a diphthong. That is, it is a single, steady sound, whereas English tends to slide from one vowel to another.

Pratique

H. Read each word aloud, being careful to pronounce the **é** with enough tension to avoid a diphthong.

thé / café / église / métro / éclair / cathédrale / été / écoute

STRUCTURE 2: *L'adjectif interrogatif* quel

Quel gâteau est-ce que tu préfères?	*What (which)* cake do you prefer?
Quelle pâtisserie est-ce que vous voulez?	*What (which)* pastry do you want?
Quelle est la date aujourd'hui?	*What* is today's date?

The interrogative adjective **quel** *(what, which)* agrees in gender and number with the noun it modifies: **quel** *(masculine singular),* **quelle** *(feminine singular),* **quels** *(masculine plural),* and **quelles** *(feminine plural).*[3]

Quel, although most often used with things, can also refer to people. The adjective must agree with the noun it modifies and usually occurs in the following positions:

- Immediately before a noun:

Quelle église?	*What (which)* church?
Quel livre est-ce que tu as?	*What (which)* book do you have?
Quels sports est-ce qu'il aime?	*What (which)* sports does he like?
Quelles bières préférez-vous?	*What (which)* beers do you prefer?

- Separated from the noun by the verb **être** (third person):

Quelle est votre adresse?	*What* is your address?
Quels sont tes vins préférés?	*What* are your favorite wines?

3. The pronoun form of **quel** is **lequel (laquelle, lesquels, lesquelles).** These pronouns are the French equivalents of *which one* and *which ones.* Examples: **—Regarde le garçon! —Lequel? / Lesquelles de ces pâtisseries est-ce que tu préfères?**

Application

I. Quel... ? As your friends tell you that they found something, ask a question for clarification with the adjective **quel.**

Modèle: J'ai trouvé la calculatrice.
Quelle calculatrice?

1. J'ai trouvé le stylo.
2. J'ai trouvé les cahiers.
3. J'ai trouvé l'appareil-photo.
4. J'ai trouvé la machine à écrire.
5. J'ai trouvé le crayon.
6. J'ai trouvé les clés.
7. J'ai trouvé le portefeuille.
8. J'ai trouvé les livres.
9. J'ai trouvé l'adresse.
10. J'ai trouvé l'argent.

J. Posez des questions à un(e) autre étudiant(e) pour trouver les renseignements suivants.

Modèles: son nom *Quel est ton nom?*
la boisson qu'il/elle préfère
Quelle boisson est-ce que tu préfères?

1. son adresse
2. les films qu'il/elle préfère
3. les vidéos qu'il/elle préfère
4. les monuments de Paris qu'il/elle veut visiter
5. son numéro de téléphone
6. les devoirs pour demain
7. son professeur préféré
8. la musique qu'il/elle aime

Débrouillons-nous! (Petite révision de l'étape)

K. Échange. Posez les questions à un(e) autre étudiant(e), qui va vous répondre.

1. Est-ce que tu vas souvent à la boulangerie? Est-ce que tu aimes les croissants? Est-ce que tu as mangé des croissants récemment? Et du pain français?
2. Est-ce que tu aimes les pâtisseries? Lesquelles est-ce que tu préfères? Est-ce que tu manges souvent des desserts? Quel dessert est-ce que tu préfères? Qu'est-ce que tu prends avec ton dessert? du thé? du lait? du café?
3. Est-ce que tu aimes regarder la télévision ou écouter de la musique? Quels programmes est-ce que tu préfères? Quelle musique est-ce que tu écoutes?

L. Le dessert. You and your friends are having a dinner party for your parents. You have been put in charge of buying the dessert. You are in a **boulangerie-pâtisserie.**

1. Greet the salesperson.
2. Say that you want some pastries (name them).
3. Ask the price of the chocolate cake, the apple pies, and the lemon tarts.
4. Decide what and how much you are going to buy.
5. Pay, thank the salesperson, and say goodbye.

Deuxième Étape

POINT DE DÉPART: *À la charcuterie et à la boucherie*

delicatessen	Ensuite Mme Thibaudet est allée à la **charcuterie.**
	—Bonjour, Madame.
	—Bonjour, Monsieur.
	—Qu'est-ce que vous désirez aujourd'hui?
enough	—D'abord, je voudrais du pâté—**assez** pour trois personnes.
	—Très bien. Voilà. Et avec ça? Des saucisses, peut-être?
give / slices	—Non, pas de saucisses. Mais **donnez**-moi six **tranches** de jambon.
	—Voilà, Madame. Et avec ça?
	—Vous avez du saucisson?
	—Bien sûr, Madame. Combien de tranches?
thin	—Une douzaine, très **fines.**
	—Bon. Le pâté, 22F; le jambon, 23F; et le saucisson, 15F. Ça fait 60F. Au revoir, Madame.
	—Au revoir, Monsieur.
butcher shop / meat	À côté de la charcuterie il y a une **boucherie** où on trouve de la **viande**—du boeuf, du poulet, du veau et du porc. Là, Mme Thibaudet a acheté un bifteck et un rôti de porc. À la boucherie elle a rencontré son amie Mme Dupassage, qui a acheté des côtelettes de veau.

NOTE CULTURELLE

In France, butcher shops, like bakeries, tend to specialize. **La charcuterie** sells ham and other cooked pork products, such as sausages, salami, and pâté. It is somewhat like an American delicatessen because you can also buy a variety of prepared foods, particularly salads. **La boucherie** sells pork roasts and chops as well as beef, lamb, veal, and chicken. A third kind of shop, **la boucherie chevaline,** sells only horse meat.

France uses the metric system of measurement. The basic unit of weight is the kilogram **(un kilo),** which equals one thousand grams **(un gramme).** Half a kilogram **(un demi-kilo)** is called **une livre** *(a pound).* However, since a kilogram is approximately 2.2 American pounds, a French **livre** is a little more than an American pound. The basic unit of measurement for liquids is **un litre,** which is roughly equivalent to a quart.

When shopping in a **charcuterie** or a **boucherie,** you can buy meats by the slice **(une tranche)** or you can simply let the salesperson know the number of people you are planning to serve. The **charcutier (charcutière)** and the **boucher (bouchère)** are very helpful in determining how much of something you should buy.

À vous! (Exercices de vocabulaire)

A. Où est-ce qu'on va pour acheter... ? Say where you go to buy each item.

Modèle: du pâté *Pour acheter du pâté, on va à la charcuterie.*

1. du poulet rôti 2. des saucisses 3. du jambon 4. du veau 5. du boeuf 6. du saucisson 7. des salades préparées 8. un rôti de porc

B. J'ai besoin de... *(I need...)* Explain what you need to the shopkeeper.

Modèle: deux biftecks *J'ai besoin de deux biftecks.*

1. un poulet
2. quatre tranches / jambon
3. un rôti / porc
4. trois côtelettes / veau
5. dix tranches / saucisson
6. un rôti / boeuf
7. six saucisses
8. salade / trois personnes

Reprise
(Première Étape)

C. Une petite interview. Henriette is being interviewed by a potential roommate, who is particularly interested in her eating habits. Play the role of Henriette and answer the questions according to the cues provided.

1. Où est-ce que vous allez d'habitude pour manger le petit déjeuner? (café)
2. Qu'est-ce que vous commandez d'habitude? (café au lait / croissants)
3. Est-ce que vous aimez les croissants? (adorer)
4. Est-ce que vous commandez quelquefois du thé? (non / ne pas aimer)
5. Est-ce que vous commandez quelquefois des pains au chocolat? (non / ne pas manger)
6. Où est-ce que vous êtes allé(e) ce matin? (boulangerie)
7. Qu'est-ce que vous avez acheté? (pain)
8. Quelles sortes de pain? (baguette / pain de campagne)
9. Est-ce que vous avez acheté des mille-feuilles? (non)
10. Pourquoi pas? (aimer mieux / éclairs)

D. Mon petit déjeuner. Demandez à un(e) autre étudiant(e) ce qu'il/elle mange pour le petit déjeuner. Ensuite, votre partenaire va vous poser des questions.

Modèle: Est-ce que tu prends du café?
Non, je ne prends pas de café, je prends du thé. ou
Oui, je prends du café.

Le petit déjeuner:

le pain
le pain au chocolat
les croissants
la confiture *(jam)*
le beurre *(butter)*
le toast
les céréales

le café
le thé
le lait
le jus d'orange (de tomates, de pamplemousse [*grapefruit*], d'ananas [*pineapple*])

les oeufs *(eggs)*
le jambon
les saucisses

STRUCTURE 3: *Les expressions de quantité*

Combien d'argent est-ce que tu as? *How much* money do you have?

J'ai **assez d'**argent pour acheter **six tranches de** jambon, **un kilo de** fraises et **deux bouteilles de** vin.
Tu as donc **plus d'argent** que moi.

I have *enough* money to buy *six slices of* ham, *a kilo of* strawberries, and *two bottles of* wine.
So you've got *more* money than I do.

A great many French expressions that indicate quantity are followed by the preposition **de (d').** For example, the basic question for establishing quantity is **combien de: combien de frères?** *(how many brothers?),* **combien d'argent?** *(how much money?).*

Expressions of quantity

General quantity	**beaucoup de**	a lot, a great deal, many, much
	pas beaucoup de	not many, not much
	un peu de[4]	a little, a little bit
	très peu de	very little
Comparison	**plus de** (+ noun) **que**	more... than
	autant de (+ noun) **que**	as much/as many... as
	moins de (+ noun) **que**	less/fewer... than
Sufficiency[5]	**beaucoup trop de**	much too much, many too many
	trop de	too much, too many
	assez de	enough
	pas assez de	not enough
Specific quantity	**un kilo de**	a kilogram of
	une livre de	a pound (French) of
	cent grammes de	one hundred grams of
	un litre de	a liter of
	une bouteille de	a bottle of
	une douzaine de	a dozen
	un morceau de	a piece of
	une tranche de	a slice of

4. The expression **un peu** can only be used with nouns that are always singular: e.g., **un peu d'argent.** To indicate the idea of *a few* with a plural noun, French uses **quelques:** e.g., **quelques pommes.**
5. The preposition **pour** followed by an infinitive is used to indicate what one has (or does not have) enough for: **Elle a assez d'argent *pour* aller en France.**

Application

E. Substituez les expressions données et faites les changements nécessaires.

Modèle: Georges a du travail. (beaucoup)
Georges a beaucoup de travail.

1. Georges a du travail. (très peu / trop / pas beaucoup / plus... que moi / beaucoup trop / assez)
2. Nous avons des amis. (pas beaucoup / trop / quelques / moins... que vous / beaucoup)
3. Elle a acheté du fromage. (deux bouteilles, vin rouge / une douzaine, saucisses / un kilo, pommes / cent grammes, pâté / six tranches, jambon

F. L'argent. Describe each person's financial situation, using the expressions **beaucoup, pas beaucoup, un peu,** and **très peu.**

Monique: 60F Sylvie: 7 000F Edgar: 2F Jean-Paul: 25F

Modèle: Est-ce que Monique a de l'argent?
Oui, mais elle n'a pas beaucoup d'argent.

1. Est-ce qu'Edgar a beaucoup d'argent? 2. et Sylvie?
3. et Monique? 4. et Jean-Paul?

G. Les cours. Make comparisons, using the expressions **plus de, moins de,** and **autant de.**

Nelly: 2 cours	Anne: 4 cours	Ève: 3 cours
Étienne: 6 cours	Liliane: 4 cours	Hervé: 5 cours

Modèle: Comparez Étienne et Liliane.
Étienne a plus de cours que Liliane.

1. Comparez Nelly et Anne.
2. Comparez Ève et Nelly.
3. Comparez Liliane et Anne.
4. Comparez Hervé et Étienne.
5. Comparez Anne et Étienne.
6. Comparez Hervé et Ève.

H. Les achats. Evaluate the amounts, using the expressions **beaucoup trop de, trop de, assez de,** and **pas assez de.**

Modèles: Un rôti de boeuf coûte 120 francs. Yves a 125 francs.
Yves a assez d'argent pour acheter un rôti de boeuf.

Mme Leroux a fait trois gâteaux. Elle a invité deux personnes pour dîner.
Mme Leroux a fait trop de gâteaux.

1. Un transistor coûte 360 francs. Jean-Jacques a 300 francs.
2. Mme Barron a acheté douze côtelettes de porc. Il y a quatre personnes pour le dîner.
3. Anne a acheté trois tartelettes. Il y a trois personnes pour le déjeuner.
4. Un ordinateur IBM coûte 12 000 francs. Nathalie a 9 500 francs.
5. M. Riboux a acheté huit biftecks. Il a invité cinq amis à dîner.

PRONONCIATION: *Les voyelles* è *et* ê

The letters **è** as in **mère** and **ê** as in **fête** are pronounced like the *e* in the English words *bed* and *belt.*

Pratique

I. Read each word aloud, being careful to pronounce **è** and **ê** in the same manner.

mère / frère / père / crème / achète / scène / bibliothèque / tête / êtes / fête

STRUCTURE 4: *Les nombres de 70 à 1 000 000*

70 soixante-dix	80 quatre-vingts	90 quatre-vingt-dix
71 soixante et onze	81 quatre-vingt-un	91 quatre-vingt-onze
72 soixante-douze	82 quatre-vingt-deux	92 quatre-vingt-douze
73 soixante-treize	83 quatre-vingt-trois	93 quatre-vingt-treize
74 soixante-quatorze	84 quatre-vingt-quatre	94 quatre-vingt-quatorze
75 soixante-quinze	85 quatre-vingt-cinq	95 quatre-vingt-quinze
76 soixante-seize	86 quatre-vingt-six	96 quatre-vingt-seize
77 soixante-dix-sept	87 quatre-vingt-sept	97 quatre-vingt-dix-sept
78 soixante-dix-huit	88 quatre-vingt-huit	98 quatre-vingt-dix-huit
79 soixante-dix-neuf	89 quatre-vingt-neuf	99 quatre-vingt-dix-neuf

100 cent	200 deux cents
101 cent un	201 deux cent un
102 cent deux	202 deux cent deux
1 000 mille	2 000 deux mille
1 001 mille un	2 500 deux mille cinq cents
1 002 mille deux	2 550 deux mille cinq cent cinquante
1 000 000 un million[6]	2 000 000 deux millions

The **t** of **vingt** in **quatre-vingts, quatre-vingt-un,** etc. and the **t** of **cent** are not pronounced. **Quatre-vingts** and **deux cents, trois cents,** etc. are written with an **s** only when they are *not* followed by another number. **Mille** is invariable; it never takes an **s**. The commas used in English to write numbers in the thousands and millions are replaced by a space: 3,560 = 3 560.

6. When followed by a noun, **un million** is treated as an expression of quantity and therefore requires **de: un million *de* téléspectateurs, six millions *de* francs.**

Application

J. Faites les exercices suivants.

1. Comptez de 60 jusqu'à 110.
2. Donnez les nombres impairs de 1 jusqu'à 101.
3. Donnez les nombres pairs de 2 jusqu'à 100.
4. Comptez par 10 jusqu'à 120. Comptez de 99 à 3 par 3.
5. Lisez: 21, 31, 41, 51, 61, 71, 81, 91, 101; 4, 14, 44, 84, 94; 6, 16, 66, 76; 777, 888, 999; 1 382, 9 695, 53 473, 663 736; 1 000 000.

K. Le Mali. Le Mali est un pays du nord-ouest de l'Afrique. Sa capitale est Bamako. Lisez les nombres, qui vous donnent quelques idées du Mali.

1. La superficie *(area)* du Mali est 1 240 000 km *(kilometers)*.
2. La population du Mali est 6 300 000 habitants.
3. Les distances de la capitale Bamako aux villes suivantes sont:

Alger	2 878 km	Londres	4 378 km
Rome	3 793 km	Francfort	4 430 km
Genève	3 971 km	Stockholm	5 652 km
Paris	4 169 km	New York	7 065 km

Débrouillons-nous! (Petite révision de l'étape)

L. Échange. Posez les questions à un(e) autre étudiant(e), qui va vous répondre.

1. Quelle viande est-ce que tu aimes mieux, le porc ou le boeuf? En France, où est-ce qu'on va pour acheter ____?
2. Est-ce que tu as mangé de la viande hier soir?
3. Est-ce que tu as beaucoup d'argent? Est-ce que tu as assez d'argent pour acheter un transistor? un vélo? une auto?
4. Est-ce qu'il y a beaucoup de devoirs pour le cours de français?
5. Est-ce que tu as plus de livres que ton (ta) camarade de chambre ou est-ce qu'il(elle) a plus de livres que toi?
6. Combien d'étudiants est-ce qu'il y a à l'université? Combien de personnes habitent dans ta ville?

M. Ils peuvent acheter... For each of the following people, explain first how much money he(she) has in the bank, then compare the amount to the amount others have, and finally explain what each person can buy with the money, considering the cost of the items listed.

À la banque		**Les prix**	
Monique	3 000F	un vélo	1 200F
Raymond	25F	un transistor	150F
Albert	200F	une calculatrice	225F
Pascale	1 000F	une chaîne-stéréo	2 800F
Yves	500F	un disque	25F

Modèle: *Raymond a 25 francs à la banque. Il a moins d'argent que les autres. Il peut* (can) *acheter un disque.*

Troisième Étape

POINT DE DÉPART: *À l'épicerie*

finally / grocery store

preserved or canned food

Enfin, Mme Thibaudet est allée à **l'épicerie.** À l'extérieur, on achète des fruits et des légumes. Mme Thibaudet a pris un kilo de poires, trois bananes, un demi-kilo d'asperges, deux kilos de pommes de terre et une salade. À l'intérieur, on achète des boissons, du fromage et des **conserves.**

—Vous désirez du fromage, Madame?
—Oui, un morceau de gruyère.
—Comme ça?
—Oui, ça va. Et aussi une tranche de roquefort. Cent grammes.
—Très bien. C'est tout?
—Deux bouteilles de Vittel, deux bouteilles de vin rouge, une **boîte** de **confiture** et du chocolat. C'est tout. Combien est-ce que je vous **dois?**
—Alors, ça fait 115F.
—Vous avez la **monnaie** de 150F?

can / jam / owe / change

—Bien sûr. Cent trente, cent quarante et cent cinquante. Vous avez un **filet**, Madame? Très bien. Au revoir, Madame.

shopping bag (net)

(Cinq secondes après)

—Pardon, Monsieur.
—Ah, Madame. Vous avez oublié quelque chose?
—Non, Monsieur. C'est vous qui avez oublié quelque chose. C'est combien, la monnaie?
—Euh, voyons. Cent cinquante moins cent quinze... Oh, je m'excuse, Madame. Voilà **encore** cinq francs. Au revoir, Madame.
—Au revoir, Monsieur.

more, in addition

NOTE CULTURELLE

France produces more than 400 different kinds of cheeses. A French lunch or dinner usually includes cheese, just before or in place of dessert.

Most cheeses are named for the areas in which they are produced. For example, **camembert** is made in a village in Normandy, **roquefort** in a town in southern France, **brie** in a region to the east of Paris, and **gruyère** is named after a town in Switzerland. Others, however, take their names from the milk used in their production. For example, **chèvre** is made from goat's milk.

À vous! (Exercices de vocabulaire)

Modèles

A. Qu'est-ce que c'est? Identify the following fruits and vegetables.

Modèles: *C'est une banane. Ce sont des fraises.*

B. Dans le filet de Mme Thibaudet. Calculate the cost of the items in Mme Thibaudet's shopping bag.

Modèle: deux kilos de tomates / 6F50 le kilo
Deux kilos de tomates à six francs cinquante le kilo, ça fait treize francs.

1. deux kilos de pommes / 10F50 le kilo
2. trois kilos d'épinards / 11F le kilo
3. un demi-kilo de petits pois / 17F90 le kilo
4. 100 grammes de roquefort / 25F le kilo
5. un kilo et demi de poires / 21F le kilo
6. 200 grammes de gruyère / 27F le kilo
7. quatre bouteilles de rouge / 12F la bouteille
8. deux boîtes de confiture / 6F la boîte
9. cinq kilos de pommes de terre / 6F50 le kilo

C. Faites des petites conversations en imitant le modèle.

Modèle: des fruits / des cerises, 15F le kilo
—Vous désirez des fruits?
—Oui, donnez-moi un demi-kilo de cerises.
—Bon. Un demi-kilo de cerises à 15F le kilo, ça fait 7F50. C'est tout?
—Oui, c'est tout. Est-ce que vous avez la monnaie de 20 francs?
—Bien sûr. Voilà—huit, neuf, dix, et dix fait vingt.

1. des fruits / des poires, 21F10 le kilo
2. des légumes / des haricots verts, 24F90 le kilo
3. du fromage / du roquefort, 25F le kilo
4. des boissons / du vin blanc, 12F la bouteille

Reprise (Deuxième Étape)

D. Répondez aux questions.

1. Qu'est-ce qu'on trouve dans une charcuterie?
2. Est-ce que vous aimez les saucisses? Est-ce que vous avez mangé des saucisses hier?

3. Qu'est-ce qu'on trouve dans une boucherie?
4. Quelle viande est-ce que vous préférez? Quand est-ce que vous avez mangé ____ ?
5. Est-ce que vous voyagez beaucoup? Où est-ce que vous voulez aller? Est-ce que vous avez assez d'argent pour faire un voyage à ____ ?
6. Faites les comparaisons suivantes entre vous et votre camarade de chambre (votre frère, votre soeur, vos amis): argent, cours, devoirs.
7. Est-ce que vous avez beaucoup de cousins et de cousines?
8. Est-ce qu'il y a une différence entre une livre française et une livre américaine?

E. Quelle est la population des villes suivantes?

1. Nancy: 111 493
2. Bordeaux: 226 281
3. Nice: 346 620
4. Marseille: 914 356
5. Lille: 177 218
6. Paris: 2 299 830

STRUCTURE 5: *Le verbe irrégulier* devoir

Tu dois vingt francs à ta soeur.	*You owe* twenty francs to your sister.
Nous devons rentrer ce soir.	*We have to* go home tonight.
Ils ont dû aller en ville.	*They had to* go into town.
Je dois retrouver Jean au café.	*I am supposed to* meet John at the café.
Il n'est pas là? **Il doit** être malade ou **il a dû** oublier.	He isn't here? *He must* be sick or *he must have* forgotten.

The verb **devoir** is irregular in the present tense and it has an irregular past participle.

devoir	
je **dois**	nous **devons**
tu **dois**	vous **devez**
il, elle, on **doit**	ils, elles **doivent**

past participle: **dû (avoir)**

The present and **passé composé** of **devoir** have several meanings, depending on the context of the sentence. The model sentences above illustrate four basic meanings of **devoir:**

1. **Devoir** (present) can mean *to owe* (money or objects).
2. **Devoir** (present and past) can indicate obligation or necessity.
3. **Devoir** (present) can indicate eventuality *(I am supposed to...).*
4. **Devoir** (present and past) can indicate probability or speculation.

Application

F. Remplacez les mots en italique et faites les changements nécessaires.

1. *Elle* doit beaucoup d'argent. (tu / Jacques / je / nous / vous / ils)
2. *Il* a dû aller en ville. (Marcelle / tu / ils / vous / je / nous)
3. *Nous* devons rentrer demain. (elles / ma soeur / Jules / je / tu)

G. D'abord... *(First...)* Each time someone is going to do something, you indicate that something else has to be done first **(d'abord).** Use the present tense of **devoir** and the elements in parentheses to remind others of their obligations.

Modèle: Je vais aller au cinéma. (faire tes devoirs)
D'abord tu dois faire tes devoirs.

1. Ils vont regarder la télévision. (aller à la boucherie)
2. Simone va aller à la bibliothèque. (manger quelque chose)
3. Je vais aller au café. (aller à la charcuterie)
4. Nous allons faire une promenade. (faire vos devoirs)
5. Jacques va faire du ski. (parler à son père)
6. Je vais écouter la radio. (aller chercher ton frère)

H. Mes obligations. Expliquez à un(e) autre étudiant(e) ce que vous devez faire pendant la semaine prochaine. Utilisez le verbe **devoir.** Suggestions: **faire les devoirs, travailler, téléphoner à, aller, parler à, acheter, apprendre,** etc.

PRONONCIATION: *La voyelle* e

The letter **e** without a written accent can represent three different sounds in French:

[e] the sound also represented by **é** (acute accent)
[ɛ] the sound also represented by **è** (grave accent)
[ə] the sound in the word **le**

At the end of a word, the letter **e** is pronounced [e] when it is followed by a silent consonant **(chanter, les). The letter e is pronounced** [ɛ] when it is followed by a consonant in the same syllable **(elle, personne).**[7] The letter **e** is pronounced [ə] at the end of a syllable in the middle of a word **(petit, cerise).** It is also pronounced [ə] in certain two-letter words **(le, ne, me).** Remember that **e** without an accent is usually silent at the end of a word.

Pratique

I. Read each word aloud, being careful to distinguish among the three sounds of **e.**

7. As a rule, French syllables end in a vowel **(vé lo, bou che rie).** Two consonants next to each other in the middle of a word usually split into different syllables **(char cu te rie).**

[e] des, mes, aller, il est, poulet, assez
[ɛ] baguette, verre, appelle, hôtel, asperges, express
[ə] de, le petit, demain, pamplemousse, retour

J. Read the following words aloud. Each contains at least two different pronunciations of the letter **e.**

regarder / mercredi / chercher / elle est / se dresser / traversez

STRUCTURE 6: *Les adjectifs démonstratifs*

Il est bon, **cet** éclair.	*This* eclair is good.
Quel est le prix de **cette** tarte?	What's the price of *this* pie?
Tu veux acheter **ces** croissants?	Do you want to buy *these (those)* croissants?
Il coûte combien, **ce** gâteau?	How much does *this (that)* cake cost?

The demonstrative adjective has three singular forms: **ce** (masculine before a pronounced consonant), **cet** (masculine before a vowel or a vowel sound), and **cette** (feminine). **Cet** and **cette** are pronounced alike. All three forms are equivalent to the English *this* or *that.*

The demonstrative adjective has only one plural form: **ces.** The **s** of **ces** is silent, except before a vowel or a vowel sound. **Ces** is equivalent to the English *these* or *those.*[8]

Application

K. Remplacez l'article défini par l'adjectif démonstratif.

Modèle: la pharmacie *cette pharmacie*

1. le pain 2. les tomates 3. l'hôtel 4. la bouteille 5. les légumes 6. la banque 7. l'étudiante 8. le pamplemousse 9. l'étudiant 10. les asperges 11. le vélo 12. l'appareil-photo 13. l'église 14. les éclairs

L. À l'épicerie. Posez des questions selon les modèles.

Modèle: On prend des asperges?
Je ne sais pas. Elles coûtent combien, ces asperges?

1. On prend des pommes?
2. On prend du vin?
3. On prend de la confiture?
4. On prend un pamplemousse?
5. On prend des pêches?
6. On prend de l'eau minérale?

8. When it is important to distinguish between *this* and *that* or between *these* and *those,* add **-ci** to the noun for *this* and **-là** for *that.* In written French, **ci** and **là** are linked to the noun by a hyphen: **Je ne vais pas manger *ces fraises-là;* j'aime mieux *ces fraises-ci*** *(I'm not going to eat those strawberries; I prefer these strawberries.).* Unless a distinction is necessary for comprehension, **-ci** and **-là** are usually not used.

Modèle: Tu veux des pommes?
Ah, oui. Combien coûtent ces pommes?

7. Tu veux des tomates?
8. Tu veux du café?
9. Tu veux de la moutarde *(mustard)?*
10. Tu veux du fromage?
11. Tu veux des poires?
12. Tu veux des épinards?

Débrouillons-nous! (Petite révision de l'étape)

M. Échange. Posez les questions à un(e) autre étudiant(e).

1. Quels fruits est-ce que tu aimes? Est-ce que tu as acheté des fruits récemment?
2. Quels légumes est-ce que tu aimes? Quels légumes est-ce que tu n'aimes pas? Est-ce que tu as mangé des légumes hier soir?
3. Est-ce qu'il y a une épicerie près de l'université? Est-ce qu'on peut acheter du vin dans cette épicerie?
4. Est-ce que les Américains mangent autant de fromage que les Français? Quels fromages est-ce que tu préfères?
5. Est-ce que tu as beaucoup de travail pour ce cours? Est-ce que tu as plus de travail pour ce cours que pour tes autres cours?
6. Est-ce que tu as plus de travail cette année que l'année passée?

N. Je dois... Expliquez à un(e) autre étudiant(e) ce que vous devez faire **ce soir, cette semaine, ce mois, ce semestre (trimestre), cette année.** Utilisez le verbe **devoir** dans vos explications.

Listen again to the Student Tape for this chapter and do the more detailed comprehension exercises at the end of the corresponding chapter in the *Cahier*.

Quatrième Étape

LECTURE: *Allons au supermarché!*

When faced with reading a large list of items, such as in the advertising brochure shown below, we often scan the list to focus on the items of particular importance to us. This means that we do not read every word, but rather we look for the key words. Scan the list of items found in the supermarket to do the comprehension exercises.

DU 28 MAI AU 7 JUIN

maxicoop

EPICERIE

ALIMENT ENERGIE ROYAL CHIEN
Le sac de 5 kilos 47,60F
Le kilo .... 9,52 F

COOKIES BELIN
Raisin ou chocolat ou orange
Le paquet de 250 g 8,25F
Le kilo .... 33,00 F

CHOCOLAT AU LAIT CÔTE-D'OR
Le lot de 3 tablettes de 100 g 11,80F
Le kilo .... 39,33 F

PAIN GRILLÉ NORMAL PELLETIER
Le paquet de 500 g 7,90F
Le kilo .... 15,80 F

NESQUICK
La boîte de 900 g 17,95F
Le kilo .... 19,94 F

MAYONNAISE BÉNÉDICTA
Le bocal de 50 cl (soit 470g) 9,90F
Le kilo .... 21,06 F

BOISSONS

CHAMPAGNE JEAN GEREAUCOURT
Brut
La bouteille de 75 cl 47,50F
Le litre .... 63,33 F

COCA-COLA
La bouteille de 1,5 litre 6,70F
Le litre .... 4,47 F

BORDEAUX ROUGE A.C.
Le lot de 2 bouteilles de 75 cl 19,95F
Le litre .... 13,30 F

PUNCH PLANTEUR DUQUESNE
16 % volume
La bouteille de 70 cl 24,50F
Le litre .... 35,00 F

KRONENBOURG EXPORT
Cluster
Pack de 10×25 cl 16,95F
Le litre .... 6,78 F

ORANGINA
Cluster
Pack de 8×20 cl 13,90F
Le litre .... 8,68 F

CREMERIE

YAOURTS AROMATISÉS FRUTOS
Le lot de 16×125 g 14,90F
Le kilo .... 7,45 F

LAIT U.H.T.
1/2 écrémé St-Cyr
Le litre 2,40F

BEURRE LAITIER
Doux ou 1/2 sel
La plaque de 250 g 5,70F
Le kilo .... 22,80 F

CHÈVRE
Bûche cendrée
Le kilo 39,90F

CRÈME FRAÎCHE YOPLAIT
Le pot de 50 cl 6,40F
Le litre .... 12,80 F

ŒUFS FRAIS
Calibre 50/55
La boîte de 30 .... 15,00F

HYGIENE ENTRETIEN

EAU DE COLOGNE ST-MICHEL
Ambrée ou Fraîche
Le flacon de 500 ml 29,90F
Le litre .... 59,80 F

SHAMPOOING ULTRA DOUX
Ortie blanche ou tilleul ou camomille
le lot de 2 flacons de 250 ml 15,50F
Le litre .... 31,00 F

INSECTICIDE CATCH
La bombe de 750 ml 13,95F
Le litre .... 18,60 F

40 PAMPERS
Maxi Plus
10/18 kilos 82,80F

MR PROPRE
(1 flacon de 1 250 ml + 1 flacon de crème 750 ml)
Le lot de 2 flacons 21,50F
Le litre .... 10,75 F

VANIA POCKET
Normale ultra mince
Le lot de 2 paquets de 20 .... 21,50F

PAPIER TOILETTE OUATY
Le lot de 12 rouleaux 14,50F

SURGELES GLACES

POMMES FRITES
Le sachet de 2,5 kilos 9,90F
Le kilo .... 3,96 F

3 PIZZAS PAÉSA
Jambon/fromage
La boîte de 1,050 kilo 21,50F
Le kilo .... 20,48 F

10 CÔNES PILPA
Vanille ou chocolat/noisette
La boîte de 1 300 ml 19,90F
Le litre .... 15,31 F

BOUCHERIE CHARCUTERIE

SAUCISSE SÈCHE PUR PORC
Bâton de Berger
La pièce de 250 g 18,50F
Le kilo .... 74,00 F

DEMI-JAMBON
Sec sans os
Le kilo 49,80F

DEMI AGNEAU DE PAYS
Découpé
Le kilo 37,80F

POULET FERMIER DES LANDES
P.A.C.
Le kilo 28,50F

SAUCISSON SEC PUR PORC MAJORAL
La pièce de 200 g 11,50F
Le kilo .... 57,50 F

RUMSTEACK
Caissette de 2 kilos environ
Le kilo 48,50F

Compréhension

A. Au supermarché. Name the section of the supermarket in which the following items can be found.

SUPER MARCHE SOCADI
CODEC
TEL.58/72 20 53
13/07/87

P.T.BINTJE	6.00
BOUCHERIE	247.20
SUCRE CRIST.	5.85
L/S.FROMAGES	8.80
L/S.FROMAGES	16.20
CHARCUT.	41.60
L/S.FROMAGES	13.60
GLACES	26.75
COUSCOUS F.	5.40
250G.BANANIA	6.10
SUCRE CRIST.	5.85
4PQ MOLTONEL	9.45
SUCRE CRIST.	5.85
FRTS/LEG-SEC	8.25
FIL.MELITTA	3.90
MAY.LESIEUR	7.80
MOULU REGAL	7.55
CAFES	11.10
RICORE	10.35
BIERES.CIDRE	17.15
FRTS/LEG-SEC	5.70
PAT.INDUSTRI	9.75
ALCOOLS.LIQU	60,90
PERRIER MAXI	4.00
SODAS.SIROPS	5.45
S/TOTAL	550.55
TOTAL	550.55
ESPECES	600.00
MONNAIE	49.45
ARTICLES	25

MERCI DE VOTRE VISITE
#01609 C007 R10 T11:18

Modèle: shampooing ultra doux
Au rayon hygiène entretien.

1. Bordeaux rouge A.C.
2. papier toilette Ouaty
3. pain grillé normal Pelletier
4. pommes frites
5. demi agneau de pays
6. beurre laitier
7. pizzas Paésa
8. demi-jambon
9. Pampers
10. Orangina
11. mayonnaise Bénédicta
12. insecticide Catch
13. oeufs frais
14. cônes Pilpa
15. Mr. Propre

B. Combien est-ce que tu as payé? Regardez le reçu du supermarché Socadi et expliquez combien vous avez payé les choses indiquées.

Modèle: les filtres Melitta
J'ai payé trois francs quatre-vingt-dix.

1. le sucre
2. la bière
3. les sodas
4. le café
5. le couscous
6. la glace
7. la charcuterie
8. la viande à la boucherie

Reprise
(Troisième Étape)

C. Bon ou mauvais pour la santé? *(Good or bad for your health?)* Using the list below, you and your classmates decide what foods are good or bad for your health. Assume that the individual food item is eaten in fairly large quantities to decide one way or the other. The adjectives **bon** and **mauvais** agree in gender and number with the noun they modify: **bon (bonne, bons, bonnes), mauvais (mauvaise, mauvais, mauvaises).**

Modèle: Est-ce que la bière est bonne ou mauvaise pour la santé?
En grande quantité, la bière est mauvaise pour la santé.

les pommes	le roquefort	les petits pois
la confiture	le sel *(salt)*	le vin
les pommes de terre	les oignons	le beurre
le sucre *(sugar)*	les pâtisseries	les oranges
les épinards	le pain	les gâteaux
les haricots verts	l'eau minérale	les raisins

When you have established your two lists, share the results with the rest of the class.

D. Combien est-ce que je vous dois? Utilisez les prix donnés pour demander combien chaque personne doit payer.

Modèle: Jacques / rôti / 57F
Jacques va prendre ce rôti. Combien est-ce qu'il vous doit?
Un rôti? C'est cinquante-sept francs.

1. ma mère / gâteau au chocolat / 25F
2. je / tarte / 32F
3. nous / pommes / 15F
4. Simone et Jean / bouteille de vin / 23F
5. Philippe / éclairs / 18F
6. je / asperges / 23F

Point d'arrivée (Activités orales et écrites)

E. Faisons un pique-nique. You and your friend are going on a picnic. Your friend is going to do the shopping. Explain to him or her where to go and what to buy.

Modèle: *D'abord tu vas aller à la boulangerie. Tu vas acheter une baguette ou un pain de campagne. Ensuite tu vas aller...*

F. Faisons les courses. You are shopping for an elderly woman. Using the list below, go to the appropriate stores and make your purchases. She has given you 200F. Is it enough?

rôti de boeuf (pour 4 personnes)	vin rouge (2 bouteilles)
pommes de terre (1 kilo)	eau minérale (2 bouteilles)
salade (1)	cerises (1/2 kilo)
tomates (1/2 kilo)	brie
baguettes (2)	saucisson (16 tranches)
tarte (ou gâteau)	jambon (4 tranches)

G. Est-ce que tu as oublié...? You come back from your shopping trip (Exercise F). The woman questions you about what you bought and what you forgot.

H. À l'épicerie. You're in an **épicerie** buying food for a dinner you're making for your friends.

1. Greet the shopkeeper.
2. Explain what you want and how much of each item.
3. Ask how much you owe for each item.
4. Explain that you have a shopping bag, pay, and leave.

Lexique

Pour indiquer ce que vous désirez dans un magasin
je voudrais
j'ai besoin de *(I need)*
Est-ce que vous avez... ?
Donnez-moi...

Pour demander le prix de quelque chose
C'est combien?
Combien coûte(nt)... ?
Je vous dois combien?
Combien est-ce que je vous dois?
Il (elle, ils, elles) est (sont) combien, ce (cet, cette, ces)... ?

Pour indiquer la quantité
assez de
autant de
beaucoup de
une bouteille de
cent grammes de
une douzaine de
un kilo de
un litre de
une livre de
moins de
un morceau de
plus de
une tranche de
trop de

Noms
l'ambition *f.*
l'argent *m.*
une boîte
une boucherie
une boulangerie
une bouteille
un centime
les céréales *f.pl.*
une charcuterie
la confiture
les conserves *f.pl.*
le courage
une douzaine
une épicerie
un filet
un fruit
  une banane
  une cerise
  une orange
  un pamplemousse
  une pêche
  une poire
  une pomme
  des raisins *m.pl.*
un gramme
le gruyère
l'imagination *f.*
un jardin
le jus
le lait
un légume
  des asperges *f.pl.*
  une carotte
  des épinards *m.pl.*
  des haricots verts *m.pl.*
  un oignon
  des petits pois *m.pl.*
  une pomme de terre
  une tomate
la monnaie
la moutarde
un oeuf *m.*
le pain
  une baguette
  un croissant
  un pain au chocolat
  un pain de campagne
  le toast
la patience
les pâtisseries *f.pl.*
  un éclair
  un gâteau (au chocolat)
  un mille-feuille
  une religieuse
  une tarte
  une tartelette
le sel
le sucre
le tact
le talent
la viande
  un bifteck
  le boeuf
  une côtelette
  le jambon
  le porc
  le poulet
  un rôti
  une saucisse
  un saucisson
  le veau

Verbes
devoir
donner
faire les courses
oublier
rencontrer

Adjectifs
bon(ne)
fin(e)
mauvais(e)

Autres expressions
d'abord
enfin
ensuite
quelque chose
quelques
tout

VIDÉO

CHAPITRE SEPT
Précisons!

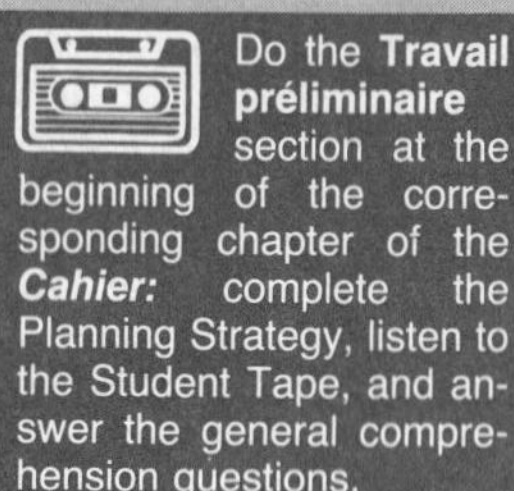

Do the **Travail préliminaire** section at the beginning of the corresponding chapter of the ***Cahier:*** complete the Planning Strategy, listen to the Student Tape, and answer the general comprehension questions.

Première Étape

POINT DE DÉPART: *Quel temps fait-il?*

What's the weather like?
newspaper
weather forecast / to know
plans

clothes / put on
umbrella

Quel temps fait-il aujourd'hui? Quel temps a-t-il fait hier? Quel temps va-t-il faire demain? Tous les jours nous consultons le **journal** ou nous regardons **la météo** à la télévision pour **savoir** le temps qu'il va faire. Le temps qu'il fait décide souvent de nos **projets.** Allons-nous faire un pique-nique ce week-end? Va-t-on faire un tour en ville? Fait-il assez beau pour aller au parc avec les enfants? Y a-t-il assez de neige pour faire du ski? Quels **vêtements** allons-nous **mettre** aujourd'hui? Est-il nécessaire de prendre un **parapluie?**

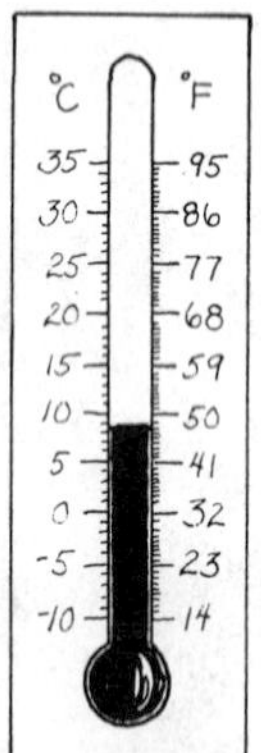

Aujourd'hui il fait beau.
Hier il a fait très beau aussi.
Demain il ne va pas faire beau.

Il fait mauvais aujourd'hui.
Il a fait assez mauvais hier.
Il va faire mauvais demain.
Il va faire froid aussi.

Il pleut.
Il n'a pas plu hier.
Il va pleuvoir demain.

Le ciel est couvert (nuageux).
Hier le ciel n'a pas été couvert.
Demain il va y avoir des nuages aussi.
Demain il va faire frais.

Aujourd'hui il fait du soleil.
Hier il n'a pas fait de soleil.
Demain il va faire du soleil.
Demain il va faire chaud.

Il y a un orage.
Hier il n'y a pas eu d'orage.
Il va y avoir des orages demain.

Il fait du vent aujourd'hui.
Hier il n'a pas fait de vent.
Il va faire du vent demain.

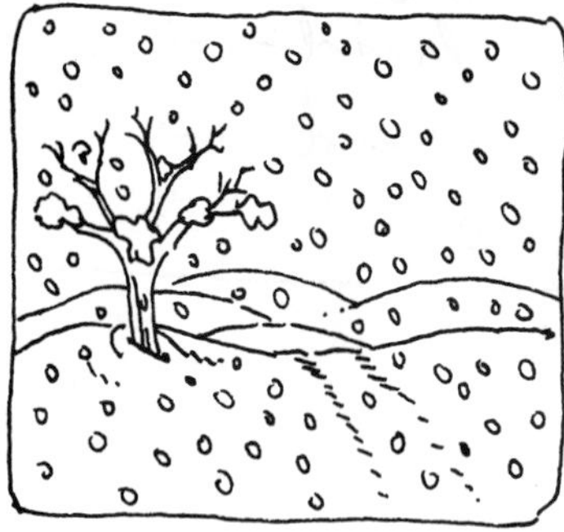

Il neige.
Hier il a neigé aussi.
Demain il ne va pas neiger.

NOTE CULTURELLE

Temperatures in France and other European countries are given on the Celsius (centigrade) scale. Here is a comparison of Celsius temperatures and their Fahrenheit equivalents:

C:	30°	25°	20°	15°	10°	5°	0°	−5°
F:	86°	77°	68°	59°	50°	41°	32°	23°

To convert from Celsius to Fahrenheit, divide by 5, multiply by 9, and add 32. To convert from Fahrenheit to Celsius, subtract 32, multiply by 5, and divide by 9. To indicate temperature in French, use the sentence: **La température est de cinq degrés.**

À vous! (Exercices de vocabulaire)

A. Quel temps fait-il? Answer each question negatively. Then give the indicated weather condition.

Modèle: Est-ce qu'il fait beau aujourd'hui? (mauvais)
Non, il ne fait pas beau aujourd'hui, il fait mauvais.

1. Est-ce qu'il fait chaud aujourd'hui? (froid)
2. Est-ce qu'il pleut aujourd'hui? (il neige)
3. Est-ce que le ciel est couvert? (du soleil)
4. Est-ce qu'il y a un orage? (beau)
5. Est-ce qu'il fait frais? (très froid)
6. Est-ce qu'il fait chaud? (du vent)
7. Est-ce qu'il fait du soleil? (nuageux)
8. Est-ce qu'il fait froid? (assez chaud)

B. Hier et demain. Use the cues to ask and answer questions about yesterday's and tomorrow's weather.

Modèles: beau / aussi
—Quel temps a-t-il fait hier? —Il a fait beau.

—*Quel temps va-t-il faire demain?* —*Il va faire beau aussi.*

neiger / du soleil
—*Quel temps a-t-il fait hier?* —*Il a neigé.*
—*Quel temps va-t-il faire demain?* —*Il va faire du soleil.*

1. mauvais / aussi
2. chaud / assez froid
3. pleuvoir / aussi
4. du vent / très chaud
5. couvert / du soleil
6. très beau / neiger
7. des orages / beau
8. frais / assez chaud

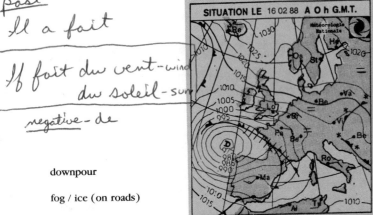

MÉTÉOROLOGIE

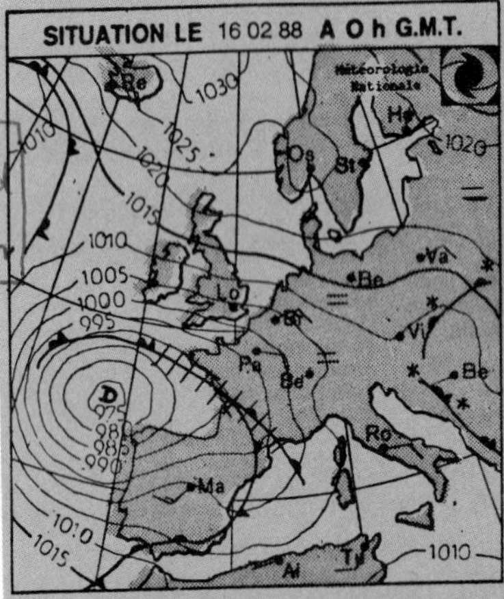

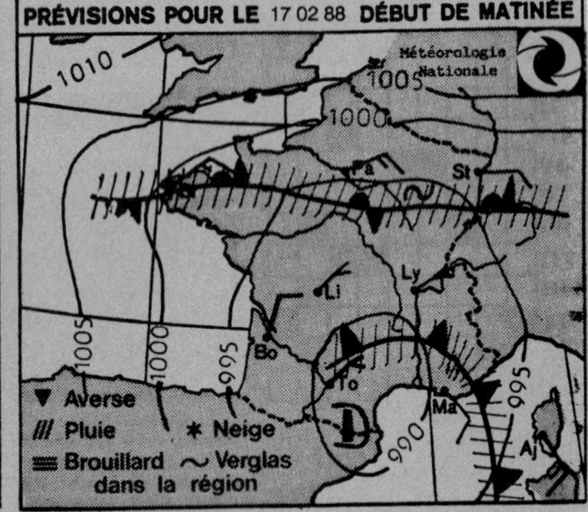

Mardi 16 février

Températures (le premier chiffre indique le maximum enregistré dans la journée du 16 février, le second le minimum dans la nuit du 16 février au 17 février) : Ajaccio, 14 et 5 degrés ; Biarritz, 20 et 11 ; Bordeaux, 14 et 7 ; Bréhat, 7 et 4 ; Brest, 7 et 4 ; Cannes, 14 et 7 ; Cherbourg, 5 et 2 ; Clermont-Ferrand, 12 et 4 ; Dijon, 2 et 0 ; Dinard, 8 et 2 ; Embrun, 8 et −1 ; Grenoble-St-M.-H., 11 et 2 ; Grenoble-Saint-Geoirs, 11 et 1 ; La Rochelle, 12 et 5 ; Lille, 2 et −4 ; Limoges, 10 et 5 ; Lorient, 6 et 5 ; Lyon, 8 et 2 ; Marseille-Marignane, 12 et 8 ; Nancy, 1 et −5 ; Nantes, 10 et 4 ; Nice, 13 et 7 ; Paris-Montsouris, 6 et 1 ; Paris-Orly, 7 et 0 ; Pau, 17 et 7 ; Perpignan, 15 et 4 ; Rennes, 6 et 3 ; Rouen, 6 et −1 ; Saint-Étienne, 10 et 3 ; Strasbourg, 0 et −6 ; Toulouse, 15 et 2 ; Tours, 6 et 3. Températures relevées à l'etranger : Alger, 21 et 11 ; Genève, 4 et 0 ; Lisbonne, 15 et 9 ; Londres, 2 et 0 ; Madrid, 14 et 3 ; Rome, 12 et 1 ; Stockholm, −6 et −16.

downpour

fog / ice (on roads)

C. Précisons le temps qu'il fait. Look at the weather forecast above to find out what the temperature is in various cities during the day on February 16. Then convert the temperature into Fahrenheit (round off to the nearest whole number).

Modèle: Bordeaux
La température est de 14° Celsius.
14° Celsius égale (is equal to) *à peu près 57° Fahrenheit.*

1. Cannes 2. Clermont-Ferrand 3. Nancy 4. Strasbourg 5. Cherbourg 6. Lille 7. Toulouse 8. Rome 9. Dijon 10. Limoges 11. Rennes 12. Alger

STRUCTURE 1: *Les mois, la date et les saisons*

Les mois de l'année

janvier	avril	juillet	octobre
février	mai	août	novembre
mars	juin	septembre	décembre

All the months of the year are masculine and are used without an article. They are not capitalized. To express the idea of *in* a month, use **en** or **au mois de.**

En janvier il neige beaucoup.	*In January* it snows a lot.
Il fait très chaud **au mois d'août.**	It's very hot *in August.*

La date

Quel jour est-ce aujourd'hui?	*What day is today?*
Aujourd'hui c'est le 30 novembre. **C'est aujourd'hui le 30 novembre.**	*Today is November 30.*
Quelle date sommes-nous?	*What is the date?*
Nous sommes le 3 mai.	*It's May 3.*
Le premier janvier est le Jour de l'An.	*January 1* is New Year's day.
Quelle est la date de ton anniversaire?	*What is the date* of your birthday?
C'est le 10 juin.	*It's June 10.*
Ah, tu es née **le 10 juin dix-neuf cent quarante-sept.**	Ah, you were born *on June 10, 1947.*

To express the date in French, use the definite article **le**, a cardinal number **(trente, dix, trois),** and the month. The one exception is the first of the month, expressed by **le premier.**

There are two ways to express years after the year 1000: 1853 is either **dix-huit cent cinquante-trois** or **mil huit cent cinquante-trois**. Note that **mille** may be replaced by **mil** in dates.

To ask for today's date, you can use **Quelle est la date aujourd'hui?** or **Quelle date sommes-nous?** or **Quel jour est-ce aujourd'hui?** or **Quel jour sommes-nous?**

Les saisons de l'année

le printemps	l'été	l'automne	l'hiver

All the seasons are masculine. They are generally used with a definite article, except when expressing the idea of *in* a particular season. In the latter case, **en** is used with the seasons that begin with a vowel; **au** is used with **printemps.**

En automne on joue au football.	Football is played *in the fall.*
En hiver il fait froid.	It's cold *in the winter.*
Il pleut beaucoup **au printemps.**	It rains a lot *in the spring.*
On nage **en été.**	People swim *in the summer.*

Application

D. Chez nous *(Where we live).* Indiquez quel temps il fait dans votre région.

Modèle: Quel temps fait-il chez vous en hiver?
En hiver il neige et il fait froid chez nous.

1. Quel temps fait-il chez vous en été? 2. au mois d'avril? 3. au mois d'octobre? 4. en juin? 5. en février? 6. au mois d'août? 7. au printemps? 8. en automne? 9. au mois de décembre?

E. Des questions, des questions, toujours des questions! You're working with small children who are always curious about something. Answer their questions.

1. Combien de mois est-ce qu'il y a dans une année?
2. Combien de saisons est-ce qu'il y a dans une année?
3. Quels sont les mois de l'été?
4. En quelle saison est-ce qu'on fait du ski?
5. En quelle saison est-ce qu'on nage dans la mer *(ocean)?*
6. En quelle saison est-ce qu'on joue au football? au basket?
7. En quelles saisons est-ce qu'on joue au base-ball? au tennis?
8. En quel mois est-ce qu'on célèbre Noël? Thanksgiving?

F. Exprimez ces dates en français.

Modèle: le 23 mars 1937
le vingt-trois mars dix-neuf cent trente-sept (mil neuf cent trente-sept)

1. le 8 janvier 1905 2. le 15 août 1985 3. le 1er octobre 1863 4. le 18 septembre 1988 5. le 4 juillet 1776 6. le 14 juillet 1789 7. le 31 mai 1690 8. le 12 juin 1944

G. Encore des questions? You're still working with the young children, and their questions continue.

1. Quelle date sommes-nous aujourd'hui?
2. Quelle est la date de Noël? de la fête nationale américaine? de la fête nationale française? du Jour de l'An?

3. Quelle est la date de votre anniversaire? En quelle année est-ce que vous êtes né(e)?
4. Et votre père, est-ce qu'il est né au mois de... aussi?
5. Quand est-ce que nous allons en vacances?

PRONONCIATION: *La voyelle* o

The letter **o** represents two different sounds in French: [ɔ], which is similar to the vowel sound in the English *lost*, and [o], which is similar to the vowel sound in the English *go* (without a diphthong). The sound [o] is used when **o** is the last sound of a word **(métro),** before **s** plus a vowel **(rose),** and when the letter **o** has a circumflex **(hôtel).** In other cases, the letter **o** is pronounced [ɔ].

Pratique

H. Read each word aloud, being careful to pronounce clearly the [ɔ] of the first word and to avoid making a diphthong with [o] in the second.

notre, nos / votre, vos / téléphoner, métro / sport, hôte / orage, chose / octobre, prose / soleil, exposé

I. Read each word aloud, being careful to distinguish between [ɔ] and [o].

pomme / rôti / promenade / chocolat / kilo / trop / roquefort / gigot / Sorbonne / Opéra / haricots / photo

STRUCTURE 2: *L'interrogation—l'inversion*

-t- { il / elle / on

Quel temps **fait-il?**	What is the weather like?
Va-t-il pleuvoir?	Is it going to rain?
Voulez-vous aller au parc?	Do you want to go to the park?

In addition to using the question forms introduced in Chapter 1 (intonation, **est-ce que, n'est-ce pas**), it is possible to ask a question by inverting the subject and the verb. Note that very often we do the same thing in English (*Does he* like football?). In writing, the subject pronoun is linked to the conjugated verb with a hyphen. To facilitate pronunciation, a **-t-** is placed between the conjugated verb and the subject pronouns **il, elle** and **on** when the verb ends in a vowel.

Que cherche-**t**-elle?	*But:* Que cherchent-elles?
Où va-**t**-il?	*But:* Où vont-ils?

When the subject is a noun, it precedes the verb and is repeated in pronoun form after the verb. A noun subject may be inverted following an interrogative expression; in this case, no hyphen is used.

Anne habite-t-elle à Paris?
Pourquoi **Georges et sa femme sont-ils** à New York?
Et **Michel,** où **travaille-t-il?** *Or:* Où **travaille Michel?**

In the **passé composé,** inversion takes place with the auxiliary verb. When there is a conjugated verb followed by an infinitive, the inversion involves only the conjugated verb.

Es-tu allé au cinéma?
Michèle et sa soeur ont-elles téléphoné hier soir?
Quel jour **allez-vous** commencer?

Application

J. Comment? ***(What did you say?)*** Each time you ask your friends a question, they ask you to repeat it. You ask them the question again, using inversion.

Modèle? Est-ce que tu as un transistor?
—Comment?
—As-tu un transistor?

1. Est-ce que tu as une chaîne-stéréo?
2. Est-ce que vous prenez souvent le métro?
3. Est-ce que vous avez acheté un gâteau?
4. Est-ce que tu as pris l'autobus?
5. Georges travaille à la librairie?
6. Monique est française, n'est-ce pas?
7. Où est-ce que tu habites?

K. Utilisez l'inversion pour demander à un(e) autre étudiant(e)...

Modèle: s'il (si elle) est américain(e)
Es-tu américain(e)?

1. s'il (si elle) parle espagnol
2. s'il (si elle) a une télévision dans sa chambre
3. s'il (si elle) aime faire du ski
4. si son oncle habite à Paris
5. s'il a fait un voyage l'année dernière
6. où il est allé
7. si ses parents sont canadiens
8. s'ils ont des vélos
9. s'ils aiment jouer au tennis
10. quand ils vont visiter Paris

Débrouillons-nous! (Petite révision de l'étape)

L. Échange. Posez les questions à un(e) autre étudiant(e), qui va vous répondre.

1. Quel temps va-t-il faire demain?
2. Quelle saison aimes-tu le mieux? Pourquoi?
3. Aimes-tu le froid? En quels mois fait-il froid ici?
4. Aimes-tu l'été? En quels mois fait-il chaud ici?
5. Est-ce que tu aimes mieux la neige ou la pluie? Qu'est-ce que tu fais quand il neige? quand il pleut?
6. Quelle est la date de ton anniversaire? En quelle année es-tu né(e)?
7. En quel mois ta mère est-elle née?

M. An exchange student from southern France has just arrived on your campus. Ask the following questions (use inversion) to find out more about him/her.

1. when he/she arrived in the U.S.
2. if he/she likes the U.S.
3. where he/she lives in France
4. what the weather is like where he/she lives
5. if he/she lives near the beach **(la plage)**
6. when he/she was born
7. what his/her parents do
8. if he/she has any brothers or sisters

Deuxième Étape

POINT DE DÉPART: *Faisons des descriptions!*

Comment sont ces livres?

Ce livre-ci est moderne.
Ce livre-ci est **ennuyeux.** (boring)
Ce livre-ci est long.
Ce livre-ci est difficile.

Ce livre-là est vieux.
Ce livre-là est intéressant.
Ce livre-là est court.
Ce livre-là est facile.

Comment sont ces autos?

Cette auto-ci est vieille.
Cette auto-ci est petite.
Cette auto-ci est **laide.**
Cette auto-ci est bonne.
Cette auto-ci est **moche.**

Cette auto-là est **neuve.**
Cette auto-là est grande.
Cette auto-là est **belle (jolie).**
Cette auto-là est mauvaise.
Cette auto-là est **chouette.**

new

ugly / beautiful, pretty

awful, ugly / great

De quelle couleur est... ?

Voici les couleurs:

blanc *(white)*
noir *(black)*
gris *(gray)*
brun *(brown)*

marron *(chestnut)*
bleu *(blue)*
vert *(green)*
jaune *(yellow)*

orange
rouge *(red)*
rose *(pink)*
violet *(purple)*

À vous! (Exercices de vocabulaire)

A. ____ ou ____? Indicate which adjective best describes each drawing.

1. Cet examen est-il facile ou difficile?
2. Cette auto est-elle grande ou petite?
3. Cette église est-elle vieille ou moderne?
4. Ce livre est-il intéressant ou ennuyeux?
5. Ce tableau est-il beau ou laid?
6. Cette maison est-elle vieille ou neuve?
7. Ce film est-il bon ou mauvais?
8. Cette ville est-elle jolie ou laide?
9. Ce livre est-il long ou court?
10. Cet exercice-ci est-il facile ou difficile?

B. De quelle couleur est... ? Choose the color that best fits the object in question.

1. Le ciel est-il bleu ou vert?
2. Les pommes sont-elles rouges ou violettes?
3. Le soleil est-il brun ou jaune?
4. La neige est-elle blanche ou brune?
5. Les bananes sont-elles grises ou jaunes?
6. Les petits pois sont-ils verts ou noirs?
7. Les pommes de terre sont-elles brunes ou orange?
8. Les nuages sont-ils marron ou gris?

Reprise
(Première Étape)

C. Demandez à un(e) autre étudiant(e):

Modèle: le temps qu'il fait aujourd'hui (quel)
Quel temps fait-il aujourd'hui?
Il fait froid. ou *Il pleut.* ou *Il fait du soleil.*

1. le temps qu'il a fait hier (quel)
2. le temps qu'il va faire demain (quel)
3. la saison qu'il (elle) préfère (quelle)
4. pourquoi il (elle) aime cette saison (pourquoi)
5. ce qu'il (elle) fait en cette saison (qu'est-ce que)
6. la date de son anniversaire (quelle)
7. l'année où il (elle) est né(e) (en quelle année)
8. si son père est né en octobre (question avec inversion)
9. si sa mère est née au printemps (question avec inversion)
10. s'il (elle) aime mieux l'été ou l'hiver (question avec inversion)

STRUCTURE 3: *L'accord des adjectifs*

Notre maison est **vieille,** mais nos meubles sont **neufs.**	Our house is *old,* but our furniture is *new.*
Jean-Alex est **content,** mais ses soeurs ne sont pas **heureuses.**	Jean-Alex is *happy,* but his sisters are not *happy.*

You learned in Chapter 1 that an adjective agrees in gender and number with the noun or pronoun it modifies. It is important to be able to produce the appropriate forms of any adjective. The following is a summary of the principal ways to derive feminine and plural adjective forms.

Feminine forms of adjectives

- The feminine of most adjectives is formed by adding **-e** to the masculine.

Le théâtre est **grand.**	La bibliothèque est **grande.**
Le parc est **joli.**	La maison est **jolie.**

- If the masculine form of an adjective ends in **-e,** the feminine form is the same.

Le livre est **difficile.**	La question est **difficile.**
Le vélo est **rouge.**	La bicyclette est **rouge.**

- If the masculine form ends in **-er**, the feminine form ends in **-ère.**

le **premier** mois de l'année	la **première** leçon
le mois **dernier**	la semaine **dernière**

- If the masculine form ends in **-n**, the feminine form doubles the consonant before adding **-e.**

ien → ienne

Il est **bon,** ce pain.	Elle est **bonne,** cette tarte.
Carlo est **italien.**	Francesca est **italienne.**

- If the masculine form ends in **-eux,** the feminine form ends in **-euse.**

Ce livre est **ennuyeux.**	Cette leçon est **ennuyeuse.**
Ce pain est **délicieux.**	Cette tarte est **délicieuse.**

- Certain adjectives are irregular and must be learned as exceptions.

Le film est **beau.**	La cathédrale est **belle.**
Le quartier est **vieux.**	La maison est **vieille.**
Le nuage est **blanc.**	La neige est **blanche.**
Le livre est **long.**	La rue est **longue.**
Le pain est **frais.**	La tarte est **fraîche.**

- Adjectives of color that are derived from names of objects are often invariable.

un sac **marron**	une table **marron**

Plural forms of adjectives

- The plural of most adjectives is formed by adding **-s** to the singular form.

Le stylo est **bleu.**	Les stylos sont **bleus.**
La tarte est **délicieuse.**	Les tartes sont **délicieuses.**

- If the singular form of an adjective ends in **-s** or **-x,** the plural form remains the same.

Ce film est **mauvais.**	Ces films sont **mauvais.**
Ce livre est **vieux.**	Ces livres sont **vieux.**

- If the singular form of an adjective ends in **-eau,** the plural form adds **-x.**

Ce livre est **beau.**	Ces livres sont **beaux.**
Ce film est **nouveau.**[1]	Ces films sont **nouveaux.**

Application

D. Donnez la forme féminine de l'adjectif.

Modèle: gris *grise*

1. facile 2. suisse 3. français 4. petit 5. vert 6. premier 7. dernier 8. bon 9. canadien 10. délicieux 11. ennuyeux 12. blanc 13. nouveau 14. vieux 15. beau 16. frais

---

1. Use the adjective **nouveau** when *new* means *changed,* i.e., *no longer the same.* Use the adjective **neuf** when *new* means *brand new.*

E. Donnez la forme masculine de l'adjectif.

Modèle: difficile *difficile*

1. russe 2. verte 3. intéressante 4. anglaise 5. jolie 6. mauvaise 7. première 8. italienne 9. délicieuse 10. longue 11. nouvelle 12. vieille 13. belle 14. blanche

F. Comparaisons. You and your friends are comparing where you live and what you own. For each of the statements made by one person, counter with another statement using the same adjective with the cue given.

Modèle: Mon appartement est petit. (maison)
Ma maison est petite aussi.

1. Ma maison est neuve. (appartement)
2. Mon chien est vieux. (chats)
3. Mes vidéos sont intéressantes. (livres)
4. Ma chaîne-stéréo est chère. (ordinateur)
5. Mon sac à dos est marron. (serviette)
6. Mon vélomoteur est japonais. (voiture)
7. Mon appartement est grand. (chambre)
8. Mes vêtements sont français. (chaussures *[f.] shoes*)

G. Ma maison est... Choose an adjective from the list to describe each item. Then ask another student a question. Follow the model.

beau / blanc / bleu / bon / brun / court / difficile / ennuyeux / facile / grand / gris / intéressant / jaune / joli / long / mauvais / moderne / noir / neuf / nouveau / rose / rouge / petit / vert / vieux / violet

Modèle: ma maison
Ma maison est grande. Et ta maison?
Ma maison est grande aussi. ou *Ma maison n'est pas grande, elle est petite.*

1. ma maison 2. ma chambre 3. mon stylo 4. mon vélo 5. mon auto 6. ma classe d'anglais (de mathématiques, de littérature, d'espagnol, etc.) 7. mon sac (mon portefeuille) 8. mes livres 9. ma ville

PRONONCIATION: *La combinaison* ou

The combination **ou** in French is usually pronounced [u], as in the English *boot* (without a diphthong): **nous, tourner.** However, when the **ou** combination is followed by a vowel sound, it is pronounced [w], as in the English *will:* **oui.**

Pratique

H. Read each word aloud, being careful to distinguish between [u] and [w].

rouge / beaucoup / oui / poulet / couvert / ouest / jouer / tour / cousin / silhouette / Louvre / août

STRUCTURE 4: *La place de l'adjectif*

Je vais prendre du vin **rouge.**	I'm going to have some *red* wine.
Aimes-tu la bière **allemande**?	Do you like *German* beer?
Nous avons acheté des vidéos **intéressantes.**	We bought *interesting* videos.
Le professeur a préparé un examen **facile.**	The teacher prepared an *easy* exam.
Elle a une **nouvelle** auto.	She has a *new* car.
Ce sont de **vieux** hôtels.	They're *old* hotels.

In French, unlike in English, an adjective is usually placed *after* the noun it modifies. However, the following adjectives are exceptions, as they are normally placed *before* the noun they modify: **grand, vieux, bon, long, beau, autre, petit, nouveau, mauvais, court, joli, jeune.**

When two adjectives modify the same noun, each adjective occupies its normal position: **une jolie petite maison, une belle cathédrale gothique.**

Application

I. Nous ne sommes jamais d'accord. No matter what you and your friends talk about, you never seem to agree. Contradict each statement made by using an adjective with the opposite meaning.

Modèle: C'est un petit hôtel.
Au contraire! C'est un grand hôtel.

1. C'est une nouvelle auto.
2. C'est un grand musée.
3. C'est un exercice difficile.
4. C'est une belle maison.
5. Ce sont des livres intéressants.
6. Ce sont des vieilles églises.
7. Ce sont des mauvaises idées.
8. C'est un long voyage ennuyeux.
9. C'est un bon restaurant.
10. Ce sont des bons hôtels.

J. Quelle sorte de ____ avez-vous? *(What kind of ____ do you have?)* Choose one or two adjectives in the list to answer each of the questions.

allemand / américain / anglais / beau / blanc / chinois / court / difficile / facile / français / gothique / grand / gris / italien / japonais / jaune / joli / laid / long / moderne / nouveau / petit / rouge / vert / vieux

Modèle: Quelle sorte de maison avez-vous?
Nous avons une petite maison bleue.

1. Quelle sorte de maison avez-vous?
2. Quelle sorte d'auto avez-vous (désirez-vous avoir)?
3. Quelle sorte de restaurant préférez-vous?
4. Quelle sorte d'église est-ce que vous désirez visiter?
5. Quelle sorte de devoirs faites-vous pour la classe de français?
6. Quelle sorte d'hôtel préférez-vous?
7. Quelle sorte de voyage avez-vous fait?
8. Quelle sorte de vin préférez-vous?
9. Quelle sorte de vélo avez-vous?
10. Quelles sortes d'examens avez-vous dans la classe de français?

Débrouillons-nous! (Petite révision de l'étape)

K. Échange. Posez les questions à un(e) autre étudiant(e), qui va vous répondre.

1. Est-ce que ta famille habite dans une maison? De quelle couleur est la maison? C'est une grande maison?
   (Est-ce que ta famille habite dans un appartement? L'appartement est-il grand? C'est un joli appartement?)
2. Est-ce que tu as une auto? De quelle couleur est ton auto? C'est une nouvelle auto? C'est une auto américaine?
   (Est-ce que tu as un vélo? De quelle couleur est ton vélo? C'est un nouveau vélo? C'est un vélo américain?)
3. De quelle couleur est le ciel? ton cahier? ton sac à dos? De quelle couleur sont les pommes? les poires? les nuages?
4. Est-ce qu'il y a des restaurants près de l'université? des hôtels? Comment sont-ils? (grands? bons? nouveaux?)
5. Est-ce que tes amis ont des idées? Comment sont leurs idées? (bonnes? mauvaises? intéressantes? bizarres?)

L. Un(e) nouvel(le) ami(e). A French-speaking student from Zaïre has just arrived on campus and it's your task to describe the campus to him/her. Use as many adjectives as you can to be as precise as possible in your description. Suggested things to talk about: **librairie, cafétéria, résidences** *(dorms),* **salles de classe, nature, bâtiments, restaurants, bibliothèque, piscine, stade** *(stadium),* etc. Your new friend will ask you questions to get more details.

Troisième Étape

POINT DE DÉPART: *Nos voisins et nos amis*

Voici notre **voisin,** M. Machéry. (neighbor)
Il est très **âgé;** il a 82 ans. (elderly, old)
Il est petit et **gros.** (fat)
Il a **les yeux** bleus. (eyes)
Il a **les cheveux** gris. (hair)
Il a une moustache et une **barbe.** (beard)

Voici sa **petite-fille**, Suzanne. (granddaughter)
Elle est jeune; elle a dix-huit ans.
Elle est grande et **mince.** (thin)
Elle a les yeux bruns.
Elle a les cheveux blonds.
Elle est très jolie.

Voici mon ami, Jean-Jacques.
Il est pessimiste.
Il est timide.
Il est idéaliste.
Il est honnête.
Il est patient.
Il est intellectuel.
Il est naïf.
Il est **paresseux.** (lazy)
Il est généreux.
Il est indépendant.
Il est discret.
Il est souvent triste.

Voici mon amie, Cécile.
Elle est optimiste.
Elle est courageuse.
Elle est réaliste.
Elle n'est pas malhonnête.
Elle est impatiente.
Elle est sportive.
Elle n'est pas naïve.
Elle est active et ambitieuse.
Elle est généreuse aussi.
Elle est indépendante aussi.
Elle est quelquefois indiscrète.
Elle est toujours heureuse.

NOTE GRAMMATICALE

The verb **avoir** is used to indicate age: **avoir dix-huit ans.** The word **ans** *(years)* must be included.

Quel âge avez-vous?	*How old are you?*
J'ai vingt-deux ans.	*I'm twenty-two.*

The verb **avoir** is also used to talk about the color of hair and eyes. Because the subject of **avoir** clearly indicates the person being described, the definite article **les** is used instead of a possessive adjective. (Note: *Red hair* is described by the adjective **roux,** not **rouge.**)

J'ai les cheveux roux.	*My hair is* red.
Elle a les yeux verts.	*Her eyes are* green.

À vous! (Exercices de vocabulaire)

A. Jean-Pierre et Mme Verdun: portraits physiques. Répondez aux questions d'après les images.

1. Voici Jean-Pierre. Il a vingt-deux ans. Est-il vieux? Est-il grand? Est-il gros? Est-ce qu'il a les cheveux noirs? A-t-il une moustache?

2. Voici Mme Verdun. Elle a soixante-huit ans. Elle est âgée, n'est-ce pas? Est-elle grande? Est-elle grosse? Est-ce qu'elle a les cheveux blonds? Est-ce qu'elle a une barbe?

B. Jean-Pierre et Mme Verdun: portraits psychologiques. Répondez aux questions.

1. Jean-Pierre aime les autos rapides et les activités dangereuses. Est-ce qu'il est courageux ou timide?
2. Mme Verdun donne de l'argent à ses amis qui ne sont pas riches. Est-ce qu'elle est généreuse ou avare *(stingy)?*
3. Jean-Jacques n'aime pas travailler. Il préfère regarder la télévision. Est-ce qu'il est ambitieux ou paresseux?
4. Mme Verdun a trouvé 2 000F. Elle a téléphoné à la police. Est-ce qu'elle est honnête ou malhonnête?
5. Jean-Jacques n'aime pas les livres, mais il adore le football et le ski. Est-ce qu'il est sportif ou intellectuel?

6. Mme Verdun écoute souvent la radio. Elle aime la musique classique et les discussions politiques. Est-elle sérieuse ou frivole?
7. Jean-Jacques aime la vie et il a beaucoup d'amis. Est-il triste ou heureux?
8. Mme Verdun travaille beaucoup. Elle va au théâtre, au musée et au cinéma. Est-elle active ou paresseuse?

Reprise
(Deuxième Étape)

C. Visitons le palais et le jardin du Luxembourg! You are acting as a guide and showing some friends the Luxembourg palace and gardens. Use the shorthand notes below to give your descriptions. You can add to the description or change it, as long as you keep to the main idea.

Modèle: parc / immense
C'est un parc immense. ou *C'est un très grand parc.* ou *Nous sommes ici dans un parc immense.*

Le jardin du Luxembourg
1. parc / intéressant
2. touristes / américain
3. théâtre de marionnettes / joli / petit
4. allées *(paths)* / serpentines
5. statue *(f.)* de Delacroix / beau

Le palais du Luxembourg
6. porte / monumental
7. terrasse / beau
8. bibliothèque / vieux
9. peintures de Rubens / beau
10. deux patios *(m.)* / élégant

STRUCTURE 5: *Les adjectifs (suite)*

Here are some additional rules for the formation of adjectives.

- If the masculine form of an adjective ends in **-et,** the feminine form ends in either **-ette** or **-ète.**

Un sac **violet.**	Une fleur **violette**
Un message **secret.**	Une chambre **secrète.**

- If the masculine form ends in **-el,** the feminine form doubles the consonant before adding **-e.**

Un homme **cruel.**	Une femme **cruelle.**
Un dîner **sensationnel.**	Une exposition **sensationnelle.**

- If the masculine form ends in **-f,** the feminine form ends in **-ve.**

Un homme **sportif.**	Une femme **sportive.**
Un groupe **actif.**	Une famille **active.**

- When the adjectives **beau, nouveau,** and **vieux** are used before a masculine singular noun beginning with a vowel or a vowel sound, each has a special form that allows for liaison:

un **bel** hôtel   un **nouvel** ami   un **vieil** arbre

Application

D. Encore une fois! You're teaching a group of students the feminine form of adjectives in French. Instead of saying the feminine, they keep giving you the masculine form. Correct them.

Modèle: violet
"Violette"; encore une fois, "violette"!

1. actif 2. indiscret 3. naturel 4. secret 5. naïf 6. ambitieux 7. cruel 8. sportif 9. vieux 10. frais 11. mauvais 12. italien

E. Use the suggested adjectives to modify the nouns.

Modèles: C'est une maison. (beau) — *C'est une belle maison.*
Ce sont des arbres. (beau) — *Ce sont des beaux arbres.*

1. C'est un livre. (beau)
2. Ce sont des maisons. (beau)
3. C'est un arbre. (beau)
4. C'est une église. (beau)
5. C'est un ami. (nouveau)
6. C'est une amie. (nouveau)
7. Ce sont des livres. (nouveau)
8. C'est un musée. (vieux)
9. C'est un hôtel. (vieux)
10. C'est une maison. (vieux)
11. Ce sont des églises. (vieux)

F. Des descriptions. Choose adjectives from the list to describe first yourself and then the people indicated.

ambitieux / actif / courageux / cruel / discret / dynamique / égoïste / énergique / frivole / généreux / grand / gros / heureux / honnête / idéaliste / impatient / intelligent / indépendant / indiscret / jeune / joli / malhonnête / mince / naïf / optimiste / petit / paresseux / patient / pessimiste / réaliste / sérieux / sincère / sportif / triste / vieux

1. votre ami ou votre frère ou votre père
2. votre amie ou votre soeur ou votre mère
3. votre professeur (il ou elle)

PRONONCIATION: *La combinaison* oi

The combination **oi** in French is pronounced [wa], as in the English word *watt:* **moi, boîte.** The one exception is the word **oignon,** in which **oi** is pronounced [ɔ], like **o** in the French word **octobre.**

Pratique

G. Read each word aloud, pronouncing the combination **oi** carefully.

toi / avoir / mois / trois / oignon / froid / Étoile / noir / poires / loi / froid / Blois / roi

STRUCTURE 6: *Les verbes réguliers en* -ir

—Alors, les garçons! **Vous avez fini** de manger?
—Non, Papa. Pourquoi?
—Vous mangez trop. **Vous grossissez!** Regardez votre soeur. **Elle obéit** toujours à ses parents.

—So, boys! *Have you finished* eating?
—No, Dad. Why?
—You eat too much. *You are gaining weight.* Look at your sister. *She* always *obeys* her parents.

The present tense of regular **-ir** verbs is formed by dropping the **-ir** of the infinitive and adding the endings **-is, -is, -it, -issons, -issez, -issent.** The past participle is formed by dropping the **-ir** from the infinitive and adding **-i.**

finir

je fin**is**	nous fin**issons**
tu fin**is**	vous fin**issez**
il, elle, on fin**it**	ils, elles fin**issent**

Past participle: **fini** (avoir)

Helpful hint: Many regular **-ir** verbs are based on adjectives. Remember this when trying to guess the meaning of such verbs.

grosse *(fat)*	**grossir** *(to gain weight)*
vieille *(old)*	**vieillir** *(to get old, to age)*
maigre *(thin)*	**maigrir** *(to lose weight)*

Some common **-ir** verbs:

finir (**de** + infinitive)	to finish, stop (doing something)
finir (**par** + infinitive)	to end up (doing something)
choisir (**de** + infinitive)	to choose
obéir (**à** + noun)	to obey (something or someone)
réfléchir (**à** + noun)	to think; to reflect (about, on something)
réussir (**à** + infinitive)	to succeed (at doing something)
réussir à un examen	to pass an exam

Application

H. Remplacez les pronoms en italique et faites les changements nécessaires.

1. *Elle* ne réfléchit pas assez. (je / elles / tu / ils / nous / il / vous)
2. *Tu* grossis. (vous / elle / je / nous / ils / elles)
3. *Ils* finissent toujours leurs devoirs. (tu / nous / elle / vous / je)
4. *J*'ai réussi à l'examen. (nous / vous / il / elles / tu)

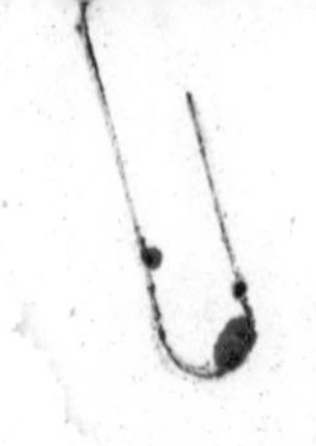

I. Questions. Posez quatre questions **(tu, vous, il/elle, ils/elles)** aux autres membres du groupe.

1. réussir au dernier examen 2. finir les devoirs 3. rougir (quand) 4. obéir toujours à... parents 5. maigrir (pourquoi)

J. Des nouvelles. You just met a friend you haven't seen in three years. After saying hello, you tell each other what you did during those three years. Use some of the **-ir** verbs you have just learned **(réussir, finir, maigrir, grossir, vieillir, choisir,** etc.) along with other previously learned verbs **(voyager, faire des études, aller,** etc.).

—Tiens, salut, Annie, ça va?
—Salut, Monique. Ça va pas mal, et toi?
—Très bien. Qu'est-ce que tu as fait pendant ces trois ans?
—J'ai réussi à mes examens et maintenant je travaille pour un avocat.
—Formidable! Moi aussi, j'ai fini mes études. Tu as maigri un peu, n'est-ce pas?
—Oui, j'ai maigri de cinq kilos. Etc.

Débrouillons-nous! (Petite révision de l'étape)

K. Échange. Posez les questions à un(e) autre étudiant(e), qui va vous répondre.

1. Quel âge as-tu?
2. Est-ce que tu es sportif (-ive)? optimiste? généreux (-euse)? ambitieux (-euse)? indépendant(e)?, etc.
3. Quand est-ce que tu vas finir tes études?
4. Est-ce que tu obéis toujours à tes parents?
5. Est-ce que tu réussis toujours à tes examens de français?

L. Un petit jeu. Describe one of your classmates without giving his/her name. The rest of the class will try to guess the person you're describing. (You could talk about your professor!) Use as many descriptive adjectives as possible.

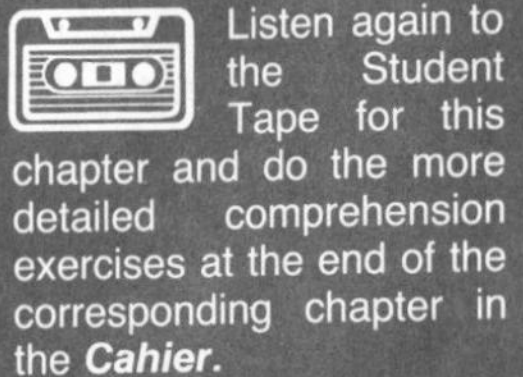

Listen again to the Student Tape for this chapter and do the more detailed comprehension exercises at the end of the corresponding chapter in the ***Cahier.***

Quatrième Étape

LECTURE: *La France grelotte et prend froid*

Saint-Étienne sous la neige

When reading a passage that contains a number of unfamiliar words, you can sometimes identify words relating to the same theme even if you do not know the exact meaning of those words. Usually, the general topic of the selection will help you identify the theme. As you read the following newspaper article for the first time (without looking at the definitions at the end), underline the words that deal with the *weather.* When you finish, do Exercise A.

Les grèves[1] dans les entreprises publiques à peine[2] résorbées,[3] voilà la France qui grelotte[4] et prend froid. La neige est venue s'ajouter[5] aux embarras causés par la vague sibérienne qui sévit[6] en Europe occidentale. On a enregistré moins 15° Celsius (7–8° F) dans la vallée du Rhône et le record de froid en montagne est détenu par une petite vallée du Jura proche de la frontière[7] suisse avec moins 42 (moins 43° F). Brrr!

Signe des temps: un vagabond auteur de petits larcins[8] a été condamné à deux mois de prison en Bretagne. Pour les juges, il s'agissait[9] surtout de lui[10] assurer un abri[11] pour l'hiver.

Miracle à Amiens, en Picardie, où un nouveau-né[12] abandonné sur un terrain vague[13] a survécu[14] après plusieurs heures par moins 10 degrés (14° F) avant d'être découvert par un clochard.[15] La presse française a ainsi transformé du jour au lendemain[16] le pauvre homme en héros de cette histoire, sordide au départ. Il y a ainsi gagné un abri et des dons[17] pour l'aider à passer l'hiver dans de meilleures[18] conditions.

Plus tragiques sont les conséquences directes de cette vague de froid: au moins 250 personnes sont mortes[19] à travers l'Europe tandis qu'[20]en France, EDF[21] enregistrait une consommation record d'électricité.

Le Journal Français d'Amérique

---

1. strikes 2. hardly 3. resolved 4. shivers 5. came to add itself to 6. the Siberian cold front that rages 7. border 8. thefts 9. it was a question 10. him 11. shelter 12. newborn 13. vacant lot 14. survived 15. streetperson 16. from one day to the next 17. gifts 18. better 19. died 20. while 21. Électricité de France (France's power company)

Compréhension

A. Without consulting the definitions, list as many words or expressions as you can that seem to relate to the general topic of weather.

B. Vrai ou faux? *(True or false?)* Decide whether each of the following statements is true or false according to the newspaper article.

1. French people often go to work on skis.
2. The coldest temperatures were recorded in Paris.
3. This article is not really about France, but about Siberia.
4. The region called the **Jura,** close to the Swiss border, is in the mountains.
5. In Brittany, a judge gave a petty thief two months in prison mostly because the judge wanted him to have a warm place to stay for the winter.
6. In the city of Amiens, a street person found a baby in a vacant lot, where it had survived for several hours.
7. The man who found the baby was treated unfairly by the French press.
8. 250 people died during the cold spell because the French power company turned off their electricity.

Reprise
(Troisième Étape)

C. Caractérisez les individus suivants en utilisant un adjectif.

1. Gérard joue au football en automne, au basket en hiver et au base-ball en été. Il est très...
2. Marie-Louise a fait des études de science politique. Elle travaille maintenant pour une entreprise commerciale importante. Elle veut être présidente un jour. Elle est...
3. Marc-Antoine ne travaille pas. Il ne quitte pas la maison le matin, il écoute ses disques l'après-midi et il regarde la télévision. Il est...
4. Albert n'a pas beaucoup d'argent. Mais il donne de l'argent à tous ses amis et il aide souvent les autres. Il est...

5. Les parents de Sylvie sont très riches. Mais elle habite dans un petit appartement. Elle travaille dans une librairie. Elle n'accepte pas l'argent de ses parents. Elle est...
6. Jean-Jacques parle beaucoup. Il ne réfléchit pas avant de parler. Quand on révèle un secret à Jean-Jacques, il raconte toujours ce secret à une autre personne. Il est...
7. Véronique étudie les mathématiques et les sciences. Elle réussit très bien à l'école. Elle est...
8. Yves n'est pas heureux. Il n'aime pas la vie. À son avis *(in his opinion)* les hommes sont cruels et les femmes sont malhonnêtes. Il est...
9. Jeanne-Marie n'aime pas parler devant les autres. Elle aime rester à la maison. Elle n'a pas beaucoup de confiance. Elle est...

D. L'ami(e) idéal(e). You and a group of friends are trying to arrive at a consensus about the personality traits that characterize the ideal friend. Once you have enumerated these traits, share them with the rest of the class.

Modèle: *L'amie idéale est généreuse avec son temps et ses possessions. Elle aime participer aux activités des autres.*

Point d'arrivée (Activités orales et écrites)

E. Le bulletin météorologique. Prepare a weather report for your region. Indicate the weather and temperature for today, tonight, and tomorrow. Be prepared to answer questions about weather in other cities: **Quel temps fait-il à San Francisco? dans les montagnes du Colorado?** Etc.

F. Mon frère (ma soeur) et moi. Make a comparison between yourself and your brother (your sister, a friend, your mother, or your father).

G. Précisons! Describe what you did yesterday. The other students will interrupt you to ask the details. Your itinerary yesterday included: going to town; stops at the café, the grocery store, the bakery; and returning home.

H. Une interview. You're interviewing someone to babysit your little brother and sister.

1. Ask him/her why he/she likes children.
2. Talk about your brother and sister (physical and personality traits).
3. Tell him/her that if the weather is nice, the children like to go to the park or to the swimming pool. If it's raining, they like to stay in the house and watch television.
4. Ask the babysitter to describe his/her personality traits.
5. Tell the babysitter that you'll call him/her tomorrow.

Lexique

POUR SE DÉBROUILLER

Pour donner les traits physiques d'une personne

avoir... ans
Il (elle) a les yeux bleus, verts, bruns.
Il (elle) a les cheveux blonds, roux, bruns, gris, noirs, blancs.
Il (elle) a les cheveux longs, courts, frisés.
Il (elle) est grand(e), petit(e), gros(se), mince.
Il est beau.
Elle est belle, jolie.

Pour parler du temps

Quel temps fait-il?
Il fait beau (mauvais, du soleil, du vent, chaud, frais, froid).
Il neige.
Il pleut.
Il fait un temps superbe.
Le ciel est couvert (nuageux).
La température est de... degrés Celsius (Fahrenheit).

Pour demander et donner la date

Quel jour est-ce aujourd'hui?
Aujourd'hui c'est le... / C'est aujourd'hui le...
Quelle est la date aujourd'hui? / Quelle date sommes-nous?
Nous sommes le...
Quelle est la date de... ?

VOCABULAIRE GÉNÉRAL

Noms

une allée
un arbre
une barbe
les cheveux *m.pl.*
le ciel
les mois *m.pl.*
janvier
février
mars
avril
mai
juin
juillet
août
septembre
octobre
novembre
décembre
une moustache
un nuage
un orage
une petite-fille
un projet
les saisons *f.pl.*
le printemps
l'été *m.*
l'automne *m.*
l'hiver *m.*
la vie
les vêtements *m.pl.*
un(e) voisin(e)
les yeux *m.pl.* (*sing.*: un oeil)

Verbes

choisir
finir (de, par)
grossir
jouer à
maigrir
mettre
neiger
obéir (à)
pleuvoir
réfléchir (à)
réussir (à)
réussir à un examen
savoir
vieillir

Adjectifs

actif(-ive)
ambitieux(-euse)
avare
beau, bel, belle
blanc(he)
bleu(e)
blond(e)
bon(ne)
brun(e)
chaud(e)
chouette
content(e)
courageux(-euse)
court(e)
couvert(e)
cruel(le)
délicieux(-euse)
difficile
discret(-ète)
ennuyeux(-euse)
facile
frais, fraîche
frivole
froid(e)
généreux(-euse)
grand(e)
gris(e)
gros(se)
heureux(-euse)
honnête
idéaliste
impatient(e)
indépendant(e)
indiscret(-ète)
intellectuel(le)
intéressant(e)
jaune
jeune
joli(e)
laid(e)
long(ue)
malhonnête
marron
mauvais(e)
mince
moche
moderne
naïf, naïve
neuf, neuve
noir(e)
nouveau, nouvelle
optimiste
orange
paresseux(-euse)
pessimiste
petit(e)
premier(-ère)
réaliste
rose
rouge
roux, rousse
secret(-ète)
sensationnel(le)
sérieux(-euse)
sportif(-ive)
timide
triste
vert(e)
vieux, vieille
violet(te)

CHAPITRE HUIT
Trouvons un hôtel!

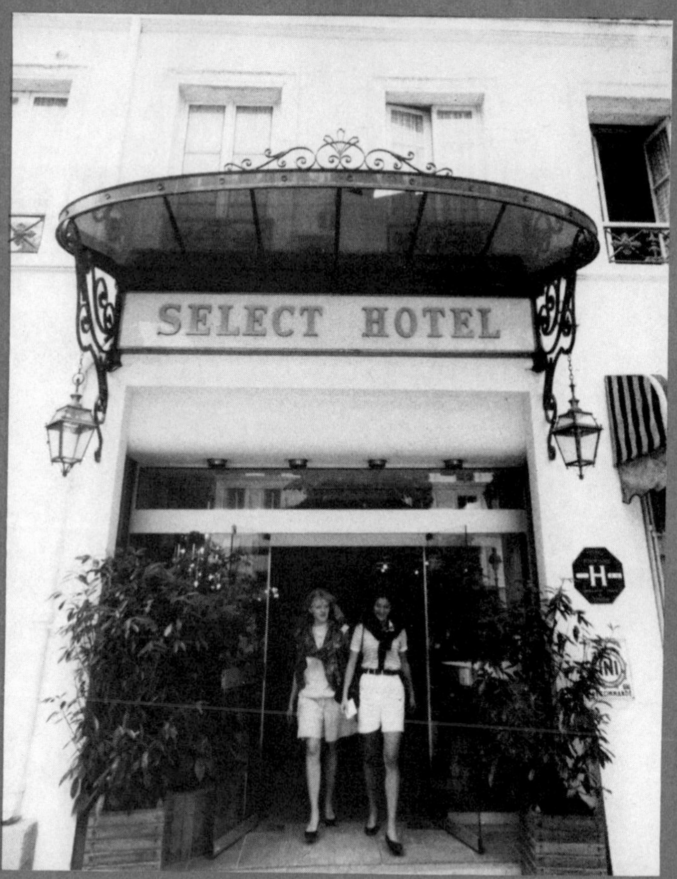

Première Étape
Cherchons un hôtel!

Deuxième Étape
Vous avez réservé?

Troisième Étape
Réglons la note!

Quatrième Étape
Lecture: Un hôtel deux étoiles

Do the **Travail préliminaire** section at the beginning of the corresponding chapter of the ***Cahier:*** complete the Planning Strategy, listen to the Student Tape, and answer the general comprehension questions.

Première Étape

POINT DE DÉPART: *Cherchons un hôtel!*

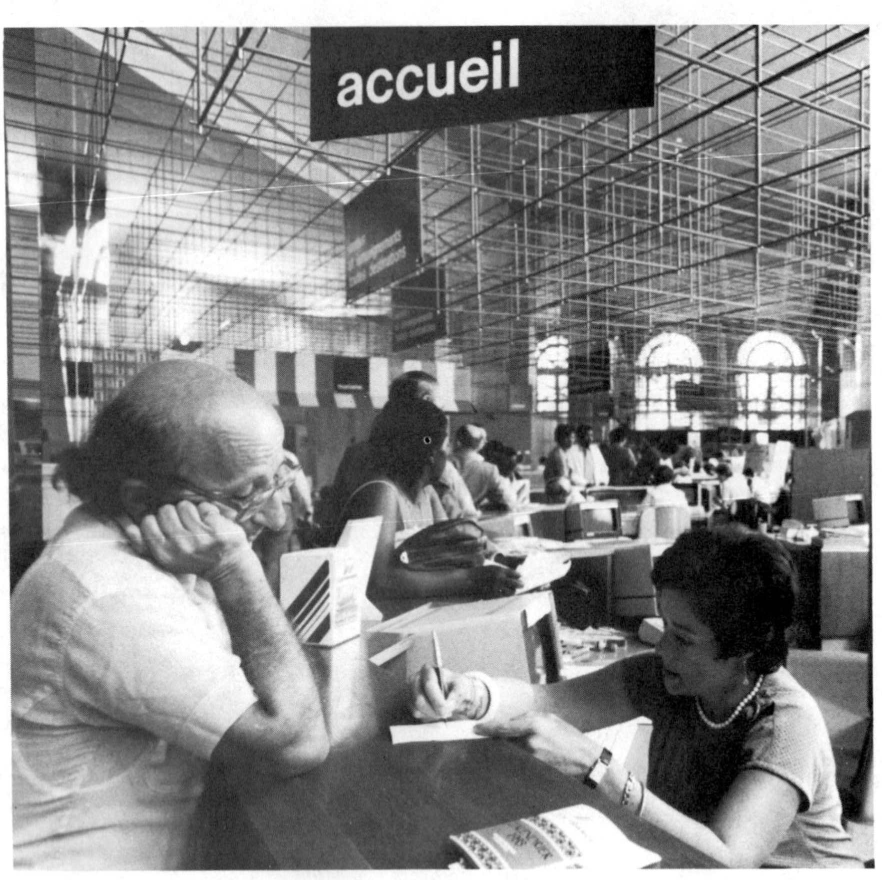

welcome service

Kathy et son amie Beth, deux étudiantes américaines, arrivent à Paris. Parce qu'elles n'ont pas d'hôtel, elles vont au **service d'accueil.**

L'EMPLOYÉE: Oui, Mesdemoiselles. Vous désirez une chambre?

KATHY: Oui, un petit hôtel, pas cher, sur la rive gauche, si c'est possible. Une chambre... entre 200 et 260 francs.

L'EMPLOYÉE: Bon. Je vais téléphoner à l'hôtel Rennes-Montparnasse. C'est pour combien de nuits?

KATHY: Pour cinq nuits.

without bathroom

L'EMPLOYÉE: Allô... Ici, Accueil de France. Est-ce que vous avez une chambre pour deux personnes? Oui, 260F... **sans salle de bains.** Ça va? Oui? Bien. Quel est votre nom?

KATHY: Kathy Callahan. C... A... DEUX L... A... H... A... N.

L'EMPLOYÉE: C'est pour Mademoiselle Callahan et son amie. Elles vont être là avant trois heures. Merci, Madame... Bien. Prenez un taxi et allez directement à l'hôtel. L'adresse est 151, rue de Rennes.

BETH ET KATHY: Merci, Madame.

L'EMPLOYÉE: Je vous en prie, Mesdemoiselles.

À vous! (Exercices de vocabulaire)

A. Où est-ce que vous descendez? Indicate where you are staying in Paris by using the information given.

Modèle: l'hôtel de Suez / sur la rive gauche
Nous descendons à l'hôtel de Suez, sur la rive gauche.

1. l'hôtel Brittany / sur la rive droite
2. l'hôtel des Ducs de Bourgogne / sur la rive droite
3. l'hôtel Muguet / sur la rive gauche
4. l'hôtel Lutèce / dans l'île Saint-Louis

B. Vous désirez une chambre? Make up a conversation, using the information given to indicate the kind of hotel room you want.

Modèle: nous / deux personnes / 80F–100F (90F, sans salle de bains)
—*Une chambre pour deux personnes, entre 80 et 100 francs.*
—*J'ai une chambre sans salle de bains pour 90 francs.*
—*Ça va.* ou *Nous préférons une chambre avec salle de bains.*

1. nous / deux personnes / 100F–150F (140F, sans salle de bains)
2. nous / trois personnes / 190F–220F (220F, avec salle de bains)
3. je / une personne / 100F–120F (110F, avec salle de bains)
4. je / une personne / 60F–80F (65F, sans salle de bains)

NOTE CULTURELLE

If you arrive in Paris without a reservation, you can make use of the welcome service **(Accueil de France).** The main office is located at 127, avenue des Champs-Élysées, with branches in the **aérogare** Maillot and in several railroad stations.

Many French hotel rooms, especially in less expensive hotels, do not have a private bathroom—only a sink **(un lavabo)** and a bidet. The toilet **(les W.-C.—water closet)** and the shower **(la douche)** or bathtub **(la baignoire)** are found in separate areas down the hall. Often, a hotel will have several categories of rooms: the more expensive with a bath (or shower) and toilet in the room; the less expensive, without.

STRUCTURE 1: *Quelle heure est-il?*

Il est une heure.

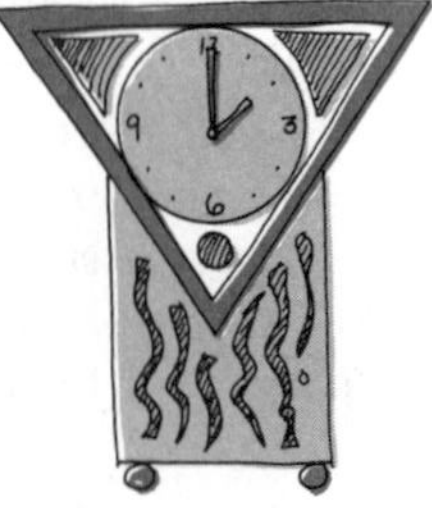

Il est deux heures.

Il est deux heures dix.

Il est deux heures et quart.

Il est deux heures et demie.[1]

Il est trois heures moins vingt.

Il est trois heures moins le quart.

Il est midi.

Il est minuit et demi.

To distinguish between A.M. and P.M., use the expressions **du matin** *(in the morning),* **de l'après-midi** *(in the afternoon),* or **du soir** *(in the evening).*

neuf heures douze du matin: 9:12 A.M.
deux heures et demie de l'après-midi: 2:30 P.M.
neuf heures moins vingt du soir: 8:40 P.M.

---

1. The word **heure** is feminine; consequently, the word **demie** ends in **-e.** However, since **midi** and **minuit** are masculine, no **-e** is added when **demi** follows these two expressions.

To ask someone what time it is, use either **Quelle heure est-il?** or **Vous avez l'heure?** To ask someone at what time something happens, use **À quelle heure... ?** The response to the latter question requires the preposition **à:**

Quelle heure est-il?	*What time is it?*
À quelle heure sont-ils arrivés?	*What time* did they arrive?
Ils sont arrivés **à cinq heures.**	They arrived *at 5 o'clock.*

To indicate that something happens between two times, use either the preposition **entre... et...** or the expression **de... jusqu'à...**

Elle a fait son français **entre 8h et 10h.**	She did her French *between 8 and 10 o'clock.*
Nous avons travaillé **de midi jusqu'à minuit.**	We worked *from noon until midnight.*

Application

C. Donnez l'heure toutes les trois minutes entre 9h et 10h.

D. Quelle heure est-il?

1. 2:20 P.M.
2. 12:00 A.M.
3. 3:10 P.M.
4. 1:30 A.M.
5. 10:55 P.M.
6. 11:45 A.M.
7. 4:15 P.M.
8. 6:35 A.M.
9. 7:45 P.M.
10. 10:25 A.M.

E. Répondez en utilisant les indications entre parenthèses.

1. À quelle heure est-ce que la classe va commencer? (à 9h)
2. À quelle heure est-ce que Jean-Paul est arrivé? (à 7h15)
3. À quelle heure est-ce que Victor prend le déjeuner? (à 12h)
4. À quelle heure est-ce que Chantal va arriver? (entre 2h et 4h)
5. À quelle heure est-ce qu'on prend le petit déjeuner à l'hôtel? (entre 6h30 et 9h)
6. Quand ont-elles travaillé hier? (de 7h jusqu'à 3h)
7. Quand vont-ils regarder la télévision? (de 5h jusqu'à 10h)
8. Quelle heure est-il maintenant?

PRONONCIATION: *La consonne* l

The letter **l** in French represents either the consonant sound [l], as in the English word *lake,* or the semi-consonant sound [j], as in the English word *you.* In general, a single **l** is pronounced [l]—**la, Italie, hôtel.** At the end of a word, the combination **il** is pronounced [il] when preceded by a consonant—**avril**—and [j] when preceded by a vowel—**travail.**[2]

2. In a few words, the **l** in the **il** combination is silent: **gentil, fils.**

Pratique

F. Read each word aloud, being careful to pronounce the **l** in the first list [l], and the **il** in the second list [j].

[l]: les, librairie, quel, ciel, joli, parle
[j]: travail, ail, détail, vieil, appareil, réveil

STRUCTURE 2: *Les nombres ordinaux*

le premier, la première	le (la) onzième
le (la) deuxième	le (la) douzième
le (la) troisième	le (la) treizième
le (la) quatrième	le (la) quatorzième
le (la) cinquième	le (la) quinzième
le (la) sixième	le (la) seizième
le (la) septième	le (la) dix-septième
le (la) huitième	le (la) dix-huitième
le (la) neuvième	le (la) dix-neuvième
le (la) dixième	le (la) vingtième

Ordinal numbers (first, second, third, etc.) are used to order and to rank items in a series.[3] Notice the following special cases:

1. For *the first* use **le premier** or **la première,** and for *the last* use **le dernier** or **la dernière.** All other ordinals are formed by adding **-ième** to the cardinal number.
2. When the cardinal number ends in **-e,** drop the **e** before adding **-ième: quatre → quatrième.**
3. Add **u** to **cinq** before adding the ordinal ending: **cinquième.**
4. Change the **f** of **neuf** to **v** before adding the ordinal ending: **neuvième.**

The abbreviated forms of the ordinals are: **1er**—premier, **1ère**—première, **2e**—deuxième, **3e**—troisième, etc.

Application

G. Lisez:

1. le 1er avril	4. le 20e siècle	7. le 17e siècle
2. le 19e siècle	5. la 1ère fois *(time)*	8. la 42e rue
3. la 5e avenue	6. la 2e année	9. le 3e jour

H. Répondez aux questions.

1. Quel est le premier mois de l'année? le troisième? le huitième? le dernier?

---

3. In spoken English, ordinal numbers are also used in dates (*December 6th*) and for kings (*Henry the Fourth*). In French, with the exception of the first **(le premier janvier, François Premier)**, cardinal numbers are used both for dates **(le six décembre)** and for royalty **(Henri Quatre).**

2. Quel est le premier jour de la semaine? le quatrième? le dernier?
3. À quelle heure est votre première classe le lundi? votre deuxième classe? votre dernière classe?

Débrouillons-nous! (Petite révision de l'étape)

I. Échange. Posez les questions à un(e) autre étudiant(e), qui va vous répondre.

1. Quelle heure est-il maintenant?
2. À quelle heure est-ce que tu prends le petit déjeuner d'habitude? le déjeuner? le dîner?
3. Quand est-ce que tu as fait ton français hier soir?
4. À quelle heure est ta dernière classe aujourd'hui?
5. Ce semestre (trimestre), c'est ton premier semestre (trimestre) à l'université?

J. Un rendez-vous. You and your friend have decided to meet for dinner and a movie. Now you're trying to work out the details on when to meet.

1. Ask at what time he/she wants to meet for dinner.
2. Explain that your last class is from 5:00 to 6:00.
3. Find out where your friend would like to eat.
4. Explain that you would like to see the French movie on campus.
5. Explain that the movie starts at 7:45.
6. Decide where and at what time you're going to meet for dinner.

Deuxième Étape

POINT DE DÉPART: *Vous avez réservé?*

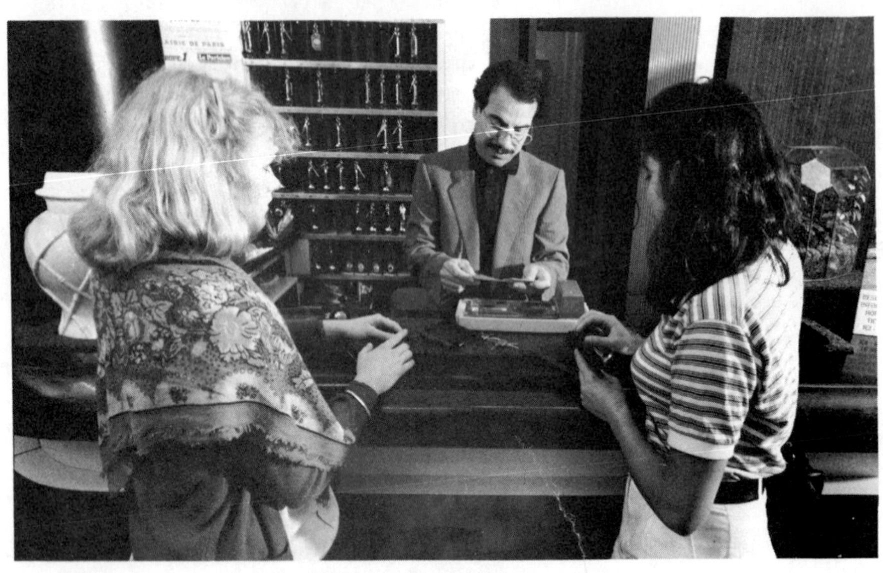

Kathy et Beth arrivent à l'hôtel Rennes-Montparnasse. Elles vont à **la réception.**

front desk

	KATHY:	Bonjour, Monsieur. Vous avez une chambre pour deux personnes?
	L'EMPLOYÉ:	Vous avez réservé?
	BETH:	Oui, Monsieur. Le service d'accueil a téléphoné.
	L'EMPLOYÉ:	Ah, oui. Vous êtes Mlle Callahan et son amie. J'ai une chambre pour deux personnes sans salle de bains.
	KATHY:	C'est une chambre à 260F, n'est-ce pas?
	L'EMPLOYÉ:	C'est exact.
included	BETH:	Est-ce que le petit déjeuner est **compris?**
	L'EMPLOYÉ:	Non, Mademoiselle. Il y a un supplément de 25F par personne.
served	KATHY:	À quelle heure est-ce que le petit déjeuner est **servi?**
dining room floor / elevator	L'EMPLOYÉ:	Il est servi entre 6h30 et 9h30 dans votre chambre ou dans **la salle à manger.** Voici la clé. Votre chambre est le numéro 35. Elle est au troisième **étage.** Prenez **l'ascenseur.** Il est derrière vous, à gauche.

KATHY ET BETH: Merci, Monsieur.
L'EMPLOYÉ: À votre service.

Kathy et Beth montent jusqu'au troisième étage. Elles **entrent** dans leur chambre.

KATHY: Elle est très bien, la chambre.
BETH: Le **lit** est grand et confortable. — bed
KATHY: Ah, nous avons une salle de bains?
BETH: Mais non, Kathy. Il y a un lavabo, et ça, c'est un bidet. Les toilettes sont **au bout du couloir;** tu cherches la porte marquée «W.-C». Et la douche est à côté. Mais il faut demander **la clé** à la réception. — at the end of the hall
KATHY: Euh... Ce n'est pas comme les hôtels américains.
BETH: **Évidemment.** Nous ne sommes pas aux États-Unis! — of course, obviously

NOTE CULTURELLE

In French, the word **étage** is used for floors above ground level. The term for *ground floor* is **le rez-de-chaussée** (literally, *the level of the pavement*). Consequently, each **étage** is one floor higher than its designation would suggest in English.

American hotel	French hotel
4th floor	3e étage
3rd floor	2e étage
2nd floor	1er étage
1st floor	rez-de-chaussée

To indicate that a room is *on* a certain floor, use **au: au deuxième étage.** In the past, the price of a hotel room almost always included a continental breakfast—coffee, tea, or hot chocolate and bread and croissants with jam and butter. Nowadays, however, breakfast frequently involves an additional charge. It is best to ask when registering whether or not breakfast is included **(compris).**

À vous! (Exercices de vocabulaire)

A. Pardon, Monsieur. Use the suggested interrogative expressions to ask the desk clerk questions that will elicit the required information. Ask the employee:

Modèle: the location of the elevator (où)
Pardon, Monsieur. Où est l'ascenseur?

1. the location of the toilet (où)
2. the location of the shower or bathtub (où)
3. the location of the dining room (où)
4. where breakfast is served (où est-ce que)
5. when breakfast is served (à quelle heure est-ce que)
6. whether breakfast is included in the price of the room (est-ce que)
7. if he has the key for the shower (est-ce que)

B. La chambre d'hôtel. Answer the questions about the hotel room in the drawing. Use the expressions in parentheses, when they are provided.

1. Combien de lits y a-t-il?
2. Où est le lit? (près de)
3. Où est le bidet? (à côté de)
4. Où est l'ascenseur? (au bout de)
5. Où sont les W.-C.? (en face de)
6. Où est la douche? (à côté de)

Reprise
(Première Étape)

C. Quelle heure est-il?

Modèle: 2h30 *Il est deux heures et demie.*

1. 7h25
2. 11h52
3. 10h15
4. 3h30
5. 8h10
6. 1h45
7. 4h40
8. 12h05 (deux possibilités)
9. 8h33

D. Indicate from what *century* each Paris monument dates.

Modèle: la tour Eiffel / 1889
La tour Eiffel date du dix-neuvième siècle.

1. la Sainte-Chapelle / 1248
2. Notre-Dame de Paris / 1245
3. le Centre Beaubourg / 1976
4. le Palais-Royal / 1633
5. le Sacré-Coeur / 1876
6. le Panthéon / 1764
7. l'Arc de Triomphe de l'Étoile / 1836
8. l'église Saint-Germain-des-Prés / 1163

STRUCTURE 3: *Les verbes irréguliers* servir *et* dormir

À quelle heure est-ce qu'**on sert** le petit déjeuner?	What time *is* breakfast *served?*
Ils ont servi le petit déjeuner à sept heures.	*They served* breakfast at 7 o'clock.

Est-ce que **tu dors** bien d'habitude?	*Do you* usually *sleep* well?
Oui, **j'ai** bien **dormi** la nuit dernière.	Yes, *I slept* well last night.

The verbs **servir** *(to serve)* and **dormir** *(to sleep)* are irregular.

servir	**dormir**
je **sers**	je **dors**
tu **sers**	tu **dors**
il, elle, on **sert**	il, elle, on **dort**
nous **servons**	nous **dormons**
vous **servez**	vous **dormez**
ils, elles **servent**	ils, elles **dorment**
Past participle: **servi** (avoir)	Past participle: **dormi** (avoir)

Application

E. Remplacez les sujets et faites les changements nécessaires.

1. *Mme Langlois* sert le dîner à huit heures. (Albert / je / nous / les Martini / vous / Mme Tournon / tu)
2. *M. Legentil* a servi un rôti de porc. (Chantal / nous / Philippe et sa femme / tu / je / le chef)
3. D'habitude *Jean-Marc* dort jusqu'à neuf heures et demie. (sa soeur / tu / Hélène et Claire / nous / je / Stéphane)
4. *Liliane* a bien dormi la nuit dernière. (Éric / vous / je / les autres / Mireille / nous)

F. Répondez aux questions.

1. À quelle heure est-ce qu'on sert le dîner à l'université?
2. À quelle heure est-ce qu'on a servi le déjeuner hier?
3. À quelle heure est-ce que vos parents servent le dîner d'habitude?
4. Est-ce qu'ils ont servi du vin avec le dîner la dernière fois *(time)* que vous avez mangé à la maison?
5. Jusqu'à quelle heure restez-vous au lit d'habitude?
6. Est-ce que vous avez dormi jusqu'à dix heures samedi dernier?
7. Comment est-ce que vous avez dormi hier soir? (bien? mal?)

G. Questions. Posez quatre questions **(tu, vous, il/elle, ils/elles)** aux autres membres de votre groupe.

1. dormir beaucoup d'habitude
2. bien dormir la nuit dernière
3. parents / servir du vin avec le dîner
4. mère / servir pour le dîner d'habitude (qu'est-ce que)

PRONONCIATION: *La combinaison* ll

When preceded by a vowel other than **i,** the combination **ll** is pronounced [l]—**elle, football, folle.** When the combination **ill** is at the beginning of a word, the **ll** is also pronounced [l]—**illusion.** However, when the combination **ill** follows a consonant, it can be pronounced either [l] or [j]. In the words **mille, ville, tranquille**[4] and their derivatives, the **ll** is pronounced [l]. In all other words, the **ll** of **ill** following a consonant is pronounced [j]—**fille, famille.**

Pratique

H. Read each word aloud, being careful to distinguish between the [l] sound and the [j] sound.

elle / mille / fille / ville / famille / tranquille / Bastille / intellectuelle / village / Deauville / illustration / grille / Chantilly / vallée / million / illégitime / tranquillité / guillotine / millionnaire / folle / tranquillement / cédille

STRUCTURE 4: *Quelques expressions temporelles*

Je n'aime pas être **en retard,** mais je n'aime pas être **en avance** non plus; je préfère arriver **à l'heure.**	I don't like to be *late,* but I don't like to be *early* either; I prefer to arrive *on time.*
La classe va commencer **dans** cinq minutes.	Class will begin *in* five minutes.
J'ai quitté la maison **il y a** un quart d'heure.	I left the house a quarter of an hour *ago.*
Le prof a parlé **pendant** une demi-heure.	The prof talked *for* half an hour.

Here are some expressions associated with time:

1. **En avance, à l'heure, en retard:** To express the ideas of *early* and *late* relative to a specific moment in time (for example, an appointment or the departure of a train), use **en avance** and **en retard.** The expression **à l'heure** means *on time.*

   Le concert commence à 8h. Jacques arrive à 7h; il est **en avance.** Henri arrive à 9h30; il est **en retard.** Béatrice arrive à 8h; elle est **à l'heure.**

2. **Dans:** To indicate when a future action will occur, use the preposition **dans** as the equivalent of *in.*

   Il est 7h55. Le concert va commencer **dans** cinq minutes.

---

4. The combination **qu** is pronounced as the single consonant sound [k].

3. **Il y a, pendant:** As you have already learned, **il y a** is used to indicate *how long ago* a past action occurred; **pendant** is used to indicate *for how long* an action continues, continued, or will continue.

Il est maintenant 8h20. Le concert a commencé **il y a** vingt minutes. Jacques et Béatrice sont restés dans le foyer **pendant** quelques minutes, puis ils ont pris leurs places.

4. **Un quart d'heure, une demi-heure, trois quarts d'heure:** When breaking an hour into quarters in English, you can say *fifteen minutes* or *a quarter of an hour.* The French equivalents for quarter hours are:

un quart d'heure — une demi-heure[5] — trois quarts d'heure

Application

I. Il est maintenant 2h30. Répondez aux questions.

1. Jean va arriver dans un quart d'heure. À quelle heure va-t-il arriver?
2. Yvette a quitté la maison il y a une demi-heure. À quelle heure a-t-elle quitté la maison?
3. Didier a fini de travailler il y a un quart d'heure. Il a travaillé pendant une heure. À quelle heure a-t-il commencé à travailler?
4. Sara va être au musée pendant une heure trois quarts. Elle va arriver au musée dans une demi-heure. À quelle heure va-t-elle quitter le musée?

J. La classe de mathématiques commence à 9h. Répondez aux questions.

1. Il est maintenant 8h50. Jacques dort. Il habite loin de l'université. Est-ce qu'il va être à l'heure?
2. Il est maintenant 7h30. Gabrielle prend son petit déjeuner. Elle va quitter la maison dans vingt minutes. Elle habite tout près du campus. Va-t-elle être à l'heure?
3. Il est maintenant 8h30. Quand est-ce que la classe va commencer?
4. Il est maintenant 9h15. Quand est-ce que la classe a commencé?

K. Dans les Alpes, la saison d'hiver commence le 1er décembre. Répondez aux questions.

1. C'est maintenant le 1er novembre. Quand est-ce que la saison va commencer?
2. On fait du ski jusqu'au 1er avril. Pendant combien de mois est-ce qu'on fait du ski dans les Alpes?
3. C'est maintenant le 1er février. Quand est-ce que la saison a commencé?

---

5. Notice that the **demi** of **une demi-heure** does not end in **-e.**

4. Nous aimons faire du ski le premier jour de la saison. C'est aujourd'hui le 10 novembre. Nous avons deux semaines de travail avant nos vacances. Est-ce que nous allons être en retard pour le premier jour de la saison?

Débrouillons-nous! (Petite révision de l'étape)

L. Échange. Posez les questions à un(e) autre étudiant(e), qui va vous répondre.

1. Quand est-ce qu'on sert le petit déjeuner à l'université? le dîner?
2. Comment est-ce que tu as dormi la nuit dernière? (bien? mal?)
3. Jusqu'à quelle heure est-ce que tu dors le dimanche matin?
4. Est-ce que tu es arrivé(e) à l'heure aujourd'hui?
5. Pendant combien de temps as-tu préparé ton français hier soir?
6. Quand est-ce que nous allons quitter cette classe?
7. Il y a combien de temps que cette classe a commencé?

M. À la réception. You are at the reception desk of a hotel.

1. Say that you would like a room, with bath.
2. The room is for one person, for four nights.
3. You prefer a room on the fifth floor, if there is an elevator.
4. Find out the price of the room.
5. Ask if the price includes breakfast.
6. Ask if there is a métro station nearby.
7. Thank the hotel clerk.

Hôtel Central Meublé
L. Payn
Confort
Plein Centre
2, Rôtisserie
Ø 022 / 21 45 94
1204 Genève

Troisième Étape

POINT DE DÉPART: *Réglons la note!*

Réglons la note!: Let's pay the bill! / later

Quelques jours **plus tard.** Kathy et Beth vont quitter Paris. Il est sept heures du matin. Kathy téléphone à la réception.

KATHY: Bonjour, Monsieur. Deux petits déjeuners pour la chambre 35, s'il vous plaît. Un café au lait et un chocolat... Et nous **partons** aujourd'hui. Pourriez-vous préparer la note?

leave

L'EMPLOYÉ: Certainement, Mademoiselle.

Elles prennent le petit déjeuner, **font leurs valises** et vont à la réception.

pack their suitcases

BETH: Bonjour, Monsieur. Avez-vous la note pour la chambre 35? Voici la clé.

L'EMPLOYÉ: Ah, oui. **Voyons.** Cinq nuits à 260F, ça fait 1 300F. Dix petits déjeuners à 25F, ça fait 250F. Bon... 1 550F, s'il vous plaît. Vous payez **en espèces,** par chèques de voyage ou par carte de crédit?

Let's see.

in cash

BETH: En espèces. Voici 1 600F.

L'EMPLOYÉ: Et voici votre monnaie.

BETH: Est-ce que la gare de Lyon est loin d'ici?

L'EMPLOYÉ: À quelle heure part votre train?

KATHY: À 13h05.

L'EMPLOYÉ: Vous avez beaucoup de temps. Prenez le métro.

KATHY ET BETH: Merci bien, Monsieur. Au revoir, Monsieur.

L'EMPLOYÉ: Au revoir, Mesdemoiselles.

À vous! (Exercices de vocabulaire)

A. Réglons la note! You and your friend are trying to figure out how much you will owe for your room. Imitate the model.

Modèle: trois nuits/220F six petits déjeuners/20F en espèces

—Trois nuits à 220F. Ça fait 660F.
—Six petits déjeuners à 20F. Ça fait 120F.
—Voyons... La note est de 780F.
—Je préfère payer en espèces.

1. deux nuits / 300F quatre petits déjeuners / 30F par chèques de voyage
2. quatre nuits / 250F huit petits déjeuners / 25F en espèces
3. trois nuits / 180F six petits déjeuners / 20F par carte de crédit
4. sept nuits / 325F petit déjeuner: compris par chèques de voyage

B. S'il vous plaît, Monsieur/Madame. Ask questions to elicit the required information from the desk clerk:

1. à quelle heure le petit déjeuner est servi.
2. où le petit déjeuner est servi.
3. s'il (si elle) a préparé la note.
4. si le petit déjeuner est compris.
5. s'il (si elle) accepte des cartes de crédit.

Reprise
(Deuxième Étape)

C. À la réception. Go to the hotel desk and ask for a room. The student playing the role of the desk clerk will use the suggested information to answer your questions.

1.	deux personnes / avec	190F / 15F	2e / 24
2.	une personne / sans	260F / 25F	5e / 51
3.	deux personnes / avec	295F / compris	4e / 43
4.	deux personnes / sans	315F / compris	1er / 16

D. Répondez aux questions d'après les dessins.

1. Jean-Jacques a-t-il bien dormi la nuit dernière?
2. Jusqu'à quelle heure est-il resté au lit?
3. Qu'est-ce qu'il a fait à 9h05?
4. À quelle heure est-ce qu'il a quitté la maison?
5. Comment est-ce qu'il est allé à l'université?
6. À quelle heure est-il arrivé à l'université?
7. Est-ce qu'il a été en retard pour son cours de français?
8. Il est maintenant 7h30 du soir. Il y a combien de temps qu'il est rentré à la maison?

STRUCTURE 5: *Les verbes irréguliers* sortir *et* partir

Mon frère **sort** avec Françoise.	My brother *goes out* with Françoise.
À quelle heure est-ce qu'**ils sont sortis?**	What time *did they go out?*
Vous partez en vacances aujourd'hui?	*Are you leaving* on vacation today?
Oui, maman et papa **sont partis** hier.	Mom and Dad *left* yesterday.
Nous allons partir cet après-midi.	*We're going to leave* this afternoon.

The verbs **sortir** *(to go out, to leave)* and **partir** *(to leave)* are irregular in French.

sortir	partir
je **sors**	je **pars**
tu **sors**	tu **pars**
il, elle, on **sort**	il, elle, on **part**
nous **sortons**	nous **partons**
vous **sortez**	vous **partez**
ils, elles **sortent**	ils, elles **partent**
Past participle: **sorti** (être)	Past participle: **parti** (être)

1. **Sortir, partir,** and **quitter** all have as an English equivalent *to leave.*
2. The verb **quitter** (conjugated with **avoir** in the **passé composé**) always has a direct object: i.e., you must specify the place or person you are leaving.

   Elle quitte l'hôtel. **J'ai quitté mon mari.**

3. The verbs **sortir** and **partir** (both conjugated with **être** in the **passé composé**) are either used alone or with a preposition.

   Je sors.
   Elle est sortie du restaurant.

   Nous partons.
   Ils sont partis pour Paris.

4. It is helpful to remember the meanings of **sortir** and **partir** by associating them with their opposites.

   entrer dans ≠ sortir de *(to go out from)*

   Elle est entrée dans l'ascenseur. **Elle est sortie de** l'ascenseur.

arriver à ≠ partir de *(to go away from)*

Il est arrivé à New York. **Il est parti de** New York.

arriver de ≠ partir pour *(to leave for)*

Nous arrivons de Paris. **Nous partons pour** Paris.

5. The verb **sortir,** accompanied sometimes by the preposition **avec,** is used to express the idea of *to go out socially* (on a date, with friends).

   Elle va sortir ce soir (**avec** Jean-Paul, **avec** ses parents, etc.).

Application

E. Remplacez les sujets et faites les changements nécessaires.

1. *Françoise* sort avec ses amis. (Henri / je / nous / M. et Mme Carle / vous / Gilbert / tu)
2. *Roger* n'est pas sorti hier soir. (Valentine / tu / mes frères / nous / Jean-Pierre / vous / je)
3. *Martine* part pour Madrid. (Éric / mes amis / tu / nous / je / vous / Jacqueline)
4. *Alfred* est parti il y a un quart d'heure. (Ève / nous / les autres / je / Thierry / tu / vous)

F. Répondez aux questions.

1. Est-ce que vous et vos amis sortez souvent le soir?
2. Vos parents sortent-ils souvent le samedi soir?
3. Est-ce que vous êtes sorti(e) avec vos amis hier soir?
4. Votre camarade de chambre est-il (elle) sorti(e) hier soir?
5. À quelle heure est-ce que vous partez pour votre première classe?
6. De quelles villes américaines part-on d'habitude pour aller à Paris?
7. Quand est-ce que vous et vos amis allez partir pour les vacances?
8. Il y a combien de temps que votre camarade de chambre est parti(e) pour aller à sa classe?

G. Questions. Posez quatre questions **(tu, vous, il/elle, ils/elles)** aux autres membres de votre groupe.

1. sortir souvent le vendredi soir
2. sortir hier soir
3. partir pour votre première classe (à quelle heure)
4. quitter la maison/votre chambre ce matin (à quelle heure)
5. aller partir en vacances (quand)

PRONONCIATION: *La combinaison* ill *après une voyelle*

When the combination **ill** follows a vowel sound, it is always pronounced [j]. The **i** does *not* represent a separate sound. To pronounce the combination **aille,** produce only two sounds, [a] + [j]. The same is true for **ouille** [uj] and **eille** [ej].

Pratique

H. Read each word aloud. Limit the vowel + *ill* combination to two sounds.

travaille / bataille / Versailles / braille / Marseille / bouteille / vieille / mouiller / fouiller / brouillard

STRUCTURE 6: *L'heure officielle*

La pièce commence à **21h.**	The play begins at *9:00 P.M.*
Le train pour Besançon part à **18h30.**	The train for Besançon leaves at *6:30 P.M.*

When you learned to tell time earlier in this lesson, you learned the conversational method. In airports and railroad stations, on radio and TV, at concerts and movies, the French use official time **(l'heure officielle).** Note that military time in English is also expressed in official time. The basic differences between the two can be summarized as follows:

Conversational time...	**Official time...**
• is based on a 12-hour clock.	is based on a 24-hour clock (0 = midnight; 12 = noon).
• divides the hour into two 30-minute segments (after and before the hour).	treats the hour as a 60-minute whole (i.e., only moves forward).
• uses **et quart, et demi(e), moins le quart, minuit, midi.**	uses cardinal number **(quinze, trente, quarante-cinq), zéro heure, douze heures.**

The easiest way to switch from official time to conversational time is to *subtract* twelve from the hour of official time (*unless* the hour is already less than twelve). Here are some equivalents:

	Official time	*Conversational time*
9h45:	neuf heures quarante-cinq	dix heures moins le quart (du matin)
12h30:	douze heures trente	midi et demi
14h50:	quatorze heures cinquante	trois heures moins dix (de l'après-midi)
23h15:	vingt-trois heures quinze	onze heures et quart (du soir)
0h05:	zéro heure cinq	minuit cinq

Application

I. Change official time to conversational time.

Modèle: 15h *3h (trois heures de l'après-midi)*

1. 17h 2. 13h 3. 9h 4. 16h 5. 22h 6. 21h 7. 14h
8. 23h 9. 12h 10. 3h15 11. 15h30 12. 20h45 13. 18h06
14. 19h

J. Horaires *(timetables).* Niamey is the capital city of the African country Niger. Each week, U.T.A. **(Union des Transports Aériens)** and **Air Afrique** have four flights that leave Paris for Niamey, and four flights from Niamey to Paris. Look at the following timetables and indicate first the official times of departure and arrival, then the conversational times.

Paris–Niamey—départ de Charles-de-Gaulle			
	Vols *(Flights)*	***Départs***	***Arrivées***
Mardi	U.T.A. 831	08h15	14h50
Jeudi	Air Afrique 29	20h30	03h10
Samedi	Air Afrique 37	10h45	17h20
Dimanche	U.T.A. 867	21h15	02h25
Niamey–Paris—arrivée à Charles-de-Gaulle			
Lundi	U.T.A. 867	13h25	19h55
Mercredi	U.T.A. 832	00h10	06h55
Vendredi	Air Afrique 30	12h40	19h10
Dimanche	Air Afrique 38	00h15	06h20

K. Answer the following questions, using conversational time to explain your response.

1. Il faut *(It takes)* deux heures pour voyager de Paris à Nice en avion. Vous désirez arriver à Nice à 9h du soir. Est-ce que vous allez prendre l'avion de 15h, de 17h, de 19h ou de 21h?
2. Vous désirez aller au cinéma, mais il faut rentrer avant six heures du soir. Le film commence à 13h, à 16h, à 19h ou à 22h. À quelle heure allez-vous au cinéma?
3. À la télévision il y a souvent un film à 22h30. D'habitude vous dormez de 10h du soir jusqu'à 6h du matin. Est-ce que vous regardez le film?
4. Vous allez à la gare chercher vos parents. Leur train arrive de Genève à 17h30. Vous arrivez à la gare à quatre heures et demie de l'après-midi. Êtes-vous à l'heure?
5. Vous avez invité un(e) ami(e) à aller au concert. Le concert commence à 21h. Il faut une demi-heure pour aller de son appartement au concert. À quelle heure allez-vous chercher votre ami(e)?

Débrouillons-nous! (Petite révision de l'étape)

L. Échange. Posez les questions à un(e) autre étudiant(e), qui va vous répondre.

1. Quand tu voyages, est-ce que tu aimes descendre dans un vieil hôtel ou dans un hôtel moderne?
2. Est-ce que tu préfères payer en espèces, par chèques de voyage ou par carte de crédit?
3. Est-ce que tu es sorti(e) hier soir? Où es-tu allé(e)?
4. Quand est-ce que tu vas partir en vacances? Où est-ce que tu vas aller?
5. À quelle heure pars-tu pour tes cours le matin?

M. Un voyage au Niger. You're helping your friend plan a trip to Niger. He/she is starting from Marseille. (Use official time throughout.)

1. Ask if he/she wants to travel in the morning or afternoon.
2. Explain that the morning flight leaves Tuesday at 10:15 A.M. and arrives in Niamey at 2:35 P.M. The afternoon flight leaves Saturday at 12:55 P.M. and arrives in Niamey at 5:25 P.M.
3. Tell him/her that the cost for the ticket is 2 150 francs for coach **(en classe touriste).**
4. Find out which flight your friend is going to take.
5. Find out how much time your friend will spend in Niamey.
6. Find out in how many days your friend is going to leave for Niamey.
7. Explain that you would like to go to Niamey also, but that you don't have enough money. You're going to spend the vacation at home.

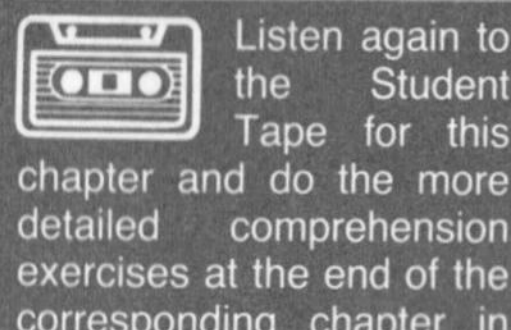
Listen again to the Student Tape for this chapter and do the more detailed comprehension exercises at the end of the corresponding chapter in the *Cahier.*

Quatrième Étape

LECTURE: *Un hôtel deux étoiles*

CLASSE ET CONFORT

[symbole]	Grand luxe et tradition	XXXXX
[symbole]	Grand confort	XXXX
[symbole]	Très confortable	XXX
[symbole]	De bon confort	XX
[symbole]	Assez confortable	X
[symbole]	Simple mais convenable	
M	Dans sa catégorie, hôtel d'équipement moderne	
sans rest	L'hôtel n'a pas de restaurant	
	Le restaurant possède des chambres	avec ch

L'INSTALLATION

Les hôtels des catégories [symbole], [symbole] et [symbole] possèdent tout le confort et assurent en général le change, les symboles de détail n'apparaissent donc pas dans le texte de ces hôtels.

Dans les autres catégories, nous indiquons les éléments de confort existants mais certaines chambres peuvent ne pas en être pourvues.

30 ch	Nombre de chambres
[symbole] [symbole]	Ascenseur - Air conditionné
TV	Télévision dans la chambre
[symbole] wc [symbole]	Salle de bains et wc privés, Salle de bains privée sans wc
[symbole] wc [symbole]	Douche et wc privés, Douche privée sans wc
[symbole]	Téléphone dans la chambre relié par standard
[symbole]	Téléphone dans la chambre, direct avec l'extérieur (cadran)
[symbole]	Chambres accessibles aux handicapés physiques
[symbole]	Repas servis au jardin ou en terrasse
[symbole] [symbole]	Piscine : de plein air ou couverte
[symbole] [symbole]	Plage aménagée - Jardin de repos
[symbole]	Tennis à l'hôtel
[symbole] 25 à 150	Salles de conférences : capacité des salles
[symbole]	Garage gratuit (une nuit) aux porteurs du Guide de l'année
[symbole]	Garage payant
P	Parc à voitures réservé à la clientèle
	Accès interdit aux chiens :
[symbole]	dans tout l'établissement
[symbole] rest	au restaurant seulement
[symbole] ch	dans les chambres seulement
mai-oct.	Période d'ouverture, communiquée par l'hôtelier
sais.	Ouverture probable en saison mais dates non précisées
	Les établissements ouverts toute l'année sont ceux pour lesquels aucune mention n'est indiquée.

One of the main reasons for acquiring good reading skills in French is the practical need to get specific information concerning an activity or situation in which you are involved. In many instances, you will not have the opportunity to consult a dictionary, and you will need to apply all the reading techniques you have learned—looking for the main idea, guessing meaning from context, associating words of the same family, recognizing cognates, and identifying word groups. In the following passage, no words will be glossed. Read the paragraph, then use whatever information you can gain to do the comprehension exercise.

Le gouvernement français classe les hôtels en cinq catégories:

Hôtels de grand luxe—des salles de bains et des W.-C. dans toutes les chambres
Hôtels ** (quatre étoiles)**—hôtels de première classe; la plupart des chambres avec salle de bains et W.-C.
Hôtels * (trois étoiles)**—très confortables; beaucoup ont des salles de bains, ascenseur, téléphone
Hôtels ** (deux étoiles)—confortables; 30% des chambres avec salle de bains
Hôtels * (une étoile)—bonne qualité, confort moyen; au moins dix chambres avec lavabo; cabine téléphonique

Les prix des hôtels une, deux et trois étoiles sont fixés par le gouvernement; les prix des quatre étoiles et des hôtels de luxe ne sont pas réglementés. Dans tous les cas, si vous réservez par lettre, demandez s'il faut envoyer un acompte (argent payé à l'avance pour réserver).

Si vous voyagez en France, il est très utile d'avoir un *Guide Michelin* rouge (guide des hôtels et des restaurants). Ce guide utilise un système un peu différent. Voici ce que dit le *Guide Michelin* pour l'hôtel Rennes-Montparnasse:

Rennes Montparnasse sans rest, 151 bis r. Rennes (6e) 45 48 97 38, Télex 250048 – TV wc wc . AE E VISA L 12
fermé 1er au 28 août – SC : 30 – **35 ch** 220/420.

L'hôtel Rennes-Montparnasse est un hôtel de bon confort. Il n'y a pas de restaurant. Il est situé dans la rue de Rennes dans le 6e arrondissement. Le numéro de téléphone est le 45 48 97 38. Il y a un ascenseur. Il y a des chambres avec salle de bains et W.-C. privés. Il y a un téléphone dans la chambre, mais il faut passer par la réception. L'hôtel n'est pas ouvert au mois d'août. Le service et le petit déjeuner sont compris. Il y a 35 chambres. Les prix sont entre 220F et 420F.

Compréhension

A. Les hôtels à Versailles. Some friends of your parents, who don't speak French, are planning to visit the palace of Versailles. They ask your help in finding a hotel. Read the following extract from the *Guide Michelin,* then answer the questions.

Versailles P 78000 Yvelines ⑳ G. Environs de Paris – 95 240 h. alt. 132.
Voir Château*** Y – Jardins*** (Grandes Eaux*** et fêtes de nuit*** en été) V – Grand Canal** V – Trianon** V – Musée Lambinet* Y M.
du Racing Club de France 39 50 59 41 par ③ : 2,5 km.
Office de Tourisme 7 rue des Réservoirs 39 50 36 22 et Pl. d'Armes (juin-sept.).
Paris 22 ① – Beauvais 92 ⑦ – Dreux 62 ⑥ – Évreux 85 ⑦ – Melun 59 ③ – •Orléans 121 ③.

Plan pages précédentes

Trianon Palace, 1 bd Reine 39 50 34 12, Télex 698863, parc – 80. AE E VISA rest X r
SC : **R** 162/220 – 55 – **120 ch** 440/1 020, 10 appartements – P 822/1 092.

Mercure M sans rest, r. Marly-le-Roi au Chesnay, face centre commercial Parly 2 78150 Le Chesnay 39 55 11 41, Télex 695205 – wc AE E VISA U e
SC : 30 – **78 ch** 324/350.

Bellevue M sans rest, 12 av. Sceaux 39 50 13 41, Télex 695613 – wc AE E VISA Z a
SC : 21 – **25 ch** 168/279.

Le Versailles sans rest, r. Ste-Anne (Petite Place) 39 50 64 65 – wc AE VISA Y m
SC : 19 – **48 ch** 220/298.

Richaud sans rest, 16 r. Richaud 39 50 10 42, Télex 696186 – wc wc VISA Y z
SC : 18,50 – **39 ch** 169/246.

Angleterre sans rest, 2 bis r. Fontenay 39 51 43 50 – wc wc AE VISA Y k
16 – **20 ch** 110/250.

Printania sans rest, 7 bis r. Montbauron 39 50 44 10 – wc VISA Y n
SC : 19,50 – **30 ch** 129/250.

Paris sans rest, 14 av. Paris 39 50 56 00 – wc wc YZ e
fermé 2 au 24 août – SC : 19 – **32 ch** 102/184.

St-Louis sans rest, 28 r. St-Louis 39 50 23 55 – wc wc Z d
SC : 17 – **27 ch** 170/230.

Résidence du Berry sans rest, 14 r. Anjou 39 50 01 80 – Z s
fermé 19 déc. au 4 janv. – SC : 14 – **39 ch** 88/126.

1. Which is the largest hotel in Versailles?
2. Which is the most expensive? What justifies the high prices?
3. Can you get a room with a shower at the hôtel Bellevue? at the hôtel Le Versailles?
4. Which hotels have telephones in the rooms that allow you to dial directly outside the hotel?
5. Do all the hotels have elevators?
6. Is breakfast included in the price of a room at the Angleterre? If not, how much extra does it cost?

B. Interrogation culturelle: S'agit-il de la France ou des États-Unis? Decide whether the following statements are applicable to hotels in France or to hotels in the United States. In some cases, a statement may apply to both countries.

1. Toutes les chambres d'hôtel ont des téléphones.
2. Quelquefois, les toilettes sont au bout du couloir.
3. Il y a presque toujours un bidet dans les chambres d'hôtel.
4. Il y a toujours un lavabo dans la chambre.
5. En général, les chambres ont une télévision.
6. Très souvent le petit déjeuner est compris dans le prix de la chambre.
7. Il y a toute une gamme *(range)* d'hôtels.
8. Les hôtels à plusieurs étages ont toujours un ascenseur.

Reprise
(Troisième Étape)

Modèle

C. Corrigez en donnant le contraire de chaque expression en italique.

Modèle: Il *entre dans* la banque?
Non, il sort de la banque.

1. *Elle arrive de* Rome?
2. *Il sort de* la bibliothèque?
3. *Ils rentrent à* deux heures?
4. *Il part de* Tokyo?
5. *Il entre dans* l'école?
6. *Elles arrivent à* Paris?
7. *Elle sort de* l'épicerie?
8. *Il arrive de* Montréal?

Point d'arrivée (Activités orales et écrites)

D. Trouvons un hôtel! A friend has given you the name of a hotel in Paris. Go to the hotel and make reservations. Get as much information as possible about cost, breakfast, etc.

1. You are traveling alone. You are in Paris for two nights. You don't have a great deal of money.
2. You are traveling with a friend. You will be in Paris for a week. You want a room with bath.
3. You are staying with friends in Paris. However, your family (mother, father, brothers and sisters) are coming to visit, and you need a room (rooms) for them. They plan to spend four days in Paris.

E. Réglons la note! Using situation 1 and/or 2 from Exercise D, pay your hotel bill at the end of your stay. The hotel will probably not accept your credit card, so be prepared to pay with cash or traveler's checks.

F. Tu cherches un hôtel? Your Japanese friend is planning to visit Paris for the first time. He or she has no idea how to get a hotel room. Explain what to do and what to expect.

Modèle: *Tu arrives à Paris et tu vas au Service d'Accueil... Tu demandes..., etc.*

G. C'est trop cher! You've spent the whole day traveling, you're tired and grouchy, and you finally found a hotel that has rooms available. As the desk clerk gives you the various possibilities, find a reason why they don't suit you (too expensive, room is too small, you want a phone, you want to be on the first floor, you want a bathroom in the room, etc.). Exasperated, the clerk finally tells you to go to another hotel. Since you reject that suggestion, you finally make a decision and tell the clerk which room you prefer.

Lexique

POUR SE DÉBROUILLER

Pour demander une chambre d'hôtel

Est-ce que vous avez une chambre pour deux personnes, avec... ?
Je voudrais une chambre...
Je cherche une chambre...
J'ai réservé une chambre...
Il me faut *(I need)* une chambre...
Une chambre pour deux personnes, avec...

Pour demander le prix d'une chambre

C'est (elle est) combien, la chambre?
Quel est le prix de la chambre?

Pour demander et indiquer l'heure

Quelle heure est-il, s'il vous plaît?
Vous avez l'heure?
Pourriez-vous m'indiquer l'heure? *(Could you tell me the time?)*
Il est une heure.
Il est une heure dix.
Il est une heure et quart.
Il est une heure et demie.
Il est deux heures moins le quart.
Il est midi.
Il est minuit.

VOCABULAIRE GÉNÉRAL

Noms

un ascenseur
un avion
la baignoire
un bidet
une carte de crédit
un chèque de voyage
un couloir
une demi-heure
une douche
un étage
la fois
un hôtel
un lavabo
un lit
la note
une nuit
une pièce
la porte
un quart d'heure
le rez-de-chaussée
la réception
une salle de bains
une salle à manger
le siècle
le service d'accueil
un supplément
les vacances *f.pl.*
les W.-C. *m.pl.*

Verbes

dormir
faire la valise
partir
payer
régler
réserver
servir
sortir

Adjectifs

compris(e)
confortable
demi(e)
faux (fausse)
incroyable
marqué(e)
servi(e)
vrai(e)

Autres expressions

à l'heure
au bout de
en avance
en espèces
en retard
évidemment
par nuit
plus tard
sans
Voyons!

CHAPITRE NEUF
Amusons-nous!

Première Étape
Un couple moderne

Deuxième Étape
Vous avez vu le nouveau film au Gaumont?

Troisième Étape
Les projets de vacances

Quatrième Étape
Lecture: «Déjeuner du matin»

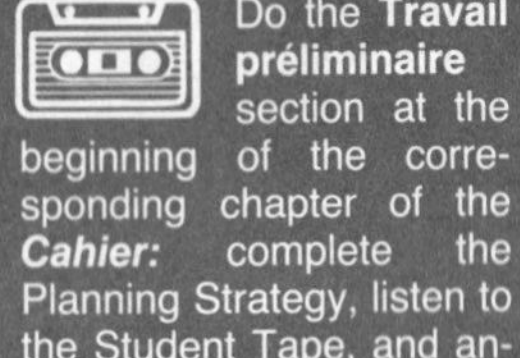

Do the **Travail préliminaire** section at the beginning of the corresponding chapter of the ***Cahier:*** complete the Planning Strategy, listen to the Student Tape, and answer the general comprehension questions.

Première Étape

POINT DE DÉPART: *Un couple moderne*

Ils s'appellent Cécile et Jean Massignon. Ils font ce qu'on appelle un couple moderne. Ils travaillent **tous les deux**—Jean, pour une banque; Cécile, **comme** avocate.

both
as a

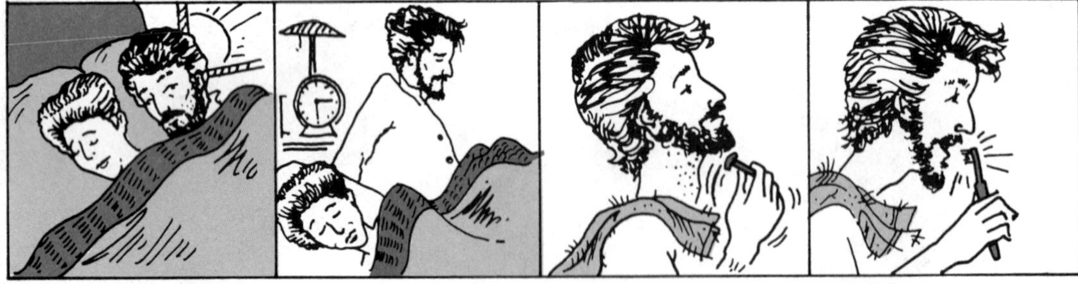

Ils se réveillent à 6h. | Jean se lève le premier, à 6h15. | Il se rase rapidement. | Il se brosse les dents.

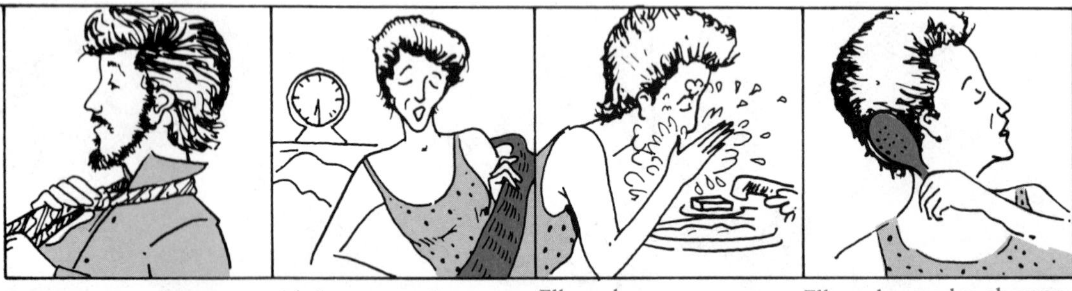

Il s'habille. | Cécile reste au lit jusqu'à 6h30. | Elle se lave. | Elle se brosse les cheveux.

Elle se maquille et ensuite elle s'habille.

Après le petit déjeuner, ils se quittent pour aller au travail.

Jean rentre à la maison vers 6h du soir.

Cécile rentre à la maison vers 6h aussi.

Jean prépare le dîner.

Cécile fait la vaisselle.

Après le dîner, Cécile fait la lessive.

Jean s'occupe de la maison.

Ils se couchent avant 11h.

Ils s'embrassent.

Ils s'endorment **tout de suite** *(right away)*.

free / tired

Sont-ils heureux? Oui et non. Ils s'aiment, bien sûr. Mais ils n'ont pas beaucoup de temps **libre.** Quand ils sont **fatigués,** ils se disputent.

À vous! (Exercices de vocabulaire)

A. Est-ce Jean ou Cécile? Consultez les dessins et décidez si l'action décrit Jean ou Cécile ou tous les deux.

1. Qui se lève le premier?
2. Qui se rase rapidement?
3. Qui se maquille?
4. Qui s'habille?
5. Qui se brosse les dents?
6. Qui se brosse les cheveux?
7. Qui se lave?
8. Qui va au bureau?
9. Qui prépare le dîner?
10. Qui fait la vaisselle?
11. Qui s'occupe de la lessive?
12. Qui se couche avant 11h?
13. Qui s'endort tout de suite?

B. Vrai ou faux? Consultez les dessins et décidez si la phrase est vraie ou fausse. Si la phrase est fausse, corrigez-la.

Modèle: Jean se lève à six heures.
Faux. Il se lève à six heures et quart.

1. Cécile se réveille à sept heures.
2. Jean se rase rapidement.
3. Jean se brosse les cheveux.
4. Cécile se lève tout de suite.
5. Cécile se lave.

6. Cécile ne se maquille pas.
7. Jean va au travail et Cécile reste à la maison.
8. Ils rentrent du travail ensemble *(together).*
9. Cécile prépare le dîner.
10. Jean fait la vaisselle.
11. Ils se couchent vers minuit.
12. Ils ont de la difficulté à s'endormir.

C. Chez vous *(At your house).* Répondez aux questions suivantes en parlant de la situation à votre maison.

Modèle: Qui se lève le premier chez vous?
Ma mère se lève la première chez moi (nous).

1. À quelle heure est-ce qu'on se réveille chez vous?
2. Qui se lève le premier?
3. Qui prépare les repas (le petit déjeuner, le dîner)?
4. Qui fait la vaisselle?
5. Qui s'occupe de la maison?
6. Qui fait la lessive?
7. À quelle heure est-ce qu'on se couche chez vous?
8. Est-ce qu'on s'embrasse souvent chez vous?

STRUCTURE 1: *Le présent des verbes pronominaux*

Nous nous lavons tous les matins.[1]	*We wash (ourselves)* every morning.
Je me lève[2] de bonne heure.	*I get up* early.
Ils se téléphonent tous les jours.	*They call each other* every day.

1. A pronominal verb (i.e., a verb accompanied by a pronoun) is used to indicate that the subject of the action is also its object. The subject therefore not only performs the action but is also the target of the action. A pronominal verb can be either reflexive or reciprocal.

A reflexive verb, as the name indicates, expresses an action that "reflects" back on the subject. For example, **je me lave** *(I wash myself).* Sometimes, verbs are reflexive in French but not in English: **il se rase** (*he is shaving*—literally, *he is shaving himself*); **elle se couche** (*she is going to bed*—literally, *she is putting herself to bed*).

1. **Tout, toute, tous, toutes** + definite article + noun = *every* or *the entire:* **tous les soirs** = *every evening.* This structure will be explained more fully in Ch. 17.

2. The verb **(se) lever** undergoes a spelling change **(e → è)** whenever the ending is not pronounced: **je me lève, tu te lèves, elle se lève, ils se lèvent;** but: **nous nous levons, vous vous levez.**

A reciprocal verb, again as the name indicates, expresses an action in which two or more subjects interact; in other words, each subject both performs and is the target of the action. For example, **ils se parlent** *(they are talking to each other).*

Pronominal verbs in the singular are always reflexive. When pronominal verbs are used in the plural, the meaning may be either reciprocal or reflexive—**ils se parlent** could mean either *they are talking* TO EACH OTHER (he is talking to her, she is talking to him) or *they are talking* TO THEMSELVES (he is talking to himself, she is talking to herself). The context and the nature of the action indicate how the sentence is to be interpreted.

Reciprocal
Ils **se** parlent.
They are speaking **to each other.**

Reflexive
Ils **se** parlent.
They are talking **to themselves.**

2. In either case, the subject (noun or pronoun) is accompanied by its corresponding reflexive or reciprocal pronoun **(me, te, se, nous, vous);** this pronoun usually directly precedes the verb.

se laver	
je **me lave**	nous **nous lavons**
tu **te laves**	vous **vous lavez**
il, elle, on **se lave**	ils, elles **se lavent**

If the verb begins with a vowel or a vowel sound, **me, te,** and **se** become **m', t',** and **s',** respectively: **je m'habille, elle s'occupe;** similarly, the **s** of **nous** and **vous** (normally silent) is pronounced in liaison with a vowel or a vowel sound: **nous nous habillons, vous vous appelez.**

3. The negative of reflexive and reciprocal verbs is formed by putting **ne** in front of the reflexive pronoun and **pas** immediately after the verb.

Il **ne** se rase **pas** toujours avant de sortir.[3]
Nous **ne** nous téléphonons **pas** souvent.

4. To ask a question with a reflexive or reciprocal verb, use intonation, **est-ce que,** or an interrogative expression followed by **est-ce que.**

   Il se brosse les dents le matin?
   Est-ce qu'elle se maquille avant de sortir?
   Pourquoi est-ce que tu te lèves à 6h?

Application

D. Remplacez les mots en italique et faites les changements nécessaires.

1. *Je* me couche à onze heures. (elles / nous / Paul / vous / tu)
2. Est-ce qu'*il* s'occupe de la maison? (vous / Marie et Jacques / tu / elle)
3. *Elles* ne se lavent pas tous les jours. (je / nous / tu / on / vous / ils)
4. *Ils* se téléphonent souvent. (vous / elles / on / nous)

E. Et toi? You and your friends are discussing your daily routines. Each time someone makes a statement about a friend or family member, another person asks what you do.

Modèle: mon père / se réveiller de très bonne heure
Étudiant(e) A: *Mon père se réveille de très bonne heure.*
Étudiant(e) B: *Et toi, est-ce que tu te réveilles de très bonne heure aussi?*
Étudiant(e) C: *Moi, non, je ne me réveille pas de bonne heure.* ou *Moi aussi, je me réveille de bonne heure.*

1. ma soeur / se lever à 6h du matin
2. mon frère / rester au lit jusqu'à 9h du matin tous les jours
3. mon ami Jean / se brosser les dents trois fois par jour *(three times a day)*
4. mon amie Chantal / se laver la tête *(to wash one's hair)* tous les matins
5. mon père (ma mère) / se raser (se maquiller) toujours avant de sortir
6. mes parents / s'embrasser souvent
7. mes parents / se parler rarement
8. mon amie Nicole / faire la vaisselle tous les soirs
9. ma mère / se coucher vers minuit
10. mon père / s'endormir devant la télé

F. La ronde de questions. Posez quatre questions **(tu, vous, il/elle, ils/elles)** aux autres membres de votre groupe.

---

3. **Avant de** *(before)* is always followed by an infinitive.

1. se lever (à quelle heure?)
2. se laver la tête tous les matins
3. se raser (se maquiller) avant de sortir
4. se coucher de bonne heure

PRONONCIATION: *L'e caduc et la loi des trois consonnes*

In Chapter 4 you saw that the French vowel **e** (without a written accent) can represent three different sounds:

[e]	**les, parler**	**e** + silent consonant at the end of a word
[ɛ]	**elle, personne**	**e** + pronounced consonant in the same syllable
[ə]	**le, petit**	**e** in two-letter words and at end of a syllable

An unaccented **e** that occurs at the end of a syllable in the middle of a word **(petit)** presents special pronunciation problems. The vowel is called **l'e caduc** (the *falling* or *dropped* **e**) or **l'e instable** (the *unstable* **e**), because there are certain cases when it is not pronounced at all.

As a general rule, the **e** is not pronounced so long as dropping it does not result in three consecutive consonant sounds. Thus, in **samedi,** dropping the **e** leaves only two consonants together: **md.** However, if the second **e** of **vendredi** were dropped, the combination **drd** would remain, which is difficult to pronounce. This general rule is called **la loi des trois consonnes** (the three-consonant law).

Pratique

G. Read each word aloud, dropping the **e** when indicated and retaining it when it is underlined.

samedi / mercredi / omelette / médecin / acheter / appartement / boucherie / tartelette / boulangerie / entreprise

STRUCTURE 2: *Le verbe irrégulier* connaître

Tu connais le frère de Martine?	*Do you know* Martine's brother?
Non, mais **je connais** sa soeur.	No, but *I know* her sister.
Vous vous connaissez bien?	*Do you know each other* well?
Oui, assez bien.	Yes, fairly well.
Ils connaissent bien la France?	*Are they* very *familiar* with France?
Oui, surtout le Midi.	Yes, especially with the south.

The verb **connaître** *(to know a person or a place)* has the following conjugation in the present tense:

connaître	
je **connais**	nous **connaissons**
tu **connais**	vous **connaissez**
il,elle,on **connaît**	ils,elles **connaissent**
Past participle: **connu** (avoir)	

The **passé composé** of **connaître** (**j'ai connu,** etc.) means *to meet* rather than *to know* a person. Compare the following sentences:

Je connais Jeanne. — *I know* Jeanne.
J'ai connu Jeanne chez Robert. — *I met* Jeanne at Robert's house.

Application

H. Remplacez les mots en italique et faites les changements nécessaires.

1. *Je* connais New York. (elle / tu / ils / vous / nous)
2. *Elle* ne connaît pas Marianne. (je / il / elles / nous / tu)
3. *Tu* connais ce quartier? (vous / elle / ils)
4. *Il* a connu Christianne chez Marc. (je / nous / tu / elles)

I. Non, mais... Your roommate can never just say he/she doesn't know someone or some place, but must always say what he/she does know.

Modèle: Est-ce que ton père connaît Berlin? (Munich)
Non, mais il connaît (très bien) Munich.

1. Est-ce que tu connais Madrid? (Barcelone)
2. Est-ce que tes parents connaissent Stockholm? (Oslo)
3. Est-ce que vous connaissez Lyon? (Bordeaux)
4. Est-ce que tu connais Yves Montand? (Jean-Paul Belmondo)
5. Est-ce que ton père connaît Mme Mitterand? (son mari)
6. Est-ce que ta mère connaît John et Caroline Kennedy? (leur mère)

J. Vous vous connaissez? Ask two other students if they know each other. If they don't, introduce them. If they do, ask each of them if they know a third person (not in the class).

Débrouillons-nous! (Petite révision de l'étape)

K. Échange. Posez les questions à un(e) autre étudiant(e), qui va vous répondre.

1. À quelle heure est-ce qu'on se lève chez toi?
2. Qui se couche le premier chez toi? et le dernier?

3. Qui s'occupe de la maison?
4. Qui prépare les repas?
5. Qui fait la lessive?
6. Est-ce que tu fais la vaisselle de temps en temps?

L. Une journée typique. Parlez avec un(e) autre étudiant(e) de votre journée typique: surtout, de ce que vous faites le matin avant d'aller en classe et de ce que vous faites le soir. Employez des verbes pronominaux et non-pronominaux, et donnez beaucoup de détails. Votre partenaire doit vous poser des questions.

Modèle: *—Eh, bien, d'habitude, je me réveille vers 7h, mais je ne me lève pas tout de suite. Je reste au lit.*
—À quelle heure est-ce que tu te lèves?
—À 7h30. Puis je prends une douche.
—Est-ce que tu te laves la tête?, etc.

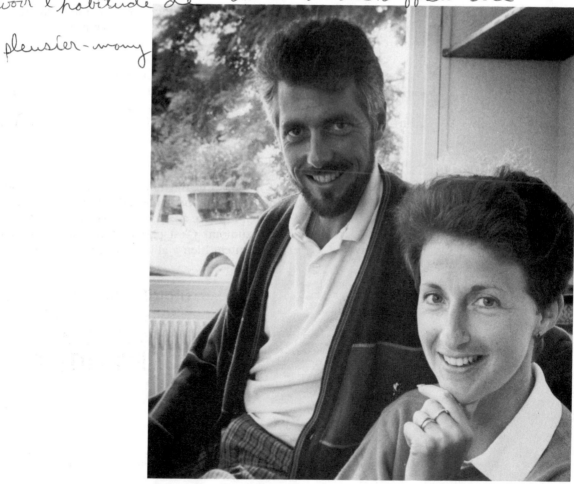

Deuxième Étape

POINT DE DÉPART: *Vous avez vu le nouveau film au Gaumont?*

vous avez vu: you have seen
to have a good time / are in the habit of, usually

Cécile et Jean Massignon travaillent très dur en semaine. Mais le week-end ils ont besoin de **s'amuser** un peu. C'est pour cela qu'ils **ont l'habitude de** sortir le samedi soir.

	CÉCILE:	Alors, on va au théâtre ce soir?
feel like / a play	JEAN:	Je ne sais pas. Je n'**ai** vraiment pas **envie de** voir une **pièce.**
darling	CÉCILE:	Eh bien, qu'est-ce que tu veux faire, **chéri?**
	JEAN:	Euh... pourquoi pas aller à un concert?
	CÉCILE:	Ah non! Nous sommes allés à un concert la semaine dernière.
	JEAN:	J'ai une idée. Allons voir[4] le nouveau film au Gaumont.
what?	CÉCILE:	C'est **quoi?**
You Only Die Twice	JEAN:	***On ne meurt que deux fois.***
a horror film	CÉCILE:	C'est un **film d'épouvante?** J'ai horreur de ça.
a mystery, detective film	JEAN:	Non, non, non. C'est un **film policier** et un drame psychologique.
them (the Tremblays)	CÉCILE:	D'accord. On demande aux Tremblay d'y aller avec nous? Je **les** aime beaucoup.

Jean téléphone à Josette et à Raymond Tremblay.

it (the film)
is showing / we meet
it's all settled

JEAN: Allô. Josette? C'est Jean. Toi et Raymond, vous avez vu le nouveau film au Gaumont? Non? Vous voulez aller **le** voir avec nous ce soir? Oui? Très bien. Il **passe** à 21h. **On se retrouve** à 20h30 au café en face du Gaumont? C'est parfait. À tout à l'heure. *(à Cécile)* **Ça y est.** Ils veulent bien y aller. Rendez-vous à 8h30.

H **REVOLUTION.** — Amér., coul. (85). Fresque historique, de Hugh Hudson : En 1776, un trappeur plongé dans la première révolution des temps modernes : celle de l'Amérique s'élevant contre le pouvoir colonial anglais. Avec Al Pacino, Donald Sutherland, Nastassja Kinski, Joan Plowright, David King, Steven Berkoff. **Gaumont Les Halles 1er** (v.o.), **Rex 2°, Hautefeuille 6°** (v.o.), **14 Juillet Odéon 6°, Gaumont Champs-Elysées 8°** (v.o.), **Paramount Opéra 9°, 14 Juillet 11°** (v.o.), **Nation 12°, Fauvette 13°, Miramar 14°, Mistral 14°, Sept Parnassiens 14°** (v.o.), **Gaumont Convention 15°, Kinopanorama 15°** (v.o.), **Maillot 17°, Clichy Pathé 18°.**

GRAND REX, 1, bd Poissonnière, 42.36.83.93. M° Bonne-Nouvelle. (H) PL. : 32 F TR. 21 F : Lundi et moins de 18 ans et + de 60 ans (du mar au ven. de 17h30 à 19h30, sam. à 0h30, dim. à 22h) :
Séances : 13h40 (film), 15h50, 18h40, 21h25. Film 35 mn après. Sam., séance suppl. à 0h05 :

REVOLUTION

---

4. The verb **voir** *(to see)* is an irregular verb. In this chapter, you will only need to use the infinitive and the **passé composé** (past participle = **vu [avoir]: j'ai vu, vous avez vu,** etc.) You will learn the full conjugation in Ch. 13.

À vous! (Exercices de vocabulaire)

A. L'officiel des spectacles. Each week in Paris you can purchase entertainment guides at newsstands. Answer the questions about the excerpts from one of these guides, *L'officiel des spectacles,* p. 226.

1. You decide to go see ***Révolution,*** an American film that has just opened in Paris. It is playing in sixteen movie houses all over the city; you are staying in the *deuxième arrondissement,* so you choose the Cinéma Rex. Will you see a version of the film that is dubbed in French or a version in English with French subtitles?
2. You are meeting a friend at a **métro** stop near the movie theater. Which **métro** station will you go to?
3. Your friend is not free until after 7:30 P.M. Which show will you attend?
4. There are usually short subjects before the main feature. At what time will **Révolution** start?
5. How much will it cost you to see the film? Does everyone pay the same price?

B. Qu'est-ce qu'on va voir? Using the information from *L'officiel* below and on pp. 228 and 229, recommend films for your friends. They will tell what kinds of films they like and will ask you questions about where and when the films are playing, whether they have subtitles, and where (in what countries) the films were made.

Modèle: films policiers
—Moi, j'adore les films policiers.
—Va voir Blackout.
—Où est-ce qu'il passe?
—Au Marivaux.
—À quelle heure est la première séance?
—À 14h.
—À quelle heure commence le film?
—À 14h20.
—C'est un film français?
—Non, c'est un film américain.

films en 1re exclusivité

□ Interdits aux moins de 18 ans
△ Interdits aux moins de 13 ans
♦ Recommandés aux tres jeunes

EXPLICATION DES SIGNES — GENRE DES FILMS

A Aventure	**F** Fantastique Fiction	**O** Comédie dramatique	
B Biographie	**G** Guerre	**P** Policier Espionnage	
C Comédie	**H** Historique	**S** Erotisme	
D Drame	**J** Dessin animé Vie animaux	**W** Western	
E Epouvante	**M** Comédie musicale	**X** Divers	

J ♦**ASTERIX ET LA SURPRISE DE CESAR.** — Franc., coul. (85). Dessin animé, de Paul et Gaetan Brizzi : Astérix et Obélix partent à la recherche de la blonde Falbala, enlevée par les Romains. **Marivaux 2°, St-Ambroise 11°, Grand Pavois 15.**

M **CHORUS LINE.** — Amér., coul. (85) Comédie musicale, de Richard Attenborough : Compétition entre jeunes danseurs pour percer à Broadway, d'après le spectacle qui triomphe depuis une dizaine d'années à New York, Los Angeles et Londres. Avec Michael Douglas, Terence Mann, Alyson Reed, Michelle Johnston. **Rex 2°, Ciné Beaubourg 3°** (v.o.), **Danton 6°** (v.o.), **UGC Montparnasse 6°, UGC Champs-Elysées 8°** (v.o.), **UGC Boulevard 9°, UGC Gare de Lyon 12°** (v.o.), **Escurial Panorama 13°** (v.o.), **UGC Gobelins 13°, Mistral 14°, 14 Juillet 15°** (v.o.), **UGC Convention 15°, Images 18°.**

O **CLEO DE 5 A 7.** — Franc., (61). Comédie dramatique d'Agnès Varda. Avec Corinne Marchand, Antoine Bourseiller, Dorothée Blank. **Saint-André des Arts 6°.**

C **GITANE (LA).** — Franc., coul. (85). Comédie, de Philippe de Broca : Un banquier de province s'éprend d'une Gitane, séduisante entre toutes. Avec Claude Brasseur, Valérie Kaprisky, Martin Lamotte, Stéphane Audran, Clémentine Célarié, Marie-Anne Chazel. **Forum Orient-Express 1er, Gaumont Richelieu 2°, 14 Juillet Odéon 6°, Marignan 8°, Publicis Elysées 8°, Saint-Lazare Pasquier 8°, Francais 9°, Maxeville 9°, La Bastille 11°, Fauvette 13°, Galaxie 13°, Gaumont Sud 14°, Gaumont Parnasse 14°, Montparnasse Pathé 14°, Gaumont Convention 15°, Victor Hugo 16°, Maillot 17°, Wepler 18°, Gambetta 20°.**

P **HONNEUR DES PRIZZI (L') (Prizzi's Honor).** — Amér., coul. (85). Comédie macabre, de John Huston : La toute-puissante Maffia exige d'un homme qu'il tue sa femme et vice-versa. Avec Jack Nicholson, Kathleen Turner, William Hickey, Anjelica Huston. **Forum Orient Express 1er** (v.o.), **Arcades 2°, Gaumont Opéra 2°, Odéon 6°** (v.o.), **Biarritz 8°** (v.o.), **Miramar 14°** (v.o.)

A ♦**NATTY GANN (The Journey of Natty Gann).** — Amér., coul. (85). Aventures, de Jeremy Kagan : Une fillette de treize ans — véritable Gavroche féminin — à travers les U.S.A. en crise de 1935. Avec Meredith Salenger, John Cusack, Ray Wise, Lainie Kazan. **Gaumont Richelieu 2°, Hautefeuille 6°** (v.o.), **Colisée 8°** (v.o.), **George V 8°** (v.o.), **Saint-Lazare Pasquier 8°, Francais 9°, Fauvette 13°, Miramar 14°, Mistral 14°, Gaumont Convention 15°, Clichy Pathé 18°.**

W **SILVERADO.** — Amér., coul. (85). Western, de Lawrence Kasdan : Quatre cow-boys surgissent dans une bourgade de l'Ouest. Leur venue semble déclencher l'Apocalypse! Avec Kevin Kline, Scott Glenn, Danny Glover, Kevin Costner, Brian Dennehy, Linda Hunt. **Marivaux 2°, Marignan 8°** (v.o.), **Espace Gaité 14°** (v.o. et v.f.).

C **TROIS HOMMES ET UN COUFFIN.** — Franc., coul. (85). Comédie, de Coline Serreau : Trois «machos» transformés en «mères-poules» . . . Avec Roland Giraud, Michel Boujenah, André Dussollier, Dominique Lavanant. **Forum Arc en Ciel 1er, Capri 2°, Quintette 5°, Gaumont Ambassade 8°, George V 8°, St-Lazare Pasquier 8°, Francais 9°, Nation 12°, Fauvette 13°, Montparnos 14°, Orléans 14°, Sept Parnassiens 14°** (v.o.), **Convention St-Charles 15°, Gaumont Convention 15°.**

E △**VAMPIRE, VOUS AVEZ DIT VAMPIRE? (Fright Night).** — Amér., coul. (85). Epouvante, de Tom Holland : Un adolescent acquiert la conviction que son voisin est un vampire. . . . Avec Chris Sarandon, William Ragsdale, Amanda Bearse, Roddy McDowall. **Forum Orient Express 1er** (v.o.), **Gaumont Richelieu 2°, George V 8°** (v.o.), **Marignan 8°** (v.o.), **Francais 9°, UGC Gare de Lyon 12°, Fauvette 13°, Mistral 14°, Montparnasse Pathé 14°, Clichy Pathé 18°, Secrétan 19°.**

D **VISITEURS (LES).** — Amér., coul. (72). Drame, d'Elia Kazan : Deux vétrans du Viet-Nam rejoignent un compagnon d'armes qui a dénoncé leurs crimes. . . Avec Patrick McVey, Patricia Joyce, James Woods, Chico Martinez, Steve Railsback. **Saint-André-des-Arts 6°** (v.o.).

2e | boulevards, opéra

CAPRI, 161, rue Montmartre, 45.08.11.69, M° Rue-Montmartre (H). Pl. : 27 et 28 F TR : 18 F et 19 F : Du dim. 20h au mar. 15h et du mer. au ven., de 13h30 à 15h et C.V. en sem. jusqu'à 18h :

1) Séances : 13h30 (film), 15h15, 17h25, 19h35, 21h45. Film 25mn après :
TROIS HOMMES ET UN COUFFIN

2) Séances : 13h40, 16h10, 18h40, 21h10. Film 35 mn après :
RETOUR VERS LE FUTUR

3) Séances : 14h, 16h30, 19h, 21h30. Film 30 mn après :
□ **MIDNIGHT EXPRESS**

GAUMONT OPERA (ex-Berlitz), 31, bd des Italiens, 47.42.60.33 M° Opéra. Perm. de 14h à 24h. Pl. : 31 F. TR 19 F : lundi et — de 18 ans et + de 60 ans du dim. 20h au mar. 19h. Etud. et C.V. de lundi au ven. 18h.

1) Séances : 14h, 16h35, 19h10, 21h45. Film 20 mn après :
L'HONNEUR DES PRIZZI

2) Séances : 13h45, 15h50, 18h, 20h05, 22h15. Film 15 mn après :
LES LONGS MANTEAUX

3) Séances : 13h45, 16h25, 19h05, 21h45. Film 15 mn après :
SOLEIL DE NUIT

GAUMONT RICHELIEU, 27, bd Poissonnière, 42.33.56.70, M° Rue-Montmartre. Pl. : 30 F. TR 19 F. Lundi et moins de 18ans, + de 60 ans, du dim. au mar. 19h C.V. du lun. au ven. jusqu'à 18h.

1) Séances : 13h45, 15h50, 18h, 20h05, 22h15. Film 15 après :
LES LONGS MANTEAUX

2) Séances : 13h45, 15h50, 18h, 20h05, 22h15. Film 15 mn après :
△ **VAMPIRE, VOUS AVEZ DIT VAMPIRE?**

3) Séances : 13h45, 15h50, 18h, 20h05, 22h15. Film 20 mn après :
♦ **NATTY GANN**

4) Séances : 13h50, 15h55, 18h, 20h05, 22h10. Film 25 mn après :
LA GITANE

MARIVAUX, 15, bd des Italiens, 42.96.80.40, M° Richelieu-Drouot (H). Pl. : 29 et 32 F. TR 20 et 22 F : lundi et — de 18 ans et + de 65 ans du dim. 20h au mar., 19h, étud., chôm. (sauf ven. à partir de 18h, sam., dim., fêtes et veilles de fêtes) :

1) Séances : 13h45, 16h25, 19h, 21h40. Film 20 mn après :
SILVERADO (Dolby stéréo)

2) Séances : 14h, 16h, 18h, 20h, 22h. Film 20 mn après :
△ **BLACKOUT**

3) Séances : 14h, 17h10, 20h20. Film 30 mn après :
RAN

4) Mer., sam., dim., séances : 13h55, 15h55 :
♦ **ASTERIX ET LA SURPRISE DE CESAR**

Séances : 13h50, 15h50 (sauf mer., sam., dim.) 17h50, 19h50, 21h50. Film 20 mn après :
LES SUPER FLICS DE MIAMI

6e	luxembourg montparnasse

MONTPARNASSE UGC, 83, bd du Montparnasse, 45.74.94.94. M° Montparnasse (H). Pl. : 31 F. TR 21 F : Lundi et étud. (sf ven. soir, sam., dim. fêtes et veilles de fêtes). C.V. du mardi au vendredi de 13h à 19h, sam. et dim. de 17h à 19h — de 18 ans de 17h à 19h.

1) Séances : 13h40, 15h40, 17h45, 19h50, 21h55. Film 30 mn après. Sam. séance suppl. à 0h05 :
LA GALETTE DU ROI

2) Séances : 14h30, 17h, 19h35, 22h10. Film 30 mn après. Sam. séances suppl. à 0h50 :
GINGER ET FRED

3) Séances : 14h10, 16h45, 19h25, 22h05. Film 40 mn après. Sam. séances suppl. à 0h50 :
CHORUS LINE (Dolby stéréo)

14 JUILLET RACINE, 6, rue de l'Ecole-de-Médecine, 43.26-19-68. M° Odéon. Pl. : 31 F. TR21 F : lundi et étud. et C.V. (sf ven. soir, sam., dim., fêtes et veilles de fêtes).

Séances : 11h40 (sf dim.) 13h45, 15h50, 17h55, 20h, 22h05. Film 10 mn après :
L'HISTOIRE OFFICIELLE (v.o.)

SAINT ANDRE DES ARTS, 30, rue Saint-André-des-Arts, 43.26-48-18. M° St-Michel (H), Pl. : 31 F. TR 21 F : lundi et chôm., moins de 25 ans, étud. et C.V. (sf sam., dim, et fêtes).

1) Séances : 13h20 (film), 15h05, 17h20, 19h35, 21h50. Film 25 mn après :
CLEO DE 5 A 7

2) Séance : 14h, 16h, 18h, 20h, 22h. Film 15 mn après :
LES VISITEURS (v.o.)

C. On se retrouve à... Invite a friend to go to the movies with you, then make arrangements about where and when to meet.

Modèle: ‹‹La Gitane›› / devant le cinéma / 18h
—*Est-ce que tu veux voir* La Gitane *ce soir?*
—*Oh, oui. C'est un très bon film. Où est-ce qu'on se retrouve?*
—*On se retrouve devant le cinéma à 18h.*
—*D'accord. Rendez-vous à 18h, devant le cinéma.*

1. ‹‹Les Visiteurs›› / en face du cinéma / 19h45
2. ‹‹Cléo de 5 à 7›› / à la station de métro Saint-Michel / 17h
3. ‹‹Astérix et la surprise de César›› / au café des Italiens / 13h30
4. ‹‹Vampire, vous avez dit vampire›› / devant le cinéma / 20h

Reprise
(Première Étape)

D. J'ai entendu dire... *(I heard...)* Tell a friend what you have heard about someone in the class. Your friend will then ask the person(s) whether or not it is true.

Modèle: Marc / ne pas se laver la tête souvent
—*Tu connais Marc? J'ai entendu dire qu'il ne se lave pas souvent la tête.*
—*Tu ne te laves pas souvent la tête, Marc?*
—*Ce n'est pas vrai. Je me lave très souvent la tête.*

1. Marthe / ne pas se lever avant midi
2. Denis / se brosser les dents une fois par semaine
3. François / ne pas se laver tous les jours
4. Chantal / ne pas s'amuser dans la classe de français
5. Hervé / ne jamais se raser
6. Marianne / se coucher avant 10h du soir

E. Un couple moderne? Un couple traditionnel? Describe the daily routine of your parents (or another couple, if you wish) so as to justify one of these categories—**couple moderne** or **couple traditionnel.** Talk about morning and evening activities as well as housework.

STRUCTURE 3: *Le futur immédiat des verbes pronominaux*

Qu'est-ce qu'on va faire?	What's everyone going to do?
Christine **va se baigner.**	Christine's *going to go swimming.*
Philippe et Gérard **vont se reposer.**	Philippe and Gérard *are going to rest.*
Et toi, **tu vas te promener?**	And you, *are you going to take a walk?*
Non, **je vais m'en aller.**	No, *I'm going to leave (go away).*

The immediate future of pronominal verbs is formed in the same way as any other verb—i.e., with **aller** and an infinitive. However, since a reflexive or reciprocal verb is always accompanied by a pronoun, this pronoun must immediately precede the infinitive.

The negative of the immediate future is formed by putting **ne... pas** around the conjugated form of **aller.** To form a question, use intonation, **est-ce que,** or an interrogative expression with **est-ce que.**

Add the following reflexive and reciprocal verbs to those you have learned:

se fiancer	to get engaged
se marier	to get married
se dépêcher	to hurry
se reposer	to rest
s'acheter	to buy for oneself
se retrouver	to meet (by arrangement)

Application

F. Remplacez les mots en italique et faites les changements nécessaires.

1. *Je* vais me reposer. (nous / Marc / tu / mes parents / on)
2. Est-ce qu'*elle* va s'occuper des enfants? (tu / Marc / tes parents / nous / vous)
3. *Ils* ne vont pas se marier. (elle / nous / je / tu / Georges et Anne-Marie)

G. Une journée exceptionnelle. Next Saturday is a special day. Describe what you normally do, then indicate that next Saturday you are going to do something different or opposite.

Modèle: se réveiller tard *(late)* (de bonne heure)
Normalement je me réveille tard le samedi, mais samedi prochain je vais me réveiller de bonne heure.

1. se lever à midi (7h)
2. ne pas se baigner
3. ne pas se laver la tête
4. ne pas se raser ou se maquiller
5. s'habiller avant le déjeuner (après)
6. ne pas se brosser les dents après le déjeuner
7. ne pas se dépêcher
8. ne pas se marier

PRONONCIATION: *L'e caduc et les groupes figés*

The **loi des trois consonnes** is a descriptive guideline, not a hard and fast rule. There are many special cases involving the deletion or the retention of the ***e* caduc.** Among these are the following cases, which you may have already noticed:

est-cɇ que   qu'est-cɇ que   parcɇ que   je nɇ   je mɇ   pas dɇ

Each of these word combinations represents a **groupe figé** (fixed group) that is always pronounced in the same manner no matter what sound follows.

Pratique

H. Read each group of words aloud, taking care to delete the **e** when indicated.

je mɇ couchɇ	qu'est-cɇ que vous voulez
je mɇ dépêchɇ	pas dɇ pain
je nɇ vais pas	pas dɇ légumɇs
où est-cɇ qu'il va	pas dɇ problèmɇ
parcɇ que je nɇ travaillɇ pas	je nɇ suis pas

STRUCTURE 4: *Les pronoms d'objets directs* le, la, l', les

Elles regardent **la nouvelle vidéo?**	Non, elles ne **la** regardent pas.
Tu connais **cet acteur?**	Oui, je **le** connais.
On va voir **les Tournier?**	Oui, on va **les voir.**
Vous avez vu **le film?**	Non, nous ne **l'**avons pas vu.

A direct object is the person or thing that receives the action of the verb. Thus, in the first column of sentences, **la vidéo, cet acteur, les Tournier,** and **le film** are all direct objects (nouns). To avoid repeating nouns (in general) and direct objects (in particular), we use pronouns. In English, *him, her, it,* and *them* are direct object pronouns. In French, **le** replaces a masculine singular noun, **la** replaces a feminine singular noun, **l'** replaces a masculine or feminine singular noun before a vowel or a vowel sound, and **les** replaces any plural noun.

In the present tense, the direct-object pronoun precedes the verb; this is true in all situations: affirmative **(Oui, je *la* connais)**; negative **(Non, je ne *l'*aime pas)**; interrogative **(Est-ce que tu *les* cherches?).**[5]

In the immediate future, the direct-object pronoun (like reflexive and reciprocal pronouns) precedes the infinitive **(On va *le* traverser. Nous allons *les* voir.)**[6]

In the **passé composé,** the direct-object pronoun is placed immediately in front of the auxiliary verb. The past participle agrees in gender and number with the preceding direct object **(Le pamplemousse? Je ne l'ai pas mangé, moi. La clé? Oui, on l'a trouvée. Les cigarettes? Non, nous ne les avons pas fumées.)**

The following verbs take a direct object in French, although their English equivalents take an indirect object:

écouter	J'ai écouté **la musique.** Je **l'**ai écoutée.
regarder	Elle va regarder **le film.** Elle va **le** regarder.
chercher	Nous avons cherché **les enfants.** Nous **les** avons cherchés.
demander	Il a demandé **l'addition.** Il **l'**a demandée.
payer	Je paie **la note.** Je **la** paie.

Application

I. Qui se connaît? You are trying to find out who knows whom among the group of French people that you have met.

Modèle: Alors tu connais Pierre? (oui) Et tu connais ses parents aussi? (non)
Oui, je le connais. Non, je ne les connais pas.

1. Alors Pierre connaît Chantal, n'est-ce pas? (oui) Et il connaît sa soeur aussi? (non)
2. Est-ce que Chantal connaît Jacques? (non) Mais elle connaît son frère Robert? (oui)
3. Est-ce que vous connaissez les Dumas? (non) Mais vous connaissez leur fille Geneviève? (oui)
4. Est-ce que Geneviève connaît Hervé? (oui) Et elle connaît ses parents aussi, non? (non)

---

5. Direct object pronouns are placed before **voici** and **voilà: Voici mon petit frère. *Le* voici.**
6. The same is true for verbs other than **aller** that are followed by an infinitive: **Je dois *l'*acheter. Nous aimons *les* regarder. Elle veut *le* visiter.**

J. Je ne veux pas... je ne vais pas... You are in a decidedly contrary mood. Whenever anyone proposes something to you, you say that you don't want to do it and moreover you are not going to do it. Imitate the model.

Modèle: chanter cette chanson
—Est-ce que tu vas chanter cette chanson pour nous?
—Non, je ne veux pas la chanter.
—Mais tu vas la chanter quand même *(anyway),* non?
—Je ne veux pas la chanter et je ne vais pas la chanter.

1. regarder les photos d'Andrée 2. faire la vaisselle 3. finir les devoirs 4. inviter Jérôme 5. acheter ce portefeuille 6. écouter ta mère

K. Je l'ai déjà fait. *(I've already done it.)* Indicate that you have already done the action proposed. Use a direct object pronoun in your answer.

Modèle: Fais la vaiselle!
Je l'ai déjà faite.

1. Achète le pain!
2. Prépare le poulet!
3. Paie la note!
4. Invite tes cousins!
5. Fais la lessive!

Modèle: Apprenez les pronoms!
Nous les avons déjà appris.

6. Mangez les haricots verts!
7. Finissez vos devoirs!
8. Arrangez la table!
9. Faites la vaisselle!
10. Commandez le vin!

Débrouillons-nous! (Petite révision de l'étape)

L. Échange. Posez les questions à un(e) autre étudiant(e), qui va vous répondre.

1. Est-ce que tu vas te lever de bonne heure demain matin? Est-ce que tu vas te laver la tête? Est-ce que tu vas te raser (te maquiller) avant d'aller en classe?
2. Est-ce que tu te reposes l'après-midi d'habitude? Est-ce que tu vas te reposer cet après-midi?
3. Est-ce que tu as une auto? (Où est-ce que tu l'as achetée? Combien est-ce que tu l'as payée?)
4. Est-ce que tu as fait tes devoirs pour aujourd'hui? Est-ce que tu les fais d'habitude? Où est-ce que tu vas faire tes devoirs ce soir?
5. Est-ce que tu regardes souvent la télévision? Est-ce que tu l'as regardée hier soir? Est-ce que tu vas la regarder ce soir?

M. Allons au cinéma! Using *L'officiel des spectacles* on pp. 228 and 229, make arrangements with another student to go to the movies. Be sure to discuss the kinds of films you would like to see, choose a film and a time, and arrange to meet.

Troisième Étape

POINT DE DÉPART: *Les projets de vacances*

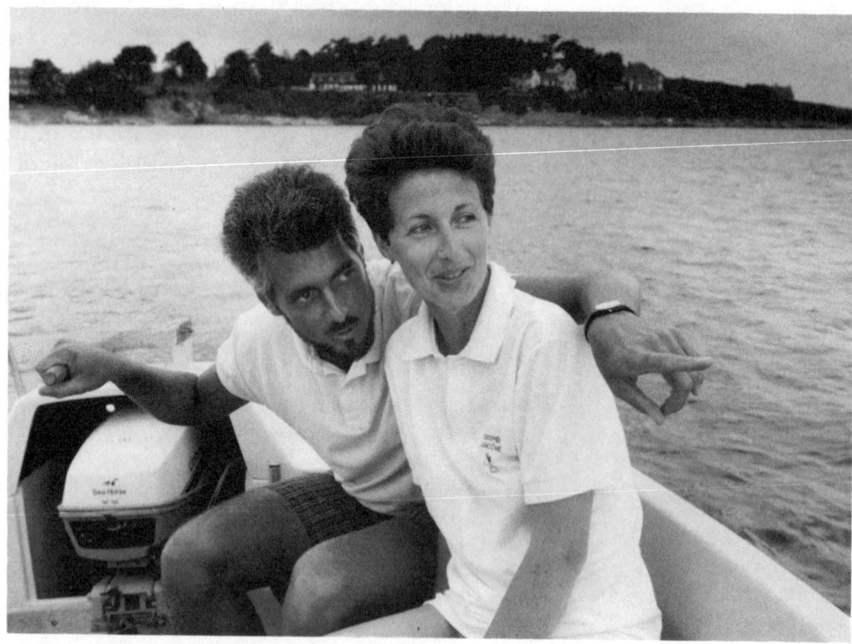

les projets de vacances: vacation plans
get along
with one exception
to agree
to the seashore
therefore / to the mountains / is interested in

Normalement Cécile et Jean Massignon **s'entendent** très bien—**à une exception près**; quand ils font des projets de vacances,[7] ils ont beaucoup de difficulté à **se mettre d'accord.** Jean adore les sports d'été; par conséquent, il veut toujours aller **au bord de la mer.** Cécile préfère les sports d'hiver; elle veut **donc** aller **dans les montagnes.** Jean **s'intéresse** à l'histoire; il aime visiter les monuments historiques. Cécile adore la peinture; elle veut aller dans les musées.

in the same way

Quand ils commencent à parler des vacances, les discussions commencent toujours **de la même façon:**

to spend (time)

JEAN: Alors, où est-ce qu'on va **passer** les vacances d'hiver cette année?

CÉCILE: Bien, on va dans les Alpes?

JEAN: Mais non! Je refuse... absolument. On est allé dans les Alpes l'année dernière et l'année avant et...

7. The word **vacances** *(f., vacation)* is always plural in French.

Don't get upset (irritated)!
to the Caribbean

CÉCILE: Mais calme-toi! **Ne t'énerve pas!** Où est-ce que tu veux aller?

JEAN: Pourquoi pas aller **aux Antilles?**

CÉCILE: Aux Antilles!! Mais tu es fou! On n'est pas des millionnaires!

Heureusement que ces discussions finissent toujours de la même façon:

to get some sun

JEAN: D'accord. Cinq jours à Chamonix pour faire du ski, cinq jours au sud de l'Espagne pour **prendre du soleil.** Je vais m'occuper des billets d'avion.

CÉCILE: Parfait. Et moi, je vais réserver des chambres d'hôtel.

Les sports d'hiver

faire du ski | faire du ski de fond | faire du patinage | faire de la luge

Les sports d'été

nager, se baigner | faire du ski nautique | faire de la planche à voile | faire de l'équitation

D'autres activités sportives

faire de la plongée (sous-marine) | jouer au tennis | jouer au golf | faire de l'alpinisme

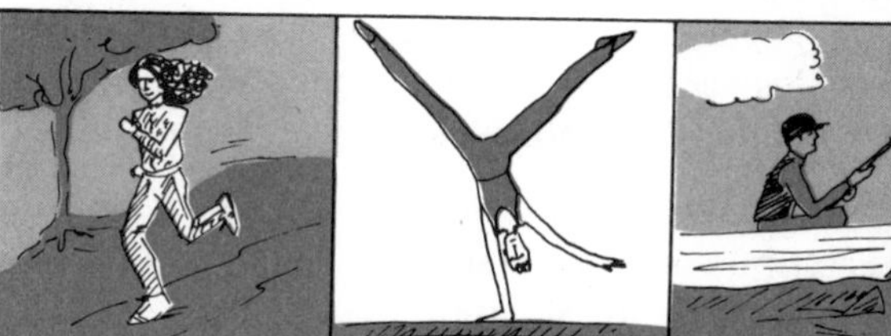

faire du jogging | faire de la gymnastique | aller à la pêche | aller à la chasse

À vous! (Exercices de vocabulaire)

A. Vous et les sports. Give your personal reactions to or experiences with each of the sports mentioned below.

Modèle: faire de la gymnastique
Je fais souvent de la gymnastique. ou *Je voudrais bien faire de la gymnastique un jour.* ou *Je n'ai jamais fait de gymnastique.*

1. faire du jogging 2. nager 3. aller à la pêche 4. faire de l'alpinisme 5. faire du ski 6. faire de la planche à voile 7. jouer au golf 8. faire de la plongée

---

NOTE CULTURELLE

French schoolchildren (and consequently, French families) have several major vacation periods during the year. The longest, of course, is summer vacation **(les vacances d'été),** which runs from the end of June to the beginning of September. Other major school vacations include: **la Toussaint** (several days around All Saints Day, November 1); **les vacances de Noël** (two weeks at Christmas time); **les vacances d'hiver** (two weeks at the end of February and the beginning of March); and **les vacances de printemps** (one or two weeks around Easter— **Pâques**).

B. Faisons des projets! Using the model as a guide, make plans with your friend for spending each of the vacations mentioned.

Modèle: les vacances d'été / aller au bord de la mer / aimer se baigner dans la mer / s'occuper de l'hôtel / louer *(to rent)* une voiture
—*Comment est-ce qu'on va passer les vacances d'été?*
—*Moi, je voudrais aller au bord de la mer.*
—*C'est une bonne idée. J'aime beaucoup me baigner dans la mer. Qui va s'occuper de l'hôtel?*
—*Moi. Et toi, tu vas louer une voiture. D'accord?*

1. les vacances de Noël / aller dans les montagnes / adorer faire du ski / s'occuper de l'hôtel / prendre les billets de train
2. les vacances d'hiver / aller aux Antilles / aimer beaucoup les sports de mer / s'occuper des billets d'avion *(airplane)*
3. les vacances de Pâques / aller à Rome / s'intéresser beaucoup à l'histoire romaine / réserver des chambres / s'occuper des billets
4. les vacances de Noël / aller au Maroc / s'intéresser à la culture arabe / prendre les billets d'avion / s'occuper de l'hôtel

Reprise (Deuxième Étape)

C. Conséquences logiques. Using a pronominal verb, explain what each person (or persons) is going to do (or not do) as a result of the initial action or situation.

Modèle: Henri sort avec Béatrice. Elle est fatiguée; il est triste. *Ils ne vont pas s'amuser.*

1. Il est 10h du soir et je suis très fatigué.
2. Il est 4h de l'après-midi et nous sommes fatigués.
3. Éric veut aller au cinéma, mais Chantal veut faire du tennis.
4. Je vais au cinéma. On passe *Dracula.* Moi, j'adore les films d'épouvante.
5. Il est 6h du matin. Cécile se réveille. Elle n'a pas de classe avant 10h30.

D. Un "pot-luck". Jean and Cécile and their friends are organizing a pot-luck dinner. Cécile explains to Jean what each person is planning to bring and where he/she is going to buy it.

Modèle: Mireille / les légumes
Mireille va apporter les légumes, et elle va les acheter au marché.

1. Martine / le pain 2. les Duvignaud / le vin 3. M. Reynal / le pâté 4. Mme Ducharme / les tartes 5. toi / les fromages

STRUCTURE 5: *Le passé composé des verbes pronominaux*

Paul et Françoise sont allés à Rambouillet. Est-ce qu'**ils se sont amusés?**
Pas du tout. Paul **s'est trompé de route** et Françoise **s'est énervée.**

Paul and Françoise went to Rambouillet. Did *they have a good time?*
Not at all. Paul *took the wrong road* and Françoise *got upset.*

In the **passé composé,** *all* pronominal verbs are conjugated with the auxiliary verb **être.** The reflexive or reciprocal pronoun is placed directly in front of the auxiliary verb.

se tromper	
je **me suis trompé(e)**	nous **nous sommes trompé(e)s**
tu **t'es trompé(e)**	vous **vous êtes trompé(e)(s)**
il **s'est trompé**	ils **se sont trompés**
elle **s'est trompée**	elles **se sont trompées**
on **s'est trompé**	

In most cases when the **passé composé** is used, the past participle agrees in gender and number with the preceding reflexive or reciprocal pronoun (direct object), which in turn stands for the subject. This agreement is illustrated in the conjugation of the verb **se tromper.** Note, for example, that **je** may be either masculine or feminine depending on who is speaking. If it is feminine, an **-e** must be added to the past participle.

In two situations this agreement does not occur.

1. When the verb takes an indirect object (i.e., is followed by a preposition):

   Ils **se** sont téléphon**é. (téléphoner à)**

   Nous **nous** sommes parl**é. (parler à)**

   But: Ils **se** sont regard**és.** (**regarder** is not followed by a preposition in French)

2. When the verb is followed by a direct object noun:

   Elle **s'**est lav**é les mains.** (**les mains** = direct object; **se** = indirect object)

   Ils **se** sont coup**é les cheveux.** (**les cheveux** = direct object; **se** = indirect object)

   But: Elle **s'**est lav**ée.** Ils **se** sont coup**és.**

To form the negative, place **ne... pas** around the auxiliary verb. To form a question in the **passé composé,** use intonation, **est-ce que,** or an interrogative expression with **est-ce que.**

Some additional reflexive and reciprocal verbs are:

se calmer	to calm down
s'énerver	to get annoyed
s'inquiéter (de)	to worry, to get worried (about)
se rencontrer	to meet (by chance), to run into
se tromper	to be mistaken; to make a mistake
se tromper de (numéro, etc.)	to get the wrong (number, etc.)

Application

E. Remplacez les mots en italique et faites les changements nécessaires.

1. *Je* me suis bien amusé. (Marie / nous / les / garçons / vous / tu)
2. *Elle* ne s'est pas réveillée de bonne heure. (les autres / je / vous / tu / Henri / nous)
3. *Ils* se sont rencontrés hier? (vous / nous / les autres / Jeanne et tes parents)

F. Pourquoi pas? Indicate that if the following people are not doing something today, it is because they did it yesterday.

Modèle: Paul ne se rase pas. Pourquoi pas?
Parce qu'il s'est rasé hier.

1. Robert ne s'occupe pas des enfants. Pourquoi pas?
2. Les enfants ne se baignent pas. Pourquoi pas?
3. Nicole ne se lave pas la tête. Pourquoi pas?
4. Philippe ne se coupe pas les cheveux. Pourquoi pas?
5. Nous ne nous retrouvons pas pour le déjeuner. Pourquoi pas?
6. Elles ne se téléphonent pas. Pourquoi pas?
7. Je ne me couche pas de bonne heure. Pourquoi pas?
8. Je ne me repose pas cet après-midi. Pourquoi pas?

G. Hier soir et ce matin. Use the following verbs to find out about your partner's routine activities last night and this morning.

Modèle: rentrer
À quelle heure est-ce que tu es rentré(e) hier soir?
Je suis rentré(e) vers 10h30.

1. se coucher
2. se brosser les dents
3. s'endormir tout de suite
4. dormir bien
5. se réveiller
6. se lever tout de suite
7. rester au lit
8. se laver la tête
9. se raser / se maquiller
10. prendre le petit déjeuner

PRONONCIATION: *L'e caduc (suite)*

At this stage in learning French, you should not be overly concerned with the problem of the **e caduc.** Awareness of the tendency to drop the unaccented **e** whenever possible will help you to understand spoken French. In your own speaking, you need only try to drop the **e** in frequently used expressions. The following exercise reviews some examples of the **e caduc** that you have learned.

H. Repeat the following sentences carefully, dropping the **e caduc** when necessary.

1. Tu désires quelque chose?
2. Moi, je voudrais un citron pressé.
3. Est-ce qu'il y a un bureau de tabac près d'ici?
4. Le bureau de poste est en face de l'Hôtel Univers.
5. Mais je ne sais pas où il se trouve.
6. Est-ce que tu veux aller en ville?

STRUCTURE 6: *L'impératif et les pronoms*

Achète-**les!**	Buy *them!*
Amuse-**toi** bien!	Have a good time!
Asseyez-**vous!**[8]	Sit down!
Ne **la** regardez pas!	Don't look at *it (her)!*
Ne **t'**inquiète pas!	Don't worry!

You have learned that the direct object pronouns **le, la, l', les** and the reflexive and reciprocal pronouns **me, te, se, nous, vous** precede the

8. **Asseyez-vous!, asseyons-nous!,** and **assieds-toi!** are the command forms of the verb **s'asseoir** *(to sit down).*

verb in the present tense, the immediate future, and the **passé composé.** In the affirmative imperative, however, these pronouns *follow* the verb and are attached to it by a hyphen. For pronunciation purposes, the reflexive pronoun **te** becomes **toi** after a command.

Notice, however, that in the negative imperative, the object pronouns and the reflexive and reciprocal pronouns return to their normal place before the verb.

Application

I. Give the affirmative and negative command forms of the following expressions, paying particular attention to the position of the pronouns.

Modèles: vous / le regarder — tu / se coucher
Regardez-le! — *Couche-toi!*
Ne le regardez pas! — *Ne te couche pas!*

1. tu / la prendre 2. vous / se lever 3. nous / se dépêcher
4. tu / les acheter 5. tu / se laver la tête

J. Bonne idée!... Mais non!... You and a friend are talking about plans for a party. Each time you or your friend announce what you are planning to do, two other friends respond—the first, positively; the second, negatively.

Modèles: Je vais acheter le nouveau disque de Ray Charles.
Bonne idée. Achète-le! Mais non. Ne l'achète pas!

Nous allons inviter Roger et son frère.
Bonne idée! Invitez-les! Mais non. Ne les invitez pas!

1. Je vais inviter Michèle Samson.
2. Je vais préparer la salade cet après-midi.
3. Je vais me reposer.
4. Je vais inviter mes cousins.
5. Je vais apporter le nouveau disque de Téléphone.
6. Nous allons inviter Anne-Marie et sa copine.
7. Nous allons servir la viande d'abord.
8. Nous allons faire la vaisselle demain matin.

Débrouillons-nous! (Petite révision de l'étape)

K. Échange. Compare what you did this morning with another student's activities. Use both pronominal and nonpronominal verbs.

Modèle: *Ce matin je me suis réveillée à 7h. Et toi?*
Moi, j'ai dormi jusq'à 9h. Etc.

L. Les vacances de Noël. You have seven free days between Christmas and New Year's Day **(le Jour de l'An).** Try to work out vacation plans with a friend. Decide where you are going, when you will leave **(partir),** how you will go, and who will take care of the arrangements. (If you can't agree on the plans, seek another traveling companion.)

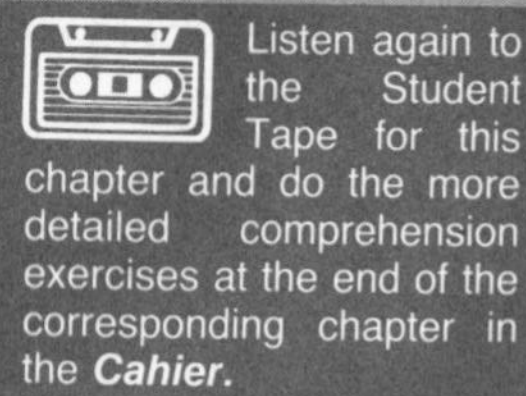

Listen again to the Student Tape for this chapter and do the more detailed comprehension exercises at the end of the corresponding chapter in the ***Cahier.***

Quatrième Étape

LECTURE: *«Déjeuner du matin»*

There is more to reading a poem than just understanding the meaning of the words. A poem depends on the relationship between what is said and what is not said (the thoughts and feelings with which the reader completes the poem). Here is a poem by Jacques Prévert in very simple language about an ordinary event—breakfast. Read it several times, then do the two exercises that follow: the first deals with what is said; the second, with what is unsaid.

Déjeuner du Matin

Il a mis[1] le café
Dans la tasse[2]
Il a mis le lait
Dans la tasse de café
Il a mis le sucre
Dans le café au lait
Avec la petite cuiller[3]
Il a tourné
Il a bu le café au lait
Et il a reposé[4] la tasse
Sans me parler
Il a allumé[5]
Une cigarette
Il a fait des ronds
Avec la fumée[6]
Il a mis les cendres[7]
Dans le cendrier[8]
Sans me parler
Sans me regarder
Il s'est levé
Il a mis
Son chapeau[9] sur sa tête
Il a mis
Son manteau de pluie[10]
Parce qu'il pleuvait[11]
Et il est parti
Sous[12] la pluie
Sans une parole
Sans me regarder
Et moi j'ai pris
Ma tête dans ma main
Et j'ai pleuré.[13]

Jacques Prévert, *Paroles*

1. put 2. cup 3. spoon 4. put down again 5. lit 6. smoke 7. ashes 8. ashtray 9. hat 10. raincoat 11. was raining 12. in (under) 13. cried

Compréhension

A. Qu'est-ce qui s'est passé? Using the expressions suggested below, summarize the "events" of the poem. You may use the present tense.

Modèle: prendre le petit déjeuner *On prend le petit déjeuner.*

prendre du café au lait / fumer / se parler / se regarder / partir / pleurer

B. Qui? Pourquoi? Discuss with your classmates in English the story behind this breakfast. Who are these two people? Where are they? What has happened? What is happening? Why? Does more than one explanation make sense?

Reprise
(Troisième Étape)

C. Écoutez bien! Many verb forms sound quite similar; therefore, it is important to listen carefully to a question so as to identify the tense (present, immediate future, past) and the type of verb (pronominal, non-pronominal) involved. Answer the following questions using the same tense and type of verb.

1. À quelle heure est-ce que vous vous êtes couché(e) hier soir? Vous vous couchez à... heures d'habitude? Oui? Vous allez donc vous coucher à... heures ce soir aussi? (Non? À quelle heure est-ce que vous allez vous coucher ce soir?)
2. À quelle heure est-ce que vous vous levez d'habitude? Et hier soir? À quelle heure est-ce que vous avez l'intention de vous lever samedi matin?
3. Combien de fois par semaine est-ce que vous vous lavez la tête? Vous vous êtes lavé la tête ce matin? Vous allez vous laver la tête demain matin (ce soir)?
4. Vous prenez le petit déjeuner d'habitude? Vous l'avez pris ce matin? Vous allez le prendre demain matin?
5. Vous vous êtes bien amusé(e) le week-end dernier? Qu'est-ce que vous avez fait?

D. Une surprise-partie. You are organizing a party for your friend Marc. Tell the other students what they are to do; they will agree or they will say they don't want to do it. In the latter case, it's their responsibility to tell someone else to do it.

Modèle: faire le ménage *(to clean the house)*
—Nicole, fais le ménage.
—Non, je ne veux pas faire le ménage. André, fais-le.
—D'accord. Je vais le faire.

1. acheter le vin
2. inviter Marc
3. apporter les disques
4. ne pas se disputer (deux personnes)
5. ne pas manger le fromage
6. se dépêcher
7. faire les courses
8. s'occuper du dessert

Point d'arrivée (Activités orales et écrites)

E. Ma journée. Explain what you did yesterday from the time you got up to the time you went to bed.

F. Un couple idéal. Describe a typical day and/or week in the life of an ideal couple: include their daily routine, the way they deal with housework, what they do for fun. You may choose to deal with this topic seriously (i.e., your idea of what life as a couple should be like) or ironically (i.e., a humorous look at a couple not to be imitated).

G. Au café. Having just gotten out of the movie theater, you and some friends go to a café. Order something to drink and/or eat, and discuss the movie you just saw.

H. Les vacances. Choose one of the vacation periods **(la Toussaint, Noël, les vacances d'hiver, les vacances de printemps).** Find two or three other students with similar ideas about what to do and plan your vacation. Discuss where you are going to go, how you will get there, where you will stay, who will take care of what details (hotel, transportation, etc.). Talk also about what a typical day will be like.

I. Un jour de fête. You and your friends are making plans for a holiday. Plan a full day of activities, including sports, movies (see *L'officiel des Spectacles*), etc. Be detailed in your plans: i.e., determine time, place, etc.

Lexique

POUR SE DÉBROUILLER

Pour parler des activités de tous les jours

se brosser les cheveux
les dents
se coucher
s'endormir
faire la lessive
la vaisselle
le ménage
s'habiller
se déshabiller
se laver
se lever
se maquiller
s'occuper (de)
se raser
rester au lit
se réveiller

Pour faire des projets

avoir envie de
Pourquoi pas... ?
vouloir
se retrouver
rendez-vous à

Pour organiser des vacances
aller au bord de la mer
dans les montagnes
passer les vacances d'été
d'hiver
de Noël
de Pâques
louer une voiture
prendre des billets d'avion
de train
réserver une chambre

Pour parler des activités sportives
aller à la chasse
aller à la pêche
se baigner
faire de l'alpinisme
de l'équitation
de la gymnastique
du jogging
de la luge
du patinage
de la planche à voile
de la plongée (sous-marine)
du ski
du ski nautique
du ski de fond

jouer au golf
au tennis
nager
prendre du soleil

VOCABULAIRE GÉNÉRAL

Noms
une comédie
un couple
un documentaire
un drame psychologique
un film d'aventure
d'épouvante
policier
le Jour de l'An
une pièce (de théâtre)
une séance
la Toussaint
un western

Verbes
s'acheter
amener
s'amuser
s'asseoir
avoir l'habitude de
se calmer
(se) connaître
se couper
se dépêcher
se disputer
s'embrasser
s'énerver
se fiancer
s'inquiéter
s'intéresser (à)
se marier
se promener
se quitter
se rencontrer
se reposer
se téléphoner
se tromper (de)
voir

Adjectif
fatigué(e)

Autres expressions
ça y est
comme
de la même façon
donc
quand même
quoi
tous les deux
tout de suite

CHAPITRE DIX
Soignons-nous!

Première Étape
Tu n'as pas bonne mine aujourd'hui!

Deuxième Étape
À la pharmacie

Troisième Étape
Chez le médecin

Quatrième Étape
Lecture: Une consultation gratuite

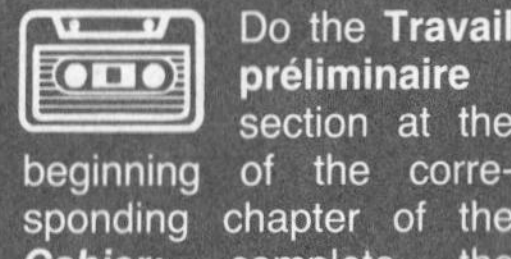

Do the **Travail préliminaire** section at the beginning of the corresponding chapter of the ***Cahier:*** complete the Planning Strategy, listen to the Student Tape, and answer the general comprehension questions.

Première Étape

POINT DE DÉPART: *Tu n'as pas bonne mine aujourd'hui!*

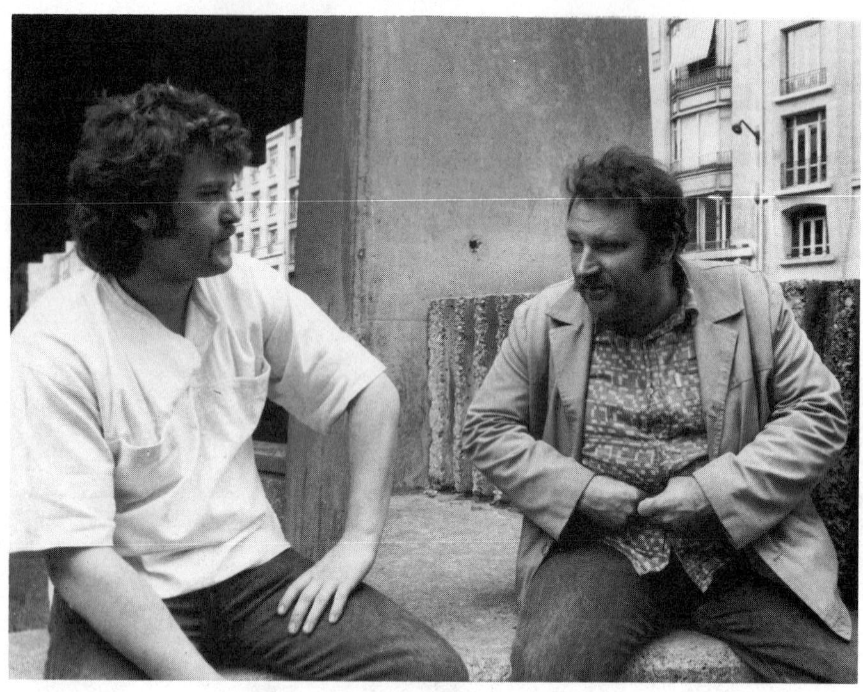

health — Deux amis se rencontrent et parlent de leur **santé.**

Say there. / You don't look very good. — —Salut, Jean-Luc. **Mais dis donc. Tu n'as pas bonne mine** aujourd'hui.

—C'est que je ne me sens[1] pas très bien.

—Qu'est-ce que tu as?

a sore throat / feel nauseated — —Je ne sais pas exactement. J'ai **mal à la gorge** et j'ai **mal au coeur.** Je n'ai pas d'appétit. Je ne dors pas bien.

think / should, ought to — —Tu ne **crois** pas que tu **devrais** aller chez le médecin?

perhaps / in shape, feeling good — —Non, non. Ce n'est pas grave. Je vais **peut-être** chercher quelque chose à la pharmacie. Mais toi, ça va? Tu es **en forme?**

—Maintenant, oui. Mais le mois dernier, pas du tout.

What was wrong? — —Ah, bon. **Qu'est-ce qui n'allait pas?**

---

1. **Se sentir** *(to feel)* is conjugated in the same way as the verbs **sortir, partir,** and **servir: je me sens, tu te sens, il/elle/on se sent, nous nous sentons, vous vous sentez, ils/elles se sentent.**

I sprained my ankle. — **Je me suis foulé la cheville.** Je faisais du jogging et je suis tombé.

armchair — J'ai passé des jours dans un **fauteuil** devant la télé.

—Mais ça va mieux maintenant?

—Oh, oui. J'ai fait dix kilomètres ce matin. Et je vais jouer au tennis cet après-midi.

—Ouf. Cela me fatigue! Excuse-moi, je dois rentrer.

Take good care of yourself. — —D'accord. **Soigne-toi bien.**

Les parties du corps

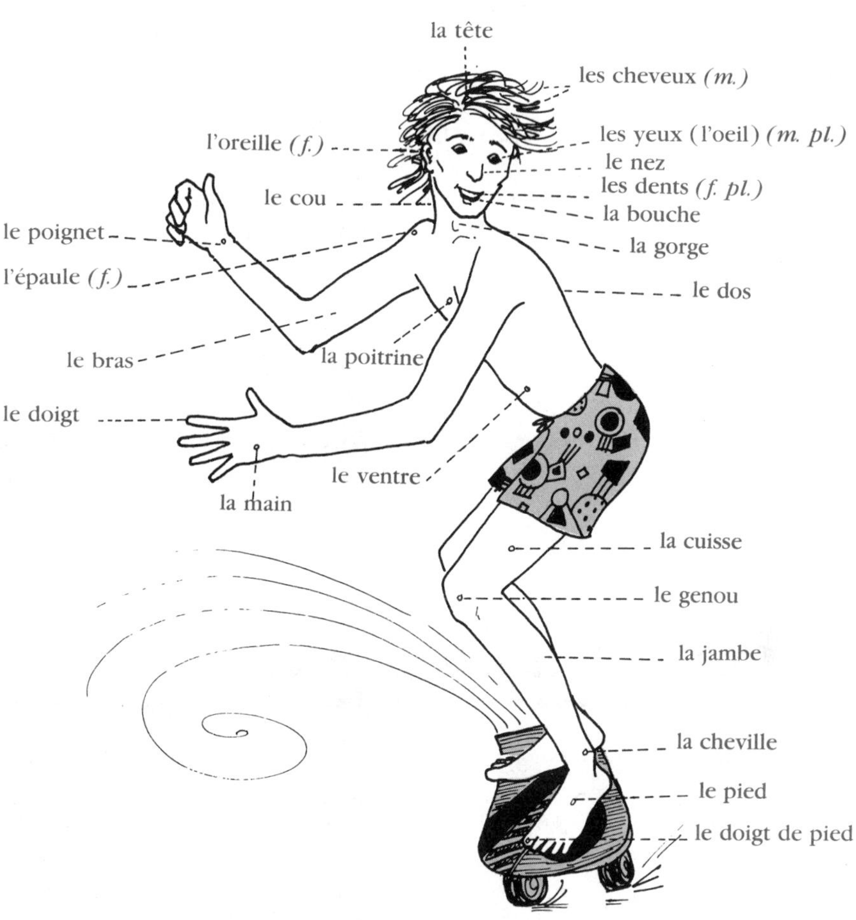

À vous! (Exercices de vocabulaire)

A. J'ai mal à... Regardez le dessin et indiquez où vous avez mal.

Modèle: le bras *J'ai mal au bras.*

1. la tête 2. le bras 3. le ventre 4. le dos 5. la jambe 6. la gorge 7. les pieds 8. les dents 9. les yeux 10. les oreilles 11. le cou 12. le coeur[2]

---

2. **Avoir mal au coeur** *(to feel nauseated)* refers to the stomach, not the heart.

B. Un accident. On utilise souvent les verbes **se casser** *(to break),* **se fouler** *(to sprain),* **se faire mal à** *(to hurt)* avec les parties du corps pour décrire les résultats d'un accident. Utilisez les expressions données pour indiquer ce qui vous est arrivé.

Modèle: le bras *Je me suis cassé le bras.*

1. Je me suis cassé...
a. la jambe b. le pied c. le bras d. la main e. une dent

2. Je me suis foulé...
a. la cheville b. le pied c. le poignet

3. Je me suis fait mal (à)...
a. le genou b. le dos c. l'épaule d. le nez e. la poitrine f. le doigt g. le cou

C. Dis donc! Tu n'as pas bonne mine aujourd'hui. Faites des petites conversations en imitant les modèles.

Modèle (maladie): *—Dis donc! Tu n'as pas bonne mine aujourd'hui.*
—C'est que je ne me sens pas très bien.
—Qu'est-ce qui ne va pas?
—J'ai mal (à la tête, au ventre, au coeur, etc.).

Modèle (accident): *—Dis donc! Qu'est-ce que tu as aujourd'hui?*
—J'ai eu un petit accident.
—Ah, bon. Qu'est-ce qui s'est passé?
—Je me suis (fait mal au dos, foulé le pied, etc.).

STRUCTURE 1: *L'imparfait*

Qu'est-ce que **tu faisais** le week-end quand **tu étais** jeune?	What *did you do* on the weekend when *you were* young?
Je restais au lit et **je regardais** la télé.	*I stayed* in bed and *I watched* television.
Pourquoi est-ce que **tu ne faisais pas** de jogging?	Why *didn't you go* jogging?
Parce que **je préférais** rester chez moi.	Because *I preferred* staying home.

In Chapter 5, you learned to express actions in the past using the **passé composé.** Now you will learn a second past tense, the imperfect, which will allow you to describe what you *used to do* and what you *were doing* in the past.

To form the imperfect tense, begin with the **nous** form of the present tense, drop the **-ons** ending, and add the following endings: **-ais, -ais, -ait, -ions, -iez, -aient.**

	parler *nous parlons*	**finir** *nous finissons*	**faire** *nous faisons*	**prendre** *nous prenons*
je	parl**ais**	finiss**ais**	fais**ais**	pren**ais**
tu	parl**ais**	finiss**ais**	fais**ais**	pren**ais**
il	parl**ait**	finiss**ait**	fais**ait**	pren**ait**
nous	parl**ions**	finiss**ions**	fais**ions**	pren**ions**
vous	parl**iez**	finiss**iez**	fais**iez**	pren**iez**
elles	parl**aient**	finiss**aient**	fais**aient**	pren**aient**

The rule for the formation of the imperfect that you have just learned applies to *all* verbs in French except the verb **être,** whose stem is irregular **(ét-),** and the **nous** and **vous** forms of **-cer** and **-ger** verbs.[3]

être	
j'**étais**	nous **étions**
tu **étais**	vous **étiez**
il, elle, on **était**	ils, elles **étaient**

The imperfect tense has three equivalents in English:

Elle se sentait malade. — *She felt* bad. *She used to feel* bad. *She was feeling* bad.

Application

D. Remplacez les mots en italique et faites les changements nécessaires.

1. *Elle* adorait faire du ski. (nous / tu / vous / elles / je)
2. *Je* nageais dans le lac. (nous / tu / ils / vous / elle)
3. *Nous* ne faisions pas attention en classe. (il / je / vous / tu / elles)
4. Est-ce que *tu* avais assez d'argent? (vous / elle / ils / nous / on)
5. *Il* était à Paris. (vous / ils / nous / je / elle)
6. *Je* savais rarement la réponse. (nous / tu / vous / elles / il)

E. Les vacances d'été. Un Français se rappelle les vacances d'été lorsqu'il était jeune. Faites des phrases en utilisant les expressions données et en mettant les verbes à l'imparfait.

Modèle: ma famille / passer les vacances d'été au bord de la mer
Ma famille passait les vacances d'été au bord de la mer.

1. nous / quitter Paris le matin du 1er août
2. mon père / ne pas aimer l'autoroute
3. nous / prendre toujours des routes secondaires
4. tout le monde / être fatigué à la fin du voyage

3. Remember to add a cedilla to **commencer** and an **e** to **manger** in the imperfect tense (**je commençais, je mangeais,** etc.) except in the **nous** and **vous** forms. Note that if the stem of a verb ends in **i,** the **nous** and **vous** forms of the imperfect will contain two **i's:** nous étud**ii**ons, vous étud**ii**ez.

5. je / se lever de bonne heure en vacances
6. ma soeur / rester au lit jusqu'à 10h ou 11h
7. mes deux frères / faire de la plongée sous-marine
8. je / nager / et / jouer dans le sable
9. ma soeur et moi, nous / sortir le soir
10. mes parents / préférer parler avec mes grands-parents

F. Dans ma jeunesse... *(In my youth...).* Posez des questions sur sa jeunesse à votre partenaire en employant les indications données. Écrivez les réponses sur une feuille de papier et quand vous avez terminé, décrivez votre partenaire aux autres étudiants de la classe.

Modèle: aimer aller au cinéma
—Est-ce que tu aimais aller au cinéma?
—Oui, j'aimais aller au cinéma. ou *Non, je n'aimais pas aller au cinéma.*

faire du sport / habiter ici / aller à la plage / jouer au basket / apprendre le français / être paresseux(-euse) / sortir souvent avec des amis / s'impatienter souvent / vouloir aller à l'université / être souvent malade / aimer l'école / étudier beaucoup / voyager souvent

PRONONCIATION: *Le groupement des mots*

In English, there tends to be a slight pause between words. As a result, native English speakers can readily distinguish, for example, between *ice cream* and *I scream.* The French, however, do not often pause between words. Consequently, the word **élégant** and the phrase **et les gants** sound exactly the same. The absence of clear-cut breaks between words means that the basic element of spoken French is the phrase, or group of related words.

You have probably already noticed the numerous phrases and clauses you have been asked to learn: for example, **au revoir, n'est-ce pas, un sandwich au fromage, quelle heure est-il,** etc. Usually the word groups are logically organized according to the grammatical structure of the sentence. Here are some frequent word groupings:

1. **Subject and verb:** je parle, nous sommes, elles ont
2. **Subject, verb, and modifiers or pronouns:** je ne travaille pas, il se couche, je les connais
3. **Article, noun, and adjective** (or **article, adjective, and noun**): un restaurant français, des livres intéressants, un grand homme, une petite ville
4. **A preposition and its complement:** au cinéma, dans la chambre, avec mes amis

It is important, both when listening and speaking, to work with word groups rather than with individual words.

Pratique

G. Read each word group aloud, taking care to avoid pauses between words.

je ne vais pas / nous avons fait / ils n'ont pas peur / un grand repas / un match épatant / ne vous disputez pas / au café / c'est dommage / pas du tout / j'ai mal au coeur / ma petite amie / je le sais / vous et moi / en face du cinéma / elle les veut

STRUCTURE 2: *Le verbe irrégulier* pouvoir

J'ai mal à la gorge. **Je ne peux pas** parler.	I have a sore throat. *I can't* talk.
Est-ce que **tu peux** m'aider?	*Can you* help me?
Je n'ai pas pu aller au théâtre parce que j'avais mal à la tête.	*I couldn't* go to the theater because I had a headache.
Elle ne pouvait pas faire du ski parce qu'elle était malade.	*She couldn't* go skiing because she was sick.

pouvoir	
je **peux**	nous **pouvons**
tu **peux**	vous **pouvez**
il, elle, on **peut**	ils, elles **peuvent**
Past participle: **pu** (avoir)	Imperfect stem: **pouv-**

The verb **pouvoir** is usually followed by an infinitive. Its meaning varies according to the context. Compare these two examples: **J'ai du temps libre ce soir; *je peux* faire la cuisine. Sa mère dit qu'*il peut* aller au cinéma.** In the first sentence, **pouvoir** indicates that ***I can*** or ***am able to*** do the cooking because I have some free time. In the second sentence, his mother says that ***he may*** or ***has permission to*** go to the movies.

In the first-person singular **(je),** the interrogative is most commonly formed with **est-ce que (est-ce que je peux...).** There is, however, an alternative and more formal form **(puis-je),** which you may encounter in written texts but only rarely in the spoken language: ***Puis-je* regarder votre dissertation?**

In the **passé composé, pouvoir** loses the meaning of permission. It simply indicates that someone was able (or unable) to do something: **Simone *n'a pas pu* faire ses devoirs; ils étaient trop difficiles.**

Application

H. Remplacez les mots en italique et faites les changements nécessaires.

1. *Nous* pouvons rester au lit demain matin? (je / elles / tu / il / vous)
2. *Je* ne peux pas rester. (nous / elle / tu / vous / ils)
3. *Je* n'ai pas pu faire la vaisselle. (nous / il / elles / tu / on)
4. *Elle* ne pouvait pas les accompagner. (je / ils / nous / vous / il)

I. Qui va m'aider? Vous avez besoin de quelqu'un pour vous aider, mais chaque fois que vous proposez un nom, vous apprenez que ce n'est pas possible. Utilisez le verbe **pouvoir** et les expressions données pour faire des petites conversations:

Modèle: tu / avoir beaucoup de devoirs
—Est-ce que tu peux m'aider?
—Non, je ne peux pas.
—Tu ne peux pas? Pourquoi pas?
—Parce que j'ai beaucoup de devoirs.

1. ton frère / aller au ciné-club ce soir
2. tes parents / devoir travailler
3. ta soeur / avoir mal à la tête
4. ton cousin / vouloir se coucher de bonne heure
5. vous / ne pas avoir le temps

J. Des projets. Vous n'avez pas envie de faire grand'chose; par conséquent, chaque fois que vos amis vous proposent une activité, vous inventez une raison pour expliquer pourquoi vous ne pouvez pas y participer.

Modèle: Allons au théâtre ce soir. (je)
Je ne peux pas aller au théâtre parce que je dois me laver la tête. ou *Je ne peux pas sortir ce soir parce que j'ai des devoirs.*

1. Allons au cinéma ce soir. (je)
2. Allons voir l'exposition au musée. (nous)
3. Demandons à Gérard de nous accompagner au théâtre. (il)
4. Faisons une promenade. (je)
5. Invitons vos parents à dîner en ville avec nous. (ils)
6. Regardons quelque chose à la télé. (nous)

Débrouillons-nous! (Petite révision de l'étape)

K. Échange. Demandez à un(e) camarade ce qu'il(elle) faisait quand il(elle) avait dix ans.

Modèle: où / habiter
—Où est-ce que tu habitais quand tu avais dix ans?
—J'habitais à New Bedford. Et toi?
—Moi, j'habitais à Grand Forks.

1. où / habiter 2. avec qui / jouer 3. qu'est-ce que / aimer manger 4. à quelle heure / se coucher 5. être content(e)

L. Qu'est-ce qui ne va pas? Two friends meet in the street: one is sick, the other has just had an accident. Inquire about each other's health, tell about your problems, show concern for the other person.

Deuxième Étape

POINT DE DÉPART: *À la pharmacie*

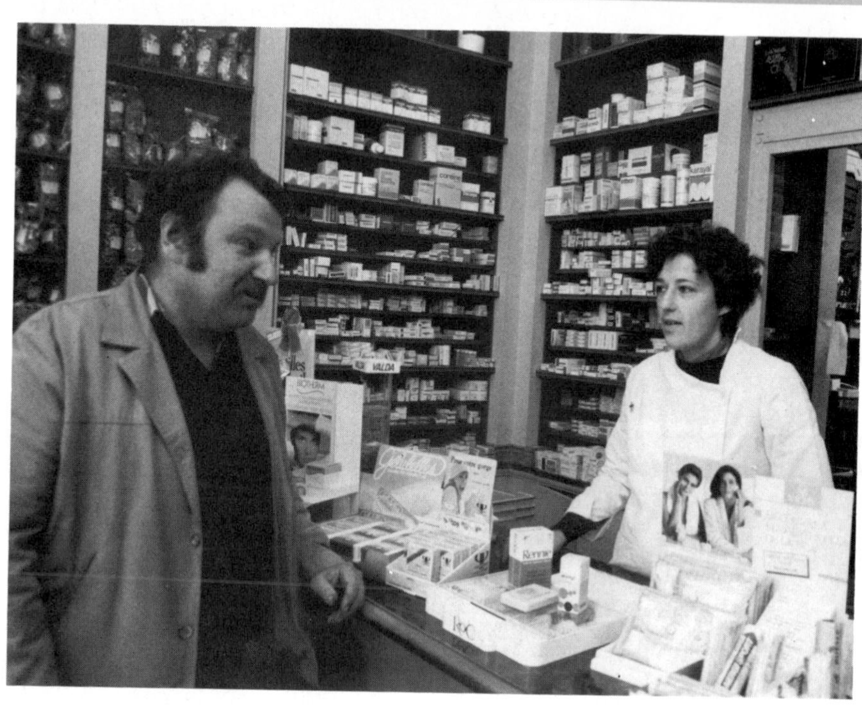

next day / sick		C'est le **lendemain.** Jean-Luc, toujours un peu **souffrant,** va à la pharmacie.
	LA PHARMACIENNE:	Bonjour, Monsieur. Vous désirez?
a cold	JEAN-LUC:	Je voudrais quelque chose pour soigner un **rhume.**
have a cold / cough	LA PHARMACIENNE:	Vous **êtes enrhumé?** Comment? Vous avez mal à la gorge? Vous **toussez?**
a runny nose	JEAN-LUC:	J'ai mal à la gorge, mais je ne tousse pas. J'ai **le nez qui coule** et j'ai un peu mal aux yeux.
advise, recommend	LA PHARMACIENNE:	Je vous **conseille** de l'anti-histamine.
lozenges	JEAN-LUC:	Très bien. Est-ce que vous avez des **pastilles** pour la gorge?
drink	LA PHARMACIENNE:	Bien sûr. Voilà des pastilles et des antihistamines. Attention! Ne **buvez** pas de vin quand vous prenez ces

medicines — **médicaments.** Reposez-vous, ne sortez pas si c'est possible et buvez des jus de fruits.

OK — JEAN-LUC: **Entendu,** Madame. Merci et au revoir.

Ce qu'on peut demander à la pharmacie

J'ai besoin de quelque chose pour la gorge (le nez, les yeux, l'estomac, etc.).

J'ai besoin de quelque chose contre les hémorroïdes, la toux *(cough),* le rhume des foins *(hay fever),* la constipation, la migraine, la diarrhée, la grippe *(flu),* la nausée, le mal de l'air *(air sickness),* le mal de mer *(seasickness).*

J'ai besoin d'un tube d'aspirines, de gouttes pour le nez *(nosedrops),* de pastilles pour la gorge, d'antihistamines, d'un calmant *(tranquilizer).*

À vous! (Exercices de vocabulaire)

A. Qu'est-ce que vous avez? Voici une liste d'expressions qu'on utilise pour parler de ses symptômes quand on a un problème médical. Choisissez les symptômes qui correspondent aux situations données.

J'ai mal à la tête (à la gorge, aux yeux, au dos, à l'estomac, au coeur).
Je tousse.
J'ai le nez qui coule.
J'ai le nez pris. *(My nose is stuffed up.)*
Je digère mal. *(I have indigestion.)*
Je n'ai pas d'appétit.
J'ai le vertige. *(I'm dizzy.)*
J'ai pris un coup de soleil. *(I'm sunburned.)*
J'ai du mal à dormir.

1. Vous avez un rhume. 2. Vous avez trop bu[4] et trop mangé. 3. Vous êtes en vacances au bord de la mer. 4. Vous avez un examen très important et vous êtes très nerveux(-euse).

B. À la pharmacie. Imitez le modèle en utilisant les symptômes donnés et en faisant une demande convenable au pharmacien (à la pharmacienne).

Modèle: mal à la tête
—Bonjour, Monsieur (Madame, Mademoiselle). Vous désirez?
—J'ai mal à la tête. J'ai besoin de quelque chose contre la migraine (ou *J'ai besoin d'un tube d'aspirines*).

1. mal à la gorge 2. mal au coeur 3. le nez qui coule 4. un coup de soleil 5. tousser 6. du mal à dormir 7. mal à la tête 8. la diarrhée

---

4. **Bu** is the past participle of the verb **boire** *(to drink).* The present tense of **boire** is: **je bois, tu bois, il/elle/on boit, nous buvons, vous buvez, ils/elles boivent.** The imperfect stem is **buv-: je buvais.**

NOTE CULTURELLE

French people often consult their local pharmacist when they are not feeling well or when they have minor injuries. If the pharmacist considers the illness or injury to be serious, he or she will advise the customer to see a doctor. In case of a cold or flu or a minor accident, the pharmacist will recommend over-the-counter medicines and will do some first-aid. Every city and town in France has at least one pharmacy that remains open all night. All other pharmacies have signs on their doors indicating which pharmacy has long hours.

When you buy medicine in France, the pharmacist will often ask you if you would like it in the form of a pill **(un cachet),** a capsule **(une pilule** or **un comprimé)** or a suppository **(un suppositoire).**

Reprise (Première Étape)

C. Une soirée. Vous êtes invité(e) à une fête chez des amis. Décrivez ce que les gens faisaient quand vous êtes arrivé(e). Employez l'imparfait.

Modèle: Tout le monde boit du vin.
Tout le monde buvait du vin.

1. Ils mangent des hors-d'oeuvre.
2. Paul et Simone discutent de politique.
3. Françoise chante une chanson.
4. Sylvie et Marc dansent.
5. Deux enfants font beaucoup de bruit.
6. Yvonne raconte des histoires.
7. Éric choisit des disques.
8. Richard joue de la guitare.
9. Ils veulent regarder la télé.
10. Tout le monde s'amuse.

D. Des excuses. Vous avez organisé une soirée, mais tous les invités, sauf un, téléphonent au dernier moment pour faire des excuses. Vous êtes obligé(e) d'expliquer à la seule personne qui vient pourquoi les autres ne sont pas là. Suivez le modèle.

Modèle: Thérèse / mal à la gorge
—Où est Thérèse?
—Elle ne peut pas venir.
—Pourquoi pas?
—Parce qu'elle a mal à la gorge.

1. Jean-Jacques / mal au coeur 2. Sylvie et Martine / ne pas se sentir bien 3. Pierre / se casser le bras 4. Annick / se fouler la cheville 5. François et son ami / devoir travailler ce soir 6. Monique / ne pas être en forme

STRUCTURE 3: *L'imparfait (suite)*

Tous les étés **nous allions** au bord de la mer.	Every summer *we went* to the seashore.
Pendant que **nous parlions, elle** nous **attendait.**	While *we were talking, she was waiting* for us.

In the previous **étape**, you learned how to form the imperfect tense and that this tense is used to describe what used to be done or what you were doing in the past. Below is a list of adverbs and expressions that reinforce the idea that something *used to be done repeatedly* or that two actions *were going on simultaneously:*

autrefois	in the past
d'habitude	normally
le lundi, le mardi, etc.	Mondays, Tuesdays, etc.
fréquemment	frequently
le matin, l'après-midi, le soir, etc.	in the mornings, afternoons, evenings, etc.
quelquefois	sometimes
souvent	often
toujours	always
tous les jours	every day
une fois par jour, par semaine, etc.	once a day, a week, etc.
pendant que	while

The imperfect is also used for *descriptions in the past.* It is generally required for descriptions of *physical attributes* **(il avait les cheveux blonds, la maison était blanche)**; of *attitudes and beliefs* **(je pensais qu'il avait raison)**; of *age* **(elle avait treize ans)**; of *states of health* **(j'avais mal au coeur).**

The imperfect is also used to set the *background* or the *context* for a story. In this case, in addition to description, the imperfect may be used for actions that *were in progress.*

Il **était** neuf heures du soir. La famille **était** à la maison. **Il y avait** un feu *(fire)* dans la cheminée. Ma mère **regardait** la télévision, mon père **parlait** au téléphone, ma soeur et moi, **nous jouions** au scrabble...

At this point, the listener expects something to happen to interrupt the description. The story will be in the **passé composé** for the most part (we will discuss that situation more fully in Chapter 12); however, the background material requires the **imparfait.**

Application

E. Jean et Cécile. Les Massignon se souviennent *(remember)* des premières années de leur mariage. Au Chapitre 9, nous avons suivi les activités de Jean et Cécile. Imaginons que plusieurs années sont passées. Ils parlent de ce qu'ils faisaient autrefois. Utilisez les verbes proposés et aussi les expressions suivantes: **d'habitude, souvent, tous les matins, tous les après-midi, tous les soirs, fréquemment, toujours, une ou deux fois par semaine, pendant que.**

C'est Cécile qui parle:

1. nous / se réveiller à 6h 2. Jean / se lever tout de suite 3. Jean / se raser, se brosser les dents, s'habiller avant moi 4. nous / prendre le petit déjeuner ensemble 5. je / aller au bureau 6. Jean / aller au bureau aussi 7. nous / rentrer vers 6h 8. nous / dîner ensemble 9. après le dîner / je / faire la vaisselle

C'est Jean qui parle:

10. je / se lever avant Cécile 11. Cécile / rester au lit le plus longtemps possible 12. Cécile / se dépêcher pour se maquiller 13. nous / prendre le petit déjeuner ensemble 14. nous / travailler tous les deux 15. je / préparer le dîner 16. après / je / s'occuper de la maison 17. Cécile / faire la lessive 18. nous / s'endormir avant 11h

F. Hier soir à 8h. Vous devez expliquer où vous étiez et ce que vous faisiez à certains moments. Répondez aux questions suivantes: *Où étiez-vous? Que faisiez-vous? Quel temps faisait-il? Vous sentiez-vous bien? Est-ce que vous étiez seul(e) ou avec d'autres personnes? Que faisaient-elles?*

1. hier soir à 8h 2. ce matin à 7h30 3. samedi dernier à 10h du soir 4. dimanche dernier à 3h de l'après-midi 5. le jour de votre anniversaire 6. le jour où la fusée Challenger a explosé

PRONONCIATION: *L'accent*

Stress **(l'accent)** makes a word or syllable stand out from the sounds or words surrounding it. In English, a stressed syllable is *louder and more intense* than an unstressed one. Moreover, the stress may fall at the beginning (UNder), in the middle (inTERpret), or at the end (acCEPT) of an English word. In a sentence, there may be one or more stressed syllables in a variety of places: You WEREn't supPOSed to KNOW that; DON'T do that aGAIN.

In French, stress is indicated by length; a stressed syllable has a *longer* vowel than the syllables surrounding it. The accent, or stress, always falls in the same place—at the end of a word or phrase. Moreover, since French is spoken in groups of words, there is only one accent per phrase. If a group has a single word, the accent is on the final syllable of that word (bonJOUR). If the phrase consists of several words, the accent is on the final syllable of *the group* (à la maiSON, je me suis couCHÉ).

Pratique

G. Read each word and phrase aloud, taking care to stress the proper syllable.

1. Au revoir. Au revoir, Madame. Au revoir, Madame Dupont.

2. Françoise! Françoise, veux-tu sortir? Françoise, veux-tu sortir avec moi?
3. Je suis allé chez moi. Je suis allé chez moi et j'ai mangé. Je suis allé chez moi, j'ai mangé et je me suis couché.

STRUCTURE 4: *Le verbe irrégulier* devoir *(suite)*

Elle me **doit** cinquante francs.	*She owes* me fifty francs.
Je dois partir; j'ai rendez-vous en ville.	*I have to* leave; I have an appointment in town.
Nous devons retrouver les autres devant le cinéma.	*We are (supposed) to* meet the others in front of the movie theater.
Albert n'est pas en classe; **il doit** être malade.	Albert is not in class; *he must* be sick.

In Chapter 6, you learned that the present tense of **devoir** is used to indicate (1) the idea of owing something (for example, money); (2) the notion of obligation (to have to); (3) the concept of eventuality (to be supposed to); and (4) the idea of probability. When talking about the past, the notions of obligation and probability are expressed with the **passé composé** of **devoir** while the ideas of eventuality and owing are usually expressed with the **imparfait.**

Nous n'avons pas vu le film. **Nous avons dû** aller à une réunion.	We didn't see the film. *We had to* go to a meeting.
Comment? Les Martin ne sont pas là? **Ils ont dû** oublier.	What? The Martins aren't here? *They must have* forgotten.
Elle devait me retrouver ici. J'ai attendu jusqu'à 6h mais elle n'est pas venue.	*She was supposed to* meet me here. I waited until 6 o'clock but she didn't come.
Ils devaient beaucoup d'argent à leurs parents.	*They owed* their parents a lot of money.

Application

H. Remplacez les mots en italique et faites les changements nécessaires.

1. *Il* a dû aller en ville pour voir quelqu'un. (tu / les autres / Jacqueline / je / nous / vous)
2. *Chantal* n'est pas là? *Elle* a dû oublier. (Henri / vos parents / Marcelle / les Raymond)
3. *Ils* devaient partir. (je / vous / les autres / Anne / tu / nous)
4. *Elle* doit être malade. (tu / les autres / Jacques / je / vous / nous)

I. Faites des phrases en utilisant le passé composé ou l'imparfait de **devoir** et les mots entre parenthèses.

1. Vos amis ont organisé une soirée au théâtre, mais plusieurs personnes n'y sont pas allées parce qu'elles avaient d'autres *obligations.* Les personnes suivantes ont indiqué aux organisateurs pourquoi elles n'ont pas pu participer à la soirée.

Modèle: Paul / travailler *Paul a dû travailler.*

a. Anne-Marie / aider sa mère
b. Hervé et sa soeur / aller à Bordeaux
c. je / soigner mon rhume
d. Michel / s'occuper de ses petits frères

2. D'autres personnes n'ont pas donné d'explications. Par conséquent, les organisateurs ont proposé des explications *probables.*

Modèle: Catherine / oublier *Catherine a dû oublier.*

a. Jean / être occupé
b. la cousine de Victor / manquer *(to miss)* son train
c. Édouard et son frère / avoir un accident

3. L'absence de certaines personnes était très gênante *(bothersome)* parce qu'elles avaient promis de faire certaines choses.

Modèle: Édouard / organiser une réception après le spectacle
Édouard devait organiser une réception après le spectacle.

a. Anne-Marie / apporter des boissons pour la réception
b. Jean et moi / amener *(to bring)* les personnes qui n'avaient pas de voiture
c. et toi, tu / prendre les billets

J. Traduisons. Donnez l'équivalent en français.

1. She has to go home. She is supposed to go home. She was supposed to go home.
2. They have to go to the library. They are probably going to the library. They probably went to the library.
3. He had to leave. He must have left. He was supposed to leave.
4. We have to stay here. We are supposed to stay here. We had to stay here.

Débrouillons-nous! (Petite révision de l'étape)

K. Échange. Posez les questions à un(e) autre étudiant(e), qui va vous répondre.

1. À quelle heure est-ce que tu t'es levé(e) ce matin pour aller à ta première classe? Est-ce que tu dois te lever à... heures tous les matins?
2. Qu'est-ce que nous devions faire pour la classe de français aujourd'hui?
3. Combien de temps as-tu dû étudier pour faire ce devoir?
4. Pourquoi... n'est-il pas en classe aujourd'hui? Pourquoi est-ce que... n'était pas en classe la dernière fois?

5. Comment est-ce que tu devais aider tes parents quand tu étais petit(e)? Est-ce que tu devais faire ton lit? ranger *(pick up)* ta chambre? aider ta mère à préparer les repas? Est-ce que tu le faisais toujours?

L. À la pharmacie. What would you say to a pharmacist in the following situations? A classmate will take the role of the pharmacist.

1. You slept very poorly last night because your head was all stuffed up.
2. You spent six hours on the beach yesterday and can hardly move today.
3. You've been invited to go out on a sailboat, but you think you're going to be seasick.
4. You think you're getting sick: your throat is sore and your head hurts.
5. You were out partying very late last night and your stomach feels terrible.
6. You walked all over Paris last night and now your feet hurt.

Troisième Étape

POINT DE DÉPART: *Chez le médecin*

Jean-Luc se trouve dans la **salle d'attente** du docteur Roussin. Il a rendez-vous avec le docteur à 10h30. On l'appelle et il entre dans le **cabinet** du docteur. Le docteur et Jean-Luc **se serrent la main** et la consultation commence.

waiting room
office / shake hands

LE DOCTEUR: Alors, qu'est-ce qui ne va pas?

JEAN-LUC: Eh bien. **Depuis un certain temps** je ne me sens pas très bien. J'ai mal à la gorge et à la tête. En fait, j'ai mal **un peu partout.** Je ne dors pas bien. Je n'ai pas d'appétit.

for a while now
all over

LE DOCTEUR: Vous avez ces symptômes **depuis combien de temps** exactement?

for how long

JEAN-LUC: Depuis huit jours. Au début, je **pensais** que c'était simplement un rhume. Je suis allé à la pharmacie où je me suis acheté des anti-histamines. Mais **cela va de mal en pire.**

thought
it's going from bad to worse

chills

prescription

LE DOCTEUR: Prenons votre température. Voyons... 38°...[5] Vous avez de la fièvre, mais ce n'est pas grave. Vous toussez?

JEAN-LUC: Non, je ne tousse pas. Mais j'ai souvent des **frissons** et je me sens très fatigué.

LE DOCTEUR: C'est certainement une grippe. Je vais vous faire une **ordonnance.** Vous avez des allergies? Non. Très bien. Et je vais vous signer un arrêt de travail.[6] Vous devez rester au lit pendant deux ou trois jours. Téléphonez-moi la semaine prochaine si vous n'allez pas mieux.

JEAN-LUC: Entendu. Merci bien, Docteur, et au revoir.

À vous! (Exercices de vocabulaire)

A. Chez le médecin. Répondez aux questions du médecin en utilisant les suggestions données.

Le docteur: Qu'est-ce qui ne va pas? Depuis combien de temps est-ce que vous... ? Vous toussez? Est-ce que vous avez pris votre température? Est-ce que vous avez d'autres symptômes? C'est certainement (un rhume, une grippe, une indigestion, une sinusite, une bronchite).

1. se sentir mal / quatre ou cinq jours / non, mais mal à la gorge / oui, 37° / le nez qui coule
2. ne pas se sentir bien / une semaine / oui / non / mal à la poitrine
3. ne pas se sentir bien / deux ou trois jours / oui / oui, 38° / mal au coeur
4. se sentir mal / depuis samedi dernier / non, mais mal à la tête / oui, 37° / le nez pris

B. Les allergies. Faites des petites conversations en imitant le modèle.

Modèle: les fraises
Avez-vous des allergies?
Oui, je suis allergique aux fraises. ou *Je ne supporte pas* (I can't tolerate) *les fraises.*

1. le lait 2. le tabac 3. les fruits 4. la pénicilline 5. le chocolat

Reprise (Deuxième Étape)

C. Des plaintes *(Complaints).* Vous êtes pharmacien(ne). Recommandez les remèdes entre parenthèses. Utilisez **prendre** ou **aller** ou les verbes donnés.

Modèle: J'ai mal à la tête. (cachets d'aspirine)
Prenez trois cachets d'aspirine.

5. Normal temperature in Centigrade is 37°.
6. **Un arrêt de travail** is written permission from a doctor to be absent from work. In France, this form is often required by employers, and an employer may even call an employee at home to verify that an absence is really due to illness.

1. J'ai mal au ventre. (du thé)
2. J'ai de la fièvre. (cachets d'aspirine)
3. Je suis toujours fatigué. (se reposer)
4. Je tousse. (un sirop)
5. J'ai mal partout *(everywhere).* (chez le médecin)
6. J'ai une grippe. (se coucher)
7. J'ai mal à la gorge. (pastilles)
8. J'ai le nez pris. (anti-histamines)
9. Je m'énerve facilement. (calmant)
10. Je suis constipé. (manger des épinards)

D. Des reproches... des excuses. Quand on vous fait un reproche, vous pouvez vous défendre en expliquant que vous étiez obligé(e) de faire autre chose. Imitez les dialogues-modèles en utilisant le temps convenable de **devoir** et les expressions données.

Modèle: écrire à tes grands-parents / faire mes devoirs
Tu devais écrire à tes grands-parents.
Oui, je le sais, mais j'ai dû faire mes devoirs.

1. préparer le dîner / parler avec mon professeur
2. faire ton lit / partir de bonne heure ce matin
3. téléphoner à ton ami(e) / aider ma mère
4. te coucher de bonne heure hier soir / préparer un examen

Quand on fait un reproche à une autre personne, vous pouvez défendre cette personne en donnant une explication probable de ses actions.

Modèle: Jacqueline / être là avant 7h / avoir un accident
Jacqueline devait être là avant 7h.
Oui, je le sais, elle a dû avoir un accident.

5. Marc / arriver avant nous / prendre l'autobus
6. ton père / retrouver ta mère au restaurant / travailler tard
7. les autres / aller au cinéma / changer de projets
8. Françoise / se lever avant 6h / se coucher très tard

STRUCTURE 5: *Les expressions* depuis quand, depuis combien de temps *et* depuis

Depuis quand fumes-tu?	*How long* (since what point in time) have you been smoking?
Je fume **depuis** 1972.	I've been smoking *since* 1972.
Depuis combien de temps as-tu mal à la gorge?	*How long* (for how much time) have you had a sore throat?
J'ai mal à la gorge **depuis** quatre jours.	I've had a sore throat *for* four days.

Depuis quand and **depuis combien de temps** are used to ask questions about something that started in the past and is continuing in the present. **Depuis quand** elicits information about a specific point in time, and the answer **(depuis)** is translated in English as *since.* **Depuis combien de temps** asks how much time has been spent doing something, and the answer (again **depuis**) is translated by *for.* Note that any form of **depuis** is usually accompanied by the present tense. In the negative, however, you may use the passé composé when you wish to explain that you have not done something *since* a specific point or *for* a certain period of time.

Je n'ai pas fumé depuis 1972.	*I haven't smoked since* 1972.
Je n'ai pas travaillé depuis six mois.	*I haven't worked for* six months.

Application

E. Des renseignements sur Jean-Luc. Avant la consultation avec le docteur, Jean-Luc doit répondre à une série de questions personnelles. Donnez ses réponses en utilisant les expressions suggérées:

Modèle: Depuis quand habitez-vous à Paris? (1980)
J'habite à Paris depuis 1980.

1. Ah, bon. Vous habitez donc à Paris depuis six ans? (non / ... ans)
2. Depuis combien de temps travaillez-vous pour Peugeot? (dix ans)
3. Depuis quand consultez-vous le docteur Roussin? (1985)
4. Depuis combien de temps est-ce que vous n'avez pas visité le docteur? (six mois)
5. Depuis combien de temps êtes-vous enrhumé? (trois ou quatre jours)
6. Depuis quand avez-vous de la fièvre? (hier)
7. Depuis combien de temps prenez-vous des anti-histamines? (deux jours)
8. Depuis quand n'avez-vous pas bien dormi? (mardi)

F. Traduisons. Donnez l'équivalent français des phrases suivantes:

1. I have been feeling poorly for several weeks. I've had a temperature since last Monday.
2. My roommate has had a cold for a month. She has been coughing for days.
3. The other students on *(à)* our floor have had sore throats since the beginning of the term *(le début du semestre).*
4. How long has your stomach been hurting?
5. Since when have you had trouble sleeping?
6. I haven't slept well in a month.

PRONONCIATION: *L'intonation*

L'intonation refers to pitch, the rising and falling of the voice. French intonation patterns are determined both by word groups and by the type of utterance. In some cases, intonation is the key to meaning. The basic intonation patterns are:

1. **Yes/no questions—rising intonation**

Tu comprends? Est-ce qu'elle va sortir ce soir?

2. **Information questions—falling intonation**

Quelle heure est-il? Où est-ce que tu habites?

3. **Commands—falling intonation**

Tournez à gauche! Lève-toi!

4. **Short declarative phrases or sentences—falling intonation**

Merci beaucoup. Bonjour, Madame. Je ne sais pas.

5. **Longer declarative sentences—a combination of rising and falling intonation.** Rising intonation at the end of a word group indicates that the sentence will continue. Falling intonation marks the end of the sentence.

Je me lève, je m'habille et je prends le petit déjeuner.

Helpful hint: When reading French aloud, remember that a comma usually marks a rising intonation and that a period marks falling intonation.

Pratique

G. Read each sentence aloud, taking care to follow the proper intonation pattern.

1. Qu'est-ce qui ne va pas?
2. Est-il toujours malade?
3. Quand je suis enrhumé, je rentre chez moi, je prends du thé et je me couche.
4. Tiens, voilà le médecin.
5. Ne mangez pas trop!
6. Où est la pharmacie? Je ne sais pas.
7. Est-ce que tu préfères les cachets ou les suppositoires?
8. Moi, j'aime les cachets, mais j'aime mieux les pilules.
9. Prenez des anti-histamines et restez au lit.
10. En hiver, j'ai souvent mal à la gorge et je tousse beaucoup.

STRUCTURE 6: *Le verbe irrégulier* savoir

Sais-tu nager? Oui, **je sais** nager.	*Do you know how to* swim? Yes, *I know how to* swim.

Savez-vous que Pierre est malade?	*Do you know that* Peter is sick?
Je sais le français, et toi?	*I know* French, what about you?
Elle ne sait pas le titre.	*She doesn't know* the title.

savoir	
je **sais**	nous **savons**
tu **sais**	vous **savez**
il, elle, on **sait**	ils, elles **savent**
Past participle: **su** (avoir)	Imperfect stem: **sav-**

Savoir can be used to express the following ideas:

1. **Savoir** + infinitive = to know how to do something

Il sait jouer du piano.	*He knows how to play* the piano.
Elle ne sait pas parler chinois.	*She doesn't know how (she can't) speak* Chinese.

2. **Savoir** + **que** + clause = to know that...

Nous savons qu'il travaille pour Air France.	*We know (that)* he works for Air France.

3. **Savoir** + a language = to know a language

Elles savent l'espagnol, mais **elles ne savent pas** le chinois.	*They know* Spanish, but *they don't know* Chinese.

4. **Savoir** + factual information = to know something

Nous savons la réponse.	*We know* the answer.

Note the use of **savoir** as a filler in conversation.

Oh, **vous savez,** ce n'est pas très grave.	Oh, *you know,* it's not very serious.

When **savoir** is used in the **passé composé**, it means *found out.*

J'ai su hier **que** Paul va se marier.	*I found out* yesterday *that* Paul is getting married.

Application

H. Remplacez les mots en italique et faites les changements nécessaires.

1. *Nous* savons bien jouer au tennis. (je / vous / elles / il / tu)
2. *J'*ai su pourquoi il a peur des chiens. (nous / ils / on / elle / tu)
3. Savez-*vous* faire du ski nautique? (tu / elle / ils / il)
4. *Elle* ne savait pas que le musée était fermé. (nous / ils / on / je / elles)

I. Qu'est-ce qu'on sait? Il y a eu un accident de voiture. Répondez aux questions des amis de la victime en utilisant le verbe **savoir** et les mots suggérés. Le signe (+) indique qu'on sait la réponse à la question; le signe (−) indique qu'on ne sait pas la réponse; le signe (*) indique que c'est quelque chose qu'on a appris, i.e., le passé composé de **savoir.**

Modèle: Qu'est-ce qui s'est passé? (+ / nous / Louise a eu un accident de voiture)
Nous savons que Louise a eu un accident de voiture.

1. Est-ce que Louise a été blessée *(hurt)?* (+ / nous / elle est à l'hôpital)
2. Est-ce que c'est grave? (− / on / où elle s'est fait mal)
3. Où est-ce qu'elle a eu l'accident? (* / Albert / elle a eu l'accident près de chez elle)
4. Où sont les parents de Louise? (− / ils / elle a eu un accident)
5. Pourquoi est-ce que tu ne leur téléphones pas? (− / je / leur numéro)
6. Pourquoi voulez-vous que je téléphone à André? (+ / il / où les parents de Louise habitent)

J. On ne peut pas parce qu'on ne sait pas. Vous expliquez à vos amis pourquoi il est impossible de faire ce qu'ils proposent en utilisant les verbes **pouvoir** et **savoir.**

Modèles: Téléphonons à Marie-Claire. (numéro de téléphone)
Nous ne pouvons pas téléphoner à Marie-Claire parce que nous ne savons pas son numéro de téléphone.

Va au restaurant avec Mireille. (où se trouve ce restaurant)
Je ne peux pas aller au restaurant avec Mireille parce que je ne sais pas où se trouve ce restaurant.

1. Prenons le métro pour aller au Louvre. (direction)
2. Achetons le livre pour le cours de philosophie. (titre)
3. Allons chez les Monnier. (adresse)
4. Réserve des places pour le concert. (date)
5. Parle à ce monsieur. (nom)
6. Téléphone chez Philippe. (nom de famille)

Débrouillons-nous! (Petite révision de l'étape)

K. Échange. Posez les questions à un(e) autre étudiant(e), qui va vous répondre.

1. Où est-ce que ta famille habite? Depuis combien de temps?
2. Où est-ce que ton père (ta mère) travaille? Depuis quand?
3. Depuis quand est-ce que tu étudies le français? Depuis combien de temps es-tu à l'université?
4. As-tu un rhume? Depuis combien de temps as-tu un rhume? (n'as-tu pas eu de rhume?)

L. Quand j'étais malade. Think back to the last time you were sick. Imagine that you were in France at the time. Where would you have gone for help—to the drugstore? to a doctor? What would you have said? Play out the scene with one of your classmates.

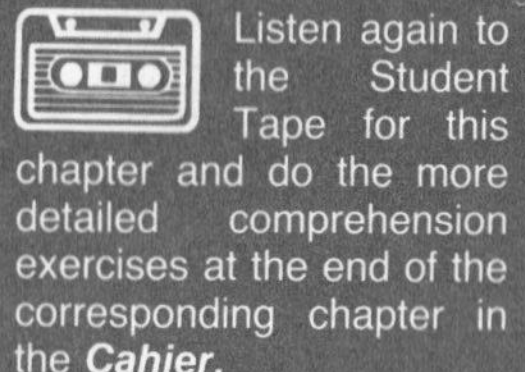

Listen again to the Student Tape for this chapter and do the more detailed comprehension exercises at the end of the corresponding chapter in the *Cahier*.

Quatrième Étape

LECTURE: *«Une consultation gratuite»*

This text, from the play *Knock* by Jules Romain, is longer than the other readings you have done. Don't try to translate every word; work on capturing the general flavor and movement of this scene from a famous French comedy of the early twentieth century.

Le docteur Knock est nouvellement arrivé à la commune (le petit village) de Saint-Maurice. Son prédécesseur était vieux et n'avait pas beaucoup de travail. Le docteur Knock est beaucoup plus ambitieux. Il commence par annoncer des consultations gratuites.[1]

KNOCK: C'est vous qui êtes la première, madame? *(Il fait entrer la dame en noir et referme la porte.)* Vous êtes bien du canton?[2]

LA DAME: Je suis de la commune.

KNOCK: De Saint-Maurice même?

LA DAME: J'habite la grande ferme[3] qui est sur la route de Luchère.

KNOCK: Elle vous appartient?[4]

LA DAME: Oui, à mon mari et à moi.

KNOCK: Si vous l'exploitez vous-même, vous devez avoir beaucoup de travail?

LA DAME: Pensez, monsieur! dix-huit vaches,[5] deux boeufs, deux taureaux,[6] six chèvres,[7] une bonne douzaine de cochons,[8] sans compter la basse-cour.[9]

KNOCK: Je vous plains.[10] Il ne doit guère[11] vous rester de temps pour vous soigner?

LA DAME: Oh! non.

KNOCK: Et pourtant vous souffrez.

LA DAME: Ce n'est pas le mot. J'ai plutôt de la fatigue.

KNOCK: Oui, vous appelez ça de la fatigue. *(Il s'approche d'elle.)* Tirez la langue.[12] Vous ne devez pas avoir beaucoup d'appétit.

LA DAME: Non.

KNOCK: Vous êtes constipée.

LA DAME: Oui, assez.

KNOCK: *(Il l'ausculte.*[13]*)* Baissez[14] la tête. Respirez.[15] Toussez. Vous n'êtes jamais tombée d'une échelle,[16] étant petite?

LA DAME: Je ne me souviens pas.[17]

KNOCK: *(Il lui palpe*[18] *le dos, lui presse brusquement les reins.*[19]*)* Vous n'avez jamais mal ici le soir en vous couchant?...

LA DAME: Oui, des fois.

KNOCK: Essayez de vous rappeler. Ça devait être une grande échelle.

LA DAME: Ça se peut bien.

KNOCK: C'était une échelle d'environ trois mètres cinquante, posée contre un mur. Vous êtes tombée à la renverse. C'est la fesse[20] gauche, heureusement... Vous vous rendez compte de votre état?[21]

LA DAME: Non.

KNOCK: Tant mieux.[22] Vous avez envie de guérir,[23] ou vous n'avez pas envie?

LA DAME: J'ai envie.

KNOCK: Ce sera très long et très coûteux. On ne guérit pas en cinq minutes un mal qui traîne[24] depuis quarante ans.

LA DAME: Depuis quarante ans?

KNOCK: Oui, depuis que vous êtes tombée de votre échelle.

LA DAME: Et combien que ça me coûterait?

KNOCK: Qu'est-ce que valent les veaux, actuellement?[25]

LA DAME: Ça dépend... quatre ou cinq cents francs.

KNOCK: Et les cochons gras?[26]

LA DAME: Plus de mille francs.

---

1. free 2. district 3. farm 4. belong 5. cows 6. bulls 7. goats 8. pigs 9. not counting the poultry yard 10. I feel sorry for you. 11. hardly, scarcely 12. Stick out your tongue 13. listens to her heart and lungs 14. Lower 15. Breathe 16. ladder 17. I don't remember. 18. feels 19. kidneys 20. buttock 21. Are you aware of your condition? 22. So much the better 23. Do you really want to be cured? 24. has been dragging on 25. How much are calves worth these days? 26. fat

KNOCK: Ça vous coûtera à peu près deux cochons et deux veaux... Mais ce que je puis vous proposer, c'est de vous mettre en observation. Ça ne vous coûtera presque rien. Au bout de quelques jours vous vous rendrez compte[27] par vous-même de votre état, et vous vous déciderez... Bien. Vous allez rentrer chez vous. Vous êtes venue[28] en voiture?

LA DAME: Non, à pied.

KNOCK: Il faut trouver une voiture. Vous vous coucherez en arrivant. Une chambre où vous serez[29] seule, autant que[30] possible. Faites fermer les volets et les rideaux.[31] Aucune[32] alimentation solide pendant une semaine. Un verre d'eau de Vichy toutes les deux heures et, à la rigueur,[33] une moitié de biscuit... À la fin de la semaine,... si vos forces et votre gaieté sont revenues, c'est que le mal est moins sérieux qu'on ne pouvait croire... Si, au contraire, vous éprouvez[34] une faiblesse[35] générale,... nous commencerons le traitement. C'est convenu?[36]

LA DAME: (*soupirant*[37]) Comme vous voudrez.[38]

Adapté de *Knock* par Jules Romain

27. will realize 28. did you come 29. will be 30. as much as 31. shutters and blinds 32. no 33. if worst comes to worst 34. feel 35. weakness 36. agreed? 37. sighing 38. As you wish

Compréhension

A. Discuss with your classmates the following questions:

1. What is Knock's objective in this consultation? What is his strategy for attaining that goal?
2. How does the woman react to the doctor? In your opinion, which of her symptoms are real and which are imagined?
3. What do you think of Knock's "prescription" for the woman? What do you imagine the result will be?

Reprise (Troisième Étape)

B. On se retrouve. Après une longue absence, un groupe d'amis se retrouvent et parlent de ce qu'ils ont fait depuis leur dernière réunion. Imitez le modèle.

Modèle: quand / habiter à Rome / aller à Rome il y a trois ans
—Depuis quand est-ce que tu habites à Rome?
—Je suis allé à Rome il y a trois ans.
—Ah, bon. Depuis (1985)?
—Oui, j'habite à Rome depuis (1985).

1. quand / avoir une Jaguar / acheter il y a deux ans
2. quand / passer les vacances au Mexique / aller au Mexique pour la première fois il y a dix ans

Modèle: combien de temps / travailler pour Peugeot / commencer en 1984

—Depuis combien de temps est-ce que tu travailles pour Peugeot?
—J'ai commencé en 1984.
—Ah, bon. Depuis (quatre) ans?
—Oui, je travaille pour Peugeot depuis (quatre) ans.

3. combien de temps / être marié / se marier en 1982
4. combien de temps / fumer / commencer en 1980

C. Vos activités. Utilisez les verbes **pouvoir, vouloir** et **savoir** pour donner votre attitude à l'égard des activités suivantes; donnez toujours une raison pour justifier ce que vous dites.

Modèle: faire la cuisine
Je ne veux pas faire la cuisine parce que je ne sais pas la faire. ou *Je ne peux pas faire la cuisine parce que je n'ai pas le temps.*

faire du camping ce week-end / aller au cinéma ce soir / jouer au football américain / sortir avec... / travailler pour IBM / acheter une maison / se marier / rester au lit demain matin / parler allemand / aller en Europe

Point d'arrivée (Activités orales et écrites)

D. Un(e) ami(e) vous aide. Feeling sick, you call a friend, describe your symptoms, and ask him/her to go to the pharmacy for you. Your friend goes to the pharmacy and describes your symptoms to the pharmacist, who makes a recommendation. Your friend returns and explains the medicine and the pharmacist's recommendations.

E. Le rond des excuses. You invite each of the members of your group to participate in an activity of your choice (go to the movies, have dinner, take a walk, etc.). They all, with one exception, give you an excuse. You then explain to the one friend who does accept why the others couldn't come.

F. Je ne suis pas en forme. All of the members of your group compete to see who is in the worst shape physically. Group members gather their information in a series of one-on-one encounters with each other—i.e., two students meet and talk about their health.

G. Faisons du théâtre. Prepare a skit based on the reading selection from *Knock.* Build your presentation around a doctor or pharmacist who has one or more amusing consultations in his/her office or store.

Lexique

POUR SE DÉBROUILLER

Pour interroger quelqu'un sur son état physique
Qu'est-ce que tu as (vous avez)?
Qu'est-ce qui ne va pas?
(ne pas) avoir bonne mine
être en forme

Pour parler de son état physique
aller de mal en pire
aller mieux
avoir des allergies
la diarrhée
de la fièvre
des frissons
la grippe
mal à
du mal à
le mal de l'air
le mal de mer
le nez qui coule
le nez pris
un rhume
le rhume des foins
se casser
être allergique à
enrhumé(e)
se faire mal à
se fouler
tousser
se sentir bien (mal)

Pour se procurer des médicaments
avoir besoin de quelque chose
contre la constipation
les hémorroïdes
la migraine
la nausée
les médicaments *m. pl.*
des anti-histamines *f. pl.*
des aspirines *f. pl.*
des cachets *m. pl.*
des calmants *m. pl.*
des comprimés *m. pl.*
des gouttes *f. pl.*
des pastilles *f. pl.*
des pilules *f. pl.*
des suppositoires *m. pl.*
ne pas supporter

Pour refuser une invitation et pour expliquer son refus
devoir
ne pas pouvoir

VOCABULAIRE GÉNÉRAL

Noms
un accident
la bouche
un bras
le cabinet
le coeur
le corps
le cou
un doigt
le dos
un genou
la gorge
les hémorroïdes *f. pl.*
une jambe
un jus de fruit
la migraine
la nausée
le nez
une ordonnance
une oreille
un pied
le poignet
une salle d'attente
un symptôme
le ventre

Adjectifs
grave
malade

Verbes
amener
avoir rendez-vous avec
boire
manquer
pouvoir
ranger
savoir
(se) soigner

Autres expressions
autrefois
depuis
depuis combien de temps
depuis quand
en principe
entendu
fréquemment
pendant que
quelquefois

VIDÉO

CHAPITRE ONZE
Habillons-nous!

Première Étape
Au rayon des vêtements

Deuxième Étape
Essayons... !

Troisième Étape
Au rayon des chaussures

Quatrième Étape
Lecture: "American New Look"

Do the **Travail préliminaire** section at the beginning of the corresponding chapter of the ***Cahier:*** complete the Planning Strategy, listen to the Student Tape, and answer the general comprehension questions.

Première Étape

POINT DE DÉPART: *Au rayon des vêtements*

department store
clothing / department, section in a store

Élisabeth et son frère Yves sont au **grand magasin** pour acheter des **vêtements.** Élisabeth se trouve au **rayon** des vêtements pour dames, et son frère au rayon des vêtements pour hommes.

Vêtements pour dames

Élisabeth et Yves sont obligés de se décider.

to pay an exorbitant price
in fashion, in style
I need / silk / to put on
baptism

YVES: Tu as remarqué les prix? On va **payer les yeux de la tête!**
ÉLISABETH: Oui, mais quel choix!
YVES: Moi, je sais que j'ai besoin de quelques chemises et de jeans.
ÉLISABETH: Tu ne vas pas t'acheter un costume?
YVES: Ah, non! Les jeans, c'est **à la mode!**
ÉLISABETH: Moi, **il me faut** une belle robe de **soie.** Je vais la **mettre** pour le **baptême** du petit Nicolas. J'ai besoin aussi de collants et d'un foulard.

YVES:	**Eh bien... et moi... il faut absolument que je trouve une chemise.**
ÉLISABETH:	**Alors... Allons-y!**

Vêtements pour hommes

NOTE CULTURELLE

For the last thirty years or so, large department stores have become increasingly popular in France. The most common department store chains are **Printemps, Mammouth, Galeries Lafayette, Prisunic, Monoprix, La Redoute, Auchan, Carrefour, Samaritaine,** and **BHV (Bazar de l'Hôtel de Ville).** Some of these stores do a great deal of business through their catalogue sales. Prices and quality vary from store to store. **Prisunic** and **Monoprix** are among the least expensive stores, while **Galeries Lafayette** caters to a more well-to-do clientele.

À vous! (Exercices de vocabulaire)

A. Au rayon des vêtements. Vous avez les sommes indiquées dans votre portefeuille. Regardez les dessins des vêtements et leurs prix aux pp. 274 et 275, et décidez ce que vous allez acheter.

Modèle: 700F

Je vais m'acheter une jupe pour 179F, une veste pour 425F et un foulard pour 65F. Il me reste 31F.

1. 2 000F 2. 500F 3. 175F 4. 1 500F 5. 750F 6. 350F 7. 400F 8. 290F 9. 630F 10. 1 100F

B. Il me faut... Il te faut... Regardez les dessins aux pp. 274 et 275, et décidez ce qu'il vous faut et ce qu'il faut à votre ami(e) dans chacune des situations.

Modèle: automne
Pour l'automne il me faut un blue-jean et plusieurs chemises. Il te faut un chandail et des chaussettes.

1. automne 2. hiver 3. printemps 4. été 5. sortir le soir 6. aller chez le président de l'université 7. le soir 8. faire du tennis

STRUCTURE 1: Il faut + *infinitif*

Qu'est-ce que nous allons faire avant de partir?

D'abord, **il faut louer** une voiture.	First, *we have to rent* a car.
Ensuite, **il faut prendre** les billets.	Then *we have to get* the tickets.
Il faut aussi **réserver** une chambre.	*We* also *have to reserve* a room.
Oui... et **il faut faire** les valises.	Yes... and *we have to pack.*
Enfin, **il faut se reposer** avant le départ.	Finally, *we have to get some rest* before we leave.

The frequently heard expression **il faut** indicates necessity (*it is necessary to* or *to have to* do something). **Il faut** is used with an infinitive if there is no ambiguity as to who is going to carry out the action. In the example above, the question ‹‹**Qu'est-ce que nous allons faire avant de partir?**›› establishes that *we* is the subject for the entire context and it is therefore clear who will carry out the actions. **Il faut** is also used in general statements that do not apply to anyone specifically. In English such general statements are often made with the pronoun *you.*

Pour être en bonne santé, **il faut manger** des légumes.	To be in good health, *you have to eat* vegetables.
Il faut travailler pour réussir dans la vie.	*You have to work* to succeed in life.

Il faut + infinitive can be replaced by the expression **il est nécessaire de** + infinitive.

Il faut parler français en classe.	**Il est nécessaire de parler** français en classe.

Application

C. Qu'est-ce qu'il faut faire? Vous et vos amis voulez inviter vos parents à dîner. Utilisez les éléments donnés pour expliquer ce qu'il faut faire pour vous préparer.

Modèle: téléphoner à nos parents
Il faut téléphoner à nos parents.

1. inviter nos parents
2. faire les courses
3. acheter de la viande
4. choisir le vin
5. faire la cuisine
6. nettoyer *(to clean)* l'appartement
7. mettre *(to set)* la table
8. changer de vêtements

D. Des préparatifs. Décidez ce qu'il faut faire pour vous préparer pour chacune des activités suivantes. Employez **il faut** ou **il est nécessaire de.**

Modèle: un voyage
Il faut aller à l'agence de voyages. Il est nécessaire d'acheter les billets. Il faut acheter du film. Etc.

1. un voyage 2. un dîner important 3. un week-end à la plage
4. une boum 5. un examen final 6. l'anniversaire d'un(e) ami(e)

PRONONCIATION: *La consonne* r *entre voyelles*

This final set of pronunciation exercises focuses on the consonant **r**, which sounds quite different in French from the way it does in English. The French **r** is pronounced in the back of the throat. To produce it, place the tip of your tongue against the back of your lower teeth. This will free the back of your tongue and allow the air to vibrate correctly. In the following exercise, all the **r** sounds fall between vowels.

Pratique

E. Pronounce the following words, imitating carefully the **r** sound as pronounced by your instructor.

arriver / désirer / eau minérale / verre / américain / caméra / parapluie / adorer / aéroport / bureau / gare / faire / derrière / apéritif / correspondance / direction / cerise / haricots / meringue / poire / orange / orage / courageux / généreux / heureux / marron / paresseux / sérieux / guerre / anorak / ceinture / heure / se marier / affaires / varié

STRUCTURE 2: Il faut que + *subjonctif*

Earlier in this **étape**, you learned that **il faut** can be used with an infinitive to express necessity when there is no ambiguity about the subject. Now you will learn how to use **il faut** when the subject of the action has to be stated. Note the difference between these two types of sentences.

Qu'est-ce que nous allons faire cet après-midi?
Il faut absolument **téléphoner** à nos parents.

In this situation, the context makes it clear who is to perform the action, and it is therefore appropriate to use **il faut** with the infinitive.

Qu'est-ce qu'elle doit faire cet après-midi?
Il faut qu'elle fasse ses devoirs.

In this second example, the speaker is expressing a necessary action *for someone else.* It is therefore important to repeat the subject for clarity and to use **il faut que** with the subjunctive mood.

The subjunctive mood is used in sentences having more than one clause and in which the speaker or writer is expressing necessity. The sentences are composed of two clauses connected by **que;** the subjunctive is used only in the second clause—i.e., after **que.**

Note that **il est nécessaire de** plus infinitive becomes **il est nécessaire que** plus subjunctive.

The following endings are used with all verbs in the subjunctive except **avoir** and **être: -e, -es, -e, -ions, -iez, -ent.** As with any other verb formation, you must first determine the verb stem to which the endings will be added.

Regular -er *and* -ir *verbs and verbs conjugated like* sortir *in the present subjunctive*

The simplest way to find the subjunctive stem for these verbs is by dropping the **-ons** ending from the present-tense **nous** form.

	parler	**réussir**	**sortir**
(que) je	parl**e**	réussiss**e**	sort**e**
tu	parl**es**	réussiss**es**	sort**es**
il, elle, on	parl**e**	réussiss**e**	sort**e**
nous	parl**ions**	réussiss**ions**	sort**ions**
vous	parl**iez**	réussiss**iez**	sort**iez**
ils, elles	parl**ent**	réussiss**ent**	sort**ent**

Avoir *and* être *in the present subjunctive*

	avoir	**être**
(que) je (j')	**aie**	**sois**
tu	**aies**	**sois**
il, elle, on	**ait**	**soit**
nous	**ayons**	**soyons**
vous	**ayez**	**soyez**
ils, elles	**aient**	**soient**

Aller *and* **prendre** *in the present subjunctive*

Both **aller** and **prendre** have a second stem for the first and second persons plural (**nous** and **vous**).

	aller	prendre
(que) je (j')	**aille**	**prenne**
tu	**ailles**	**prennes**
il, elle, on	**aille**	**prenne**
nous	**allions**	**prenions**
vous	**alliez**	**preniez**
ils, elles	**aillent**	**prennent**

Faire, pouvoir, *and* **savoir** *in the present subjunctive*

The subjunctive stems for these three verbs are **fass-**, **puiss-**, and **sach-**, respectively. Add the subjunctive endings to the stems.

Il faut que **tu fasses** attention.
*Il faut qu'***ils puissent** continuer leurs études.
Il faut que **vous sachiez** la vérité.

Application

F. Objections. Réagissez selon le modèle en donnant le contraire des phrases suivantes.

Modèle: Il ne va pas à Paris. *Mais, il faut qu'il aille à Paris!*

1. Nous n'allons pas à la banque aujourd'hui.
2. Nous ne consultons pas le médecin.
3. Je ne m'occupe pas des enfants.
4. Elles n'ont pas confiance en lui.
5. Elle ne va pas à l'université.
6. Je ne sais pas la vérité.
7. Il n'étudie pas le japonais.
8. Ils ne se soignent pas.
9. Elle n'est pas à l'heure.
10. Je ne sors pas avec vous.
11. Ils ne font pas de progrès.
12. Nous n'allons pas chez les Durand.

G. Où aller? Il y a toujours quelqu'un qui peut nous aider quand nous avons besoin de quelque chose. Dites à vos amis chez qui ils doivent aller pour résoudre leur dilemme.

Modèle: Je voudrais m'acheter une belle robe. (Galeries Lafayette)
Il faut que tu ailles aux Galeries Lafayette.

1. J'ai besoin d'argent pour m'acheter un manteau. (La Redoute)

2. Il a besoin d'un blue-jean. (Monoprix)
3. Nous voulons descendre dans un hôtel très moderne. (hôtel Suez)
4. J'ai besoin de gouttes *(drops)* pour le nez. (pharmacie)
5. Elles ont besoin de vêtements d'hiver. (Galeries Lafayette)
6. Nous voulons passer nos vacances dans un climat très chaud. (Provence)

H. Conseils. Vos amis ont des problèmes et vous demandent des conseils. Vous expliquez ce qu'il faut faire (employez **il faut que** ou **il est nécessaire que**).

Modèle: J'ai de mauvaises notes dans mon cours de chimie.
Il faut que tu étudies. ou
Il est nécessaire que tu prennes rendez-vous avec ton prof.

1. Je dors très mal depuis huit jours.
2. Marie a de mauvaises notes dans son cours de science politique.
3. Philippe et Sylvie ont des difficultés avec l'anglais.
4. Nous n'avons pas assez d'argent pour payer nos études.
5. Ma soeur travaille trop. Elle ne s'amuse pas.

Débrouillons-nous! (Petite révision de l'étape)

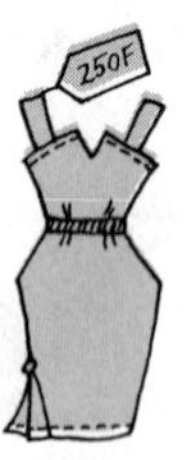

Modèle

I. Au grand magasin. Regardez les vêtements dans le dessin et demandez le prix à la vendeuse. La vendeuse vous indique ensuite le prix.

Modèle: *Pardon, Madame. Combien coûte cette robe?*
Elle coûte 250F.

J. La rentrée *(Beginning of the school year).* You're about to go back to school and need to renew your wardrobe. Go to a department store.

1. Say hello to the salesperson.
2. Explain what articles of clothing you're looking for.
3. State your color preferences.
4. Explain that you only have 1 800 francs to spend.
5. Choose the clothes you are buying.
6. Ask if you can pay with a check. If not, what about a credit card?
7. When you have paid, thank the salesperson.

Deuxième Étape

POINT DE DÉPART: *Essayons... !*

made from wool to try on saleswoman	Élisabeth a regardé plusieurs robes—en coton, **en laine,** en polyester. Enfin, elle a choisi une jolie robe de soie qu'elle veut **essayer** avant de prendre sa décision. Elle parle à **la vendeuse.**

	ÉLISABETH:	Est-ce que je peux essayer cette robe, Madame?
	LA VENDEUSE:	Bien sûr, Mademoiselle. Vous avez bien choisi; elle est très jolie. C'est par là, Mademoiselle.
fitting room		Après quelques minutes dans la **cabine d'essayage...**
looks good, fits well tight	ÉLISABETH:	Vous trouvez qu'elle me **va bien**? Elle n'est pas trop **étroite**? C'est un 40;[1] il me faut peut-être un 42.
marvelously	LA VENDEUSE:	Pas du tout. Elle vous va **à merveille.**
to shorten	ÉLISABETH:	Oui, mais je voudrais la **raccourcir** de quelques centimètres.
are lucky, fortunate on sale	LA VENDEUSE:	Très bien. Nous allons nous occuper de cela. Vous **avez de la chance,** vous savez; cette robe est **en solde** aujourd'hui.
so much the better / that is left over	ÉLISABETH:	**Tant mieux.** Avec l'argent **qui me reste** je vais acheter une paire de chaussures.

salesman	Au moment où Élisabeth essaie sa robe, Yves parle au **vendeur** au sujet des vêtements qu'il a l'intention d'acheter. Il a mis un blue-jean et se regarde dans le miroir.

fits you	LE VENDEUR:	Ce blue-jean **vous va** comme un gant.
	YVES:	Oui, c'est pas mal. Heureusement que j'ai maigri un peu cet été.
	LE VENDEUR:	Il vous faut autre chose?
	YVES:	Oui, j'ai besoin d'une chemise.
size	LE VENDEUR:	Quelle **taille,** Monsieur?
	YVES:	Un 38, je pense.
sleeves	LE VENDEUR:	**Manches** longues ou courtes?
	YVES:	Manches longues.
	LE VENDEUR:	Voilà ce que vous cherchez. Une chemise bleu clair à manches longues.
	YVES:	Oui, elle va bien avec mon blue-jean.
	LE VENDEUR:	Autre chose?
I have spent	YVES:	Merci, non. J'**ai** déjà **dépensé** assez d'argent.

1. See size chart on p. 283 in *Note culturelle.*

À vous! (Exercices de vocabulaire)

A. Élisabeth et Yves se retrouvent après avoir fait leurs achats *(purchases).* Ils se racontent leur expérience au rayon des vêtements. Imaginez leur conversation en employant les verbes suivants au passé composé: **essayer, choisir, regarder, acheter, parler au vendeur (à la vendeuse), demander des conseils.**

B. Vous allez au magasin pour acheter les vêtements indiqués. Pour chacun de ces vêtements, imaginez la conversation avec la vendeuse ou le vendeur. Parlez des couleurs, de la taille, du tissu *(material)* et du prix.

Modèle: costume / 1 200F
—J'ai besoin d'un costume.
—De quelle couleur?
—Bleu clair.
—Quelle est votre taille?
—Un 54, je pense.
—En laine, en coton?
—Je préfère la laine.
—Vous voulez essayer ce costume-ci?
—Oui, c'est combien?
—1 200F, Monsieur.

1. une jupe / 255F 2. un pantalon / 180F 3. une chemise / 99F 4. une robe / 378F 5. un manteau / 852F 6. un anorak / 589F

NOTE CULTURELLE

Les Tailles:

Dames: Robes et manteaux							
Tailles américaines	8	10	12	14	16	18	20
Tailles françaises	38	40	42	44	46	48	50
Dames: Pull-overs et chandails							
Tailles américaines	32	34	36	38	40	42	
Tailles françaises	38	40	42	44	46	48	
Messieurs: Complets et pardessus *(overcoats)*							
Tailles américaines	36	38	40	42	44	46	
Tailles françaises	46	48	51	54	56	59	
Messieurs: Chemises							
Tailles américaines	14.5	15	15.5	16	16.5		
Tailles françaises	37	38	39	40	41		

Helpful hint: When buying shirts in France, simply multiply your neck size by 2.5 to find your approximate French size.
When buying dresses, jackets, nightgowns, bathing suits, sweaters, and pants, sizes are determined in centimeters **(centimètres, cm).** One inch = 2.5 cm. Depending on the item of clothing, the following measurements need to be taken: **le tour de poitrine** (chest size), **le tour de taille** (waist size), **le tour de bassin** (hip size). **Entrejambes** is the in-seam measurement for slacks.

Reprise
(Première Étape)

C. Faisons les valises! Selon l'endroit *(According to the place)* que vous allez visiter pour vos vacances, décidez quels vêtements vous allez mettre *(to put)* dans votre valise.

Modèle: les Alpes
Je mets une écharpe et des gants dans ma valise. Je mets aussi des pull-overs, etc.

1. la Californie 2. l'Alaska 3. Seattle 4. la Maison Blanche 5. la Méditerranée 6. Paris

D. Qu'est-ce qu'il faut que je fasse? Puisque vous avez beaucoup d'expérience dans la vie, vos amis vous demandent toujours des conseils. Pour chaque problème qu'ils posent, proposez des solutions. Si c'est une solution générale, employez **il faut** plus infinitif; si c'est une solution particulière, employez **il faut que** plus subjonctif.

Modèle: Problème: Chaque fois que je demande à Francine de sortir avec moi, elle trouve une raison pour refuser. Je ne comprends pas pourquoi elle ne veut pas sortir avec moi.
Solution: *À mon avis* (In my opinion), *il faut que tu parles avec elle. Il faut toujours être honnête avec les autres.*

1. J'ai beaucoup de difficultés dans mon cours de mathématiques. Mon professeur pense que je ne travaille pas assez. Je suis sûr que je n'ai pas de talents pour les mathématiques. Je ne comprends pas les explications en classe. Tous mes amis ont une calculatrice. Est-ce que c'est la solution à mon problème?
2. Je dépense mon argent trop rapidement. Quand j'ai un peu d'argent à la banque, j'achète toujours quelque chose. Je sors souvent avec mes amis et je mange au restaurant trois fois par semaine. J'adore les vêtements. Mes amis pensent que je suis matérialiste. Qu'est-ce que je peux faire?
3. Je suis très paresseuse. Quand je ne suis pas en classe, je n'ai pas envie d'étudier. Le week-end je reste au lit jusqu'à midi. Je sors rarement avec mes amis. Je ne sais pas ce que je veux faire dans la vie. J'aime l'argent, mais je ne veux pas travailler trop. Qu'est-ce que je dois faire?

STRUCTURE 3: *Le verbe irrégulier* mettre

Le dîner est prêt. Nos invités vont arriver bientôt.

Mets ta cravatte.	*Put on* your tie.
Les enfants **mettent** la table.	The children *are setting* the table.
J'**ai mis** les fleurs sur la table.	*I put* the flowers on the table.

The verb **mettre** is irregular and can have several meanings. It can mean *to put on (clothing), to put* or *place something somewhere,* and in the idiomatic expression **mettre la table** and **mettre le couvert,** it means *to set the table.*

mettre	
je **mets**	nous **mettons**
tu **mets**	vous **mettez**
il, elle, on **met**	ils, elles **mettent**

Past participle: **mis** (avoir)
Imperfect stem: **mett-**
Subjunctive stem: **mett-**

A number of idiomatic expressions and verbs are based on the verb **mettre:**

se mettre à — to begin
se mettre au régime — to go on a diet
se mettre en colère — to get angry
permettre (à) — to permit
promettre — to promise

Application

E. La météo. Vous avez entendu la météo ce matin et vous expliquez à tout le monde les vêtements qu'il faut mettre. Répondez selon les questions qui sont posées.

Modèle: Qu'est-ce que je mets aujourd'hui? (il fait froid)
Tu mets un anorak et tes gants.

1. Qu'est-ce que tu mets aujourd'hui? (il fait frais)
2. Et les enfants, qu'est-ce qu'il faut qu'ils mettent? (il fait froid)
3. Qu'est-ce qu'elle va mettre? (il pleut)
4. Qu'est-ce que vous avez mis? (il fait chaud)
5. Qu'est-ce que je mets? (il neige)

F. À quelle occasion? Expliquez quand vous, votre famille ou vos amis faites les choses suivantes.

Modèle: mon frère / se mettre en colère
Mon frère se met en colère quand je vais dans sa chambre.

1. je / mettre la table
2. ma mère / se mettre en colère
3. mes parents / se mettre à dépenser de l'argent
4. je / se mettre au régime
5. mon père / se mettre en colère
6. mes amis / se mettre à travailler
7. je / se mettre en colère

G. Complétez les phrases.

1. J'ai promis à... de...
2. Hier, je me suis mis(e) en colère parce que...
3. Je ne vais pas permettre à mes enfants de...
4. Je vais me mettre au régime parce que...
5. Je me mets à... quand le professeur...
6. Quand je sors, je mets rarement...

PRONONCIATION: *La consonne* r *initiale et finale*

The technique for articulating the French **r** remains the same, regardless of its position in a sentence. Remember to keep the tip of your tongue against the back of your lower front teeth. In the following exercise, all of the **r** sounds are either at the beginning or at the end of a word or phrase.

Pratique

H. Pronounce each sentence carefully.

1. La robe à rayures a besoin de retouches.
2. Il a rendez-vous dans la rue avec Robert.
3. Remets le rôti et le riz dans la cuisine.
4. Je pars de la gare du Nord.
5. Elle désire sortir ce soir.
6. J'ai peur de ma soeur.
7. Robert et sa soeur ont rendez-vous derrière la gare du Nord.

STRUCTURE 4: *Les pronoms d'objets indirects* lui *et* leur

—Qu'est-ce que tu as dit **à tes parents?**	—What did you say *to your parents?*
—Je **leur** ai expliqué que je ne voulais pas être médecin.	—I explained *to them* that I didn't want to be a doctor.
—J'ai promis **à mon père** de continuer mes études.	—I promised *my father* to continue my studies.
—Je **lui** ai parlé pendant longtemps.	—I talked *to him* for a long time.
—J'ai promis **à ma mère** de **lui** téléphoner une fois par semaine.	—I promised *my mother* to call *her* once a week.

Lui and **leur** are third-person, indirect object pronouns that replace indirect object nouns. In French, an indirect object noun is introduced by the preposition **à.** The indirect object pronoun therefore replaces **à** + a person. **Lui** replaces **à** + a feminine or masculine singular noun. Only the context makes it clear whether **lui** represents a male or a female. **Leur** replaces **à** + a masculine or feminine plural noun. Note that these two pronouns are used only with people, not with things.

Tu **lui** parles aujourd'hui?
Est-ce que tu **lui** as parlé?
Leur as-tu parlé?
Je **leur** ai parlé.

Je ne **lui** ai pas parlé, mais je vais **lui** parler demain.
Alors, parle-**leur!**
Ne **leur** parle pas demain.

Lui and **leur** take the same position in a sentence as the direct-object pronouns you learned in Chapter 9. **Lui** and **leur** are placed immediately before the conjugated verb in every case except in the affirmative command **(Parle-lui!)** and in the construction *conjugated verb + infinitive* **(Je vais lui parler. Elle veut leur téléphoner.).**

Some common verbs that take an indirect object:

apprendre	expliquer	promettre	demander
obéir	proposer	parler	raconter
téléphoner	donner	permettre	prêter *(to lend)*

Nous avons permis **aux enfants** de sortir.
Nous **leur** avons permis de sortir.

Je vais poser une question **au professeur.**
Je vais **lui** poser une question.

Elle a fait mal **à son frère.**
Elle **lui** a fait mal.

Ils ont demandé **à Jacqueline** de donner les disques **à Marc.**
Ils **lui** ont demandé de **lui** donner les disques.

Application

I. Remplacez les noms en italique par les pronoms **lui** ou **leur.**

Modèle: J'ai téléphoné *à ma mère* hier matin.
Je lui ai téléphoné hier matin.

1. Elle va donner les clés *à Suzanne.*
2. Nous avons expliqué notre dilemme *à nos parents.*
3. Tu permets *à ton fils* de sortir le soir?
4. Prêtons de l'argent *à Michel.*
5. Si vous parlez *au professeur*, racontez toute l'histoire *au professeur.*
6. Je vais demander *aux étudiants* de nous aider.

J. Répondez affirmativement et puis négativement aux questions.

1. Vas-tu expliquer à Marie que je suis malade?
2. Tu as appris à tes parents que tu vas te marier?
3. Est-ce qu'elle a demandé à son mari de lui téléphoner?
4. Ont-ils l'intention d'obéir au médecin?
5. Avez-vous parlé à votre avocat?
6. As-tu permis à Charles de sortir?
7. Est-ce que tu vas donner ces clés à M. Dubois?
8. Ne veut-elle pas parler à ses grands-parents?
9. Est-ce qu'il a raconté l'histoire à Paul?
10. Est-ce que tu as prêté les disques à Véronique?

K. Et après? Employez le verbe entre parenthèses et **lui** ou **leur** pour poser une question à la personne qui vous parle.

Modèle: Hier j'ai rencontré mon ami Paul. (demander)
Est-ce que tu lui as demandé d'aller au cinéma avec nous?

1. J'ai parlé avec mes amis. (raconter)
2. Mon père a téléphoné. (proposer)
3. Elle a vu ses parents. (donner)
4. Nous avons parlé au professeur. (expliquer)
5. Il est allé chez le médecin. (demander)
6. Elles ont vu Simone. (prêter)

Débrouillons-nous! (Petite révision de l'étape)

L. Échange. Posez des questions à votre camarade.

1. Les vêtements qu'il/elle a mis ce matin.
2. Les vêtements qu'il/elle ne met jamais.
3. Les vêtements qu'il/elle met quand il/elle sort avec quelqu'un de spécial.
4. Les questions qu'il/elle pose au vendeur (à la vendeuse) quand il/elle achète des vêtements.

M. Essayons...! You and your friend are in a department store looking at clothes.

1. Explain to your friend what you need to buy.
2. Talk about the color, size, and material of clothes.
3. Tell him/her that you're going to try on the clothes.
4. Tell him/her that you promised your mother to spend less than 50 dollars.
5. Ask him/her what clothing he/she is going to try on.
6. Explain what you will finally buy and how much it costs.

Troisième Étape

POINT DE DÉPART: *Au rayon des chaussures*

shows again practical / would it be better to make a decision	Élisabeth se trouve au rayon des chaussures. La vendeuse lui **montre** ce qu'elle a et, **de nouveau,** elle hésite. Faut-il acheter quelque chose de **pratique** ou **vaut-il mieux** prendre des chaussures élégantes qui vont avec sa robe de soie? Quelle **décision** va-t-elle **prendre?**

LA VENDEUSE: Eh bien, Mademoiselle, vous avez décidé?

ÉLISABETH: Pas vraiment, mais commençons avec ces chaussures de tennis.

LA VENDEUSE: Quelle **pointure?** (*shoe size*)

ÉLISABETH: Je **chausse du** 38.[2] (*take, wear (shoe size)*)

LA VENDEUSE: Et la couleur?

ÉLISABETH: Bleu et blanc... non... rouge et blanc.

Élisabeth essaie les tennis.

---

2. To tell a salesperson your shoe size, use the verb **chausser de.** To convert from American sizes to French sizes: for women, 4 = 35, 5 = 36, etc; for men, 8 = 41, 8.5 = 42, 9 = 43, etc.

perfectly / comfortable

pumps / heel / high

broke

ÉLISABETH: Ils sont un peu trop grands.
LA VENDEUSE: Bon, alors essayons un 37.
ÉLISABETH: Ah oui, ils me vont **parfaitement.** Ils sont très **confortables** et certainement pratiques.
LA VENDEUSE: Oui, et ils vont bien avec les jeans.
ÉLISABETH: Non, après tout... j'ai acheté une robe de soie et il me faut vraiment des **escarpins,** avec un **talon** pas trop **haut.**
LA VENDEUSE: Comme vous voulez, Mademoiselle.

La vendeuse lui montre une grande sélection.

ÉLISABETH: Voilà ce que je cherche. Ils sont combien, ces escarpins?
LA VENDEUSE: 425F, Mademoiselle.
ÉLISABETH: C'est un peu cher, mais je les prends. *(À part:)* Maintenant je suis vraiment **fauchée!**

À vous! (Exercices de vocabulaire)

A. Décidez quelles chaussures vous allez mettre dans les situations suivantes **(des tennis, des sandales, des bottes, des espadrilles, des escarpins, des mocassins).**

Modèle: Vous allez à la plage. *Je vais mettre des sandales.*

1. Il fait très froid et il neige.
2. Vous allez au baptême de votre neveu.
3. Vous allez en classe et vous portez un blue-jean.
4. Vous faites une excursion dans les Alpes.
5. Vous allez vous promener dans le parc et vous voulez être confortable.
6. Il fait chaud et vous portez un short.
7. Vous allez à un dîner élégant et vous portez un costume ou un tailleur.

B. Au rayon des chaussures. Imitez le modèle.

Modèle: mocassin
—Je voudrais essayer des mocassins.
—Quelle est votre pointure?
—Je chausse du 43.
—Et la couleur?
—Marron, je pense.
—Voici des mocassins marron.
—Ils me vont très bien (ils sont trop étroits, trop grands).

1. des tennis 2. des sandales 3. des bottes 4. des espadrilles 5. des escarpins 6. des mocassins

Reprise (Deuxième Étape)

C. Qu'est-ce qu'ils ont porté? *(What did they wear?)* Vous êtes invité à une soirée, mais vous êtes malade et vous ne pouvez pas y aller. Quand votre ami(e) rentre, il/elle vous fait une description des vêtements que tout le monde a mis pour aller à la soirée.

Modèle: Et Marie, qu'est-ce qu'elle a porté? (jolie jupe mexicaine)
Elle a mis une jolie jupe mexicaine.

1. Et Paul? (costume gris)
2. Et Janine et Robert? (jeans et chemises blanches)
3. Et la mère de Simone? (robe de soie très élégante)
4. Et toi? (inventez)
5. Et les parents de Josette? (inventez)

D. Oui ou non? Vous êtes le père ou la mère de trois enfants. Un jour, l'instituteur (l'institutrice) *(teacher)* de vos enfants vous téléphone pour savoir si vous leur avez donné la permission de faire les choses suivantes. Répondez affirmativement ou négativement selon les indications entre parenthèses.

Modèle: Est-ce que vous avez permis à vos enfants d'aller au cinéma après les classes? (non)
Non, je ne leur ai pas permis d'aller au cinéma après les classes.

1. Est-ce que vous permettez à Suzanne de quitter l'école à midi? (oui)
2. Est-ce que vous avez demandé à Jacques et à Paul de choisir un cours de français? (oui)
3. Est-ce que vous allez permettre à Jacques de faire du football? (oui)
4. Est-ce que vous avez demandé à Mme Dupont de chercher Suzanne à l'école? (oui)
5. Est-ce que vous avez parlé à Paul de sa note en chimie? (non)
6. Est-ce que vous avez proposé à Suzanne et à Paul de rentrer à la maison pour le déjeuner? (oui)
7. Est-ce que vous permettez à vos enfants de participer au voyage en France? (oui)

STRUCTURE 5: *Les verbes réguliers en -re*

Commérages *(gossip).*

—Tu sais ce que **j'ai entendu dire?**	—Do you know what *I heard?*
—Non. Quoi?	—No. What?
—Paul **vend** sa maison!	—Paul *is selling* his house!
—Je sais. Et Paul **a** aussi **perdu** son poste.	—I know. And Paul also *lost* his job.
—Sans blague! Est-ce que Paul et Janine **perdent** aussi leur auto?	—You're kidding! *Are* Paul and Janine also *losing* their car?
—Je ne suis pas sûr. Mais je sais qu'**ils attendent** une réponse de la banque.	—I'm not sure. But I know that *they are waiting for* an answer from the bank.
—Quelle catastrophe!	—What a catastrophe!

The third group of regular verbs in French end in **-re.** To conjugate these verbs in the present tense, drop the **-re** from the infinitive and add the endings **-s, -s, —, -ons, -ez, -ent.**

vendre	
je vend**s**	nous vend**ons**
tu vend**s**	vous vend**ez**
il, elle, on vend	ils, elles vend**ent**
Past participle: **vendu** (avoir)	Subjunctive stem: **vend-**
Imperfect stem: **vend-**	

Here are some other common regular **-re** verbs:

attendre	to wait for
descendre (conjugated with **être**)	to go down (downstairs)
entendre	to hear
entendre dire	to hear second-hand
entendre parler de	to hear about
perdre	to lose
rendre	to return (something)
répondre (à)	to answer
vendre	to sell

Application

E. Remplacez les mots en italique et faites les changements nécessaires.

1. *Elle* vend sa maison. (nous / tu / ils / je / elles / vous)
2. *J'*entends de la musique. (tu / elle / nous / vous / ils)
3. *Nous* attendons nos parents. (je / elle / ils / nous / il)
4. *Ils* ont perdu les billets? (vous / elle / tu / elles / on)
5. Il faut que *tu* vendes ton auto. (elle / nous / ils / vous / je)
6. Autrefois, *il* descendait toujours au Sheraton. (nous / je / elles / on)

F. Questions. Posez quatre questions **(tu, vous, il/elle, ils/elles)** aux autres membres du groupe.

1. pourquoi / vendre—*passé composé* (sa voiture, ses livres, etc.)
2. qu'est-ce que / perdre—*passé composé*
3. qu'est-ce que / entendre dire de—*passé composé* (film, etc.)
4. est-ce que / entendre parler de—*passé composé* (livre, film, vidéo, etc.)
5. qu'est-ce que / répondre à—*futur immédiat* (parents, professeur, amis, etc.)

PRONONCIATION: *La consonne* r *avant et après une autre consonne*

In French, the presence of another consonant either before or after the letter **r** tends to cause you to Americanize the **r** sound. Therefore, you must be particularly careful to articulate the **r** correctly when it is combined with another consonant.

Pratique

G. Pronounce each sentence carefully.

1. Prends les croissants et sers-les à Christine et Marc.
2. Merci bien, Mademoiselle. Je voudrais un citron pressé.
3. C'est un professeur brésilien.
4. Ton frère a trois francs dans son portefeuille.
5. Ma calculatrice ne marche pas très bien.
6. Je voudrais une paire d'espadrilles et une paire d'escarpins.
7. Il a perdu sa serviette dans le parc.

STRUCTURE 6: *Les pronoms d'objets directs* le, la, les *et indirects* lui, leur

Je **l'**ai rencontré et je **lui** ai donné mon adresse.	I met *him* and I gave *him* my address.

In English, the pronouns *him, her,* and *them* can be either direct or indirect objects. In French, it is always necessary to distinguish between the direct object pronouns **(le, la, les)**, used with verbs that are not followed by a preposition, and the indirect object pronouns **(lui, leur)**, used with verbs that take a preposition.

Elle prend **le train.**	Elle **le** prend.
Nous aimons **la bière.**	Nous **l'**aimons.
J'ai perdu **mes clés.**	Je **les** ai perdues.
Ils ont parlé **au président.**	Ils **lui** ont parlé.
As-tu rendu visite **à tes parents?**	**Leur** as-tu rendu visite?

Application

H. Responsabilités. Nos parents nous posent toujours des questions à propos de nos responsabilités. Employez des pronoms d'objets directs ou indirects dans votre réponse.

Modèle: Est-ce que tu as fait tes devoirs?
Oui, je les ai faits. ou *Non, je ne les ai pas faits.*

1. Est-ce que tu as fait l'exercice de grammaire?
2. Est-ce que tu as téléphoné à ta tante?
3. Est-ce que tu as étudié les verbes?
4. Est-ce que tu vas parler à tes grands-parents?
5. Est-ce que tu as répondu à ton camarade?
6. Est-ce que tu aides Jean avec la grammaire?
7. Est-ce que tu vas obéir à Micheline?
8. Est-ce que tu as acheté le livre?
9. Est-ce que tu as rendu les livres?
10. Est-ce que vous pouvez expliquer les règles?

Débrouillons-nous! (Petite révision de l'étape)

I. Voici une série de situations imaginaires. Expliquez ce que vous dites aux personnes dans ces situations. Employez des verbes comme **raconter, expliquer, demander, proposer, répondre**, etc.

Modèle: Vous êtes au rayon des chaussures. Le vendeur essaie de vous vendre une paire de bottes à 1 350F que vous ne voulez pas. Qu'est-ce que vous lui dites? *(What do you say to him?)*
Je lui explique que je n'ai pas besoin de bottes.

1. Le vendeur continue à insister. Il veut vous vendre les bottes qui coûtent 1 350F. Qu'est-ce que vous lui dites encore?
2. Vous êtes chez le médecin parce que vous avez la grippe. Qu'est-ce que vous lui dites?
3. Vous êtes au rayon des vêtements. Vous voulez acheter un manteau. Qu'est-ce que vous dites à la vendeuse?
4. Vous êtes au restaurant avec vos amis et vous n'êtes pas content(e) du service. Qu'est-ce que vous dites au garçon?
5. Vous voulez acheter une voiture et vous demandez à vos parents de vous aider avec de l'argent. Qu'est-ce que vous leur dites?
6. Vous êtes à la réception d'un hôtel. On veut vous donner une chambre au 5e étage, mais il n'y a pas d'ascenseur. Qu'est-ce que vous dites?

J. Au rayon des chaussures. You're looking for a pair of shoes. You're a very picky shopper and are very particular about what you want.

1. Explain what kinds of shoes you're looking for.
2. Give your size.
3. Explain what colors you prefer.
4. When you have tried on the first pair of shoes, say that they are too tight **(étroites)** and that you don't like the style. Also, you want a different color.
5. The second pair is too conservative **(traditionnelles).** The third pair is too big. The fourth pair is too expensive.
6. Explain finally that you don't want to buy any shoes.
7. Thank the salesperson and say good-bye.

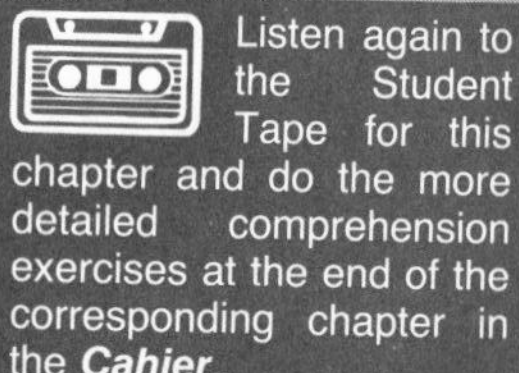

Listen again to the Student Tape for this chapter and do the more detailed comprehension exercises at the end of the corresponding chapter in the ***Cahier.***

Quatrième Étape

LECTURE: *"American New Look"*

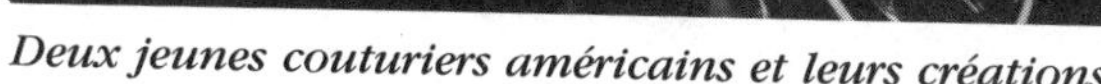

Deux jeunes couturiers américains et leurs créations

As you read the following passage, underline all the French-English cognates you can find.

De jeunes couturiers,[1] rebelles aux modes venues[2] d'Europe, prônent[3] un style typiquement américain. Mais leur rêve[4] avoué[5] est de conquérir Paris.

Il n'y a pas si longtemps, ces jeunes couturiers américains passaient des nuits blanches[6] à coudre[7] eux-mêmes les quelques modèles de leur collection. Aujourd'hui, Angel Estrada et Christopher Morgenstern vendent aux quatre coins des États-Unis et se lancent[8] à l'assaut[9] de Paris. Ces noms peu connus sont ceux des grands créateurs de demain. La compétition est féroce, mais plus forte encore est l'envie de ces jeunes de créer une mode 100% américaine, avec un net refus des grands noms français. Depuis trois ans, grâce à l'audace de quelques boutiques de Paris, et malgré[10] les critiques sévères des journalistes de mode, trop attachés aux traditions, les jeunes designers sortent de l'anonymat.[11] Parions[12] que leur succès—le dollar aidant!—les amènera[13] toujours plus nombreux en France.

ANGEL ESTRADA: Poussé par sa soeur Virginia, elle-même créatrice de bijoux, et pour laquelle il imagine des habits depuis l'enfance, Angel Estrada présente sa première collection en 1984. La maison Bergdorf-Goodman lui fait confiance et il y crée des modèles en exclusivité pendant deux ans. Aujourd'hui, à 29 ans, il se lance seul. Ses vêtements sont sophistiqués, raffinés,[14] faits pour des femmes amoureuses. Ses robes se vendent entre 400 et 2 500 dollars.

CHRISTOPHER MORGENSTERN: À 15 ans, Christopher Morgenstern s'essaie à couper et à coudre des vestes d'homme. Après un séjour à Paris, il revient à New York et travaille chez Barney's. En 1985, avec 900 dollars d'économies, il crée sa première collection, qu'il vend à Barney's. C'est le grand succès.

Adapté d'un article de *L'Express Style* par Nathalie Brunel

---

1. fashion designer 2. coming 3. praise, encourage 4. dream 5. admitted 6. sleepless nights 7. sewing 8. throw themselves into 9. attack 10. in spite of 11. anonymous status 12. Let's bet 13. will bring them 14. refined

Exercices de compréhension

A. Make a list of the cognates that you found in the reading passage. Which of these words are important for the understanding of the text?

B. Vrai/faux. Decide whether each statement is true or false according to the reading passage.

1. Les jeunes couturiers refusent le style typiquement américain.
2. Leur rêve est de faire une grande impression à Paris.
3. Estrada et Morgenstern sont très populaires aux États-Unis.
4. Ils sont très connus et appréciés à Paris.
5. Les journalistes de mode français sont des critiques de la tradition et soutiennent les jeunes designers américains.
6. L'attitude de l'auteur est positive envers Estrada et Morgenstern.
7. Estrada s'intéresse à la mode depuis très peu de temps.
8. Il crée surtout des vêtements pour femmes.
9. Morgenstern a commencé sa carrière à Paris.
10. Il était très pauvre quand il a créé sa première collection.

Reprise (Troisième Étape)

C. Donnez la raison pour laquelle vous faites les choses suivantes et expliquez quand vous les avez faites la dernière fois. Employez **le, la, les, lui** ou **leur** dans vos phrases.

Modèle: Quand est-ce que vous téléphonez au médecin?
Je lui téléphone quand je suis malade.
En effet, je lui ai téléphoné lundi dernier.

1. Quand est-ce que vous téléphonez à vos parents?
2. Quand est-ce que vous téléphonez au pharmacien?

3. Quand est-ce que vous parlez à votre mère?
4. Quand est-ce que vous mettez votre imperméable?
5. Quand est-ce que vous faites peur *(frighten)* à vos parents?
6. Quand est-ce que vous rendez visite à vos grands-parents?
7. Quand est-ce que vous écoutez vos disques?

D. Des chaussures pour chaque occasion. Vous êtes riche et vous décidez d'acheter une paire de chaussures pour chaque occasion. Réfléchissez à ce qu'il y a dans votre penderie *(closet)* et choisissez les chaussures que vous allez acheter.

Modèle: *J'ai un tailleur marron; je vais m'acheter des escarpins marron.*

Point d'arrivée (Activités orales et écrites)

E. Au grand magasin. Go to the department store, choose an outfit for a particular occasion, and discuss size, color, and price with the salesperson. Your outfit should include shoes.

F. Une dispute. You're in the clothing department of a store to buy a blue sports jacket (or ski jacket). There is only one jacket left in your size, but when you reach for it, you find out that another person also wants it. Both of you give the salesperson reasons why he or she should sell the jacket to you.

G. Aux enchères *(at an auction).* Make an inventory of some of the clothes worn by the students in your class (the inventory must be in French!). Then hold an auction and try to sell the clothes to someone else. Before proposing a price, give a description of the article of clothing.

Modèle: *—Marie porte une très jolie jupe bleue. Qui va lui donner 200F pour la jupe?*
—Je lui donne 60F.
—60F n'est pas assez. C'est une jupe de Dior.
—Je lui donne 85F.

H. Obsession. Each student in the group chooses one of the following obsessions. One person begins to talk about his or her obsession and the others interrupt to talk about their own. Obsessions: **les vêtements** / **la nourriture** / **les vacances** / **la santé** / **le travail** / **l'argent**

Modèle: *—J'adore acheter des vêtements. Très souvent je vais au magasin pour regarder ce qu'ils ont, même si je n'ai pas d'argent...*

—*Justement, les vêtements sont très chers. C'est pour ça que je n'aime pas aller dans les magasins, moi. J'essaie de faire des économies, même quand j'achète de la nourriture...*
—*Ah, la nourriture... Moi, j'adore faire la cuisine, et surtout j'aime manger. Hier soir, je me suis préparé un steak...*

Lexique

POUR SE DÉBROUILLER

Pour exprimer le besoin ou la nécessité
il faut
il faut que
il est nécessaire de
il est nécessaire que
il me (te, lui, nous, vous, leur) faut
avoir besoin de
devoir

Pour acheter des vêtements et des chaussures
Est-ce que je peux essayer... (Je voudrais essayer...)
Ma taille? Un 42.
Ma pointure? Je chausse du 38.
Est-ce que vous avez... ?
Je cherche...
Elle est combien, cette robe? Il est combien, cet imperméable?
Je le (la, les) prends.

VOCABULAIRE GÉNÉRAL

Noms
un achat
un anorak
le baptême
un bikini
un blue-jean
les bottes *f.pl.*
une cabine d'essayage
un chandail
un chapeau
les chaussettes *f.pl.*
les chaussures *f.pl.*
une chemise
une chemise de nuit
un chemisier
les collants *m.pl.*
un costume
le coton
une cravate
une dame
une écharpe
un escarpin
une espadrille
un foulard
un gant
un gilet
un grand magasin
un homme
un imperméable
une jupe
la laine
un maillot de bain
un maillot de corps
une manche
un manteau
un mocassin
un pantalon
un parapluie
un pull-over
la pointure
un pyjama
un rayon
une robe
une sandale
un short
un slip
la soie
un sous-vêtement
un soutien-gorge
un tailleur
un talon
un tee-shirt
un tennis
un tissu
un vendeur
une vendeuse
une veste
un vêtement

Adjectifs
clair *inv.*
confortable
étroit(e)
fauché(e)
haut(e)
pratique

Verbes
aller bien à
attendre
chausser de
dépenser
entendre
entendre dire
entendre parler de
essayer
mettre
mettre à
se mettre à
se mettre au régime
se mettre en colère
mettre la table (le couvert)
montrer
perdre
permettre
prendre une décision
promettre
raccourcir
rendre
rendre visite à
répondre (à)
vendre

Autres expressions
à la mode
à merveille
de nouveau
en solde
parfaitement
payer les yeux de la tête
sans blague
tant mieux

VIDÉO

CHAPITRE DOUZE
Visitons la France!

Première Étape
Lecture: Aperçu de la France

Deuxième Étape
Lecture: La Provence—une province ensoleillée

Troisième Étape
Lecture: La Bretagne—une province mystérieuse

Quatrième Étape
Lecture: «Paysage français»

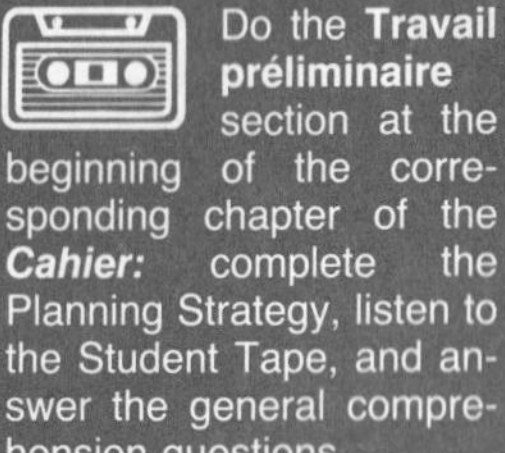

Do the **Travail préliminaire** section at the beginning of the corresponding chapter of the ***Cahier:*** complete the Planning Strategy, listen to the Student Tape, and answer the general comprehension questions.

Première Étape

LECTURE: *Aperçu de la France*

France is one of Europe's most geographically diverse nations. From the Alps to the Mediterranean and north again to the fertile plains, it offers tourists a variety of climates and landscapes from which to choose. In this reading chapter you will become familiar with the most outstanding geographical features of France as well as with some of the provinces that have attracted and continue to attract visitors from all over the world. Use the reading techniques you have already learned (in particular, cognates, guessing from context, and key words and sentences) to help you understand the information presented.

INTRODUCTION À LA FRANCE

because of / very
western / offers
landscapes

La France occupe une situation géographique unique en Europe. Souvent appelé «l'hexagone» *à cause de* sa forme, situé en *plein* centre de l'Europe *occidentale,* ce pays *offre* une grande variété de climats et de *paysages* au voyageur qui s'intéresse à faire sa connaissance.

LES FRONTIÈRES

open
those / border
beyond

powerful / at one time... at another time / French-speaking / share

next door

La France a toujours été *ouverte* aux autres pays d'Europe, et surtout à *ceux* qui ont une *frontière* commune avec elle. Au sud, séparée par les Pyrénées, se trouve l'Espagne. Au sud-est, *au-delà* des Alpes, l'Italie a de bonnes relations avec la France. À l'est, la frontière naturelle du Jura sépare les Français des Suisses. Au nord-est, au-delà du Rhin, l'Allemagne est une voisine *puissante* qui est *tantôt* rivale, *tantôt* amie. Au nord, le Luxembourg et la Belgique sont des pays *francophones* qui *partagent* leur passé culturel avec la France. Et enfin, n'oublions pas que l'Angleterre se trouve *à deux pas* de la France et joue ainsi un rôle important dans la vie économique et politique du continent.

LES FLEUVES ET LES RIVIÈRES

irrigated / that is to say
rivers / tributaries
fields / agricultural land /
attract thousands / provides
vineyards / Bordeaux region
river (adj.)

lovers / along / banks

La France est un pays bien *arrosé, c'est-à-dire* qu'il y a beaucoup de *fleuves* et de *rivières.* Chaque région a son grand fleuve qui rend fertiles les *champs* et *terrains à cultiver.* La Loire et ses châteaux *attirent des milliers* de touristes tous les ans. Au sud-ouest, la Garonne *fournit* de l'eau aux célèbres *vignobles* du *Bordelais.* Le Rhône, qui descend de la Suisse à la Méditerranée, est la source principale de l'hydro-électricité en France. Le Rhin fait de Strasbourg un port *fluvial* important pour le commerce. Et enfin, la Seine évoque avant tout les promenades des *amoureux le long de* ses *quais* et fait aussi de Paris un port fluvial important.

LA FRANCE AGRICOLE ET INDUSTRIELLE

wheat / grapes
agricultural
which enjoys
rains
heat / coast
however / in the past
also
makes

high-speed train / space shuttle / supersonic jet
steel
well-being

La culture du *blé,* du riz, du *raisin* et d'une grande variété de légumes fait de la France le pays *agricole* le plus important de l'Europe. Cette diversité dans la culture est due sans doute à la diversité de climats *dont jouit* le pays: climat tempéré du nord-ouest au sud-ouest avec des *pluies* fines, *chaleur* sèche sur la *côte* méditerranéenne.

Pourtant, si la France se limitait *autrefois* à la production agricole, elle est aujourd'hui *également* un des grands pays industriels. Qui ne connaît pas les *marques* d'automobiles françaises comme Renault, Peugeot, Citroën? Et n'oublions pas les progrès technologiques en transports *(le TGV, la navette spatiale «Ariane», le Concorde*) qui font de la France un "leader" dans le monde industriel. Enfin, l'*acier,* le gaz naturel et l'aluminium sont essentiels au *bien-être* économique du pays.

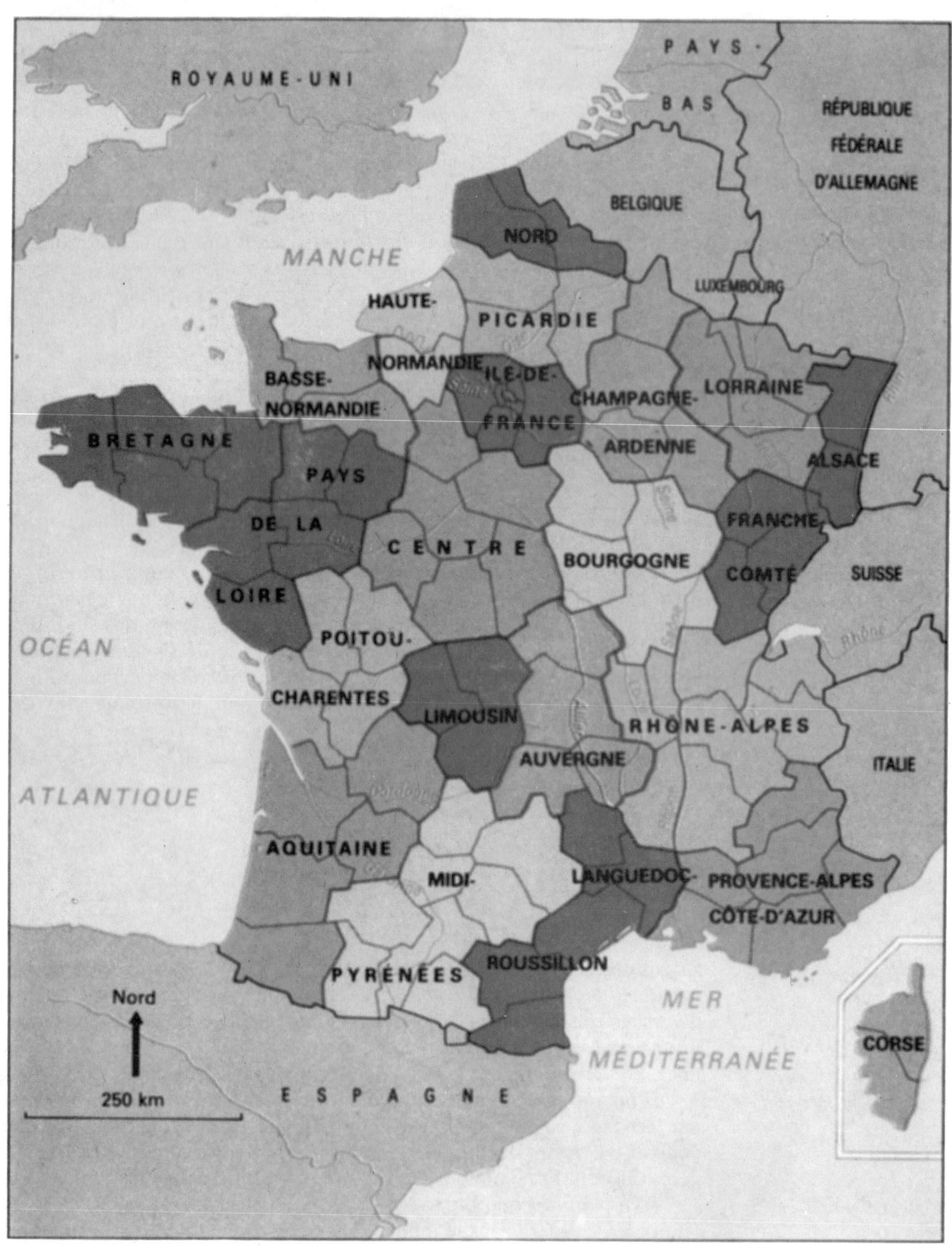

Les provinces françaises

LES PROVINCES ET LES DÉPARTEMENTS

Autrefois, la France était divisée en provinces, c'est-à-dire en régions qui avaient, *chacune,* leurs coutumes, leur folklore, leur identité bien définie. Au moment de la Révolution de 1789, le gouvernement révolutionnaire a créé des unités administratives qui s'appellent départements et qui constituent *encore* aujourd'hui la configuration politique française. En tout, il y a 96 départements, chacun avec un *chef-lieu* où *siège* l'administration départementale. Par exemple le chef-lieu du département de la Gironde est la ville de Bordeaux. Chaque département a son numéro, et les Français *n'ont aucune peine à reconnaître* l'origine d'une voiture par le numéro *inscrit* sur sa *plaque d'immatriculation.* Ils savent tout de suite qu'une voiture est de Paris si elle porte le numéro 75, que le 33 est de la région de Bordeaux, que le 13 vient de Marseille.

each
still
county seat / resides
have no problem recognizing
inscribed / license plate

Exercices de familiarisation

A. Les voisins de la France. Regardez la carte de la France et identifiez les pays qui ont une frontière commune avec la France.

Modèle: au nord *le Luxembourg et la Belgique*

1. à l'est 2. au sud 3. au nord-est 4. au nord 5. au sud-est

B. Lisez les phrases suivantes et si elles ne sont pas justes, corrigez-les.

1. La France est située en plein centre de l'Europe occidentale.
2. La France est souvent appelée «l'hexagone» parce que c'est un pays superstitieux.
3. Il n'y a pas beaucoup de fleuves et de rivières en France.
4. Les châteaux de la Loire attirent des milliers de touristes tous les ans.
5. La Seine est la source principale de l'hydro-électricité en France.
6. La France est le pays agricole le plus important de l'Europe.
7. La France est divisée en deux grandes régions: région agricole et région industrielle.
8. Les provinces sont encore aujourd'hui les unités administratives de la France.
9. La Révolution de 1789 a changé la configuration administrative de la France.

C. Le sens des mots. Quand vous lisez un texte, il y a toujours des mots-clés qui vous aident à comprendre la discussion sur une idée particulière. Identifiez quelques mots-clés pour chacun des sujets discutés dans la lecture précédente.

1. la géographie de la France 2. les fleuves 3. l'agriculture 4. les unités administratives

L'ANGLETERRE
LES PAYS-BAS
Dunkerque
LA BELGIQUE
L'ALLEMAGNE
Boulogne
Calais
Lille
LA MANCHE
Dieppe
Cherbourg
LE LUXEMBOURG
Amiens
Saint-Quentin
Sedan
Le Havre
Rouen
Beauvais
Reims
Meuse
Caen
Seine
Verdun
Metz
Nancy
PARIS
Brest
Saint-Brieuc
Saint-Malo
Versailles
Melun
Strasbourg
Douarnenez
Chartres
Troyes
VOSGES
Colmar
Rennes
Fontainebleau
Quimper
Mulhouse
Lorient
Le Mans
Orléans
Belfort
LA FRANCE
Angers
Tours
Saint-Nazaire
Dijon
Besançon
Bourges
Nantes
Loire
LA SUISSE
Le Creusot
JURA
Châteauroux
Poitiers
Montluçon
Mâcon
L'OCÉAN ATLANTIQUE
Mont Blanc 4807
Roanne
La Rochelle
Vichy
Limoges
Clermont-Ferrand
Lyon
Chambéry
Cognac
Angoulême
Saint-Étienne
Grenoble
L'ITALIE
Périgueux
Brive
MASSIF CENTRAL
Bordeaux
Le Puy
Valence
Dordogne
Gap
Arcachon
Rhône
ALPES
Agen
Alès
Millau
Montauban
Avignon
Garonne
Nîmes
Arles
Nice
Bayonne
Montpellier
Aix-en-Provence
Cannes
Toulouse
Biarritz
Pau
Béziers
Marseille
Toulon
Lourdes
Tarbes
Carcassonne
Narbonne
PYRÉNÉES
Perpignan
LA MER MÉDITERRANÉE
Bastia
Monte Cinto 2710
L'ESPAGNE
Ajaccio
Porto-Vecchio
La Corse

D. Description de la France. Regardez les cartes aux pp. 302 et 304 et faites votre propre description de la France. Parlez, par exemple, de sa forme, de ses fleuves et ses rivières, de ses voisins, etc.

PRONONCIATION: *Les liaisons obligatoires*

In Chapter 1, you learned to make **liaisons**—for example, **nous‿habitons.** Liaison refers to the situation in which a final consonant that is normally silent is pronounced when followed by a word beginning with a vowel or a vowel sound. In French, liaison is accomplished by "adding" this final consonant to the following word. Thus, **vous‿avez** is not pronounced [vuz ave] but rather [vu zave].

French speakers tend to use liaison more in formal speech than in informal conversation. Certain liaisons are required **(obligatoires)** in all situations, however. The following liaisons are mandatory:

1. An article + a noun beginning with a vowel sound:

   un‿ami, les‿enfants, des‿hôtels, ces‿arbres

2. A subject + a verb beginning with a vowel sound:

   vous‿êtes, nous‿arrivons, ils‿habitent, elles‿aiment

3. An adjective + a noun beginning with a vowel sound:

   un petit‿hôtel, de grands‿arbres, vos‿amis

4. A one-syllable preposition + a word beginning with a vowel sound:

   dans‿un musée, chez‿elle, en‿hiver

5. After **est:**

   elle est‿absente, c'est‿une bonne idée, il est‿à Paris

Pratique

E. Read each sentence aloud, taking care to make liaisons whenever necessary.

1. Les étudiants sont allés chez elle.
2. Les asperges sont excellentes en été.
3. Mes amis vont aller en Égypte en hiver.
4. Nous nous occupons des enfants d'un ami.
5. Elles ont l'air très heureux.
6. Ils espèrent passer trois ans en Espagne.

STRUCTURE 1: *L'imparfait et le passé composé*

Autrefois, **j'allais** en France tous les ans.
Mais l'année dernière **je suis allé** au Japon et en Chine.

In the past, *I used to go* to France every year.
But last year *I went* to Japan and to China.

In Chapters 5, 9, and 10 you have learned two past tenses, the **passé composé** and the **imparfait.** Now you must learn to distinguish between them in order to use them appropriately according to the particular context in which you wish to express past time.

The first distinction between the **passé composé** and the **imparfait** occurs with *actions in the past.* If a past action is habitual, repeated an unspecified number of times, or performed in an indefinite time period, the verb will be in the imperfect. If the action occurs only once, is repeated a specific number of times, or performed in a definite time period with its beginning and end indicated, the verb will be in the **passé composé.** Note that the first example above indicates a repeated action in the past (imperfect), while the second indicates an action that occurred once within a very precise period of time **(passé composé).** The following sets of model sentences illustrate these distinctions more precisely.

Quand **j'étais** jeune, **j'allais** chez mon grand-père tous les week-ends. *(habitual)*
Nous nous promenions ensemble. *(unspecified number of repetitions)*

Mon grand-père me **parlait** souvent de son enfance. *(indefinite time period)*

La semaine dernière, **je suis allé** chez mon grand-père. *(single occurrence)*
Lundi et mardi **nous nous sommes promenés** ensemble. *(specified number of repetitions)*
Hier soir, mon grand-père m'**a parlé** de son enfance. *(definite time period)*

The following paragraph illustrates some of the uses of the imperfect in *descriptions of the past.* The imperfect is generally required for the following types of descriptions: *physical* **(il avait les cheveux blonds, la maison était blanche);** *feelings* **(nous étions contents);** *attitudes and beliefs* **(je pensais qu'il avait raison);** *age* **(elle avait treize ans);** *state of health* **(j'avais mal à la tête).**

Hier, j'**ai fait** un tour en ville. J'**ai rencontré** Jacques et nous **sommes allés** au café de la Gare. Nous **avons passé** trois heures à parler ensemble. Nous **étions** contents d'être ensemble. Je **portais** une robe légère et des sandales et Jacques **portait** une très belle chemise. Nous **étions** tous les deux très chic.

Descriptions of the weather may be made either in the imperfect or the **passé composé.** If the description covers an indefinite period of

Visitons la France

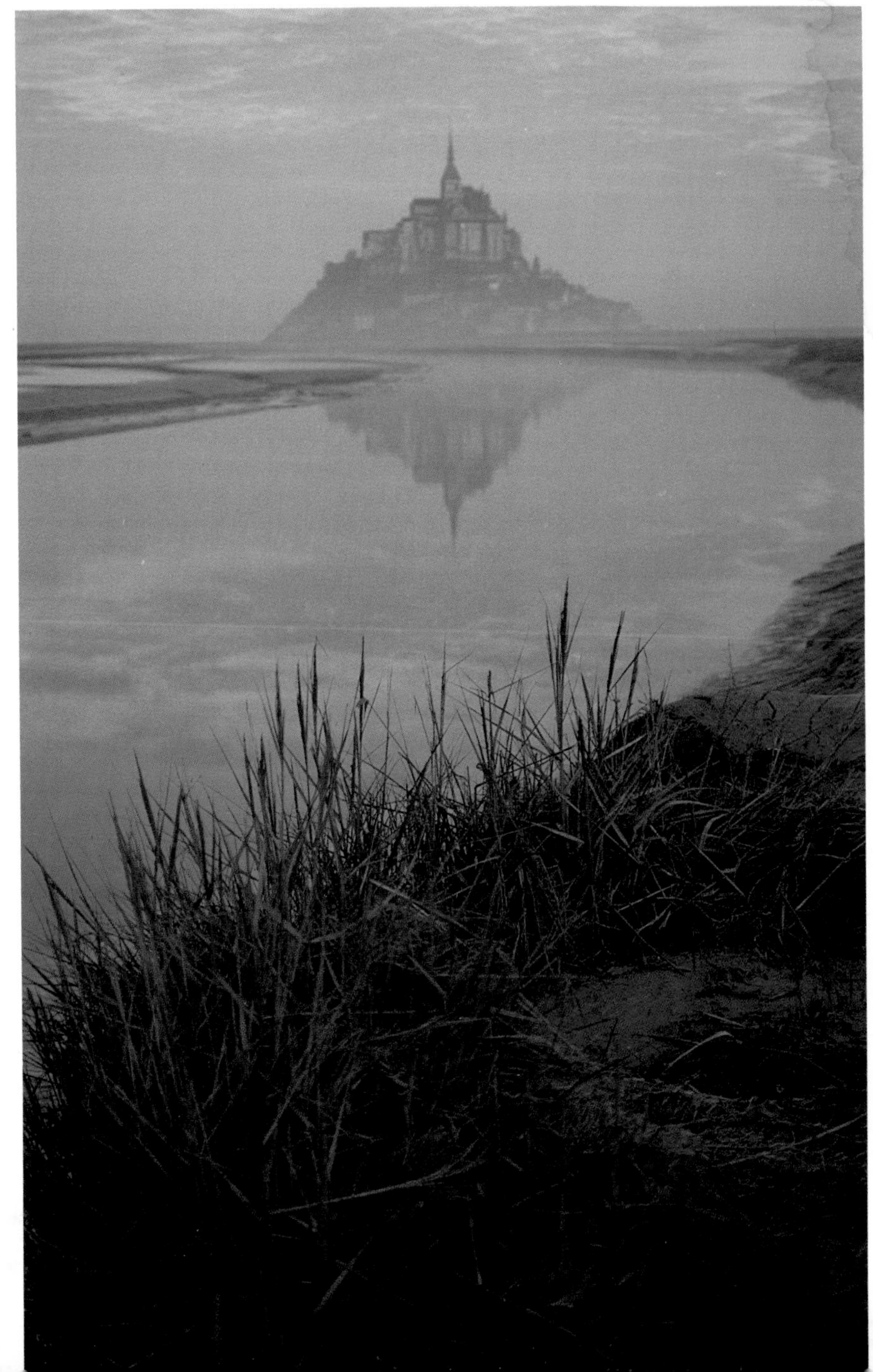

Le Mont-Saint-Michel. Cette abbaye bénédictine avec église est un grand centre touristique (600.000 visiteurs par an). Où se trouve Le Mont-Saint-Michel?

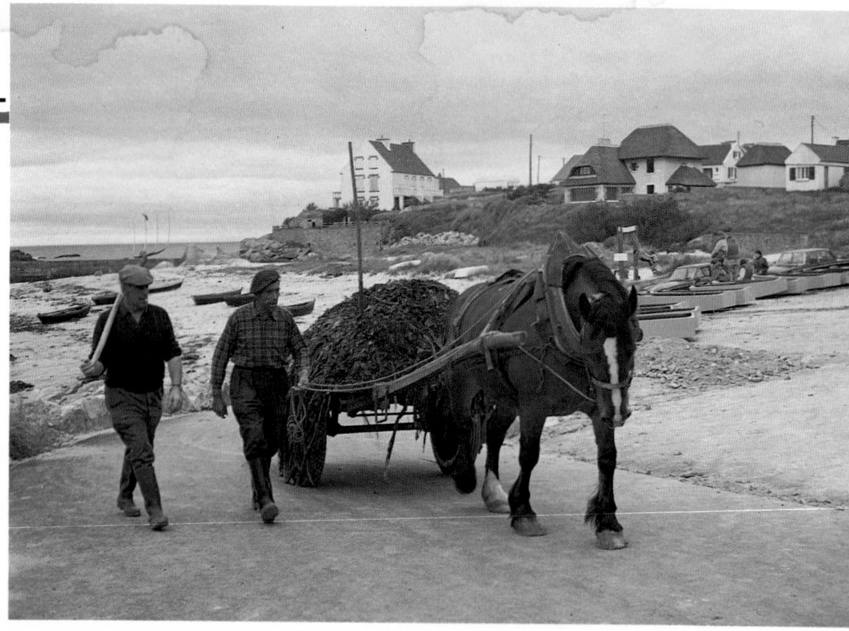

La Bretagne. Juxtaposition du traditionnel et du moderne. Identifiez les éléments qui représentent ces deux côtés de la vie en Bretagne.

Amiens. *(à gauche)* Cette ville à 130 km au nord de Paris a 135.992 habitants. Sa vaste cathédrale date du 13ᵉ siècle. Qu'est-ce que vous voyez dans cette photo?

Vigneron de Bordeaux. *(à droite)* Qu'est-ce qu'il fait?

Le château de Chenonceaux. Ce château de la Renaissance, construit sous le roi François Ier (1515–1522), est dans la vallée de la Loire. Où se trouve la vallée de la Loire? Trouvez les noms des autres châteaux de la Loire.

Gien, sur la Loire. Décrivez ce que vous voyez dans cette photo.

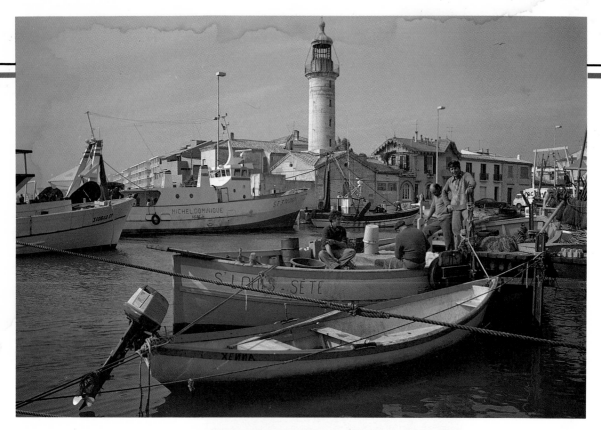

Sète. Port actif sur la Méditerranée, avec son phare et des bateaux de pêche. Quels pays Méditerranéens peut-on visiter en partant du port de Marseille?

Honfleur. Port du Calvados. Où peut-on aller de Honfleur? Quel travail font les habitants de Honfleur?

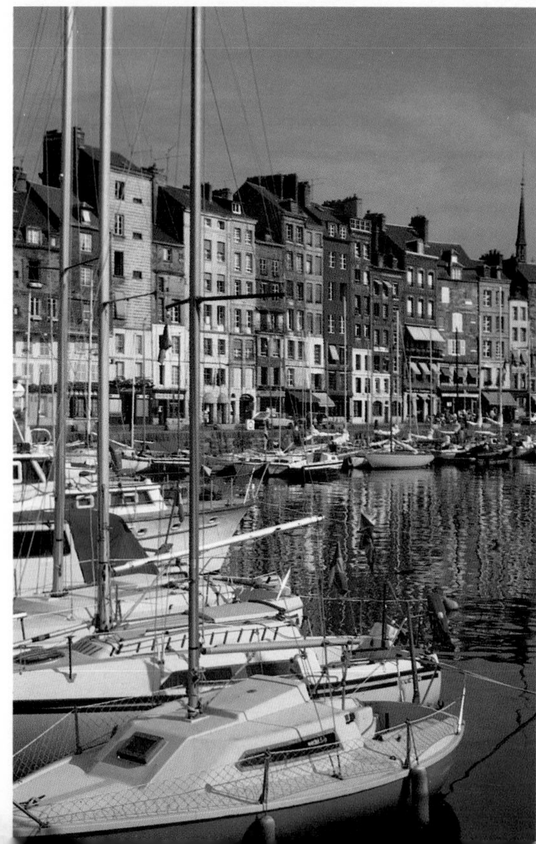

time, you will use the imperfect **(Quand j'*allais* chez mon grand-père, *il faisait* toujours très beau.).** If the description covers a definite period of time, you will use the **passé composé (Hier *il a fait* très beau.).**

Each of the following model sentences contains one verb in the imperfect and another in the **passé composé.** The imperfect describes what *was going on* when something else *happened.* The **passé composé** is used to interrupt an action already in progress. Note that in French the imperfect often corresponds to the progressive *was* or *were doing* in English.

Il **travaillait** en France quand son fils **est né.**	*He was working* in France when his son *was born.*
Il **était** au bureau quand sa femme lui **a téléphoné.**	*He was* in the office when his wife *called* him.
Il **parlait** avec ses collègues quand **il a eu** la nouvelle.	*He was talking* to his colleagues when *he got* the news.

Application

F. Tu l'as fait? Chaque fois que votre mère demande si vous avez fait quelque chose, vous répondez «Non, pas encore,» et vous indiquez ce que vous faisiez. Employez l'imparfait quand vous donnez votre raison.

Modèle: Tu as fait la vaisselle? (être au téléphone)
Non, pas encore. Je n'ai pas fait la vaisselle parce que j'étais au téléphone.

1. Tu as fait tes devoirs? (ne pas avoir envie)
2. Tu as parlé à ton père? (être chez des amis)
3. Tu as mangé? (ne pas avoir faim)
4. Tu as pris une douche? (être trop occupé[e])
5. Tu as fait les courses? (être trop fatigué[e])
6. Tu as écrit la lettre? (n'avoir rien à dire)
7. Tu as accompagné ta soeur au centre commercial *(shopping mall)*? (vouloir aller à la bibliothèque)
8. Tu as acheté du pain? (la boulangerie / être fermé)

G. La Révolution de 1789. Mettez les phrases suivantes au passé en employant l'imparfait ou le passé composé, selon le contexte.

1. La Révolution commence au mois de mai 1789.
2. Le roi *(king)* ne veut pas écouter les membres de la bourgeoisie.
3. La bourgeoisie n'est pas contente parce qu'elle paie trop d'impôts *(taxes).*
4. Le 14 juillet 1789 les Parisiens prennent la Bastille (une prison).
5. En 1792, les révolutionnaires déclarent la France une République.
6. Le roi Louis XVI n'a plus d'autorité.
7. Le gouvernement révolutionnaire guillotine le roi et sa femme, Marie-Antoinette, en 1793.
8. Napoléon Bonaparte est général dans l'armée française quand la Révolution commence.

9. Il fait la guerre *(war)* en Égypte quand il a la nouvelle que le gouvernement français a besoin d'un "leader".
10. En 1799 il rentre en France, il prend le pouvoir *(power)*, et enfin, en 1804, il se déclare empereur des Français.
11. Les Français sont fatigués de la guerre et ils sont contents de trouver un nouveau chef d'état.
12. Malheureusement, Napoléon est trop ambitieux et il ne donne pas aux Français la paix *(peace)* qu'ils cherchent.

H. Un voyage en France. Mettez le passage au passé en employant le passé composé ou l'imparfait, selon le contexte. Les verbes à changer sont en italique. Commencez le passage par **La dernière fois que...**

Je *vais* en France, j'*ai* dix ans. Mes parents et moi nous *prenons* l'avion et nous *arrivons* à l'aéroport Charles de Gaulle à Paris. Des amis *attendent* à l'aéroport et nous *allons* chez eux en voiture. Je *suis* fasciné par la ville de Paris, mais j'*ai* un peu peur dans la voiture. Il y *a* beaucoup de circulation et tout le monde *est* très pressé. À la maison, nos amis *préparent* un bon déjeuner avec un dessert qui *est* formidable! Après le déjeuner, je *prends* le métro pour la première fois. Quelle expérience! Les passagers *sont* comme des sardines dans une boîte de conserves. À côté de moi il y *a* un homme qui *porte* un grand chapeau avec des rubans rouges. Il *dit* quelque chose mais je ne le *comprends* pas. Je ne *parle* pas très bien le français. Nous *faisons* les courses et nous *rentrons*. Nous *sommes* fatigués, mais c'*est* une journée formidable.

Débrouillons-nous! (Petite révision de l'étape)

I. Qu'est-ce que tu as fait hier? En employant les indications données, expliquez d'abord ce que vous avez fait hier et ensuite donnez votre raison.

Modèle: rencontrer des amis / avoir envie de s'amuser
J'ai rencontré des amis parce que j'avais envie de m'amuser.

1. rester à la maison / avoir mal à la tête
2. regarder la télé / être paresseux(-euse)
3. faire le ménage / se sentir en forme
4. parler au téléphone / vouloir organiser une soirée
5. étudier / avoir un examen
6. laver les fenêtres / faire beau
7. jouer au bridge / vouloir s'amuser
8. beaucoup manger / avoir faim toute la journée

J. L'état où j'habite. A foreign student has just arrived at your school and it is your responsibility to tell him/her something about the state in which you live. Using some of the vocabulary you've learned from this course, give the student a description. Include some of the things you and your family have done on trips and the places you have visited.

Deuxième Étape

LECTURE: *La Provence—une province ensoleillée*

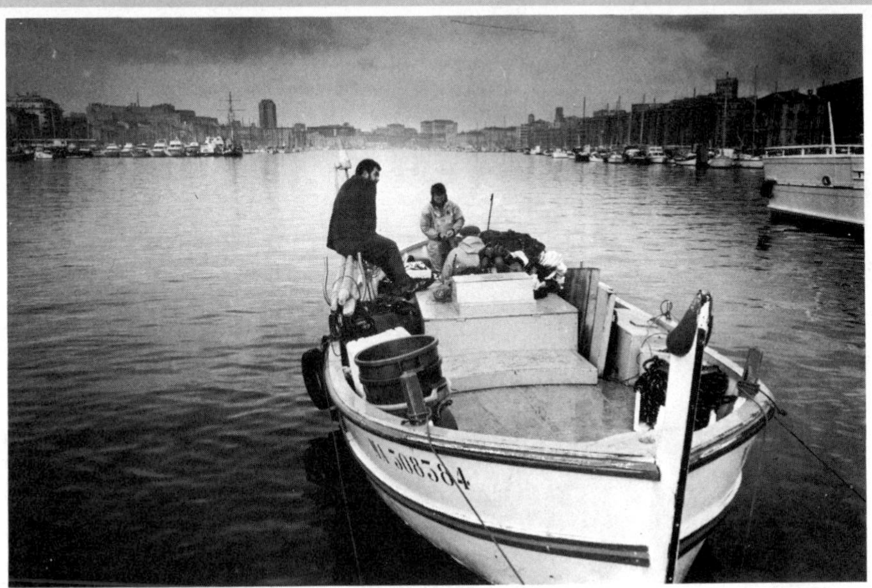

Marseille: le vieux port

La Provence est une région de grande diversité qui attire des milliers de touristes chaque année. Riche en traditions, favorisée par le climat, elle présente un *visage* unique de la vie française qui ne cesse de fasciner *ceux* qui *s'y rendent.*

face
those / go there

MARSEILLE

Quand les Grecs ont fondé la ville de Marseille en 600 avant *J.-C.,* ils l'ont fait pour des raisons commerciales. Marseille est avant tout un grand port de commerce qui est aujourd'hui la deuxième ville française après Paris. Malgré le développement rapide de l'industrie, Marseille a gardé son charme d'autrefois et le visiteur peut y trouver *de quoi* satisfaire sa curiosité.

Christ
everything

Notre-Dame-de-la-Garde. *En haut de* cette vieille église, la statue de la Vierge Marie domine le port de Marseille. Les Marseillais l'appellent la «Bonne Mère» car c'est elle qui protège les *marins* des dangers de la mer. Quand un Marseillais *s'écrie* «Bonne Mère!» il invoque la protection de la Vierge, et cette expression est depuis longtemps entrée dans le langage de la région.

on top of
sailors
cries out

La Canebière. C'est la rue la plus célèbre de Marseille où se trouvent les banques, les hôtels et un grand nombre de boutiques et de cafés. Peu différente d'autres grandes avenues des villes françaises, la Canebière a pourtant un *attrait* singulier: elle mène directement au Vieux Port.

attraction

Le Vieux Port. *Au bout de* la Canebière, le Vieux Port est le centre même du commerce marseillais. C'est là qu'arrivent les bateaux de tous les coins du monde pour apporter leurs marchandises. C'est à cause de cette *ouverture* sur la Méditerranée qu'on appelle Marseille «La Porte de l'Orient». Les cafés et les restaurants des quais du Vieux Port offrent au visiteur les délices de la cuisine régionale à base de poissons. *Après avoir goûté* un *pastis* bien rafraîchissant, il faut *déguster* une bonne *bouillabaisse,* le vrai plat marseillais.

at the end of

opening

after having tasted

alcoholic beverage with an anise base / taste, eat / fish soup in clear broth

LA CAMARGUE

Située dans le delta du Rhône, la Camargue est surtout connue pour la culture du riz et l'*élevage* des *troupeaux* de *taureaux,* de chevaux et de *moutons.* Autrefois, la Camargue était une plaine *marécageuse,* mais aujourd'hui, *grâce aux* innovations technologiques, on a réussi à drainer ces marécages, et on y cultive donc de plus en plus le blé, la vigne et les arbres fruitiers.

raising / herds / bulls

sheep / swampy

thanks to

Ce sont les chevaux et leurs *«gardians»* qui présentent le vrai aspect pittoresque de la Camargue. Le gardian est une sorte de "cowboy" provençal qui s'occupe des chevaux de son *manadier.* Le soir, on le *voit, à cheval,* traverser les vastes terrains et *surveiller* son troupeau. La race de chevaux de la Camargue est connue dans le monde entier. On dit que ce sont les *Sarrasins* qui ont introduit en Provence ces chevaux assez petits, très forts et très rapides.

keepers of the horses

owner of horses

sees / on horseback / oversee

Sarracens, the Moors

Gardians en Camargue

LA CÔTE D'AZUR

Riviera / century / apartment and office buildings / to please / crowds / jewelry / fabrics

La Côte d'Azur est la région de tourisme située entre Toulon et Menton. On y trouve les villes célèbres de St-Tropez, St-Raphaël, Cannes, Antibes et Nice. Au 19e *siècle,* les peintres impressionnistes Monet, Renoir et Cézanne ont trouvé leur inspiration dans la lumière pure, le soleil brillant et la beauté des paysages si variés. Aujourd'hui, pourtant, ce paysage a bien changé. Si le climat reste idéal, les plages et les villes ont perdu leur tranquillité. Hôtels, restaurants, discothèques, maisons, *immeubles,* aéroports, tout y est pour *plaire* aux *foules* qui arrivent de tous les pays du monde. Mais cette activité permet aussi aux artisans provençaux de continuer leur travail et de trouver des clients qui apprécient encore la qualité de leurs poteries, marionnettes, *bijoux* et *tissus.*

UN ITINÉRAIRE

coming from

Le visiteur désireux de connaître la Provence peut commencer son voyage à Marseille. Il y a trois autoroutes qui mènent à cette ville, une *venant de* Paris, une autre de la frontière italienne et la troisième de Toulon. Une excursion de quatre ou cinq jours vous permet de visiter les sites principaux de la Basse Provence: Marseille—Martigues—Salin-de-Giraud—La Camargue—Les Saintes-Maries-de-la-Mer—Aigues-Mortes—St-Gilles—Arles—St-Martin-de-Cau—Salon-de-Provence—Aix-en-Provence—Marseille.

Exercices de familiarisation

A. Visitons la Provence. Regardez la carte de la Provence en dessous et établissez les itinéraires suivants.

Modèle: Marseille—St-Raphaël
Pour aller à St-Raphaël, je vais passer par Cassis, La Ciotat, Toulon, et St-Tropez.

1. St. Raphaël—Menton 2. Cannes—Digne 3. Marseille—Arles
4. Arles—Orange 5. Toulon—Cannes

B. Des conseils. Vos amis vont indiquer ce qui les intéresse et vous allez leur donner le nom des endroits en Provence qui correspondent à leurs intérêts.

Modèle: Je voudrais aller à la plage et rencontrer des gens célèbres.
Alors, il faut que tu ailles à la Côte d'Azur.

1. J'adore le poisson.
2. Je voudrais voir des troupeaux de chevaux.
3. Je voudrais m'asseoir dans un café et regarder les gens qui passent.
4. Je voudrais visiter une ville touristique célèbre.
5. J'adore les vieilles églises.
6. Je voudrais goûter une boisson provençale typique.
7. Je voudrais acheter des poteries de la région.
8. Je m'intéresse aux endroits qui ont inspiré les peintres impressionnistes.

Reprise
(Première Étape)

C. Une soirée. Vous êtes invité(e) à une soirée chez des amis. Décrivez ce que les gens faisaient quand vous êtes arrivé(e). Employez l'imparfait.

Modèle: Tout le monde boit du vin.
Quand je suis arrivé(e), tout le monde buvait du vin.

1. Ils mangent des hors-d'oeuvre.
2. Paul et Simone discutent de politique.
3. Françoise chante une chanson française.
4. Sylvie et Marc dansent.
5. Yvonne raconte des histoires.
6. Deux enfants font beaucoup de bruit.
7. Éric prépare des hors-d'oeuvre dans la cuisine.
8. Richard joue de la guitare.
9. Plusieurs personnes boivent de la bière.
10. Tout le monde s'amuse.

D. Où se trouve... ? Regardez la carte à la p. 304 et indiquez où se trouvent les endroits géographiques suivants.

Modèle: Bordeaux
Bordeaux se trouve au sud-est de la France, sur la Garonne.

1. Nantes 2. Lyon 3. Marseille 4. les Pyrénées 5. les Alpes
6. la Suisse 7. le Luxembourg 8. le Rhône 9. la Bretagne
10. Strasbourg 11. Le Havre 12. l'Allemagne

PRONONCIATION: *Les liaisons interdites*

While some liaisons are required, other liaisons are forbidden **(interdites).** The following liaisons are never made:

1. A proper name + a word beginning with a vowel sound:

Jean/est là	Robert/a faim	Georges/et Marie

2. A plural noun + a verb beginning with a vowel sound:

les garçons/ont vu le film	les autres/habitent à Londres	mes parents/aiment danser

3. **Et** + a word beginning with a vowel sound:

Paul et/Annick	un thé et/un café

4. **On, ils, elles** (inversion) + a past participle or an infinitive beginning with a vowel sound:

a-t-on/entendu?	ont-ils/envie?	vont-elles/arriver?

Pratique

E. Read each sentence aloud, taking care to avoid prohibited liaisons.

1. Le médecin a prescrit un médicament et un arrêt de travail.
2. Ont-ils envie de sortir?
3. Vont-elles à la pharmacie?
4. Richard a soif et il a faim aussi.
5. Marie et Yves habitent à Paris.

STRUCTURE 2: *L'imparfait et le passé composé (suite)*

The table below outlines the various uses of the **passé composé** and the imperfect. As you study it, keep in mind the following basic principles:

1. Both the **passé composé** and the imperfect are past tenses.
2. Most French verbs can be put into either tense, depending on the context in which they appear.
3. As a general rule, the **passé composé** moves a story's action forward in time: **Je me suis levée, j'ai pris une tasse de café, j'ai quitté la maison.**
4. As a general rule, the imperfect tends to be more descriptive and static: **Il faisait beau, les enfants jouaient dans le parc pendant que je faisais tranquillement du tricot sur un banc.**

Imperfect	*Passé composé*
Description **Elle était** très fatiguée.	____
Habitual action **Ils parlaient** français tous les jours.	*Single occurrence* Ce matin **je me suis préparé** un bon petit déjeuner.
Indefinite period of time Quand **j'étais** jeune... **Il faisait** très beau.	*Definite period of time* En 1986, **j'ai passé** deux mois au Portugal. Hier, **il a fait** très beau.
Action repeated an unspecified number of times **Nous** lui **téléphonions** souvent.	*Action repeated a specified number of times* **Nous** lui **avons téléphoné** deux ou trois fois.

Application

F. Une mauvaise journée. Racontez l'histoire de la journée de Catherine en employant les verbes dans le dessin. Utilisez le passé composé ou l'imparfait selon le contexte.

Modèle: se réveiller *Catherine s'est réveillée à 6h30.*

1. se réveiller, rester au lit, se lever, être fatiguée

2. prendre une douche, s'habiller, mettre, ne pas aller bien ensemble

3. quitter la maison, pleuvoir, se dépêcher pour aller au travail

4. être en retard, attendre, monter dans, ne pas y avoir de place

5. descendre, avoir faim, traverser, aller au café, commander

6. ne pas boire, être froid, demander, être trop chaud

7. aller au bureau, (le patron) attendre, regarder sa montre, être 10h

8. se disputer, ne pas vouloir travailler, rentrer, se coucher

G. Hier... Maintenant racontez l'histoire de votre journée (hier) en choisissant les verbes convenables de la liste suivante ou d'autres verbes que vous connaissez. Employez le passé composé ou l'imparfait selon le contexte.

se réveiller	être content(e)	être en retard
se lever	être malheureux(-euse)	être fatigué(e)
avoir faim	se disputer	avoir beaucoup de travail
préparer	attendre	sortir
prendre le déjeuner	rencontrer	manger
boire	avoir soif	faire du sport
aller	être en avance	se coucher
faire beau, etc.	être à l'heure	
s'habiller		

Débrouillons-nous! (Petite révision de l'étape)

H. Notre voyage en Provence. Imaginez que vous avez fait un voyage en Provence avec des amis. Décrivez votre voyage en utilisant le passé composé ou l'imparfait, selon le contexte.

Modèle: Quand je vais en Provence, il fait beau.
Quand je suis allé en Provence, il faisait beau.

1. Il y a trop de touristes à Nice.
2. Nous passons deux jours à la plage.
3. L'hôtel est cher, mais les spécialités de la région sont formidables.
4. De Nice nous allons à Cannes, où nous visitons le Palais des Festivals.
5. À Cannes, nous prenons le train pour St-Raphaël.
6. Partout, nous rencontrons des gens très sympathiques.
7. À St-Raphaël nous louons une voiture pour continuer notre chemin *(continue on our way).*
8. Malheureusement, je ne suis pas en bonne forme.
9. J'ai la grippe.
10. Mais je m'amuse quand même parce que je veux profiter de mon voyage.
11. Sur la route entre St-Raphaël et Toulon nous nous arrêtons plusieurs fois pour acheter des souvenirs.
12. Nous ne restons pas longtemps à Toulon.
13. Nous continuons notre voyage le long de la côte.
14. Enfin, nous arrivons à Marseille.
15. Je suis fasciné par les vieilles églises.
16. Nous sommes contents de notre voyage et nous prenons beaucoup de photos.

I. Un voyage intéressant. Tell your classmates about the last trip you took. Where did you go? What did you see and do? What was the weather like? Etc. Remember to distinguish between the uses of the **passé composé** and the imperfect.

Troisième Étape

LECTURE: *La Bretagne—une province mystérieuse*

hard / region / battered
storms / misty / rocky soil
mild / vegetable

De Rennes, sa capitale, à Brest sur la côte atlantique, la Bretagne est une province mystérieuse, sauvage et *dure.* C'est une *contrée battue* par les *tempêtes,* souvent *brumeuse,* à *sol rocheux,* mais où le climat est assez *doux* pour favoriser les cultures *maraîchères.* En fait, la Bretagne produit 66% des artichauts français, 50% des choux-fleurs et 43% des haricots verts. Pourtant, les Bretons n'arrivent pas à vivre de l'agriculture. Certains continuent la tradition de leurs *aïeux* et *gagnent leur vie* de la mer. Les produits de la *pêche,* obtenus avec beaucoup de *peine,* sont vendus partout en France et sont à la base des spécialités bretonnes.

ancestors / earn their living
fishing / difficulty

Si la vie traditionnelle en Bretagne est *celle* du *pêcheur,* les jeunes se dirigent de plus en plus vers les industries qui s'établissent depuis une vingtaine d'années autour de Rennes. Citroën s'y est installé, et cette industrie automobile aide beaucoup à *soulager* le *chômage* qui menace toute la région.

that / fisherman
ease / unemployment

La Bretagne, plus qu'aucune autre province française, a gardé son individualité et reste *farouchement* attachée à son passé. La langue bretonne est ressuscitée dans les écoles, le folklore et les légendes sont transmis d'une génération à l'autre. Dans son *refus* d'être assimilée à la culture française, la Bretagne reste indépendante et fière. Bien sûr, les touristes arrivent de plus en plus nombreux dans les vieilles cités de Dinan, Dinard, St-Malo et Carnac, mais les Bretons ne se laissent pas facilement influencer par ces invasions et n'oublient pas l'héritage *celtique* qui *nourrit* leurs chansons, leurs mythes, leurs *contes.*

ferociously
refusal
celtic
nourishes / stories

CARNAC

fields / rise / rocks, stones
witnesses / peoples
weigh
move

Dans les *champs* tout près de Carnac *s'élèvent* des *pierres* de taille énorme, *témoins* des *peuples* préhistoriques qui occupaient autrefois le territoire de la Gaule. Ces pierres *pèsent* souvent des milliers de kilos et les archéologues continuent à étudier leur symbolisme et les peuples qui ont réussi à les *déplacer.*

megalithic, made of a single stone
aligned / arranged
corridor / square

Deux types de pierres *mégalithiques* dominent le paysage breton. D'une part, il y a les menhirs (*men* = pierre, *hir* = longue), hauts et droits, *alignés* en longues avenues régulières, ou *dressés* en cercle ou demi-cercle. D'autre part, les dolmens (*taol* = table, *men* = pierre) sont d'énormes tables de granit qui existent seules ou dans un ensemble formant un *couloir* qui se termine par une chambre ronde ou *carrée.*

Menhirs à Carnac

Si nous savons de quelle époque, plus ou moins, datent ces monuments (4000 avant J.-C.), il n'est pas du tout clair pourquoi ils ont été élevés et à quoi ils servaient. Est-ce qu'ils faisaient partie de rites et de cérémonies religieux? Est-ce que les ensembles de pierres étaient des temples solaires ou des *tombeaux* collectifs? Nous ne *saurons* peut-être jamais les réponses à ces questions, mais nous pouvons continuer à admirer le spectacle impressionnant qui nous rappelle l'énergie et l'imagination des peuples préhistoriques.

tombs / will know

Exercices de familiarisation

A. Complétez les phrases en choisissant la réponse juste parmi les possibilités données entre parenthèses.

1. La capitale de la Bretagne est ____. (Brest, Dinan, Rennes, St-Malo)
2. En Bretagne, le climat est généralement ____. (froid, chaud, doux)
3. Les cultures qui dominent en Bretagne sont les cultures ____. (maraîchères, des vignes, du blé)
4. Certains Bretons gagnent leur vie de ____. (leurs aïeux, la tradition, la mer)

5. Les jeunes se dirigent de plus en plus vers ____. (la vie de pêcheur, les industries, le chômage)
6. ____ s'est installé à Rennes. (Citroën, Peugeot, Renault)
7. La Bretagne a gardé ____. (ses écoles, ses jeunes, son individualité)
8. Les Bretons n'oublient pas leur héritage ____. (français, celtique, mythologique)
9. Les monuments de pierre qui ressemblent à des tables s'appellent des ____. (dolmens, menhirs, tombeaux)
10. Dans la langue celtique, *hir* veut dire ____. (haut, droit, long)

B. Décidez si les phrases sont vraies ou fausses.

1. En Bretagne il ne pleut pas très souvent.
2. La Bretagne se trouve sur la côte Atlantique.
3. La plupart des Bretons gagnent leur vie de l'agriculture.
4. Le chômage n'est pas un problème en Bretagne.
5. Le poisson est à la base des spécialités bretonnes.
6. Les étudiants bretons ont la possibilité d'étudier la langue bretonne.
7. La signification des menhirs et des dolmens reste un mystère.
8. Les monuments mégalithiques datent de l'époque romaine.

Reprise
(Deuxième Étape)

C. Qu'est-ce qu'ils faisaient quand... ? Répondez aux questions suivantes en employant les éléments entre parenthèses.

Modèle: Qu'est-ce qu'ils faisaient quand vous êtes arrivé? (dîner)
Quand je suis arrivé, ils dînaient.

1. Qu'est-ce que tu faisais quand Jean-Claude a téléphoné? (prendre le petit déjeuner)
2. Qu'est-ce que vous faisiez quand elle est descendue? (faire la lessive)
3. Qu'est-ce qu'il faisait quand tu es sortie? (dormir)
4. Qu'est-ce qu'elles faisaient quand il est rentré? (étudier)
5. Qu'est-ce que tu faisais quand je me suis couché? (regarder la télé)
6. Qu'est-ce qu'il faisait quand elle a quitté la maison? (s'occuper des enfants)
7. Qu'est-ce que tu faisais quand Marc est tombé? (mettre la table)

D. Nos vacances en Provence. Racontez vos vacances en Provence en employant l'imparfait ou le passé composé, selon le contexte.

1. Nous passons nos vacances en Provence.
2. Notre voyage commence à Marseille où nous visitons la Canebière. Il fait beau et les Marseillais se promènent sur le grand boulevard.
3. De Marseille nous faisons un séjour dans la Camargue. Les chevaux et leurs gardians sont très impressionnants, mais il fait très chaud.
4. Ensuite nous arrivons à Arles. À l'église St-Trophime nous admirons les sculptures et les scènes de la Bible. Un guide nous raconte aussi l'histoire de la ville.

5. Finalement, nous nous arrêtons à Salon-de-Provence où nous visitons le musée militaire.
6. C'est un voyage très intéressant et nous apprenons beaucoup.

PRONONCIATION: *La liaison et la consonne* h

Even though the letter **h** is never pronounced in French, it behaves in two different ways with regard to liaison. In most words that begin with **h,** the **h** is mute. In the singular, words with mute **h** take the definite article **l': l'hôtel.** In the plural, liaison is obligatory: **les‿hôtels.** Other words, however, begin with an aspirate **h (h aspiré).** In such cases, the word "acts" as if the **h** were pronounced (although it is actually silent). As a result, in the singular, the definite article **le** or **la** is used: **le hall, la Hollandaise.** In the plural, liaison is forbidden: **les/halls, les/Hollandaises.** Dictionaries usually indicate an aspirate **h** with a special symbol (an asterisk or a comma).

Pratique

E. Read each word group aloud, making or omitting the liaison as indicated.

cet‿hôpital	il est dix‿heures	sans / haine
un‿hôtel	en‿hiver	un / hasard
je suis‿heureux	un grand‿homme	des / hors-d'oeuvre
je me suis‿habillé	elles‿habitent	dans / huit jours
des‿histoires	des‿habitudes	en / haut

STRUCTURE 3: *Le verbe irrégulier* voir

Tu vas voir Mireille au bureau?	*Are you going to see* Mireille at the office?
Non, pas aujourd'hui. **Je** l'**ai vue** hier.	No, not today. *I saw* her yesterday.
Bon. Mais si **tu** la **vois,** dis-lui que je la cherche.	OK. But if *you see* her, tell her that I'm looking for her.
D'accord. Dis,[1] tu vas chez Paul ce soir?	OK. Say, are you going to Paul's house tonight?
Je ne sais pas. **On verra.** Mireille va y être.	I don't know. *We'll see.* Mireille is going to be there.

Be sure to distinguish between **voir** *(to see)* and **regarder** *(to look at, to watch).* Note also that **On verra!** is a good way to be noncommittal if someone asks you to do something and that **Voyons...** is useful as a filler in conversation when you're trying to give yourself time to think about what to say next.

1. **Dire** *(to say)* is conjugated as follows in the present tense: **je dis, tu dis, il/elle/on dit, nous disons, vous dites, ils/elles disent.** The past participle of **dire** is **dit (avoir).**

Vous désirez, Madame?	What would you like, Madam?
Voyons... Je vais prendre un demi et un sandwich.	*Let's see...* I'll have a beer and a sandwich.

The verb **voir** is conjugated in the following way in the present tense:

voir	
je **vois**	nous **voyons**
tu **vois**	vous **voyez**
il, elle, on **voit**	ils, elles **voient**
Past participle: **vu** (avoir) Subjunctive stem: **voi-, voy-**	Imperfect stem: **voy-**

Application

F. Remplacez les mots en italique et faites les changements nécessaires.

1. Qu'est-ce que *tu* vois? (vous / il / elles)
2. *J*'ai vu Monique au cinéma. (nous / elle / ils / on / vous / tu)
3. Autrefois, *je* les voyais souvent. (elle / nous / ils / on / tu)
4. Il est important qu'*elle* le voie demain. (nous / ils / tu / vous / je / on)

G. Questionnaire. Posez les questions à un(e) autre étudiant(e) et écrivez les réponses sur une feuille de papier. Ensuite, expliquez vos résultats à la classe entière. Demandez:

1. s'il/si elle a vu un film récemment, et quel film.
2. s'il/si elle voit souvent sa famille, et quand.
3. s'il/si elle voit souvent ses amis, et quand.
4. s'il/si elle a fait un voyage récemment, et quelles choses intéressantes il/elle a vues.

Débrouillons-nous! (Petite révision de l'étape)

H. Un voyage en Bretagne. Vous et vos amis, vous êtes allés en Bretagne l'été dernier. Maintenant, vous racontez ce voyage à un autre ami. Employez les éléments donnés pour raconter votre histoire.

Modèle: Jean / Bretagne / les pêcheurs
Jean est allé en Bretagne où il a vu les pêcheurs.

1. Marie et Lucette / Carnac / les dolmens et les menhirs
2. Paul / Rennes / l'usine *(factory)* de Citroën
3. nous / Saint-Malo / les remparts
4. je / Morlaix / les calvaires *(wayside crosses)*
5. Marie et Philippe / Dinard / la vieille cité
6. Jacqueline / Dinan / le château

I. Mes diapositives *(my slides).* Now you're showing slides of your trip to Brittany to your friends. Imagine what is in each slide and tell your friends what they're seeing **(Ici, vous voyez Jacques et moi dans le château de Saint-Malo.** Etc.).

Listen again to the Student Tape for this chapter and do the more detailed comprehension exercises at the end of the corresponding chapter in the ***Cahier.***

Quatrième Étape

LECTURE: *«Paysage français»*

The following poem by Paul Claudel (1868–1955) evokes a country scene in the province of Burgundy **(la Bourgogne).** Read the poem once for the pleasure of the words, then read it again and answer the questions that follow it.

Paysage français

La rivière sans se dépêcher
Arrive au fond[1] de la vallée

Assez large pour qu'un pont[2]
La traverse d'un seul bond[3]

Le clocher[4] par-dessus[5] la ville
Annonce une heure tranquille

Le dîner sera[6] bientôt prêt
Tout le monde l'attend, au frais,[7]

On entend les gens qui causent[8]
Les jardins sont pleins de roses

Le rose[9] propage et propose
L'ombre[10] rouge à l'ombre rose

La campagne[11] fait le pain
La colline[12] fait le vin

C'est une sainte besogne[13]
Le vin, c'est le vin de Bourgogne!

Le citoyen[14] fort et farouche[15]
Porte son verre à sa bouche

Mais la poule[16] pousse affairée[17]
Sa poulaille[18] au poulailler[19]

Tout le monde a fait son devoir[20]
En voilà[21] jusqu'à ce soir.

Le soleil dit:
Il est midi.

Paul Claudel, *Poésies diverses*

Les vignobles de Bourgogne

Exercices de compréhension

A. Description. Give your own description of the scene presented in the poem. Use the concrete elements provided by the poet and add some of your own that you think might fit well into the scene.

B. Interprétations. Answer the following questions based on the scene described in the poem.

1. The tone of Claudel's poem is one of peace and calm. What are the words and images that most contribute to this tone?
2. What season is it and what is the weather like?
3. Why do you think the word **dîner** is used to refer to the noontime meal people are waiting for?
4. What do you think are the principal agricultural products of the region? Which elements in the poem give more importance to two of these products?
5. There is almost a religious and patriotic quality about the poem. Which words contribute to this tone?

Reprise (Troisième Étape)

C. Ce que nous voyons. Utilisez **je** et **nous** (avec le présent ou le passé) pour décrire ce que vous voyez dans les circonstances suivantes.

---

1. at the bottom 2. bridge 3. leap 4. church steeple 5. above 6. will be 7. in the fresh air 8. chat 9. the pink color 10. shade 11. fields 12. hills 13. task 14. citizen 15. fierce 16. hen 17. bustling, fussing 18. chicks 19. henhouse 20. duty 21. that's it

Modèle: de la fenêtre de notre salle de classe
Nous voyons des arbres, un bâtiment et un parking. Hier, j'ai vu un homme qui promenait son singe (monkey). Etc.

1. de la fenêtre de notre salle de classe 2. de la fenêtre de ma chambre 3. dans le centre commercial 4. au cinéma 5. sur le campus 6. en ville

Point d'arrivée (Activités orales et écrites)

D. Nous connaissons la France. While referring to the map of France, say as much as you can about the country. For example, talk about its geography, rivers, agriculture, cities, and regions, such as Paris, la Bretagne, la Provence, la Bourgogne, etc.

E. Parlons de notre jeunesse. Tell the others in your group what you used to do when you were a child. Then find the experiences that you all have in common and explain them to the rest of the class.

F. Une aventure. Tell the others in your group about an interesting, strange, funny, or terrible experience you had in the past.

G. Des diapositives. Pretend that the photographs (in color or black and white) in this chapter and Chapter 5 are the slides that you took yourself during a trip to France. You have now invited your friends to relive the trip with you, and as you show them the slides, describe them. Your friends will ask you questions as you go along.

Lexique

POUR SE DÉBROUILLER

Pour donner une description dans le passé, employez l'imparfait des verbes suivants
être
avoir
faire
sembler
avoir l'air
se sentir

Pour faire avancer une histoire, employez le passé composé

Pour hésiter et gagner du temps quand vous parlez
voyons...
euh...
eh bien...
alors...

Pour éviter de prendre une décision
On verra!
Je ne sais pas.
Je ne suis pas sûr(e) encore.
Peut-être.
Je vais voir.

VOCABULAIRE GÉNÉRAL

Noms
le centre commercial
l'est
la guerre
les impôts *m.pl.*
le nord
l'ouest *m.*
la paix
le pouvoir
un roi
un singe
le sud
un(e) voisin(e)

Verbes
dire
voir

CHAPITRE TREIZE
Prenons le train!

Première Étape
Les gares de Paris

Deuxième Étape
Faisons nos réservations!

Troisième Étape
Une réservation TGV

Quatrième Étape
Lecture: La réservation TGV: obligatoire

Do the **Travail préliminaire** section at the beginning of the corresponding chapter of the ***Cahier:*** complete the Planning Strategy, listen to the Student Tape, and answer the general comprehension questions.

Première Étape

POINT DE DÉPART: *Les gares de Paris*

Deux couples amis—Daniel et Michèle Barbier, Christiane Salanches et Roger Tressour—parlent de leurs projets de vacances.

aren't you tempted by	MICHÈLE:	Alors, **ça ne vous tente pas,** les sports d'hiver?
for a long time	ROGER:	Absolument pas. **Il y a longtemps que** nous parlons d'aller à Rome. Et cette année nous allons le faire. Nous allons nous baigner dans l'histoire romaine pendant huit jours.
	CHRISTIANE:	Où est-ce que vous allez pour faire du ski?
ski resort town near Grenoble	DANIEL:	À **Alpe d'Huez.**
	CHRISTIANE:	C'est loin, n'est-ce pas? Il faut compter six ou sept heures pour y aller.
bus	MICHÈLE:	En voiture, oui. Mais nous, on va prendre le TGV. On met trois heures Paris-Grenoble, puis on prend le **car.**
	ROGER:	Vous avez déjà pris vos places dans le train?
	MICHÈLE:	Non, pas encore.
	ROGER:	Nous, non plus. Mais il faut le faire tout de suite. Alors, vous partez de la gare de Lyon, nous aussi. On peut aller acheter les billets ensemble.
	CHRISTIANE:	Moi, j'ai une idée. Michèle et moi, nous allons nous occuper des billets. Vous, les garçons, vous pouvez faire la vaisselle!

each one serves / it's therefore not enough

À Paris il y a six gares et **chacune dessert** une région bien définie de la France. **Il ne suffit donc pas de** savoir où on veut aller, mais aussi d'où on veut partir.

NOTE CULTURELLE

The French railway system **(S.N.C.F., Société Nationale des Chemins de fer français)** is one of the most efficient and sophisticated in the world. The French are rightly proud of the fact that their trains are very punctual and comfortable. The **S.N.C.F.** was nationalized in 1937, which means that it is state owned and state controlled. With its 35,000 km. of track and 11,500 trains, it transports more than 610 million people and 250 million tons of merchandise each year. Express trains travel at over 120 km. an hour, and the **TGV (Train à grande vitesse)** between Paris and the south of France is one of the fastest trains in the world, traveling at a speed of 280 to 300 km. an hour.

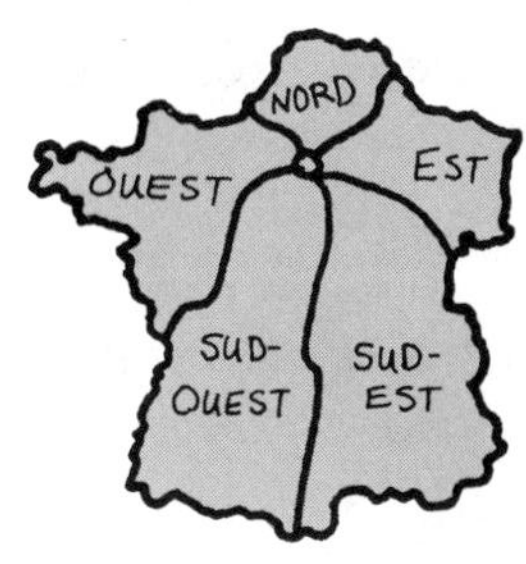

Gare du Nord: région nord (Lille, la Belgique, l'Angleterre)
Gare de l'Est: région est (Strasbourg, la Suisse)
Gare de Lyon: région sud-est (Lyon, Grenoble, Marseille, Nice, l'Italie; le TGV)
Gare d'Austerlitz: région sud-ouest (Orléans, Tours, Toulouse, Bordeaux, l'Espagne)
Gare Saint-Lazare: région ouest (la Normandie—Rouen, le Havre)
Gare Montparnasse: région ouest (Nantes, la Bretagne—St-Malo, Rennes, Brest)

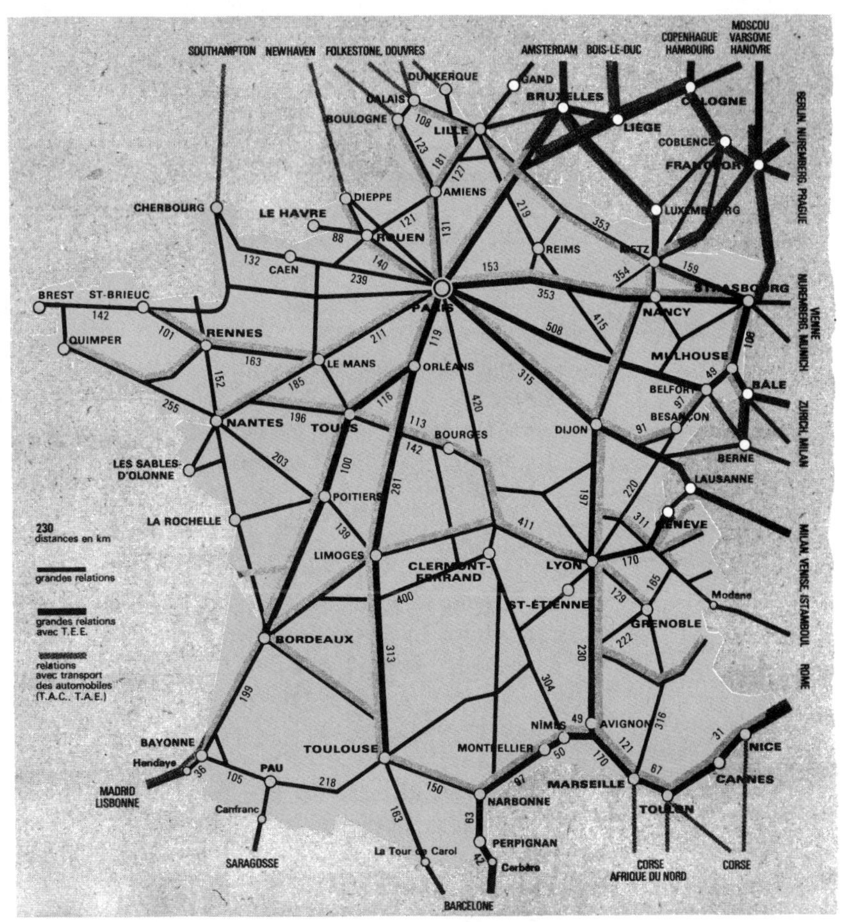

À vous! (Exercices de vocabulaire)

A. De quelle gare est-ce qu'on part? Regardez la carte ci-dessus. Décidez de quelle gare on part pour aller aux villes suivantes.

Modèle: Mulhouse
Pour aller à Mulhouse, on part de la gare de l'Est.

1. Nantes 2. Grenoble 3. Pau 4. Nice 5. Poitiers 6. Reims 7. Nancy 8. Rouen 9. Bordeaux 10. Dunkerque 11. Amiens 12. Montpellier 13. Besançon 14. Avignon

B. Un itinéraire. Regardez la carte à la p. 327 et décrivez votre itinéraire à partir de Paris. Expliquez (1) de quelle gare on va partir et (2) par quelles villes on va passer.

Modèle: Paris-Marseille
On va partir de la gare de Lyon. On va passer par Lyon et par Avignon.

1. Paris-Quimper 2. Paris-Cannes 3. Paris-Le Havre 4. Paris-Bayonne 5. Paris-Boulogne 6. Paris-Metz

STRUCTURE 1: *Les noms géographiques et les prépositions*

Quand est-ce que vous partez **pour l'Europe?**	When are you leaving *for Europe?*
Tu vas **à Madrid** l'année prochaine?	Are you going *to Madrid* next year?
Je vais rester **en France.**	I'm going to stay *in France.*
Nous, on va faire un voyage **au Portugal.**	We're going to take a trip *to Portugal.*
Ensuite elle compte aller **aux États-Unis.**	Then she hopes to go *to the United States.*

You have probably noticed that most geographical expressions in French (other than cities) are preceded by a definite article: **la France, la Normandie, le Rhône, les Pyrénées,** etc. The article is used whenever there is no preposition **(J'adore la Suisse)** and after the preposition **pour (Il part pour la Russie demain).**

However, when you wish to express the ideas of being *in* or *at* a place or of going *to* or coming *from* somewhere, the definite article either disappears **(en France, de Suisse)** or is combined with a preposition **(au Maroc, du Portugal).** The following chart summarizes this particular structure.

	City[1]	***Feminine country or masculine country beginning with a vowel***	***Masculine country***	***Plural country***
To, in, at	**à**	**en**	**au**	**aux**
From	**de (d')**	**de (d')**	**du**	**des**

1. A few cities do have articles as part of their name: for example, **le Havre, le Caire, la Nouvelle-Orléans.** In these cases, the article contracts with the prepositions **à** and **de** in the normal way: **au Havre, du Caire, à la Nouvelle-Orléans.**

Helpful hints

1. The great majority of geographical names ending in **-e** are feminine: **la France, la Bretagne, la Suisse, la Russie.** There are a few exceptions: **le Mexique, le Zaïre.**
2. Geographical names ending in a letter other than **-e** are usually masculine: **le Canada, le Japon, le Portugal, Israël,**[2] **les États-Unis.** Remember, however, that masculine expressions that begin with a vowel or vowel sound use the prepositions normally associated with feminine nouns: **en Israël, de Haïti.**
3. The use of prepositions with the names of American states varies somewhat. Those states whose last letter is **a** in English *often* end in **e** in French and are consequently treated as feminine geographical expressions: **en Californie, en Floride, en Caroline du Nord (du Sud), en Géorgie, en Louisiane, de Pennsylvanie, de Virginie.** All other states are masculine: if they begin with a vowel or a vowel sound, they use **en** and **de: en Alabama, en Ohio, d'Oregon;** otherwise, they use **au** and **du: au Texas, au Vermont, du Minnesota, du Mississippi.** When speaking of the states of Washington and New York, the expressions **dans l'état de** and **de l'état de** are used in order to distinguish between the state and the city: **Je suis de New York** (New York City) or **Je suis originaire de l'état de New York.**

List of countries and regions[3]

l'Europe

l'Allemagne
l'Angleterre
la Belgique*
le Danemark
l'Espagne
la France*
la Grèce
l'Italie
le Portugal
la Suède
la Suisse*
l'U.R.S.S. (la Russie)

l'Asie

la Chine
l'Inde
le Japon
le Viêt-Nam

l'Amérique

le Canada*
les États-Unis
le Mexique
l'Argentine
le Brésil
la Colombie
le Nicaragua
le Vénézuéla

---

2. In French, the name of the country **Israël** is never accompanied by an article: **Je vais visiter Israël. Nous partons pour Israël demain matin.** Although masculine, the name is preceded by **en** and **d'** because it begins with a vowel: **en Israël, d'Israël.**
3. The countries marked by an asterisk are Francophone countries where French is one of the languages spoken by a large portion of the population. For other Francophone countries, see the map and lists in Chapter 17.

l'Afrique	**le Moyen Orient**	**L'Australie et l'Océanie**
l'Algérie*	l'Égypte	l'Australie
l'Afrique du Sud	l'Iran	la Nouvelle-Zélande
le Cameroun*	Israël	les Philippines
la Côte d'Ivoire*	le Liban*	
le Maroc*	la Libye	
le Sénégal*	la Syrie	
la Tunisie*		

Application

C. Où est-ce qu'on parle...? En employant les indications entre parenthèses indiquez dans quels pays on parle les langues suivantes. Vous pouvez décider si le pays est masculin ou féminin en regardant la dernière lettre.

Modèle: Où est-ce qu'on parle allemand? (Allemagne / Suisse)
On parle allemand en Allemagne.
On parle allemand en Suisse.

1. Où est-ce qu'on parle français? (France / Tunisie / Canada / Monaco)
2. Où est-ce qu'on parle anglais? (Angleterre / Australie / États-Unis)
3. Où est-ce qu'on parle chinois? (Chine)
4. Où est-ce qu'on parle espagnol? (Espagne / Pérou / Argentine / Mexique)
5. Où est-ce qu'on parle japonais? (Japon)
6. Où est-ce qu'on parle suédois? (Suède)
7. Où est-ce qu'on parle portugais? (Portugal / Brésil)
8. Où est-ce qu'on parle russe? (U.R.S.S.)

D. Où se trouve...? Indiquez dans quel pays se trouve chacune des villes données.

Modèle: Paris
Paris se trouve en France.

1. Madrid 2. Montréal 3. Rome 4. Berlin 5. Tokyo 6. Londres 7. la Nouvelle Orléans 8. Moscou 9. Lisbonne 10. Bruxelles 11. Mexico 12. Jérusalem 13. Pékin 14. Dakar 15. Copenhague 16. Buenos Aires 17. Manille 18. Calcutta 19. Genève 20. le Caire

E. Tu es de... ? While delayed in Paris for several days because of an air traffic controllers' strike, you and a group of students from all over the world have time to get to know each other. Each time you find out where someone is going, you guess that person's nationality.

Modèle: Munich / allemande
—Où est-ce que tu vas?
—À Munich.
—Ah, tu es allemande?
—Oui, je suis d'Allemagne.

1. Londres / anglaise
2. Tokyo / japonais
3. Dakar / sénégalais
4. Mexico / mexicaine
5. Bruxelles / belge
6. Rome / italienne
7. Moscou / russe
8. Québec / canadienne
9. Shanghaï / chinois
10. Chicago / américaine
11. le Caire / égyptien
12. Israël / israélien

STRUCTURE 2: *Le subjonctif et l'infinitif pour encourager et décourager les actions*

Il est important de faire attention.	*It is important to pay* attention.
Il est important que tu fasses attention.	*It is important that you pay* attention.
Il vaut mieux ne pas être en retard.	*It is better not to be* late.
Il vaut mieux que nous ne soyons pas en retard	*It is better that we not be* late.

In Chapter 11, you learned to use the expressions **il faut** + an infinitive and **il faut que** + the subjunctive to indicate the idea of necessity. There are numerous other instances where an infinitive or the subjunctive are used to express the speaker's assessment of a particular situation. We are going to look at several expressions used either to encourage or discourage someone from performing a certain action.

As with **il faut,** each of these expressions has an impersonal subject, **il** *(it)*. If you wish to make a general statement, use the expression with an infinitive. Notice that many of these expressions require the preposition **de** before an infinitive. On the other hand, if you wish to refer to a specific subject of the action, then use the expression with **que** and the subjunctive.

1. To encourage an action, you can use:

il faut (que)
il est nécessaire (de)(que)
il est important (de)(que)
il est essentiel (de)(que)
il est indispensable (de)(que)
il est bon (de)?(que)

2. To discourage an action, you can use:

il ne faut pas[4] **(que)**
il n'est pas nécessaire[4] **(de)(que)**
il vaut mieux (que) *(it is better)*
il est préférable (de)(que)

Application

F. Comment? Vous allez faire un voyage en train avec un groupe d'étudiants. L'organisateur (l'organisatrice) du voyage vous explique ce qu'il faut faire, mais vous et vos camarades ne faites pas très attention. Suivez le modèle.

Modèle: il est préférable / voyager en groupe
Étudiant A (L'ORGANISATEUR): *Il est préférable de voyager en groupe.*
Étudiant B: *Pardon?*
Étudiant A: *Il est préférable que vous voyagiez en groupe.*
Étudiant C: *Pardon?*
Étudiant B: *Il(elle) dit qu'il est préférable que nous voyagions en groupe.*

1. il est préférable / prendre le train de 8h
2. il est bon / partir de bonne heure le matin
3. il est important / être à la gare avant 7h
4. il vaut mieux / attendre à la gare qu'à la maison
5. il est indispensable / avoir des réservations
6. il va être nécessaire / faire la queue *(stand in line)*
7. il va être essentiel / trouver nos places tout de suite
8. il n'est pas nécessaire / apporter un pique-nique

G. À mon avis... Utilisez une des expressions que vous avez apprises dans cette leçon pour encourager ou pour décourager les actions de vos amis.

Modèle: Je ne veux pas aller en ville, je vais regarder la télévision.
Oui, il est bon de regarder la télévision de temps en temps.
ou *À mon avis, il vaut mieux que tu ailles en ville.*

1. Je ne veux pas faire mes devoirs, je vais sortir avec mes amis.
2. Je ne peux pas sortir ce soir, je vais m'occuper de la maison.
3. Je ne veux pas consulter le médecin, je vais prendre de l'aspirine et je vais me coucher.
4. Je ne veux pas me lever ce matin, je vais rester au lit.
5. Nous n'allons pas prendre l'avion pour aller en Russie, nous allons prendre le train.

---

4. The negative form of **il faut** does not carry the idea of necessity. When used with an infinitive, **il ne faut pas** indicates that something is forbidden: **Il ne faut pas fumer ici.** When used with the subjunctive, **il ne faut pas que** indicates that something must not or should not occur: **Il ne faut pas que tu tombes malade.** To express the idea that *it is not necessary* to do something, use **il n'est pas nécessaire: Il n'est pas nécessaire d'apprendre ce verbe. Il n'est pas nécessaire que tu attendes.**

6. Nous ne voulons pas apprendre une langue, nous allons étudier l'informatique *(computer science)*.
7. Nous sommes toujours à l'heure, nous ne sommes jamais en retard.
8. Nous ne faisons pas attention en classe, nous nous parlons entre nous.

Débrouillons-nous! (Petite révision de l'étape)

H. Échange. Réagissez aux projets de votre camarade. Suivez le modèle et employez **il ne faut pas** et **il vaut mieux (il est préférable)** pour décourager ce projet.

Modèle: acheter une voiture / Japon / Allemagne
Je vais acheter une voiture au Japon.
Non, il ne faut pas que tu ailles au Japon. Il vaut mieux que tu achètes une voiture en Allemagne.

1. passer les vacances / Italie / Suisse
2. étudier l'architecture gothique / Allemagne / France
3. acheter un appareil photo / Pérou / Hong Kong
4. écouter un opéra de Puccini / New York / Italie
5. apprendre l'espagnol / Espagne / Mexique
6. faire du ski / Californie / Colorado

I. On va en province. Choisissez une ville française que vous avez envie de visiter. (Regardez la carte de la France à la p. 327.) Trouvez un(e) camarade de classe qui veut bien y aller aussi. Arrangez votre voyage: vous voulez prendre le train, votre ami(e) préfère louer une voiture, mais vous insistez. À la fin vous partez pour la gare (laquelle?) afin d'acheter vos billets de train.

Deuxième Étape

POINT DE DÉPART: *Faisons nos réservations!*

Au guichet de la gare de Lyon...

	CHRISTIANE:	Deux billets pour Rome pour le 15 avril s'il vous plaît.
one way / round trip	L'EMPLOYÉ:	**Aller-simple** ou **aller-retour?**
	CHRISTIANE:	Aller-retour. Retour le 23.
	L'EMPLOYÉ:	Première ou deuxième classe?
	CHRISTIANE:	Première classe.
nonstop, overnight train express	L'EMPLOYÉ:	Il y a un **train de nuit direct** Paris-Rome, ou vous pouvez prendre un **rapide** et faire le voyage le jour.
dining service	CHRISTIANE:	Donnez-moi les billets pour le train de nuit, s'il vous plaît. Il y a un **service-restauration,** non?
sleeping car (with bunks) / sleeping car (with beds)	L'EMPLOYÉ:	Mais oui, Madame. Voilà... deux billets Paris-Rome pour le 15 avril, avec retour le 23 avril. C'est 2 500 francs. Pour les **voitures-couchettes** ou les **wagons-lits,** passez au guichet à droite.

reservation window

Au **bureau de location...**

CHRISTIANE: J'ai deux billets, première classe, aller-retour Paris-Rome pour le 15 et le 23 avril. Je voudrais réserver deux couchettes.

smoker / nonsmoker

L'EMPLOYÉE: Très bien, Madame. **Fumeur** ou **non-fumeur?**

CHRISTIANE: Non-fumeur.

train compartment

in first class

L'EMPLOYÉE: Pour le 15, nous n'avons plus de couchettes, mais il y a encore un **compartiment** de deux personnes dans un wagon-lit. Pour le retour, pas de problème. J'ai deux couchettes **en première.**

everything

CHRISTIANE: D'accord. C'est combien pour **le tout?**

L'EMPLOYÉE: Vous payez un supplément de 300 francs.

NOTE CULTURELLE

Traditionally, a French train car **(un wagon** or **une voiture)** consists of a series of compartments seating six to eight passengers, with a long corridor **(un couloir)** running down one side of the car. Long distance trains have a dining car **(un wagon-restaurant)** or a snack-car **(un buffet).** In addition, for overnight trips there are sleeping cars **(wagons-lits)** with small compartments and also cars **(voitures-couchettes)** containing compartments with four to six bunk beds **(couchettes).**

Suburban trains **(les omnibus)** and the TGV have cars with aisles down the middle and no compartments.

À vous! (Exercices de vocabulaire)

A. Au guichet. Achetez un billet en employant les renseignements donnés. Un(e) de vos camarades va jouer le rôle de l'employé(e).

Modèle: 4 / Genève / 18 septembre / aller-retour (30 septembre) / 2^{e}

—*Je voudrais quatre billets pour Genève pour le 18 septembre.*

—*Aller-simple ou aller-retour?*

—*Aller-retour. Retour le 30 septembre.*

—*Première ou deuxième classe?*

—*Deuxième, s'il vous plaît.*

1. 1 / Rouen / 5 mai / aller simple / 1ère
2. 3 / Lille / 28 août / aller-retour (4 septembre) / 2^{e}
3. 2 / Bordeaux / 12 juin / aller-retour (19 juin) / 1ère
4. 4 / Cannes / 3 juillet / aller simple / 2^{e}

B. Au bureau de location. Faites les réservations en utilisant les renseignements donnés. Un(e) de vos camarades va jouer le rôle de l'employé(e).

Modèle: 2 / places / 2e / fumeur / 13h25
—Je voudrais réserver deux places.
—Première ou deuxième classe?
—Deuxième, s'il vous plaît.
—Fumeur ou non-fumeur?
—Fumeur.
—Quel train?
—Le train de treize heures vingt-cinq.

1. 1 / couchette / 2e / non-fumeur / 22h
2. 3 / places / 1ère / fumeur / 8h45
3. 2 / places / 2e / non-fumeur / 10h15
4. 2 / wagon-lit (compartiment) / 1ère / non-fumeur / 15h30

Reprise
(Première Étape)

C. Faisons connaissance. Votre professeur va donner à chaque étudiant(e) une nouvelle identité. Renseignez-vous sur la nouvelle nationalité de vos camarades de classe.

Modèle: Takeo Yoshida / Osaka
—Bonjour, Takeo. Où est-ce que tu habites?
—J'habite à Osaka.
—Ah, tu es japonais?
—Oui, je suis du Japon.
—On parle japonais au Japon, n'est-ce pas?
—Oui, c'est ça. Bonjour, ...

D. Préparatifs de voyage. Avec des amis, vous préparez un voyage en train. Donnez votre opinion sur les activités suivantes. Un(e) autre étudiant(e) va répondre. Utilisez les expressions pour encourager ou pour décourager l'action: **il faut, il est nécessaire, il est important, il vaut mieux, il est bon,** etc.

Modèle: consulter l'horaire *(timetable)*
—Il faut consulter l'horaire. ou *Il est important de consulter l'horaire avant d'acheter les billets.*
—Oui, il faut que quelqu'un consulte l'horaire. ou *Il n'est pas nécessaire de consulter l'horaire, on peut téléphoner à la gare.*

acheter les billets / faire des réservations / réserver des couchettes / acheter des nouveaux vêtements / faire les valises / prendre un train direct / être à la gare une heure avant le départ / apporter *(to bring)* quelque chose à manger

STRUCTURE 3: *Le subjonctif et l'infinitif pour exprimer les émotions*

Je suis content de les voir.	*I'm happy to* see them.
Je suis content que vous **vouliez** y aller.	*I'm happy that* you *want* to go.

Nous sommes désolés que tu **sois** malade.	*We're very sorry that* you are sick.
Elle est surprise que nous **restions.**	*She is surprised that* we are *staying.*

In the first **étape** of this chapter, you learned several expressions to use when trying to encourage or discourage an action. These expressions **(il faut, il est important, il vaut mieux,** etc.) can be used with an infinitive or with the subjunctive. Infinitives and the subjunctive can also be used with verbs that express emotion—happiness, sadness, fear, anger, surprise, and regret. These verbs, unlike those for encouraging and discouraging, require a personal subject **(je, tu, elle,** etc.). What determines the use of the infinitive or the subjunctive is whether the subject of the emotion in the main part of the sentence is the same or different from the subject of the action or condition being reacted to.

If the subject of the verb of emotion is the same as the subject of the action, you use **de** + infinitive: **Je regrette de partir** *(I am sorry that I am leaving).* On the other hand, if the subject of the verb of emotion differs from the subject of the action, you use the subjunctive: **Je regrette que vous partiez** *(I am sorry that YOU are leaving).*

- Following are some often-used verbs of emotion:

regret[5]	*happiness*	*surprise*
regretter (de)(que) **être triste (de)(que)** **être navré (de)(que)** **être désolé (de)(que)**	**être content (de)(que)** **être heureux (de)(que)** **être ravi (de)(que)**	**être surpris (de)(que)** **être étonné (de)(que)**

fear	*anger*
avoir peur (de)(que)	**être fâché (de)(que)** **être furieux (de)(que)**

- Here are the irregular subjunctive forms of **pouvoir:**

pouvoir	
que je **puisse**	que nous **puissions**
que tu **puisses**	que vous **puissiez**
qu'il, elle, on **puisse**	qu'ils, elles **puissent**

Application

E. C'est bien dommage! *(It's really too bad!)* On exprime des sentiments à l'égard de vos activités et des activités de vos amis. Refaites les phrases en ajoutant l'élément entre parenthèses.

5. Regret can also be expressed with **il est dommage que** + subjunctive. **Il est dommage que vous ne puissiez pas venir.** *It's too bad you cannot come.*

Modèle: Je ne peux pas aller à la soirée. (Je regrette)
Je regrette de ne pas pouvoir aller à la soirée.

1. Marielle est en retard. (Elle regrette)
2. Nous ne pouvons pas rester. (Nous sommes désolés)
3. Je pars. (Je suis triste)
4. Mes parents n'ont pas son adresse. (Ils regrettent)

Modèle: Tu ne peux pas aller à la soirée. (Je regrette)
Je regrette que tu ne puisses pas aller à la soirée.

5. Tu es malade. (Nous sommes désolés)
6. Michel ne peut pas aller à l'université. (Mes parents regrettent beaucoup)
7. Vous partez demain. (Je suis triste)
8. Danielle n'a pas le temps d'aller à la soirée. (Nous sommes navrés)

Modèle: Je suis en retard. (J'ai peur)
J'ai peur d'être en retard.

9. Nous sommes en vacances. (Nous sommes contents)
10. Je ne sais pas la réponse. (J'ai peur)
11. Jacques apprend cela. (Il va être surpris)
12. Mes parents sortent avec nous. (Ils sont très heureux)

Modèle: Tu vas être en retard. (J'ai peur)
J'ai peur que tu sois en retard.[6]

13. Vous étudiez le français. (Mes parents sont surpris)
14. Mes parents vont en vacances. (Je suis content)
15. Henri part. (Nous sommes étonnés)
16. Michèle ne va pas au concert. (Éric est fâché)

F. Les vacances de printemps. Les deux couples amis du *Point de départ* parlent de leurs vacances. Refaites les phrases en exprimant les sentiments indiqués entre parenthèses. Déterminez chaque fois s'il faut l'infinitif ou le subjonctif.

D'abord, c'est Michèle qui parle:

Modèles: Nous allons dans les montagnes. (bonheur: *happiness*)
Je suis ravie (contente) que nous allions dans les montagnes.

Je me casse la jambe. (peur)
J'ai peur de me casser la jambe.

1. Vous n'avez pas le temps d'aller avec nous. (regret)
2. Roger ne fait pas de ski. (surprise)
3. Daniel va se casser la jambe. (peur)
4. Je suis en vacances. (bonheur)
5. Les prix sont si élevés *(high).* (colère: *anger*)

---

6. In French, there is no future subjunctive; therefore, you use the present subjunctive to talk about future ideas: **J'ai peur que tu sois en retard.** *I am afraid you are going to (will) be late.*

Maintenant ce sont Roger et Christiane qui parlent **(nous):**

6. Nous allons à Rome. (bonheur)
7. Vous ne pouvez pas nous accompagner. (regret)
8. Il n'y a plus de couchettes. (colère)
9. Vous n'allez pas à Chamonix. (surprise)
10. Nous laissons *(are leaving)* les enfants à la maison. (regret)

G. Quelle est votre réaction? Réagissez à ce que dit un(e) de vos camarades en employant un verbe ou une expression d'émotion et le subjonctif.

Modèles: J'ai rendez-vous avec Michel.
Je suis content(e) que tu aies rendez-vous avec Michel.

Je vais me coucher de bonne heure.
Je suis étonné(e) que tu te couches de bonne heure.

1. J'ai mal au dos.
2. Je ne suis pas heureux(-euse).
3. Je ne sors pas ce soir.
4. J'ai un rhume.
5. Je vais partir demain.
6. Je vais aller en vacances.
7. Je ne peux pas aller au cinéma ce soir.
8. Je ne veux pas visiter Paris.

STRUCTURE 4: *L'indicatif et le subjonctif pour exprimer la certitude et le doute*

Je doute qu'elle sache la réponse.	*I doubt that she knows* the answer.
Il est possible que nous ayons tort.	*It is possible that we are* wrong.
Il est probable qu'il va comprendre.	*It's likely that he will* understand.
Il est vrai qu'elles ont beaucoup **appris.**	*It's true that they learned* a lot.

The subjunctive is also used in French to express uncertainty or doubt about whether something is true or will in fact occur. The indicative, on the other hand, is used to suggest certainty or a strong probability of something being true or occurring. Following are some expressions that (1) always take the subjunctive or (2) always take the indicative.

1. Expressions of possibility, impossibility, uncertainty, and doubt are all followed by the *subjunctive:* **Il est impossible que nous soyons en retard. Je doute qu'elle veuille nous accompagner. Il est possible que le train ait du retard.**

il est possible que	**il est douteux que**	**douter**
il se peut que	**il est impossible que**	**ne pas penser que**

2. Expressions of certainty and probability are followed by the *indicative*.[7] **Il est clair que Marie ne veut pas sortir avec Jean-Pierre. Je suis sûr que mes parents vont y aller. Il est probable que le train va avoir du retard.**

il est certain que	**être sûr (de)(que)**
il est clair que	**être certain (de)(que)**
il est évident que	**penser que**
il est sûr que	**il est probable que**
il est vrai que	

Here is an additional verb that has irregular forms in the subjunctive:

savoir	
que je **sache**	que nous **sachions**
que tu **saches**	que vous **sachiez**
qu'il, elle, on **sache**	qu'ils, elles **sachent**

Application

H. Opinions contradictoires. Deux amis réagissent de façon contradictoire à ce que vous dites. Utilisez les expressions entre parenthèses pour montrer leurs opinions.

Modèle: Henri est très malade. (je pense / je ne pense pas)
Je pense qu'Henri est très malade.
Moi, je ne pense pas qu'il soit très malade.

1. Les garçons vont faire la vaisselle. (je doute / je suis sûr[e])
2. Nous allons être en retard. (il est possible / il est probable)
3. Anne-Marie sait la vérité. (il est évident / il est possible)
4. Éric comprend très bien. (je suis certain[e] / je ne suis pas sûr[e])
5. Nous pouvons le faire. (je pense / je doute)
6. Marcelle va aux États-Unis. (il se peut / il est impossible)
7. Philippe a beaucoup de patience. (il est douteux / il est vrai)
8. Le train part de la gare Saint-Lazare. (il est possible / il n'est pas certain)

I. À mon avis... *(In my opinion...).* Voici une série d'idées. Donnez votre opinion au sujet de chacune de ces idées en employant une expression impersonnelle. Ensuite, un(e) autre étudiant(e) va indiquer s'il(si elle) a la même opinion.

---

7. When these expressions of certainty and probability are used in the negative and the interrogative, they lose their positive connotation and take on a suggestion of uncertainty and improbability. In these cases, they are then logically followed by the subjunctive: **Il n'est pas certain que Marie soit en France. Est-il vrai que Jean-Jacques ait huit enfants? Êtes-vous sûre que les autres aillent au concert?**

Modèle: La guerre est inévitable.
Moi, je pense que la guerre est inévitable.
Oui, il est évident que la guerre est inévitable. ou *Mais non, il n'est pas vrai que la guerre soit inévitable.*

1. Les Français ont les trains les plus rapides du monde.
2. L'alcool est toujours une substance dangereuse.
3. L'inflation est un grand problème économique.
4. Les émissions télévisées ne sont jamais de bonne qualité.
5. La communication entre parent et enfants est toujours difficile.
6. Le français est une langue facile à apprendre.
7. Les Américains sont généralement en bonne santé.
8. On peut réussir si on travaille beaucoup.

Débrouillons-nous! (Petite révision de l'étape)

J. Échange. Répondez aux questions suivantes. Ensuite un(e) autre étudiant(e) va réagir à votre réponse en utilisant une expression d'émotion **(je suis content(e), je regrette, je suis surpris(e),** etc.**)** ou en commentant la certitude de ce que vous avez dit **(il est possible, je ne suis pas sûr(e), je doute,** etc.**).**

Modèle: Est-ce que tu es malade?
Je ne suis pas malade aujourd'hui.
Je suis heureuse que tu ne sois pas malade aujourd'hui. ou *Il est évident que tu n'es pas malade aujourd'hui.*

1. Est-ce que tu es content(e) aujourd'hui?
2. Est-ce que tu as un(e) petit(e) ami(e)?
3. Qui sort avec qui dans la classe?
4. Est-ce que le prochain examen va être difficile?
5. Est-ce que tu vas te marier avec un homme (une femme) riche?
6. Est-ce que tu sais bien jouer au tennis?

K. Faisons une réservation. Choose one of the following cities—Venice, Geneva, Munich, Amsterdam, London. Go to the appropriate Paris train station and make reservations for yourself and a friend. Another student will play the role of the employee(s).

Troisième Étape

POINT DE DÉPART: *Une réservation TGV*

stand in line
her turn

Christiane retrouve Michèle au guichet TGV. Elle a dû **faire la queue.** C'est maintenant **son tour à elle.**

MICHÈLE: Je voudrais réserver deux places dans le TGV Paris-Grenoble.
L'EMPLOYÉ: C'est pour aujourd'hui, Madame?
MICHÈLE: Non, non. Départ le samedi 12 avril, retour le dimanche 20 avril.
L'EMPLOYÉ: Vous avez déjà vos billets?
MICHÈLE: Non, pas encore.
L'EMPLOYÉ: Quel train voulez-vous?

familiar form of **je ne sais pas**
come back

MICHÈLE: **J'sais pas.**
L'EMPLOYÉ: Eh bien, Madame. Consultez le guide, décidez-vous et **revenez.**

Il y a beaucoup de gens qui attendent. Michèle et Christiane consultent le guide.

as early as possible / as late as possible

CHRISTIANE: Tu veux partir le matin?
MICHÈLE: Oui, **le plus tôt possible** samedi matin. Et retour, **le plus tard possible** dimanche soir.
MICHÈLE: Voyons... Paris-Grenoble, les pages 18 et 19.

PARIS → LYON → GRENOBLE

Nº du TGV			731	607	609	737	619	617	741	627	629	743	631	▲ 745	747
Restauration			▣	▣		▣	▣ 1/2	▣ 1/2							▣
Paris-Gare de Lyon		D	6.45	8.00	8.00	10.00	11.55	12.00	14.00	15.00	16.00	16.22	17.00	17.27	18.28
Le Creusot TGV		A			9.26		13.20				17.26				
Lyon-Part-Dieu		A	8.45	10.02	10.08	12.02	14.03	14.00	16.02	17.00	18.08	18.24	19.04	19.31	20.32
Grenoble		A	9.55	a	a	13.17	a	a	17.17	a	a	19.44	a	20.41	21.46
SEMAINES TYPES	Jusqu'au 10 juillet et à partir du 31 août	Lundi	●	★		○		○	○	○	○		★	★	☆
		Mardi au jeudi	●	★		○		○	○	○	○		★	★	☆
		Vendredi	●	★		○		○	○	○	★	★	★	★	☆
		Samedi			○	○		○	○	○			○		○
		Dimanche			○	○		○	○	○			★		☆
	Du 11 juillet au 30 août	Lundi	●		★	○	○		○	○	○		★		☆
		Mardi au jeudi	●		★	○	○		○	○	○		★		☆
		Vendredi	●		★	○	○		○	○	★	★	★		☆
		Samedi			○	○	○		○	○			○		○
		Dimanche			○	○	○		○	○			★		☆

GRENOBLE → LYON → PARIS

Nº du TGV			◆ 730	732	610	736	670	624	740	632	744	640	644	840	▲ 748
Restauration			▣			▣				▣ 1/2	▣	▣ 1/2			
Grenoble		D	5.48	6.46	a	10.46	a	a	14.06	a	17.48	a	a	a	20.35
Lyon-Part-Dieu		D	7.00	8.00	9.00	12.00	13.30	15.00	16.00	18.00	19.00	20.00	21.00	21.10	21.49
Le Creusot TGV		D		8.40										21.50	
Paris-Gare de Lyon		A	9.04	10.10	11.02	14.04	15.34	17.04	18.00	20.04	21.02	22.04	23.04	23.20	23.59
SEMAINES TYPES	Jusqu'au 10 juillet et à partir du 31 août	Lundi	★	★	○	●	○	○	○	★	○	○		○	
		Mardi au jeudi	★	○	○	●	○	○	○	★	○	○		○	
		Vendredi	★	○	○	●	○	○	○	★	★	★	○	★	
		Samedi			○	○	○	○	○	○	○	○			
		Dimanche				○	○	○	○	★	★	★	○	★	○
	Du 11 juillet au 30 août	Lundi		★	○	○	○	○	○	★	○	○		○	
		Mardi au jeudi		○	○	○	○	○	○	★	○	○		○	
		Vendredi		○	○	○	○	○	○	★	★	★	○	★	
		Samedi		○	○	○	○	○	○	○	○	○			
		Dimanche		○		○	○	○	○	★	★	★	○	★	○

○ TGV sans supplément.
★ TGV avec supplément.
● TGV avec supplément seulement pour les voyageurs descendant à Lyon.
☆ TGV avec supplément sauf pour les voyageurs montant à Lyon.

A Arrivée D Départ a Correspondance à Lyon-Part-Dieu

▲ TGV 1re classe seulement.
▣ Service restauration à la place en 1re classe, en réservation.
1/2 Coffrets repas froids ou sandwiches en 1re et 2e classes, sans réservation.

La plupart des TGV Paris-Lyon assurent la correspondance pour Grenoble : renseignez-vous.

À vous! (Exercices de vocabulaire)

A. Consultons le guide. Regardez le *Guide des voyageurs TGV* ci-dessus et répondez aux questions suivantes.

1. Michèle veut partir le plus tôt possible samedi matin. Quel train va-t-elle prendre? Est-ce qu'il faut payer un supplément? Est-ce qu'on sert des repas dans ce train? À quelle heure va-t-elle arriver à Grenoble?

2. Michèle veut rentrer le plus tard possible dimanche soir. Quel train va-t-elle prendre? Est-ce qu'on sert des repas dans ce train? Si elle veut manger dans le train, quel train sera-t-elle obligée de prendre?
3. En hiver, combien de trains TGV desservent Paris-Grenoble *tous les jours* de la semaine? Combien de trains TGV desservent Paris-Grenoble en semaine seulement (du lundi jusqu'au vendredi)?

B. On va prendre quel train? Vous faites des projets avec un(e) ami(e) pour aller à Grenoble. Vous vous occupez de l'aller. Suivez le modèle et consultez les pages du *Guide.*

Modèle: départ: mercredi matin, le plus tôt possible
—Moi, je veux partir le plus tôt possible mercredi matin.
—Eh, bien. On peut prendre le train de 6h45, arrivée à Grenoble à 9h55. ça va?
—Oui, ça va.

1. départ: lundi, le plus tard possible dans la matinée *(morning)*
2. départ: mardi, tard dans l'après-midi

Maintenant vous êtes à Grenoble et vous voulez retourner à Paris.

Modèle: retour: vendredi, avant 6h du soir
—Je veux rentrer avant 6h, vendredi soir.
—Alors, si on prend le train 14h46, on arrive à Paris à 6h précises. OK?
—D'accord.

3. retour: jeudi, avant midi
4. retour: vendredi, avant l'heure du dîner

Reprise
(Deuxième Étape)

C. Vous vous exprimez. Vous avez la possibilité d'exprimer vos sentiments et vos pensées en vous adressant aux personnes indiquées. Complétez les phrases en utilisant le subjonctif, l'indicatif ou l'infinitif.

À votre meilleur(e) ami(e):

1. Je suis heureux(-euse) que tu...
2. Je suis surpris(e) que tu...
3. Je regrette que tu...
4. Il est possible que nous...
5. Je doute que tu...
6. Il est évident que tu...

À vos parents:

7. Je suis fâché(e) que vous...
8. Je suis étonné(e) que vous...
9. Je regrette beaucoup que nous...
10. Il est clair que vous...
11. Il est probable que nous...
12. Il se peut que nous...

STRUCTURE 5: *Le subjonctif et l'infinitif pour exprimer le désir et la volonté*

Papa **veut que tu ailles** à la boulangerie.

Papa *wants you to go* to the bakery.

Mais **je ne veux pas** y **aller.**	But *I don't want to go.*
Ils exigent que **nous attendions.**	*They are demanding* that *we wait.*
Je préfère que tu n'**achètes** pas de pâtisseries.	*I prefer that* you don't *buy* any pastries.

In French, when you want to express your desire or your will that someone else be or do something, you use a verb of wishing **(désir)** or willing **(volonté).** These verbs are followed by the subjunctive: **Je veux que tu le fasses. Ils insistent que nous ne partions pas.**

vouloir	aimer mieux	exiger (to require)
désirer	préférer[8]	insister

However, when the subject of this type of verb is the same as the subject of the action, you use an infinitive: **Je veux le faire. Elle préfère rester à la maison.**

Application

D. Je suis Napoléon Bonaparte. Napoléon Ier, empereur des Français au 19e siècle, avait des manières tyranniques. Imaginez que vous soyez Napoléon. Ajoutez une des expressions suivantes à chaque phrase et faites les changements nécessaires: **je veux, je désire, je préfère, j'aime mieux, j'exige, j'insiste.**

Modèle: Vous obéissez. *Je veux que vous obéissiez.*

1. Nous allons en Russie.
2. Tu descends en Espagne.
3. Elle rencontre le général anglais.
4. Vous servez un repas somptueux.
5. Nous finissons la guerre.
6. Tu punis les traîtres.
7. Tu vas en Italie.
8. Ils partent en Égypte.

E. Je veux que... When you tell your friend(s) what you want him (her, them) to do, they will refuse. Tell your friend(s) that:

Modèle: You want him to buy the tickets.
Je veux que tu achètes les billets.
Mais je ne veux pas les acheter.

1. You want them to be on time.
2. You want her to finish her work.
3. You want them to wait.
4. You want her to go to the train station.
5. You want them to leave immediately.
6. You don't want them to argue.
7. You don't want her to leave.
8. You want him to buy some bread.

---

8. As with the present indicative, regular stem-changing verbs (such as **préférer, acheter, se lever)** add or change an accent when the ending is not pronounced: **que j'achète, que tu achètes, qu'il/elle/on achète, qu'ils/elles achètent.** In the second- and third-person plural forms, where the ending is pronounced, no spelling change occurs: **que nous achetions, que vous achetiez.**

STRUCTURE 6: *Le subjonctif, l'indicatif et l'infinitif (résumé)*

	+ ***infinitif***	+ ***phrase à l'indicatif***	+ ***phrase au subjonctif***
encouragement/ découragement	**il faut**		**il faut que**
	il est nécessaire de		**il est nécessaire que**
	il est important de		**il est important que**
	il est essentiel de		**il est essentiel que**
	il est indispensable de		**il est indispensable que**
	il est bon de		**il est bon que**
	il vaut mieux		**il vaut mieux que**
	il est préférable de		**il est préférable que**
émotion	**avoir peur de**		**avoir peur que**
	regretter		**regretter que**
	être triste de		**être triste que**
	être désolé de		**être désolé que**
	être navré de		**être navré que**
	être content de		**être content que**
	être heureux de		**être heureux que**
	être ravi de		**être ravi que**
	être surpris de		**être surpris que**
	être étonné de		**être étonné que**
	être fâché de		**être fâché que**
	être furieux de		**être furieux que**
			il est dommage que
certitude/ doute		**il est certain que**	**il est possible que**
		il est sûr que	**il se peut que**
		il est clair que	**il est douteux que**
		il est évident que	**il est impossible que**
		il est vrai que	**douter que**
		penser que	**ne pas penser que**
		il est probable que	
	être sûr de	**être sûr que**	
	être certain de	**être certain que**	
désir/ volonté	**vouloir**		**vouloir que**
	préférer		**préférer que**
	aimer mieux		**aimer mieux que**
			exiger que
			insister que

The chart above summarizes the grammatical structures you have studied that express various opinions and feelings. Remember that you use the infinitive to make a general statement **(Il est important de faire**

attention) or when both verbs in the sentence have the same subject **(J'ai peur de partir).** Whenever two clauses in the same sentence have different subjects, the use of the indicative or the subjunctive with the second verb is determined *by the nature of the first expression:* **(Il est important que tu fasses attention. Je suis sûr qu'elle va partir).**

Application

F. Qu'est-ce que tu veux que je fasse? Pour chaque projet, dites à votre camarade de chambre ce que vous voulez qu'il (elle) fasse. Puis continuez à parler de cette situation en utilisant les verbes ou les expressions proposés.

Modèle: Faisons un voyage! (je veux / je suis content / il est important / je ne suis pas sûr)
—Je veux que tu achètes les billets.
—Je suis content(e) que nous prenions le train.
—Il est important d'arriver à la gare à l'heure.
—Je ne suis pas sûr(e) que le train parte de la Gare du Nord.

1. Faisons un pique-nique! (je veux / il est nécessaire / je suis surpris / il est possible)
2. Visitons Paris! (je voudrais / nous préférons / il est évident / je regrette)
3. Faisons les courses! (il faut / je suis furieux / j'aime mieux / il est possible)
4. Prenons le train! (j'insiste / je suis heureux / il est essentiel / je doute)

G. L'art de la conversation. Dans une conversation avec des amis, une idée provoque des réactions et des questions. Une personne va répondre à la question, les autres vont faire continuer la conversation à l'aide des expressions suggérées.

Modèle: Où est-ce que tu vas passer les vacances? (il est possible / être surpris / aimer mieux / est-il vrai?)
—Il est possible que j'aille en Italie.
—Je suis surpris que tu n'ailles pas au Portugal.
—Moi, j'aime mieux voyager en Afrique.
—Est-il vrai que les Italiens n'aiment pas les Américains?

1. Où est-ce que tu vas passer les vacances? (insister / être heureux / regretter / il est possible)
2. Quelle est la nationalité de Juanita? (penser / ne pas penser / il se peut / être certain)
3. Est-ce que tu prends souvent le train? (préférer / être surpris / il est bon / il ne faut pas)
4. Qu'est-ce que tu vas faire pour t'amuser ce week-end? (il est probable / ne pas vouloir / il vaut mieux / je suis désolé)

Débrouillons-nous! (Petite révision de l'étape)

H. Paris-Grenoble en TGV. With a classmate, consult the *Guide des voyageurs TGV* à la p. 343 and organize a four-day stay in Grenoble. Arrange the day and hour of both your departure and your return.

Listen again to the Student Tape for this chapter and do the more detailed comprehension exercises at the end of the corresponding chapter in the ***Cahier.***

Quatrième Étape

LECTURE: *La réservation TGV: obligatoire*

Your parents and their friends are planning a trip to France. They would like the chance to travel on one of the world's fastest trains, the TGV. Their travel agent has sent them a brochure, but unfortunately, they do not read French. Read the following section of the *Guide du Voyageur TGV;* then answer your parents' questions. No words are translated for you here; use your reading skills to get as much information as possible.

Dans le TGV, pour votre plus grand confort, tous les voyageurs sont assis. Pour qu'il n'y ait pas plus de passagers que de places assises, la réservation est **obligatoire.**

Deux solutions sont envisageables :

1. VOUS POUVEZ ORGANISER VOTRE DÉPART AVANT VOTRE ARRIVÉE À LA GARE

Achetez alors votre billet et réservez votre place à l'avance :

- Par correspondance : à partir de 6 mois avant la date de votre départ.
- Au guichet des 1500 gares et des agences de voyages agréées assurant la réservation : dans les 2 mois qui précèdent votre départ et jusqu'à la limite du temps qui vous est nécessaire pour rejoindre la gare de départ.
- Par téléphone en gare : à partir de 2 mois avant votre départ. Un numéro de dossier vous est communiqué ainsi que la date limite de retrait de vos places.

Vous pouvez effectuer ce retrait dans le point de vente de votre choix (gare ou agence de voyages) équipé d'un terminal.

Il vous suffit de fournir au vendeur les trois éléments suivants :

- le numéro de dossier
- votre nom
- la date de départ.

En cas de non-retrait dans le délai fixé, les attributions de places seront annulées automatiquement par le système de réservation.

- Par MINITEL : à partir de 2 mois avant votre départ. Les places commandées par MINITEL sont retirées dans les mêmes conditions que celles réservées par téléphone.

Pour la restauration à la place en 1re classe, la réservation est nécessaire afin de vous assurer un service de qualité. Vous pouvez réserver votre repas (sauf par MINITEL) en même temps que votre place, jusqu'à une heure avant le départ du TGV de sa gare d'origine.

2. VOUS N'AVEZ PAS PU ORGANISER VOTRE DÉPART AVANT VOTRE ARRIVÉE À LA GARE

POUR DÉPART IMMÉDIAT

- Vous n'avez pas de billet

Au guichet de la gare de départ, un vendeur SNCF vous délivre en une seule fois et jusqu'au dernier moment (quelques minutes avant votre départ) :

- votre billet,
- votre réservation TGV et le supplément éventuel (cf. page 7).

Pour permettre à un plus grand nombre de voyageurs n'ayant pas leur billet d'emprunter le premier TGV offrant des places disponibles, une procédure de "réservation rapide au guichet" a été mise en place. Elle consiste à attribuer une place dans ce premier TGV possible mais, comme la demande est tardive, elle ne permet pas automatiquement le choix entre "fumeurs", "non fumeurs", "coin-fenêtre", "coin-couloir".

- Vous avez déjà votre billet ou une carte d'abonnement

Un système de réservation rapide "libre-service" est à votre disposition.

Sur le quai ou sur le parcours d'accès au train, des distributeurs marqués "TGV réservation rapide" vous permettent d'obtenir des places dans le premier TGV ayant des places disponibles et partant dans l'heure et demie qui suit la demande (1). Mais, comme votre demande est tardive, cette attribution de places ne permet pas le choix entre "fumeurs", "non fumeurs", "coin-fenêtre", "coin-couloir" et "repas à la place".

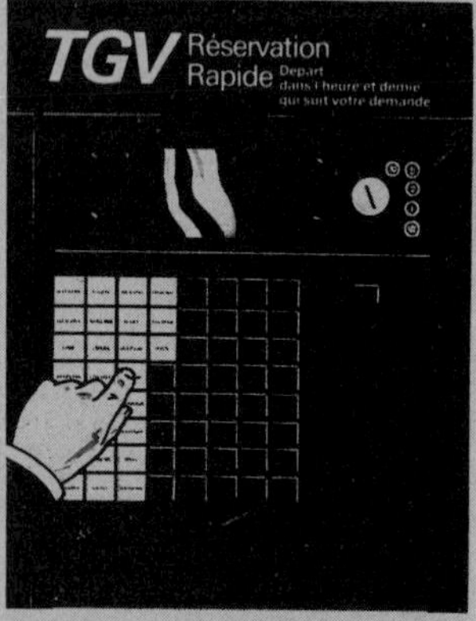

(1) Certains TGV étant à supplément, le distributeur vous aura préalablement offert de rechercher votre place, soit dans tous les TGV, avec et sans supplément, partant dans l'heure et demie qui suit, soit dans les seuls TGV sans supplément.

Compréhension

A. "We need your help." Answer your parents' questions about making reservations to ride on the TGV.

1. Do you have to have a reservation?
2. Can you make reservations in advance? How?
3. Do you have to make reservations in advance? Are there any problems if you decide to take the TGV at the last minute?
4. What about meals? Do you have to reserve them, too?

Reprise
(Troisième Étape)

B. Maintenant et à l'avenir. Parlez de votre vie actuelle **(maintenant)** et future **(à l'avenir)** en exprimant vos émotions, vos doutes, vos certitudes, vos désirs, etc. Inspirez-vous des expressions suggérées, mais vous pouvez utiliser d'autres expressions aussi.

1. Ma vie actuelle

Modèle: Je suis content(e)...
Je suis content(e) d'être à l'université et je suis content(e) que mes cours soient intéressants.

Je suis surpris(e)... / Il est bon... / Je pense... / Je ne pense pas... / Il est évident... / Je regrette... Etc.

2. Ma vie future

Modèle: Je voudrais...

Je voudrais voyager en Europe un jour et je voudrais que mes frères et soeurs y aillent avec moi.

Il est possible... / Je doute... / Il est probable... / Je ne suis pas sûr(e)... / J'ai peur... / Mes parents veulent... Etc.

Point d'arrivée (Activités orales et écrites)

C. Projet de voyage. You and a friend plan a train trip from Paris to Nice. Look at the train schedule on this page and decide on the details of the trip. One of you then goes to the train station (which one?), buys the tickets, makes the reservations, and returns to report to the other.

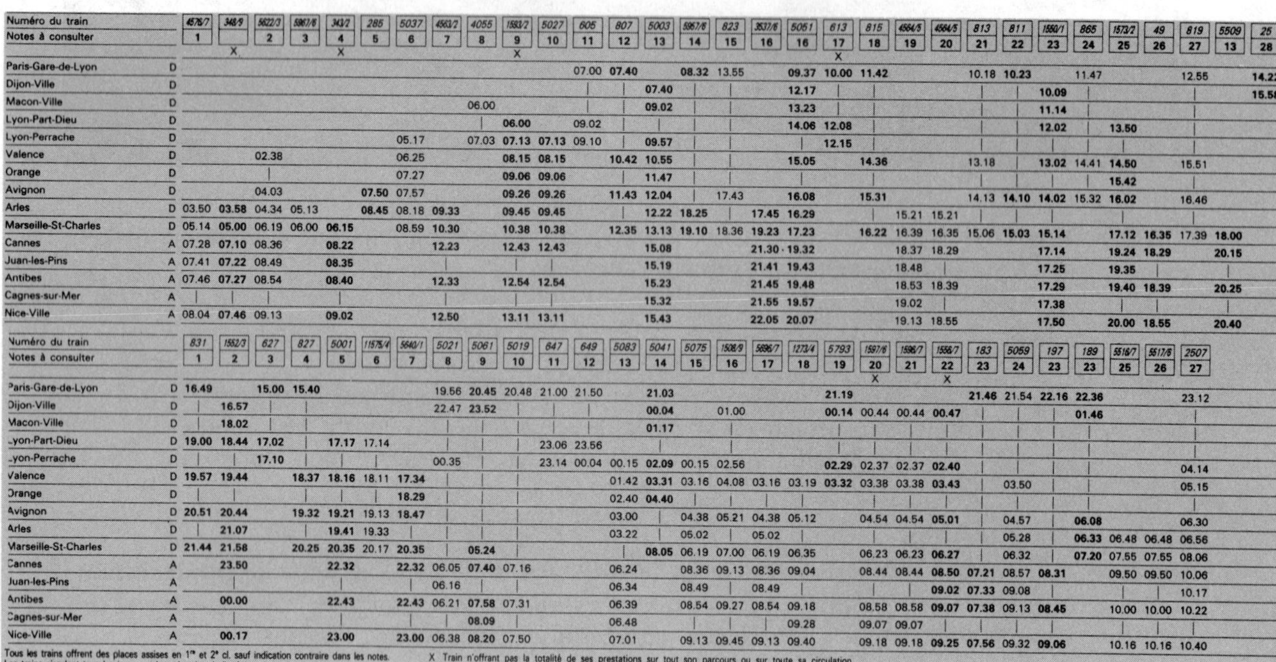

Numéro du train		4576/7	348/9	5622/3	5967/8	343/2	285	5037	4563/2	4055	1593/2	5027	605	807	5003	5957/8
Notes à consulter		1		2	3	4	5	6	7	8	9	10	11	12	13	14
			X			X					X					
Paris-Gare-de-Lyon	D												07.00	07.40		08.32
Dijon-Ville	D														07.40	
Macon-Ville	D									06.00					09.02	
Lyon-Part-Dieu	D										06.00		09.02			
Lyon-Perrache	D							05.17		07.03	07.13	07.13	09.10		09.57	
Valence	D			02.38				06.25			08.15	08.15		10.42	10.55	
Orange	D							07.27			09.06	09.06			11.47	
Avignon	D			04.03			07.50	07.57			09.26	09.26		11.43	12.04	
Arles	D	03.50	03.58	04.34	05.13		08.45	08.18	09.33		09.45	09.45			12.22	18.25
Marseille-St-Charles	D	05.14	05.00	06.19	06.00	06.15		08.59	10.30		10.38	10.38		12.35	13.13	19.10
Cannes	A	07.28	07.10	08.36		08.22			12.23		12.43	12.43			15.08	
Juan-les-Pins	A	07.41	07.22	08.49		08.35									15.19	
Antibes	A	07.46	07.27	08.54		08.40			12.33		12.54	12.54			15.23	
Cagnes-sur-Mer	A														15.32	
Nice-Ville	A	08.04	07.46	09.13		09.02			12.50		13.11	13.11			15.43	

Numéro du train		823	3537/6	5051	613	815	4564/5	4584/5	813	811	1550/1	865	1573/2	49	819	5509	25
Notes à consulter		15	16	16	17	18	19	20	21	22	23	24	25	26	27	13	28
					X												
Paris-Gare-de-Lyon	D	13.55		09.37	10.00	11.42			10.18	10.23		11.47			12.55		14.22
Dijon-Ville	D			12.17							10.09						15.58
Macon-Ville	D			13.23							11.14						
Lyon-Part-Dieu	D			14.06	12.08						12.02		13.50				
Lyon-Perrache	D				12.15												
Valence	D			15.05		14.36			13.18		13.02	14.41	14.50		15.51		
Orange	D												15.42				
Avignon	D	17.43		16.08		15.31			14.13	14.10	14.02	15.32	16.02		16.46		
Arles	D		17.45	16.29			15.21	15.21									
Marseille-St-Charles	D	18.36	19.23	17.23		16.22	16.39	16.35	15.06	15.03	15.14		17.12	16.35	17.39	18.00	
Cannes	A		21.30	19.32			18.37	18.29			17.14		19.24	18.29		20.15	
Juan-les-Pins	A		21.41	19.43			18.48				17.25		19.35				
Antibes	A		21.45	19.48			18.53	18.39			17.29		19.40	18.39		20.25	
Cagnes-sur-Mer	A		21.55	19.57			19.02				17.38						
Nice-Ville	A		22.05	20.07			19.13	18.55			17.50		20.00	18.55		20.40	

Numéro du train		831	1552/3	627	827	5001	11575/4	5640/1	5021	5061	5019	647	649	5083	5041
Notes à consulter		1	2	3	4	5	6	7	8	9	10	11	12	13	14
Paris-Gare-de-Lyon	D	16.49		15.00	15.40				19.56	20.45	20.48	21.00	21.50		21.03
Dijon-Ville	D		16.57						22.47	23.52					00.04
Macon-Ville	D		18.02												01.17
Lyon-Part-Dieu	D	19.00	18.44	17.02		17.17	17.14					23.06	23.56		
Lyon-Perrache	D			17.10					00.35			23.14	00.04	00.15	02.09
Valence	D	19.57	19.44		18.37	18.16	18.11	17.34						01.42	03.31
Orange	D							18.29						02.40	04.40
Avignon	D	20.51	20.44		19.32	19.21	19.13	18.47						03.00	
Arles	D		21.07			19.41	19.33							03.22	
Marseille-St-Charles	D	21.44	21.58		20.25	20.35	20.17	20.35		05.24					08.05
Cannes	A		23.50			22.32		22.32	06.05	07.40	07.16			06.24	
Juan-les-Pins	A								06.16					06.34	
Antibes	A		00.00			22.43		22.43	06.21	07.58	07.31			06.39	
Cagnes-sur-Mer	A									08.09				06.48	
Nice-Ville	A		00.17			23.00		23.00	06.38	08.20	07.50			07.01	

Numéro du train		5075	1508/9	5696/7	1273/4	5793	1597/6	1596/7	1556/7	183	5059	197	189	5516/7	5517/6	2507
Notes à consulter		15	16	17	18	19	20	21	22	23	24	23	23	25	26	27
							X		X							
Paris-Gare-de-Lyon	D					21.19				21.46	21.54	22.16	22.36			23.12
Dijon-Ville	D		01.00			00.14	00.44	00.44	00.47				01.46			
Macon-Ville	D															
Lyon-Part-Dieu	D															
Lyon-Perrache	D	00.15	02.56			02.29	02.37	02.37	02.40							04.14
Valence	D	03.16	04.08	03.16	03.19	03.32	03.38	03.38	03.43		03.50					05.15
Orange	D															
Avignon	D	04.38	05.21	04.38	05.12		04.54	04.54	05.01		04.57		06.08			06.30
Arles	D	05.02		05.02							05.28		06.33	06.48	06.48	06.56
Marseille-St-Charles	D	06.19	07.00	06.19	06.35		06.23	06.23	06.27		06.32		07.20	07.55	07.55	08.06
Cannes	A	08.36	09.13	08.36	09.04		08.44	08.44	08.50	07.21	08.57	08.31		09.50	09.50	10.06
Juan-les-Pins	A	08.49		08.49					09.02	07.33	09.08					10.17
Antibes	A	08.54	09.27	08.54	09.18		08.58	08.58	09.07	07.38	09.13	08.45		10.00	10.00	10.22
Cagnes-sur-Mer	A				09.28		09.07	09.07								
Nice-Ville	A	09.13	09.45	09.13	09.40		09.18	09.18	09.25	07.56	09.32	09.06		10.16	10.16	10.40

Tous les trains offrent des places assises en 1re et 2e cl. sauf indication contraire dans les notes.
Les trains circulant tous les jours ont leurs horaires indiqués en gras.

X Train n'offrant pas la totalité de ses prestations sur tout son parcours ou sur toute sa circulation.

D. Découvrons les États-Unis! Tell the rest of the class about one or two states that you have visited and know fairly well. Give your reactions to the state(s) and your visit(s). As each student talks about a state, you should ask questions and share your ideas with others.

E. Les vacances de printemps. You are making plans for spring vacation with two of your friends. One friend wants to go skiing, another wants to be near the water and beaches, and you prefer visiting a big city. At first, you each argue for your own idea, trying to discourage the others; at the end, however, you agree to compromise—you will all go to California (or Florida).

F. Le voyage idéal. You have just won a large sum of money in the lottery and have decided to spend some of it on travel. Decide which countries you want to visit and why. Then explain your itinerary and your reasons to other students. They will ask you questions.

G. Leçon de géographie. Consult a map of the United States and find cities that have French names. Besides names of such famous French personalities as La Fayette, you will find geographical names that contain French words. For example, the town of Bellefonte in Pennsylvania has the word **belle** in its name. Find other examples of French influence on American place names and share your findings with the rest of the class.

Lexique

POUR SE DÉBROUILLER

Pour parler d'un voyage
arriver à
mettre... heures (jours) à faire le voyage
partir de
passer par

Pour acheter des billets de train
un aller-retour
un aller-simple
le guichet
en première ou deuxième classe

Pour faire une réservation
fumeur / non-fumeur
payer un supplément
réserver un compartiment
une couchette
une place

Pour consulter l'horaire
un express
un rapide
un train direct
le TGV (train à grande vitesse)
une voiture-couchettes
un wagon-lit
un wagon-restaurant
le plus tard possible
le plus tôt possible

VOCABULAIRE GÉNÉRAL

Noms
la plage
le tout
un voyageur

Adjectifs
certain(e)
désolé(e)
étonné(e)
fâché(e)
furieux(se)
navré(e)
ravi(e)
sûr(e)
surpris(e)
triste

Verbes
apporter
désirer
douter
exiger
insister
penser
regretter

Autres expressions
chacun(e)
faire la queue
huit jours
il est bon
il est clair
il est dommage
il est douteux
il est essentiel
il est évident
il est important
il est indispensable
il est nécessaire
il est peu probable
il est possible
il est probable
il est vrai
il ne faut pas
il se peut
il vaut mieux
voyons

CHAPITRE QUATORZE
Allons à la poste!

Première Étape
Envoyons des lettres!

Deuxième Étape
Envoyons un colis!

Troisième Étape
Des coups de fil

Quatrième Étape
Lecture: «Le 22 à Asnières»

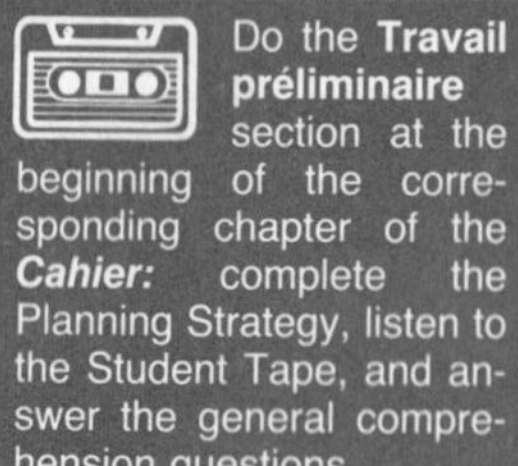

Do the **Travail préliminaire** section at the beginning of the corresponding chapter of the ***Cahier:*** complete the Planning Strategy, listen to the Student Tape, and answer the general comprehension questions.

Première Étape

POINT DE DÉPART: *Envoyons des lettres!*

LA POSTIÈRE: Oui, Monsieur.

LE MONSIEUR: Cinq **timbres** de deux francs et trois **aérogrammes.** (stamps / air letters)

LA POSTIÈRE: Voilà, Monsieur. Ça fait 17F50.

LE MONSIEUR: Voyons, est-ce que j'ai de la **petite monnaie?** Oui. Voilà. Merci, Madame. (small change)

LA PETITE FILLE: S'il vous plaît, Madame. C'est combien pour **envoyer** une lettre aux États-Unis? (to send)

LA POSTIÈRE: C'est...

LA PETITE FILLE: **Par avion,** Madame. (by plane (air mail)) air mail

LA POSTIÈRE: Par avion? Ah, il faut passer au guichet de la **poste aérienne.**

LA PETITE FILLE: Oh, je m'excuse, Madame. (Elle va au guichet de la poste aérienne.) Je voudrais envoyer cette lettre aux États-Unis, Monsieur.

weigh

LE POSTIER: Bon, alors, tu me donnes la lettre, je la **pèse**... Il faut payer 6F50—4F, plus 2F50 pour la surtaxe aérienne.

LA PETITE FILLE: Voilà un billet de 10F, Monsieur.

LE POSTIER: Merci, et voilà 6F50, 7, 8, 9 et 10. Au revoir, Mademoiselle.

to register
return receipt

LA DAME: Bonjour, Monsieur. Je voudrais **faire recommander** cette lettre avec **avis de réception.**

recipient / sender

LE POSTIER: Très bien, Madame. Voulez-vous bien vérifier l'adresse du **destinataire** et de **l'expéditeur.** Alors, votre lettre pèse 20 grammes. Ça fait 4F, plus 2F50 pour la surtaxe aérienne, plus 8F40 pour le recommandé. Le tout c'est 14F90.

receipt
sending (mailing)

LA DAME: Oh, là, là... c'est cher. Et je voudrais aussi un **récépissé** pour l'**envoi** de la lettre.

Please fill out / form
to receive

LE POSTIER: **Veuillez remplir** cette **formule** avec votre nom et votre adresse. Vous allez **recevoir** votre avis de réception après l'arrivée de la lettre au Canada.

LA DAME: Merci, Monsieur. Au revoir, Monsieur.

À vous! (Exercices de vocabulaire)

A. Trouvez le mot qui correspond à chacune des phrases suivantes.

Modèle: On peut acheter des timbres dans cet endroit.
le bureau de poste

1. Ce papier montre combien j'ai payé la lettre recommandée.
2. C'est la personne qui envoie une lettre.
3. C'est la personne qui reçoit une lettre.
4. On les met sur une enveloppe avant d'envoyer une lettre.
5. C'est la femme qui travaille au bureau de poste.
6. Si vous voulez envoyer une lettre par avion, vous allez à ce guichet.
7. Il faut la remplir quand on veut faire recommander une lettre.

B. Au guichet de la poste aérienne. Achetez un timbre pour envoyer les lettres indiquées. Votre camarade va jouer le rôle du postier ou de la postière.

Modèle: États-Unis / 4F + 2F / en recommandé avec avis de réception
—*Je voudrais un timbre pour envoyer cette lettre aux États-Unis.*
—*C'est 4F plus 2F pour la surtaxe aérienne. Est-ce que vous voulez la faire recommander?*
—*Oui, avec avis de réception, s'il vous plaît.*

1. Canada / 3F40 + 2F / en recommandé avec avis de réception
2. Algérie / 2F20 + 1F / pas recommandé
3. Angleterre / 1F70, pas de surtaxe / en recommandé sans avis de réception
4. États-Unis / 4F + 2F / en recommandé avec avis de réception

STRUCTURE 1: *Les verbes irréguliers* écrire, envoyer *et* recevoir

Écrire

Est-ce que **tu as écrit** à Claude?	*Did you write* to Claude?
Pas encore. **J'écris** d'abord à Robert.	Not yet. First, *I am writing* to Robert.
Autrefois **je** lui **écrivais** tous les mois.	In the past *I used to write* him every month.

The verb **écrire** *(to write)* is irregular in the present indicative but forms the imperfect and the present subjunctive in the regular way. The verb **décrire** *(to describe)* is conjugated in the same manner as **écrire.**

écrire

j'**écris**	nous **écrivons**
tu **écris**	vous **écrivez**
il, elle, on **écrit**	ils, elles **écrivent**

Past participle: **écrit** (avoir)
Subjunctive stem: **écriv-**
Imperfect stem: **écriv-**

Envoyer

Elle a envoyé une lettre à Éric.	*She sent* a letter to Eric.
Nous envoyions beaucoup de cartes postales.	*We used to send* lots of postcards.

Tu envoies des cartes pour le Nouvel An?	*Do you send* New Year's cards?

The verb **envoyer** *(to send)* is irregular in the present indicative and in the present subjunctive; it is regular in the imperfect.

envoyer

j'**envoie**	nous **envoyons**
tu **envoies**	vous **envoyez**
il, elle, on **envoie**	ils, elles **envoient**

Past participle: **envoyé** (avoir)
Subjunctive stems: **envoi-, envoy-**

Imperfect stem: **envoy-**

Recevoir

Est-ce qu'**elle a reçu** une lettre?	*Did she get* a letter?
Elle reçoit des lettres tous les jours.	*She gets* letters every day.
Autrefois **je recevais** beaucoup de courrier aussi.	*I used to get* a lot of mail also.

The verb **recevoir** *(to get, receive)* is irregular in the present indicative and the present subjunctive; it is regular in the imperfect. Pay close attention to the spelling changes, particularly the addition of a cedilla in certain forms.

recevoir

je **reçois**[1]	nous **recevons**
tu **reçois**	vous **recevez**
il, elle, on **reçoit**	ils, elles **reçoivent**

Past participle: **reçu** (avoir)
Subjunctive stems: **reçoi-, recev-**

Imperfect stem: **recev-**

Application

C. Remplacez les mots en italique et faites les changements nécessaires.

1. Est-ce que *tu* écris souvent à tes parents? (il / vous / elles / nous)
2. *Nous* avons écrit des cartes pour le Nouvel An. (je / elle / tu / ils / vous)

1. In order to preserve the soft [s] sound of the **c**, it is necessary to add a cedilla whenever the letter following the **c** is **a, o,** or **u.**

3. *Elle* écrivait une lettre quand vous avez téléphoné. (je / nous / ils / ma mère)
4. *Nous* recevons beaucoup de courrier. (il / je / vous / mes amis)
5. Il est important qu'*elle* reçoive de bonnes notes en français. (tu / je / mes amis / nous / vous)
6. Qu'est-ce qu'*il* a reçu? (tu / vous / elles / nous / je)
7. *Nous* envoyons beaucoup de cartes de Noël. (elle / je / vous / ils)
8. Est-il nécessaire qu'*elle* lui envoie une réponse? (je / nous / on / vous / ils)

D. Questionnaire. Posez les questions à un(e) autre étudiant(e) et écrivez les réponses sur une feuille de papier. Ensuite, expliquez vos résultats à d'autres étudiants. Demandez:

1. s'il/si elle reçoit beaucoup de lettres.
2. s'il/si elle écrit beaucoup de lettres.
3. à qui il/elle écrit très souvent.
4. s'il/si elle reçoit beaucoup de cartes de Noël.
5. s'il/si elle envoie beaucoup de cartes de Noël.
6. s'il/si elle a reçu une lettre récemment et de qui.
7. s'il/si elle a envoyé une lettre ou un cadeau récemment et à qui.
8. s'il/si elle a écrit un mot *(note)* à quelqu'un hier.
9. s'il/si elle recevait beaucoup de cadeaux quand il/elle était jeune.
10. s'il/si elle envoyait beaucoup de lettres quand il/elle était au lycée.

E. Des réactions. En utilisant les expressions suggérées et les verbes **écrire, envoyer** et **recevoir,** donnez vos réactions à ce qu'on dit.

Modèle: Je ne reçois jamais de lettres. (il faut que)
Il faut que tu écrives des lettres si tu veux recevoir des lettres.

1. Je ne reçois jamais de lettres. (je suis surpris[e] que)
2. Je n'ai pas écrit à mes parents depuis septembre. (il faut que)
3. C'est demain l'anniversaire de mon petit frère. (il est important que)
4. Nous ne donnons jamais de cadeaux, mais nous aimons recevoir des cadeaux. (il est douteux que)
5. Nous avons oublié l'anniversaire de mariage de nos parents; c'était hier. (il vaut mieux que)
6. Nous écrivons des poèmes et des pièces. (je suis ravi[e] que)

STRUCTURE 2: *Les pronoms interrogatifs (personnes)*

Qui est là?	*Who*'s there?
Qui avez-vous vu?	*Whom* did you see?
À qui parlais-tu?	*To whom* were you speaking?

To ask a question to which the answer identifies a person, French uses the interrogative pronoun **qui.** Notice that this pronoun may have several grammatical functions—it may be used as a subject **(Qui a téléphoné?),**[2] as an object **(Qui avez-vous vu?),** and as the object of a preposition. The preposition and the interrogative word **qui** come at the beginning of the sentence **(De qui avez-vous peur? Avec qui sors-tu ce soir?).**

When a question includes a subject and a verb, you can add **est-ce que** to **qui** and thus maintain the subject-verb order of a declarative sentence: **Qui est-ce que vous avez vu? À qui est-ce qu'ils ont l'intention d'écrire?** The inverted form is used most frequently in writing; in speaking, use the **est-ce que** form unless the sentence is very short.

Interrogative pronouns (people)	
Subject	**Qui** parle?
Object	**Qui** regarde-t-il? **Qui** le postier regarde-t-il? **Qui** est-ce que le postier regarde?
Object of Preposition	**À qui** écrit-elle? **À qui** ta soeur écrit-elle? **À qui** est-ce que ta soeur écrit?

Application

F. Au bureau de poste. Voici des questions qu'on pourrait entendre au bureau de poste. Complétez-les en utilisant les mots suggérés.

Modèle: Vous attendez quelqu'un? (qui)
Qui attendez-vous?

1. La postière attend quelqu'un? (qui est-ce que)
2. Quelqu'un veut faire recommander une lettre? (qui)
3. Vous voulez envoyer un télégramme à quelqu'un? (à qui)
4. M. le maire veut téléphoner à quelqu'un? (à qui est-ce que)
5. Quelqu'un n'a pas reçu son courrier depuis huit jours? (qui)
6. Vous avez vu quelqu'un au guichet de la poste aérienne? (qui)
7. Le postier attend quelqu'un? (qui est-ce que)
8. Tu as écrit une lettre à quelqu'un? (à qui)
9. Tu cherches quelqu'un? (qui)
10. Quelqu'un doit remplir cette formule? (qui)

G. Au Foyer International. Vous avez une chambre dans une résidence pour étudiants étrangers à Paris. Voici des phrases ou des questions que vous entendez au Foyer. Utilisez les mots donnés pour faire continuer la conversation en posant une question. Employez un pronom interrogatif.

2. When **qui** functions as a subject, the verb is always conjugated in the third-person singular.

Modèle: Ah, bon. La porte de la salle de bains est fermée à clé. (être dans la salle de bains)
Qui est dans la salle de bains?

1. Ah, votre camarade n'est pas là. (elle / sortir avec)
2. Oui, c'est ici le Foyer International. (vous / chercher)
3. Oui, c'est ici le Foyer International. (vous / vouloir parler à)
4. On n'a pas mis de timbre sur cette enveloppe. (écrire cette lettre)
5. Vous allez passer un mois dans le Midi. (vous / habiter chez)
6. Nous n'avons pas d'argent! (nous / pouvoir demander de l'argent à)
7. Tu as deux billets pour le concert? (tu / inviter)
8. Regardez ces belles fleurs! (les envoyer)
9. Comment! Tu as reçu une invitation au mariage de Marcelle? (elle / se marier avec)
10. Pourquoi ne sont-ils pas déjà partis? (ils / attendre)

H. Pour te connaître. Vous voulez connaître un peu mieux un(e) de vos camarades de classe. Vous lui posez des questions en utilisant les expressions suivantes et **qui** ou **qui est-ce que.**

Modèles: faire la vaisselle
Qui fait la vaisselle chez toi?
voir le plus souvent (*the most often*)
Qui est-ce que tu vois le plus souvent?

habiter chez toi / préparer les repas / faire la lessive / faire la vaisselle / aimer parler à / écrire des lettres à / voir le plus souvent / sortir avec / aimer le moins *(the least)* / se disputer avec / travailler / rester à la maison / s'amuser avec

Débrouillons-nous! (Petite révision de l'étape)

I. Échange. Faites des conversations avec un(e) autre étudiant(e) en employant les éléments entre parenthèses.

Modèle: Hier soir je me suis bien amusé(e). (avec qui / sortir)
Avec qui est-ce que tu es sorti(e)?
Je suis sorti(e) avec Monique et Jean-Claude.

1. Je remplis une formule de télégramme. (à qui / envoyer)
2. Voici des aérogrammes et des timbres. (qui / acheter)
3. Je ne peux pas aller au bureau de poste maintenant. (qui est-ce que / attendre)
4. Je vais écrire des lettres. (à qui / écrire)
5. Je suis allé(e) au bureau de poste. (qui / voir)
6. Moi, je n'ai jamais de courrier. (qui / recevoir du courrier presque tous les jours)

J. Au bureau de poste. You are spending the summer in France. Go to the post office and buy some air letters **(aérogrammes)** and some stamps for postcards. Also, send a term paper to your professor and mail it in such a way that you will know it was received.

Deuxième Étape

POINT DE DÉPART: *Envoyons un colis!*

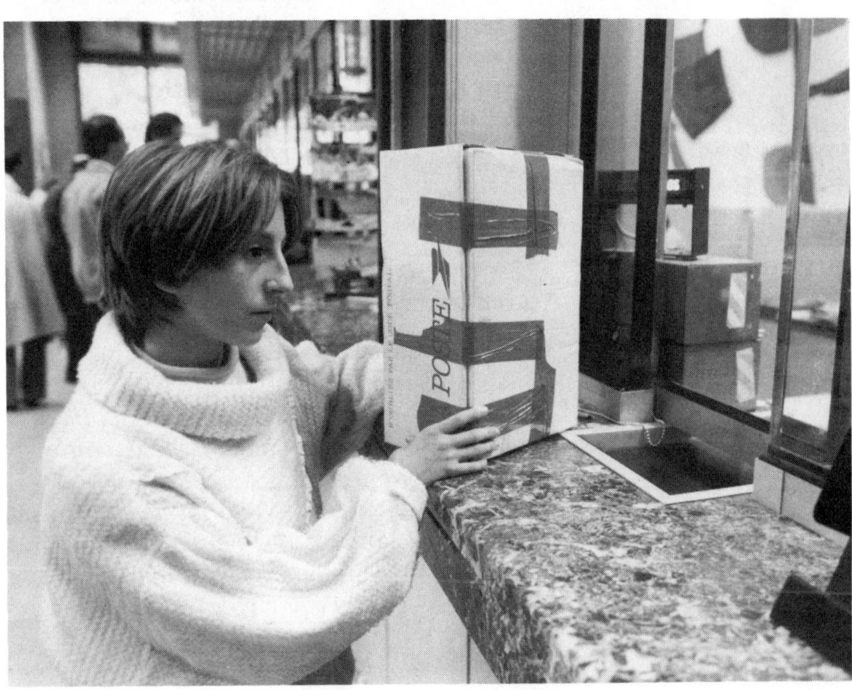

un colis: package

Mme Hébert envoie ses enfants, Annick et Marcel, au bureau de poste pour envoyer des cadeaux à leurs cousins canadiens. Elle leur donne 100F et dit qu'ils ont la permission d'acheter des bonbons avec la monnaie.

to wrap
mailing box

Mme Hébert n'a pas eu le temps d'**emballer** les cadeaux. Quand les enfants arrivent au bureau de poste, Annick et Marcel achètent **un paquet tout fait,** y mettent les cadeaux et vont au guichet.

customs forms / label
is it enough

ANNICK: Je voudrais envoyer ce colis au Canada.

LA POSTIÈRE: Bon. Pendant que je le pèse, vous pouvez remplir ces **fiches de douane.** Indiquez le contenu du colis sur l'**étiquette.**

ANNICK: **Il suffit** de mettre «cadeaux»?

LA POSTIÈRE: Non, Mademoiselle... il faut énumérer chaque objet.

ANNICK: Oh, là, là. Alors, qu'est-ce que Maman envoie, Marcel?

MARCEL: Voyons... deux tee-shirts, du Brie, une bouteille de Cognac...

	LA POSTIÈRE:	Un instant. Vous envoyez là un véritable supermarché! Je regrette... mais c'est impossible. Vous **ne** pouvez envoyer
neither... nor / perishables		**ni** alcool **ni périssables** par la poste.
	MARCEL:	Eh bien, il y a deux tee-shirts, du parfum et des livres.
	ANNICK:	Voilà, Madame.
	LA POSTIÈRE:	Vous voulez l'envoyer par avion, Mademoiselle?
	ANNICK:	C'est combien par avion?
that will cost you	LA POSTIÈRE:	Attendez. **Ça vous fera** 90F.
	ANNICK:	90F! Oh, non, alors. C'est trop cher.
regular (non-air mail) rate	LA POSTIÈRE:	**Tarif ordinaire,** alors? Dans ce cas, c'est 30F.
	ANNICK:	Comme ça, il me reste 70F.
	MARCEL:	Mais Maman a dit de l'envoyer par avion. Je vais lui dire...
half	ANNICK:	Je te donne **la moitié.**
	MARCEL:	Tu me donnes la moitié? Eh bien, Madame, nous allons en-
by boat / Come!		voyer ce colis **par voie de surface. Viens,** Annick! Allons
candy store		à la **confiserie.**

À vous! (Exercice de vocabulaire)

A. Envoyons un colis! Envoyez les colis indiqués en suivant le modèle. Votre camarade va jouer le rôle du postier ou de la postière.

Modèle: Canada / tee-shirts, parfum, livres / 90F, 30F / pas recommandé

—Je voudrais envoyer ce colis au Canada.
—Pendant que je le pèse, voulez-vous remplir la fiche de douane?
—D'accord. Voyons... tee-shirts, parfum, livres.
—Vous voulez l'envoyer par avion ou par voie de surface?
—C'est combien par avion?
—90F. Et par voie de surface, c'est 30F.
—Par avion, s'il vous plaît.
—Vous voulez l'envoyer en recommandé?
—Non, merci.

1. Chine / pull marin, blue-jean / 80F, 25F / pas recommandé
2. États-Unis / livres, foulard, colliers / 100F, 40F / recommandé avec avis de réception
3. Angleterre / souvenirs de voyage / 50F, 20F / pas recommandé
4. Canada / chemisier, gants, deux boîtes de bonbons / 90F, 30F / recommandé sans avis de réception

Reprise (Première Étape)

B. Échange. Posez des questions à un(e) autre étudiant(e) en utilisant les éléments donnés. Si la réponse à votre première question est négative, passez au numéro suivant.

1. écrire une lettre récemment / à qui / faire recommander / recevoir ta lettre
2. écrire beaucoup de cartes postales / quand / à qui, envoyer / recevoir des cartes postales de tes amis

3. recevoir un télégramme / qui, envoyer / être surpris(e) de recevoir un télégramme
4. envoyer un télégramme / à qui / pourquoi, ne pas écrire de lettre
5. recevoir un cadeau récemment / de qui / envoyer par la poste
6. envoyer un aérogramme / à qui / où, acheter

STRUCTURE 3: *Les pronoms interrogatifs (choses)*

Qu'est-ce qui se passe?	*What*'s happening?
Que voulez-vous?	*What* do you want?
De quoi ont-ils besoin?	*What* do they need?

When asking a question to which the answer identifies a thing, the following interrogative pronouns may be used: **qu'est-ce qui, que,** and **quoi.** The choice of pronoun depends on its grammatical function in the sentence. The pronoun **qu'est-ce qui** is used if the question is about the *subject* of the sentence: **Qu'est-ce qui fait ce bruit** *(noise)***?** (i.e., there is a verb without a subject). The pronoun **que** is used if the question is about the object of the sentence: **Que dit-elle?** (i.e., there is a subject and a verb). The pronoun **quoi** is used if the question is about the object of a preposition: **À quoi s'intéresse-t-il?** (i.e., there is a subject and a verb that requires a preposition; notice that the preposition comes at the beginning of the question).

In questions formed with **que** and **quoi, est-ce que** is often used instead of inversion. You already know the question form **qu'est-ce que.** With a preposition, you can say: **De quoi parles-tu?** or **De quoi est-ce que tu parles?** The inverted form is found much more frequently in written French; in spoken French the **est-ce que** form is preferred, unless the sentence is quite short: **Que fais-tu? Que voulez-vous?**[3]

Application

C. Au bureau de poste. Voici quelques questions qu'on peut entendre au bureau de poste. Utilisez les mots suggérés pour les compléter.

Modèle: Vous désirez quelque chose? (qu'est-ce que)
Qu'est-ce que vous désirez?

1. Vous voulez quelque chose? (que)
2. Quelque chose ne va pas? (qu'est-ce qui)

---

3. When the subject is a noun, there are three possible ways to ask a question. Use **est-ce que** when the subject consists of serveral words: **Qu'est-ce que le président de l'université a annoncé?** When both the verb and the subject are short, invert them without a pronoun: **Que veut ta soeur?** When the subject is a pronoun, you may use **que** and inversion: **Que cherches-tu?**

3. On vous a envoyé quelque chose? (qu'est-ce que)
4. Vous avez besoin de quelque chose? (de quoi)
5. Il faut coller *(to stick)* l'étiquette sur quelque chose? (sur quoi est-ce que)
6. Il y a quelque chose dans ce paquet? (qu'est-ce que)
7. La postière pense à quelque chose? (à quoi est-ce que)
8. Quelque chose indique le tarif? (qu'est-ce qui)
9. Il faut remplir quelque chose? (qu'est-ce que)
10. Vous avez laissé le colis sous quelque chose? (sous quoi)

D. Au café. Vous êtes installé(e) sur la terrasse d'un café. Voici des phrases et des questions que vous entendez. Faites continuer les conversations en utilisant les éléments donnés et le pronom interrogatif convenable.

Modèle: Vous avez soif? (vous / vouloir boire)
Qu'est-ce que vous voulez boire?

1. Ah, vous espérez aller à Strasbourg? (vous / faire)
2. Pardon, Monsieur. Je voudrais faire un coup de téléphone. (on / avoir besoin de / pour téléphoner)
3. Tiens, il y a beaucoup de gens dans la rue aujourd'hui. (se passer)
4. Ce garçon-là ne fait pas attention. (il / penser à)
5. Tu vas au grand magasin cet après-midi? (tu / acheter)
6. Tu n'as pas bonne mine. (ne pas aller)
7. Votre tante vous a envoyé un cadeau? (elle / donner)
8. Tu as faim? (tu / vouloir manger)
9. Je m'excuse, Madame. Je n'ai pas bien entendu. (vous / dire)
10. Tu n'aimes pas les langues, tu n'aimes pas les sciences, tu n'aimes pas les beaux-arts. (tu / s'intéresser à)

E. Au dîner. Le soir, à table, Jean et Cécile Massignon parlent ensemble. Faites continuer chaque conversation en posant deux questions, l'une qui a pour réponse une personne, l'autre qui a pour réponse une chose.

Modèle: Le téléphone sonne. Cécile va répondre. Un peu plus tard elle revient. (téléphoner / vouloir)
Qui a téléphoné? Qu'est-ce qu'il(elle) voulait?

1. Cécile mentionne qu'elle est allée au bureau de poste où elle a vu des amis. (rencontrer / faire)
2. Jean dit qu'il voudrait sortir avec des amis demain soir. (vouloir faire / inviter)
3. Cécile annonce qu'elle a reçu une lettre de sa famille. (écrire / avoir besoin de)
4. Jean dit qu'il a passé une mauvaise journée au bureau. (se passer / se disputer avec)
5. Cécile dit qu'elle veut passer le week-end à la campagne avec ses cousines. (il faut apporter / dormir chez)
6. Jean dit qu'il veut passer les vacances au Maroc. (aller avec / pouvoir voir)

STRUCTURE 4: *Les pronoms d'objets directs e[t] indirects* me, te, nous, vous

Vous **nous** écrivez une lettre?	Are you writing *us* a letter?
Je vais **vous** téléphoner demain.	I'm going to call *you* tomorrow.
Elle **m'**a raconté une histoire très drôle.	She told *me* a very funny story.
Ils ne **t'**ont pas accompagné?	They didn't go with *you*?
Envoie-**moi** ton adresse!	Send *me* your address!
Ne **nous** parlez pas de votre voyage!	Don't talk *to us* about your trip!

Me, te, nous, and **vous** are the first- and second-person object pronouns. They replace *both* direct and indirect object nouns. All the rules for direct and indirect object pronouns you have learned in Chapter 9 **(le, la, les)** and Chapter 11 **(lui, leur)** apply to **me, te, nous,** and **vous.** As a reminder, study the placement of the pronouns in the sentences above. Note that in an affirmative command, when the pronoun follows the verb, **me** becomes **moi.**

Helpful hint: In spoken French, certain patterns occur that help you determine the appropriate subject and object pronouns to use. This is particularly true in question-answer situations. Here are two of the most common of these patterns.

	Question	*Answer*
1.	**vous / me (m')**	**je / vous**
	Vous m'avez téléphoné?	Oui, **je vous** ai téléphoné hier soir.
2.	**tu / me (m')**	**je / te (t')**
	Tu me cherchais?	Oui, **je te** cherchais.

If you become accustomed to these patterns, your response will be more natural and automatic when someone addresses you directly.

Application

F. Entre amis. Répondez aux questions de vos amis en utilisant les éléments suggérés.

D'abord, c'est votre ami Marcel qui parle.

1. Tu m'attends depuis longtemps? (une demi-heure)
   Je t'attends depuis une demi-heure.
2. Tu me cherches depuis longtemps? (un quart d'heure)
3. Tu m'aimes? (beaucoup)
4. Tu m'entends? (pas très bien)
5. Tu m'as téléphoné? (hier soir)
   Oui, je t'ai téléphoné hier soir.
6. Tu m'as vu? (au parc)
7. Tu m'as écrit? (la semaine dernière)

8. Tu m'as envoyé quelque chose? (un cadeau)
9. Tu vas me téléphoner? (demain soir)
   Oui, je vais te téléphoner demain soir.
10. Tu vas m'écrire? (la semaine prochaine)
11. Tu vas m'envoyer quelque chose? (un télégramme)
12. Tu vas me retrouver en ville? (au café)

Ensuite, ce sont vos amis Claire et Henri qui vous parlent.

13. Tu nous cherches depuis longtemps? (des heures)
    Je vous cherche depuis des heures.
14. Tu nous attends depuis longtemps? (dix minutes)
15. Tu nous comprends? (parfaitement)
16. Tu nous aimes, n'est-ce pas? (bien)
17. Tu nous as vus hier? (devant la bibliothèque)
    Oui, je vous ai vus devant la bibliothèque.
18. Tu nous as écrit? (avant-hier)
19. Tu nous as envoyé quelque chose? (un colis)
20. Tu nous as entendus à la radio? (non)
21. Tu veux nous voir? (il est important / tout de suite)
    Oui, il est important que je vous voie tout de suite.
22. Tu veux nous parler? (il faut / cet après-midi)
23. Tu vas nous inviter? (il est possible / pour ce soir)
24. Tu vas nous quitter? (il est nécessaire / dans quelques moments)

G. On change d'avis. (*We change our mind.*) Quand un(e) ami(e) annonce qu'il(elle) va faire quelque chose pour vous, vous acceptez d'abord, ensuite vous changez d'avis. Au début, il s'agit de vous seul(e).

1. Je vais te téléphoner.
   Oui, téléphone-moi. ou *Non, ne me téléphone pas.*
2. Je vais t'attendre.
3. Je vais t'embrasser.
4. Je vais t'acheter un cadeau.
5. Je vais t'accompagner à la gare.
6. Je vais t'écrire.

Ensuite il s'agit de vous et de vos amis.

7. Je vais vous acheter des cigarettes.
   Oui, achète-nous des cigarettes. ou *Non, ne nous achète pas de cigarettes.*
8. Je vais vous apporter du vin.
9. Je vais vous téléphoner.
10. Je vais vous envoyer un télégramme.
11. Je vais vous aider.
12. Je vais vous écrire.

H. Les parents et les profs. Répondez aux questions en utilisant les éléments suggérés. D'abord, un(e) ami vous parle de vos rapports avec vos parents.

1. Est-ce que tes parents t'écoutent? (d'habitude)
   Oui, d'habitude ils m'écoutent.
2. Et toi, est-ce que tu écoutes tes parents?
   Oui, je les écoute d'habitude aussi. ou *Non, je ne les écoute pas.*
3. Est-ce que tes parents te comprennent? (assez bien)
4. Et toi, est-ce que tu comprends tes parents?
5. Est-ce que tes parents t'écrivent? (de temps en temps)
6. Et toi, est-ce que tu écris à tes parents?

Ensuite, on parle des rapports entre les professeurs et vous autres étudiants.

7. Est-ce que les profs vous posent des questions? (beaucoup)
   Oui, ils nous posent beaucoup de questions.
8. Et vous, est-ce que vous posez des questions à vos professeurs?
   Oui, nous leur posons des questions. ou *Non, nous ne leur posons pas beaucoup de questions.*
9. Est-ce que les profs vous aiment? (en général)
10. Et vous, est-ce que vous aimez vos profs?
11. Est-ce que les profs vous donnent de bonnes notes? (souvent)
12. Et vous, est-ce que vous donnez de bonnes notes aux profs?

Débrouillons-nous! (Petite révision de l'étape)

I. Échange. Posez les questions à un(e) autre étudiant(e), qui va vous répondre.

1. Qu'est-ce qui te fait peur?
2. À quoi est-ce que tu t'intéresses vraiment beaucoup?
3. Qu'est-ce que tu as donné à tes parents comme cadeau? Qu'est-ce qu'ils t'ont donné?
4. Qui t'a envoyé un colis récemment? Qu'est-ce qu'il y avait dans ce colis?
5. Qui t'a écrit une lettre récemment? Qu'est-ce que cette personne t'a dit?

J. Pour envoyer un colis. It's the birthday of someone in your family. You have bought that person an article of clothing as a present. Go to the post office and mail the present to this person, who lives in the United States. You love this person very much and want to make absolutely sure he/she gets the present as quickly as possible.

Troisième Étape

POINT DE DÉPART: *Des coups de fil*

un coup de fil: (phone) call	Au bureau de poste, on fait la queue pour téléphoner.	
	HERVÉ:	Je voudrais téléphoner à Besançon, s'il vous plaît.
operator	**LA STANDARDISTE:**	Prenez la cabine 5 et composez le numéro que vous voulez.
area code	HERVÉ:	Quel est l'**indicatif** de Besançon, s'il vous plaît?
	LA STANDARDISTE:	81. Oui, Madame?
collect	MME GABARD:	Je voudrais téléphoner **en PCV** à Poitiers.
	LA STANDARDISTE:	Oui, Madame. Quel numéro voulez-vous?
	MME GABARD:	C'est le 76.43.19.
person receiving the call	LA STANDARDISTE:	Et le nom de votre **correspondant?**
	MME GABARD:	Monsieur René Gabard.
	LA STANDARDISTE:	Et votre nom, s'il vous plaît.

	MME GABARD:	Madame Yvonne Gabard.
will call you	LA STANDARDISTE:	Bien, asseyez-vous. Je vous **appellerai.**
	HERVÉ:	*(dans la cabine téléphonique)* Allô, allô... c'est le 42.56.74 à Besançon?
	LA CORRESPONDANTE:	Oui, Monsieur.
	HERVÉ:	Je voudrais parler à Hélène, s'il vous plaît.
Who may I say is calling?	LA CORRESPONDANTE:	**C'est de la part de qui?**
This is...	HERVÉ:	**C'est** Hervé Jourdain **à l'appareil.**
Hang on just a moment	LA CORRESPONDANTE:	**Ne quittez pas,** Monsieur. Je vais voir si elle est là... *(après un instant de silence)* Allô... je...
	HERVÉ:	Écoute, Hélène. Je sais que nous nous sommes disputés, je sais que tu es furieuse.
	LA CORRESPONDANTE:	Mais...
Don't say anything	HERVÉ:	**Ne dis rien...** je te demande pardon. Tu sais que je t'adore... Tu me pardonnes, non?
I have no idea	LA CORRESPONDANTE:	Je veux bien, moi, mais pour Hélène, **je n'en sais rien.** Je voulais justement vous dire qu'elle n'est pas là!
	MME GABARD:	Alors, Madame, qu'est-ce qui se passe? Ça fait plusieurs minutes que j'attends.
am trying cancel call again	LA STANDARDISTE:	Je m'excuse. J'**essaie** maintenant... Le numéro ne répond pas. Alors j'**annule** ou vous voulez que je **rappelle** dans quelques minutes.
	MME GABARD:	Non, non. Annulez, s'il vous plaît. Je me demande où il est, mon mari!

NOTE CULTURELLE

In France, many people go to the post office to make phone calls. In some places, an employee will dial the number for you; in others, you will be assigned to a phone booth and will dial the number yourself. There are also public phone booths in hotels, train stations, cafés, and on the street. Formerly you needed a token **(un jeton)** to make a call from a pay phone; today, almost all pay phones use coins **(des pièces de monnaie)** or phone credit cards.

When dialing direct, dial 10 for special calls (such as collect or credit card) and 12 for information.

À vous! (Exercices de vocabulaire)

A. Allô... Allô. Faites les conversations téléphoniques suivantes en imitant le modèle.

Modèle: Véronique Poupard / 22.61.03
—Allô, allô. C'est bien le 22.61.03.
—Oui, Monsieur (Madame, Mademoiselle).
—Je voudrais parler à Véronique, s'il vous plaît.
—C'est de la part de qui?
*—C'est *** à l'appareil.*

—Ne quittez pas. Je vais voir si elle est là... Je suis désolé(e), elle n'est pas là.
*—Voulez-vous bien lui dire que *** a téléphoné?*
—Certainement, Monsieur (Madame, Mademoiselle).
—Merci, Monsieur (Madame, Mademoiselle). Au revoir.

1. Michel Roux / 32.73.22
2. Mireille Brisset / 02.60.83
3. Agnès Favreau / 47.42.65.38
4. Serge Morin / 46.52.08.53

B. Voici ce que tu fais... Vous expliquez à un(e) ami(e) ce qu'il faut faire pour donner un coup de téléphone en France. Réorganisez les phrases suivantes pour qu'elles s'accordent aux dessins.

Tu attends la tonalité.
Tu raccroches l'appareil.
Tu parles à ton (ta) correspondant(e).
Tu composes le numéro au cadran.
Tu décroches le téléphone.
Tu introduis les pièces dans la fente.

Reprise
(Deuxième Étape)

C. À table. Au dîner chez vous, chaque fois qu'on annonce une nouvelle *(piece of news)*, il y a toujours plusieurs personnes qui posent des questions. Utilisez les éléments donnés pour poser des questions.

Modèle: Je suis allée au grand magasin. (t'accompagner / acheter)
Qui t'a accompagnée? Qu'est-ce que tu as acheté?

1. Pépé et Mémé ont téléphoné. (parler à / vouloir)
2. Je vais aller en ville demain. (avoir besoin de / faire)
3. Je vais organiser une surprise-partie. (inviter / servir)
4. Il y a eu un accident. (se passer / être dans la voiture)
5. J'ai reçu trois lettres et un colis aujourd'hui. (t'écrire / y avoir dans le colis)
6. Nous avons dîné dans un restaurant algérien. (aller avec / manger)

D. De petites conversations. Utilisez les éléments donnés pour faire des phrases qui se suivent (*follow each other*) logiquement. Employez aussi les pronoms personnels **me, te, nous** et **vous.**

Modèle: connaître / rencontrer chez les Lascaux / montrer une photo de votre maison en Corse (je / vous)
Je vous connais, n'est-ce pas? Je vous ai rencontré chez les Lascaux? Vous m'avez montré une photo de votre maison en Corse.

1. connaître / voir chez les Gillot / parler de vos vacances en Égypte (je / vous)
2. voir pour la première fois au mois de novembre / inviter à sortir trois semaines après / demander de m'épouser en février (je / tu)
3. téléphoner ce soir / voir demain matin / quitter à midi (elle / je)
4. écrire une lettre le mois prochain / envoyer une carte pour mon anniversaire / donner un cadeau de Noël (ils / je)
5. chercher depuis trois jours / vouloir inviter à une surprise-partie / espérer voir samedi soir (nous / tu)

STRUCTURE 5: *Le pronom* en

Tu veux de la salade? J'**en** ai déjà pris.	Do you want some salad? I already took *some*.
J'espère que tu aimes les légumes. Nous **en** avons préparé[4] beaucoup. Nous **en** avons préparé trois.	I hope you like vegetables. We have prepared a lot (*of them*). We made three (*of them*).
Vous voulez du sel? Prenez-**en.**	Do you want some salt? Take *some*.
Merci. Je n'**en** ai pas besoin.	I don't need *any* (*of it*).

The object pronoun **en** replaces nouns introduced by the preposition **de.** It usually refers to things rather than to people. This substitution occurs most frequently in the following situations:

1. the partitive **(de la salade),**
2. expressions of quantity **(beaucoup de légumes),**
3. verbal expressions followed by **de (avoir besoin de la voiture).**

En is also required with numbers that stand alone (i.e., when the number is not followed by a noun): **J'en ai trois.**

The placement of **en** is identical to that of the direct and indirect object pronouns: before the verb in simple and compound tenses and negative commands; before the infinitive in conjugated verb + infinitive; following the verb in affirmative commands.[5]

4. When **en** precedes a compound tense such as the passé composé, the past participle does not agree with it: **Des autos? Je n'en ai pas vu.**

5. In the familiar form of affirmative commands, **-er** verbs retain the **s** in order to allow for liaison: **Achètes-en!**

Application

E. Remplacez les mots en italique par le pronom **en.**

Modèle: Tu veux *du pain*? *Tu en veux?*

1. Nous avons besoin *d'argent.*
2. Vous voulez boire *du vin?*
3. Je ne veux pas *de soupe.*
4. Ils n'ont pas *de soeurs.*
5. Ne mange pas trop *de chocolat.*
6. Elle veut parler *de ses problèmes.*
7. Je vais acheter deux ou trois *livres.*
8. Elles ont mangé beaucoup *de salade.*
9. J'ai vu *des animaux.*
10. Nous avons une *voiture.*

F. Et toi? Et elle? Répondez aux questions en utilisant un pronom d'objet direct ou le pronom **en.**

À table

Modèle: Tu veux de la salade? (non) Tu ne l'aimes pas? (non / ne jamais manger)
Non, merci. Je n'en veux pas. Non, je n'en mange jamais.

1. Tu veux du fromage? (non) Tu n'aimes pas le fromage? (non / manger très peu)
2. Tu veux des oignons? (non) Tu n'aimes pas les oignons? (non / ne jamais manger)

Au bureau de poste

Modèle: Tu as des timbres? (non / avoir besoin) Combien de timbres est-que tu vas acheter? (cinq)
Non, j'en ai besoin. Je vais en acheter cinq.

3. Tu as des aérogrammes? (non / avoir besoin) Combien d'aérogrammes veux-tu? (six ou sept)
4. Tu veux envoyer ces colis par avion? (non / par voie de surface) Combien de colis as-tu? (trois)

À l'épicerie

Modèle: Tu aimes les pommes? (oui / beaucoup) Tu vas acheter des pommes? (un kilo)
Oui, je les aime beaucoup.[6] *Je vais en acheter un kilo.*

5. Tu aimes les poires? (oui / beaucoup) Combien de poires veux-tu? (un demi-kilo)
6. Tu as acheté du cidre? (trois bouteilles) Tu vas servir du cidre avant le dîner? (non / avec le dîner)

---

6. Distinguish clearly between the adverb **beaucoup** that modifies the verb and the adverbial expression **beaucoup de** that modifies a noun. The former has no effect on the pronoun: **Tu aimes les carottes? Oui, je les aime beaucoup.** The latter requires the pronoun **en: Tu as des carottes? Oui, j'en ai beaucoup.**

G. Oui, Maman... Non, Maman. Quand votre mère vous téléphone, elle a l'habitude de vous poser beaucoup de questions. Répondez à ses questions en utilisant des pronoms d'objets directs ou indirects ou le pronom **en.**

leur - pronoun

Modèles: Tu as reçu ma lettre? (ce matin)
Oui, Maman. Je l'ai reçue ce matin.

Tu as parlé à ta soeur? (pas récemment)
Non, Maman. Je ne lui ai pas parlé récemment.

Tu prends tes vitamines? (deux / tous les matins)
Oui, Maman. J'en prends deux tous les matins.

1. Tu as des gants? (deux paires)
2. Tu as des chapeaux? (trois)
3. Tu as téléphoné à tes grands-parents? (la semaine dernière)
4. Tu as reçu la lettre de Papa? (il y a trois jours)
5. Tu manges des légumes? (deux ou trois à chaque repas)
6. Tu as envoyé quelque chose à ta soeur pour son anniversaire? (un joli cadeau)
7. Tu fais tes devoirs? (tous les soirs)
8. Tu as des timbres? (un carnet)
9. Tu as des amis? (beaucoup)
10. Tu as assez d'argent? (non)

STRUCTURE 6: *Les expressions négatives*

Est-ce que tu vois quelque chose?	Do you see something?
Non, je **ne** vois **rien.**	No, I *don't* see *anything* (I see *nothing).*
Est-ce que tu vois quelqu'un?	Do you see someone?
Non, je **ne** vois **personne.**	No, I *don't* see *anyone* (I see *no one, nobody).*
Elle est toujours là?	Is she still[7] here?
Non, elle **n'**est **plus** là.	No, she is *no longer* here.
Ils sont déjà partis?	Have they already left?
Non, ils **ne** sont **pas encore** partis.	No, they *haven't* left *yet.*

You have already learned to use two negative expressions—**ne... pas** (Chapter 1) and **ne... jamais** (Chapter 3). As you know, the **ne** generally stands before the conjugated verb, while **pas** and **jamais** follow it.

7. **Toujours** can mean either *always* or *still*, depending on the context.

You will also remember that the indefinite and partitive articles become **de** after these negative expressions. These basic rules also apply to the expressions **ne... rien** *(nothing),* **ne... personne** *(nobody, no one),* **ne... plus** *(no longer),* and **ne... pas encore** *(not yet).*

There are also a few special rules to remember about negative expressions:

1. In the **passé composé,** most of these expressions surround the helping verb: **Je n'ai rien trouvé. Elle n'est pas encore partie. Ils n'ont jamais répondu à ma lettre.** However, **personne** follows the past participle: **Je n'ai vu personne.**
2. Regardless of the tense, if the verb is followed by a preposition, **rien** and **personne** come after this preposition: **Je n'ai besoin de rien. Nous n'avons parlé à personne.**
3. **Ne... personne** and **ne... rien** can also be used as subjects of the sentence. In this case, the word order is reversed, and both parts of the negative come before the verb: **Rien ne m'intéresse. Personne n'a téléphoné.**
4. All of the negatives (with the exception of **ne... pas**) can be used without verbs as answers to questions. In such cases, the **ne** is dropped: **Qui est là? Personne. Qu'est-ce que tu fais? Rien. Ils sont partis? Pas encore. Vous buvez du lait? Jamais.**

Application

H. Posez la question à votre partenaire, puis faites répéter la réponse.

1. Qu'est-ce que tu veux?
   —Rien.
   —Comment?
   —Je ne veux rien.
2. Qu'est-ce que tu cherches?
3. Qu'est-ce que tu as acheté?
4. Qu'est-ce que tu as dit?
5. Qu'est-ce que tu as fait?

6. Ils sont déjà partis?
   —Pas encore.
   —Comment?
   —Ils ne sont pas encore partis.
7. Ils sont déjà arrivés?
8. Ils ont déjà pris le TGV?
9. Ils ont déjà fini leurs devoirs?
10. Ils sont déjà descendus?

11. Qui est-ce que tu cherches?
    —Personne.
    —Comment?
    —Je ne cherche personne.
12. Qui est-ce que tu attends?
13. Qui est-ce que tu as vu?
14. Qui est-ce que tu as rencontré?
15. Qui est-ce que tu as invité?

16. Vous voulez encore du pain?
    —Merci.
    —Comment?
    —Merci. Je ne veux plus de pain.
17. Vous voulez encore des légumes?
18. Vous voulez encore du vin?
19. Vous voulez encore du café?
20. Vous voulez encore de la salade?

I. Il a le cafard. *(He is very depressed.)* Vous avez un ami qui a le cafard. Ses parents s'inquiètent et vous posent des questions. Vous dites la vérité, c'est-à-dire que vous répondez toujours négativement.

Modèle: Avec qui est-ce qu'il sort?
Il ne sort avec personne.

1. Mais il voit toujours sa petite amie Nicole, non?
2. Mais il va souvent au cinéma, n'est-ce pas?
3. Alors, qu'est-ce qu'il fait le week-end?
4. À qui est-ce qu'il parle?
5. À quoi est-ce qu'il s'intéresse?
6. Qui lui téléphone?
7. À qui est-ce qu'il téléphone?
8. Mais il fait toujours ses devoirs, non?
9. Il est déjà allé chez le médecin?

J. Une femme mystérieuse. La scène: un bureau de poste provincial. Les personnages: le postier, une dame bien habillée. La situation: la femme est assise sur un banc à l'intérieur du bureau de poste depuis trois heures. Le postier commence à soupçonner *(to suspect)* quelque chose. Jouez le rôle de la dame en répondant négativement à toutes les questions du postier.

Modèle: Pardon, Madame. Vous désirez quelque chose?
Non, Monsieur. Je ne désire rien.

1. Vous attendez quelqu'un?
2. Vous avez besoin de quelque chose?
3. Vous voulez acheter quelque chose?
4. Vous avez déjà acheté des timbres?
5. Vous voulez téléphoner à quelqu'un?
6. Quelqu'un va vous téléphoner?
7. Vous avez quelque chose à envoyer?
8. On vous a envoyé quelque chose?
9. Vous passez souvent l'après-midi aux bureaux de poste?

Débrouillons-nous! (Petite révision de l'étape)

K. Échange. Posez les questions à un(e) autre étudiant(e), qui va vous répondre.

1. Combien de frères as-tu? Et de soeurs?
2. Est-ce que tu leur écris souvent des lettres?
3. Est-ce qu'ils sont toujours au lycée?
4. À qui est-ce que tu as téléphoné avant de te coucher hier soir? Qui t'a téléphoné ce matin?
5. Est-ce que tu manges beaucoup de viande? de salade? de chocolat?

L. Un coup de fil. You have just arrived in France. Go to the post office and call your French friend (Dominique Gautier) who lives in Lille. She is not home, but a family member answers the phone. Identify yourself as Dominique's American friend, find out when she will be back, then decide whether you will call again or leave a message.

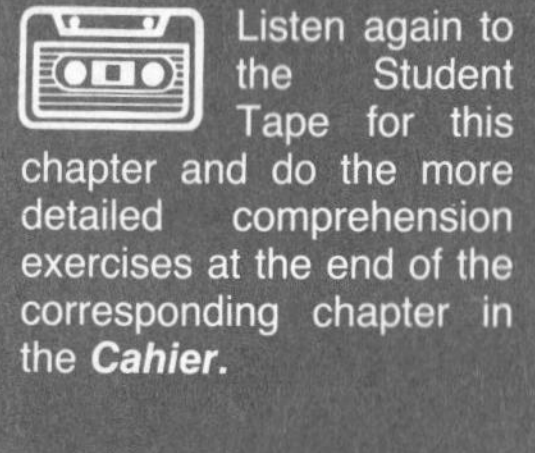

Quatrième Étape

LECTURE: *«Le 22 à Asnières»*

The following is a vaudeville sketch made famous by the comedian Fernand Raynaud. The setting is a post office somewhere in Paris.

FERNAND: Pardon, madame la téléphoniste... Oh! madame la téléphoniste... madame la postière! Oh!

LA PRÉPOSÉE:[1] Vous ne voyez pas que je suis en train de faire mes totaux, non!

FERNAND: Qu'est-ce que vous faites?

LA PRÉPOSÉE: Je fais mes totaux!

FERNAND: Ah! Ben alors! Mais enfin, dans le bureau de poste, c'est bien à vous qu'il faut s'adresser pour téléphoner? Oui? Bon! Parce que des fois,[2] vous savez, on attend, on attend, on dit non, c'est pas là et puis... Oh! madame la téléphoniste!

LA PRÉPOSÉE: Oh! Vous êtes pénible[3] vous, hein! Qu'est-ce que vous voulez?

FERNAND: J'aurais voulu avoir[4] le 22 à Asnières,[5] s'il vous plaît!

LA PRÉPOSÉE: Vous pouvez pas y aller en vélo non!... Allô! le central![6]... Oui!... Comment vas-tu, Christiane? Et ta soeur? Elle est malade? Eh bien tant mieux! Tant mieux! Elle est aux assurances sociales?[7]... Eh ben, comme ça, elle pourra[8] aller danser toute la semaine. Dis donc, je me rappelle même plus pourquoi je te téléphone... Qu'est-ce que vous voulez vous là?

FERNAND: Je voudrais le 22 à Asnières!

LA PRÉPOSÉE: Ah, oui! Tu me passes le 22 à Asnières... Au revoir Bouchon... Au revoir...

FERNAND: Merci madame! Vous pensez que ça va être long? Parce que j'étais venu avec mon vélo, là, et j'ai crevé[9] en venant[10]. J'dis: «Tiens, je vais donner un coup de fil, comme ça, ça va m'avancer[11]...»

(Un Américain arrive en bousculant[12] le premier client.)

---

1. employee (female) 2. sometimes 3. difficult 4. I would have like to have had 5. town just outside of Paris 6. central switchboard or exchange 7. social security 8. will be able 9. I had a flat 10. while coming 11. it will get me ahead 12. jostling

L'AMÉRICAIN: Vous pouvez pas faire attention!

FERNAND: Oh! Excusez-moi!

L'AMÉRICAIN: *Well! Please,* mademoiselle! *For San Francisco!* Mademoiselle la téléphoniste! *Yes!* San Francisco n° 6307X7!

LA PRÉPOSÉE: Oui, monsieur, voilà! Je branche.[13] Allô! La cabine internationale!... Oui! Bon, passez-moi San Francisco!... en Pennsylvanie!... Le 6307X7! Oui! Bon! Oui!... San Francisco, cabine 6!

FERNAND: Et mon Asnières? J'avais demandé le 22... Le 22 à Asnières! Parce qu'on m'attend pour casser la croûte![14] Alors, il faut que je me magne le bol.[15] Vous savez ce que c'est, si vous arrivez en retard...

(Un Belge bouscule à son tour le premier client.)

FERNAND: Vous me bousculez tous là! Vous pouvez pas...

LE BELGE: Excusez!... C'est moi qui m'excuse, mademoiselle! J'aurais voulu avoir une fois à Liège, monsieur Vanderman... septante-cinq[16]... Non, l'adresse, je ne la connais pas... Mais enfin... Non, je ne connais pas non plus le numéro de téléphone... Mais enfin... Je sais qu'il est charcutier. Pensez-vous que ce soit possible d'avoir? Vous seriez bien gentille,[17] hein! Si vous pouviez me sortir d'embarras,[18] hein!

LA PRÉPOSÉE: Vous savez pas ce que vous voulez quoi! Un faux Belge! Allô! Passez-moi Liège! Belgium!... C'est la cabine internationale?... Bon! Eh ben alors, Liège, monsieur Vanderman. On n'a pas le numéro mais on sait qu'il est charcutier... Eh ben, il doit pas y en avoir 36![19] Bon... Ah! Bon! Bon!... Liège, cabine 3!

FERNAND: Et mon Asnières? J'avais demandé le 22, deux fois 2... Enfin... Pas deux fois deux... 2 fois dix plus deux... Comme 22 v'là les flics...[20]

(Un Allemand bouscule le premier client.)

FERNAND: Mais enfin! Qu'est-ce que vous avez tous à me...

L'ALLEMAND: *Fräulein, Bitte, sprechen sie deutsch?*

LA PRÉPOSÉE: *Nicht fill!*

L'ALLEMAND: *Ya! für Berlin Herr Karl Fusstrassen zwei Alexander platz.*

LA PRÉPOSÉE: *Ya!*

L'ALLEMAND: *So! telefon vierundzwanzig!*

LA PRÉPOSÉE: Lui, au moins,[21] il sait ce qu'il veut! Allô! Passez-moi Berlin!... Allô! Berline! Vierundzwanzig! comme deux fois 12!... Berline, cabine 5!

---

13. am connecting 14. to have a bite to eat 15. I have to hurry 16. 75 (in Belgian French) 17. That would be very nice of you. 18. If you could help me out 19. There can't be 36 of them. 20. watch out, here come the cops 21. He, at least

L'ALLEMAND: *Was???*
LA PRÉPOSÉE: Euh... Berline... Cabine fünf!
L'ALLEMAND: *Danke sehr!*
LA PRÉPOSÉE: *Bitte sehr! auf wiedersehen!*
FERNAND: Eh ben... Et mon Asnières?...
LA PRÉPOSÉE: Non, mais dites donc, vous là, vous n'êtes pas tout seul[22] ici, non!
FERNAND: Pardon, mademoiselle... Et si je vous demandais New York?
LA PRÉPOSÉE: Faudrait savoir[23] c'que vous voulez!
FERNAND: Je demande New York, c'est pas mon droit[24] non!
LA PRÉPOSÉE: Si vous voulez New York, j'vais vous donner New York! Allô!... Passez-moi New York! Non, non, non... New York, tout simplement... New York, cabine 1!
FERNAND: Allô?... Allô, New York!... Dites donc, vous ne pourriez pas me passer le 22 à Asnières!

Fernand Raynaud, *Ses grandes histoires*
Philips Records

Compréhension

A. Le français parlé. In spoken French, sounds and even short words are often dropped. Give the correct written form of each of the following.

1. Ben alors! 2. C'est pas là! 3. Vous pouvez pas y aller en vélo, non? 4. Faut savoir c'que vous voulez! 5. J'vais vous donner New York.

B. Vrai ou faux. Answer each of the questions based on the reading.

1. Asnières est loin de Paris.
2. La préposée fait tout son possible pour aider Fernand.
3. L'Américain, le Belge et l'Allemand sont tous très polis à l'égard de Fernand.
4. La préposée connaît très bien les États-Unis.
5. Le Belge a tous les renseignements nécessaires pour faire son coup de téléphone.
6. L'Allemand parle assez bien le français.
7. Fernand va finir par avoir son numéro à Asnières.

Reprise
(Troisième Étape)

C. En ville. Vous vous promenez en ville avec un(e) ami(e). Chaque fois que vous voyez quelque chose d'intéressant, vous en parlez à votre ami(e) et vous lui posez des questions. Utilisez des pronoms d'objet direct **(le, la, l', les)** ou des pronoms d'objet indirect **(lui, leur)** ou le pronom **en.**

Modèle: Voilà mon frère. (avoir / deux / voir souvent / non, rarement)

---

22. You're not the only one 23. Ought to know 24. right

—Voilà mon frère. Tu as des frères?
—Oui, j'en ai deux.
—Tu les vois souvent?
—Non, je les vois rarement. ou *Oui, je les vois tous les jours.*

1. Voilà ma soeur. (avoir / une / parler souvent / oui)
2. Voilà des chiens. (aimer / non / avoir peur de / oui)
3. Voilà des jolis pulls. (avoir envie / oui / vouloir acheter / oui)
4. Voilà des pommes. (aimer / oui / combien / il faut acheter / deux)
5. Voilà mes grands-parents. (combien, avoir / quatre / voir souvent / non, rarement)
6. Voilà une boîte où je peux poster *(to mail)* mes lettres. (écrire des lettres / oui, deux / vouloir poster / oui)

D. Un crime. L'inspecteur de police interroge des personnes au sujet d'un crime. Chaque personne dit le contraire de ce que dit l'inspecteur.

Modèle: Vous arrivez toujours de bonne heure?
Non, je n'arrive jamais de bonne heure.

1. Vous avez vu quelqu'un à l'extérieur?
2. Vous avez entendu quelque chose?
3. On a pris de l'argent?
4. Quelqu'un est entré dans la boutique pendant que vous y étiez?
5. Vous avez parlé à quelqu'un?
6. Il y a encore du sang *(blood)* sur le plancher *(floor)?*
7. Vous avez quelque chose à ajouter?

Point d'arrivée (Activités orales et écrites)

E. À la poste. You are in France for the summer. Go to the post office to perform the following tasks.

1. Send a package to a friend in the United States.
2. Send a registered letter to your employer (professor, etc.).
3. Buy some air letters and stamps. Ask for a receipt.

F. Un coup de fil. Phone a friend to invite him or her to dinner in a restaurant. Supply the day and time and together decide how you will get to the restaurant.

G. Un coup de fil transatlantique. Go to the post office and place a long-distance call to someone in the United States. Tell this person about your return to the United States. Include the following information: the day of your return, that you need someone to meet you at the airport, your time of arrival and flight number, and that you are bringing a French friend with you.

H. Tout va mal! Recall and/or imagine the worst day possible, a day when everything goes badly, when nothing goes right, and when no one does what you want. Have a contest with your classmates to see who can recount the worst day.

I. Je n'en peux plus! *(I can't take any more of this!)* In the reading on pp. 376–378, the client has a terrible time placing a simple phone call. Write a short dramatic sketch in which a different postal client has a problem buying stamps or mailing a package or sending a telegram, etc.

Lexique

POUR SE DÉBROUILLER

Pour envoyer une lettre
le bureau de poste
le code postal
le postier, la postière
la poste aérienne
le tarif postal
acheter un timbre
    un aérogramme
demander un récépissé
faire recommander une lettre
  avec avis de réception
remplir une formule
  le destinataire
  l'expéditeur, l'expéditrice
peser

Pour envoyer un colis
ça vous fera... francs
emballer
expédier un colis
    un paquet
  par avion
  par voie de surface
remplir une étiquette de douane
    une fiche de douane

Pour téléphoner
l'annuaire
la cabine téléphonique
le/la correspondant(e)
l'indicatif
un jeton
une pièce de monnaie
le service des renseignements
la standardiste
la tonalité
annuler
appeler
décrocher (l'appareil)
donner (faire) un coup de fil à
    un coup de téléphone à
faire le numéro
raccrocher (l'appareil)
rappeler
téléphoner en PCV (paiement chez vous)
allô
C'est... à l'appareil.
C'est de la part de qui?
Ne quittez pas.

VOCABULAIRE GÉNÉRAL

Noms
un cadeau
une carte postale
la confiserie
le courrier
une enveloppe
la moitié
un périssable
le plancher
le sang
un télégramme

Verbes
accompagner
décrire
écrire
envoyer
essayer
faire peur à
poster
recevoir

Autres expressions
en
encore
il suffit de
ne... pas encore
ne... personne
ne... plus
ne... rien
ni l'un ni l'autre
que
qu'est-ce qui
quelque chose
quelqu'un
qui
quoi

CHAPITRE QUINZE
Installons-nous!

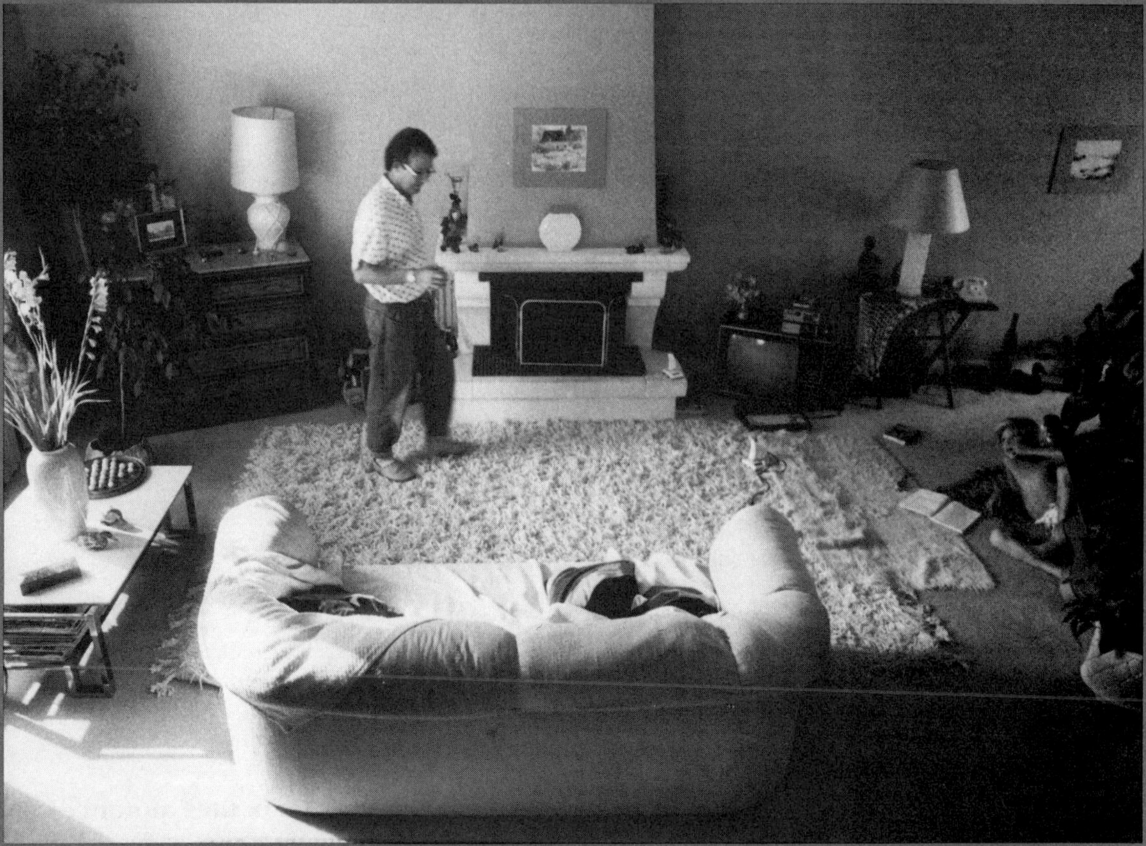

Première Étape
Les petites annonces

Deuxième Étape
Installons-nous!

Troisième Étape
Allons à la banque!

Quatrième Étape
Maisons à vendre!

no point de depart or Vocab.

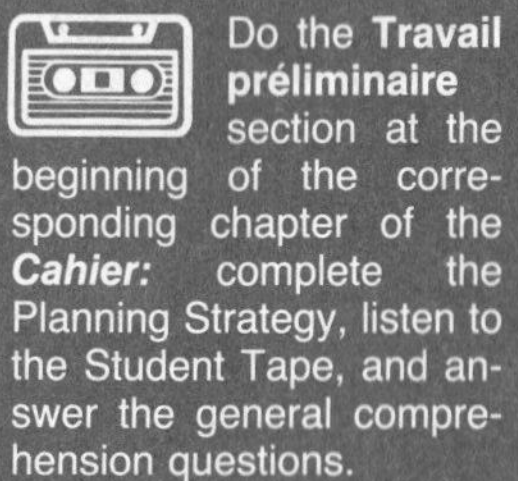

Do the **Travail préliminaire** section at the beginning of the corresponding chapter of the ***Cahier:*** complete the Planning Strategy, listen to the Student Tape, and answer the general comprehension questions.

Première Étape

POINT DE DÉPART: *Les petites annonces*

conveniences (stores)
cellar (wine) / including
closets
intercom
basement

locations non meublées offres

1. AV. DE VERDUN, dans très bel imm. ancien, 7e ét., asc. 3 P., tt cft. Parfait état. 4 000 F + ch. Tél. le matin, 60-54-33-12
2. RÉGION PARISIENNE, dans une très agréable rés., à prox. gare, cft moderne, 3 P., 4e ét., asc., **interphone,** balc., gar. **sous-sol.** 3 500 F + ch. Tél. 59-28-76-14
3. LUXEMBOURG, Studio tt cft, 2e ét., asc., imm. pierre, salle dche, kitchenette, cab. toil., **cave,** piscine, park. 2 900 F + ch. Tél. 67-89-15-75
4. 7e ARRDT., 2 P., séj. + chbre, cuis. équip., RdC., petite rés., ch. comp. 2 100 F. Tél. 65-31-74-49
5. BANLIEUE PARISIENNE, 4 P. dans rés. calme, près tts **commodités,** clair, ensoleillé, **comprenant:** entrée, gde cuis., séjour av. balc., 3 chbres, w.-c., s. de bns, nombreux **placards,** park., jard., sous-sol. 5 500 F. Tél. 22-46-81-39

married couple / classified ads / to settle

Richard et Sylvie, jeunes **mariés,** consultent les **petites annonces.** Ils vont **s'installer** à Paris, et ils cherchent donc un appartement.

will be
rent
will need
will have to have
will rent
will be able to

RICHARD: Voilà! J'ai trouvé! Un appartement avec deux pièces et cuisine équipée.

SYLVIE: Et il se trouve où, cet appartement?

RICHARD: Au septième arrondissement. Nous **serons** très près du bureau.

SYLVIE: Oui, mais qu'est-ce que ça veut dire exactement, «deux pièces»?

RICHARD: Il y a une salle de séjour et une chambre. C'est au rez-de-chaussée, et le **loyer** de 3 100 F est raisonnable.

SYLVIE: Oui, mais c'est trop petit. Nous **aurons besoin** d'un bureau et il nous **faudra** une deuxième chambre pour nos invités.

RICHARD: T'as raison. Regarde l'annonce pour l'appartement de trois pièces. Il y a même un interphone et un balcon. Ça t'intéresse?

SYLVIE: Oui, peut-être. Mais nous ne **louerons** rien sans le voir.

RICHARD: Nous **pourrons** le faire demain, si tu veux.

SYLVIE: D'accord.

LEXIQUE DES ABRÉVIATIONS		
	arrdt. arrondissement	gar. garage
	asc. ascenseur	gd(e) grand(e)
	appt. appartement	imm. immeuble
	balc. balcon	jard. jardin
suburbs	banl. **banlieue**	park. parking
half bath (toilet and sink only) / room / ground floor	cab toil. **cabinet de toilette**	P. **pièce**
	cft. confort	RdC. **rez-de-chaussée**
	chbre. chambre	rés. résidence
utilities included	ch. comp. **charges comprises**	s. de bns salle de bains
heat, heating	ch. **chauffage**	s. à manger salle à manger
kitchen / living room	cuis. **cuisine**	séj. **salle de séjour**
	dche. douche	tél. téléphone
completely	équip. équipé(e)	tt(e) **tout(e)**
	ét. étage	

À vous! (Exercices de vocabulaire)

A. Je ne comprends pas! Votre ami ne comprend pas les abréviations qu'il voit dans les petites annonces pour la location d'appartements. Selon les abréviations données, décrivez l'appartement pour lui.

Modèle: banl. / 3 P. / tt cft / séj. av. balc. / gde cuis.
C'est un appartement dans la banlieue. Il y a trois pièces, avec tout confort, une salle de séjour avec un balcon et une grande cuisine.

1. 16e arrdt. / 5 P. / gde cuis. / jard. / interphone
2. banl. / 2 P. / coin cuis. / séj. av. balc. / tt cft / ch. comp.
3. rég. parisienne / 4 P. / 6e ét. / asc. / 3 chbres. / gd séj.
4. 6e arrdt. / 3 P. / 1 chbre. / séj. / s. à manger / rés. moderne
5. banl. / 2 P. / RdC. / cab. toil. / s. de bns / ch. comp.

B. Quel appartement louer? Richard et Sylvie ne sont pas sûrs quel appartement ils vont louer. Selon leurs indications, décidez quel appartement des petites annonces (p. 382, numéros 1 à 5) semble le meilleur.

Modèle: Je veux plus de deux pièces et je préfère une salle de séjour avec un balcon.
L'appartement numéro 4.

1. Je ne veux pas habiter au centre de la ville, mais je veux être près d'une gare.
2. Je voudrais habiter dans une résidence moderne, je préfère être au 4e ou au 5e étage, et j'insiste sur un interphone.
3. Tout ce que je veux c'est quelque chose de très petit qui ne coûte pas trop cher. J'aime bien être au rez-de-chaussée et je ne veux pas être dans un grand immeuble.
4. Je cherche quelque chose de très modeste, pas trop grand, mais il me faut absolument une piscine. Tu sais que j'adore nager.

5. Les appartements sont très chers. Il est donc important que toutes les charges soient comprises.
6. Personnellement, je préfère les vieilles maisons. Elles ont beaucoup de charme et les appartements sont en général très confortables. S'il y a un ascenseur, ça m'est égal si nous sommes aux étages supérieurs.

STRUCTURE 1: *Le verbe irrégulier* lire

Qu'est-ce que **tu lis?**	What *are you reading?*
Je lis les petites annonces.	*I'm reading* the classified ads.
Paul les **a** déjà **lues.**	*Paul read* them already.
Je sais. Il les **lit** toujours.	I know. *He* always *reads* them.
Autrefois, **je** les **lisais** tous les jours aussi.	In the past, *I used to read* them every day too.
Maintenant, il faut que **je lise** des choses plus sérieuses!	Now *I have to read* more serious things!

The verb **lire** is irregular and means *to read* (**relire** = *to reread*). Note in particular the predominance of the **s** sound throughout most of the tenses.

lire

je **lis**	nous **lisons**
tu **lis**	vous **lisez**
il, elle, on **lit**	ils, elles **lisent**
Past participle: **lu** (avoir)	Imperfect stem: **lis-**
Subjunctive stem: **lis-**	

Keep in mind the following uses of the verb **lire:**

lire un livre (un article, etc.) **sur...**	*to read* a book (article, etc.) *about...*
lire l'article **à** la page 14	*to read* the article *on* page 14

Application

C. Lectures. Dans tous vos cours, les professeurs insistent que vous lisiez beaucoup de choses. Les phrases suivantes indiquent quelques-unes de ces lectures. Remplacez le sujet en italique et faites tous les changements nécessaires.

1. *Vous* lisez le journal tous les jours? (elle / tu / ils / vous / il)
2. *J*'ai lu l'article sur la pollution. (nous / ils / elle / je / tu / il)
3. Il faut que *tu* lises ce roman *(novel).* (vous / nous / elle / ils / je)
4. Le poème que *j*'ai lu est très beau. (nous / ils / vous / on / je)
5. Je veux que *vous* relisiez cet essai. (tu / elle / ils / vous)

D. Mes lectures préférées. Discutez vos lectures en suivant le modèle.

Modèle: roman russe / Tolstoï / Dostoïevski
—Qu'est-ce que tu fais?
—Je lis un roman russe.
—Est-ce que tu as lu Tolstoï?
—Oui, j'ai lu un de ses livres l'année dernière.
—Alors il faut que tu lises Dostoïevski aussi.

1. roman français / Balzac / Zola
2. roman existentialiste / Camus / Sartre
3. poème / Prévert / Baudelaire
4. journal / *Le Figaro* / *Le Monde*
5. roman policier / Christie / Simenon
6. pièce / Shakespeare / Molière

STRUCTURE 2: *Le futur*

On verra l'appartement demain?	*Will we see* the apartment tomorrow?
Oui, **je téléphonerai** aujourd'hui.	Yes, *I'll call* today.
Où est-ce que **nous nous retrouverons?**	Where *will we meet?*
Je serai devant la banque à midi.	*I'll be* in front of the bank at noon.

In French, as in English, the future tense expresses what *will happen.* Its formation is very simple because the stem of the future tense is usually the infinitive of the verb, to which are added the endings **-ai, -as, -a, -ons, -ez, -ont.** These endings, with the exception of **-ons** and **-ez,** correspond to the present tense of the verb **avoir.** Note also that the **-e** of verbs ending in **-re** is dropped before the future endings are added **(vendre: nous vendrons).** Stem-changing verbs, except those like **préférer,** retain their spelling change in all persons of the future tense.

acheter	j'ach**è**terai	payer	nous pa**i**erons
appeler	tu appe**ll**eras	peser	vous p**è**serez
jeter	elle je**tt**era	préférer	ils préf**é**reront

Irregular Verbs

There are a relatively limited number of irregular stems in the future tense. The following are the most common ones:

avoir	**aur-**	j'aurai	pouvoir	**pourr-**	nous pourrons
aller	**ir-**	tu iras	recevoir	**recevr-**	vous recevrez
envoyer	**enverr-**	il enverra	savoir	**saur-**	elles sauront
être	**ser-**	elle sera	voir	**verr-**	ils verront
faire	**fer-**	on fera	vouloir	**voudr-**	elles voudront
falloir	**faudr-**	il faudra			

Usage

To express future time in conversational, casual language, the future tense is not used as frequently in French as other structures. Remember that you already have a number of expressions and verbs that are very useful in talking about the future: **je veux..., j'ai l'intention de..., je pense..., je compte..., j'espère..., je vais....** Used with an infinitive, each of these expressions is heard very frequently in conversation.

The future tense is sometimes required in French, however, when the present tense would be preferable in English. If a future time is implied after the following expressions, use the future tense in French.

quand	**Quand tu auras** du temps, va au marché. *When you finish* your work, go to the market.
dès que	**Dès qu'ils arriveront,** je leur parlerai. *As soon as they arrive,* I'll talk to them.
aussitôt que	**Aussitôt que vous serez** prête, nous partirons. *As soon as you're* ready, we'll leave.

Application

E. Remplacez les mots en italique et faites tous les changements nécessaires.

1. *Tu* réussiras certainement aux examens. (vous / il / nous / je / elles)
2. Dès qu'*ils* seront en France, *ils* iront à Paris. (tu / nous / elles / je / vous / il)
3. Demain, *j*'aurai vingt et un ans. (elle / vous / ils / tu / je)
4. Est-ce qu'*elle* saura où aller? (vous / ils / tu / nous / elle)
5. *Nous* ne pourrons pas faire les courses. (je / elles / tu / il / vous / on)
6. *Je* ferai les devoirs plus tard. (nous / elle / vous / tu / ils)
7. Quand achèteras-*tu* une auto? (nous / elle / ils / on / vous)

F. Projets de vacances. Indiquez ce que feront les personnes suivantes pendant leurs vacances. Mettez les phrases au futur.

Modèle: Maurice est chez nous. *Maurice sera chez nous.*

1. Janine va en Normandie.
2. Mes parents sont à la plage.
3. Je fais du camping.
4. Je reste chez moi et je dors.
5. Il prend le TGV pour Lyon.
6. Nous habitons dans un appartement à Paris.
7. Nos voisins font de l'alpinisme.
8. J'achète un bateau.

G. Demain... Indiquez que les personnes suivantes feront demain ce qu'il faut faire.

Modèle: Il faut que tu ailles à la banque.
Bon, j'irai à la banque demain, si tu veux.

1. Il faut qu'elle parle à Jean.
2. Il est indispensable que vous étudiiez.
3. Il est nécessaire qu'elles fassent des projets.
4. Il faut que nous appelions nos amis.
5. Il est nécessaire que vous achetiez des timbres.
6. Il est indispensable que tu ailles en ville.
7. Il faut qu'on paie la note.
8. Il faut que tu te couches de bonne heure *(early).*

Débrouillons-nous! (Petite révision de l'étape)

H. Échange. Employez les éléments donnés pour poser des questions d'information à un(e) autre étudiant(e), qui va vous répondre. Employez le futur ou un verbe (une expression) qui indique le futur.

Modèle: faire / après / classe
Qu'est-ce que tu vas faire après la classe?
J'irai en ville. ou *J'ai l'intention d'aller en ville.*

1. faire / avant de rentrer
2. prendre / après / salade
3. boire / avant de partir
4. faire / avant ton départ
5. lire / avant la classe
6. faire / après avoir terminé tes études
7. acheter / pour le dîner
8. préparer / après être allé(e) au marché

I. Projets pour l'avenir. Explain to the other members of the group what you intend to do after you finish school. Use the future tense and various expressions to express future time. Your classmates will ask you questions.

Deuxième Étape

POINT DE DÉPART: *Installons-nous!*

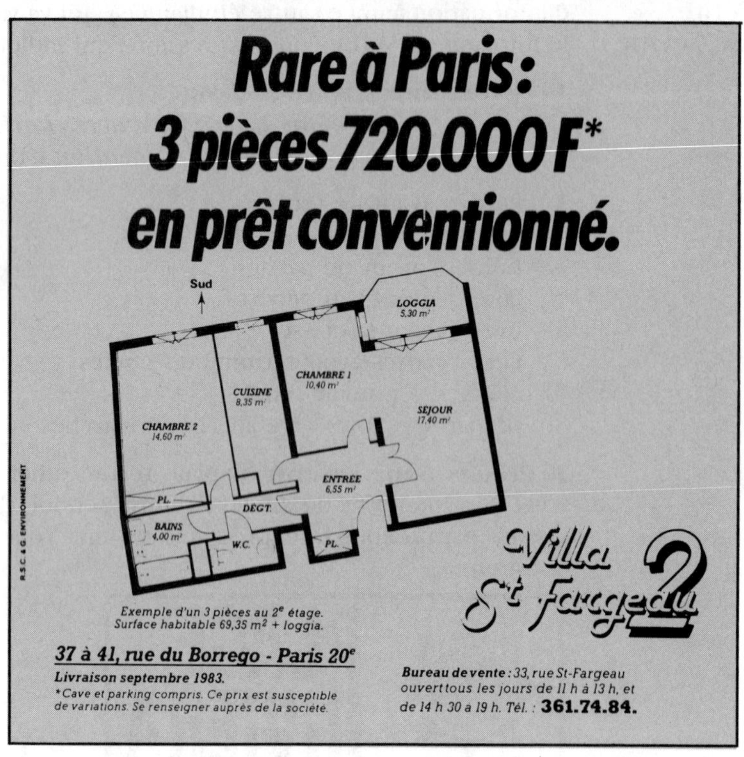

Rare à Paris:
3 pièces 720.000 F*
en prêt conventionné.
Sud
LOGGIA 5,30 m²
CHAMBRE 1 10,40 m²
CUISINE 8,35 m²
SÉJOUR 17,40 m²
CHAMBRE 2 14,60 m²
ENTRÉE 6,55 m²
PL.
DÉGT.
BAINS 4,00 m²
W.C.
PL.
Villa St Fargeau 2
Exemple d'un 3 pièces au 2e étage.
Surface habitable 69,35 m² + loggia.
37 à 41, rue du Borrego - Paris 20e
Livraison septembre 1983.
*Cave et parking compris. Ce prix est susceptible de variations. Se renseigner auprès de la société.
Bureau de vente: 33, rue St-Fargeau ouvert tous les jours de 11 h à 13 h, et de 14 h 30 à 19 h. Tél.: 361.74.84.

Richard et Sylvie ont enfin décidé d'acheter un appartement au lieu d'en louer un. **Avant de déménager,** ils s'imaginent la disposition de leurs **meubles.**

before / moving
furniture

SYLVIE: L'agence **vient de téléphoner.** Nous aurons l'appartement!

has just called

RICHARD: Tant mieux! Maintenant nous pourrons faire nos projets.

SYLVIE: D'abord il faut décider des meubles qu'il nous faudra. Voyons... l'appartement a deux chambres, une salle de séjour assez grande et une entrée. En plus, il y a évidemment la cuisine et la salle de bains.

RICHARD: Oui, mais la cuisine est déjà toute équipée.

SYLVIE: Oui, c'est vrai. Faisons donc l'inventaire de nos **affaires** pour la chambre à coucher, le bureau et la salle de séjour.

things

Inventaire des meubles

Pour la cuisine:

Pour la chambre à coucher:

Pour l'autre chambre (qui sert de bureau):

Pour la salle de séjour:

À vous! (Exercices de vocabulaire)

A. Une publicité. Regardez la publicité de l'appartement (p. 388) que Richard et Sylvie ont acheté. Selon les indications données dans la publicité, écrivez l'annonce avec des abréviations. Comparez vos résultats à ceux de vos camarades.

B. Un nouvel appartement. Vous venez d'acheter un appartement et vous imaginez la disposition de vos meubles avant de déménager. Consultez les illustrations des meubles ci-dessus et à la page 389 et expliquez où vous allez mettre les meubles que vous avez.

Modèle: *Dans la chambre à coucher, je vais mettre un lit.*

1. la cuisine 2. les chambres à coucher 3. le bureau 4. la salle de séjour

C. Là où j'habite. Faites une description de ce qu'il y a dans la maison (l'appartement, la chambre) où vous habitez. Énumérez les pièces, les objets et les meubles.

NOTE CULTURELLE

In France, it is much more common to buy rather than rent an apartment. Most apartments are unfurnished **(non meublés).** Students, however, will often rent a room with a family, or they may find a small studio apartment. They also live in university dormitories **(les résidences).** Since there are often serious housing shortages in urban areas, it is not always easy to find rooms and apartments for rent. Students may therefore also rent their rooms in boarding houses **(pensions),** where one or two meals are sometimes included in the price of the room.

Reprise
(Première Étape)

D. En l'an 2491... Imaginez le monde en l'an 2491. Mettez les phrases suivantes au futur.

Modèle: Nous habitons d'autres planètes.
Nous habiterons d'autres planètes.

1. Les hommes et les femmes sont égaux.
2. Le bifteck est en forme de pilule.
3. Nous n'avons pas de guerres.
4. Il n'y a pas de pollution.
5. Nous faisons des voyages interplanétaires.
6. Nous rencontrons des habitants d'autres planètes.
7. Les enfants apprennent beaucoup de langues étrangères.
8. La nature est protégée.
9. Nous ne lisons plus de journaux.

E. La résidence de mes rêves. Describe to your friends the home of your dreams. Indicate where it is located and be precise about what it is like (i.e., how many rooms, etc.). Use the vocabulary from the **Première Étape** for your description. Your classmates will ask you questions for clarification.

STRUCTURE 3: *Les verbes irréguliers conjugués comme* venir

Vous venez chez nous ce week-end?	*Are you coming* to our house this weekend?
Je ne sais pas. **Je** ne **me souviens** pas si nous avons fait d'autres projets.	I don't know. *I* don't *remember* if we've made other plans.
Nous avons obtenu une vidéo que vous aimerez.	*We got* a video that you'll like.
Alors, **je tiens à** vous rendre visite!	In that case, *I'm anxious* to visit you!

The verb **venir** means *to come.* The present tense of **venir** is as follows:

venir	
je **viens**	nous **venons**
tu **viens**	vous **venez**
il, elle, on **vient**	ils, elles **viennent**
Past participle: **venu** (être)	Imperfect stem: **ven-**
Subjunctive stem: **vienn-, ven-**	Future stem: **viendr-**

All the following verbs are conjugated like **venir. Revenir, devenir,** and **se souvenir de** are conjugated with **être** in the passé composé. **Tenir à, obtenir,** and **retenir** are conjugated with **avoir.**

revenir	to return, come back
devenir	to become
se souvenir de + nom	to remember
tenir à + nom (+ infinitif)	to be anxious to (to insist on)
obtenir	to get, obtain
retenir	to retain, remember

Venir de + *infinitif*

Venir followed by **de** and an infinitive is used to express the recent past—something that has just happened a short time ago. When used in the present tense, **venir de** means *to have just* done something.

Pourquoi est-ce que tu as l'air si fatigué?	Why do you look so tired?
Je viens de me réveiller.	*I just woke up.*

Venir de can also be used in the imperfect tense to indicate that something *had just happened* before another action occurred. In that case, the second action will be expressed through the **passé composé.**

Vous veniez de partir quand Simone est arrivée.	*You had just left* when Simone arrived.

Application

F. Répondez en utilisant les éléments entre parenthèses.

Modèle: Elle est française? (oui / venir / Paris)
Oui, elle vient de Paris.

1. Ils sont canadiens? (oui / venir / Montréal)
2. Tu vas aller au cinéma? (oui / tenir / voir le film)
3. Elle est ambitieuse? (non / il faut / devenir)
4. Vous connaissez Gérard? (non / se souvenir / lui)
5. Est-ce que Sylvie est toujours en France? (non / revenir / il y a trois jours)
6. Vous avez de bonnes notes en mathématiques? (non / retenir / chiffres)

7. Nous verrons les Marchand demain? (non / venir / pique-nique)
8. Tu as bien réussi dans tes cours? (oui / obtenir / bonnes notes)

G. De bons conseils *(Good advice).* Choisissez un mot de chaque liste pour donner un conseil à quelqu'un dans votre groupe. Employez un impératif ou **il faut que, il est indispensable que, il est nécessaire que.**

Modèle: *Il faut que tu deviennes plus indépendant(e)!*
D'accord. Je vais devenir plus indépendant(e).

Verbes: se souvenir de / revenir / devenir / venir / tenir à / obtenir / retenir

Expressions: plus indépendant(e) / parents / un bon job / de bonnes notes / France / États-Unis / moins paresseux(-euse) / faire des progrès / un sens de l'humour / l'université / plus honnête / me parler / amis / études / parler français

H. Utilisez l'expression **venir de** pour exprimer les relations temporelles indiquées.

Modèle: Il est 7h. Je me suis levé à 6h45.
Je viens de me lever.

1. Il est maintenant 17h30. La banque a fermé à 17h.
2. Il est maintenant 9h. Je me suis levé à 8h55.
3. Il est maintenant midi. Il a commencé à pleuvoir il y a dix minutes.
4. Il est maintenant 10h du soir. Ils sont partis à 9h45.
5. Il est maintenant 11h du soir. Je me suis lavé la tête à 10h30.
6. René s'est couché à 10h30. Marcelline a téléphoné à 10h40.
7. Le train pour Marseille est parti à 23h05. Nous sommes arrivés à la gare de Lyon à 23h10.
8. Claire a terminé ses études en juin. Elle a trouvé un poste au début de juillet.
9. Je me suis levée à 6h. Le taxi est arrivé à 6h10.
10. Nous sommes arrivés à Dakar le 9 mai. Le 10 nous avons reçu le télégramme.

STRUCTURE 4: *Le pronom* y

Est-ce que vous avez réfléchi **à** l'appartement que vous voulez?	Did you think *about* the apartment you want?
Oui, j'**y** ai bien réfléchi.	Yes, I thought *about it* a lot.
Est-ce que l'appartement est **à Paris?**	Is the apartment *in Paris?*
Oui, il **y** est.	Yes, it is *(there).*

Est-ce que tu mettras la petite table **devant** le buffet? — Will you put the little table *in front of* the buffet?

Oui, j'**y** mettrai la petite table. — Yes, I'll put the little table *there.*

The object pronoun **y** refers to things, not people. It replaces nouns introduced by prepositions other than **de.** This substitution occurs most frequently in the following situations:

1. Prepositions of place **(en Provence, sur la table, à côté de la banque)**
2. Verbal expressions followed by **à (réfléchir à, répondre à la question, aller à,** etc.).[1]

Placement of **y** is identical to that of direct and indirect object pronouns: (1) before the verb with simple and compound tenses and negative commands, (2) before the infinitive with conjugated verb + infinitive constructions, and (3) following the verb with affirmative commands.[2]

Application

I. Remplacez les mots en italique par le pronom **y.**

Modèle: Il faut qu'elle aille *à Paris.* *Il faut qu'elle y aille.*

1. Nous allons habiter *au Danemark.*
2. Jean travaillera *chez Peugeot.*
3. Elles sont allées *à la boulangerie.*
4. Je retrouverai tes amis *en face de la poste.*
5. Va *à la bibliothèque!*
6. Nous avons fait sa connaissance à Paris.
7. Ils ont appris le français *dans la classe de français.*
8. Ne faites pas de bruit *dans l'église!*
9. Elle n'est pas née *en Algérie.*
10. Nous nous sommes promenés *dans le parc.*

J. Un appartement-studio. Regardez la publicité de l'appartement-studio à la page 395 et répondez aux questions. Employez le pronom **y** dans vos réponses.

Modèle: Est-ce que l'appartement est à Paris?
Oui, il y est.

1. Est-ce que le studio est au 26 rue de Paradis?
2. Le Centre Beaubourg est dans le même quartier?
3. Est-ce qu'on peut acheter de la porcelaine dans le quartier?
4. Est-ce que vous voyez des meubles dans le studio?
5. Le lit est-il dans le coin de la salle de séjour?

---

1. For phonetic reasons, the future tense of **aller** is never accompanied by **y: Demain, j'irai à la plage. Demain, j'irai.**
2. In the familiar form of affirmative commands, **aller** retains the **s** in order to allow for liaison: **Vas-y!**

6. On trouve un lavabo dans le cabinet de toilette?
7. Est-ce que la table est près de la cuisine?
8. Est-ce que les Gares du Nord et de l'Est sont près de l'immeuble?
9. Est-ce que le studio est au 2e étage?
10. Est-ce que vous voudriez habiter dans cet appartement?

CET APPARTEMENT-STUDIO
AU COEUR DE
PARIS
A 398.000 F*
Le 26 RUE DE PARADIS bénéficie d'un environnement exceptionnel : central, bien desservi, tout proche des Gares du Nord et de l'Est, des Grands Magasins, de l'Opéra et de Beaubourg.
La rue de Paradis, jalonnée de somptueuses vitrines, est, de longue tradition, le domaine de la Porcelaine et de la Cristallerie, connu de la France entière.
Studios et 2 pièces ont des surfaces qui permettent de les aménager comme de vrais appartements et les prestations sont à la hauteur : vidéophone, parking.
Cet immeuble construit en 1975, est la propriété des caisses de retraite de Imperial Chemical Industries PLC, qui en ont confié la commercialisation par appartement à COGEDIM Vente.
*Au 2e étage, cave et parking compris.
Exemple d'aménagement d'un appartement-studio de 38 m^2.
Leuthe & Associés

Débrouillons-nous! (Petite révision de l'étape)

K. Qu'est-ce que vous venez de faire? Employez les éléments donnés pour indiquer ce que vous et vos amis venez de faire.

Modèle: Qu'est-ce que tu viens de faire? (nettoyer la maison)
Je viens de nettoyer la maison.

1. Qu'est-ce qu'elle vient de faire? (finir un roman)
2. Qu'est-ce que vous venez de faire? (jouer aux cartes)
3. Qu'est-ce qu'elles viennent de faire? (parler au téléphone)
4. Qu'est-ce que tu viens de faire? (lire les petites annonces)
5. Qu'est-ce qu'ils viennent de faire? (louer un appartement)
6. Qu'est-ce que vous venez de faire? (acheter des meubles)
7. Qu'est-ce que tu viens de faire? (déménager)
8. Qu'est-ce qu'elle vient de faire? (parler à maman)

L. Il vient de déménager. You've just arrived at a party, but your friend was unable to come with you. Explain to your host that:

1. your friend has just moved.
2. he is unpacking **(défaire)** his things **(affaires).**
3. he still has to buy a bed and chairs.
4. he has a nice apartment with two rooms, a large kitchen, and a living room.
5. he'll have a party as soon as he's settled **(installé).**

Troisième Étape

POINT DE DÉPART: *Allons à la banque!*

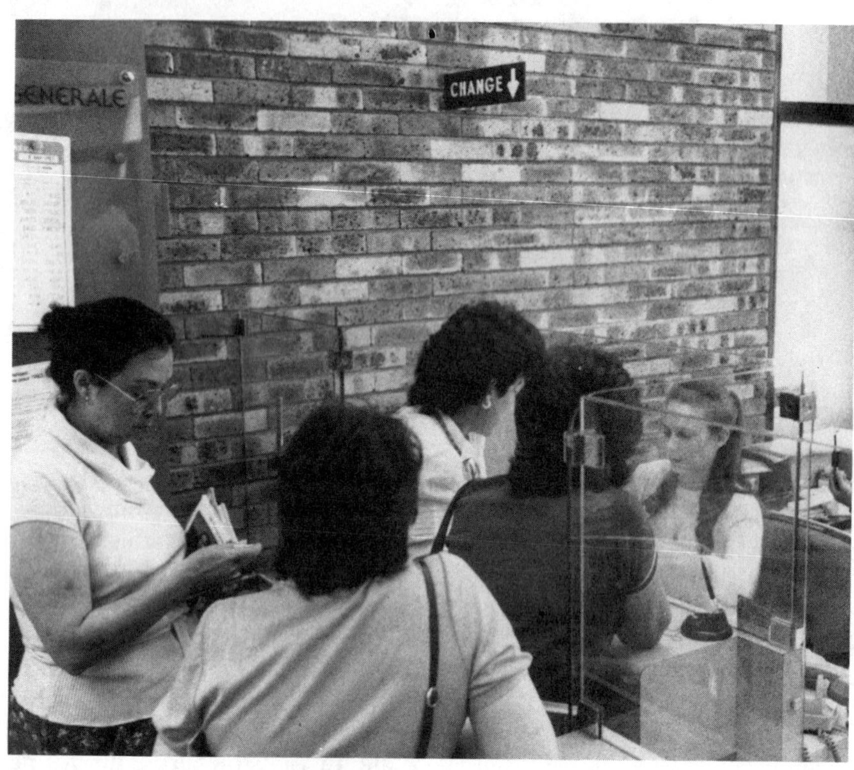

Richard et Sylvie sont enfin installés dans leur nouvel appartement. C'est leur deuxième jour à Paris et Sylvie va **ouvrir un compte en banque.**

to open a bank account

SYLVIE: Bonjour, Madame. Je voudrais ouvrir un compte, s'il vous plaît.

L'EMPLOYÉE: Très bien, Madame. Vous êtes de nationalité française?

SYLVIE: Non, je suis canadienne, mais je viens de m'installer ici à Paris.

L'EMPLOYÉE: Si vous avez votre carte de séjour[3] et une **preuve d'emploi,** nous remplirons tout de suite les documents nécessaires.

proof of employment

3. **Une carte de séjour** est une carte d'identité qui est obligatoire pour les étrangers qui restent en France pour plus de trois mois.

Plus tard...

advise / to keep enough coming checkbook	L'EMPLOYÉE:	Voilà, Madame. Tout est en ordre. Je vous **conseille** de **garder suffisamment** d'argent pour les quinze jours **à venir.** À ce moment-là vous recevrez votre **carnet de chèques.**
deposited	SYLVIE:	Est-ce que mon salaire sera **déposé** directement sur mon compte?
checks for deposit only (non-negotiable)	L'EMPLOYÉE:	Oui, Madame.[4] Notez aussi que vos chèques seront des **chèques barrés.**
to withdraw	SYLVIE:	Alors comment est-ce que je pourrai **retirer** mon argent?
payable to will endorse	L'EMPLOYÉE:	C'est très simple. Vous écrirez **payable à** "moi-même" sur un de vos chèques, vous l'**endosserez** et vous viendrez ici retirer votre argent.
bank statement	SYLVIE:	D'accord. Et le **relevé de compte?**
	L'EMPLOYÉE:	Vous en recevrez un chaque mois à votre domicile.
	SYLVIE:	Merci, Madame. Et pouvez-vous me changer des dollars en francs?
	L'EMPLOYÉE:	C'est le guichet à côté, Madame.

À vous! (Exercices de vocabulaire)

A. Pour ouvrir un compte en banque... Indiquez ce que vous direz ou demanderez à l'employé(e) de banque.

1. that you want to open a checking account.
2. that you're American and that you're going to stay in France for one year.
3. that you're going to work for an American company **(société).**
4. if your salary will be deposited into your account.
5. how you'll be able to withdraw your money if you have non-negotiable checks.
6. when you will get your bank statement.

B. Changeons de l'argent. Si vous êtes en France, vous pouvez changer vos dollars en francs[5] à la banque ou dans un bureau de change. Avec un(e) camarade de classe, jouez les rôles de l'employé(e) et du (de la) client(e). Imitez le modèle.

Modèle: $150 / 6F55 / 500F

—Je voudrais changer $150 en francs, s'il vous plaît.
—Vous avez une pièce d'identité?
—Oui, voilà mon passeport. Quel est le cours du change?
—Le cours est à 6F55. Ça vous fait 982F50.
—Pouvez-vous me changer le billet de 500F?

---

4. Si vous n'êtes pas français mais que vous travaillez en France, vous êtes obligé de faire déposer votre salaire directement à la banque.
5. The exchange rate fluctuates from day to day. In the past, it has fluctuated between 3F50 and 10F to the dollar. Consult your bank or major newspaper to determine the rate on any given day.

—Certainement. Comment le voulez-vous?
—Trois billets de 100, deux billets de 50 et le reste en petite monnaie, s'il vous plaît.

1. $100 / 7F / 500F
2. $100 / 5F / 100F
3. $200 / 7F05 / 1 000F
4. $200 / 6F25 / 1 000F

Reprise
(Deuxième Étape)

C. Vous connaissez... ? Pour chacune des phrases, faites trois phrases en employant **se souvenir de, devenir** et **venir.** Suivez le modèle.

Modèle: Vous connaissez Jean? (architecte)
Oui, je me souviens de Jean.
Il est devenu architecte.
Il viendra nous rendre visite?

1. Vous connaissez Yvonne Boucher et sa soeur? (médecin)
2. Tu connais mon frère? (professeur)
3. Elle connaît Robert? (ingénieur)
4. Ils connaissent Annie? (secrétaire)
5. Vous connaissez ma tante? (dentiste)
6. Tu connais Philippe? (pharmacien)

STRUCTURE 5: *Les pronoms accentués*

Elle s'est mariée avec **lui?**	Did she marry *him?*
Je n'en sais rien, **moi.**	*I* have no idea.

Unlike English, French is not an accented language. In English, for example, you can put stress on a word to emphasize it (*I* in sentence above). In French, emphasis is achieved through the addition of words such as stress pronouns **(les pronoms accentués).** Stress pronouns, which are personal pronouns, are used very frequently in French. Following is a list of stress pronouns with their corresponding subject pronouns:

je	**moi**	elle	**elle**	vous	**vous**
tu	**toi**	on	**soi**	ils	**eux**
il	**lui**	nous	**nous**	elles	**elles**

Stress pronouns are used in the following situations:

1. As objects of a preposition:

avec **moi**	devant **nous**	loin de **nous**	contre **toi**
sans **lui**	à côté d'**eux**	près de **moi**	pour **vous**
chez **elle**	derrière **vous**	en face de **lui**	entre **nous**

2. As parts of a compound subject:

Vous et moi, nous allons nous retrouver à midi.
Lui et elle, ils vont se retrouver à 2h.

3. After **c'est** and **ce sont:**

C'est **moi.** Ce sont **eux.** C'est **nous.**

Note that the plural form **ce sont** is used only with **eux** and **elles** (third-person plural). **Nous** and **vous** are introduced by **c'est.**

4. As a one-word answer:

Qui va au supermarché? **Lui.**

5. For emphasis, at either the beginning or the end of a sentence:

Moi, je préfère parler français. Il adore le pastis, **lui.**

6. With **-même** *(-self):*

Je vais téléphoner **moi-même.**
Nous allons les acheter **nous-mêmes.**

Note the plural agreement of the word **-mêmes** when the stress pronoun is plural.

7. To indicate possession with the verb **être à:**

Cette auto est à **elle.** Ces meubles sont à **moi.**

8. With **penser à, penser de, s'intéresser à:**

Est-ce que tu penses à **eux**?
Qu'est-ce que vous pensez d'**elle**?
Elle s'intéresse à **lui**?

Application

D. Transformez les phrases en utilisant **être à.**

Modèle: C'est la chemise de Paul? *Oui, cette chemise est à lui.*

1. C'est la voiture de M. et de Mme Dupont?
2. C'est le parapluie de Monique?
3. C'est le billet de Jean?
4. Ce sont mes clés?
5. C'est votre sac?
6. Ce sont les livres des étudiants?
7. C'est la maison de sa mère?
8. Ce sont nos peintures?

E. Raison ou tort? Indiquez si, à votre avis, chaque personne a raison ou tort. Ensuite, exprimez votre point de vue, en commençant les phrases avec **moi.**

Modèle: Michel va louer un appartement.
Il a raison, lui. Moi aussi, je vais louer un appartement. ou
Il a tort, lui. Moi, je vais acheter un appartement.

1. Janine va déménager.
2. Marc va acheter un studio.

3. Mme Sucret va vendre sa maison.
4. Mes parents vont ouvrir un compte en banque.
5. Mon frère va acheter des meubles.
6. Agnès va mettre son argent à la banque.

F. Insistons! Vous et vos amis partagez un appartement. Malheureusement, une des personnes n'est pas du tout contente des autres, et vous êtes d'accord avec ce qu'elle dit. Insistez en ajoutant un pronom accentué.

Modèle: Jean-Pierre ne fait jamais la vaisselle!
Tu as raison, toi! Il ne fait jamais la vaisselle, lui! ou
Tu as raison, toi! Lui, il ne fait jamais la vaisselle!

1. Paul et Monique se disputent tout le temps!
2. Tu es souvent de mauvaise humeur!
3. Nous ne mangeons pas souvent ensemble!
4. Je fais le travail pour tout le monde!
5. Jacqueline fait toujours du bruit!
6. Hervé et Paul ne sont vraiment pas gentils!

STRUCTURE 6: *Les verbes irréguliers conjugués comme* ouvrir

Elle ouvre un compte en banque. — *She's opening* a bank account.
Je lui **ai offert** un cadeau. — *I gave* him a present.
Qui a découvert l'Amérique? — *Who discovered* America?
Nous ouvrirons une boutique. — *We'll open* a boutique.

The irregular verb **ouvrir** *(to open)* is conjugated as follows:

ouvrir

j'**ouvre**	nous **ouvrons**
tu **ouvres**	vous **ouvrez**
il, elle, on **ouvre**	ils, elles **ouvrent**
Past participle: **ouvert** (avoir)	Imperfect stem: **ouvr-**
Subjunctive stem: **ouvr-**	Future stem: **ouvrir-**

The verbs conjugated exactly like **ouvrir** are:

couvrir	to cover
découvrir	to discover
offrir	to give; to offer
souffrir (de)	to suffer, be sick (with a cold, etc.)

Application

G. Répondez en employant les éléments entre parenthèses.

Modèle: Qu'est-ce que vous avez offert à votre mère pour son anniversaire? (fleurs)
Je lui ai offert des fleurs.

1. Qu'est-ce que tu offriras à ton père? (calculatrice)
2. Qui a ouvert la porte? (Jeanne)
3. Est-ce qu'ils souffrent d'un rhume? (oui)
4. Qu'est-ce qu'on peut offrir à un enfant à Noël? (sac à dos)
5. Pourquoi as-tu ouvert la fenêtre? (il fait trop chaud)
6. Qui a découvert l'Amérique? (Christophe Colomb)
7. Quand ouvrez-vous vos cadeaux? (le matin)
8. A-t-elle couvert les enfants? (oui)

Débrouillons-nous! (Petite révision de l'étape)

H. Échange: Qu'est-ce que tu vas faire demain? Demandez à votre partenaire ce qu'il(elle) a l'intention de faire demain. Employez les éléments donnés et utilisez des pronoms accentués le plus possible.

Modèle: rester chez toi
Est-ce que tu vas rester chez toi demain?
Non, je ne vais pas rester chez moi, je vais chez mes parents.

1. aller / dentiste 2. jouer au tennis 3. jouer du piano 4. faire les courses 5. dîner chez Richard 6. aller avec eux 7. aller / banque 8. nettoyer la maison 9. ouvrir un compte en banque 10. rendre visite / parents

I. À la banque. You're at the bank. Explain to the employee that:

1. you opened a bank account a week ago.
2. you're not sure how much money you have left; could he/she check **(vérifier).**
3. you need change for $100.
4. that you need $300 worth of travelers' checks.
5. that you want it in checks of $20.

SOCIETE GENERALE
PAYEZ CONTRE CE CHÈQUE NON ENDOSSABLE SAUF AU PROFIT D'UNE BANQUE OU D'UN ORGANISME VISÉ PAR LA LOI
LYON REPUBLIQUE
6 R.DE LA REPUBLIQUE
69202 LYON CEDEX 1
827-71-21
000 5 615720 8 36
MLLE KATHERINE MARY KULICK
COMPTE ETRANGER EN FRANCS
12 RUE GASPARIN
69002 LYON

Listen again to the Student Tape for this chapter and do the more detailed comprehension exercises at the end of the corresponding chapter in the ***Cahier.***

Quatrième Étape

LECTURE: *Maisons à vendre!*

We read advertisements in the newspaper for two reasons: either we are looking for something specific or we read them simply because we're interested in what is going on in the market place. In the first case, we already have some requirements in mind and are looking for certain features. When we don't find them, we may stop reading one ad and move on to the next. In the second case, we may read through many ads just for fun and to express our likes and dislikes. Because the language in ads is reduced to a few words, they are not always easy to understand. It is up to us to interpret what might be meant by certain advertisements because some of the information may only be implied.

Read the following ad for a house taken from a Canadian newspaper, and, as you read, determine the specific information that is stated and the information that is left up to the interpretation of the reader. Then move on to the comprehension exercises.

les maisons québécoises

Modèle L1721

Type: Maison d'inspiration anglaise.
Programme: Rez-de-chaussée: cuisine/dînette, salle à manger, vivoir, buanderie, toilette.
Etage: 3 chambres, salle de bains. Sous-sol aménageable.
Plan: Semi-ouvert.
Surface habitable: 148,32 m^2 (1648 pi^2)
Revêtements extérieurs: Brique, revêtement à la verticale (à l'arrière), bardeau d'asphalte.
Eléments utilitaires: Balcon à l'avant abritant la porte d'entrée principale. Foyer avec possibilité d'une sortie au sous-sol ou à l'étage. Lucarne en chiensis à l'arrière pour plus d'espace.
Particularités: Portes françaises à l'arrière donnant dans le vaste vivoir. Buanderie indépendante avec porte de service. Construction intéressante reflétant bien son époque.

vivoir = living room (French Canadian term)
buanderie = laundry room
aménageable = can be finished
pi^2 = square feet
bardeau = shingles
lucarne en chiensis = dormer window

Rez-de-chaussée 74,88 m^2 (832 pi^2)

Étage 73,44 m^2 (816 pi^2)

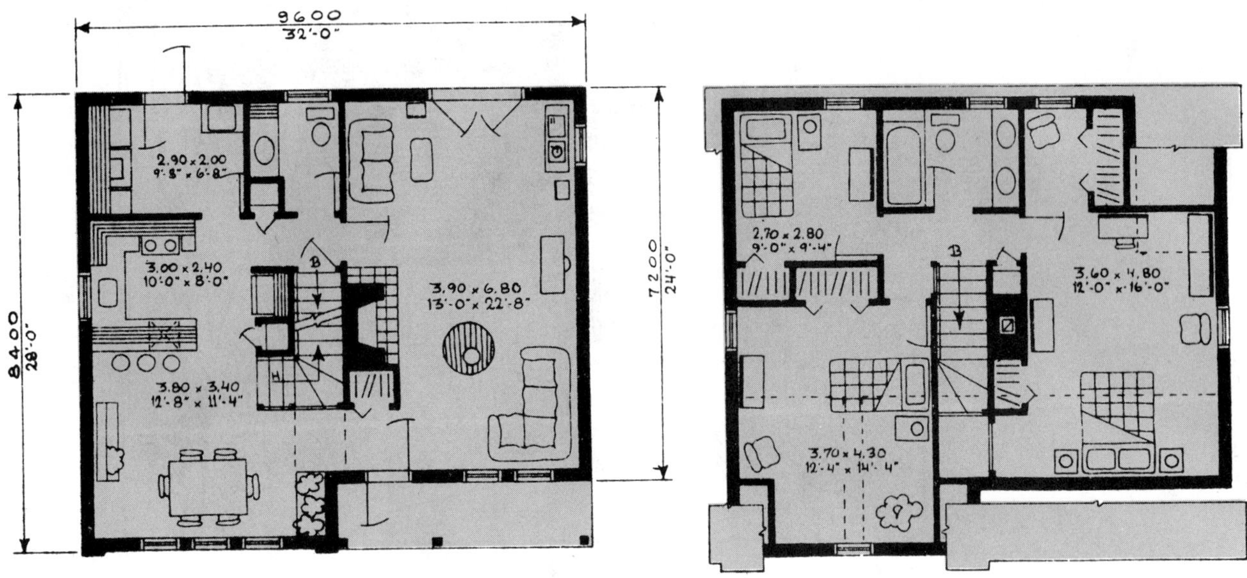

Exercices de compréhension

A. Les maisons québécoises. Lisez la publicité de la maison Modèle L1721 et répondez aux questions suivantes.

1. Quel est le style de la maison?
2. Quel est le mot français pour "vivoir"?
3. Qu'est-ce qu'il y a au rez-de-chaussée?
4. Combien de chambres à coucher est-ce qu'il y a?
5. Combien de salles de bains est-ce qu'il y a?
6. Est-ce qu'on peut entrer dans le vivoir de l'extérieur de la maison?
7. Combien d'étages est-ce qu'il y a?
8. Selon la publicité, quels sont les aspects pratiques de la maison?

B. Le modèle L1721. Vous avez décidé de faire construire votre maison selon le plan du Modèle L1721. Maintenant la maison est prête et vous allez bientôt déménager. Décidez comment vous allez aménager la maison: Quels meubles vous faut-il pour chaque pièce? Comment est-ce que vous allez les arranger? Lisez la description de l'intérieur et regardez bien le plan de chaque étage.

Modèle: *Nous avons un sous-sol aménageable. Nous allons y mettre un canapé, un fauteuil, une petite table et une télévision. Il faut aussi un tapis et des lampes. Mettons le canapé contre le mur, avec la télévision en face.* Etc.

Modèle L1721

Reprise
(Troisième Étape)

C. Répondez selon le modèle.

Modèle: Je souffre d'un rhume. Et vous?
Nous souffrons d'un rhume aussi.

1. J'ai ouvert un compte en banque. Et elles?
2. Nous couvrirons de grandes distances. Et lui?
3. Elle découvrira la vérité. Et eux?
4. Ils lui offraient toujours de l'argent. Et vous?
5. Nous ouvrirons une boulangerie. Et elle?
6. Il est indispensable que vous ouvriez le colis. Et toi?

D. Après les cours... Les membres de votre groupe vont indiquer ce qu'ils vont faire après les cours. Vous notez ce qu'ils disent et rapportez les résultats à la classe entière. Employez un pronom accentué dans chacune de vos phrases.

Modèle: *Jacques, lui, il va faire des courses.*

Point d'arrivée (Activités orales et écrites)

E. Au bureau de change. You have $375 that you want to change into French francs. Go to the bank, explain to the teller what you want, ask what the rate of exchange is, present him or her with your identification, and finally ask for change for a 500F bill.

F. Ouvrons un compte. You have just found a job in Paris and go to the bank to open a checking account. Create a dialogue with the bank employee. Be sure to get information about your checks, direct deposit, and bank statements.

G. Trouvons un appartement. You and your friend are looking for an apartment. Decide together what kind of an apartment you want, then consult the ads at the beginning of this chapter. Decide which apartment best fits what you had in mind.

H. Une lettre. You've just moved into an apartment. Write a letter to your family giving a detailed explanation of the apartment and your furniture. You might just mention the fact that you still need some pieces of furniture!

I. Je cherche un appartement. You're in a real estate agency. Explain to the agent that:

1. you want to rent an apartment with two bedrooms and a living room.
2. you would also like a small dining room.
3. you need a kitchen that is fully equipped with a refrigerator, stove, etc.
4. you're looking for an apartment that includes all the utilities.
5. you want to live in a quiet neighborhood.
6. you need an apartment that takes animals (you have two cats).

J. Mon budget. You and your roommate need to establish your typical monthly budget. Decide how much money you will need for the following items: clothes, food, rent, school expenses (books, etc.), leisure-time activities, and the like. When you have set up your budget, figure out whether your monthly allowance is in line with your projected expenses. If you're spending more than you have, decide which items have to be eliminated. Remember that you have an obligation to share the expenses for rent, phone, food, and utilities.

Lexique

POUR SE DÉBROUILLER

Pour louer un appartement
J'ai besoin d'un appartement qui...
Je cherche un appartement qui...
Il me faut un appartement qui...

Pour parler de l'avenir
Demain, je téléphonerai à l'agence de location...
J'ai l'intention de...
Je vais...
Je veux (je voudrais)...
Je pense...
Je compte...
J'espère...

Pour parler des actions récentes
Je viens de louer un appartement.
Je viens juste de parler à ma mère.
Il est sorti il y a cinq minutes.

VOCABULAIRE GÉNÉRAL

Noms
les affaires *f.pl.*
une armoire
une assiette
la banlieue
une bouilloire
un cabinet de toilette
une cafetière
un canapé
un carnet de chèques
une casserole
les charges comprises *f.pl.*
le chauffage
un chèque barré
un compte en banque
un couteau
une cuillère
une cuisine
une étagère
un évier inox
un fauteuil
un fichier
un four
un four à micro-ondes
une fourchette
un frigo
un grille-pains
une hotte
le loyer
un meuble
les meubles de cuisine *m.pl.*
un ouvre-boîtes électrique
une pension
les petites annonces *f.pl.*
une pièce
une plaque
un plat
une preuve d'emploi
un/une propriétaire
un réchaud électrique
un relevé de compte
une résidence
le rez-de-chaussée
un rideau
un roman
une salle de séjour
un service
un sofa
un tapis
la vaisselle

Adjectifs
aménageable
déposé(e)
installé(e)
marié(e)
meublé(e)

Verbes
conseiller
couvrir
découvrir
défaire
déménager
déposer
devenir
endosser
garder
s'installer
lire
louer
obtenir
offrir
ouvrir
relire
retenir
retirer
revenir
souffrir (de)
se souvenir de
venir (de)
vérifier

Autres Expressions
à venir
de bonne heure
payable à
suffisamment
y

CHAPITRE SEIZE
Parlons de nos études!

Première Étape
Nos cours

Deuxième Étape
Nos universités

Troisième Étape
La vie universitaire

Quatrième Étape
Lecture: Les universités françaises et les universités américaines

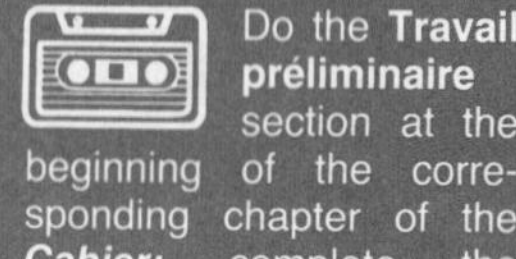

Do the **Travail préliminaire** section at the beginning of the corresponding chapter of the ***Cahier:*** complete the Planning Strategy, listen to the Student Tape, and answer the general comprehension questions.

Première Étape

POINT DE DÉPART: *Nos cours*

Les études universitaires aux États-Unis

ÉTIENNE: Alors, vous êtes étudiantes, vous deux? Quelle est votre spécialisation?

BARBARA: Moi, je suis étudiante en lettres; j'étudie la philosophie et les langues modernes.

SUSAN: Et moi, je suis en sciences naturelles. J'espère faire ma médecine[1] l'année prochaine.

ÉTIENNE: Tu as un **emploi du temps** très **chargé,** non? *(schedule / loaded, heavy)*

SUSAN: Ah, oui! J'ai cinq cours.

ÉTIENNE: Cinq cours! C'est beaucoup. Ils ne **se réunissent** pas tous les jours pourtant? *(meet)*

1. To indicate the area of your major, use the verb **faire** or the expressions **être en... , faire des études de...** Examples: **Je suis en science politique. Je fais des études de droit.**

lab — travaux pratiques; fail — ratent; grades — notes

SUSAN: Mais non. Le lundi, le mercredi et le vendredi j'ai trois heures de cours le matin et deux heures de **travaux pratiques** l'après-midi. Le mardi et le jeudi j'ai seulement deux heures de cours.

BARBARA: Moi, j'ai moins d'heures de cours. J'ai un cours d'espagnol, deux cours de philosophie et un cours de littérature française. Mais il y a beaucoup de devoirs et d'examens.

ÉTIENNE: Est-ce qu'il y a beaucoup d'étudiants qui **ratent** leurs examens?

BARBARA: Non, pas beaucoup. Il n'est pas difficile de réussir,[2] mais il faut travailler pour avoir de bonnes **notes.**

Les disciplines et les matières

Les sciences humaines f.pl.

l'anthropologie *f.*
les sciences économiques *f.pl.*
l'histoire *f.*
la linguistique
la psychologie
la science politique
la sociologie

Les sciences naturelles

la biologie
la botanique
la géologie

Les sciences exactes

la chimie
l'informatique *f.* — computer science
les mathématiques *f.pl.*
la physique — physics

Les études professionnelles f.pl.

la médecine
le droit — law
le journalisme
le commerce
la comptabilité — accounting
la gestion — management
le marketing

Les beaux-arts m.pl.

la peinture
la sculpture
le dessin — drawing
la musique
l'art dramatique *m.*

La gymnastique (la gym)

Les lettres f.pl.

les langues modernes *f.pl.*
la littérature
la philosophie

À vous! (Exercices de vocabulaire)

A. Il est étudiant? En quoi? D'après les cours que chaque étudiant prend, indiquez sa discipline.

Modèle: Mathieu / sociologie, sciences économiques, psychologie
Mathieu? Il est en sciences humaines.

1. Jeannette / physique, chimie, maths
2. Hervé / philosophie, allemand, littérature anglaise

---

2. **Réussir à** is the equivalent of *to pass:* **J'ai réussi à l'examen.** To express the idea of *to take an exam,* use **passer un examen.**

3. Mireille / sculpture, peinture, dessin
4. Jean-Jacques / anatomie, physiologie, psychologie
5. Hélène / anthropologie, science politique, sciences économiques
6. Alain / biologie, génétique, botanique

B. Qu'est-ce que vous étudiez? Répondez selon votre cas personnel.

1. Vous êtes étudiant(e) en quoi?
2. Combien de cours avez-vous ce semestre (trimestre)?
3. Votre emploi du temps est-il très chargé?
4. À quelle heure avez-vous votre cours de français?
5. Combien de fois par semaine est-ce que votre cours de français se réunit?
6. Quels jours avez-vous votre cours de français?
7. Avez-vous des travaux pratiques pour le cours de français? Combien d'heures par semaine?
8. Quels autres cours suivez-vous?
9. Est-ce que vous avez réussi à votre dernier examen de français ou est-ce que vous l'avez raté?
10. Est-ce que vous avez eu une bonne note?

STRUCTURE 1: *Le verbe irrégulier* suivre

Je suis trois cours ce semestre. — *I have (am taking)* three courses this semester.

Elle n'a pas suivi les conseils de son professeur. — *She didn't follow* her teacher's advice.

Nous vous **suivrons.** — *We will follow* you.

The most common English equivalent of **suivre** is *to follow.* The verb has different meanings in the following expressions: **suivre un cours** *(to take a course),* **suivre un conseil** *(to take advice),* **suivre un régime** *(to be on a diet).* The forms of **suivre** are:

suivre	
je **suis**	nous **suivons**
tu **suis**	vous **suivez**
il, elle, on **suit**	ils, elles **suivent**
Past participle: **suivi** (avoir)	Imperfect stem: **suiv-**
Subjunctive stem: **suiv-**	Future stem: **suivr-**

Application

C. Remplacez les mots en italique et faites les changements nécessaires.

1. *Je* suis cinq cours. (elle / vous / nous / tu / ils)
2. L'année dernière *elle* a suivi un régime. (nous / tu / elles / je /il)
3. Est-ce qu'*il* suivra les conseils du professeur? (vous / ils / tu / elle / nous / je)
4. Il faut que *nous* suivions cette voiture. (tu / vous / on / elles / je)

D. Répondez aux questions d'après les renseignements donnés pour Michelle Wilson.

L'année dernière	Cette année	L'année prochaine
mathématiques	biologie	peinture
chimie	français	philosophie
psychologie	science politique	français
littérature américaine	psychologie	
	histoire	

1. Combien de cours Michelle a-t-elle suivis l'année dernière?
2. A-t-elle suivi un cours de français?
3. Suit-elle un cours de français cette année?
4. Est-ce qu'elle en suivra un l'année prochaine?
5. Combien de cours suit-elle cette année?
6. Elle va suivre quatre cours l'année prochaine, n'est-ce pas?
7. Et vous, combien de cours suivez-vous cette année?
8. Vous suivez un cours de français, et quels autres cours?
9. Quels cours avez-vous suivis l'année dernière?
10. Est-il obligatoire qu'on suive un cours de langues à votre université?

STRUCTURE 2: *Le comparatif*

In English, comparisons are made either by using a comparison word *(more, less, as)* or by adding a suffix *(-er)*. In French, you must use a comparison word.

Comparison of adjectives and adverbs

Elle est **plus grande que** son frère.	She is *taller than* her brother.
Il est **aussi sérieux que** sa soeur.	He is *as serious as* his sister.
Ils travaillent **moins rapidement que** leurs amis.	They work *less rapidly than* their friends.

The expressions **plus** *(more)*, **aussi** *(as)*, **moins** *(less)* are used to compare adjectives and adverbs. They are followed by **que** *(as)*.

Comparison of nouns

Nous avons **plus d'**argent **que** Paul.	We have *more* money *than* Paul.
J'ai **autant d'**énergie **que** lui.	I have *as much* energy *as* he (does).
Elle a **moins de** tact **que** moi.	She has *less* tact *than* I (do).

The expressions **plus de** *(more)*, **autant de** *(as much)*, and **moins de** *(less)* are used to compare nouns and are also followed by **que.** After all comparative expressions, when a personal pronoun is needed, use a stress pronoun **(moi, toi, lui, elle, nous, vous, eux, elles),** which you learned in Chapter 15.

Irregular comparative forms

Mes notes sont **meilleures que** les notes de mon frère.	My grades are *better than* my brother's.
Il parle **mieux que** moi.	He speaks *better than* I (do).

The adjective **bon** and the adverb **bien** have irregular comparative forms to indicate superiority: **bon(ne)(s)** → **meilleur(e)(s), bien** → **mieux.** The English equivalent of both **meilleur** and **mieux** is *better.* Be sure to distinguish between the adjective **(bon, meilleur),** which modifies a noun and therefore agrees with it in gender and number, and the adverb **(bien, mieux),** which modifies a verb and is invariable. Notice that the comparative forms of **bon** and **bien** to indicate equality or inferiority are regular: **Ce livre-ci est aussi bon que ce livre-là. Elle chante moins bien que sa soeur.**

Application

E. Ajoutez les mots entre parenthèses et faites les changements nécessaires.

1. Francine est intelligente. (plus... sa soeur / aussi... son père / moins... son amie)
2. Henri parle rapidement. (aussi... toi / moins... Jeanne / plus... moi)
3. Mes notes sont bonnes. (moins... tes notes / meilleures... les notes de Pierre / aussi... les notes de Micheline)
4. Marguerite chante bien. (mieux... moi / moins... Félicité / aussi... toi)

F. Bon et bien. Répondez aux questions selon les modèles en distinguant entre **bon** et **bien, meilleur** et **mieux.**

Modèles: Quelle sorte d'étudiant est Georges? Comparez-le à Claire.
Georges est un bon étudiant. C'est un meilleur étudiant que Claire.

Comment Gérard joue-t-il? Comparez-le à Philippe.
Gérard joue bien. Il joue mieux que Philippe.

1. Quelle sorte d'étudiante est Valérie? Comparez-la à Denis.
2. Comment Annick chante-t-elle? Comparez-la à Marielle.
3. Comment Vincent parle-t-il? Comparez-le à Jean-Yves.
4. Quelle sorte d'assistante est Christiane? Comparez-la à Luce.
5. Quelle sorte de professeur est Antoine? Comparez-le à Robert.
6. Comment marche la Renault 9? Comparez-la à la Peugeot.

G. Les étudiants du lycée Voltaire. Faites les comparaisons indiquées en utilisant les expressions données.

Nom de l'étudiant	Examen de classement[3]	Heures de préparation	Note en maths	Note en littérature
Sylvie	1ère	20	14/20	16/20
Louis	5^{e}	15	16/20	10/20
Yves	19^{e}	30	12/20	12/20
Simone	35^{e}	15	8/20	11/20
Gilbert	60^{e}	10	8/20	6/20

Modèle: (intelligent) Yves et Simone
Yves est plus intelligent que Simone.

1. (intelligent) Sylvie et Yves / Louis et Simone / Gilbert et Louis
2. (travailler sérieusement) Yves et Gilbert / Simone et Louis / Louis et Sylvie
3. (faire des devoirs) Yves et Simone / Louis et Simone / Gilbert et Sylvie

---

3. **Un examen de classement** is a placement exam. On course exams and papers in France, grades are usually based on a maximum of 20, with 10 being the passing score. Approximate equivalents are: 8/20 = D, 12/20 = C, 15/20 = B, 18/20 = A.

4. (être bon en mathématiques ou en littérature) Louis / Gilbert / Simone
5. (faire bien en mathématiques ou en littérature) Sylvie / Yves / Gilbert

H. Les ouvriers de l'atelier Michelin. Faites les comparaisons indiquées en utilisant les expressions données.

Nom de l'ouvrier	Âge	Minutes pour faire le travail	Qualité du travail	Salaire (par mois)
Jean-Loup	22	15 min.	excellent	10 000F
Mireille	21	18 min.	bien	7 500F
Albert	40	18 min.	bien	12 500F
Thierry	55	20 min.	assez bien	10 000F
Jacqueline	18	25 min.	assez bien	6 500F

Modèle: (être âgé) Jacqueline et Albert
Jacqueline est moins âgée qu'Albert.

1. (être âgé) Jean-Loup et Mireille / Albert et Thierry / Mireille et Jacques
2. (travailler rapidement) Jean-Loup et Thierry / Jacqueline et Thierry / Mireille et Albert
3. (le travail / être bon) Jean-Loup et Albert / Thierry et Mireille / Albert et Jacqueline
4. (travailler bien) Mireille et Albert / Thierry et Jean-Loup / Mireille et Thierry
5. (gagner de l'argent) Albert et Jacqueline / Thierry et Jean-Loup / Mireille et Thierry

Débrouillons-nous! (Petite révision de l'étape)

I. Échange. Demandez à un(e) autre étudiant(e):

1. le nombre de cours qu'il (elle) a
2. le cours qu'il (elle) préfère
3. combien de jours le cours de... se réunit par semaine
4. sa spécialisation
5. s'il (si elle) est plus sportif(ve) que ses amis
6. s'il (si elle) a plus de devoirs que ses amis
7. s'il (si elle) est un(e) meilleur(e) étudiant(e) que ses amis
8. s'il (si elle) lit plus rapidement que ses amis
9. s'il (si elle) comprend mieux le français que ses amis

J. Mon emploi du temps. A young French person of college age is visiting your family. He(she) asks you about your school week. After you explain about your major, your courses, and your schedule, your French visitor will ask you to compare your courses: is history more interesting, more difficult than math? is your English literature professor better, more serious than your chemistry professor?

Deuxième Étape

POINT DE DÉPART: *Nos universités*

Étienne est bien surpris d'apprendre qu'il y a des différences importantes **parmi** les universités américaines. Barbara et Susan lui font une comparaison des écoles où elles font leurs études.

among

Barbara	**Susan**

Moi, je suis étudiante à une université **d'état.**	Et moi, je fais mes études dans une petite université privée.
Mon université est située au centre d'une grande ville. Beaucoup d'étudiants habitent en ville—chez eux ou dans des appartements.	Mon université se trouve dans un petit village à 200 kilomètres d'une grand ville. **La plupart des** étudiants habitent sur le campus dans des **résidences universitaires.**
Mon université comprend la **Faculté** des Sciences et des Lettres, la Faculté de Médecine, la Faculté de Droit et l'École des Études Commerciales. On peut préparer un **diplôme** "undergraduate" ou un diplôme avancé (la **maîtrise** ou le doctorat).	À mon université il n'y a que la Faculté des Sciences et des Lettres. Tous les étudiants préparent le même diplôme.

state

the majority of

dormitories

school, college (division of university)

diploma

master's degree

lecture attend cut (a class)	Nos classes sont très grandes. D'habitude le professeur fait une **conférence,** ensuite nous nous divisons en petits groupes pour discuter avec ses assistants. Il y a un grand nombre d'étudiants qui **sèchent** leurs cours.	Nos classes sont généralement petites. Nous avons l'occasion de poser des questions aux professeurs. La plupart des étudiants **assistent à** leurs cours.
go back to school / opening of school year	Notre année scolaire est divisée en trimestres. Nous **rentrons** vers le début de septembre. Nous passons des examens à la fin de chaque trimestre et l'année se termine en juin.	Notre année est divisée en semestres. La **rentrée** des classes est au début de septembre. Nous passons des examens en décembre et en mai.

À vous! (Exercices de vocabulaire)

A. Mon université. Complétez les phrases en choisissant la réponse qui convient à votre situation personnelle.

1. Je fais mes études à ____.
2. C'est une ____ université ____.
3. Elle est située ____.
4. La plupart des étudiants habitent ____.
5. L'université comprend ____ faculté(s): ____.
6. Moi, je prépare un diplôme en ____.

7. Un jour je voudrais préparer ____ en ____. Ou: Je n'ai pas l'intention de ____.
8. En général, les classes sont ____.
9. L'année scolaire est divisée en ____.
10. La rentrée des classes est ____.
11. Nous passons des examens ____.
12. L'année se termine ____.

B. Une autre université. Refaites l'exercice A en parlant d'un(e) ami(e) qui va à une université qui est bien différente de la vôtre.

Modèle: *Mon ami(e) ____ fait ses études à ____. C'est une ____ université ____.*

Reprise
(Première Étape)

C. Suis-le! Vous voulez aller au même endroit que vos amis. Votre camarade vous encourage, mais vous hésitez. Imitez le modèle en utilisant les formes convenables de **suivre.**

Modèle: Henri va au lac. Je voudrais bien y aller aussi.
—Eh, bien. Vas-y! Suis-le!
—Non, je ne veux pas le suivre.
—Pourquoi pas?
—La dernière fois que je l'ai suivi, il s'est perdu.
—Eh, bien. Ne le suis pas! Il vaut mieux que tu suives quelqu'un d'autre (somebody else).

1. Nicole va à la plage. Je voudrais bien y aller aussi.
2. Mon frère et ses amis vont au casino. Yvonne et moi, nous voudrions y aller aussi.
3. André va à la discothèque. Toi et moi, nous voudrions y aller aussi.

D. Vous et... Faites une comparaison entre vous et votre frère (soeur, camarade de chambre, etc.) en utilisant les expressions suivantes.

1. être âgé(e) 2. être intelligent(e) 3. avoir des ami(e)s 4. avoir du temps libre 5. travailler sérieusement 6. jouer bien au tennis 7. chanter bien 8. être optimiste 9. être un(e) bon(ne) étudiant(e) 10. être ambitieux(-euse) 11. dépenser de l'argent 12. se réveiller facilement

STRUCTURE 3: *Le superlatif*

Thérèse est **l'étudiante la plus avancée de** la classe.	Thérèse is *the most advanced student* in the class.
Quels sont **les meilleurs restaurants de** la ville?	What are *the best restaurants in* town?

Jacques travaille **le plus sérieusement de** tous les ouvriers de l'atelier.	Jacques works *the most seriously of* all the workers in the shop.
Elle a **le plus de temps libre de** tous ses amis.	She has *the most free time of* all her friends.
C'est Mathilde qui chante **le mieux.**	Mathilde is the one who sings *the best.*

In French, the superlative forms are the same as the comparative forms of superiority and inferiority **(plus, moins, meilleur, mieux)** with the addition of the definite article **(le, la, les).**

In the case of adjectives, the article agrees with the noun qualified **(le plus, la plus, les moins, les meilleures).** Adverbs have only one superlative form **(le plus, le moins, le mieux).** Superlative forms of nouns function as expressions of quantity **(le plus de, le moins de).** Notice that the French equivalent of *in* or *of* after a superlative is **de.**

If an adjective follows the noun it qualifies, the superlative form repeats the definite article: **la maison la plus solide, le livre le plus ennuyeux, les étudiants les moins travailleurs.** If an adjective precedes the noun, only one definite article is required: **la plus jolie maison, le plus gros livre, les moins bons étudiants.**

Application

E. Remplacez les mots en italique et faites les changements nécessaires.

1. *Georges* est l'étudiant le plus indépendant de la classe. (Suzanne / Alain et Robert / Martine et Christiane)
2. Hervé est l'étudiant le *plus optimiste* de la classe. (plus sportif / moins sérieux / plus jeune / meilleur / moins honnête)
3. Voilà la *plus belle* maison de la ville. (plus jolie / plus grande / plus chère / moins intéressante / plus petite)
4. Nathalie *parle le plus rapidement* de tous les étudiants. (étudie le plus sérieusement / chante le mieux / lit le plus attentivement / joue le plus activement)

F. Les étudiants du lycée Voltaire. En utilisant les expressions données, faites les comparaisons indiquées. Utilisez le tableau à la page 413.

Modèle: Sylvie (intelligent)
Sylvie est l'étudiante la plus intelligente de la classe.

1. Gilbert (intelligent) 2. Yves (étudier sérieusement) 3. Gilbert (étudier sérieusement) 4. Louis (bon en mathématiques) 5. Sylvie (bon en littérature)

G. Les ouvriers de l'atelier Michelin. En utilisant les expressions données, faites les comparaisons indiquées. Utilisez le tableau à la page 414.

Modèle: Thierry (âgé)
Thierry est l'ouvrier le plus âgé de l'atelier.

1. Jacqueline (âgé) 2. Jacqueline (jeune) 3. Jean-Loup (travailler rapidement) 4. Jacqueline (travailler rapidement) 5. le travail de Jean-Loup (bon) 6. Albert (gagner de l'argent) 7. Jacqueline (gagner de l'argent)

H. Votre famille. Utilisez des expressions superlatives pour parler des membres de votre famille.

Modèles: *Ma grand-mère est la plus âgée de la famille. Elle a 80 ans. Mon frère Paul joue le mieux au tennis.*

STRUCTURE 4: *Les expressions* penser à *et* penser de

Je pense à mon examen.	*I'm thinking about* my exam.
Qu'est-ce que **tu as pensé du** film?	What *did you think of* (about) the film?

The expressions **penser à** and **penser de** both have as English equivalents *to think of* or *to think about.* **Penser à** refers to what is on a person's mind. Since the object of one's thoughts can be either a person or a thing, the usual questions formed are: **À qui pensez-vous?** *(Whom are you thinking of [about]?)* and **À quoi pensez-vous?** *(What are you thinking about?)*

Penser de refers to an opinion and is normally used only in question form: **Qu'est-ce que tu penses de ce livre?** *(What do you think of [about] this book?)* The answer usually involves **penser que** or another verb (such as **trouver**): **Je pense qu'il n'est pas très intéressant,** or **Je le trouve assez ennuyeux.**

When substituting a pronoun for the noun that follows **penser à** or **penser de,** use a stress pronoun **(moi, toi, lui, elle, nous, vous, eux, elles)** for a person and **y (penser à)** or **en (penser de)** for a thing.

Penses-tu **à ton frère?**	Penses-tu **à ton examen?**
Oui, je pense **à lui.**	Non, je n'**y** pense pas.
Je connais **les Godbout.**	J'ai vu **le film.**
Que pensez-vous **d'eux?**	Qu'est-ce que vous **en** pensez?

Application

I. Posez des questions en suivant les modèles. Ensuite répondez aux questions.

Modèle: la crise du chômage *(unemployment)*
Est-ce que vous pensez souvent à la crise du chomâge?
Oui, j'y pense souvent. ou *Non, je n'y pense pas souvent.*

1. le danger de la guerre nucléaire 2. vos parents 3. la politique 4. votre premier(-ère) ami(e) 5. le passé

Modèle: le film *La guerre des étoiles*
Qu'est-ce que vous avez pensé de La guerre des étoiles*?*
Je l'ai aimé. ou *Je ne l'ai pas aimé.* ou *Je l'ai trouvé ennuyeux (intéressant, passionnant, idiot).*

6. le film ____ 7. le livre ____ 8. le professeur de français *(verbe au présent)* 9. cette université *(verbe au présent)* 10. le président des États-Unis *(verbe au présent)*

J. Et toi... ? Posez les questions suivantes à un(e) autre étudiant(e).

1. À quoi est-ce que tu pensais il y a un moment?
2. Est-ce que tu penses souvent à tes grands-parents?
3. À qui ou à quoi penses-tu quand tu te couches?
4. À qui ou à quoi penses-tu quand tu te réveilles le matin?
5. Que penses-tu de l'acteur ____?
6. Que penses-tu de l'actrice ____?
7. Que penses-tu de ce cours?
8. Que penses-tu de ce livre?

Débrouillons-nous! (Petite révision de l'étape)

K. Échange. Posez les questions à un(e) autre étudiant(e), qui va vous répondre.

1. Depuis combien de temps fais-tu des études à cette université?
2. Pourquoi est-ce que tu as choisi cette université?
3. Est-ce que tes classes sont trop grandes?
4. Que penses-tu de tes professeurs?
5. Quel est ton meilleur prof?
6. Quel est ton cours le plus difficile? le moins difficile?
7. D'habitude, est-ce que tu assistes à tes cours?
8. Combien de fois as-tu séché ton cours de français?

L. Il vaut mieux qu'il(elle) fasse ses études à... You are talking to the French friends of your parents. They are planning to send their son (daughter) to college in the United States for a couple of years. They ask you to which school they should send him (her). Give them several reasons for choosing either your school or another school that you know.

Troisième Étape

POINT DE DÉPART: *La vie universitaire*

Si les universités américaines sont bien différentes les unes des autres, la vie des étudiants américains est variée aussi. Barbara et Susan expliquent à Étienne certaines de ces différences.

Barbara

Moi, je suis "senior"—c'est-à-dire étudiante de quatrième année. J'habite dans un appartement avec une amie. Je la connais depuis trois ans et **nous nous entendons** bien.

we get along

Nous pouvons préparer nos repas chez nous, mais nous sommes si occupées qu'il est souvent plus facile de manger à l'université ou dans un restaurant "fast food".

Susan

Moi, je suis "freshman"—c'est ma première année à l'université. J'ai une chambre dans une résidence universitaire. J'ai deux camarades de chambre. Je ne les connaissais pas avant le début de l'année. Nous nous disputons de temps en temps.

Nous prenons presque tous nos repas dans la cafétéria de la résidence. Le prix des repas est compris dans les **frais de logement.**

room expenses

editor / magazine / belong to teams

club

Moi, je suis très active. Je suis **rédactrice** de la **revue** littéraire publiée par les étudiants, je suis membre du **cercle** français, je suis déléguée au sénat universitaire.

Le week-end j'aime me reposer. J'ai beaucoup de devoirs et je passe beaucoup de temps chez nous. D'habitude, mon petit ami vient me voir. Nous regardons la télé ou nous discutons de la politique.

Moi, je suis très sportive. Je **fais partie des équipes** de tennis et de volley et je participe à des compétitions contre d'autres universités.

Le week-end je n'aime pas rester dans ma chambre. Je sors avec mes amis. Nous allons au cinéma ou nous allons dans un bar près du campus où on peut danser.

À vous! (Exercices de vocabulaire)

A. Susan et Barbara. Complétez les phrases en mettant les noms Susan et Barbara à la place convenable.

1. ____ est plus âgée que ____.
2. ____ a plus de camarades de chambre que ____.
3. ____ n'aime pas beaucoup ses camarades de chambre.
4. ____ prend quelques repas dans un restaurant "fast food".
5. ____ a payé tous ses repas à l'avance.
6. ____ aime l'activité physique; ____ préfère l'activité intellectuelle.
7. ____ a un petit ami.
8. ____ est plus sportive que ____.

B. Ma vie d'étudiant(e). Complétez les phrases en choisissant la réponse qui convient à votre situation personnelle.

1. Moi, je suis étudiant(e) de ____ année.
2. Moi, j'habite ____.
3. J'ai ____ camarade(s) de chambre.
4. Je le(la,les) connais depuis ____.
5. D'habitude je prends mes repas ____.
6. Je participe à très peu (beaucoup) d'activités: ____.
7. Le week-end j'aime ____.
8. D'habitude je sors avec ____.
9. Nous ____.

Reprise (Deuxième Étape)

C. Les élèves du Collège St.-Jean *(The students of St. John Secondary School).* Chaque élève se distingue d'une façon ou d'une autre. Utilisez les expressions données pour expliquer en quoi chaque élève se distingue des autres.

Nom de l'élève	Âge	Taille	Note en espagnol	Chant
André	15 ans	1m65[4]	12/20	excellent
Béatrice	14 ans	1m45	12/20	assez bien
Charles	16 ans	1m50	16/20	bien
Eric	16 ans	1m75	10/20	bien
Gilberte	16 ans	1m50	9/20	assez bien
Hélène	15 ans	1m40	15/20	bien
Jacqueline	15 ans	1m50	13/20	mal
Robert	17 ans	1m60	8/20	bien

Modèle: Béatrice (jeune)
Béatrice est la plus jeune élève de la classe.

1. Béatrice (âgé)
2. Robert (âgé)
3. Éric (grand)
4. Hélène (petit)
5. André (chanter bien)
6. Robert (un mauvais élève en espagnol)
7. Jacqueline (chanter bien)
8. Charles (un bon élève en espagnol)

D. Entre amis. Quand vos amis disent quelque chose, vous cherchez à faire continuer la conversation en leur posant des questions qui utilisent **penser à** ou **penser de.**

Modèles: François a l'air distrait. (C'est vrai...)
C'est vrai. À quoi est-ce qu'il pense?

J'ai un cours d'informatique. (Ah, oui?...)
Ah, oui? Qu'est-ce que tu en penses?

1. Michel ne pense plus à moi. (Ah, non?...)
2. Mireille a fait la connaissance du nouveau prof de maths. (Ah, oui?...)
3. Nous venons de voir la nouvelle Renault. (Ah, bon...)
4. J'ai beaucoup de mal à faire attention en classe. (C'est vrai?...)
5. Cela m'énerve vraiment quand je pense à cet examen. (Alors, pourquoi...)
6. Je viens de lire ta dissertation. (Ah, oui?...)

STRUCTURE 5: *Les prépositions* après *et* avant de

Après les cours, je suis allée à un café.	*After* classes, I went to a café.
Après avoir mangé un sandwich, je suis rentrée.	*After having eaten* a sandwich, I went home.

4. In France, distances are measured in meters **(mètres).** One meter equals 3.281 feet. Someone who measures **1m65** is approximately 5 ft. 5 in.

Après être rentrée, je me suis couchée directement.
After getting home, I went right to bed.

Après m'être couchée, je me suis endormie tout de suite.
After I went to bed, I fell right asleep.

The preposition **après** can be followed by a noun or a stress pronoun **(Elle est arrivée après moi).** When **après** is followed by a verb, you must use the past infinitive. The past infinitive is formed with the infinitive of the helping verb **(avoir** or **être)** plus the past participle of the main verb. Remember that the subject of **après** + past infinitive construction is also the subject of the second verb in the sentence. To determine the agreement of a past participle used with **être,** look at the gender and number of the subject of the second verb.

Avant l'examen, le prof a revu les règles.
Before the exam, the prof went over the rules.

Avant de rentrer, il faut qu'elle parle à son prof d'anglais.
Before going home, she has to speak to her English teacher.

Avant de m'inscrire à ce cours, je veux en parler avec mes amis.
Before I register for this course, I want to talk to my friends about it.

The preposition **avant** can be followed by a noun or a stress pronoun **(Nous sommes partis avant lui).** When it is followed by a verb, you must add **de** and then use an infinitive. Remember that the subject of the **avant de** + infinitive construction is also the subject of the second verb in the sentence. When **avant de** is followed by a pronominal verb, the reflexive pronoun agrees with the subject of the second verb.

Application

E. Remplacez les mots en italique et faites les changements nécessaires.

1. Après *l'examen,* nous sommes allés au café. (le cours / la conférence / le film / le concert)
2. Avant *la conférence,* nous sommes allés à la bibliothèque. (l'examen / le cours / la discussion / la réunion)
3. Avant de *regarder la télé,* elle a fait ses devoirs. (sortir / me téléphoner / aller au cinéma / se coucher)
4. Après avoir *mis la table,* elle a fait ses devoirs. (préparé le dîner / rentrée de l'université / allée à l'épicerie / fait la vaisselle)
5. Après s'être levée, *elle* a pris une douche. (il / je / nous / tu / vous)
6. Avant de se coucher, *il* a lu le journal. (elle / nous / tu / je / vous)

F. La journée d'Edmond. Les dessins suivants racontent une journée typique d'Edmond, un étudiant français qui fait des études dans une université américaine. En utilisant les structures **après** + nom, **après** + verbe, **avant** + nom, **avant de** + verbe, composez autant de phrases que possible.

Modèle: *Après s'être habillé, Edmond prend le petit déjeuner.*
Avant de prendre le petit déjeuner, Edmond s'habille.
Après le petit déjeuner, il...

G. Sondage. Posez une des paires de questions à dix de vos camarades. Marquez les réponses sur une feuille de papier. Quand vous avez terminé le sondage, partagez les résultats avec la classe entière.

1. Qu'est-ce que tu veux faire après avoir terminé tes études? Qu'est-ce que tu veux faire avant de commencer un travail?
2. Qu'est-ce que tu fais normalement avant un examen? Qu'est-ce que tu fais après l'examen?
3. Qu'est-ce que tu fais avant de quitter la maison le matin? Qu'est-ce que tu fais après être rentré(e) le soir?
4. Qu'est-ce que tu fais normalement avant de te coucher? Qu'est-ce que tu fais après t'être réveillé(e)?

STRUCTURE 6: *Les expressions* c'est *et* il est

Qu'est-ce que **c'est?**	Wha*t's that?*
C'est un carnet.	*It's* a small notebook.
C'est elle, ton prof de chimie?	*Is she* your chemistry professor?
Oui, voilà mon prof de chimie. **Elle est** excellente.	There's my chemistry teacher. *She is* excellent.
La bibliothèque? **Elle est** en face du centre des étudiants.	The library? *It's* across from the student center.
Tu connais **ma tante? Elle est** prof de maths.	Do you know my aunt? *She is* a math prof.
C'est le meilleur livre de l'année.	*It's* the best book of the year.

Ce is used with **est** and **sont** before nouns, pronouns, and proper names. **Il (elle, ils, elles)** is used before an adjective or a preposition.

C'est Pierre.	**Il est** intelligent.
C'est une calculatrice.	**Elle est** japonaise.
Ce sont eux.	**Ils sont** de Belgique.
Ce sont des lettres de mon frère.	**Elles sont** sur la table.

There are some exceptions to this rule:

1. **Il (elle, ils, elles)** is used with **est** or **sont** before an unmodified noun indicating a job or a profession. Remember that in French, unlike in English, you do not need an indefinite article **(un, une, des).**

   Il est médecin.
   Elle est dentiste.
   Ils sont ouvriers.

2. **Ce (c')** is used before an adjective referring to a general idea (rather than to a specific object or person).

C'est vrai.	*That's* true.
C'est possible.	*It's* possible.

Visitons le Monde Francophone

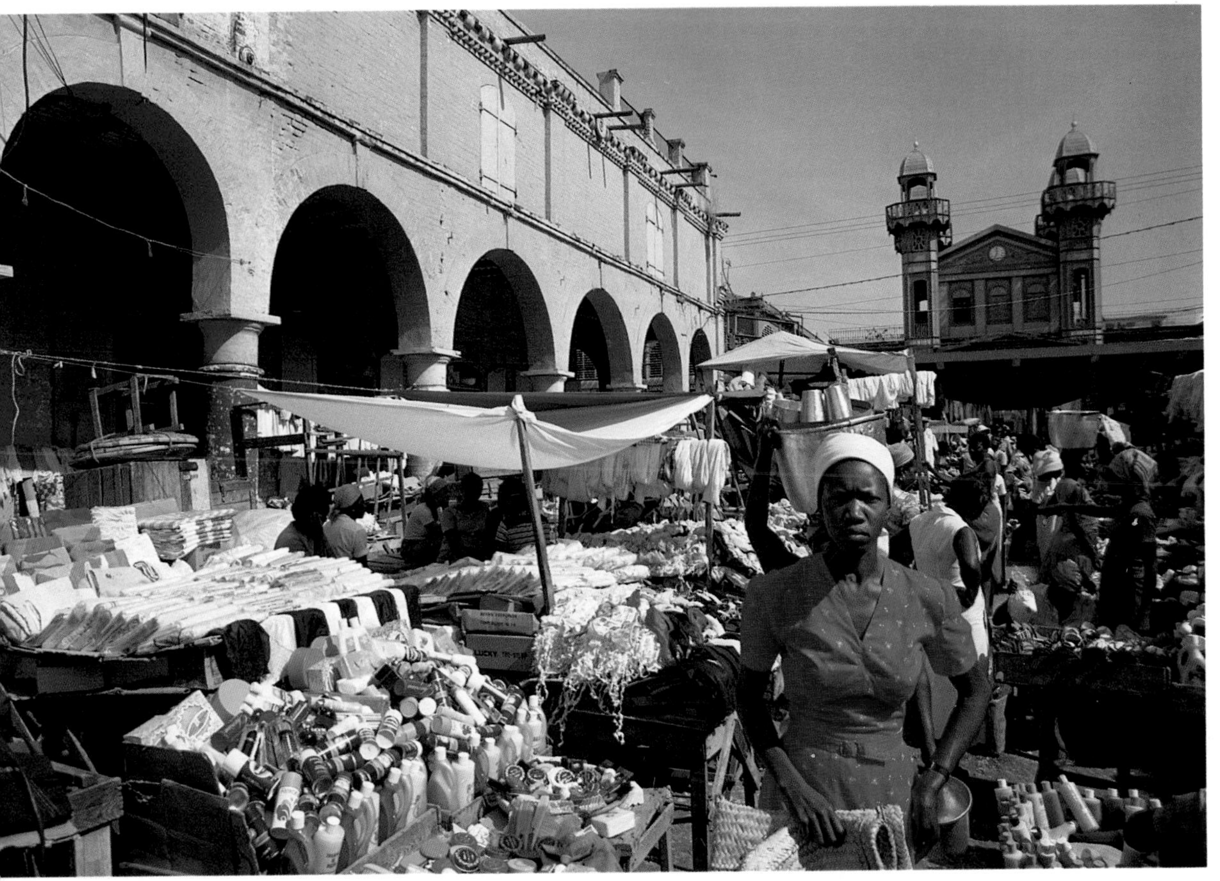

Marché en plein air en Haïti.
Qu'est-ce qu'on vend dans ce marché?

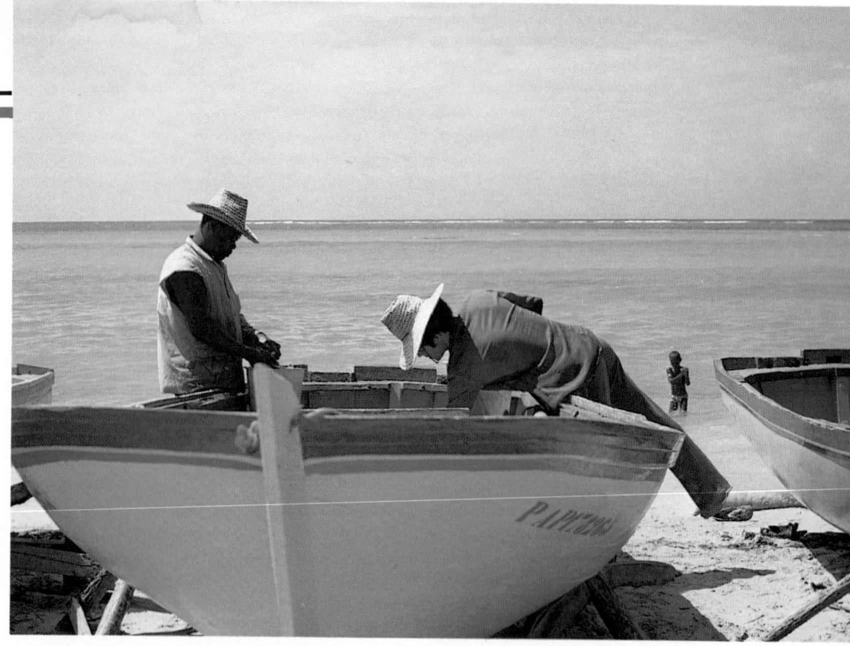

Des pêcheurs de la Guadeloupe. Où se trouve la Guadeloupe et qu'est-ce qui se passe dans cette photo?

Abidjan. Capitale de la Côte-d'Ivoire. Quelles sont les différences entre cette scène et la scène du marché à la page suivante?

La Nouvelle-Orléans. Quelle sorte de musique est-ce qu'on écoute dans le quartier français?

Marché en plein air à Abidjan. Comparez avec le marché en Haïti. Qu'est-ce qu'on vend ici?

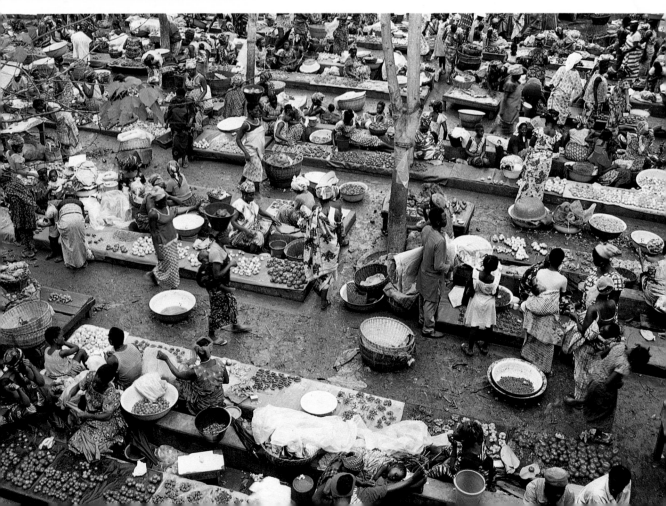

Québec. La ville de Québec est la capitale de la province du même nom. Quelles sont les influences sur la culture des gens qui habitent au Québec?

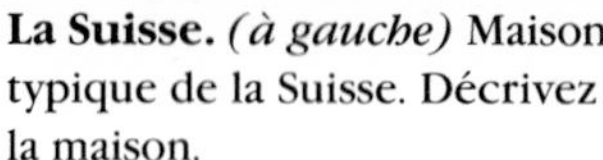

La Suisse. *(à gauche)* Maison typique de la Suisse. Décrivez la maison.

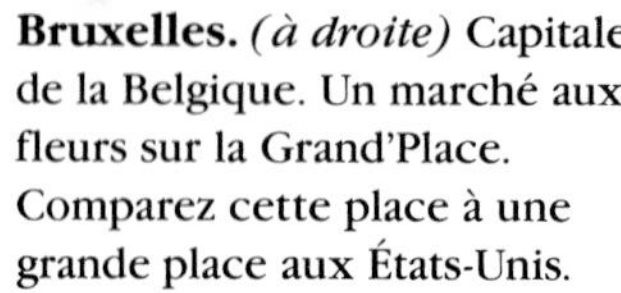

Bruxelles. *(à droite)* Capitale de la Belgique. Un marché aux fleurs sur la Grand'Place. Comparez cette place à une grande place aux États-Unis.

Application

H. Des photos de voyage. Vous montrez à un(e) ami(e) des photos prises au cours d'un voyage que vous avez fait. Votre ami(e) vous pose des questions au sujet des photos. Répondez en utilisant les mots suggérés.

Modèle: —Qu'est-ce que c'est? (une église)
—C'est une église.
—Où est cette église? (à Poitiers)
—Elle est à Poitiers.
—Est-ce que c'est une église gothique? (romane)
—Non, c'est une église romane. ou *Non, elle est romane.*

1. Qu'est-ce que c'est? (une bibliothèque) / Où est cette bibliothèque? (à l'université de Haute-Bretagne) / C'est une grande bibliothèque? (assez petite)
2. Qu'est-ce que c'est? (un hôtel) Où est cet hôtel? (près de la gare Montparnasse) Cet hôtel est grand? (petit)
3. Qu'est-ce que c'est? (des maisons) Où sont ces maisons? (en Alsace) Ces maisons sont très pittoresques, n'est-ce pas? (oui)

I. Un album de famille. Vous montrez à un(e) ami(e) des photos de votre famille. Votre ami(e) vous demande d'identifier les gens sur la photo.

Modèle: C'est ton père?
Oui, c'est lui.

1. C'est ta mère? 2. Ce sont tes parents? 3. C'est ton frère? 4. Ce sont tes cousines? 5. C'est toi? 6. C'est toi et ton frère?

Modèle: —Qui est-ce? (mon oncle)
—C'est mon oncle.
—Que fait ton oncle? (professeur)
—Il est professeur.

1. Qui est-ce? (ma tante) / Que fait ta tante? (pharmacienne)
2. Qui est-ce? (mes cousines) / Que font tes cousines? (étudiantes)
3. Qui est-ce? (mon grand-père) / Que fait ton grand-père? (boulanger)
4. Qui est-ce? (Mme Berger, une amie de la famille) / Que fait Mme Berger? (ingénieur)

J. Ce n'est pas possible! Donnez votre réaction aux phrases suivantes en utilisant une des expressions suggérées ou bien une expression de votre choix.

C'est vrai.	C'est possible.	C'est bien.
C'est faux.	C'est impossible.	C'est dommage.
C'est incroyable *(unbelievable).*	C'est formidable *(great).*	C'est peu probable.

1. L'état du Texas est plus grand que la France.
2. Le professeur a moins de vingt-cinq ans.
3. En l'an 2 000 une femme sera présidente des États-Unis.
4. En général, les hommes sont sportifs; les femmes sont intellectuelles.
5. La cuisine française est la meilleure du monde.
6. Il n'y aura pas d'examen dans ce cours la semaine prochaine.

Débrouillons-nous! (Petite révision de l'étape)

K. Échange. Posez les questions à un(e) autre étudiant(e), qui va vous répondre.

1. Es-tu content(e) à l'université?
2. Est-ce que tu habites seul(e)?
3. Où est-ce que tu prends tes repas?
4. Comment est-ce que tu passes le week-end?
5. À quelles activités est-ce que tu participes?
6. Qu'est-ce que tu as fait avant cette classe?
7. Qu'est-ce que tu vas faire après cette classe?
8. Qu'est-ce que tu as fait après t'être levé(e) ce matin?
9. Qu'est-ce que tu vas faire avant de te coucher ce soir?

L. Ma vie à l'université. You are talking with a group of French young people. They are very curious about American university life. Describe to them as thoroughly as you can what your life is like at college.

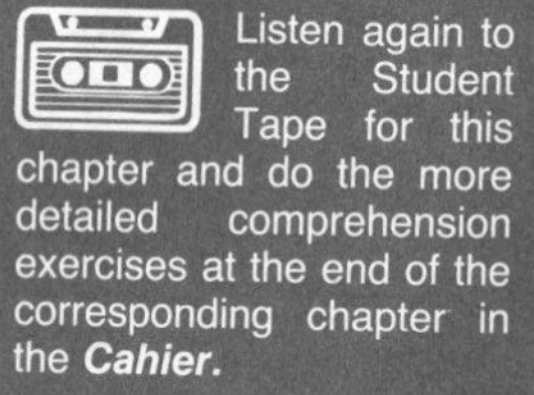

Listen again to the Student Tape for this chapter and do the more detailed comprehension exercises at the end of the corresponding chapter in the ***Cahier.***

Quatrième Étape

LECTURE: *Les universités françaises et les universités américaines*

When reading, it is important to remember that meaning is usually communicated not by single words but by groups of words. If you can recognize a few words and then use the context as a guide, it is often possible to figure out the meaning of an entire group even if each word taken in isolation doesn't make sense to you. After reading the following passage (looking at the definitions, if necessary), do Exercise A, which deals with the meaning of word groups. Then reread the passage before doing the comprehension exercise.

Isabelle Jorge

Isabelle Jorge a fait des études d'anglais à l'Université de Nancy. Après avoir passé une année aux États-Unis, elle a comparé ainsi l'université en France et l'université aux États-Unis.

Pour entrer à l'université en France, il faut avoir le baccalauréat: c'est un examen qui met fin à la dernière année au lycée, la classe de terminale. Après treize années d'enseignement[1] primaire et secondaire, les étudiants entrent en général dans l'enseignement supérieur à l'âge de dix-huit ans.

La porte d'entrée est ouverte à tous ceux[2] qui ont obtenu «le bac»: il vous sera donc plus facile de commencer vos études universitaires en France qu'aux États-Unis. Mais attention, c'est à la fin de la première année que les examens éliminent les étudiants «amateurs»; environ 60 pour cent des étudiants échouent[3] et recommencent leur première année. La même chose se produit à la fin de la deuxième année et de la troisième. Mais si vous avez réussi vos deux premières années en trois ans maximum, vous pourrez ensuite prendre votre temps. Il y a de jeunes Français qui se plaisent assez sur les bancs[4] de l'université pour y rester dix années, mais oui!

Il faut dire que les cours sont gratuits,[5] ce qui[6] permet à un maximum d'étudiants de s'inscrire. Il suffit ensuite d'acheter livres, papier, crayons! Toutes les universités françaises sont publiques et financées par le gouvernement. Par conséquent, les étudiants français n'ont pas les mêmes besoins d'argent que les étudiants américains. Il me semble que la plupart des étudiants américains sont studieux et motivés. Peut-être qu'ils «en veulent pour leur argent».

---

1. education 2. all those 3. fail 4. benches (seats in lecture hall) 5. free 6. which

Les étudiants américains aiment beaucoup le sport, mais en France on néglige souvent l'exercice physique. Par contre, on admire les qualités intellectuelles, et au pays de Descartes[7] les «gros cerveaux»[8] sont rois! Les étudiants français s'intéressent beaucoup à la politique. En effet, la politique, c'est tellement passionnant qu'on oublie quelquefois ses études. Les syndicats[9] des étudiants organisent parfois[10] des grèves![11] Pourtant, les étudiants assidus[12] obtiennent leurs diplômes: le D.E.U.G. (diplôme d'études universitaires générales) après deux ans, la licence après la troisième année, la maîtrise après la quatrième année, le D.E.A. (diplôme d'études approfondies)[13] ou le D.E.S.S. (diplôme d'études supérieures spécialisées) après la cinquième année, et puis le doctorat.

Les relations entre étudiants et professeurs sont beaucoup plus formelles et distantes que chez l'Oncle Sam, par respect de la sacro-sainte[14] hiérarchie! Pas de familiarités, je vous prie!

Compréhension

A. Les groupes de mots. Based on the meanings of individual words and the general context, give the English equivalent of each expression in boldface type.

1. Le baccalauréat, c'est un examen qui **met fin à** la dernière année au lycée. (**la fin** = *the end*)
2. **La même chose se produit** à la fin de la deuxième année. (**produire** = *to produce*)
3. Il y a des jeunes Français qui **se plaisent assez** sur les bancs de l'université pour y rester dix ans. (**plaire à** = *to please*)
4. Les étudiants américains, qui «**en veulent pour leur argent**».
5. Au pays de Descartes, **les «gros cerveaux» sont rois!**
6. **Pas de familiarité,** je vous prie!

B. Ici, aux États-Unis... Indiquez si les phrases sont vraies ou fausses. Trouvez dans le texte des exemples pour justifier votre réponse.

1. En général, les étudiants américains sont plus âgés que les étudiants français.
2. Il est plus difficile de commencer vos études universitaires aux États-Unis qu'en France.
3. La première année d'études est plus difficile aux États-Unis qu'en France.
4. Les études coûtent plus cher aux États-Unis qu'en France.
5. Les étudiants américains sont plus sportifs que les étudiants français.
6. Les étudiants américains sont plus intellectuels que les étudiants français.
7. La maîtrise française correspond au "Master's Degree" américain.
8. Les étudiants américains connaissent mieux leurs professeurs que les étudiants français.

---

7. French mathematician and philosopher (1595–1650) 8. "brains" 9. unions 10. sometimes 11. strikes 12. conscientious 13. in depth 14. very sacred, inviolable

Reprise
(Troisième Étape)

C. Avant... après... Commencez par raconter à un(e) autre étudiant(e) *cinq* choses que vous avez faites hier. Ensuite votre partenaire va vous demander ce que vous avez fait *avant* chaque activité.

Modèle: J'ai pris le petit déjeuner.
Qu'est-ce que tu as fait avant le petit déjeuner? ou *Qu'est-ce que tu as fait avant de prendre le petit déjeuner?*
Avant (de prendre) le petit déjeuner, je me suis lavé la tête.

Ensuite, votre partenaire va vous raconter *cinq* de ses activités. Vous allez lui demander ce qu'il(elle) a fait *après* chaque activité.

Modèle: Je me suis levé(e) vers 7h30.
Qu'est-ce que tu as fait après t'être levé(e)?
Après m'être levé(e), j'ai pris une douche.

D. Une photo. Rentré(e) de l'université pour les vacances, vous montrez à vos parents une photo de vos amis. Vous répondez à leurs questions en utilisant **ce** ou **il (elle, ils, elles)** et les expressions suggérées.

Modèle: —Qui est-ce? (Manuel)
—C'est Manuel.
—Manuel est américain? (Vénézuéla)
—Non, il est du Vénézuéla.
—Il est "freshman"? (deuxième année)
—Non, c'est sa deuxième année à l'université.
—Qu'est-ce que Manuel étudie? (vétérinaire)
—Il veut être vétérinaire.

1. Qui est-ce? (Jeanne) / Elle est américaine? (Texas) / Elle est "freshman"? (troisième année) / Qu'est-ce qu'elle étudie? (journaliste)
2. Qui est-ce? (Jean-Pierre) / Il est français? (Canada) / Il est "freshman"? (dernière année) / Qu'est-ce qu'il étudie? (biologiste)
3. Qui est-ce? (mes meilleures amies) / Elles sont américaines? (Floride) / Elles sont "freshmen"? (première année) / Qu'est-ce qu'elles étudient? (actrices)
4. Ça, c'est ton ami Michel? (oui) / Il est belge? (Bruxelles) / Il est "sophomore"? (deuxième année) / Qu'est-ce qu'il étudie? (architecte)

Point d'arrivée (Activités orales et écrites)

E. Mon université. You have been asked to make a short presentation about your university to a French-speaking audience. Prepare the description of your school and of university life.

F. L'université en France. Prepare a series of questions you would like to ask a student from France about French universities and university life.

G. Quand nous étions à l'université... Your parents, your professors, and other people older than you often have memories of university life that are quite different from your experience. Imagine a conversation in which people are talking about differences and similarities between today's universities and the universities of twenty and thirty years ago.

H. Visitons le campus! You and another student are to take some visiting French students on a tour of *your* campus. Discuss what you will show them first, where you will go after that, what you will do before doing something else, etc. Then take this imaginary walking tour of your campus; the French students will ask you questions.

Lexique

POUR SE DÉBROUILLER

Pour parler des programmes *m.pl.*
être étudiant(e) en
faire des études de
(les) beaux-arts *m.pl.*
(le) droit
(les) lettres *f.pl.*
(la) médecine
(les) sciences humaines *f.pl.*
(les) sciences naturelles *f.pl.*
(les) sciences physiques *f.pl.*
préparer un diplôme
une maîtrise
un doctorat

Pour parler des cours
s'inscrire à un cours
suivre un cours
assister à un cours
sécher un cours
un emploi du temps
étudier
l'anthropologie *f.*
l'art dramatique *m.*
la biologie
la botanique
la chimie
la comptabilité
le dessin
la géologie
la gestion
l'histoire *f.*
l'informatique *f.*
le journalisme
les langues modernes *f.pl.*
la linguistique
la littérature
les mathématiques *f.pl.*
le marketing
la musique
la peinture
la philosophie
la physique
la psychologie
les sciences économiques *f.pl.*
la science politique
la sociologie
la sculpture

VOCABULAIRE GÉNÉRAL

Noms
un atelier
un cercle
une conférence
un conseil
un(e) délégué(e)
un état
une faculté
un fonctionnaire
les frais *m.pl.*
le logement
une matière
un mètre
un ouvrier, une ouvrière
le rédacteur, la rédactrice
un régime
la rentrée des classes
une résidence universitaire
une revue
un salaire
une spécialisation

Verbes
s'entendre (avec)
penser à
penser de
suivre

Adjectifs
chargé(e)
meilleur(e)
occupé(e)
privé(e)
scolaire
universitaire

Autres expressions
mieux
parmi
la plupart de
que

CHAPITRE DIX-SEPT
Visitons le monde francophone!

Première Étape
Lecture: La Louisiane—le pays des bayous

Deuxième Étape
Lecture: Le Québec—la belle province

Troisième Étape
Lecture: Le Cameroun

Quatrième Étape
Lecture: La Suisse en toute sa diversité

Do the **Travail préliminaire** section at the beginning of the corresponding chapter of the ***Cahier:*** complete the Planning Strategy, listen to the Student Tape, and answer the general comprehension questions.

Première Étape

LECTURE: *La Louisiane—le pays des bayous*

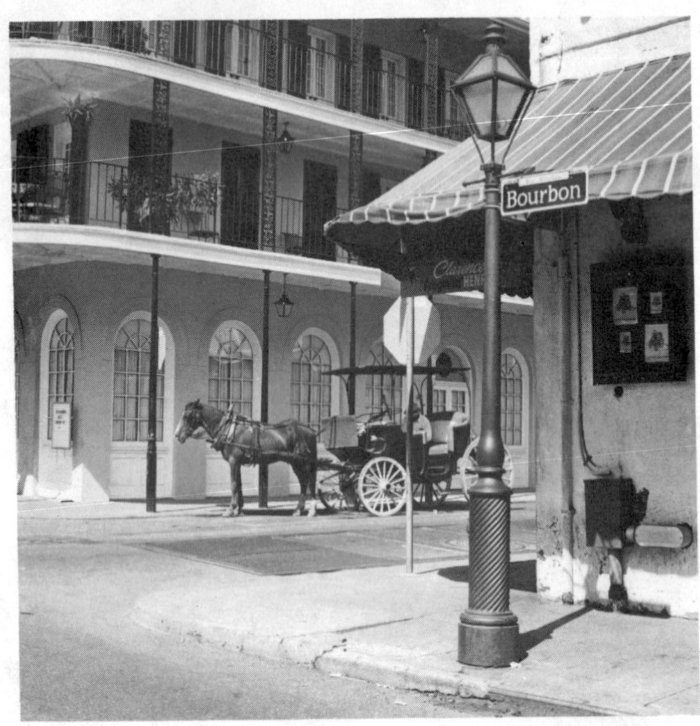

French-speaking people / everywhere

one from the other / however / whatever

unifies / French-speaking countries

Il y a près de 125 millions de *francophones* dispersés *partout* dans le monde. Ils se trouvent en Amérique, en Afrique, en Asie, en Europe et en Océanie. Ils font tous partie de cultures diverses qui les distinguent *les uns des autres* et ils sont fiers de leur individualité. *Toutefois, quelles que* soient leurs différences, ce qu'ils ont en commun et ce qui les *unit* c'est la langue française. Car la *francophonie* est composée de régions où le français est la langue d'enseignement, d'administration ou de culture.

notice

En Amérique, les régions francophones principales se trouvent aux Antilles, aux États-Unis et au Canada. Aux États-Unis, c'est surtout en Louisiane et en Nouvelle-Angleterre que se fait sentir l'héritage français. Dans les années passées un grand nombre de Canadiens français sont descendus aux États-Unis pour s'y établir. On n'a qu'à consulter une carte du pays pour *s'apercevoir* que le français a laissé ses traces: par exemple, il y a un grand nombre de villes qui ont des noms français.

La Louisiane

soil

Une Amérique différente. C'est bien le mot. Différente par son passé, par sa culture, par la nature de son *sol* et par ses paysages, telle se présente la Louisiane.

shaded
as soon as / steamboat / snatched up / mist, fog
is worth
havoc / stretch out
virgin

Pour beaucoup, cet État à part se résume à quelques réminiscences historiques rafraîchies par les cartes postales géantes: La Nouvelle-Orléans, le jazz, de jolies femmes en crinoline dans des parcs *ombragés.* Mais *sitôt* le dernier *bateau à roues happé* par les *brumes* du Mississippi, que reste-t-il? La Louisiane *vaut* pourtant davantage qu'un coup d'oeil entre deux avions. Encore faut-il savoir la découvrir. Ses beautés sauvages ont échappé pour l'instant au *saccage* du progrès. Elles *s'étendent* à l'infini, aussi *vierges* qu'à l'époque des pionniers, pour celui qui veut bien abandonner l'itinéraire expéditif et impératif de l'autoroute et de certains voyages organisés.

Old Square

innumerable
to slip / swamps
are found in profusion / to cross / wormeaten

Quitter la Louisiane après un tour rapide à travers les rues du *Vieux Carré* à la Nouvelle-Orléans et une promenade à bord du *Natchez,* c'est se contenter de la première page d'un grand album, s'arrêter à l'antichambre du plaisir. Il faut entrer véritablement dans le pays, ne pas rester au bord. Pénétrer dans ses forêts *innombrables,* ses parcs d'État, ses jardins botaniques. *Se glisser* dans l'univers mystérieux de ses *marécages* où les animaux *pullulent, parcourir* ses bayous, traverser ses champs de coton, pousser la porte parfois *vermoulue* de ses vieilles plantations.

Être Cajun Aujourd'hui

to claim
self-aggrandizement
dugout canoe
fled
blend / briskly, enthusiastically
remain

Qui peut aujourd'hui *revendiquer* le titre d'Acadien ou de Créole? Il semble très difficile en effet, à moins de porter un nom typique et de posséder un arbre généalogique sans *complaisance,* d'affirmer que son ancêtre a descendu le Mississippi en *pirogue* venant du Canada, a débarqué d'une caravelle en provenance de La Rochelle, ou *a fui* la France après les Adieux de Fontainebleau. Les Acadiens et les Créoles se sont *mélangés* eux-mêmes, et leur culture a assimilé avec un *bel entrain* celle de leurs voisins étrangers. Ce qui explique que l'on trouve aujourd'hui tant de Louisianais de descendance espagnole, italienne, allemande ou anglo-américaine qui se disent «Cajuns» parce que leur mère ou leur grand-mère s'exprimait en français à la maison. Les Noirs et les Indiens francophones sont aussi, souvent, des «Cajuns», ce nom de Cajun ou de Cadjiin (déformation anglaise de Cadien) portant pour beaucoup cette volonté de *demeurer* différents par rapport à la culture uniformisante de l'Amérique protestante.

Michel Tauriac, *La Louisiane d'aujourd'hui*

Exercices de familiarisation

A. Consultons la carte du monde. Regardez la carte du monde francophone aux pages 438-439 et indiquez dans quelle région se trouve chacun des endroits suivants.

Modèle: le Cameroun *Le Cameroun se trouve en Afrique.*

1. le Laos
2. le Sénégal
3. la Belgique
4. le Zaïre
5. la Nouvelle-Calédonie
6. Haïti
7. le Luxembourg
8. la Corse
9. la Réunion
10. la Louisiane
11. le Maroc
12. la Suisse
13. le Congo
14. la Guyane française
15. Le Québec

B. Consultons la carte des États-Unis. Regardez un atlas des États-Unis et trouvez les villes suivantes qui portent des noms français.

1. Baton Rouge 2. Terre Haute 3. Montpelier 4. Des Moines 5. Louisville 6. Fond du Lac 7. St. Louis 8. Alliance 9. Belleville 10. Des Plaines 11. La Porte 12. Napoleon 13. Versailles 14. Bellefonte

C. La Louisiane: état francophone. Répondez aux questions selon les renseignements donnés dans la lecture.

1. Pourquoi est-ce que la Louisiane est «une Amérique différente»?
2. Qu'est-ce qu'il faut faire pour bien connaître la Louisiane?
3. Pourquoi est-ce que l'auteur parle d'un «univers mystérieux»?
4. Quelle est la raison principale pour laquelle les gens se disent «Cajuns» aujourd'hui?
5. D'où vient le mot «Cajun»?
6. Pourquoi est-ce que beaucoup de gens insistent qu'ils sont «Cajuns»?

STRUCTURE 1: *Les pronoms relatifs* qui *et* que

The relative pronoun qui

J'ai parlé à quelqu'un **qui** se dit Cajun.	I spoke to someone *who* says he is a Cajun.
Les gens **qui** sont Cajuns sont venus en Louisiane du Canada.	The people *who* are Cajuns came to Louisiana from Canada.
Ce sont leurs ancêtres **qui** ont apporté la langue française en Louisiane.	It's their ancestors *who* brought the French language to Louisiana.

The function of a relative pronoun is to connect two clauses into a single sentence. The relative pronoun introduces the second clause while referring to a word in the main clause. This word is called an *antecedent.* **Qui** *(who, that, which)* has persons or things as its antecedents and functions as the *subject* of the subordinate clause. **Qui** is always followed by a verb.

Les amis **chez qui** j'ai dîné sont Louisianais.	The friends *at whose house* I ate dinner are from Louisiana.

The relative pronoun **qui** can also be the object of a preposition when the antecedent is a person. The most common prepositions used with **qui** are **à, chez, avec, pour.**

The relative pronoun **que**

Le pays francophone **que** je vais étudier est le Sénégal.	The French-speaking country *that* I'm going to study is Sénégal.
La famille **que** j'ai rencontré**e** récemment est du Sénégal.	The family *whom* I met recently is from Sénégal.

The relative pronoun **que** *(whom, which, that)* functions as a *direct object* and stands for persons or things. It is always followed by a subject and a verb. **Que** becomes **qu'** when it is followed by a vowel or silent **h.** Note that if the subordinate clause contains a compound tense such as the **passé composé,** the past participle agrees in gender and number with the antecendent of **que,** which is the preceding direct object.

Application

D. Le pays que je vais étudier. Employez l'élément donné pour expliquer quel pays francophone vous allez étudier et pourquoi. Suivez le modèle.

Modèle: la Belgique
Le pays que je vais étudier est la Belgique. Je connais des gens qui viennent de la Belgique.

1. le Cameroun 2. la Suisse 3. le Mali 4. la Tunisie 5. le Canada 6. le Viêt-nam 7. la Nouvelle-Calédonie 8. Le Luxembourg 9. la Côte-d'Ivoire 10. le Niger

E. Des souvenirs. Votre ami vient de rentrer du Sénégal et il vous parle des souvenirs qu'il a achetés. Vous voulez voir l'objet dont il parle.

Modèle: J'ai acheté un portefeuille.
Montre-nous le portefeuille que tu as acheté.

1. J'ai acheté des épices (*spices,* f.).
2. J'ai acheté des bijoux (*jewelry,* m.).
3. J'ai acheté un costume traditionnel sénégalais.
4. J'ai acheté des cartes postales.
5. J'ai acheté une peinture.
6. J'ai acheté un livre sur le Sénégal.
7. J'ai acheté des livres de poésie sénégalaise.
8. J'ai acheté une carte de Dakar.

F. Renseignements. Répondez en utilisant l'expression **je ne sais pas le(s) nom(s) de,** le nom entre parenthèses et le pronom relatif **qui.**

Modèle: À qui parle-t-elle? (monsieur)
Je ne sais pas le nom du monsieur à qui elle parle.

QUÉBEC
Nouveau-Brunswick
AMÉRIQUE
DU NORD
Québec
Montréal
Nouvelle-Ecosse
Maine
NOUVELLE-ANGLETERRE
LOUISIANE
La Nouvelle-Orléans
L'Océan
Atlantique
HAÏTI
Port-au-
Prince
GUADELOUPE
Antilles
MARTINIQUE
L'Océan
Pacifique
GUYANE
FRANÇAISE
AMÉRIQUE
DU SUD
NOUVELLE
HÉBRIDES
NOUVELLE-
CALÉDONIE
POLYNÉSIE FRANÇAISE
Tahiti
LE MONDE
FRANCOPHONE

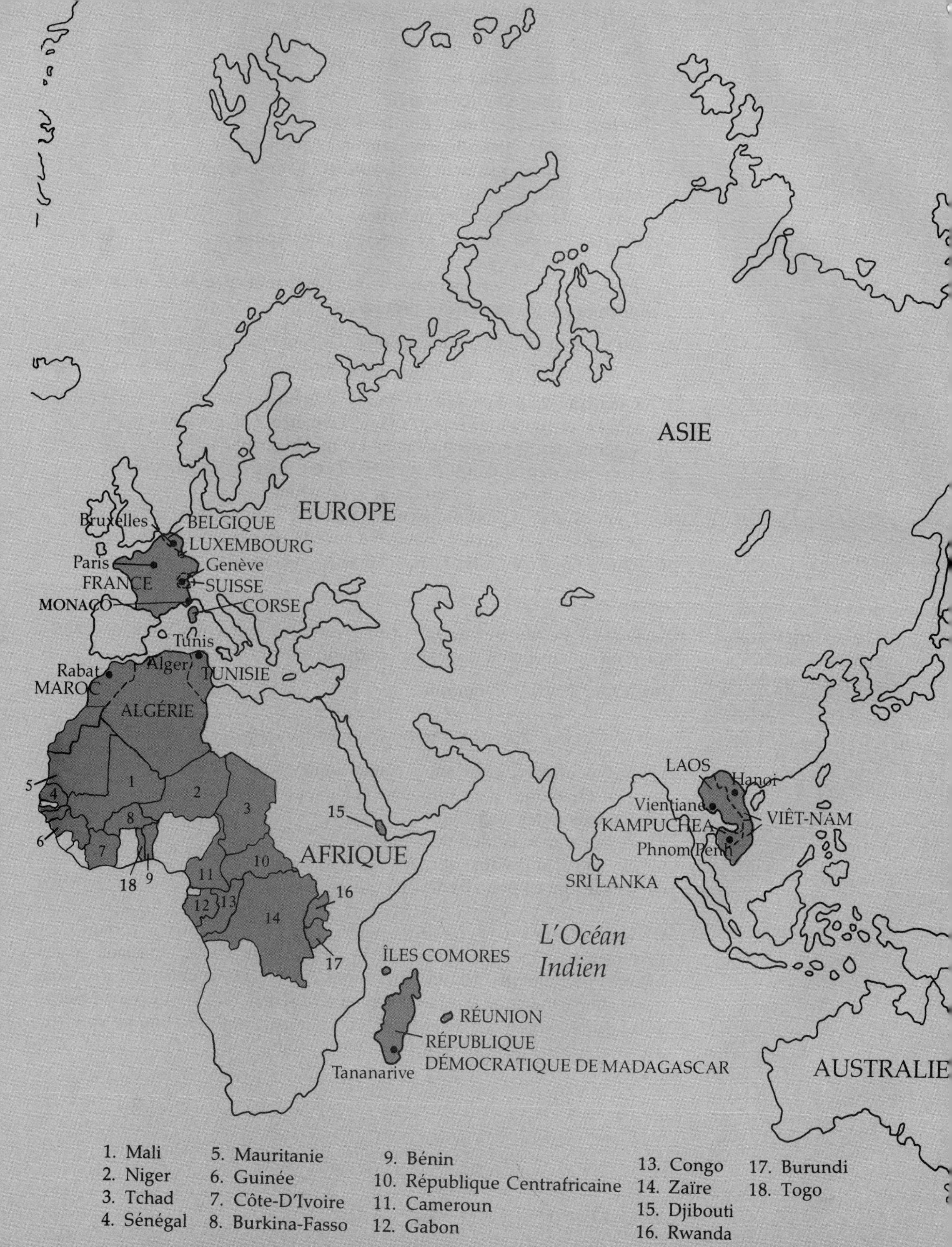
ASIE
EUROPE
Bruxelles
BELGIQUE
LUXEMBOURG
Paris
Genève
FRANCE
SUISSE
MONACO
CORSE
Tunis
Rabat
Alger
TUNISIE
MAROC
ALGÉRIE
AFRIQUE
LAOS
Hanoi
Vientiane
VIÊT-NAM
KAMPUCHEA
Phnom Penh
SRI LANKA
L'Océan
Indien
ÎLES COMORES
RÉUNION
RÉPUBLIQUE
DÉMOCRATIQUE DE MADAGASCAR
Tananarive
AUSTRALIE
1. Mali
2. Niger
3. Tchad
4. Sénégal
5. Mauritanie
6. Guinée
7. Côte-D'Ivoire
8. Burkina-Fasso
9. Bénin
10. République Centrafricaine
11. Cameroun
12. Gabon
13. Congo
14. Zaïre
15. Djibouti
16. Rwanda
17. Burundi
18. Togo

1. À qui parle-t-il? (femme)
2. Chez qui habite-t-elle? (famille)
3. Pour qui travaillent-ils? (homme)
4. Avec qui sont-elles allées au cinéma? (étudiantes)
5. Chez qui allez-vous acheter la voiture? (la compagnie)
6. À qui a-t-elle prêté de l'argent? (femmes)
7. Avec qui vont-ils sortir? (femmes)
8. Pour qui a-t-on préparé ce dossier? (directeur)

G. Précisions. Utilisez les pronoms relatifs **qui** et **que** et les mots entre parenthèses pour donner des précisions.

Modèle: Quelle auto faut-il acheter? (ton père / recommander)
L'auto que ton père a recommandée.

1. Quel train faut-il prendre? (partir de Lyon à 17h)
2. Quelle tarte va-t-on servir? (Mme Lemaître / apporter)
3. Quelles oranges faut-il acheter? (venir d'Espagne)
4. À quelle station faut-il descendre? (être juste après Concorde)
5. Quelle jupe vas-tu acheter? (je / voir hier)
6. Quelles places peut-on prendre? (être marquées «non-réservées»)
7. À quelle lettre faut-il répondre d'abord? (vos parents / envoyer)
8. Quels pays vont-elles visiter? (nous / recommander)

Débrouillons-nous! (Petite révision de l'étape)

H. Quand j'étais petit(e)... Comparez vos souvenirs d'enfance aux souvenirs d'enfance d'un(e) camarade en suivant le modèle.

Modèle: J'avais un ami qui...
J'avais un ami qui n'aimait pas aller à l'école.
Moi, j'avais un ami qui refusait de faire ses devoirs.

1. J'avais un frère (une soeur, un[e] ami[e]) qui...
2. Nous habitions dans une maison (un appartement) qui...
3. J'aimais jouer avec... que...
4. Je me souviens bien de... chez qui...
5. Un jour j'ai perdu... que...
6. J'avais un(e) petit(e) ami(e) qui...

I. Mon séjour en Louisiane. Before you do this activity, reread the text of this *étape* and then look up some facts about Louisiana (e.g., history, monuments, tourist attractions). You and your classmates are now comparing your imagined stay in Louisiana. Talk about what places you visited, what you saw, etc. As you compare information, be sure to ask your classmates questions for clarification.

Deuxième Étape

LECTURE: *Le Québec—la belle province*

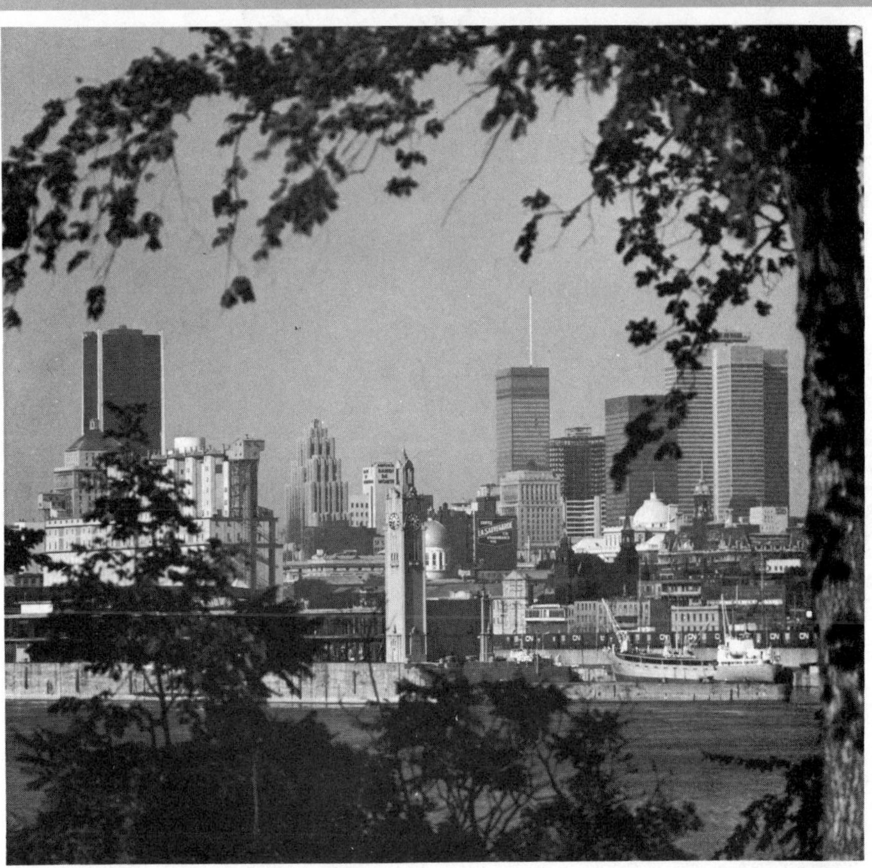

Montréal

Le Québec est une vaste province du Canada qui compte 6 657 700 habitants de langue française. La capitale de la province est la ville de Québec. D'autres villes importantes sont Montréal, Laval, Sherbrooke, Verdun et Trois Rivières. Cette province, vantée par les *chansonniers* et les poètes, offre aux touristes une grande variété de *distractions:* sports d'hiver, alpinisme, pêche, festivals d'art, promenades historiques. Les Québécois sont très fiers de leur province et ils tiennent à tout prix à *sauvegarder* leur langue et leurs traditions.

singers
entertainment
protecting

Dans la ville de Québec, les visiteurs ont l'occasion d'admirer les monuments et les musées qui leur parlent de l'histoire longue et difficile des Québécois. Il y a la place d'Armes au centre même de la ville; l'Hôtel

Château-Frontenac, qui domine le vieux quartier; le Musée du Fort, qui montre les grandes étapes de l'histoire militaire québécoise; la Terrasse Dufferin, où l'on trouve le monument de Samuel de Champlain, fondateur de Québec; la Citadelle, qui est le fort le plus ancien de Québec; et le Monastère des Ursulines, fondé par Marie de l'Incarnation.

Michel Pharand, né à Halifax, Nova Scotia, a passé sa jeunesse à Ottawa dans une famille bilingue et il a fait toutes ses études dans des écoles de langue française. Maintenant il fait son doctorat aux États-Unis, où il enseigne le français aussi.

Lettre à une Québécoise

Ma chère Louise,

Un gros Joyeux Noël! Je t'envie dans ta maison québécoise[1] au fond de la campagne. Ça doit être blanc partout! Mais, franchement, après une jeunesse passée à *pelleter* des bancs de neige[2] à n'en plus finir, *je ne me plains pas.* Ici, j'ai échangé ma *pelle* contre un parapluie!

to shovel / I'm not complaining / shovel

Qu'est-ce qui t'arrive par les temps qui courent? Fais-tu souvent du ski de fond? As-tu fait tes cipâtes et tes tourtières?[3] Je t'imagine en train de passer un dimanche tranquille à écouter ton Vigneault[4] et à te demander si ton bazou[5] va partir lundi matin. Laisse-moi savoir ce qui se passe chez toi!

Par ici, ça va pas mal. Je veux surtout te parler de la présentation que j'ai faite aux étudiants de la classe de français la semaine passée: «Qu'est-ce que le Canada français?» Eh bien, j'ai essayé de leur faire comprendre (dans 45 minutes!) la différence entre un franco-ontarien[6]

I swear — comme moi, et une Québécoise comme toi. Ça n'a pas été facile, *je te le jure.* Pour eux, le Canada français est tout à fait uniforme. De toute façon, comment leur parler d'une culture exclusivement «canadienne»—francophone ou anglophone—quand on est *inondé* (swamped) par les média américains[7] du matin au soir? Je leur ai donné quand même les grandes lignes. En plus, pour finir, je leur ai lu du Tremblay.[8] Ils ont bien peu compris mais, tout en riant, ils ont vite constaté que le joual[9] n'est pas du tout la langue de Racine, pas plus que le «cockney» est celle de Shakespeare.

À part cet épisode, il n'y a pas grand chose à raconter qui *vaille la peine* (worth it). La fin du semestre approche, et je me prépare pour les examens. Écris-moi au plus sacrant![10] À la revoyure![11]

Michel

NOTE CULTURELLE

1. Québec, about 80 percent French-speaking, is the largest of Canada's ten provinces. It is the only officially French-speaking province of Canada. A person from Québec is a **Québécois(e).** Canadian French **(le québecois)** and French as spoken in France often have different terminology for the same thing. In some instances Canadian French borrows its vocabulary from the American.
2. **Bancs de neige** is a French-Canadian expression meaning *snow banks.* In French, the term **bordées de neige** is used.
3. **Cipâtes** and **tourtières** are traditional meat pies, occasionally made with venison, and served at family gatherings and holidays, especially Christmas.
4. Gilles Vigneault is one of Québec's many **chansonniers.** His song **«Mon pays»** became the unofficial national anthem of the late 1960s.
5. **Bazou** is Québécois slang for *jalopy.*
6. A **franco-ontarien** is a francophone raised in Ontario, an officially English-speaking province with a large French-Canadian minority.
7. "Canadian content" government guidelines and regulations for media programming were established only in the early 1980s.
8. Michel Tremblay, Québec's best known playwright, was propelled to international fame with his 1968 play, *Les Belles Soeurs (The Sisters-in-Law),* written entirely in **joual.**
9. **Joual** is spoken and written Québécois dialect, equivalent to cockney English. In literature, music, monologues, and movies, **joual** became the badge of national pride, associated with the underdog whose losing battles against the system usually pitted Québécois workers against English-Canadian bosses.
10. **Au plus sacrant** = **joual** for *as fast as possible.*
11. **À la revoyure** = **joual** for *see you later.*

Exercices de familiarisation

A. Ce que je sais sur le Québec. Vous venez de rentrer du Québec et vous voulez impressionner vos amis avec vos connaissances sur la province. Pour chacun des éléments, donnez une petite explication.

Modèle: les Québécois
Les Québécois parlent français et ils sont très fiers de leur province.

1. la place d'Armes à Québec
2. la Terrasse Dufferin
3. l'Hôtel Château-Frontenac
4. le Monastère des Ursulines
5. le joual
6. le Québec
7. Gilles Vigneault
8. les cipâtes et les tourtières
9. Michel Tremblay
10. le Musée du Fort

B. Lettre à une Québécoise. Répondez aux questions.

1. Est-ce que Michel a le mal du pays *(homesick)?* Comment est-ce que vous le savez?
2. En quelle saison est-ce que Michel écrit sa lettre?
3. D'où vient Michel? Est-ce qu'il est Québécois?
4. Où est-ce que Michel a appris son français?
5. Qu'est-ce qu'il a essayé d'expliquer à ses étudiants dans la classe de français?
6. Pourquoi est-ce que les étudiants n'ont pas compris le texte de Tremblay?

Reprise
(Première Étape)

C. Répondez en utilisant les pronoms relatifs **qui** ou **que.**

Modèle: Mme du Four a deux robes de soirée. L'une coûte 700F; elle a acheté l'autre en solde. Laquelle de ses robes aimez-vous mieux?
La robe qui a coûté 700F. ou *La robe qu'elle a achetée en solde.*

1. Les Aubusson ont acheté deux tableaux. Ils ont mis un tableau dans leur chambre; l'autre est dans la salle à manger. Lequel préférez-vous?

2. Monique a deux amies. L'une est étudiante en Californie; Monique travaille avec l'autre. Laquelle Monique voit-elle le plus souvent?
3. Robert a trois frères. Robert dîne souvent chez le premier; il joue au rugby avec le deuxième; il voit rarement l'autre. Lequel de ses frères habite à Lyon? à Marseille? à Paris?

4. Il y a deux trains pour Genève. Marie-Claude va prendre le train de 9h; Louis va prendre le train de 11h. Quel train prendriez-vous?
5. Il y a trois étudiants au café. L'un lit un roman; le garçon sert un demi au deuxième; une étudiante appelle le troisième. Lequel de ces étudiants s'appelle Yves? François? Jean?

STRUCTURE 2: *Le pronom relatif* dont

Le pays **dont** tu parles n'est pas un pays francophone.	The country *of which* you're speaking is not a French-speaking country.
Les gens **dont** tu te souviens ne parlaient pas français.	The people *whom* you remember did not speak French.
Claudine, **dont** les parents sont québécois, habite en Ontario.	Claudine, *whose* parents are Québécois, lives in Ontario.

The relative pronoun **dont** *(whose, of whom, of which)* has persons or things as its antecedent. When a relative clause indicates possession, **dont** is the appropriate relative pronoun to use. Thus, **Claudine, dont les parents sont québécois** can be transformed into a possessive sentence using **de: Les parents de Claudine sont québécois.** In this case, the equivalent of **dont** in English is always *whose.*

Dont is always used as a relative pronoun with verbs that take the preposition **de.** Here is a list of verbs that are introduced by **dont** in a relative clause.

avoir besoin de	La voiture **dont j'ai besoin...**
avoir envie de	Les vêtements **dont il a envie...**
avoir horreur de	La situation **dont elles ont horreur...**
avoir peur de	Les choses **dont elle a peur...**
entendre parler de	Les villes **dont j'ai entendu parler...**
faire la connaissance de	L'homme **dont il a fait la connaissance...**
il est question de	L'article **dont il est question...**
il s'agit de	Le poème **dont il s'agit...**
parler de	Les enfants **dont vous avez parlé...**
s'inquiéter de	La chose **dont je m'inquiète...**
s'occuper de	Les animaux **dont ils s'occupent...**
se servir de	Le stylo **dont je me suis servi...**
se souvenir de	La seule personne **dont je me souviens...**

Application

D. Remplacez les mots en italique et faites les changements nécessaires.

1. Voici l'auto dont *j'ai besoin.* (elle a envie / nous parlions / il s'agit / je me souviens)
2. Nous avons vu l'homme dont *la femme est présidente de la banque.* (le père travaille au musée / le fils va devenir avocat / la fille est médecin / la soeur habite au Maroc)
3. Voilà le jeune homme dont *nous* connaissons le père. (tu / je / Paul / vous)

E. Reposez les questions en utilisant le pronom relatif **dont.**

Modèle: Comment s'appelle cette femme? Son fils habite au Sénégal.
Comment s'appelle la femme dont le fils habite au Sénégal?

1. Comment s'appelle ce monsieur? Sa fille est actrice.
2. Comment s'appelle cette femme? Son mari est brésilien.
3. Comment s'appelle cet homme? Sa femme travaille pour une société multinationale.
4. Comment s'appellent ces trains? Leur nom commence par la lettre **r.**
5. Comment s'appellent ces gens? Nous connaissons leurs parents.
6. Comment s'appelle cette étudiante? Son oncle est médecin.

7. Comment s'appelle cet enfant? Son anniversaire est le 1er janvier.
8. Comment s'appellent ces restaurants? Votre père en parle très souvent.

F. Cherchez des précisions en posant une question et en utilisant **dont.**

Modèle: J'ai besoin d'un médicament. (quel est le nom)
Quel est le nom du médicament dont vous avez besoin?

1. J'ai peur du chien. (où)
2. Il s'agit de cette vieille dame. (quel âge)
3. Nous avons horreur de ces animaux. (à qui sont)
4. Ils parlaient d'une grande maison. (où)
5. Tu as fait la connaissance de cette femme hier. (comment s'appelle)
6. J'ai beaucoup entendu parler de ce film. (à quelle heure commence)
7. Dans ce livre il s'agit d'un événement tragique. (quand a eu lieu [*took place*])

Débrouillons-nous! (Petite révision de l'étape)

G. Répondez aux questions et comparez ensuite vos réponses aux réponses d'un(e) autre étudiant(e).
Nommez:

1. un acteur dont le prénom commence par **G**
2. une actrice dont le nom de famille commence par **D**
3. un président des États-Unis dont le nom de famille a moins de six lettres
4. un pays dont les habitants parlent deux langues
5. deux pays dont le drapeau a les couleurs bleu, blanc et rouge
6. une femme dont on entend beaucoup parler
7. un(e) étudiant(e) dont vous aimez la personnalité

H. Un séjour au Québec. Before beginning this activity, look at a map of the province of Québec and make an itinerary for your two-week vacation. Look up each place you plan to visit and be able to say a couple of things about it. Then explain your itinerary to your classmates and give your reasons why you chose to visit certain places. Your classmates will ask you questions as you go along.

Troisième Étape

LECTURE: *Le Cameroun*

La République Unie du Cameroun est un état de l'Afrique situé au fond du golfe de Guinée, au nord du Gabon et à l'ouest du Tchad et de la République Centrafricaine. Les 10 230 000 Camerounais parlent une variété de langues africaines, mais les langues officielles du Cameroun sont le français et l'anglais. Dans la capitale de Yaoundé, le moderne se mélange au traditionnel, et le visiteur désireux de connaître ce pays fascinant trouvera de quoi satisfaire sa curiosité.

Angèle Kingué est née dans la ville de Nkongsamba qui se trouve dans le sud du Cameroun. Elle parle couramment l'anglais et le français, mais la langue qu'elle parle avec sa famille est le mbang. Elle parle également trois autres langues africaines, le douala, le bassa et l'ewondo. Après l'école secondaire, elle a fait des études supérieures en Angleterre et aux États-Unis. Elle adore enseigner le français et elle compte continuer sa vie professionnelle au Cameroun.

Une lettre au Cameroun

Chère mama Sarah,[1]

Comment vas-tu? Je sais déjà ce que tu vas me répondre: «Je vais bien merci, mais quand reviens-tu donc à Nkonzock?[2] Est-ce que je ne te manque pas?» Bien sûr que tu me manques, mama Sarah! Tu sais ce qui me manque aussi, c'est le bon foufou,[3] koki[4] et ndole[5] que tu prépares si bien; et même le vin de palme[6] que papa Paul ramène souvent des champs. Tu sais autre chose qui me manque aussi, c'est la pluie.

would have thought / would miss

sparkling

steel / drops

dust / tin roof (in this context)

unleashes itself

C'est étrange, n'est-ce pas? Qui *aurait pensé* que la pluie me *manquerait* tant. Le vent qui souffle sur ces grands palmiers majestueux, les faisant danser violemment de gauche à droite, le ciel qui change de couleur, passant d'un bleu *étincelant* à un violet presque rougeâtre, puis à un gris d'*acier,* l'odeur des premières *gouttes* de pluie mélangées à la *poussière,* le bruit de la pluie sur le *toit de taule,* et cette sensation, ce sentiment de petitesse face à cette nature qui *se déchaîne* si violemment, si passionément!

believe

witchcraft

Tu sais le temps qu'il fait ici en ce moment? Il neige! Malaga wa![7] De la vraie glace qui tombe du ciel! Tu ne le *crois* pas, n'est-ce pas? La première fois que j'ai vu ça de mes propres yeux, j'ai cru que c'était de la *sorcellerie!* Imagine un peu le réfrigérateur de papa, et multiplie par un million ce que tu y vois, et c'est ça la neige! Comme tu dis souvent: «Magnaga mi longe»,[8] les miracles de la vie! Eh oui, c'est bien ça.

I thought

J'ai cru un moment que j'étais près de toi, surtout que je suis en train d'écouter du Makossa[9] pendant que je t'écris. Je te promets de revenir très bientôt, aussitôt mon diplôme obtenu. Ne te fatigue pas trop avec les travaux des champs. Tu me manques beaucoup, mama Sarah. Je t'aime et je t'embrasse bien fort.

Ta fille Angèle

NOTE CULTURELLE

1. **Mama and papa** followed by a name are terms of respect and affection used to address older members of the community with whom one may not necessarily have direct family ties. In cases where **papa** or **mama** is not followed by any other names, it usually refers to the actual father or mother.
2. The small village of Nkonzock is in the Littoral province of Cameroon. Nkonzock translates as **kingdom of elephants.** The language spoken there is called Mbang, which is in the family of Bantou languages.
3. **Foufou** is corn or cassava flour boiled in water to form a dense, dried paste that can be molded into a ball to be dipped into a variety of stews or soups. It is best eaten with the fingers.
4. **Koki** is ground bean cakes steamed in banana leaves and seasoned with salt and other aromatic spices.
5. **Ndole** is meat or dried fish stew made with bitter leaves and ground nuts in an oil base with tomatoes, onions, and local spices.
6. Palm wine is the nectar tapped from palm trees.
7. **Malaga wa** literally translates into *I am telling you,* meaning "I'm not kidding" or "No kidding."
8. **Magnaga mi longe** means *the wonders of life.*
9. **Makossa** refers to a music and dance originating from the Douala region of Cameroon.

Exercices de familiarisation

A. Une lettre au Cameroun. Répondez aux questions.

1. Qu'est-ce qu'il y a dans la lettre qui indique qu'Angèle a le mal du pays?
2. Quelles sont quelques spécialités camerounaises qu'elle mentionne dans sa lettre? Qu'est-ce que nous mangeons aux États-Unis qui correspond à ces spécialités?
3. Qu'est-ce qui manque le plus à Angèle?
4. Quels sont les mots qu'elle emploie pour décrire la pluie?
5. Est-ce que "mama Sarah" est la mère d'Angèle? Pourquoi est-ce qu'elle emploie le mot "mama"?
6. Pendant quelle saison est-ce qu'Angèle écrit sa lettre? Comment le savez-vous?
7. Comment est-ce qu'elle décrit la neige à mama Sarah?
8. De quel diplôme parle Angèle dans sa lettre?
9. Qu'est-ce qu'elle va faire une fois le diplôme obtenu?

Reprise
(Deuxième Étape)

B. Posez une question pour trouver le renseignement que vous avez oublié. Utilisez un pronom relatif **(qui, que, dont)** dans votre question.

Modèle: Janine parlait d'un hôtel à Lausanne, mais je ne peux pas me rappeler son nom.
Comment s'appelle l'hôtel dont parlait Janine?

1. Il y a un joli petit hôtel dans l'île Saint-Louis, mais j'ai oublié l'adresse.
2. Il y a un joli pull au rayon des vêtements pour dames, mais je ne sais pas combien il coûte.
3. Georgette lit un très bon roman, mais j'ai oublié son titre.
4. Les Mercier parlaient d'un pianiste allemand, mais je ne peux pas me rappeler son nom.
5. Didier est sorti avec une jeune femme très sympathique, mais je ne sais pas son nom.
6. On vient d'engager une femme comme chef de bureau, mais je ne sais pas si je la connais.
7. Nous avons parlé à des gens très intéressants hier soir, mais je ne sais pas où ils habitent.
8. Il y a un train qui arrive à Cassis à 12h30, mais je ne sais pas à quelle heure il part de Marseille.
9. Nous avons envoyé une lettre à Jean-Pierre, mais je ne sais pas s'il l'a reçue.

STRUCTURE 3: *L'expression* tout

Il me téléphone **tout** le temps.	He calls me *all* the time.
Nous mangeons **toute** la journée.	We eat *all (the whole)* day.

Tous les étudiants sont là.	*All* the students are here.
Toutes les femmes sont libérées.	*All* women are liberated.
Ils sont **tous** là.	*All of them* are here.

The expression **tout** can function as an indefinite adjective meaning *all, each, every, the entire, the whole, all of them.* As an adjective, **tout** agrees in gender and number with the noun or pronoun it modifies.

Tout est prêt.	*Everything* is ready.
Elle sait **tout.**	She knows *everything.*
Nous avons **tout** acheté.	We bought *everything.*

Tout can also function as an indefinite pronoun meaning *everything,* both as the subject or the object of a verb. As an indefinite pronoun, **tout** is always used in the masculine singular form. Note that in a compound tense such as the **passé composé,** the pronoun **tout** is usually placed before the past participle.

Elle porte **tout ce qui** est à la mode.	She wears *everything that* is in fashion.
Tout ce qui est important, c'est ton bien-être.	*All that* matters is your well-being.
Il croit **tout ce que** Paul dit.	He believes *everything* Paul says.

Tout ce qui is equivalent to *all that* or *everything that.* It is always the subject of the verb, whether it occurs at the beginning or in the middle of a sentence. **Tout ce que** *(all that, everything that)* is the object of the verb and may also be placed either at the beginning or in the middle of a sentence. Note that because **tout ce que** acts as an object, the verb must be accompanied by a subject (noun or pronoun).

Idiomatic expressions using **tout:**

tout de même	all the same
tout le monde	everyone
tout à fait	completely, absolutely
tout à l'heure	in a while, a while ago
tout de suite	right away, immediately
tout à coup	suddenly
une fois pour toutes	once and for all
tous ensemble	all together
pas du tout	not at all
tous (toutes) les deux	both

Application

C. Ce que je sais. Vous montrez à vos amis ce que vous savez sur le Cameroun. Ajoutez la forme convenable de l'adjectif **tout (toute, tous, toutes)** aux phrases suivantes.

Modèle: Mes amis s'intéressent aux pays francophones de l'Afrique.
Tous mes amis s'intéressent aux pays francophones de l'Afrique.

1. Les étudiants ont appris beaucoup de choses.
2. Les Camerounais sont bilingues.
3. Les spécialités camerounaises sont délicieuses.
4. Quand je suis allé au Cameroun, j'ai visité la ville de Yaoundé.
5. J'ai lu les livres que mes amis m'ont prêtés.
6. J'ai appris que la région du nord parle une langue africaine.
7. Le pays dépend de l'agriculture.
8. Je vais parler du Cameroun à mes amis.

D. Employez le pronom **tout** à la place des éléments en italique et faites tous les changements nécessaires.

Modèle: Elle parle de *beaucoup de choses.* *Elle parle de tout.*

1. *Toutes les choses* l'intéressent.
2. Ils savent *beaucoup de choses.*
3. Nous pensons aux *préparatifs.*
4. J'ai vendu *mes livres.*
5. As-tu fini *tes devoirs?*
6. Elles ont bu *le vin et la bière.*
7. Est-ce que vous comprenez *les explications?*
8. Nous n'achèterons pas *de vêtements.*

Yaoundé, Cameroun: Place devant la cathédrale

E. Employez **tout ce qui** et **tout ce que** selon le modèle.

Modèle: vous dites / faux — *Tout ce que vous dites est faux.*
l'intéresse / l'argent — *Tout ce qui l'intéresse, c'est l'argent.*

1. tu fais / important
2. m'intéresse / trop dangereux
3. touche aux affaires / intéressant
4. elle porte / trop grand
5. vous demandez / raisonnable
6. est français / bien fait

F. Ajoutez une expression idiomatique avec **tout** aux phrases suivantes. Attention à la logique.

1. Nous te retrouverons.
2. Vous ne sortirez pas ce soir!
3. Jean et Lucie sont allés à la bibliothèque.
4. Elle a raison.
5. Nous allons au cinéma ce soir.
6. Il a commencé à pleuvoir.
7. Je n'ai pas faim.

Débrouillons-nous! (Petite révision de l'étape)

G. Des stéréotypes. Quelquefois vos amis ont tendance à généraliser. Suivez le modèle pour contredire les stéréotypes.

Modèle: Les Américains sont matérialistes.
Tous les Américains? Ce n'est pas vrai. Je connais des Américains qui ne sont pas matérialistes.

1. Les Français boivent beaucoup de vin.
2. Les femmes aiment travailler à la maison.
3. Les Camerounais détestent la neige.
4. Les Suisses sont riches.
5. Les jeunes filles n'aiment pas les mathématiques.
6. Les étudiants détestent faire des devoirs.
7. Les pays francophones sont des colonies de la France.
8. Les femmes ne savent rien sur la politique.

H. Traduisez les phrases.

1. Suddenly, everything was quiet.
2. I'll see you in a little while.
3. I'm not at all sure.
4. Everyone wants to make a lot of money.
5. Once and for all, we can't help you with this problem.
6. They both wrote a letter to their parents.

I. J'ai reçu une lettre. You're mama Sarah and you just received the letter from Angèle. Tell papa Paul what was in the letter. You can add anything that can logically be inferred from what Angèle actually says (for example, you can assume that Angèle will be home soon, etc.).

Listen again to the Student Tape for this chapter and do the more detailed comprehension exercises at the end of the corresponding chapter in the *Cahier.*

Quatrième Étape

LECTURE: *La Suisse en toute sa diversité*

Read the following passage, paying particular attention to its many cognates.

Qu'est-ce qui vient tout de suite à l'esprit[1] lorsqu'on mentionne la Suisse? Heidi, les banques, le chocolat, les montres, le fromage, les enfants aux joues[2] roses qui apprennent à jodler et à faire du ski? Ce stéréotype simpliste ne tient pas compte[3] de la complexité de la culture suisse ni de sa diversité. Bien sûr, les industries des montres, du chocolat et du fromage sont importantes à l'économie suisse. Il est vrai que les banques y abondent et que les étrangers les utilisent pour déposer leur argent pas toujours acquis[4] d'une façon légitime. Il est vrai qu'Heidi est

1. to come to mind 2. cheek 3. to take into account 4. acquired

entrée dans le folklore et que jodler fait partie d'une longue tradition musicale. Et enfin, oui, en Suisse la saison de l'hiver est souvent longue et dure,[5] et le ski est un sport très populaire parmi des gens qui, après tout, vivent dans un pays de montagnes.

Pourtant, pour bien connaître les Suisses, il faut dépasser[6] les stéréotypes. La Suisse est un très petit pays, avec une superficie qui correspond à peu près à celle de l'état du Massachusetts. Si le pays semble plus vaste au visiteur, c'est que les montagnes présentent des obstacles qu'il faut franchir[7] et qui rendent donc les voyages à la fois[8] plus longs et plus spectaculaires. C'est justement ce paysage[9] montagneux qui attire les touristes peu habitués au gigantisme des montagnes. La Suisse c'est le pays des promenades, des marches à pied[10] par des sentiers[11] pas toujours faciles. Pour celui qui est courageux, sa nature présente une sorte de défi[12] qui se renouvelle avec chaque visite. Le spectacle des lacs, des glaciers,[13] des montagnes, voilà ce que voient et apprécient les touristes.

Du point de vue administratif, la Suisse est divisée en vingt-six cantons[14] avec la ville de Berne comme capitale. Du point de vue linguistique, elle comprend quatre zones: française, allemande, italienne et une petite région où on parle le romanche.[15] La Suisse romande (ou francophone) comprend six cantons: le Jura, Genève, le Vaud, le Valais, Fribourg et Neuchâtel. La majorité des autres cantons sont de langue allemande, exception faite du[16] Tessin, où l'on parle italien, et des Grisons, où le romanche est encore parlé par une petite minorité de la population. Étant donné[17] cette diversité linguistique et culturelle, on peut se demander comment les Suisses arrivent à habiter ensemble en paix. Ce n'est pas toujours facile, mais ils ont appris à respecter le droit des cantons de se gérer[18] eux-mêmes avec un minimum d'intervention du gouvernement central. Pour le citoyen[19] moyen,[20] le canton et la commune sont beaucoup plus importants pour son identité que le fait d'être suisse. Bien sûr, on est suisse, mais d'abord on est vaudois, bernois, zurichois. Ainsi chaque canton ou région arrive à maintenir ses traditions et son individualité.

La Suisse romande se trouve à l'ouest et au sud-ouest du pays. Sa ville la plus importante dans la politique internationale est Genève, où on entend parler toutes les langues du monde. Il y a même ceux[21] qui disent qu'il est difficile d'y trouver de «vrais» Suisses! Peut-être bien, mais ses habitants diraient le contraire. Ils ont la même fierté que leurs compatriotes et leur fidélité à la Confédération Helvétique[22] n'est jamais remise en question.

La frontière entre la France et la Suisse romande passe au milieu du lac Léman. Le voyageur qui suit le lac du côté suisse passera par Lausanne, ville qui attire des milliers de touristes et d'étudiants chaque an-

---

5. hard 6. to go beyond 7. to overcome 8. both 9. countryside 10. hikes 11. pathways 12. challenge 13. glaciers 14. administrative division, similar to a U.S. state 15. language containing many elements of Latin 16. with the exception of 17. given 18. to manage 19. citizen 20. average 21. those 22. official name of Switzerland (CH)

née. Il faut surtout y visiter la cathédrale Notre-Dame, perchée tout en haut d'une colline,[23] qui est un très bel exemple du style gothique. Suivez le même chemin et vous arriverez à Montreux, site du festival d'été de jazz et du château de Chillon, rendu célèbre par Byron. Tous les villages situés sur les collines le long du lac ont leur charme particulier pour le visiteur. C'est une région vinicole:[24] c'est là qu'il faut goûter les bons vins blancs avec la fondue, servis dans les auberges et les restaurants.

Promenades en bateau sur le lac, promenades dans les forêts et le long des rivières, fêtes des vignerons,[25] célébration du premier août (fête nationale suisse), ambiance calme et paisible,[26] tout contribue à faire de la Suisse un endroit qu'il vaut la peine d'explorer et de connaître.

Compréhension

A. Find a cognate in the text that belongs to the same word family as each of the following words.

Modèle: l'administration *administratif*

1. la mention 2. simple 3. complexe 4. culturel 5. divers 6. industriel 7. économique 8. abondant 9. la musique 10. les montagnes 11. visiter 12. le spectacle 13. le courage 14. le respect 15. gouvernemental 16. traditionnel 17. voyager 18. la situation 19. charmant 20. célébrer 21. la nation 22. l'exploration

B. Une brochure publicitaire. You and your classmates are responsible for creating a publicity brochure on Switzerland for a tourist office. Select the elements from the text that you think might contribute best to an ad campaign, discuss your choices in your group, then report back to the rest of the class. Be sure to include as many elements from the reading as possible, but try to avoid too many stereotypes in your representation of the country.

Reprise
(Troisième Étape)

C. Refaisons la publicité. Vous n'êtes pas content(e) de la brochure que vos employés ont faite pour la Suisse. Ajoutez une forme de **tout** (adjectif, pronom, expression idiomatique) logiquement à chacune des phrases suivantes. Pour certaines phrases il y a plusieurs possibilités.

1. Je ne suis pas content de la brochure publicitaire pour la Suisse.
2. Les stéréotypes dominent dans la brochure.
3. Après une réunion, les employés ont compris ce que je voulais dire.
4. J'admire les gens qui admettent qu'ils ont tort.
5. Ils vont repenser les concepts.

---

23. hill 24. wine-growing 25. festival of the grapegrowers (October) 26. peaceful

6. La publicité sera efficace.
7. Nous allons travailler ensemble.
8. Nous serons contents.

Point d'arrivée (Activités orales et écrites)

D. Les pays francophones. You're a tourist agent who is planning a trip through the French-speaking countries of the world for a group of tourists. Your classmates will tell you what they'd like to see, and you will choose which country is most likely to fulfill their wishes. Consult the map on pages 438-439 to make your decision.

Modèle: Je voudrais voir de hautes montagnes. *Allez en Suisse.*

E. Le tour du monde. Look at the map on pages 438-439 and explain to your classmates which Francophone countries (regions) you're going to visit. Give at least one reason for each of your choices.

Modèle: *Je vais aller à la Martinique parce que j'adore les plages et le soleil et parce que je veux manger beaucoup de poisson.*

F. Des stéréotypes. Take a survey of your classmates to find out what stereotypes they think of for the following countries. Get at least one statement about each country from five different students. Then report your findings to the rest of the class.

1. la France 2. la Suisse 3. les États-Unis 4. l'Angleterre 5. l'Italie 6. le Cameroun 7. le Canada

G. Un voyage. Pick a French-speaking country you know something about and prepare to talk about this country to the members of your group. You may choose a country discussed in this chapter or another one. Pretend that you just returned from a trip to this country and that you are sharing your knowledge and impressions with your friends.

Lexique

POUR SE DÉBROUILLER

Pour exprimer la collectivité

on
tout le monde
tous ensemble
tout (toute, tous, toutes) + nom
tout (pronom)

VOCABULAIRE GÉNÉRAL

Noms

le bijou
une épice

Adjectifs

camerounais(e)
célèbre
francophone
québécois(e)
sénégalais(e)

Autres expressions

avoir horreur de
avoir peur de
dont
entendre parler de
il est question de
il s'agit de
pas du tout
tous (toutes) les deux
tout à coup
tout à fait
tout à l'heure
tout de même
tout le monde
une fois pour toutes

CHAPITRE DIX-HUIT
Dînons!

Première Étape
Allons au restaurant!

Deuxième Étape
Allons au restaurant! (suite)

Troisième Étape
On nous invite à dîner!

Quatrième Étape
Lecture: Trois restaurants

Do the **Travail préliminaire** section at the beginning of the corresponding chapter of the ***Cahier:*** complete the Planning Strategy, listen to the Student Tape, and answer the general comprehension questions.

Première Étape

POINT DE DÉPART: *Allons au restaurant!*

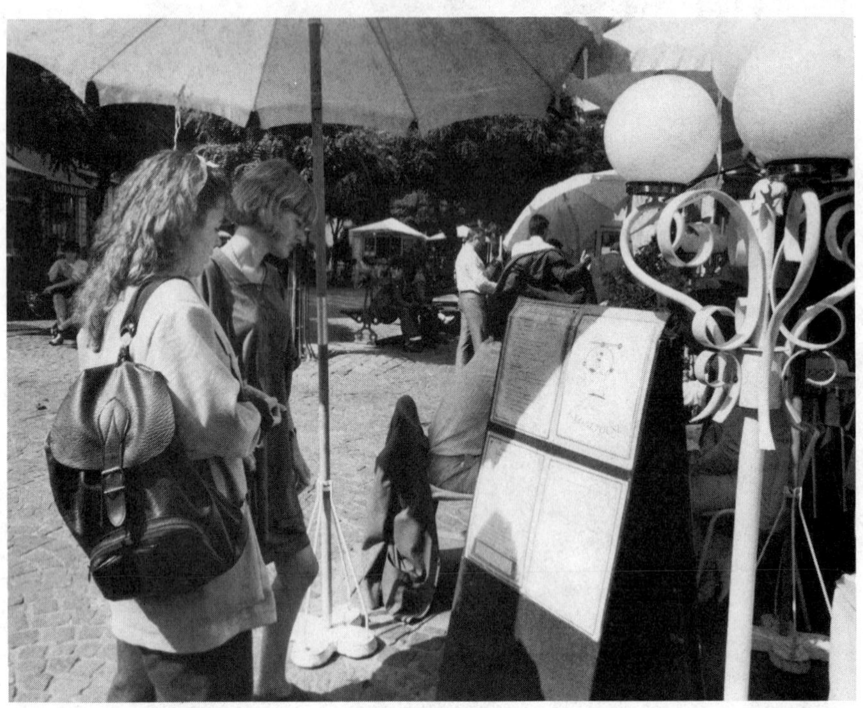

En France, tous les restaurants **affichent** leur menu à l'extérieur. Comme cela, les clients peuvent voir les **plats** et les prix avant de décider où ils vont dîner.

post
dishes

D'habitude, on peut choisir entre un ou deux menus[1] à prix fixe (les choix sont limités, mais il y a un prix pour le repas entier) et des repas à la carte (les choix sont plus nombreux, mais on paie chaque plat séparément).

Un dîner au restaurant comprend normalement un hors-d'oeuvre ou une soupe, une entrée garnie (c'est-à-dire qu'elle est servie avec des pommes de terre ou avec un légume), une salade, un fromage ou un dessert. Les boissons (vin, eau minérale, café) ne sont généralement pas comprises.

---

1. **Un menu** is a fixed combination of dishes. **Une carte** is a general listing of all dishes prepared at the restaurant—i.e., what in English is the menu.

thick soup	LES HORS-D'OEUVRE	LA SOUPE (le **potage**)
raw vegetables	les **crudités** *f.pl.*	le consommé
cream soup	les hors-d'oeuvre variés	le **velouté**
kind of pâté	la **terrine** (le pâté)	
	les fruits de mer *m.pl.*	LES POISSONS
mussels	**moules** *f.pl.*	la sole
shrimp	**crevettes** *f.pl.*	le turbot
crayfish / pike	**langoustines** *f.pl.*	le **brochet**
scallops / trout	**coquilles St-Jacques** *f.pl.*	la **truite**
oysters	**huîtres** *f.pl.*	
	LA VIANDE	LES DESSERTS *m.pl.*
	le boeuf	les fruits *m.pl.*
lamb	l'**agneau** *m.*	le soufflé
	le porc	la mousse
ice cream	le poulet	la **glace**
duck / duckling	le **canard** (le **caneton**)	la pâtisserie
rabbit / hare	le **lapin** (le **lièvre**)	

À vous! (Exercices de vocabulaire)

A. Qu'est-ce qu'on peut manger? Examinez la carte du restaurant La Bonne Bouche à la p. 462 et répondez aux questions.

1. J'aime les légumes. Qu'est-ce que je peux manger comme hors-d'oeuvre?
2. J'aime la viande. Qu'est-ce que je peux manger comme hors-d'oeuvre?
3. J'adore les fruits de mer. Qu'est-ce que je peux choisir pour commencer le repas? Et comme entrée?
4. Je n'aime pas le poisson. Quelles entrées est-ce que je ne **devrais** *(should)* pas choisir?
5. Quelles sortes de viande est-ce qu'on sert?
6. Quel fruit est en saison? Comment le sait-on?

B. Prix fixe ou à la carte? Répondez d'après les suggestions données sur la carte du restaurant La Bonne Bouche.

1. Vous n'avez pas beaucoup d'argent. Vous choisissez donc le menu à 80F. Qu'est-ce que vous allez manger comme hors-d'oeuvre? comme entrée? Préférez-vous un fromage ou un dessert? Précisez. Qu'est-ce que vous allez boire? Combien va coûter votre repas?
2. Vous avez très faim. Vous décidez de choisir le menu à 120F. Que prenez-vous comme hors-d'oeuvre? comme entrée? Préférez-vous une salade ou un fromage? Pourquoi? Qu'est-ce que vous allez commander comme dessert? Qu'est-ce que vous allez boire? Combien est-ce que vous allez payer votre dîner?

La Bonne Bouche

Menu à 60F
Salade de tomates
ou
Consommé au vermicelle
. . . . . .
Steak pommes frites
ou
Poulet rôti haricots verts
. . . . . .
Fromage ou crème caramel
ou fruit de saison
(service et boisson non-compris)

Menu à 100F
Terrine du chef
ou
Melon au porto
. . . . . .
Coq au vin
ou
Entrecôte sauce béarnaise
ou
Filet de sole beurre blanc
Salade verte ou fromage
Tarte maison ou parfait café
(service et boisson non-compris)

52, rue Balzac Tél. 645.82.79

Les hors-d'oeuvre
Assiette de crudités 20F
Oeufs mayonnaise 12F

Les Potages
Bisque de homard 20F
Soupe à l'oignon gratinée 20F

Les Poissons
Daurade provençale 45F
Filet de sole meunière 50F
Langoustines mayonnaise 42F

Les Viandes
Fricassée de canard 40F
Saucisse au choux 30F
Entrecôte grillée 35F
Côte de veau 38F

Les Fromages
Camembert 10F
Roquefort 14F

Les Desserts
Glace à la vanille 12F
Tartelette aux fraises 16F
Sorbet 15F
Fraises au sucre 16F

Les Boissons

Vin en carafes

	1/4	1/2
Rouge	6F	10F
Blanc	6F	10F

Eaux minérales
Perrier 7F50

Bières
Colmar 9F
Dortmunder 12F
Café express 8F
Thé 8F50

3. Vos parents vous ont invité(e) à dîner. Vous allez donc choisir à la carte. Par quoi est-ce que vous allez commencer? Qu'est-ce que vous allez commander ensuite? Et après cela? Comment allez-vous terminer le repas? Qu'est-ce que vous allez boire? Combien est-ce que votre repas va leur coûter?

C. Qu'est-ce que vous recommandez? En regardant la carte de La Bonne Bouche, commandez un repas pour chacune des personnes suivantes.

1. Une personne qui aime beaucoup les poissons et les fruits de mer.
2. Une personne qui ne mange que des légumes et des fruits.
3. Un gourmand (une personne qui mange beaucoup).
4. Un gourmet (une personne qui mange bien).
5. Une personne qui aime la cuisine américaine traditionnelle—du boeuf, des pommes de terre, etc.

NOTE CULTURELLE

At first glance, a French menu may seem to be a complex and mysterious collection of strange-looking names. But if you wish to do more than merely "point and hope," you can learn fairly quickly to read a menu and to get what you want to eat.

The names of most restaurant dishes have two parts: a general indication of the kind of food and a more specific indication of the major ingredient or the manner of preparation. For example:

tarte aux fraises: pie made with strawberries
canard à l'orange: duck cooked in orange sauce
oeufs mayonnaise: hard-boiled eggs served with mayonnaise

In the above examples, you can readily figure out the relationship between the two parts in the name. In other cases, however, the second part involves a name that is not immediately meaningful. For example:

champignons à la grecque: mushrooms prepared in the Greek style (cooked in a broth of vegetables and herbs)
entrecôte béarnaise: steak with Béarnaise sauce (served with a sauce made of butter, eggs, vinegar, and herbs)

A few other common terms you may wish to learn are:

gratiné(e): sprinkled with bread crumbs or cheese and browned—**soupe à l'oignon gratinée**
fumé(e): smoked—**saumon fumé**
sauté(e): fried—**bifteck sauté au beurre**
flambé(e): flamed—**bananes flambées**
maison: prepared in the restaurant's special manner—**tarte maison**
meunière: dipped in flour and cooked in butter—**sole meunière**
bordelais(e), bourguignon(ne): cooked in red wine—**boeuf à la bourguignonne**
beurre blanc: cooked in a sauce of butter, onions, and white wine—**truite au beurre blanc**
provençal(e): cooked with tomatoes, onions, garlic, and olive oil—**sauté de boeuf à la provençale**
normand(e): cooked with heavy cream and often apples—**poulet rôti à la normande**
parisien(ne): cooked in a sauce of flour, butter, and egg yolks—**coquilles St-Jacques à la parisienne**

STRUCTURE 1: *Le présent du conditionnel*

J'aimerais te présenter à mon amie Michèle.	*I would like* to introduce you to my friend Michelle.
Elle serait parfaite pour ce poste.	*She would be* perfect for that job.

À ta place, **je l'engagerais.**	If I were you, *I would hire* her.
Si j'avais le temps, **je** lui **parlerais.**	If I had the time, *I would speak* to her.

In French, the present conditional is not accompanied by a helping verb, as it is in English. Usually the conditional is translated as *would* + verb in English. It is used:

1. in formulas of politeness, particularly with verbs such as **vouloir, pouvoir, savoir, aimer: J'aimerais vous présenter...**
2. in hypothetical statements referring to something that is conjecture and has not yet been proven: **Elle serait parfaite...**
3. to give advice: **À ta place, je l'engagerais.**
4. with an *if* clause in the imperfect, to indicate that a certain event did not occur, but *were it to occur*, this is what *would* take place: **Si j'avais le temps, je lui parlerais.**

The present conditional is formed by combining the ***future*** stem with the endings for the *imperfect*: **-ais, -ais, -ait, -ions, -iez, -aient.** This is true for all verbs, both regular and irregular.

parler	**finir**	**rendre**	**aller**
je parler**ais**	je finir**ais**	je rendr**ais**	j'**irais**
tu parler**ais**	tu finir**ais**	tu rendr**ais**	tu **irais**
il,elle,on parler**ait**	il,elle,on finir**ait**	il,elle,on rendr**ait**	il,elle **irait**
nous parler**ions**	nous finir**ions**	nous rendr**ions**	nous **irions**
vous parler**iez**	vous finir**iez**	vous rendr**iez**	vous **iriez**
ils,elles parler**aient**	ils,elles finir**aient**	ils,elles rendr**aient**	ils **iraient**

Application

D. Remplacez les mots en italique et faites les changements nécessaires.

1. Pourriez-*vous* m'aider? (tu / elle / vous / ils)
2. *Elle* voudrait dîner en ville. (je / nous / ils / elle)
3. *Je* lui parlerais, mais je n'ai pas le temps. (elle / nous / ils / on)
4. *Tu* n'aimerais pas ce restaurant. (je / nous / ils / vous / elle)

E. Soyez plus poli(e)! Vos «parents» français vous corrigent quand vous utilisez des expressions qui ne conviennent pas à la situation; ils vous indiquent une façon plus polie de vous exprimer en utilisant le présent du conditionnel.

Modèle: Je veux vous parler.
Il serait plus poli de dire: «Je voudrais vous parler.»
Ah, oui. Je voudrais vous parler.

1. Je veux parler à M. Imbert.
2. Pouvez-vous m'indiquer son adresse?
3. Savez-vous où il est allé?

4. Nous voulons vous demander un service.
5. Avez-vous le temps de lui parler?
6. Je suis contente de lui téléphoner.
7. Peux-tu dîner avec lui ce soir?
8. Ma soeur et moi, nous voulons bien.

F. Les actualités. Vous répondez à des questions qu'on vous pose à propos d'un reportage que vous avez suivi à la télévision. Les faits *(facts)* ne sont pas tout à fait clairs; vous employez donc le conditionnel pour en parler.

Modèle: Qui est l'accusé? (avoir plusieurs identités)
Il aurait plusieurs identités.

1. Est-il marié? (avoir une maîtresse en France)
2. A-t-il un travail? (être un espion—*spy*)
3. Travaille-t-il seul? (ses associés / être connus par la police française)
4. Quelles langues parle-t-il? (parler couramment le français et l'allemand)
5. Qu'est-ce qu'il fait d'illégal? (vendre des diamants volés)
6. Est-il riche? (gagner 500 000F par an)

G. Quels conseils donneriez-vous? Vos amis vous parlent de leurs problèmes ou des problèmes des gens qu'ils connaissent. Employez les éléments entre parenthèses pour indiquer ce que vous feriez.

Modèles: Je suis toujours très fatigué. (se coucher plus tôt)
À ta place, je me coucherais plus tôt.

Mon frère s'ennuie à son travail. (chercher un nouveau poste)
À sa place, je chercherais un nouveau poste.

1. Depuis quelques semaines je grossis énormément. (ne pas prendre de frites)
2. Mes parents n'aiment pas leur travail. (changer de poste)
3. Je n'ai jamais assez d'argent. (ne pas aller dans les grands magasins)
4. La femme d'Éric ne sait pas parler français. (apprendre le français)
5. J'ai une grippe depuis cinq jours. (consulter un médecin)
6. Nous n'avons pas envie de faire la cuisine ce soir. (dîner au restaurant)
7. J'ai mal à la tête. (prendre des cachets d'aspirine)
8. Mon frère a des difficultés avec son cours de chimie. (aller voir le prof)
9. Nous ne savons pas qui inviter. (inviter mes meilleurs amis)
10. Ma soeur a besoin d'argent encore une fois. (ne pas lui donner d'argent)

H. Si vous aviez le choix... Indiquez les choix que vous feriez dans les situations suivantes.

Modèle: Si vous aviez le choix, est-ce que vous dîneriez au restaurant universitaire ou à La Bonne Bouche?
Bien sûr, je dînerais à La Bonne Bouche (si j'avais le choix).

1. Si vous payiez le repas, est-ce que vous choisiriez le menu à 80F ou le menu à 120F?
2. Et si vos parents vous payaient le repas?
3. Si vous vouliez maigrir, qu'est-ce que vous prendriez comme hors-d'oeuvre— l'assiette de crudités ou les oeufs mayonnaise?
4. Si vous n'aimiez pas le poisson, est-ce que vous commanderiez le filet de sole ou l'entrecôte?
5. Si vous commandiez un steak pommes frites, est-ce que vous voudriez boire du vin rouge ou du vin blanc?
6. Si vous aviez grand-faim, est-ce que vous mangeriez une salade ou du rôti de boeuf?
7. Si vous vouliez grossir, qu'est-ce que vous aimeriez comme dessert—une glace ou un fruit?
8. Si le service n'était pas compris, combien est-ce que vous donneriez comme pourboire—10 pour cent ou 15 pour cent?

Débrouillons-nous! (Petite révision de l'étape)

I. Si tu étais riche,... Utilisez les éléments donnés pour poser des questions à un(e) autre étudiant(e) au sujet de ce qu'il(elle) ferait s'il (si elle) était riche.

Modèle: où / habiter
Où est-ce que tu habiterais si tu étais riche?
J'habiterais à Monaco (en Floride, à New York, etc.).

1. où / habiter 2. que / porter 3. qu'est-ce que / manger 4. avec qui / sortir 5. où / faire un voyage 6. quelle voiture / acheter 7. combien d'argent / avoir 8. comment / passer le temps (*réponse:* passer le temps à + inf.)

J. Une carte. Study the menu given you by your instructor. With the help of a classmate, try to understand as many of the dishes as possible.

Deuxième Étape

POINT DE DÉPART: *Allons au restaurant! (suite)*

Pour demander une table:

Une table pour ____ personnes, s'il vous plaît.

Pour demander la carte:

La carte, s'il vous plaît.
Est-ce que nous pourrions voir la carte, s'il vous plaît?

Pour demander ce qu'on veut manger:

<table><tr><td>Qu'est-ce que vous</td><td>voulez
prenez
désirez</td><td>comme</td><td>hors-d'oeuvre?
entrée?
dessert?
boisson?</td></tr></table>

Pour commander:

Je voudrais...
Je vais prendre...

Pour indiquer qu'on a envie de manger:

J'ai grand-faim.
J'ai très faim.
J'ai **une faim de loup.** *(familier)* — as hungry as a wolf

Pour demander l'addition:

L'addition, s'il vous plaît?
Est-ce que vous pourriez nous donner l'addition, s'il vous plaît?

Un dîner au restaurant

Gilbert entre dans le restaurant La Galtouse. C'est la **patronne** qui l'**accueille.**

owner
welcomes

LA PATRONNE: Bonjour, Monsieur. Vous êtes seul? Si vous voulez bien me suivre par ici? Voilà. Vous désirez un apéritif?
GILBERT: Merci. Est-ce que je pourrais voir la carte tout de suite?
LA PATRONNE: Certainement, Monsieur. Aujourd'hui nous avons des escargots.
GILBERT: Je voudrais le menu.
LA PATRONNE: Très bien. Qu'est-ce que vous prenez pour commencer?
GILBERT: La soupe de poissons.
LA PATRONNE: Et ensuite?
GILBERT: Je voudrais la truite.
LA PATRONNE: Vous désirez une boisson?
GILBERT: Oui, apportez-moi **un quart** de blanc, s'il vous plaît.

a quarter-liter carafe

Quelques moments après, elle apporte la soupe.

LA PATRONNE: Bon appétit, Monsieur.

Elle sert ensuite l'entrée. Un peu plus tard, elle revient voir si Gilbert veut autre chose.

LA PATRONNE: Un dessert, Monsieur? Un fromage? Un fruit?
GILBERT: Oui, je voudrais bien du camembert.
LA PATRONNE: Et un petit café?
GILBERT: Oui, ce serait très bien.

Le dessert et le café terminés, Gilbert décide de partir.

GILBERT: S'il vous plaît, Madame. L'addition... Le service est compris, n'est-ce pas?
LA PATRONNE: Non, Monsieur. Il n'est pas compris.

À vous! (Exercices de vocabulaire)

A. S'il vous plaît, Monsieur (Madame). Posez une question ou faites une déclaration qui convient à chaque situation.

1. You are having dinner with your best friend. You go into the restaurant and ask for a table.
2. You want to see a menu.

3. You have chosen the fixed-price meal at ____ francs. You want to know if that price includes your beverage.
4. You want to find out from your friend what he (she) wants to eat.
5. You order an appetizer and a main course.
6. You tell your friend how hungry you are.
7. You want to know what your friend wants to drink.
8. You have finished your main course. You want to know if your friend wants anything more.
9. You want to get the check.
10. You want to make sure that the tip is included.

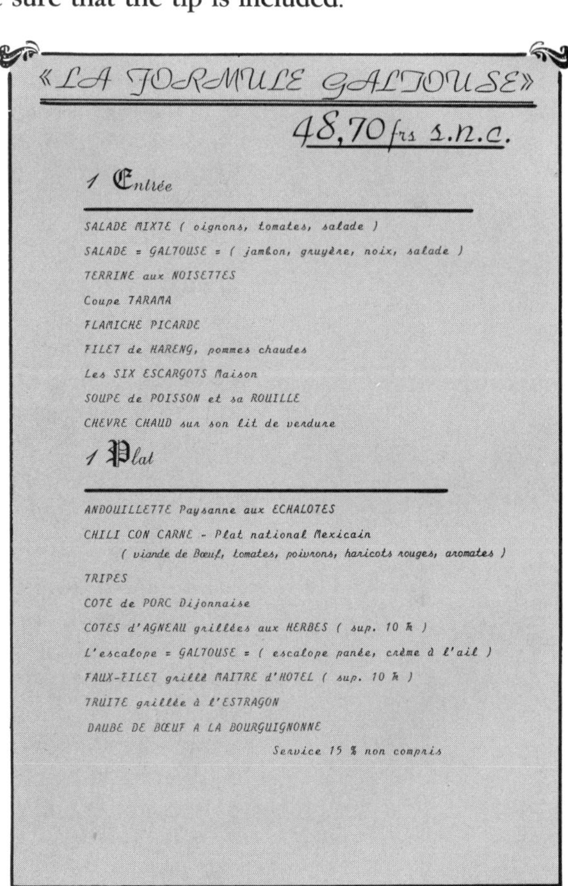

«LA FORMULE GALTOUSE»

48,70 frs s.n.c.

1 Entrée

SALADE MIXTE (oignons, tomates, salade)
SALADE = GALTOUSE = (jambon, gruyère, noix, salade)
TERRINE aux NOISETTES
Coupe TARAMA
FLAMICHE PICARDE
FILET de HARENG, pommes chaudes
Les SIX ESCARGOTS Maison
SOUPE de POISSON et sa ROUILLE
CHEVRE CHAUD sur son lit de verdure

1 Plat

ANDOUILLETTE Paysanne aux ECHALOTES
CHILI CON CARNE - Plat national Mexicain
(viande de Bœuf, tomates, poivrons, haricots rouges, aromates)
TRIPES
COTE de PORC Dijonnaise
COTES d'AGNEAU grillées aux HERBES (sup. 10 fr)
L'escalope = GALTOUSE = (escalope panée, crème à l'ail)
FAUX-FILET grillé MAITRE d'HOTEL (sup. 10 fr)
TRUITE grillée à l'ESTRAGON
DAUBE DE BŒUF A LA BOURGUIGNONNE

Service 15 % non compris

B. Commandons! Choisissez dans la carte du restaurant La Galtouse le repas que vous voulez manger. Le professeur ou un(e) autre étudiant(e) jouera le rôle du garçon ou de la serveuse.

Reprise
(Première Étape)

C. Que feriez-vous? Indiquez ce que vous feriez dans les situations suivantes.

1. Mathieu dîne dans un restaurant avec son amie Marie-Jo. Ils commandent tous les deux le menu à 90F. Puis Mathieu se rappelle

qu'il n'a que 150F dans son portefeuille. Marie-Jo a laissé son sac chez elle. Que feriez-vous à la place de Mathieu?
   a. vous excuser, aller aux toilettes et vous sauver *(to run away)*
   b. vous excuser, aller aux toilettes et téléphoner à un ami
   c. demander à Marie-Jo d'aller chercher son sac chez elle
   d. appeler le garçon et commander le menu à 60 francs

2. Demain Annick doit passer un examen en mathématiques, son cours le plus difficile. Son petit ami Roger, qu'elle n'a pas vu depuis deux mois, téléphone pour dire qu'il sera à l'université pour voir Annick ce soir, mais qu'il sera obligé de repartir demain. Que feriez-vous à la place d'Annick?
   a. demander à votre camarade de chambre de s'occuper de Roger et étudier jusqu'à onze heures.
   b. demander à Roger de ne pas venir
   c. sortir avec Roger et tenter votre chance *(take your chances)* à l'examen
   d. sortir avec Roger et inventer une excuse pour ne pas passer l'examen

3. François a invité ses amis Martin et Chantal à dîner chez lui. Il n'a pas fait attention et il a brûlé la viande; on ne peut pas la manger. Ses amis vont arriver dans quelques moments. Que feriez-vous à sa place?
   a. quitter votre appartement tout de suite et aller au cinéma
   b. attendre vos amis à l'extérieur et les inviter à dîner au restaurant
   c. leur servir des pizzas congelées *(frozen)*
   d. préparer une sauce à mettre sur la viande

4. Anne-Marie vient de se fiancer avec Hervé. Les parents d'Hervé, qui habitent en Afrique, lui rendent visite. Ils partent demain et ils veulent faire la connaissance de la fiancée de leur fils; ils ont donc invité Anne-Marie à dîner au restaurant le plus élégant de la ville. Hélas, Anne-Marie tombe malade; elle a de la fièvre et des frissons. Que feriez-vous à sa place?
   a. prendre deux cachets d'aspirine et aller au restaurant
   b. aller au restaurant, mais ne rien manger
   c. téléphoner aux parents d'Hervé pour faire vos excuses
   d. aller chez le médecin et lui demander de vous faire une piqûre *(shot)*

STRUCTURE 2: *Le passé du conditionnel*

À votre place **j'aurais fait** la même chose.	In your place *I would have done* the same thing.
Nous serions restés, mais nous n'avions pas de voiture.	*We would have stayed,* but we didn't have a car.

As in English, the conditional perfect **(le passé du conditionnel)** is used to indicate what one *would have done* under certain conditions. It implies, however, that these conditions were not in effect and thus the action did not actually take place. For example, **à votre place, j'aurais fait la même chose** suggests that if I had been in your place, I would have done the same thing; however, I wasn't in your place, and therefore I did not do it.

The **passé du conditionnel** in French is also used to indicate a hypothetical action or situation. It is therefore similar to the **conditionnel** (p. 464). The **passé du conditionnel,** however, shows that the action or situation existed entirely in the past. For example, **l'accusé aurait tué plus de vingt personnes** reports as second-hand knowledge the idea that *allegedly* the accused killed more than twenty people; however, this statement is not a proven fact.

The **passé du conditionnel** is formed with the *conditional* of **avoir** or **être** and the past participle. Rules for past-participle agreement are the same as for the passé composé.

choisir	se lever	venir
j'**aurais choisi**	je **me serais levé(e)**	je **serais venu(e)**
tu **aurais choisi**	tu **te serais levé(e)**	tu **serais venu(e)**
il,elle,on **aurait choisi**	il,elle,on **se serait levé(e)**	il,elle,on **serait venu(e)**
nous **aurions choisi**	nous **nous serions levé(e)s**	nous **serions venu(e)s**
vous **auriez choisi**	vous **vous seriez levé(e)(s)**	vous **seriez venu(e)(s)**
ils,elles **auraient choisi**	ils,elles **se seraient levé(e)s**	ils,elles **seraient venu(e)s**

Application

D. Remplacez les mots en italique et faites les changements nécessaires.

1. *Jean-Paul* aurait acheté une Renault. (nous / Cécile / tu / vous / les Tollier / je)
2. *Dominique* ne serait pas allée en France. (je / mes amis / vous / Hervé / tu / nous)
3. *Les autres* se seraient bien amusés. (vous / nous / Antoine / je / mes parents / tu)

E. Une mauvaise journée. C'était hier une journée très difficile pour vous et votre famille. Indiquez ce que vous auriez voulu faire, puis expliquez pourquoi vous ne l'avez pas fait.

Modèle: je / se lever de bonne heure / j'étais trop fatigué(e)
Je me serais levé(e) de bonne heure, mais j'étais trop fatigué(e).

1. je / prendre une douche / je me suis levé(e) trop tard
2. je / porter mon nouveau pantalon / je n'ai pas pu le trouver
3. je / aller en ville avec mon père / j'avais un examen à préparer
4. je / finir mes devoirs / un ami a téléphoné

5. mon ami / m'inviter à déjeuner avec lui / il n'avait pas d'argent
6. je / arriver en classe à l'heure / ma montre retardait
7. je / bien faire à l'examen / j'ai oublié de répondre à la dernière question
8. je / rentrer plus tôt / j'ai rencontré des amis à l'arrêt d'autobus
9. mes parents / dîner avec moi / je suis rentré(e) trop tard
10. je / se coucher de bonne heure / il y avait un très bon film à la télé

F. À ta place... Votre camarade vous explique un problème qu'il(elle) a eu; vous indiquez ce que vous auriez fait à sa place.

Modèle: Je me suis réveillé(e) dix minutes avant le commencement de ma classe de français. Je me suis rendormi(e).
À ta place je me serais dépêché(e) pour aller en classe.

1. J'ai perdu mon livre; par conséquent, j'ai raté l'examen. Je n'ai rien dit au professeur.
2. Il a fallu que j'aille de New York à Los Angeles. J'ai pris l'autocar.
3. J'ai étudié ma chimie jusqu'à trois heures du matin. Ensuite je me suis couché(e).
4. J'ai une grippe. Je voulais rester au lit, mais j'ai décidé d'aller en classe.
5. Mon frère a eu un accident avec ma voiture. Il avait peur que je me fâche, mais je n'ai rien dit.
6. Mon père m'a conseillé de faire des économies (*to save money*). Je ne l'ai pas écouté.

Débrouillons-nous! (Petite révision de l'étape)

G. Qu'est-ce que tu aurais fait de différent? Imaginez que vous aviez la possibilité d'être beaucoup plus riche (ou plus intelligent ou plus célèbre). Répondez aux questions de votre partenaire en indiquant comment votre vie aurait changé.

1. Est-ce que tu aurais voulu être plus riche ou plus intelligent(e) ou plus célèbre?
2. Est-ce que tu aurais choisi de faire tes études à cette université?
3. Est-ce que tu aurais habité dans une résidence? (dans un appartement? à la maison?)
4. Quels cours est-ce que tu n'aurais pas suivis cette année?
5. Quels autres cours est-ce que tu aurais suivis?
6. Avec qui est-ce que tu serais sorti(e) plus souvent?
7. Comment est-ce que tu aurais passé tes week-ends?
8. Est-ce que tu te serais amusé(e) davantage *(more)?*

H. À la Galtouse. Go to the La Galtouse restaurant with a friend. Get a table, discuss the menu, and order your meal. One of your classmates will play the role of the waiter.

Troisième Étape

POINT DE DÉPART: *On nous invite à dîner*

Il y a plusieurs façons d'inviter les gens à dîner. Entre amis cela se fait souvent **à l'improviste.** Janine rencontre son amie Marielle en ville.

spontaneously

JANINE: Dis donc, qu'est-ce que tu fais ce soir?
MARIELLE: Rien de spécial.
JANINE: Tu veux dîner chez nous? Marc va préparer un canard à l'orange.
MARIELLE: C'est **sympa!** Oui, je veux bien.
JANINE: Tu viens vers 7h ou 7h30?
MARIELLE: D'accord. Et merci.

nice (short for **sympathique**)

Ou bien on peut téléphoner pour faire l'invitation. Les parents de Georges, qui sont **de passage** à Paris, voudraient faire la connaissance des parents de sa petite amie Monique Pascal. Georges téléphone à Mme Pascal pour les inviter à dîner au restaurant.

visiting

GEORGES: Bonjour, Madame. C'est Georges Miller. Comment allez-vous? Mes parents sont à Paris et nous voudrions vous inviter, vous et M. Pascal, à dîner avec nous au restaurant demain soir.

MME PASCAL: Oh, Georges, je suis vraiment désolée, mais nous ne sommes pas libres demain soir. Mais **justement** M. Pascal et moi, nous parlions de vous inviter chez nous. Est-ce que vous et vos parents, vous pourriez venir dîner chez nous dimanche soir?

justement: it just so happens that

GEORGES: Oh, oui, avec plaisir. À quelle heure, s'il vous plaît?

MME PASCAL: Venez prendre l'apéritif vers sept heures.

Ou bien, pour les fêtes et pour des dîners importants, on peut faire l'invitation par écrit.

Chère Mademoiselle,

À l'occasion du 21e anniversaire de notre fils Jean-Jacques, ma famille organise un dîner chez nous, 12 quai d'Anjou, le samedi 17 juillet à 21 h.

Nous serions tous très heureux si vous et votre frère Michel pouviez être des nôtres.

Auriez-vous la gentillesse de donner réponse aussitôt que possible.

Veuillez agréer, chère Mademoiselle, l'expression de mes sentiments les meilleurs.

Simone Joyal

Bien sûr, après avoir dîné chez quelqu'un, il faut les remercier. Les remerciements peuvent se faire aussi en personne, au téléphone ou par écrit.

MARIELLE: Janine, Marc. Merci mille fois. C'était délicieux!

JANINE: Il n'y a pas de quoi. On était très heureux de te revoir.

GEORGES: Bonjour, Madame. C'est Georges Miller. Je voulais vous remercier de l'excellent dîner. C'était vraiment très gentil de votre part.

MME PASCAL: Je vous en prie, Georges. C'était un très grand plaisir de faire la connaissance de vos parents.

Chère Madame,

Je tiens à vous exprimer le plaisir que nous avons eu, mon frère et moi, à être des vôtres à l'occasion de l'anniversaire de Jean-Jacques. Nous garderons de cette soirée un excellent souvenir.

Je renouvelle nos compliments pour ce dîner exceptionnel et vous prie de croire, chère Madame, à nos sentiments respectueux.

Françoise Leclerc

À vous! (Exercices de vocabulaire)

A. Pour inviter un(e) ami(e). Il y a plusieurs expressions qu'on peut utiliser pour inviter des amis. Choisissez dans chaque liste une expression et faites les invitations indiquées. Votre ami(e) accepte l'invitation.

Qu'est-ce que tu fais...	Oui, je veux bien.
Tu es libre... ?	C'est sympa!
Tu fais quelque chose de spécial... ?	Chouette!
Tu veux dîner...	Pourquoi pas?
Tu dîneras bien avec... ?	
Tu veux aller dîner au restaurant? Je t'invite. *(I will pay.)*	

1. Vous invitez un(e) ami(e) à dîner chez vous.
2. Vous invitez un(e) ami(e) à dîner au restaurant.
3. Vous invitez deux amis à déjeuner chez vous.
4. Vous invitez vos parents à aller au restaurant.

B. Pour inviter des gens que vous connaissez moins bien. Choisissez une expression dans chaque liste et faites les invitations indiquées. Cette fois on est obligé de refuser votre invitation.

Vous voudriez dîner... ?	Je suis vraiment désolé(e), mais...
Est-ce que vous pourriez... ?	Je regrette, mais...
Je voudrais vous inviter à...	C'est très gentil, mais...

1. Invitez les parents de votre ami(e) à aller au restaurant avec vous et votre ami(e).
2. Invitez votre professeur à dîner chez vous.

C. Les formules de politesse. Relevez dans les lettres de Mme Joyal et de Françoise Leclerc l'équivalent français des expressions suivantes.

1. Dear Miss Leclerc
2. for Jean-Jacques's birthday
3. to join us
4. RSVP
5. Very truly yours
6. Dear Mrs. Joyal
7. I wanted to tell you
8. I want you to know
9. Yours truly

Reprise
(Troisième Étape)

D. À sa place... Indiquez ce que vous auriez fait dans les situations suivantes.

1. Chantal est allée au café avec des amis. Elle a commandé un sandwich au jambon, mais le garçon lui a apporté une omelette au jambon. Qu'est-ce que vous auriez fait à sa place?
   a. manger l'omelette
   b. donner l'omelette à un ami
   c. demander au garçon d'apporter un sandwich
   d. jeter l'omelette au visage du garçon
   e. ?

2. Jean-Pierre a invité Sylviane à aller au cinéma. Quand ils y sont arrivés, Jean-Pierre a découvert qu'il n'avait pas assez d'argent pour deux entrées. Qu'est-ce que vous auriez fait à sa place?
   a. acheter un billet pour Sylviane
   b. demander à Sylviane d'acheter son billet
   c. demander à Sylviane d'acheter deux billets
   d. proposer à Sylviane de faire une promenade pendant que vous alliez au cinéma
   e. ?

3. Françoise allait avoir une interview à 2h pour son premier job. Pendant le déjeuner, très nerveuse, elle a renversé une tasse de café et sa robe avait de grosses taches *(spots)*. Qu'est-ce que vous auriez fait à sa place?
   a. téléphoner pour changer le jour de l'interview
   b. refuser d'enlever votre manteau
   c. expliquer la situation au directeur du personnel
   d. acheter une nouvelle robe
   e. ?

4. Éric était tout seul dans la maison de campagne de ses parents. La maison se trouvait dans un bois isolé à quinze kilomètres du village le plus proche. Il était 11h du soir. Tout d'un coup il a entendu un bruit à l'extérieur. Qu'est-ce que vous auriez fait à sa place?
   a. aller voir ce que c'était

b. téléphoner à la police
c. vous coucher tout de suite
d. écouter de la musique rock
e. ?

5. Deux jeunes mariés faisaient un voyage en Europe. Quand ils sont arrivés à Paris, ils ont découvert que la chambre d'hôtel qu'ils avaient réservée coûtait plus qu'ils n'avaient prévu. S'ils payaient la chambre, ils n'auraient pas assez d'argent pour dîner, pour aller au théâtre, etc. Qu'est-ce que vous auriez fait à leur place?
   a. changer d'hôtel
   b. rester dans la chambre pendant toute la journée
   c. téléphoner à vos parents pour demander de l'argent
   d. dîner, aller au théâtre, passer la nuit à vous promener dans les rues de Paris
   e. ?

STRUCTURE 3: *Le verbe irrégulier* devoir *(suite)*

Tu devrais aller chez Jean. — *You should* go to John's.
J'aurais dû téléphoner plus tôt. — *I should have* called earlier.

In Chapters 6 and 10 you learned various uses and meanings for the verb **devoir.** When used with a direct object, it means *to owe.* When used with an infinitive, it can indicate necessity or eventuality or probability. In these cases, **devoir** is used in the present, the imperfect, or the **passé composé.**

When **devoir** is conjugated in the conditional, it has the sense of *should* or *ought to.* It is used to give someone advice: **Tu devrais aller chez Jean. Vous devriez étudier ce soir.** When **devoir** is conjugated in the past conditional, it has the sense of *should have* or *ought to have.* It is used to criticize someone's actions after the fact: **J'aurais dû téléphoner plus tôt. Ils auraient dû faire attention.**

Application

E. Remplacez les mots en italique et faites les changements nécessaires.

1. *Il* devrait téléphoner à ses parents. (tu / nous / Isabelle / mes amis / vous / je)
2. *Elle* aurait dû se coucher plus tôt. (nous / les autres / je / vous / Paul / tu)

F. Des conseils. Donnez des conseils à vos amis en utilisant le verbe **devoir** et les expressions entre parenthèses.

Modèle: Marie-Hélène adore les films italiens. (voir le nouveau Fellini)
Elle devrait voir le nouveau Fellini.

1. Jean-Claude est enrhumé, il a le nez bouché. (acheter des gouttes pour le nez)
2. Annick a très faim. (manger quelque chose)
3. Véronique et son frère vont voyager en Afrique. (visiter la Côte d'Ivoire)
4. Ma petite soeur a de mauvaises notes à l'école. (faire attention en classe)
5. J'ai un examen important demain. (se coucher de bonne heure ce soir)
6. Mes amis et moi, nous n'avons jamais voyagé par le train. (prendre le TGV)

G. Des reproches. Indiquez dans chaque situation ce que la personne aurait dû faire.

Modèle: Mon petit frère n'a pas écouté mes parents, et il a cassé le magnétoscope.
Il aurait dû écouter ses parents.

1. Ma soeur n'a pas pris l'autobus, elle a pris la voiture de mes parents et elle a eu un accident.
2. Nous n'avons pas commandé la spécialité de la maison, nous avons mangé un bifteck et c'était très mauvais.
3. Je n'ai pas attendu la fin du programme, et par conséquent je n'ai pas vu mes amis.
4. Michel ne s'est pas couché avant minuit, et il a eu beaucoup de mal à se réveiller ce matin.
5. Les étudiants n'ont pas fait leurs devoirs, et le professeur leur a donné un petit examen.
6. Francine n'a pas suivi les conseils de ses amis, et elle a tout perdu.

H. Échange. Posez les questions à un(e) autre étudiant(e), qui va vous répondre.

1. Qu'est-ce que tu devrais faire ce soir? Est-ce que tu vas le faire ou est-ce que tu vas faire autre chose?
2. Quelles sont deux choses que tu devrais faire ce week-end? Est-ce que tu as envie de les faire? Est-ce que tu vas les faire?
3. Qu'est-ce que tu as fait hier soir? Est-ce que tu aurais dû faire autre chose?
4. Quelles sont deux choses que tu aurais dû faire quand tu étais plus jeune? Est-ce que tu regrettes de ne pas les avoir faites? Est-ce que tu vas les faire un jour?

I. Une invitation. Invite a classmate to have dinner with you, either at your place (indicate when and what you will serve) or at a restaurant (indicate when and which restaurant). Your classmate will have to refuse, but will either try to arrange another time or will invite you to do something instead.

Listen again to the Student Tape for this chapter and do the more detailed comprehension exercises at the end of the corresponding chapter in the ***Cahier.***

Quatrième Étape

LECTURE: *Trois restaurants*

The entertainment weeklies published in Paris contain not only movie information but also restaurant listings and reviews. Below you will find reviews from *Pariscope* for three restaurants in or near Paris. You will be given no vocabulary translations. Use your reading skills to get as much information as possible from the three reviews. Then do the exercise that follows the reading.

RESTAURANTS

La Gourmandière. Après avoir mérité les louanges de la presse gastronomique au « Chalet de Villebon », Jean-Claude Giraud a repris les fourneaux de cette belle auberge de charme, qui jouxte les bois de Verrières. Dans un cadre au charme bucolique, juste à quelques minutes de Paris, ce chef-propriétaire au caractère enjoué et généreux, nous propose sa bonne cuisine, faite d'élégance et de tradition. On peut s'y régaler à peu de frais, en choisissant ce bon menu à 70 francs s.n.c., composé par exemple d'un cocktail d'avocat aux fruits de mer, du « plat gourmand » (ris et langue de veau sauce périgueux), puis de salade, fromages et dessert au choix. À la carte, on trouve aussi une salade d'écrevisses tièdes aux trois herbes, un superbe foie gras frais à la cuillère, des gambas moscovites, un copieux cassoulet, un rognon de veau beaugé, ou une exquise tarte fine aux pommes. L'addition d'un excellent repas, arrosé d'un Givry enchanteur: environ 280 F t.c. Menus à 70 et 120 F s.n.c.

Jean-Claude Giraud

1, rue Antoine Bièvres, 91-Bièvres. 60.19.20.92 (Autoroute pont de Sèvres, sortie Bièvres Nord). Fermé Lundi. Service jusqu'à 22H30. Tennis. Practice de golf.

Élégance et confort

La chaumière de Chine. Au déjeuner, il est souvent difficile de trouver une table libre, dans ce confortable restaurant, tant les amateurs sont nombreux à venir goûter les recettes originales et parfois insolites, que M. et Mme Yau ont ramené de leur Chine natale. Les soirées, plus calmes, permettent d'y apprécier enfin, un vrai canard laqué à la pékinoise, qu'il n'est pas nécessaire de commander à l'avance, comme c'est si souvent le cas. On en déguste tout d'abord la peau délicieusement croustillante, enroulée dans de petites crêpes de riz, avant de savourer la chair de ce palmipède, sautée aux légumes. Au nombre des plats les moins habituels, on note aussi une fondue chinoise, et des gambas ou du filet de boeuf servi frémissant, sur une plaque de fonte chaude. Les dim sum (délicieux petits plats à la vapeur), les crevettes au sel de cinq parfums, le boeuf sauce d'huîtres ou le poulet aux mangues, sont tout aussi recommandables. L'addition: environ 160 francs tout compris. Menu à 68 F s.c. au déjeuner (sauf Dimanche).

23, avenue Pierre-1er de Serbie (16e). 47.20.85.56. Service jusqu'à 23h.

Jean-Claude MARIANI

Le nouveau banc d'huîtres du Lutetia

Brasserie Lutetia. Après avoir suivi Joël Rebuchon à l'hôtel Nikko en 1978 et dirigé les fourneaux du Nova Park Élysées, Jacky Fréon chef de cuisine de l'Hôtel Lutetia notamment du Paris, est revenu à ses premières amours, ses vrais débuts datant de 1974, aussi dans un hôtel Concorde, au Lafayette. À la brasserie Lutetia, dans une ambiance toujours très parisienne et un nouveau décor très réussi de Slavick, il a été conçu une carte séduisante et bien équilibrée. Des plats de bonne tradition comme le cervelas alsacien en salade, le civet d'oie aux lentilles vertes, le chateaubriand et sa sauce béarnaise, le mulet grillé des simples, la sole meunière servie avec des pommes à l'anglaise et pour terminer votre repas en douceur, le domino aux marrons et sauce anglaise au café. Ce panorama gourmand se complète d'un superbe banc d'huîtres dont le généreux plateau à 145 F qui se compose de six claires, 4 praires, 1/2 tourteau, 2 clams, crevettes grises, bulots et bigorneaux. Env. 180 F, accueil chaleureux du directeur M. Manpu, et service aimable compris. Formule spéciale autour d'un plat: 81 F vin n.c.

23, rue de Sèvres (6e). 45.44.38.10. Service jusqu'à minuit.

Jeanne CHADENIER

A. Où dîner? While in Paris, you receive a letter from your parents asking you to help some of their friends who will be visiting France. When you meet the friends, they ask for help in choosing a place to go to dinner. You consult the latest *Pariscope* and answer their questions about the three restaurants featured that week.

1. What kinds of restaurants are these? (food, atmosphere)
2. Which is the least expensive? the most expensive?
3. Your parents' friends are staying at a hotel on the Rive Droite, near the Opéra. Which of the restaurants will be the easiest to get to?
4. What foods do the reviewers recommend to order?
5. Your parents' friends offer to take you out to dinner. Which of the restaurants would you prefer? Why?

Reprise
(Troisième Étape)

B. Utilisez le conditionnel (présent ou passé) pour répondre aux questions. On vous suggère une réponse possible aux deux premières questions; ensuite, c'est à vous d'inventer la réponse.

1. Votre amie n'aime pas son travail. Le salaire n'est pas très élevé, et son patron *(boss)* est sexiste. Elle a un diplôme universitaire, mais elle fait un travail de secrétaire. Quel conseil est-ce que vous lui donnez? (conseil: chercher un autre travail)
2. Votre ami a une décision difficile à prendre. Il n'a pas pu dormir hier soir. Vous auriez été heureux(-euse) de discuter la question avec lui. Quel reproche est-ce que vous lui faites? (reproche: me téléphoner)
3. C'est le mois d'avril. Votre amie n'a pas vu sa famille depuis Noël. Ses parents veulent qu'elle passe les vacances de printemps à la maison. Mais votre amie a la possibilité d'aller en Floride. Quel conseil est-ce que vous lui donnez?
4. Votre ami a suivi un cours très difficile le semestre dernier. Il n'a pas beaucoup étudié au début du semestre, mais les deux dernières semaines il a vraiment travaillé très dur. Il vient de recevoir sa note: D. Quel reproche est-ce que vous lui faites?

Point d'arrivée (Activités orales et écrites)

C. Au restaurant. You and your friends go to dinner at a restaurant chosen by your instructor. Ask for a table, discuss what you are going to eat, order dinner, and argue about who is going to pay the check.

D. Un repas de rêve. Prepare the menu for an ideal meal you would like to eat and/or prepare. You and your classmates compare menus.

E. Une invitation à dîner. Some French friends of your parents have invited you to have dinner at their house while you are in France. Write the following letters: 1. A letter accepting their invitation. 2. A thank-you note. 3. A letter refusing their invitation because you are leaving France the day of the dinner.

F. Un "pot-luck". Organize a pot-luck dinner involving three of your friends. Call them on the phone, invite them, and arrange what each person will contribute.

G. Les restaurants. Describe the kind of meal you could get in the restaurant La Galtouse, pictured on pp. 459, 460, and 467.

Lexique

POUR SE DÉBROUILLER

Pour dîner au restaurant

En arrivant au restaurant
- Une table pour... personnes, s'il vous plaît.
- La carte, s'il vous plaît.
- Est-ce que nous pourrions voir la carte?

Pour commander
- comme hors-d'oeuvre
  - entrée
  - dessert
  - boisson
- je voudrais
- je vais prendre
- apportez-moi (-nous)

En quittant le restaurant
- L'addition, s'il vous plaît.
- Est-ce que vous pourriez me donner l'addition?

Pour inviter quelqu'un

Pour préparer l'invitation
- Qu'est-ce que tu fais ce soir?
- Tu es libre ce soir?
- Tu fais quelque chose de spécial ce soir?

Pour faire l'invitation
- Vous voulez (tu veux) dîner?
- Vous dînerez (tu dîneras) bien avec... ?
- Je vous (t') invite.
- Je voudrais vous (t') inviter à...

Pour accepter l'invitation
- Je veux bien.
- Pourquoi pas?
- C'est sympa!
- Avec plaisir.
- Chouette!

Pour refuser l'invitation
- Je suis vraiment désolé(e), mais...
- Je regrette, mais...
- C'est très gentil, mais...

VOCABULAIRE GÉNÉRAL

Noms

l'agneau *m.*
le brochet
le canard
le caneton
une carte
un champignon
les coquilles St-Jacques *f.pl.*
les crevettes *f.pl.*
les crudités *f.pl.*
les fruits de mer *m.pl.*
les huîtres *f.pl.*
les langoustines *f.pl.*
le lapin
le lièvre
un menu
les moules *f.pl.*
le (la) patron(ne)
un plat
le plaisir
le poisson
le potage
un quart
une terrine
la truite
le velouté

Verbes

accueillir
afficher
exprimer
prier
remercier
renouveler

Adjectifs

aimable
dévoué(e)
flambé(e)
fumé(e)
garni(e)
gratiné(e)
poli(e)
sauté(e)

Autres expressions

à la carte
à l'improviste
à prix fixe
à votre (ta) place
avoir une faim de loup
être des nôtres (vôtres)
justement

DERNIÈRE ÉTAPE
Débrouillons-nous!

Now that you have finished your introduction to the French language, you are ready to test your skills. As you work your way through the following activities, you will realize more fully how much progress you have made during the past year and how well you are able to cope with situations that might occur in a French-speaking country.

PREMIÈRE PARTIE

The activities in this section cover a wide range of contexts and bring together structures and vocabulary that you have studied. As you role-play these situations with other students or with your instructor, concentrate on communicating messages by making use of strategies that you have learned. If you can't remember a particular word or structure, make yourself understood by using other words and structures you do remember.

Student-student activities

A. Find another student in the class and get the following information from him/her. When you and your partner have exchanged this information, go to a second pair of students, make introductions, and tell the others what you have found out.

1. his/her age
2. his/her major in school
3. his/her professional goals
4. where he/she is from
5. how many siblings he/she has
6. his/her leisure activities

B. You're having a party, and you call up a friend to invite him/her.

1. Explain that the party is Saturday night and that it will start at 8:00.
2. Explain that the party is informal.
3. Explain that you will have beer, wine, soft drinks, and food at the party.
4. Tell your friend that he/she may bring a guest.
5. Say who else is going to be there.
6. Ask the friend to bring some records.

C. You would like a friend to go to the movies with you.

1. Find out when he/she is free.
2. Invite him/her to go to a movie.
3. Discuss the kind of movie you would like to see.
4. Arrange a time and meeting place.
5. Decide whether you will do anything else together that evening.

D. You have got a very good job, and you and your friends go out to dinner to celebrate.

1. Call the restaurant to make reservations.
2. When you get to the restaurant, discuss the menu choices and prices.
3. Ask what the soup of the day is.
4. Make your choices.
5. Order wine to go with the meal.

E. Your Belgian relatives (aunt, uncle, two cousins) have just arrived in the United States and are going to spend one week with you. You want to show and tell them as much as possible about your life in the United States. Explain that you will use your car to give them a guided tour of your city. Say what some of your plans are, where you will go, and whom you will visit. Ask them what they are particularly interested in doing.

F. A friend of yours has just returned from a year in France. Find out the following information about his/her stay.

1. where he/she studied in France.
2. where the university and the city are located.
3. what courses he/she took and whether they were given in French.
4. where he/she traveled during Christmas vacation.
5. where he/she went on weekend excursions.
6. whether he/she got to travel on the TGV.

G. A foreign student, who speaks French better than he/she speaks English, arrives on your campus. You are asked to serve as his/her guide.

1. Explain where the library and the bookstore are and how to get there.
2. Explain that every weekend there are movies, plays, and concerts on campus.
3. Ask if he/she is interested in sports. Explain that the university has a swimming pool.
4. Tell him/her what day classes begin.
5. Explain where the foreign student office is.
6. Answer his/her questions about living accommodations, meals, courses, and professors.

H. You and your college friend have been looking for an apartment in Paris. You think you have found just what you need, but now you have to tell your roommate about it. Explain to him/her that:

1. the apartment is on the third floor in a new building.
2. it has only one bedroom, but it has a separate living room and a large kitchen.
3. it is not furnished but that your parents can lend you two beds, a table and chairs, and lamps.
4. the utilities are included.

Student-instructor activities

I. Call your French instructor to invite him/her to a dinner party.

1. Explain that the party will be Wednesday night and will begin at 6:30.
2. Tell him/her to bring a friend or spouse.
3. Explain that you are making a French dinner and that you've invited several friends.
4. When your instructor asks if he/she can bring anything, say that it is not necessary. When he/she insists, explain that the main course will be a chicken dish and that he/she may bring some white wine.

J. It's your mother's birthday, and you want to send her something special from Paris. You go to a Dior boutique and look at gloves, silk scarves, and blouses.

1. Explain to the salesperson that you're buying a present for your mother.
2. Tell him/her that you can only spend 500 francs.
3. Choose the present after discussing size, color, etc.
4. Ask the price and pay.
5. Now go to the post office and explain that you want to send a package to the United States.
6. Ask what is the fastest way to send it.
7. Ask how much it will cost to mail it this way compared to other ways.
8. Ask what you are supposed to say on the customs form.
9. Pay for the mailing.

K. You bought a pair of shoes which you decide to return to the store. Explain to the salesperson that:

1. you want to return the shoes.
2. they are too small (you wear size...) and the wrong color.
3. you want a different style of shoe.
4. you would like to try on several different pairs.
5. you have made a choice and would like to pay.

L. You and a friend are staying in a small hotel in Paris. Around midnight your friend complains of being sick (cramps, chills, fever). You go to the desk in the lobby and ask for help.

1. Explain the problem to the clerk.
2. Ask if there is a drugstore in the neighborhood that stays open at night.
3. Ask for directions on how to get there; repeat the directions to verify that you have heard them correctly.
4. Go to the drugstore and explain your friend's problem to the druggist.
5. Ask for some medicine.
6. Find out if there are special instructions as to how the medicine should be taken.

M. While you are studying in France, you talk to one of your professors about your career plans.

1. Explain what your field of study is and why you chose it.
2. Explain why you decided to learn French and that you hope to use the language in your future job.
3. Describe your work experiences and other qualifications.
4. Describe your most important qualities.
5. Ask about the possibilities of working in France or in a French-speaking country.
6. Ask if he/she would give a recommendation.

N. You're at a real estate agency. Tell the agent that you want to rent an apartment. The apartment has to be in the center of the city, near a good school and near your work. You have pets (a dog and two cats). Describe the apartment you're looking for: two bedrooms, spacious living room with balcony (if possible), intercom, large kitchen, garage.

O. You and your parents are living in Bordeaux. It's your parents' wedding anniversary, and you want to surprise them by buying them tickets to go to Paris for a week. Go to a travel agency and make the arrangements.

1. You want round-trip tickets, first-class, non-smoking on a direct train.
2. You want to make hotel reservations.
3. You want to arrange a special dinner in an expensive restaurant. The dinner must include a bottle of champagne.
4. You want the week to include one sightseeing trip around the city and one excursion to Versailles.
5. Ask how much the vacation package will cost and whether you can pay by credit card.

P. You are at a party. A French person asks the following questions about life in the United States. How do you respond?

1. Is it true that most Americans are rich?
2. What do Americans think about their current president?
3. Why do American schools spend so much time on sports, dances, and social activities?

DEUXIÈME PARTIE

If you travel in a French-speaking country, you will undoubtedly see signs and hear announcements that use words and expressions with which you are not completely familiar. However, on the basis of your reading and listening skills and with the help of your cultural knowledge, you will probably be able to grasp the general idea.

For each of the signs or announcements given on p. 488, choose from the list provided the place (or places) where each is most likely to be seen or heard. Then explain briefly the basic information being communicated.

Endroits: aéroport / bureau de poste / bureau de tabac / cabine téléphonique / café / gare / grand magasin / hôtel / jardin public / métro / restaurant / rue / taxi / toilettes / train

1. chèques postaux
   paiement des mandats
   vente en gros de timbres-poste
   vente de timbres-poste de collection

2. Piétons, pour traverser poussez le bouton rouge

3. Tous prix nets

4. Attention: Ne mets pas tes mains sur la porte; tu risques de te faire pincer très fort.

5. Poussez le bouton.
   Frottez-vous les mains sous le courant d'air chaud.
   Arrêt automatique.

6. «Le service 260 de restauration vous rappelle que tout le long de ce voyage le bar est à votre disposition dans la voiture 14 au centre de la rame.»

7. Attention
   Pour votre sécurité,
   pour celle des autres
   N'ouvrez jamais la portière
   coté circulation
   Votre responsabilité
   serait engagée en cas
   d'accident.

8. Il est interdit de marcher ou de s'asseoir sur les pelouses, de toucher, d'abîmer ou de cueillir les fleurs.
   Les repas «pique-nique» ne sont pas autorisés.
   Les animaux doivent être tenus en laisse.

9. «Les passagers en continuation à Zurich sont priés d'embarquer à la porte numéro 26 dans vingt minutes.»

10. Compostez vos billets.
    Au-delà de cette limite les billets non compostés ne sont pas valides.

11. Veuillez payer vos achats avant de franchir cette limite.

12. Attention! La communication va être coupée.
    Ajouter des pièces pour prolonger la communication.

APPENDICES

Appendix A: Additional Tenses

In addition to the tenses presented in the text, there are other tenses which you might need to recognize. The first of these, the **plus-que-parfait,** appears in both conversation and writing. The others, the **passé simple,** the **passé antérieur,** the imperfect subjunctive, and the pluperfect subjunctive, are usually limited to a written context. It is unlikely that you will be called upon to produce these tenses, but you should be able to recognize their endings.

THE PLUS-QUE-PARFAIT

A. Formation. The past perfect, or pluperfect, tense (the **plus-que-parfait)** is formed with the imperfect of **avoir** or **être** and the past participle.

faire	j'avais fait, etc.
partir	j'étais parti(e), etc.
se coucher	je m'étais couché(e), etc.

B. Use of the *Plus-que-parfait.* As in English, the **plus-que-parfait** is used to indicate that one past action completely preceded a second past action. It is also used after **si** to refer to a situation that never materialized.

Elle n'a pas trouvé le transistor que **sa soeur** lui **avait demandé** d'acheter.
Elles s'étaient déja **couchées** quand nous sommes rentrés.
Si **elle était allée** en Bretagne, **je** lui **aurais rendu** visite.

THE PASSÉ SIMPLE

As its name indicates, this is a simple past tense, involving no auxiliary verb. It will be easier for you to recognize it if you become familiar with the endings of the three regular conjugations and certain irregular forms.

A. Regular Forms. To form the **passé simple** of regular **-er** verbs, take the stem of the infinitive and add the appropriate endings: **-ai, -as, -a, -âmes, -âtes, -èrent.**

parler	
je parl**ai**	nous parl**âmes**
tu parl**as**	vous parl**âtes**
il/elle/parl**a**	ils/elles parl**èrent**

To form the **passé simple** of regular **-ir** and **-re** verbs, take the stem of the infinitive and add the appropriate endings: **-is, -is, -it, -îmes, -îtes, -irent.**

réfléchir	*rendre*
je réfléch**is**	je ren**dis**
tu réfléch**is**	tu ren**dis**
il/elle/on refléch**it**	il/elle/on ren**dit**
nous réfléch**îmes**	nous rend**îmes**
vous réfléch**îtes**	vous rend**îtes**
ils/elles réfléch**irent**	ils/elles rend**irent**

B. Irregular Forms. Most verbs that have an irregularly formed **passé simple** have an irregular stem to which you add one of the following groups of endings.

-is	**-îmes**	**-us**	**-ûmes**
-is	**-îtes**	**-us**	**-ûtes**
-it	**-irent**	**-ut**	**-urent**

Below is a partial list of the most common verbs in each category.

-is

faire **je fis**
mettre* **je mis**
prendre* **je pris**
rire* **je ris**
voir **je vis**
écrire **j'écrivis**
conduire **je conduisis**
craindre **je craignis**
peindre **je peignis**
vaincre **je vainquis**

-us

boire* **je bus**
croire* **je crus**
devoir **je dus**
plaire* **il plut**
pleuvoir* **il plut**
pouvoir* **je pus**
savoir* **je sus**
falloir* **il fallut**
valoir **je valus**
vouloir* **je voulus**
vivre* **je vécus**
connaître* **je connus**
mourir **il mourut**

* Note that the past participles of these verbs may be helpful in remembering the irregular **passé simple** stems.

Avoir and **être,** which are frequently seen in the **passé simple,** have completely irregular forms.

avoir		*être*	
j'**eus**	nous **eûmes**	je **fus**	nous **fûmes**
tu **eus**	vous **eûtes**	tu **fus**	vous **fûtes**
il/elle/on **eut**	ils/elles **eurent**	il/elle/on **fut**	ils/elles **furent**

Two additional common verbs with irregular forms in the **passé simple** are **venir** and **tenir.**

venir		*tenir*	
je **vins**	nous **vînmes**	je **tins**	nous **tînmes**
tu **vins**	vous **vîntes**	tu **tins**	vous **tîntes**
il/elle/on **vint**	ils/elles **vinrent**	il/elle/on **tint**	ils/elles **tinrent**

C. Use of the *Passé Simple*. The **passé simple** is often thought of as the literary equivalent of the **passé composé.** To an extent this is true. Both tenses are used to refer to specific past actions that are limited in time.

Victor Hugo **est né** en 1802. **(passé composé)**
Victor Hugo **naquit** en 1802. **(passé simple)**

The fundamental difference between these two tenses is that the **passé simple** can never be used in referring to a time frame that has not yet come to an end. There is no such limitation placed on the **passé composé.**

Look at this sentence: **J'ai écrit deux lettres aujourd'hui.** This thought can only be expressed by the **passé composé,** since **aujourd'hui** is a time frame that is not yet terminated. **Robert Burns a écrit des lettres célèbres à sa femme** could also be expressed in the **passé simple: Robert Burns écrivit des lettres célèbres à sa femme.** The time frame has come to an end.

Descriptions in the past that are normally expressed by the imperfect indicative are still expressed in the imperfect, even in a literary context.

THE PASSÉ ANTÉRIEUR

A. Formation. The **passé antérieur** is a compound tense that is formed with the **passé simple** of the auxiliary verb **avoir** or **être** and a past participle.

parler	j'**eus parlé,** etc.
sortir	je **fus sorti(e),** etc.
se lever	je **me fus levé(e),** etc.

B. Use of the *Passé Antérieur*. The **passé antérieur** is used to refer to a past action that occurred prior to another past action. It is most frequently found in a subordinate clause following a conjunction such as **quand, lorsque, après, que, dès que, aussitôt que.** The conjunction indicates that the action in question immediately preceded another action in the past. The latter action will generally be expressed in the **passé simple** or the imperfect.

Hier soir, après qu'il **eut fini** de manger, il **sortit.**
Le soir, après qu'il **eut fini** de manger, il **sortait.**

THE IMPERFECT SUBJUNCTIVE

A. Formation. The imperfect subjunctive is most often encountered in the third-person singular. The imperfect subjunctive is formed by taking the **tu** form of the **passé simple,** doubling its final consonant, and adding the endings of the present subjunctive. The third-person singular **(il/elle/on)** does not follow the regular formation. To form it, drop the consonant, place a circumflex accent (ˆ) over the final vowel, and add a *t.*

aller (tu allas → allass-)	
que j'all**asse**	*que* nous all**assions**
que tu all**asses**	*que* vous all**assiez**
*qu'*il/elle/on all**ât**	*qu'*ils/elles all**assent**

B. Use of the Imperfect Subjunctive. Like the other tenses of the subjunctive, the imperfect subjunctive is most often found in a subordinate clause governed by a verb in the main clause that requires the use of the subjunctive. The verb of the main clause is either in a past tense or in the conditional. In order for the imperfect subjunctive to be used in the subordinate clause, the action expressed in this clause must occur at the same time as the action of the main verb or later on.

Je **voulais qu'**elle me **répondît.**
Elle **voudrait qu'**on l'**écoutât.**

THE PLUPERFECT SUBJUNCTIVE

A. Formation. The pluperfect subjunctive is formed with the imperfect subjunctive of the auxiliary verb **avoir** or **être** and a past participle. Like the imperfect subjunctive, this tense is mostly used in the third-person singular.

***que* j'eusse parlé, *qu'*il eût parlé,** etc.
***que* je fusse sorti(e), *qu'*il fût sorti,** etc.
***que* je me fusse lavé(e), *qu'*elle se fût lavée,** etc.

B. Use of the Pluperfect Subjunctive. The pluperfect subjunctive, like the imperfect subjunctive, is usually found in a subordinate clause. It is used when the main verb is either in a past tense or in the conditional and the action expressed in the subordinate clause has occurred prior to the action of the main clause.

Il **déplora qu'**elle **fût** déjà **partie.**

In reading, you may occasionally encounter a verb form identical to the pluperfect subjunctive that does not follow the usage outlined above. In such cases, you will be dealing with an alternate literary form of the past conditional, and you should interpret it as such.

J'**eusse voulu qu'**elle m'**accompagnât.**
(J'aurais voulu qu'elle m'accompagne.)

In lighter prose and conversation, the imperfect subjunctive is replaced by the present subjunctive, and the pluperfect subjunctive is replaced by the past subjunctive.

Appendix B: Verb Charts

Regular Verbs: -er *Verbs,* -ir *Verbs,* -re Verbs

Indicatif	donner	finir	attendre
présent	je donne tu donnes il donne nous donnons vous donnez ils donnent	je finis tu finis il finit nous finissons vous finissez ils finissent	j'attends tu attends il attend nous attendons vous attendez ils attendent
passé composé	j'ai donné	j'ai fini	j'ai attendu
imparfait	je donnais tu donnais il donnait nous donnions vous donniez ils donnaient	je finissais tu finissais il finissait nous finissions vous finissiez ils finissaient	j'attendais tu attendais il attendait nous attendions vous attendiez ils attendaient
plus-que-parfait	j'avais donné	j'avais fini	j'avais attendu
futur	je donnerai tu donneras il donnera nous donnerons vous donnerez ils donneront	je finirai tu finiras il finira nous finirons vous finirez ils finiront	j'attendrai tu attendras il attendra nous attendrons vous attendrez ils attendront
Conditionnel présent	je donnerais tu donnerais il donnerait nous donnerions vous donneriez ils donneraient	je finirais tu finirais il finirait nous finirions vous finiriez ils finiraient	j'attendrais tu attendrais il attendrait nous attendrions vous attendriez ils attendraient
passé	j'aurais donné	j'aurais fini	j'aurais attendu
Impératif	donne donnons donnez	finis finissons finissez	attends attendons attendez

Participe présent	donnant	finissant	attendant
Subjonctif présent	*que* je donne *que* tu donnes *qu'*il donne *que* nous donnions *que* vous donniez *qu'*ils donnent	*que* je finisse *que* tu finisses *qu'*il finisse *que* nous finissions *que* vous finissiez *qu'*ils finissent	*que* j'attende *que* tu attendes *qu'*il attende *que* nous attendions *que* vous attendiez *qu'*ils attendent
passé	*que* j'aie donné	*que* j'aie fini	*que* j'aie attendu

Irregular Verbs

Indicatif	**avoir**	**être**
présent	j'ai tu as il a nous avons vous avez ils ont	je suis tu es il est nous sommes vous êtes ils sont
passé composé	j'ai eu	j'ai été
imparfait	j'avais tu avais il avait nous avions vous aviez ils avaient	j'étais tu étais il était nous étions vous étiez ils étaient
plus-que-parfait	j'avais eu	j'avais été
futur	j'aurai	je serai
Conditionnel présent	j'aurais tu aurais il aurait nous aurions vous auriez ils auraient	je serais tu serais il serait nous serions vous seriez ils seraient
passé	j'aurais eu	j'aurais été
Impératif	aie ayons ayez	sois soyons soyez
Participe présent	ayant	étant

Subjonctif	*que* j'aie *que* tu aies *qu'*il ait *que* nous ayons *que* vous ayez *qu'*ils aient	*que* je sois *que* tu sois *qu'*il soit *que* nous soyons *que* vous soyez *qu'*ils soient	

Irregular Verbs in -er

Indicatif	présent	passé composé	
aller	je vais tu vas il va nous allons vous allez ils vont	je suis allé(e) tu es allé(e) il est allé nous sommes allé(e)s vous êtes allé(e)(s) ils sont allés	
	imparfait	plus-que-parfait	futur
	j'allais	j'étais allé(e)	j'irai
Conditionnel	présent	passé	
	j'irais	je serais allé(e)	
Impératif	va allons allez		
Participe présent	allant		
Subjonctif	*que* j'aille *que* tu ailles *qu'*il aille *que* nous allions *que* vous alliez *qu'*ils aillent		
Indicatif	présent	passé composé	
envoyer	j'envoie tu envoies il envoie nous envoyons vous envoyez ils envoient	j'ai envoyé	
	imparfait	plus-que-parfait	futur
	j'envoyais	j'avais envoyé	j'enverrai

Conditionnel	présent	passé	
	j'enverrais	j'aurais envoyé	
Impératif	envoie envoyons envoyez		
Participe présent	envoyant		
Subjonctif	*que* j'envoie *que* tu envoies *qu'*il envoie *que* nous envoyions *que* vous envoyiez *qu'*ils envoient		

Renvoyer is conjugated like **envoyer.**

Irregular Verbs in -ir

Indicatif	présent	passé composé	
dormir	je dors tu dors il dort nous dormons vous dormez ils dorment	j'ai dormi	
	imparfait	plus-que-parfait	futur
	je dormais	j'avais dormi	je dormirai
Conditionnel	présent	passé	
	je dormirais	j'aurais dormi	
Impératif	dors dormons dormez		
Participe présent	dormant		
Subjonctif	présent		
	que je dorme *que* tu dormes *qu'*il dorme *que* nous dormions *que* vous dormiez *qu'*ils dorment		

Other verbs conjugated like **dormir** include: **endormir, s'endormir, partir, servir, sentir,** and **sortir.**

Indicatif	partir	servir	sentir
présent	je pars tu pars il part nous partons vous partez ils partent	je sers tu sers il sert nous servons vous servez ils servent	je sens tu sens il sent nous sentons vous sentez ils sentent
	sortir		
	je sors tu sors il sort nous sortons vous sortez ils sortent		
passé composé	je suis parti(e)	j'ai servi	j'ai senti
	je suis sorti(e)		

Indicatif	présent	passé composé	
ouvrir	j'ouvre tu ouvres il ouvre nous ouvrons vous ouvrez ils ouvrent	j'ai ouvert	
	imparfait	plus-que-parfait	futur
	j'ouvrais	j'avais ouvert	j'ouvrirai
Conditionnel	présent	passé	
	j'ouvrirais	j'aurais ouvert	
Impératif	ouvre ouvrons ouvrez		
Participe présent	ouvrant		
Subjonctif	présent		
	que j'ouvre *que* tu ouvres *qu'*il ouvre *que* nous ouvrions *que* vous ouvriez *qu'*ils ouvrent		

Other verbs conjugated like **ouvrir** include: **couvrir**, **offrir**, and **souffrir.**

Indicatif	présent	passé composé	
venir	je viens tu viens il vient nous venons vous venez ils viennent	je suis venu(e)	
	imparfait	plus-que-parfait	futur
	je venais	j'étais venu(e)	je viendrai
Conditionnel	présent	passé	
	je viendrais	je serais venu(e)	
Impératif	viens venons venez		
Participe présent	venant		
Subjonctif	présent		
	que je vienne *que* tu viennes *qu'*il vienne *que* nous venions *que* vous veniez *qu'*ils viennent		

Other verbs conjugated like **venir** include: **devenir**, **revenir**, **tenir**, **obtenir**, and **retenir.**

Irregular Verbs in -re

Indicatif	présent	passé composé	
boire	je bois tu bois il boit nous buvons vous buvez ils boivent	j'ai bu	
	imparfait	plus-que-parfait	futur
	je buvais	j'avais bu	je boirai
Conditionnel	présent	passé	
	je boirais	j'aurais bu	

Impératif

bois
buvons
buvez

Participe présent

buvant

Subjonctif

que je boive
que tu boives
*qu'*il boive
que nous buvions
que vous buviez
*qu'*il boivent

Indicatif

connaître

présent

je connais
tu connais
il connaît
nous connaissons
vous connaissez
ils connaissent

passé composé

j'ai connu

imparfait

je connaissais

plus-que-parfait

j'avais connu

futur

je connaîtrai

Conditionnel

présent

je connaîtrais

passé

j'aurais connu

Impératif

connais
connaissons
connaissez

Participe présent

connaissant

Subjonctif

que je connaisse
que tu connaisses
*qu'*il connaisse
que nous connaissions
que vous connaissiez
*qu'*ils connaissent

Reconnaître is conjugated like **connaître.**

Indicatif

croire

présent

je crois
tu crois
il croit
nous croyons
vous croyez
ils croient

passé composé

j'ai cru

	imparfait	plus-que-parfait	futur
	je croyais	j'avais cru	je croirai
Conditionnel	présent	passé	
	je croirais	j'aurais cru	
Impératif	crois croyons croyez		
Participe présent	croyant		
Subjonctif	*que* je croie *que* tu croies *qu'*il croie *que* nous croyions *que* vous croyiez *qu'*ils croient		

Indicatif	présent	passé composé	
dire	je dis tu dis il dit nous disons vous dites ils disent	j'ai dit	
	imparfait	plus-que-parfait	futur
	je disais	j'avais dit	je dirai
Conditionnel	présent	passé	
	je dirais	j'aurais dit	
Impératif	dis disons dites		
Participe présent	disant		
Subjonctif	*que* je dise *que* tu dises *qu'*il dise *que* nous disions *que* vous disiez *qu'*ils disent		

Indicatif	présent	passé composé	
écrire	j'écris tu écris il écrit nous écrivons vous écrivez ils écrivent	j'ai écrit	
	imparfait	plus-que-parfait	futur
	j'écrivais	j'avais écrit	j'écrirai
Conditionnel	présent	passé	
	j'écrirais	j'aurais écrit	
Impératif	écris écrivons écrivez		
Participe présent	écrivant		
Subjonctif	*que* j'écrive *que* tu écrives *qu'*il écrive *que* nous écrivions *que* vous écriviez *qu'*ils écrivent		

Décrire is conjugated like **écrire.**

Indicatif	présent	passé composé	
faire	je fais tu fais il fait nous faisons vous faites ils font	j'ai fait	
	imparfait	plus-que-parfait	futur
	je faisais	j'avais fait	je ferai
Conditionnel	présent	passé	
	je ferais	j'aurais fait	
Impératif	fais faisons faites		

Participe présent	faisant		
Subjonctif	présent		
	que je fasse *que* tu fasses *qu'*il fasse *que* nous fassions *que* vous fassiez *qu'*ils fassent		
Indicatif	présent	passé composé	
lire	je lis tu lis il lit nous lisons vous lisez ils lisent	j'ai lu	
	imparfait	plus-que-parfait	futur
	je lisais	j'avais lu	je lirai
Conditionnel	présent	passé	
	je lirais	j'aurais lu	
Impératif	lis lisons lisez		
Participe présent	lisant		
Subjonctif	*que* je lise *que* tu lises *qu'*il lise *que* nous lisions *que* vous lisiez *qu'*ils lisent		
Indicatif	présent	passé composé	
mettre	je mets tu mets il met nous mettons vous mettez ils mettent	j'ai mis	
	imparfait	plus-que-parfait	futur
	je mettais	j'avais mis	je mettrai

Conditionnel	présent	passé	
	je mettrais	j'aurais mis	
Impératif	mets mettons mettez		
Participe présent	mettant		
Subjonctif	*que* je mette *que* tu mettes *qu'*il mette *que* nous mettions *que* vous mettiez *qu'*il mettent		

Permettre and **promettre** are conjugated like **mettre.**

Indicatif	présent	passé composé	
prendre	je prends tu prends il prend nous prenons vous prenez ils prennent	j'ai pris	
	imparfait	plus-que-parfait	futur
	je prenais	j'avais pris	je prendrai
Conditionnel	présent	passé	
	je prendrais	j'aurais pris	
Impératif	prends prenons prenez		
Participe présent	prenant		
Subjonctif	*que* je prenne *que* tu prennes *qu'*il prenne *que* nous prenions *que* vous preniez *qu'*ils prennent		

Other verbs conjugated like **prendre** include **apprendre** and **comprendre.**

Indicatif	présent	passé composé	
rire	je ris tu ris il rit nous rions vous riez ils rient	j'ai ri	
	imparfait	plus-que-parfait	futur
	je riais	j'avais ri	je rirai
Conditionnel	présent	passé	
	je rirais	j'aurais ri	
Impératif	ris rions riez		
Participe présent	riant		
Subjonctif	*que* je rie *que* tu ries *qu'*il rie *que* nous riions *que* vous riiez *qu'*il rient		

Indicatif	présent	passé composé	
suivre	je suis tu suis il suit nous suivons vous suivez ils suivent	j'ai suivi	
	imparfait	plus-que-parfait	futur
	je suivais	j'avais suivi	je suivrai
Conditionnel	présent	passé	
	je suivrais	j'aurais suivi	
Impératif	suis suivons suivez		
Participe présent	suivant		

Subjonctif	*que* je suive *que* tu suives *qu'*il suive *que* nous suivions *que* vous suiviez *qu'*ils suivent		
Indicatif	présent	passé composé	
devoir	je dois tu dois il doit nous devons vous devez ils doivent	j'ai dû	
	imparfait	plus-que-parfait	futur
	je devais	j'avais dû	je devrai
Conditionnel	présent	passé	
	je devrais	j'aurais dû	
Impératif	dois devons devez		
Participe présent	devant		
Subjonctif	*que* je doive *que* tu doives *qu'*il doive *que* nous devions *que* vous deviez *qu'*ils doivent		

Indicatif	présent	passé composé	
pleuvoir	il pleut	il a plu	
	imparfait	plus-que-parfait	futur
	il pleuvait	il avait plu	il pleuvra
Conditionnel	présent	passé	
	il pleuvrait	il aurait plu	
Participe présent	pleuvant		
Subjonctif	*qu'*il pleuve		

Indicatif	présent	passé composé	
pouvoir	je peux tu peux il peut nous pouvons vous pouvez ils peuvent	j'ai pu	
	imparfait	plus-que-parfait	futur
	je pouvais	j'avais pu	je pourrai
Conditionnel	présent	passé	
	je pourrais	j'aurais pu	
Participe présent	pouvant		
Subjonctif	*que* je puisse *que* tu puisses *qu'*il puisse *que* nous puissions *que* vous puissiez *qu'*il puissent		

Indicatif	présent	passé composé	
recevoir	je reçois tu reçois il reçoit nous recevons vous recevez ils reçoivent	j'ai reçu	
	imparfait	plus-que-parfait	futur
	je recevais	j'avais reçu	je recevrai
Conditionnel	présent	passé	
Impératif	reçois recevons recevez		
Participe présent	recevant		
Subjonctif	*que* je reçoive *que* tu reçoives *qu'*il reçoive *que* nous recevions *que* vous receviez *qu'*ils reçoivent		

Indicatif	présent	passé composé	
savoir	je sais tu sais il sait nous savons vous savez ils savent	j'ai su	
	imparfait	plus-que-parfait	futur
	je savais	j'avais su	je saurai
Conditionnel	présent	passé	
	je saurais	j'aurais su	
Impératif	sache sachons sachez		
Participe présent	sachant		
Subjonctif	*que* je sache *que* tu saches *qu'*il sache *que* nous sachions *que* vous sachiez *qu'*ils sachent		

Indicatif	présent	passé composé	
voir	je vois tu vois il voit nous voyons vous voyez ils voient	j'ai vu	
	imparfait	plus-que-parfait	futur
	je voyais	j'avais vu	je verrai
Conditionnel	présent	passé	
	je verrais	j'aurais vu	
Impératif	vois voyons voyez		
Participe présent	voyant		

Subjonctif	*que* je voie *que* tu voies *qu'*il voie *que* nous voyions *que* vous voyiez *qu'*ils voient		
Indicatif	présent	passé composé	
vouloir	je veux tu veux il veut nous voulons vous voulez ils veulent	j'ai voulu	
	imparfait	plus-que-parfait	futur
	je voulais	j'avais voulu	je voudrai
Conditionnel	présent	passé	
	je voudrais	j'aurais voulu	
Impératif	veuille veuillons veuillez		
Participe présent	voulant		
Subjonctif	*que* je veuille *que* tu veuilles *qu'*il veuille *que* nous voulions *que* vous vouliez *qu'*ils veuillent		

Appendix C: Stem-changing Verbs

	présent	subjonctif présent	futur
acheter	j'achète tu achètes il achète nous achetons vous achetez ils achètent	j'achète tu achètes il achète nous achetions vous achetiez ils achètent	j'achèterai tu achèteras il achètera nous achèterons vous achèterez ils achèteront
s'appeler	je m'appelle tu t'appelles il s'appelle nous nous appelons vous vous appelez ils s'appellent	je m'appelle tut t'appelles il s'appelle nous nous appelions vous vous appeliez ils s'appellent	je m'appellerai tu t'appelleras il s'appellera nous nous appellerons vous vous appellerez ils s'appelleront

	présent	imparfait
commencer (verbs ending in *-cer*)	je commence tu commences il commence nous commençons vous commencez ils commencent	je commençais tu commençais il commençait nous commencions vous commenciez ils commençaient

	présent	subjonctif présent	futur
espérer (préférer, protéger, etc.)	j'espère tu espères il espère nous espérons vous espérez ils espèrent	j'espère tu espères il espère nous espérions vous espériez ils espèrent	j'espérerai tu espéreras il espérera nous espérerons vous espérerez ils espéreront

	présent	subjonctif présent	futur
essayer (verbs ending in *-ayer, -oyer, -uyer*)	j'essaie tu essaies il essaie nous essayons vous essayez ils essaient	j'essaie tu essaies il essaie nous essayions vous essayiez ils essaient	j'essaierai tu essaieras il essaiera nous essaierons vous essaierez ils essaieront

	présent	subjonctif présent	futur
jeter	je jette tu jettes il jette nous jetons vous jetez ils jettent	je jette tu jettes il jette nous jetions vous jetiez ils jettent	je jetterai tu jetteras il jettera nous jetterons vous jetterez ils jetteront

	présent	subjonctif présent	futur
lever	je lève tu lèves il lève nous levons vous levez ils lèvent	je lève tu lèves il lève nous levions vous leviez ils lèvent	je lèverai tu lèveras il lèvera nous lèverons vous lèverez ils lèveront

	présent	subjonctif présent
manger (verbs ending in *-ger*)	je mange tu manges il mange nous mangeons vous mangez ils mangent	je mange tu manges il mange nous mangions vous mangiez ils mangent
	imparfait	**passé simple**
	je mangeais tu mangeais il mangeait nous mangions vous mangiez ils mangeaient	je mangeai tu mangeas il mangea nous mangeâmes vous mangeâtes ils mangèrent

Appendix D: Phonetic Symbols

Vowels and Semi-vowels

/**a**/	**la**, **a**voir, femme
/**e**/	caf**é**, parl**ez**, l**es**
/ɛ/	b**e**lle, bi**è**re, franç**ais**
/**œ**/	j**eu**ne, p**eu**r, s**œu**r
/ø/	p**eu**, chev**eu**x
/ə/	j**e**, t**e**, M**on**sieur
/**i**/	v**i**te, ou**i**, **y**
/**o**/	r**o**se, j**au**ne, b**eau**, h**ô**tel
/ɔ/	c**o**mment, espagn**o**l, p**o**mme
/**u**/	v**ou**s, s**ou**vent, s**ou**s
/**y**/	t**u**, sal**u**t, **eu**
/ɑ̃/	**en**, d**an**s, fr**an**çais
/ɛ̃/	bi**en**, p**ain**, v**in**, **un**
/ɔ̃/	m**on**, n**on**, n**om**bre
/**j**/	cra**y**on, m**i**eux, fami**lle**
/ɥ/	l**u**i, s**u**is, h**u**it
/**w**/	**ou**i, j**ou**er, p**ou**rq**uoi**

Consonants

/**b**/	**b**onjour, ver**b**e
/**d**/	**d**evant, pren**d**re
/**f**/	**f**rançais, **ph**iloso**ph**ie
/**g**/	**g**rand, lon**gu**e
/ʒ/	man**g**er, **j**anvier, â**g**e
/**k**/	**c**assette, **k**ir, chè**qu**e
/**l**/	**l**es, appe**l**er, mi**ll**e
/**m**/	**m**ètre, ai**m**er, ho**mm**e
/**n**/	**n**ous, ave**n**ue, do**nn**e
/ɲ/	campa**gn**e, oi**gn**on
/**p**/	**p**ar, éta**p**e, a**pp**artement
/**r**/	**r**ien, vend**r**e, sœu**r**
/**s**/	**s**alle, **ç**a, na**t**ion
/ʃ/	**ch**er, a**ch**eter, tran**ch**e
/**t**/	**t**hé, a**tt**endre, vi**t**e
/**v**/	**v**enir, tra**v**ailler, ri**v**e
/**z**/	Mademoi**s**elle, cho**s**e, **z**éro

LEXIQUES

Lexique: Français-anglais

A

à to; at, in, with
à bientôt soon
à cause de*[1] because of
à cheval on horseback
à côté de next to
à deux pas* next door
à droite on the right
à gauche on the left
à l'heure on time
à l'improviste spontaneously
à la carte from the general menu
à la fois at the same time
à la mode in fashion
à la rigueur* if worse comes to worse
à merveille marvelously
à peine hardly
à pied on foot
à prix fixe at a fixed price
à tout à l'heure see you later
à vol d'oiseau* from a bird's eye view
à votre (ta) place in your place
à vélo by bicycle
un abri shelter
abriter to house, shelter
accueillir to welcome
un accident accident
accompagner to accompany
un achat purchase
acheter to buy
s'acheter to buy for oneself
l'acier *m.* steel
acquis(e)* acquired
un(e) acteur (actrice) actor (actress)
actif(-ive) active
actuellement* nowadays
l'addition *f.* bill
adorer to love
une adresse address
un aérogramme air-mail letter
un aéroport airport
affairé(e)* bustling, fussing
les affaires *f.* business
afficher to post
âgé(e) elderly, old
une agence de location rental agency
l'agneau *m.* lamb
agricole* agricultural
ah, bon Oh!
les aieux* *m.* ancestors
aimable likeable, nice
aimer to like, love
aimer beaucoup to like a lot
aimer bien to like a lot
aimer mieux to prefer
s'ajouter* come to add itself
une allée alley
aligné(e)* aligned
l'Allemagne *f.* Germany
allemand(e) German
aller to go
aller à la chasse to go hunting
aller à la pêche to go fishing
aller bien à to fit
aller de mal en pire to go from bad to worse
aller mieux to be better, to feel better
un aller simple one way ticket
un aller-retour round trip ticket
les allergies *f.* allergies
allergique à allergic to
allez, au revoir so long
allô hello (on the telephone)
allons au café! let's go to the café!
allumé(e)* lit
alors then
l'alpinisme *m.* mountain climbing
alsacien(ne)* from the province of Alsace
ambitieux(-euse) ambitious
l'ambition *f.* ambition
aménageable* can be finished
amener to take, lead
américain(e) American
un(e) ami(e) friend
un amoureux* lover
s'amuser to have fun
un an year
ancien(ne)* ancient; former
anglais(e) English
l'Angleterre *f.* England
une année year
un anniversaire birthday
un annuaire telephone book

1. * means the word is considered receptive vocabulary. Receptive words appear only in readings or reading chapters. Active words occur in *Points de départ* or *Structures* and are found in the list at the end of each chapter.

annuler to cancel
un anorak anorak jacket
l'anthropologie *f.* anthropology
un antihistamine antihistamine
les antiquités* *f.* antiques, relics
août August
s'apercevoir* to notice
un apéritif before-dinner drink
un appareil-photo camera
un appartement apartment
appartenir à* to belong to
appeler to call
apporter to carry, bring
apprendre to learn
approfondi(e)* in depth
approvisionner* to supply
après after
l'après-midi *m.* afternoon
un arbre tree
les arcs-boutants* *m.* flying buttresses
l'argent *m.* money
une armoire closet
arriver (à) to arrive, happen
arrosé(e)* irrigated
l'art dramatique *m.* theater
un ascenseur elevator
des asperges *f.* asparagus
une aspirine aspirin
s'asseoir to sit down
assez de enough
assidu(e)* conscientious
une assiette plate
un(e) assistant(e) assistant
assister (à) to attend
les assurances sociales* *f.* social security
un atelier workshop
attendre to wait for
attirer* to attract
un attrait* attraction
au bord de at the edge of
au bout de at the end of
au citron with lemon
au coin de at the corner of
au-delà* beyond
au fond de* at the bottom
au lait with milk
au moins* at least
au revoir goodbye
une auberge* inn
aucun(e) no, none
aujourd'hui today
ausculter to listen to the heart and lungs
aussi also
autant de as many, as much
autant que as much as
l'autobus *m.* bus
l'automne *m.* autumn
autrefois formerly, in the past
avant de before
avare stingy, miserly
avec with
avec plaisir with pleasure
l'avenir *m.* future
l'avenue *f.* avenue
une averse downpour
un avion plane
un avis de réception return receipt
un(e) avocat(e) lawyer
avoir to have
avoir... ans to be... years old
avoir besoin de to need
avoir bonne mine to look good
avoir de la chance* to be lucky
avoir du mal à to have difficulty (doing)
avoir envie de to feel like
avoir faim to be hungry
avoir horreur de to hate; to not be able to stand
avoir l'air to appear, to seem
avoir l'habitude de to be accustomed to
avoir l'intention de to intend to
avoir le mal de l'air to be airsick
avoir le mal de mer to be seasick
avoir lieu* to take place
avoir mal (à) to hurt, to have a pain in
avoir peur de to be afraid of
avoir raison to be right
avoir rendez-vous (avec) to have an appointment with
avoir soif to be thirsty
avoir tort to be wrong
avoir une faim de loup to be hungry as a bear (wolf)
avril April

B

une baguette long, thin loaf of bread
se baigner to bathe; to go swimming
la baignoire bathtub
baisser* to lower
une banane banana
un banc* bench (seat in a lecture hall)
une banlieue suburb
une banque bank
le baptême Baptism
une barbe beard
un bardeau* shingle
la basse-cour* poultry yard
un bassin* shallow pool
la bataille* battle
un bateau à roues* steamboat
un batiment* building
beau (bel, belle) beautiful
beaucoup very much; a lot
les beaux-arts *m.* fine arts
de bel entrain* briskly, enthusiastically
belge Belgian
la Belgique Belgium
le berceau* cradle
une besogne* task
une bibliothèque library
une bicyclette bicycle
un bidet sink for washing genitals
bien well
le bien-être well-being
bien sûr of course
une bière allemande German beer
une bière française French beer
un bijou jewel
un bikini bikini
un billet ticket
d'avion plane ticket
de première first class ticket
de seconde second class ticket
de tourisme tourist class ticket
de train train ticket
un bifteck steak
la biologie biology
blanc(he) white
le blé* wheat
bleu(e) blue
blond(e) blond

un blue-jean blue jeans
boire to drink
les bois *m.* woods
une boisson drink
une boîte can, box
bon(ne) good
un bond* leap
bonjour hello
le Bordelais* Bordeaux region
les bords* *m.* banks (of a river)
la botanique botany
les bottes *f.* boots
la bouche mouth
une bouche de métro entrance to the subway
une boucherie butcher shop
une boulangerie bakery (bread)
le boulevard boulevard
le boulevard périphérique* beltway
la bouillabaisse* fish soup in clear broth
une bouilloire kettle
un(e) bouquiniste* bookseller
bousculer* to jostle
une bouteille bottle
brancher* to connect
un bras arm
la brasserie restaurant, pub
brésilien(ne) Brazilian
le brochet pike
le brouillard fog
le bruit* noise
la brume* mist, fog
brumeux(-euse) misty
brun(e) brown, brunette
une buanderie* laundry room (French Canadian)
un bureau* office
le bureau de location reservations window
un bureau de poste post office
un bureau de tabac tobacco shop
une butte* hill

C

ça ne vous tente pas? aren't you tempted by?
ça va? how are you?
ça vous fera... that will cost you...
ça y est it's settled
une cabine d'essayage fitting room
le cabinet office
un cabinet de toilette half bath (toilet and sink only)
un cachet capsule
un cadeau present, gift
le cadre* setting
un café coffee; café
un café au lait coffee with milk
un café-crème coffee with cream
une cafetière coffee pot
un cahier notebook
une calculatrice calculator
un calmant tranquilizer
se calmer to calm (oneself) down
camerounais(e) person from Cameroon
la campagne* fields
le camping camping
canadien(ne) Canadian
un canapé sofa, couch
le canard duck
le caneton duckling
un canton* administrative district
le car bus
un carnet book (of subway tickets); notebook
un carnet de chèques checkbook
carré(e)* square
une carotte carrot
une carte map, card, menu
une carte de crédit credit card
une carte orange one-month subway pass
une carte postale postcard
casser la croûte* to have a bite to eat
se casser to break
une casserole pot
une cassette cassette tape
un cassoulet* stew made from goose, mutton, pork and beans
une cathédrale cathedral
causer* to chat
ce this
cela that
célèbre famous
celtique celtic
celui (celle) the one
les cendres* *f.* ashes
le cendrier* ashtray
un centime 1/100 of a franc
le central* central switchboard or exchange
le centre commercial shopping mall
un cercle circle
les céréales *f.* cereal
une cerise cherry
certain(e) certain
le cerveau* brain
le cervelas* spicy sausage made from pork
c'est-à-dire* that is to say
c'est... à l'appareil... is on the phone
c'est combien? how much is that?
c'est convenu* agreed
c'est de la part de qui? who is calling?
c'est une bonne idée that's a good idea
cette this
ceux those
chacun(e) each one
une chaîne-stéréo stereo
la chair* flesh
la chaleur* heat
une chambre bedroom
le champ* field
un champignon mushroom
la chance* luck
un chandail sweater
changer to change
les chansonniers* *m.* singers
chanter to sing
un chapeau hat
une charcuterie pork butcher shop, delicatessen
chargé(e) heavy, loaded
les charges *f.* utilities
un chat cat
chaud(e) hot
le chauffage heat

la chaumière* thatched house, cottage
chausser de to wear (on feet)
les chaussettes *f.* socks
les chaussures *f.* shoes
le chef-lieu county seat
une chemise shirt
une chemise de nuit night shirt
un chemisier blouse
un chèque barré check for deposit only (non-negotiable)
un chèque de voyage traveler's check
cher(-ère) expensive
chercher to look for
chéri(e) darling
les cheveux *m.* hair
une chèvre* goat
chez at the house, home, place of
un chien dog
la chimie chemistry
chinois(e) Chinese
un chocolat hot chocolate
choisir to choose
le chômage* unemployment
les choses* *f.* things
chouette great
le ciel sky
le cinéma movies
la circulation traffic
le citoyen (la citoyenne)* citizen
un citron pressé lemonade
le civet d'oie* goose stew
clair light
une classe class
classique classical
une clé key
un clochard* streetperson
le clocher* church steeple
un coca Coca-Cola
un cochon* pig
le code postal zip code
le coeur heart
les coffrets-repas froids *m.* cold meals served in airline style trays
un colis package
les collants *m.* stockings
la colline* hill
combien de... ? how many, how much
une comédie comedy
commander to order
comme like; as
commencer (à) to begin (to)
comment allez-vous? (comment ça va?) how are you?
comment s'appelle... ? what is ...'s name?
comment t'appelles-tu? what is your name?
comment vous appelez-vous? what is your name?
un compartiment train compartment
la complaisance self-aggrandisement
comporter to include
comprendre to understand; include
un comprimé tablet, pill
compris(e) included
la comptabilité accounting
un compte en banque bank account
compter to count (on)
concevoir* to conceive
le Concorde supersonic jet
la Confédération Helvétique* official name of Switzerland
une conférence lecture
la confiserie confectionery
la confiture jelly, jam
confortable comfortable
connaître to know, to be familiar with
un conseil advice
conseiller to advise, to recommend
les conserves *f.* preserves, canned goods
la constipation constipation
construire* to build
un conte* story
content(e) happy
continuer to continue
contre against
une contrée battue* battered region
les coquilles St-Jacques *f.* scallops
le corps body
une correspondance subway connection
un(e) correspondant(e) person receiving the call
un costume suit (men's)
la côte* coast
la Côte d'Azur* Riviera
une côtelette cutlet, chop
le coton cotton
le cou neck
se coucher to go to bed
une couchette sleeping car (on a train)
se la couler douce* to take it easy
un couloir* corridor
un coup de fil (de téléphone) phone call
se couper to cut oneself
un couple couple
le courage courage
courageux(-euse) courageous
le courrier mail
un cours course (school)
une course* race
court(e) short
un(e) cousin(e) cousin
un couteau knife
coûter to cost
couvent* convent
le couvert table setting
couvert(e) covered
couvrir to cover
une cravate tie
un crayon pencil
les crevettes *f.* shrimp
croire to think, to believe
un croissant croissant
un croque-madame grilled ham and cheese sandwich with egg
un croque-monsieur grilled ham and cheese sandwich
croustillant(e)* crisp
les crudités *f.* raw vegetables
la cuiller (or cuillère)* spoon
une cuisine kitchen

D

d'abord first
d'accord fine, OK

une dame lady
dans in
dans lequel* in which
danser to dance
de of, from
de bonne heure early
de la même façon in the same way
de nos jours* nowadays
de nouveau again
de passage visiting
de rien you're welcome
de temps en temps from time to time
décembre December
se déchaîner* to unleash itself
découvrir to discover
décrire to describe
décrocher (l'appareil) to pick up the phone receiver
défaire to undo
un défi* challenge
un défilé* parade
déguster to taste, to eat
déjà already
le déjeuner lunch
un(e) délégué(e) delegate
délicieux(-euse) delicious
demain tomorrow
demander to ask (for)
déménager to move
demeurer* to remain; to live
demi(e) half
un demi* draft beer
une demi-heure one half hour
les dents *f.* teeth
dépasser* to go beyond
se dépêcher to hurry
dépenser to spend
le déplacement* movement
déplacer* to move
déposé(e) deposited
déposer to deposit
depuis since
depuis combien de temps for how long
depuis quand since when
depuis un certain temps for a while now
dernier last
derrière behind
descendre to go down, to get off
se déshabiller to get undressed
désirer to want
désolé(e) very sad, sorry
le dessin drawing
le destinataire recipient
détester to hate
devant in front of
devenir to become
devoir to owe; to have to, must
le devoir* duty
dévoué(e) devout
la diarrhée diarrhea
différent(e) different
difficile difficult
dimanche Sunday
dîner to eat dinner, to dine
un diplôme diploma
dire to say
la direction direction
se diriger (vers) to head for
dis donc! say there!
discret(-ète) discreet
se disputer (avec) to argue (with)
un disque record album
les distractions *f.* entertainment
d'occasion used
un doctorat doctoral degree
un documentaire documentary
un doigt finger
un don* gift, donation
donc therefore
donner to give
donnez-moi give me
dont which
doré(e)* golden
dormir to sleep
le dos back
la douane customs
une douche shower
douter to doubt
doux (douce)* mild
une douzaine a dozen
un drame psychologique psychological drama
dressé(e)* arranged
le droit law; right
dur(e)* hard

E

une écharpe scarf
une échelle* ladder
échouer* to fail
un éclair cream-filled pastry
une école school
écouter* to listen to
l'écrevisse* *f.* crayfish
s'écrier* to cry out
écrire to write
un écrivain* writer
un édifice* building
également also
une église church
égyptien(ne) Egyptian
l'élevage* *m.* raising
s'élever* to rise
emballer to wrap
s'embrasser to kiss; to hug
un emploi du temps schedule
en in
en avance early; fast (watches)
en espèces in cash
en face de across from
en haut de* on top of
en P.C.V. (en paiement chez vous) (to call) collect
en principe in principle, theoretically
en retard late
en solde on sale
enchanté(e) delighted
encore again, yet, still
s'endormir to fall asleep
endosser to endorse
un endroit* place
s'énerver to get annoyed
un(e) enfant* child
enfin finally
enjoué(e)* playful
un(e) ennemi(e) enemy
ennuyeux(-euse) boring
l'enseignement* *m.* education
ensemble* together
ensuite next
entendre to hear
s'entendre avec to get along with
entendre dire to hear said
entendre parler de to hear speak of
entendu understood
entre between
l'entrée *f.* first course; entrance
entrer (dans) to enter

une enveloppe envelope
les environs* *m.* surrounding area
envoyer to send
une épice spice
une épicerie grocery store
des épinards *m.* spinach
éprouver* to feel
l'équitation horseback riding
les escarpins *m.* pumps
une espadrille canvas shoes
espagnol(e) Spanish
espérer to hope
essayer to try (on)
l'est east
un étage floor
une étagère bookcase
l'été *m.* summer
une étape stage, leg of a journey
un état state; condition
les États-Unis United States
s'étendre* to stretch out
étincelant(e)* sparkling
une étiquette a label
étonné(e) surprised
être to be
être en bonne forme to be in good shape
être enrhumé(e) to have a cold
étroit(e) narrow, tight
les études *f.* studies
un(e) étudiant(e) student
étudier to study
un événement* event
évidemment of course, obviously
un évier inox stainless steel sink
un examen de classement placement exam
exiger to require
expédier to send (a letter or a package)
l'expéditeur (l'expéditrice) sender
un express espresso coffee; express train
exprimer to express

F

facile easy
fâché(e) angry
une faculté school (part of university)
une faiblesse* weakness
faire to do; to make
faire du patinage to ice skate
faire du ski to ski
faire du sport to play sports
faire du tennis to play tennis
faire la connaissance de to get to know
faire la lessive to do the laundry
se faire mal à to hurt oneself
faire le ménage to do housework
faire la queue to wait on line
faire la vaisselle to do the dishes
faire la valise to pack a suitcase
faire les achats* to go shopping
faire les courses to go shopping; to do errands
faire peur à to frighten
faire recommander to register (a letter or a package)
faire un tour to take a walk, a trip
faire un voyage to take a trip
faire une promenade to take a walk
une famille family
farouche* fierce
farouchement* fiercely
fauché(e) broke
un fauteuil armchair
faux (fausse) false
une femme woman; wife
une ferme* farm
la fesse* buttock
février February
se fiancer to get engaged
une fiche* form
un fichier file cabinet
de la fièvre fever
un filet shopping sack
une fille girl; daughter
un film d'aventure adventure film
un film d'épouvante horror film
un film policier mystery, detective film
un fils son
la fin end
fin(e) thin
les fines herbes *f.* mixed herbs and spices
finir (de, par) to finish, to end up ...-ing
flambé(e) flaming
une fleur* flower
un fleuve large river that empties into the sea
fluvial* river *(adj).*
la foi* faith
le foie gras* liver
des fois* *f.* sometimes
une fois once
une fois pour toutes once and for all
un(e) fonctionnaire civil servant
la fonte* cast-iron
le football soccer
une formule formula; form
un foulard scarf
une foule* crowd
se fouler to sprain
un four oven
un four à micro-ondes microwave oven
une fourchette fork
un fourneau* stove
fournir* to provide
les frais *m.* expenses
frais (fraîche) fresh, cool
au frais* in the fresh air
un franc unit of French currency
français(e) French
franchir* to overcome
francophone French-speaking
la Francophonie French-speaking countries
frémissant(e)* simmering
un frigo (frigidaire) refrigerator
des frissons *m.* chills
frivole frivolous
froid(e) cold
le fromage cheese
la frontière border
les fruits de mer *m.* seafood
fréquemment frequently
un frère brother
un fruit fruit

fuir* to flee
fumé(e) smoked
la fumée* smoke
fumer to smoke
un fumeur smoker
furieux(-euse) furious

G

gagner to win; to earn
gagner leur vie* to earn their living
un gant glove
un garçon boy
garder to keep
une gare train station
une gargouille* gargoyle
garni(e) served with potato or vegetable
un gateau cake
généreux(-euse) generous
un genou knee
gentil(le) nice
la géologie geology
gérer* to manage
la gestion management
un gilet vest
la glace ice cream
les glaciers* *m.* glaciers
glisser* to slip
la gloire* glory
le golf golf
la gorge throat
un goût taste
goûter* to taste
des gouttes *f.* drops
grâce à* thanks to
un gramme gram
grand(e) big, large
un grand magasin department store
une grand-mère grandmother
un grand-père grandfather
gratiné(e) browned with bread crumbs or cheese
gras(se)* fat
gratuit(e)* free
grave serious
grelotter* to shiver
les grèves* *f.* strikes
un grille-pain toaster
la grippe flu
gris(e) gray
gros(se) fat
grossir to put on weight
le gruyère Swiss cheese
les gardians *m.* keepers of the horses
guérir* to cure
la guerre war
le guichet ticket window
la gymnastique gymnastics

H

s'habiller to get dressed
habiter to live
happé(e)* snatched up
des haricots verts *m.* string beans
haut(e) tall, high
la hauteur* height
les hémorroïdes *f.* hemorrhoids
une heure an hour
les heures de pointe *f.* rush hour
heureux(-euse) happy
hier yesterday
hier matin yesterday morning
hier soir last night
l'histoire *f.* history
l'hiver *m.* winter
un homme man
honnête honest
un hôpital hospital
les hors-d'oeuvre *m.* hors-d'oeuvres
un hôtel hotel
un hôtel particulier* private residence
une hotte basket carried on the back
huit jours a week
les huîtres *f.* oysters

I

ici here
idéaliste idealist
une idée idea
s'identifier to identify oneself
il est bon it is good
il est clair it is clear
il est dommage it's too bad
il est douteux it is doubtful
il est essentiel it is essential
il est évident it is evident
il est important it is important
il est indispensable it is indispensable
il est nécessaire it is necessary
il est peu probable it is not likely
il est possible it is possible
il est probable it is probable
il est question de it concerns
il est vrai it is true
il me faut I need
il ne faut pas you must not
il pleut it is raining
il s'agit de it is about, it concerns
il se peut it is possible
il suffit de it suffices to, it is enough to
il vaut mieux it is better
il y a there is; there are; ago
il y a (une heure) (one hour) ago
une île island
l'imagination *f.* imagination
un immeuble* apartment or office building
impatient(e) impatient
un imperméable raincoat
les impôts *m.* taxes
inconnu(e) unknown
incroyable unbelievable
indépendant(e) independent
l'indicatif *m.* area code
indiscret(-ète) indiscreet
l'informatique *f.* computer science
un ingénieur engineer
innombrable* innumerable
inondé(e)* swamped, flooded
s'inquiéter to worry
s'inscrire (à) to register
inscrit(e) written, inscribed
insister to insist
insolite unusual
installé(e) settled in
s'installer to settle
intellectuel(le) intellectual
intéressant(e) interesting
s'intéresser (à) to be interested in

inviter to invite
italien(ne) Italian

J

J.C. (Jésus Christ) Christ
une jambe leg
le jambon ham
janvier January
japonais(e) Japanese
un jardin garden
jaune yellow
je désire I would like
je m'appelle my name is
je n'en sais rien I have no idea
je ne sais pas I don't know
un jeton token
je vais prendre I will have
je vais très bien I am very well
je voudrais I would like
je vous dois combien? how much do I owe you?
je vous en prie you're welcome
je vous présente I would like you to meet . . .
jeudi Thursday
jeune young
le jogging jogging
joli(e) pretty
la joue* cheek
jouer (à) to play
jouir* to enjoy
un jour day
le Jour de l'An New Year's Day
un journal newspaper
le journalisme journalism
la journée day
les jours de fête* *m.* holidays
jouxter* to adjoin
juillet July
juin June
une jupe skirt
un jus de fruit fruit juice
jusqu'à until
justement it just so happens

K

un kilomètre (km)* kilometer
un kir white wine with black currant liqueur

L

là there
là-bas over there
laid(e) ugly
la laine wool
en laine made from wool
le lait milk
un lait-fraise milk with strawberry syrup
les langoustines *f.* crayfish
une langue language; tongue
les langues modernes *f.* modern languages
le lapin rabbit
un larcin* theft
large wide
un lavabo sink
se laver to wash oneself
un légume vegetable
le lendemain the day after, the next day
les uns des autres* one from the other
une lettre letter
les lettres *f.* humanities
une librairie bookstore
libre* free
le lièvre hare
une limonade carbonated lemon-flavored soft drink
la linguistique linguistics
lire to read
un lit bed
un litre a liter
la littérature literature
un livre book
une livre pound
le logement lodging, housing
loin de far from
long(ue) long
le long de along
les louanges* *f.* praise
louer to rent
le loyer rent
une lucarne en chiensis* dormer window
la luge sledding
les lumières* *f.* lights
lundi Monday
le luxe luxury
un lycée high school

M

une machine à écrire typewriter
Madame (Mme) Mrs.
Mademoiselle (Mlle) Miss
un magasin* *m.* store
un magasin d'antiquités antique store
un magnétoscope videocassette recorder
mai May
maigrir to lose weight
un maillot de bain bathing suit
un maillot de corps undershirt
maintenant now
mais but
mais non no! (emphatic)
mais oui yes! (emphatic)
une maison house
une maîtrise master's degree
mal badly
malade sick
malgré in spite of
malhonnête dishonest
un manadier* owner of horses
la Manche* English Channel
un manche handle
une manche sleeve
manger to eat
la mangue* mango
manquer to miss, to lack
un manteau coat
un manteau de pluie* raincoat
se maquiller to put on makeup
maraîcher(-ère)* vegetable farmer
mardi Tuesday
un marécage* swamp
marécageux(-euse) swampy
un mari husband
marié(e) married
se marier to get married
un marin* sailor
le marketing marketing
une marque* make, brand
marqué(e) marked
marron chestnut
mars March
les mathématiques *f.* mathematics
une matière subject (school)
un matin morning

mauvais(e) bad
un(e) mécanicien(ne) mechanic
un médecin doctor
la médecine medicine
les médicaments *m.* medicines
mégalithique* megalithic, made of a single stone
meilleur(e) best
mélanger* to mix, blend
une menthe à l'eau water with mint syrup
le menton* chin
un menu fixed menu
la mer* the sea
merci (bien) thank you (very much)
mercredi Wednesday
une mère mother
mes my
un mètre meter
la météo weather forecast
le métro subway
mettre to put, to place, to put on (clothes)
  se mettre à to begin
  se mettre au régime to go on a diet
  se mettre d'accord to agree
  se mettre en colère to get angry
  mettre... heures (jours) à to take... hours (days) to
  mettre la table (le couvert) to set the table
meublé(e) furnished
les meubles *m.* furniture
mexicain(e) Mexican
midi noon
mieux best
la migraine migraine headache
un mille-feuilles Napoleon (Genoese pastry)
des milliers thousands
mince thin
minuit midnight
mis* put
un mocassin moccasin
moche plain, unattractive
moderne modern
moi me
moins de less, fewer
le mois month
la moitié half
le monde* the world
la monnaie change
Monsieur (M.) Mr., Sir
la montagne mountain
monter (dans) to get in (a vehicle); to go up
montrer to show
un morceau piece
mort(e) dead *(adj.)*
un mot* word
une motocyclette motorcycle
les moules *f.* mussels
une moustache mustache
la moutarde mustard
un mouton* sheep
moyen(ne)* average
le moyen âge* Middle Ages
le mulet* mule
un musée museum
la musique music

N

n'est-ce pas? right? isn't that so?
nager to swim
naïf (naïve) naive
la naissance birth
natal(e)* of birth
la nature nature
la nausée nausea
la navette spatiale* space shuttle
navré(e) very sad, really sorry
ne... aucun(e)* no, none
ne... guère* hardly, scarcely
ne... pas not
ne... pas encore not yet
ne pas avoir bonne mine to not look very good
ne... personne no one
ne... plus no more
ne... rien nothing
ne... que* only
néanmoins* nevertheless
neiger to snow
le nez nose
  le nez pris a stuffy nose
  le nez qui coule runny nose
ni l'un ni l'autre neither one nor the other
Noël Christmas
noir(e) black
un nom de famille last name
non no
un non-fumeur non-smoker
non plus neither
le nord north
la note bill; grade
nourrir* to nourish, to feed
nouveau (nouvelle) new
un nouveau-né newborn
novembre November
un nuage cloud
nuageux cloudy
la nuit night
le numéro number

O

obéir (à) to obey
obtenir to get, obtain
occidental(e)* western
occupé(e) busy
s'occuper (de) to take care of
octobre October
un oeil (des yeux) eye(s)
un oeuf egg
l'oeuvre* *f.* work
offrir to offer
un oignon onion
ombragé(e)* shaded
l'ombre* *f.* shade
une omelette omelette
on people, one, you, we, they
un oncle uncle
optimiste optimistic
un orage storm
une orange orange
un Orangina carbonated orange-flavored soft drink
un ordinateur computer
une ordonnance prescription
une oreille ear
oublier to forget
l'ouest west
oui yes
où? where
où est... ? where is... ?
où se trouve... ? where is... ?
ouvert(e) open
l'ouverture *f.* opening
un ouvre-boîtes can opener

un(e) ouvrier(-ère) worker
ouvrir to open

P

le pain bread
un pain au chocolat chocolate-filled pastry
un pain de campagne round loaf of bread
paisible* peaceful
la paix peace
le palais palace
le palmipède* palmiped (bird)
palper* to feel, to palpate
un pamplemousse grapefruit
un pantalon pants
Pâques Easter
un paquet mailing box
par by
par avion by airmail
par-dessus* above
par nuit by night
par voie de surface by surface mail
un parapluie umbrella
un parc park
parce que because
parcourir* to cross
pardon sorry; excuse me
paresseux(-euse) lazy
parfaitement perfectly
parfois* sometimes
parler to speak
parmi among
partager* to share
des parterres* *m.* flower beds
partir (de) to leave
partout* everywhere
pas du tout not at all
passé last *(adj.)*
passer mon temps to spend my time
passer par to pass through
passer un examen to take an exam
une pastille lozenge
un pastis* alcoholic beverage with an anise base
un pâté ground meat and liver loaf
la patience patience
patient(e) patient
une pâtisserie pastry, pastry shop
le patron (la patronne) boss
payer to pay (for)
payer les yeux de la tête to pay an exorbitant price
un pays* country
les paysages* *m.* landscapes
la peau* skin
la pêche* fishing
une pêche peach
un pêcheur* fisherman
la peine* difficulty
la peinture painting
une pelle* shovel
pelleter* to shovel
pendant (que) for, during, while
pénible* difficult
penser to think
penser à to think about
penser de to think of
une pension boarding house
perdre to lose
périgueux from the Périgord region
les périssables *m.* perishables
un père father
permettre to permit, allow
un Perrier carbonated mineral water
peser to weigh
pessimiste pessimistic
petit(e) small, short
le petit déjeuner breakfast
les petit pois *m.* peas
un(e) petit(e) ami(e) boy (girl)friend
une petite-fille granddaughter
les petites annonces *f.* classified ads
un peu a little
un peu partout all over
les peuples* *m.* peoples
peut-être perhaps
une pharmacie drugstore
un(e) pharmacien(ne) pharmacist
la philosophie philosophy
la physique physics
une pièce room
une pièce (de théâtre) play
une pièce de monnaie coin
le pied foot
à pied* by, on foot
une pierre* rock, stone
une pirogue* dugout canoe
la place square; plaza; space; seat
le plafond ceiling
la plage beach
se plaindre* to complain
plaire* to please
le plaisir pleasure
un plan map
la planche à voile board sailing
le plancher floor
une plaque plate, plaque
une plaque d'immatriculation* license plate
un plat a dish, plate
plein de* very
pleurer* to cry
pleuvoir to rain
la plongée sous-marine scuba-diving
la pluie* rain
la plupart (des) most
plus de more
le plus large* widest
plus tard later
le poignet wrist
la pointure size (gloves and shoes)
une poire pear
le poisson fish, catch
poli(e) polite
la politique politics
une pomme apple
une pomme de terre potato
un pont* bridge
populaire popular
le porc pork
un porche* portal (covered entrance)
la porte door
un portefeuille wallet
la poste aérienne air mail
poster to mail
un(e) postier(-ère) postal employee
le potage soup
la poulaille* chicks
le poulailler* henhouse
le poulet chicken

la poule* hen
pour for; in order to
pourquoi? why?
pourquoi pas? why not?
pourriez-vous... ? could you... ?
pourtant* however
la poussière* dust
pouvoir to be able to
le pouvoir power
pratique practical
préférer to prefer
premier(-ère) first
prendre to take
prendre congé to say goodbye
prendre du soleil to get some sun
prendre une décision to make a decision
un prénom first name
le (la) préposé(e) employee
près de near to
pres d'ici nearby
une preuve d'emploi proof of employment
prier to request
le printemps spring
privé(e) private
le prix price
prochain(e) next
un professeur teacher
un(e) programmeur(-euse) computer programmer
un projet project, plan
se promener to take a walk
un promeneur* stroller
promettre to promise
un(e) propriétaire owner
la psychologie psychology
puissant(e)* powerful
un pull-over sweater
pulluler to be found in profusion
un pyjama pajamas

Q

les quais *m.* river bank, streets along the river
quand when
quand même anyway
un quart a quarter liter carafe
un quart d'heure a quarter of an hour
le quartier neighborhood, section of a city
que what; that
quel(le) what, which
quel est le nom de... ? what is ...'s name?
quel est ton nom? what is your name?
quel est votre nom? what is your name?
quel jour est-ce? what day is it?
quel jour sommes-nous? what day is it?
quel temps fait-il? what is the weather like?
quelqu'un someone
quelque* whatever
quelque chose something
quelquefois sometimes
quelques a few
qu'est-ce que what
qu'est-ce que tu as? what's the matter?
qu'est-ce qui what
qu'est-ce qui ne va pas? what's wrong?
qu'est-ce qu'on va faire? what are we going to do?
qui when
quitter to leave
ne quittez pas please hold
se quitter to leave one another
quoi what

R

raccourcir to shorten
raccrocher (l'appareil) to hang up the phone receiver
une radio radio
les raisins *m.* grapes
ranger to arrange; to put away
un rapide express train
rappeler to call back
rarement rarely
se raser to shave oneself
rater un examen to fail a test
ravi(e) thrilled
un rayon department (in a store)
réaliste realistic
récemment recently
un récépissé receipt
la réception front desk
recevoir to receive
un réchaud éléctrique hot plate
le rédacteur (la rédactrice) editor
réfléchir (à) to think
le refus* refusal
un régime diet
régler to settle
regretter to be sorry, to regret
les reins* kidneys
un relevé de compte bank statement
relier to join
une religieuse cream-filled pastry; nun
relire to reread
remercier to thank
remparts* walls surrounding a fortress
remplir to fill out
se rencontrer to meet
un rendez-vous appointment, meeting
rendre to return (something); to make
rendre visite à to visit (a person)
se rendre compte* to realize
s'y rendre* to go there
renouveler to renew
se renseigner to get information
la rentrée (des classes) start of school in Fall
rentrer to return
reposé* put down again
se reposer to rest, to relax
réserver to reserve
une résidence universitaire student dormitory
résorber* to resolve
respirer* to breathe
un restaurant restaurant
rester to stay; to remain
retenir to retain
retirer to withdraw
retourner to return
se retrouver to meet
réunir to bring together
se réunir to meet
réussir (à) to succeed
réussir à un examen* to pass a test

un rêve* dream
se réveiller to wake up
revendiquer* to claim
revenir to come back
une revue magazine
le rez-de-chaussée ground floor
un rhume cold
le rhume des foins hay fever
un rideau curtain, shutter, blind
le ris de veau veal sweetbread
la rive bank of a river
une rivière* tributary
le riz* rice
une robe dress
rocheux(-euse)* rocky
le rognon* kidney
un roi king
un roman novel
roman Romanesque
le romanche* language spoken in Switzerland
rose* pink
un rôti roast
rouge red
roux (rousse) red-headed
la rue street
une ruelle* narrow street
russe Russian

S

un sac bag; pocketbook
un sac à dos knapsack
le saccage* havoc
sacro-saint(e)* very sacred, inviolable
une saison season
une salade salad
un salaire salary
une salle room
une salle à manger dining room
une salle d'attente waiting room
une salle de bains bathroom
une salle de séjour living room
salut hi!
les salutations *f.* greetings
samedi Saturday
une sandale sandal
un sandwich sandwich
le sang blood
sans without
les Sarrasins* *m.* Sarracens, the Moors
une saucisse sausage
un saucisson salami
sauf except for
sauté(e) fried, sauteed
sauvegarder* to protect
savoir to know, know how to
la scène stage
la science science
la science politique political science
les sciences économiques *f.* economics (school)
les sciences humaines *f.* social sciences
les sciences naturelles *f.* natural sciences
les sciences physiques *f.* physical education
scolaire school
la sculpture sculpture
une séance showing, performance
sécher un cours to skip class
secret(-ète) secret *(adj.)*
un(e) secrétaire secretary
le sel salt
la semaine week
sembler to appear, to seem
sénégalais(e) person from Senegal
sensationnel(le) sensational
un sentier* pathway
se sentir bien (mal) to feel well (poorly)
septembre September
sérieux(-euse) serious
se serrer la main to shake hands
un(e) serveur(-euse)* waiter, waitress
servi(e) served
le service d'accueil welcome service
le service des renseignements information
le service-restauration dining service
une serviette briefcase; napkin
servir to serve
sévir* to rage, hold sway
un short shorts
le siècle* century
le siège seat
siéger* to reside
s'il vous plaît please
un singe monkey
un site classé* officially registered monument
sitôt* as soon as
le ski skiing
le ski de fond cross-country skiing
le ski nautique water skiing
un slip briefs
la sociologie sociology
une soeur sister
un sofa sofa
la soie silk
soigner to care for
se soigner to take care of oneself
un soir evening
le sol* soil
un soldat* soldier
le soleil sun
la sorcellerie* witchcraft
sortir to leave; to go out
les soucis* *m.* worries
souffrant(e) sick
souffrir (de) to suffer from
soulager* to ease
soupirer* to sigh
sous* under, underneath
un sous-vêtement underwear
un soutien-gorge bra
se souvenir (de) to remember
souvent often
une spécialisation academic major
sportif(-ive) athletic
les sports *m.* sports
le standard (la standardiste) operator
une station de métro subway stop
la strophe* stanza
un stylo pen
le sucre sugar
le sud south
suffire to be enough
suffisamment sufficiently
suisse Swiss

suivant(e) following
suivre to follow
suivre un cours to take a course
un supplément additional payment
supporter to stand, to tolerate
les suppositoires *m.* suppositories
sur on
sûr(e) sure, certain
surmonté(e) de* topped by
surpris(e) surprised
une surprise a surprise
surtout* especially
surveiller* to oversee
survivre* to survive
sympa (sympathique)* nice
un symptôme symptom
un syndicat* union
le Syndicat d'initiative* tourist office, information center

T

le T.G.V. (le train à grande vitesse) high-speed train
le tact tact
la taille size
un tailleur suit (women's)
le talent talent
un talon heel
tandis que* while
une tante aunt
tant mieux so much the better
tantôt... tantôt* at one time... at another time
un tapis rug
tard late
le tarif postal postage
une tarte pie
une tartelette tartlet (small pie)
la tasse* cup
un taureau* bull
un taxi taxi
en taxi by taxi
un tee-shirt T-shirt
un télégramme telegram
téléphoner to call (on the telephone)
se téléphoner to call one another
la télévision television
un témoin* witness
une tempête* storm
le temps time; weather
tenir compte de* to take into account
le tennis tennis
un tennis sneaker
un terrain vague* vacant lot
les terrains à cultiver* *m.* agricultural land
une terrine meatloaf, kind of pâté
la tête* head
le thé tea
un thé au citron tea with lemon
un thé au lait tea with milk
un thé-nature plain tea
le théâtre theater
tiède* warm
un timbre stamp
timide timid
tirer la langue* to stick out your tongue
un tissu material, fabric
le toast toast
toi you
un toit roof
une tomate tomato
un tombeau* tomb
tomber to fall
la tonalité dial tone
tôt early
toujours always
son tour his (her) turn
un(e) touriste tourist
tourner to turn
un tourteau* hermit-crab
tous ensemble all together
tous les deux both
la Toussaint All Saints Day, Nov. 1
tousser to cough
le tout everything
tout all
tout à coup suddenly
tout à fait quite
tout à l'heure in a little while
tout de même all the same
tout de suite right away
tout droit straight ahead
tout le monde everyone
tous (toutes) les deux both
toutefois* however
le train train
un train de nuit night train
un train direct non-stop train
traîner* to drag (on)
une tranche slice
un transistor radio
le travail work
travailler to work
les travaux pratiques *m.* lab work
traverser to cross
un tribunal(aux)* court
triste sad
se tromper (de) to be mistaken
trop (de) too much
un troupeau* herd
trouver to find
la truite trout

U

unir* to unify
universitaire university *(adj.)*
une université university
une usine* factory

V

les vacances *f.* vacation
une vache* cow
la vague* wave
la vaisselle dishes
valoir (la peine)* to be worth (it)
le veau* veal, calf
un vélo bicycle
un vélomoteur moped
le velouté cream soup
venant de* coming from
un(e) vendeur(-euse) salesman(woman)
vendre to sell
vendredi Friday
venir to come
venir à l'esprit* to come to mind
venir de to have just
le vent wind

le ventre abdomen
le verglas ice (on roads)
vérifier to verify
vermoulu(e)* worm-eaten
un verre* glass
un verre de blanc a glass of white wine
un verre de rouge a glass of red wine
vers* toward, about
vert(e) green
une veste jacket
les vêtements *m.* clothing
la viande meat
une vidéo video
la vie* life
vieillir to grow old
vierge* virgin
vieux (vieille) old
les vignobles* *m.* vineyards
une ville city
le vin wine
vinicole* wine-growing
violet(te) purple, violet
le visage face
un vitrail stained-glass window
un Vittel non-carbonated mineral water
un vivoir* living room (French Canadian)
voici here is; here are
la voie* way, route
voilà there is; there are
voir to see
un(e) voisin(e) neighbor
une voiture car
une voiture-couchettes sleeping cars (with bunk-beds)
en voiture by car
vouloir (bien) to wish, want
voyager to travel
un voyageur traveler
voyons let's see
vrai(e) true

W

le W.C. water closet, toilet
un wagon-lit sleeping car (with beds)
un wagon-restaurant restaurant car
un western western

Y

y there
les yeux (un oeil) eye(s)

Lexique: Anglais-français

A

a few quelques
a little un peu
a lot beaucoup
abdomen le ventre
academic major une spécialisation
accident un accident
to accompany accompagner
accounting la comptabilité
across from en face de
active actif(-ive)
actor (actress) un(e) acteur (actrice)
additional payment un supplément
address une adresse
adventure film un film d'aventure
advice un conseil
to advise conseiller
after après
afternoon l'après-midi
again de nouveau; encore
against contre
ago il y a
to agree se mettre d'accord
air mail la poste aérienne
by air mail par avion
air-mail letter un aérogramme
airport un aéroport
all over un peu partout
All Saints Day, Nov. 1 la Toussaint
all the same tout de même
all together tous ensemble
all tout
allergic to allergique à
allergies les allergies
alley une allée
to allow permettre
along le long de
already déjà
also aussi; également
always toujours
ambition l'ambition
ambitious ambitieux(-euse)
American américain(e)
among parmi
an hour une heure
angry fâché(e)
anorak jacket un anorak
anthropology l'anthropologie
antihistamine un antihistamine
antique store un magasin d'antiquités
anyway quand même
apartment un appartement
to appear avoir l'air; sembler
apple une pomme
appointment, meeting un rendez-vous
April avril
area code l'indicatif *m.*
aren't you tempted by? ça ne vous tente pas?
to argue (with) se disputer (avec)
arm un bras
armchair un fauteuil
to arrive arriver
as comme
as many as... autant de... que
as much as... autant de... que
to ask (for) demander
aspirin une aspirine
assistant un(e) assistant(e)
at à
at a fixed price à prix fixe
at the corner of au coin de
at the edge of au bord de
at the end of au bout de
at the house (home, place) of chez
at the same time à la fois
athletic sportif(-ive)
to attend assister (à)
August août
aunt une tante
autumn l'automne *m.*
avenue l'avenue *f.*

B

back le dos
bad mauvais(e)
badly mal
bag (handbag) un sac
bakery (bread) une boulangerie
banana une banane
bank une banque
bank account un compte en banque
bank of a river la rive
bank statement un relevé de compte
Baptism le baptême
to bathe se baigner
bathing suit un maillot de bain
bathroom une salle de bains
bathtub la baignoire
to be être
to be able to pouvoir

to be accustomed to avoir l'habitude de
to be afraid of avoir peur de
to be airsick avoir le mal de l'air
to be better aller mieux
to be enough suffire
to be hungry avoir faim
to be hungry as a bear (wolf) avoir une faim de loup
to be in good shape être en bonne forme
to be interested in s'intéresser à
to be mistaken se tromper (de)
to be right avoir raison
to be seasick avoir le mal de mer
to be sorry regretter
to be thirsty avoir soif
to be wrong avoir tort
to be... years old avoir... ans
beach la plage
beard une barbe
beautiful beau (bel, belle)
because parce que
to become devenir
bed un lit
bedroom une chambre
beer une bière
before avant de
before-dinner drink un apéritif
to begin (to) commencer (à); se mettre à
behind derrière
Belgian belge
Belgium la Belgique
to believe croire
best *(adj.)* le (la) meilleur(e)
best *(adv.)* le mieux
between entre
bicycle un vélo; une bicyclette
by bicycle à vélo
big grand(e)
bikini un bikini
bill l'addition *f.*; la note
biology la biologie
birth la naissance
birthday un anniversaire
black noir(e)
blind (for windows) un rideau
blond blond(e)
blood le sang
blouse un chemisier
blue bleu(e)
blue jeans un blue-jean
board sailing la planche à voile
boarding house une pension
body le corps
book un livre
book (of subway tickets) un carnet
bookcase une étagère
bookstore une librairie
boots les bottes *f.*
border la frontière
boring ennuyeux(-euse)
boss le patron (la patronne)
botany la botanique
both tous (toutes) les deux
bottle une bouteille
boulevard le boulevard
box une boîte
boy un garçon
boy (girl)friend un(e) petit(e) ami(e)
bra un soutien-gorge
Brazilian brésilien(ne)
bread le pain
to break se casser
breakfast le petit déjeuner
briefcase une serviette
briefs un slip
to bring apporter **(things);** amener **(people)**
to bring together réunir
broke fauché(e)
brother un frère
brown brun(e)
browned with bread crumbs or cheese gratiné(e)
brunette brun(e)
bus l'autobus *m.*; le car
business les affaires *f.*
busy occupé(e)
but mais
butcher shop une boucherie
to buy acheter
to buy for oneself s'acheter
by par
by bicycle à vélo
by car en voiture
by night par nuit
by surface mail par voie de surface
by taxi en taxi

C

cake un gâteau
calculator une calculatrice
to call appeler
to call (on the telephone) téléphoner
to call back rappeler
to call one another se téléphoner
to calm (oneself) down se calmer
camera un appareil-photo
Cameroon (person from) un(e) Camerounais(e)
camping le camping
can une boîte
can opener un ouvre-boîtes
Canadian canadien(ne)
to cancel annuler
candy store la confiserie
canned goods les conserves *f.*
canvas shoes une espadrille
capsule un cachet
car une voiture
by car en voiture
card une carte
to care for soigner
carrot une carotte
to carry apporter
cassette tape une cassette
cat un chat
cathedral une cathédrale
ceiling le plafond
celtic celtique
cereal les céréales *f.*
certain certain(e); sûr(e)
to change changer
change la monnaie
check un chèque; **(for deposit only)** un chèque barré
checkbook un carnet de chèques
cheese le fromage
chemistry la chimie
cherry une cerise
chestnut marron
chicken le poulet

chills des frissons *m.*
Chinese chinois(e)
to choose choisir
Christ J.C. (Jésus Christ)
Christmas Noël
church une église
circle un cercle
city une ville
civil servant un(e) fonctionnaire
class une classe
classical classique
classified ads les petites annonces *f.*
closet une armoire
clothing les vêtements *m.*
cloud un nuage
cloudy nuageux
coat un manteau
Coca-Cola un coca
coffee un café
coffee pot une cafetière
coffee with cream un café-crème
coffee with milk un café au lait
coin une pièce de monnaie
cold froid(e)
cold meals served in airline-style trays les coffrets-repas froids *m.*
cold un rhume
collect phone call en P.C.V. (en paiement chez vous)
to come venir
to come back revenir
comedy une comédie
comfortable confortable
computer programmer un(e) programmeur(-euse)
computer science l'informatique *f.*
computer un ordinateur
condition un état
constipation la constipation
to continue continuer
cool frais (fraîche)
to cost coûter
cotton le coton
couch un sofa; un canapé
to cough tousser
could you... ? pourriez-vous... ?
to count (on) compter (sur)
county seat le chef-lieu
couple un couple
courage le courage
courageous courageux(-euse)
course (school) un cours
cousin un(e) cousin(e)
to cover couvrir
covered couvert(e)
crayfish les langoustines *f.*
cream soup le velouté
credit card une carte de crédit
croissant un croissant
croissant with chocolate in the middle un pain au chocolat
to cross traverser
cross-country skiing le ski de fond
curtain un rideau
customs la douane
to cut oneself se couper
cutlet une côtelette

D

to dance danser
darling chéri(e)
daughter une fille
day un jour; la journée
day after le lendemain
dead *(adj.)* mort(e)
December décembre
delegate un(e) délégué(e)
delicatessen une charcuterie
delicious délicieux(-euse)
delighted enchanté(e)
department (in a store) un rayon
department store un grand magasin
to deposit déposer
deposited déposé(e)
to describe décrire
devout dévoué(e)
dial tone la tonalité
diarrhea la diarrhée
diet un régime
different différent(e)
difficult difficile
dining room une salle à manger
dining service le service-restauration
diploma un diplôme
direction la direction
to discover découvrir
discreet discret(-ète)
dish un plat
dishes la vaisselle
dishonest malhonnête
to do faire
to do errands faire les courses
to do housework faire le ménage
to do the dishes faire la vaisselle
to do the laundry faire la lessive
doctor un médecin
doctoral degree un doctorat
documentary un documentaire
dog un chien
door la porte
to doubt douter
downpour une averse
dozen une douzaine
drawing le dessin
dress une robe
to drink boire
drink une boisson
drops des gouttes *f.*
drugstore une pharmacie
duck le canard
duckling le caneton
during pendant (que)

E

each one chacun(e)
ear une oreille
early de bonne heure; tôt; en avance
to earn gagner
east l'est *m.*
Easter Pâques
easy facile
to eat manger
to eat dinner dîner
economics (school) les sciences économiques *f.*
editor le rédacteur (la rédactrice)
egg un oeuf
Egyptian égyptien(ne)
elderly âgé(e)
elevator un ascenseur
employee l'employé(e)
end la fin
to endorse endosser
enemy un(e) ennemi(e)

engineer un ingénieur
England l'Angleterre
English anglais(e)
enough assez de
to enter entrer (dans)
entertainment les distractions *f.*
entrance une entrée
entrance to the subway une bouche de métro
envelope une enveloppe
espresso coffee un express
evening un soir
everyone tout le monde
everything (le) tout
except sauf
excuse me pardon
expenses les frais *m.*
expensive cher(-ère)
to express exprimer
express train un rapide; un express
eye(s) un oeil (des yeux)

F

fabric le tissu
face le visage
to fail a test rater un examen
to fall tomber
to fall asleep s'endormir
false faux (fausse)
family une famille
famous célèbre
far from loin de
fast rapide; vite
fat gros(se)
father un père
February février
to feel better aller mieux
to feel like avoir envie de
to feel good (bad) se sentir bien (mal)
fever de la fièvre
fewer moins de
file cabinet un fichier
to fill out remplir
finally enfin
to find trouver
fine d'accord
fine arts les beaux-arts *m.*
finger un doigt
to finish finir (de, par)
first premier(-ère); d'abord
first class ticket un billet de première
first course l'entrée *f.*
first name un prénom
fish le poisson
to fit aller bien à
fitting room une cabine d'essayage
fixed menu un menu
flaming flambé(e)
floor le plancher; un étage
flu la grippe
fog le brouillard
to follow suivre
following suivant(e)
foot le pied
for (in order to) pour
for pendant (que)
for a while now depuis un certain temps
for how long depuis combien de temps
to forget oublier
fork une fourchette
form une formule
formerly autrefois
franc un franc
French français(e)
French bread: long, thin loaf une baguette
French-speaking countries la Francophonie
French-speaking francophone
frequently fréquemment
fresh frais (fraîche)
Friday vendredi
fried sauté(e)
friend un(e) ami(e)
to frighten faire peur à
frivolous frivole
from de
from the general menu à la carte
from time to time de temps en temps
front desk la réception
fruit un fruit
fruit juice un jus de fruit
furious furieux(-euse)
furnished meublé(e)
furniture les meubles *m.*
future l'avenir *m.*

G

garden un jardin
generous généreux(-euse)
geology la géologie
German allemand(e)
Germany l'Allemagne *f.*
to get obtenir
to get along with s'entendre avec
to get angry se mettre en colère
to get annoyed s'énerver
to get dressed s'habiller
to get engaged se fiancer
to get in (a vehicle) monter (dans)
to get information se renseigner
to get married se marier
to get off descendre
to get some sun prendre du soleil
to get to know faire la connaissance de
to get undressed se déshabiller
gift un cadeau
girl une fille
to give donner
give me donnez-moi
glass of red wine un verre de rouge
glass of white wine un verre de blanc
to go aller
to go down descendre
to go fishing aller à la pêche
to go from bad to worse aller de mal en pire
to go hunting aller à la chasse
to go on a diet se mettre au régime
to go out sortir
to go shopping faire les courses
to go to bed se coucher
to go up monter
golf le golf
good bon(ne)
goodbye au revoir
grade une note
gram un gramme

granddaughter une petite-fille
grandfather un grand-père
grandmother une grand-mère
grapefruit un pamplemousse
grapes les raisins *m.*
gray gris(e)
great chouette
green vert(e)
greetings les salutations *f.*
grilled ham and cheese sandwich un croque-monsieur
grilled ham and cheese sandwich with egg un croque-madame
grocery store une épicerie
ground floor le rez-de-chaussée
ground meat and liver loaf un pâté
to grow old vieillir
gymnastics la gymnastique

H

hair les cheveux *m.*
half demi(e); la moitié
half bath (toilet and sink only) un cabinet de toilette
half hour une demie-heure
ham le jambon
handbag un sac
handle un manche
to hang up (the phone) raccrocher (l'appareil)
to happen arriver (à)
happy content(e); heureux (-euse)
hardly à peine
hare le lièvre
hat un chapeau
to hate détester; avoir horreur de
to have avoir
to have a cold être enrhumé(e)
to have an appointment (with) avoir rendez-vous (avec)
to have difficulty (doing) avoir du mal à
to have fun s'amuser
to have just venir de
to have to devoir
hay fever le rhume des foins
to head for se diriger (vers)
to hear entendre
to hear said entendre dire
to hear speak of entendre parler de
heart le coeur
heat le chauffage
heavy chargé(e)
heel un talon
hello bonjour; allô **(on the telephone)**
hemorrhoids les hémorroïdes *f.*
here ici
here is (are) voici
hi! salut
high haut(e)
high school un lycée
history l'histoire
honest honnête
to hope espérer
horror film un film d'épouvante
hors-d'oeuvres les hors-d'oeuvre *m.*
horseback riding l'équitation *f.*
hospital un hôpital
hot chaud(e)
hot chocolate un chocolat
hot plate un réchaud éléctrique
hotel un hôtel
to house abriter
house une maison
housing le logement
how are you? comment allez-vous? (comment ça va?)
how many, how much combien de... ?
how much do I owe you? je vous dois combien?
how much is that? c'est combien?
to hug embrasser
humanities les lettres *f.*
to hurry se dépêcher
to hurt avoir mal (à)
to hurt oneself se faire mal (à)
husband un mari

I

I am very well je vais très bien
I don't know je ne sais pas
I have no idea je n'en sais rien
I need il me faut
I will have je vais prendre
I would like je voudrais
I would like you to meet... je vous présente...
ice (on roads) le verglas
ice cream la glace
to ice skate faire du patinage
idea une idée
idealist idéaliste
to identify oneself s'identifier
imagination l'imagination *f.*
impatient impatient(e)
in dans; en
in a little while (à) tout à l'heure
in cash en espèces
in fashion à la mode
in front of devant
in principle en principe
in spite of malgré
in the same way de la même façon
in your place à votre (ta) place
to include comporter
included compris(e)
independent indépendant(e)
indiscreet indiscret(-ète)
information le service des renseignements
to insist insister
intellectual intellectuel(le)
to intend to avoir l'intention de
interesting intéressant(e)
to invite inviter
island une île
it concerns il est question de; il s'agit de
it is about il s'agit de
it is better il vaut mieux
it is clear il est clair
it is doubtful il est douteux
it is essential il est essentiel
it is evident il est évident
it is good il est bon
it is important il est important
it is indispensable il est indispensable
it is necessary il est nécessaire
it is possible il est possible; il se peut
it is probable il est probable
it is raining il pleut

it is settled ça y est
it is too bad il est dommage; c'est dommage
it is true il est vrai
it is unlikely il est peu probable
it just so happens justement
it suffices to, it is enough to il suffit de
Italian italien(ne)

J

jacket une veste
jam la confiture
January janvier
Japanese japonais(e)
jelly la confiture
jewel un bijou
jogging le jogging
to join relier
journalism le journalisme
July juillet
June juin

K

to keep garder
kettle une bouilloire
key une clé
king un roi
to kiss s'embrasser
kitchen une cuisine
knapsack un sac à dos
knee un genou
knife un couteau
to know, know how to savoir
to know, to be familiar with connaître

L

lab work les travaux pratiques *m.*
label une étiquette
to lack manquer
lady une dame
lamb un agneau
language une langue
large grand(e)
last *(adj.)* passé; dernier
last name un nom de famille
last night hier soir
late en retard; tard
later plus tard
law le droit
lawyer un(e) avocat(e)
lazy paresseux(-euse)
to learn apprendre
to leave partir (de); quitter; sortir
to leave one another se quitter
lecture une conférence
leg une jambe
leg of a journey une étape
lemon-flavored soft drink une limonade
lemonade un citron pressé
less moins de
let's see voyons
letter une lettre
library une bibliothèque
license plate une plaque d'immatriculation
light clair(e)
like comme
to like aimer
to like a lot aimer beaucoup; aimer bien
likeable aimable
linguistics la linguistique
to listen to the heart and lungs ausculter
liter un litre
literature la littérature
to live habiter
living room une salle de séjour; un living
loaded chargé(e)
loafer (shoe) un mocassin
lodging le logement
long long(ue)
to look for chercher
to look good avoir bonne mine
to lose perdre
to lose weight maigrir
to love adorer; aimer
lozenge une pastille
lunch le déjeuner
luxury le luxe

M

magazine une revue
mail le courrier
to mail poster
mailing box un paquet
to make faire
to make a decision prendre une décision
man un homme
management la gestion
map un plan; une carte
March mars
marked marqué(e)
marketing le marketing
married marié(e)
marvelously à merveille
master's degree une maîtrise
material un tissu
mathematics les mathématiques *f.*
May mai
me moi
meat la viande
meatloaf (kind of pâté) une terrine
mechanic un(e) mécanicien(ne)
medicine la médecine
medicines les médicaments *m.*
to meet se rencontrer; se retrouver; se réunir
menu une carte
meter un mètre
Mexican mexicain(e)
microwave oven un four (à) micro-ondes
midnight minuit
migraine headache la migraine
milk le lait
milk with strawberry syrup un lait-fraise
mineral water l'eau minérale; un Perrier
Miss Mademoiselle (Mlle)
to miss manquer
moccasin un mocassin
modern moderne
modern languages les langues modernes *f.*
Monday lundi
money l'argent *m.*
monkey un singe
month le mois
moped un vélomoteur
more plus de
morning le matin
most la plupart (des)

mother une mère
motorcycle une motocyclette
mountain climbing l'alpinisme *m.*
mountain la montagne
mouth la bouche
to move déménager
movies le cinéma
Mr. Monsieur (M.)
Mrs. Madame (Mme)
museum un musée
mushroom un champignon
music la musique
mussels les moules *f.*
mustache une moustache
mustard la moutarde
my mes
my name is je m'appelle
mystery film un film policier

N

naive naïf (naïve)
napkin une serviette
Napoleon (Genoese pastry) un mille-feuilles
narrow étroit(e)
natural sciences les sciences naturelles *f.*
nature la nature
nausea la nausée
near to près de
nearby près d'ici
neck le cou
to need avoir besoin de
neighbor un(e) voisin(e)
neighborhood le quartier
neither non plus
neither one nor the other ni l'un ni l'autre
new nouveau (nouvelle)
New Year's Day le Jour de l'An
newborn un nouveau-né
newspaper un journal
next ensuite; prochain(e)
next day le lendemain
next to à côté de
nice gentil(le); aimable; sympathique
night la nuit
by night par nuit
night train un train de nuit
nightshirt une chemise de nuit
no non; mais non! *(emphatic)*
no longer ne... plus
no one ne... personne
non-smoker un non-fumeur
non-stop train un train direct
none aucun(e)
noon midi
north le nord
nose le nez
not at all pas du tout
to not look very good ne pas avoir bonne mine
not ne... pas
not yet ne... pas encore
notebook un cahier; un carnet
nothing ne... rien
novel un roman
November novembre
now maintenant
number le numéro

O

O.K. d'accord
to obey obéir (à)
obviously évidemment
October octobre
of de
of course bien sûr
to offer offrir
office le cabinet
often souvent
Oh! ah, bon
old vieux (vieille); âgé(e)
omelette une omelette
on foot à pied
on horseback à cheval
on sale en solde
on sur
on the left à gauche
on the right à droite
on time à l'heure
once and for all une fois pour toutes
once une fois
one-month subway pass une carte orange
one-way ticket un aller simple
onion un oignon
open ouvert(e)
to open ouvrir
opening l'ouverture *f.*
operator le standard (la standardiste)
optimistic optimiste
orange une orange
orange-flavored soft drink un Orangina
to order commander
oven un four
over there là-bas
to owe devoir
owner un(e) propriétaire
oysters les huîtres

P

to pack a suitcase faire la valise
package un colis
painting la peinture
pajamas un pyjama
palace le palais
pants un pantalon
park un parc
pastry, pastry shop une pâtisserie
pastry with chocolate and cream filling une religieuse
pastry with cream filling un éclair
patience la patience
patient patient(e)
to pay (for) payer
to pay an exorbitant price payer les yeux de la tête
peace la paix
peach une pêche
pear une poire
peas les petits pois *m.*
pen un stylo
pencil un crayon
people on
perfectly parfaitement
performance une séance
perhaps peut-être
perishables les périssables *m.*
to permit permettre
pessimistic pessimiste
pharmacist un(e) pharmacien(ne)
philosophy la philosophie
phone call un coup de fil (de téléphone)

physical education les sciences physiques *f.*
physics la physique
to pick up (the phone) décrocher (l'appareil)
pie une tarte
piece un morceau
pike le brochet
pill un comprimé
placement exam un examen de classement
plain moche
plain tea un thé-nature
plan un projet
plane un avion
plane ticket un billet d'avion
plate une assiette; un plat
to play jouer (à)
to play sports faire du sport
to play tennis faire du tennis
play une pièce (de théatre)
plaza la place
please s'il vous plaît
please hold ne quittez pas
pleasure le plaisir
pocketbook un sac
polite poli(e)
political science la science politique
politics la politique
popular populaire
pork le porc
to post afficher
post office un bureau de poste
postage le tarif postal
postal employee un(e) postier (-ère)
postcard une carte postale
pot une casserole
potato une pomme de terre
pound une livre
power le pouvoir
practical pratique
to prefer aimer mieux; préférer
prescription une ordonnance
present un cadeau
preserves les conserves *f.*
pretty joli(e)
price le prix
private privé(e)
project un projet
to promise promettre
proof of employment une preuve d'emploi
psychological drama un drame psychologique
psychology la psychologie
pub une brasserie
pumps les escarpins *m.*
purchase un achat
purple violet(te)
to put, to put on (clothes) mettre
to put on makeup se maquiller
to put on weight grossir

Q

quarter liter carafe un quart
quarter of an hour un quart d'heure
Quebec (person from) un(e) Québécois(e)
quite tout à fait

R

rabbit le lapin
radio un transistor; une radio
to rain pleuvoir
raincoat un imperméable
rarely rarement
raw vegetables les crudités *f.*
to read lire
realistic réaliste
receipt un récépissé
to receive recevoir
recently récemment
recipient le destinataire
to recommend conseiller
record album un disque
red rouge
red-headed roux (rousse)
refrigerator un frigo; un réfrigérateur
to register s'inscrire (à)
to register (a letter or a package) faire recommander
to regret regretter
to remain rester
to remember se souvenir de
to renew renouveler
rent le loyer
to rent louer
rental agency une agence de location
to request prier
to require exiger
to reread relire
reservations window le bureau de location
to reserve réserver
to rest se reposer
restaurant un restaurant
restaurant car un wagon-restaurant
to retain retenir
to return retourner; **(home)** rentrer; **(something)** rendre
return receipt un avis de réception
right away tout de suite
right un droit
right? isn't that so? n'est-ce pas?
river un fleuve
river bank les quais *m.*
roast un rôti
Romanesque roman
roof un toit
room une pièce; une salle
round loaf of bread un pain de campagne
round trip ticket un aller-retour
rug un tapis
runny nose le nez qui coule
rush hour les heures de pointe *f.*
Russian russe

S

sad triste
salad une salade
salami un saucisson
salary un salaire
salesman(woman) un(e) vendeur(-euse)
salt le sel
sandal une sandale
sandwich un sandwich
Saturday samedi
sausage une saucisse
to say dire
to say goodbye prendre congé
say there! dis donc!
scallops les coquilles St-Jacques *f.*
scarf un foulard; une écharpe

schedule un emploi du temps
school *(adj.)* scolaire
school une école
school (part of university) une faculté
science la science
scuba-diving la plongée sous-marine
sculpture la sculpture
seafood les fruits de mer *m.*
season une saison
seat le siège; la place
second class ticket un billet de seconde
secret *(adj.)* secret(-ète)
secretary un(e) secrétaire
to see voir
see you later à tout à l'heure
to seem avoir l'air; sembler
self-aggrandisement la complaisance
to sell vendre
to send envoyer; expédier (a letter or a package)
sender l'expéditeur (l'expéditrice)
Senegal (person from) un(e) Sénégalais(e)
sensational sensationnel(le)
September septembre
serious grave; sérieux(-euse)
to serve servir
served servi(e)
served with potato or vegetable garni(e)
to set the table mettre la table (le couvert)
to settle régler; s'installer
settled in installé(e)
to shake hands se serrer la main
to shave oneself se raser
shelter un abri
shirt une chemise
shoes les chaussures *f.*
to go shopping faire les courses
shopping bag un filet
shopping mall le centre commercial
short petit(e); court(e)
to shorten raccourcir
shorts un short
to show montrer
shower une douche
showing (movie) une séance
shrimp les crevettes *f.*
shutter un rideau
sick malade; souffrant(e)
silk la soie
since depuis
since when depuis quand
to sing chanter
sink un lavabo; un évier
sink for washing genitals un bidet
sister une soeur
to sit down s'asseoir
size (gloves and shoes) la pointure
size la taille
to ski faire du ski
skiing le ski
to skip class sécher un cours
skirt une jupe
sky le ciel
sledding la luge
to sleep dormir
sleeping car (on a train) une couchette
sleeping car (with beds) un wagon-lit
sleeping cars (with bunk-beds) une voiture-couchettes
sleeve une manche
slice une tranche
small petit(e)
to smoke fumer
smoked fumé(e)
smoker un fumeur
sneaker un tennis
to snow neiger
so long allez, au revoir
so much the better tant mieux
soccer le football
social sciences les sciences humaines *f.*
sociology la sociologie
socks les chaussettes *f.*
sofa un sofa; un canapé
someone quelqu'un
something quelque chose
sometimes quelquefois
son un fils
soon à bientôt
sorry pardon; désolé(e), navré(e)
soup le potage
south le sud
space la place
Spanish espagnol(e)
to speak parler
to spend dépenser
to spend my time passer mon temps (à)
spice une épice
spinach des épinards *m.*
spontaneously à l'improviste
sports les sports *m.*
to sprain se fouler
spring le printemps
square la place
stage la scène
stained-glass window un vitrail (des vitraux)
stamp un timbre
to stand supporter
start of school in Fall la rentrée (des classes)
state un état
to stay rester
steak un bifteck
steel l'acier *m.*
stereo une chaîne-stéréo
still encore
stingy avare
stockings les collants *m.*
storm un orage
straight ahead tout droit
street la rue
string beans des haricots verts *m.*
student dormitory une résidence universitaire
student un(e) étudiant(e)
studies les études *f.*
to study étudier
stuffy nose le nez pris
subject (school) une matière
suburb une banlieue
subway le métro
subway connection une correspondance
subway stop une station de métro
to succeed réussir (à)
suddenly tout à coup
to suffer (from) souffrir (de)
sufficiently suffisamment

sugar le sucre
suit (men's) un costume; **(women's)** un tailleur
summer l'été
sun le soleil
Sunday dimanche
supersonic jet le Concorde
suppository un suppositoire
sure sûr(e)
by surface mail par voie de surface
surprise une surprise
surprised surpris(e); étonné(e)
swampy marécageux(-euse)
sweater un chandail; un pull-over
to swim nager
Swiss suisse
Swiss cheese le gruyère
symptom un symptôme

T

T-shirt un tee-shirt
table setting le couvert
tablet un comprimé
tact le tact
to take prendre; **(person)** amener
to take a course suivre un cours
to take a trip faire un tour; faire un voyage
to take a walk faire une promenade; se promener
to take an exam passer un examen
to take care of s'occuper de
to take care of oneself se soigner
to take... hours (days) to mettre... heures (jours) à
talent le talent
tall haut(e)
tartlet (small pie) une tartelette
taste un goût
to taste, to eat déguster
taxes les impôts *m.*
taxi un taxi
by taxi en taxi
tea le thé
tea with lemon un thé au citron
tea with milk un thé au lait
teacher un professeur
teeth les dents *f.*
telegram un télégramme
telephone book un annuaire
television la télévision
tennis le tennis
to thank remercier
thank you (very much) merci (bien)
that cela
that will cost you... ça vous fera...
that's a good idea c'est une bonne idée
the one celui (celle)
theater l'art dramatique; le théâtre
then alors
there is (there are) voilà; il y a
there là; y
therefore donc
thin fin(e); mince
to think penser; réfléchir (à); croire
to think about penser à
to think of penser de
this ce(cette)
those ceux
thousands des milliers
thrilled ravi(e)
throat la gorge
Thursday jeudi
ticket un billet
ticket window le guichet
tie une cravate
tight étroit(e)
time le temps
timid timide
to à
toast le toast
toaster un grille-pain
tobacco shop un bureau de tabac
today aujourd'hui
token un jeton
to tolerate supporter
tomato une tomate
tomorrow demain
tongue la langue
too much trop (de)
tourist class ticket un billet de tourisme
tourist un(e) touriste
traffic la circulation
train le train
train compartment un compartiment
high-speed train le T.G.V. (le train à grande vitesse)
train station une gare
train ticket un billet de train
tranquilizer un calmant
to travel voyager
traveler un voyageur
traveler's check un chèque de voyage
tree un arbre
trout la truite
true vrai(e)
to try (on) essayer
Tuesday mardi
to turn tourner
turn un tour
typewriter une machine à écrire

U

ugly laid(e); moche
umbrella un parapluie
unattractive moche
unbelievable incroyable
uncle un oncle
undershirt un maillot de corps
to understand comprendre
understood entendu
underwear un sous-vêtement
to undo défaire
United States les États-Unis *m.*
university *(adj.)* universitaire
university une université
unknown inconnu(e)
until jusqu'à
unusual insolite
used d'occasion
utilities les charges *f.*

V

vacation les vacances *f.*
veal sweetbread le ris de veau
vegetable un légume
to verify vérifier
very much beaucoup
vest un gilet
video une vidéo

videocassette recorder un magnétoscope
to visit (a person) rendre visite à; **(a place)** visiter
visiting de passage

W

to wait for attendre
to wait in (on) line faire la queue
waiting room une salle d'attente
to wake up se réveiller
wallet un portefeuille
to want désirer; vouloir
war la guerre
to wash oneself se laver
water closet le W.C.
water skiing le ski nautique
water with mint syrup une menthe à l'eau
to wear (shoe size) chausser de
weather le temps
weather forecast la météo
Wednesday mercredi
week la semaine; huit jours
to weigh peser
to welcome accueillir
welcome service le service d'accueil
well bien
well-being le bien-être
west l'ouest *m.*
western un western
what are we going to do? qu'est-ce qu'on va faire?
what day is it? quel jour est-ce?; quel jour sommes-nous?
what is...'s name? comment s'appelle... ?; quel est le nom de... ?
what is the weather like? quel temps fait-il?
what is your name? comment t'appelles-tu?; comment vous appelez-vous?; quel est ton (votre) nom?
what qu'est-ce que; qu'est-ce qui; quoi; quel(le); que
what's the matter? qu'est-ce que tu as?
what's wrong? qu'est-ce qui ne va pas?
when quand
where où?
where is... ? où est... ?; où se trouve... ?
which dont; quel(le)
while pendant (que)
white blanc(he)
white wine with black currant liqueur un kir
who is calling? c'est de la part de qui?
why? pourquoi?
why not? pourquoi pas?
wide large
wife la femme
to win gagner
wind le vent
wine le vin
winter l'hiver *m.*
to wish vouloir (bien)
with avec
with lemon au citron
with milk au lait
with pleasure avec plaisir
to withdraw retirer
without sans
woman une femme
woods les bois *m.*
wool la laine
made from wool en laine
work le travail
to work travailler
worker un(e) ouvrier(-ère)
workshop un atelier
to worry s'inquiéter
to wrap emballer
wrist le poignet
to write écrire
written inscrit(e)

Y

year un an; une année
yellow jaune
yes oui; mais oui *(emphatic)*
yesterday hier
yesterday morning hier matin
yet encore
you toi
you must not il ne faut pas
you're welcome de rien; je vous en prie
young jeune

Z

zip code le code postal

INDEX

Index

Credits

Black & White Photo Credits

All photos except the following were taken by **Alain Mingam:** Pages 80, 83 © **Cap-Viollet;** 112 **Barbara Alper, Stock Boston;** 113 **Photo Mopy/Photo Researchers, Inc.;** 114 © **Collection Viollet;** 123, 129 **Judy Poe;** 130, 165 (left) **Palmer & Brilliant;** 165 (right) **Judy Poe;** 187 **Agence France-Presse;** 268 (left) © **Lipnitzki-Viollet;** 268 (right) **Collection Viollet;** 295 **Dominique Nabokov;** 299 **Barbara Alper/Stock, Boston;** 300 **Owen Franken/Stock, Boston;** 309 **Anestis Diakopoulos/Stock, Boston;** 310 **H. W. Silvester/Photo Researchers, Inc.;** 311 **Ulrike Welsch;** 318 **George Gerster, Rapho/Photo Researchers, Inc.;** 323 **Ulf Sjöstedt/Freelance Photographer's Guild;** 325 **Mark Antman/Stock Boston;** 376 © **Lipnitzki-Viollet;** 407 **Univ. Photo/Graphics, Penn. State University;** 411 **News Bureau, Hamline University;** 416 **Johnnie Walker/The Picture Cube;** 421 **Univ. Photo/Graphics, Penn. State University;** 433 **Beryl Goldberg;** 434 **David Cain/Photo Researchers, Inc.;** 441 **Canadian Government Office of Tourism;** 442, 448 **Michael Miller** 452 © **Roger-Viollet;** 454 **Mike Mazzaschi/Stock Boston;** 457 **Judy Poe;** 479, 480 **Pariscope;** 487, 488 **Anthony Donaldson.**

Color Photo Credits

Allons au café: 1 **Farrell Grehan/Freelance Photographer's Guild;** 2, 3 **Alain Mingam;** 4 **Peter Menzel**
Visitons Paris: 1 **Peter Menzel;** 2 **Alain Mingam** (top), **Ulrike Welsch** (bottom); 3 **Alain Mingam** (top and bottom left), **Christian Delbert/The Picture Cube** (bottom right); 4 Courtesy of **RATP**
Visitons la France: 1 **Peter Menzel;** 2 **Susan Lapides** (top), **Peter Menzel** (bottom left and right); 3 **Peter Menzel** (top); **Ulrike Welsch** (bottom); 4 **Ulrike Welsch** (top), **Anthony Donaldson** (bottom)
Visitons le monde francophone: 1 **Christian Delbert/The Picture Cube;** 2 **Simone Oudot** (top and bottom); 3 **DDB Stock** (top), **Robert Frerck/Odyssey Productions** (bottom); 4 **Simone Oudot** (top), **Ulrike Welsch** (bottom left), **Belgian National Tourist Office** (bottom right)